TEORIA DO MÉTODO TEOLÓGICO

Dados Internacionais de Catalogação na Publicação (CIP)
(Câmara Brasileira do Livro, SP, Brasil)

Boff, Clodovis, 1944-
  Teoria do método teológico / Clodovis Boff. 6. ed. – Petrópolis, RJ: Vozes, 2015.

  Bibliografia.

  7ª reimpressão, 2024.

  ISBN 978-85-326-1963-1

  1. Teologia – Metodologia 2. Teologia – Teoria I. Título.

97-5797
CDD-230

Índices para catálogo sistemático:
1. Teologia dogmática cristã 230

Clodovis Boff, OSM

TEORIA DO MÉTODO TEOLÓGICO

EDITORA
VOZES

Petrópolis

© 1998, Editora Vozes Ltda.
Rua Frei Luís, 100
25689-900 Petrópolis, RJ
www.vozes.com.br
Brasil

Nihil obstat
Em relação ao livro de autoria de Frei Clodovis M. Boff, membro da Província Brasileira dos Servos de Maria, intitulado *Teoria do método teológico*, concedo, segundo o que dispõe o Cânon 832 do Código de Direito Canônico e o artigo 221/f das Constituições da Ordem, dos servos de Maria, nestes termos, o NIHIL OBSTAT
Rio de Janeiro, 21 de dezembro de 1997

Fr. José M. Milanez

Fr. José M. Milanez, osm
prior provincial.

Imprimatur
São Paulo, 19 de fevereiro de 1998

Paulo Evaristo Card. Arns

Paulo Evaristo, CARDEAL ARNS
Arcebispo Metropolitano de São Paulo.

CONSELHO EDITORIAL

Diretor
Volney J. Berkenbrock

Editores
Aline dos Santos Carneiro
Edrian Josué Pasini
Marilac Loraine Oleniki
Welder Lancieri Marchini

Conselheiros
Elói Dionísio Piva
Francisco Morás
Gilberto Gonçalves Garcia
Ludovico Garmus
Teobaldo Heidemann

Secretário executivo
Leonardo A.R.T. dos Santos

PRODUÇÃO EDITORIAL

Aline L.R. de Barros
Marcelo Telles
Mirela de Oliveira
Natália França
Otaviano M. Cunha
Priscilla A.F. Alves
Rafael de Oliveira
Samuel Rezende
Vanessa Luz
Verônica M. Guedes

Editoração e organização literária: Renato Kirchner
Diagramação: Rosangela Lourenço
Última revisão do autor
Capa: Marta Braiman

ISBN 978-85-326-1963-1

Este livro foi composto e impresso pela Editora Vozes Ltda.

Sumário

II PARTE
QUESTÕES COMPLEMENTARES

Introdução

Este livro trata do método teológico: da exposição teórica de seus elementos, das regras de sua construção e de sua fundamentação crítica. É um "guia de estudo" para quem quer se iniciar em teologia, num campo onde a literatura, ou é traduzida, ou se limita ao gênero ensaístico.

Sabe-se, até pelo nome, que método é uma espécie de caminho (do grego, *met-hódos*: seguindo o caminho): o caminho do conhecimento. O gênero de discurso aqui abordado – metadiscurso ou metateoria –, por exigir elevado grau de abstração, é bastante trabalhoso e causa ordinariamente cansaço e até enfado. Por isso, me esforcei por tornar a leitura, em primeiro lugar, clara e, depois, o menos pesada possível.

Estava tentado a batizar esse livro com o nome "Gramática da teologia". Pois se trata verdadeiramente de ensinar as regras dessa estranha língua, o "teologuês". Ora, é mais fácil falar uma língua do que estudar suas regras. Mas é preciso também estudar essas regras, quando se quer falar corretamente. É assim com a metodologia teológica. No limite, não é preciso saber metodologia para fazer teologia. Mas, se se quer fazer uma teologia consistente e castiça, é necessário passar algum tempo estudando sua metodologia. Mas o investimento compensa, pois o tempo e o esforço que se dispensa nisso tem retorno certo. Disse Nietzsche no *Anticristo*: "Os métodos, é preciso dizê-lo dez vezes, são o essencial e também as coisas mais difíceis, as que têm mais tempo contra elas os hábitos e a preguiça" (§ 59).

A estrutura do livro se explica por seu caráter didático. Em função disso adotei algumas diligências, como: pôr, no fim de cada capítulo, um resumo em forma de teses; apresentar esquemas das ideias mais importantes; fazer muitas citações, com o fim de ilustrar lições às vezes árduas de aprender; variar os caracteres dos parágrafos em função de sua importância.

O livro está dividido em duas partes:

I. *Questões nucleares*. Expõem e justificam o "órganon" da teologia: seus "Fundamentos" (ou princípios), seus "Processos" (ou operações) e suas "Articulações" (ou relações) com outras instâncias ligadas à sua construção. São as 3 seções da I Parte.

II. *Questões complementares*. Apresentam um perfil fundamentalmente informativo, ainda que a reflexão teórica não esteja ausente de todo. Aí se passam informações práticas, que interessam o iniciante em teologia.

Cada capítulo, com exceções explicáveis (quer pela natureza do assunto, quer pelo modo de apresentação do respectivo capítulo), está assim estruturado:

1. A *exposição* sistemática do tema em questão;

2. Uma *síntese* conclusiva (*Resumindo*) que recolhe os resultados da exposição em forma de proposições ou teses;

3. Uma *leitura*, às vezes duas, de um "clássico", para o estudante ouvir a voz dos "Grandes Mestres";

4. Um ou mais *excursos*, que oferecem uma informação suplementar em relação ao tema em questão.

Tinha pensado em sugerir alguns exercícios práticos. Mas isso iria engrossar o livro, já de per si volumoso. O professor mesmo poderá sugerir tais exercícios a partir do próprio texto, especialmente das "leituras". Ele poderá também organizar o caminho de sua exposição, misturando as questões mais reflexivas da primeira parte, com as mais expositivas da segunda parte.

A única característica visivelmente não didática do livro – tenho de reconhecê-lo – é seu volume. É que quis dar uma visão *enciclopédica* da metodologia em teologia. Aliás, a "enciclopédia teológica" está na linha de uma significativa tradição do pensamento metodológico-teológico, como se dirá logo no capítulo 1. Mas esse defeito será compensado por uma edição mais enxuta, a "versão didática", que conterá apenas os "resumos" dos capítulos, acrescidos das "leituras".

E nem preciso ainda dizer que o livro incorpora serena e firmemente a "opção preferencial pelos pobres" e que por isso se faz com a sensibilidade própria, mas não exclusiva, da chamada "Teologia da Libertação". De resto, é impossível fazer teologia e, portanto, metodologia teológica, sem essa inflexão evangélica irrenunciável, que já faz parte hoje da consciência viva da fé. A dimensão libertadora da teologia é de tal modo constitutiva de sua essência ou vocação, e já é tão naturalizada em nossa prática teórica (constituindo, em círculos cada vez mais vastos, a "teologia normal"), que se torna ocioso afirmá-lo. O que importa é integrar, de modo estrutural e não meramente retórico, a instância libertadora no próprio aparelho de produção teológica.

Tal posição epistemológica não me impediu, muito pelo contrário, de recorrer seja às modernas pesquisas em epistemologia teológica, levadas adiante em diferentes partes do mundo, seja à tradição clássica da teologia, em suas diferentes vertentes (ainda que entre elas não tenha podido esconder minhas preferências). Quanto à grande tradição teológica, reputo impossível fazer uma teologia viva sem ouvir sempre de novo as "lições dos clássicos", e isso é tanto mais verdade quanto mais graves são os desafios que temos hoje pela frente. Interrogados a partir do presente, os grandes teólogos do passado se revelam fonte de uma luz surpreendente e de uma fecunda atualidade.

Devo, enfim, dizer que dei aulas dessa disciplina por mais de quinze anos. Mesmo assim, para que a elaboração do texto adquirisse certo grau de clareza e coerência, tive que passá-lo pelo torno teórico (e informático) várias vezes. Mas sinto que há muito ainda para aprimorar, esclarecer e aprofundar. Por outro lado, a necessidade urge e o espírito cede. Como sentenciou o velho Hipócrates: *Ars longa, vita brevis.*

I PARTE

QUESTÕES NUCLEARES

Capítulo 1

APRESENTAÇÃO DA MATÉRIA

TEOLOGIA E TEOLOGIZAR

De que se trata quando se fala de metodologia teológica? Qual é a natureza própria desse assunto?

Para começar, importa saber que aqui não se discute sobre *teorias* teológicas (tratados), mas mais precisamente sobre a *prática* teológica. Por outras, trata-se do ato teológico ou do exercício de *fazer* teologia. O interesse aqui não é a teologia, mas o teologizar, a teologiz-ação.

A metodologia analisa o processo teológico: os *elementos* que aí estão em jogo e as *regras* de sua articulação[1]. Por analogia, é como se trabalhássemos com um *dicionário* (elementos) e com uma *gramática* (articulação). De um lado, devemos estabelecer os elementos constitutivos da teologia e, do outro, o modo de seu uso ou a forma de sua combinação.

Mais: a metodologia teológica procura também *dar razão* de tudo isso. Isto é, tenta fundar e justificar por que se usam tais elementos e por que devem ser assim combinados. Esse é o nível mais profundo da metodologia, o de sua *crítica* epistemológica.

Teologia não se faz de qualquer jeito. Fazer teologia tem algo a ver com um processo judiciário. Há que seguir um procedimento definido. Há um percurso a se obedecer. E, semelhantemente ao direito, pode-se perder a causa porque não se encaminhou bem a questão, embora se tenha razão. Assim, além dos erros teológicos de conteúdo, pode haver erros teológicos de forma. E é justamente o caso quando não se segue um método teológico.

---

1. Eis uma definição de "método": "esquema normativo de operações, suscetíveis de serem reproduzidas, ligadas entre si e que produzem resultados acumulativos e progressivos": LONERGAN, Bernard. *Pour une méthode en théologie*, Col. Cogitatio Fidei 93. Montreal/Paris: Fides/Cerf, 1978 (orig. amer. Nova York: Herder and Herder, 1972), p. 16 (explicação dessa definição: p. 16-19).

ELEMENTOS ARTICULADORES

Entre os elementos que entram na articulação teológica podemos estabelecer uma dúzia: a Fé, a Escritura, a Igreja, o Senso dos fiéis, a Tradição, o Dogma, o Magistério, a Prática, as Outras teologias, a Razão, a Linguagem, a Filosofia e as Ciências.

Ei-los numa figura:

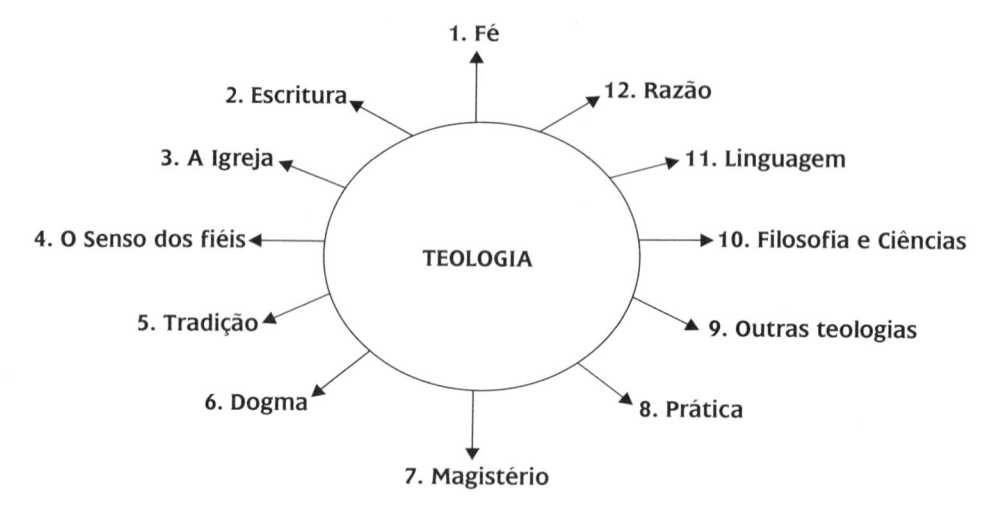

Como se vê, o discurso teológico põe em ação uma pluralidade de instâncias. São como os pivôs sobre os quais a teologia se apoia. Por sua parte, a metodologia teológica busca articular entre si esses nós articuladores de modo a serem aptos a produzir um discurso bem travejado, que chamamos de "teologia". Ou seja, se na prática teológica esses elementos funcionam como articuladores efetivos, na teoria do método teológico eles são por sua vez articulados. Assim, a metodologia aparece efetivamente como a articulação dos articuladores teológicos.

REGRAS DE ARTICULAÇÃO

Precisamente, como se combinam esses elementos entre si? Que processo seguem? Que etapas percorrem? Como acabamos de dizer, é esse propriamente o objeto do método teológico. Ele é comparado a uma *sintaxe*: ensina como organizar de maneira lógica os elementos referidos. Assim, por exemplo:

– a *Fé* deve ter a primazia absoluta na teologia;

– a *Bíblia* é o primeiro testemunho a ser ouvido;

– a *Razão* deve estar a serviço da compreensão do dado revelado;

– a *Prática* é uma fonte de teologia, assim como uma de suas finalidades;

– a *Linguagem* da teologia é a da analogia, pois só ela se adequa ao Mistério;

– o *Magistério* é critério de autenticidade. E assim por diante.

Quanto aos *processos*, a metodologia teológica diz que:

– antes de tudo, é preciso *ouvir* os testemunhos da fé;

– em seguida, que se deve *esclarecer e aprofundar* seu conteúdo interno;

– e, por fim, que se deve *confrontá*-los com a vida concreta.

Esse é em grandes linhas o método da teologia. É o procedimento, exposto aqui de forma sumária, pois cada uma destas etapas comporta um percurso específico.

TRÊS VIAS PARA APRENDER TEOLOGIA

Fazer teologia é uma "arte", no sentido clássico de conjunto de procedimentos, servindo à produção de um resultado determinado. Ora, como para qualquer arte (aprender uma nova língua, pintar, dirigir carro, nadar, usar um computador, etc.), aprende-se a fazer teologia por três caminhos, complementares entre si: o estudo, a imitação e a prática.

Portanto, deve-se, em primeiro lugar, *estudar* e assimilar teoricamente as próprias leis da prática teológica. Esse é o objeto e o objetivo da presente matéria.

Em seguida, é preciso *imitar* o modo como os "artesãos" ou, se quisermos, os "artistas" da teologia, que são os teólogos, praticam seu ofício. Vê-los dar aulas e ler seus escritos já é muito instrutivo.

Finalmente, aprende-se *exercendo* por própria conta a "arte" teológica. Na verdade, em qualquer arte é só com a prática que se adquire uma verdadeira habilidade e uma sólida competência.

Ora, esse livro se atém ao primeiro caminho: quer ensinar ao iniciante de teologia a disciplina de seu *métier*. Como para falar bem uma língua é preciso estudar sua gramática, assim também para fazer uma teologia correta é necessário estudar as regras de seu método. A propósito, sirva aqui uma metáfora ousada, que São Boaventura usou:

> Aqueles que não estudam de modo ordenado se parecem com os potros, que correm o tempo todo aqui e ali. Mas o jumento, com o mesmo passo, tanto mais avança quanto mais regular é seu andar[2].

OS NÍVEIS DA METODOLOGIA TEOLÓGICA

Podemos identificar, na metodologia teológica, quatro níveis de profundidade crescente:

1. Nível das *técnicas*. Falamos aqui dos *recursos* que usa a teologia, ou seja, dos meios e modos que entram no seu exercício. Tais são, por exemplo, a pesquisa, a leitura, a interpretação dos textos, a análise e aprofundamento das questões, a organização do material, a elaboração das ideias, etc. Esse é o plano mais superficial do método, o plano, por assim dizer, da "tecnologia teológica". Trata-se das exigências comuns da chamada "metodologia científica" enquanto são aqui aplicadas à ciência teológica[3].

2. Nível do *método* propriamente dito. Trata-se das *etapas* por que passa o processo da prática teológica em seus elementos articuladores, tais como: a ausculta da Palavra, sua interpretação crítica, a recuperação da Tradição da fé, o direcionamento para a vida e assim por diante. A explicação desse nível é precisamente o objeto direto da metodo-logia em seu sentido estrito[4].

3. Nível da *epistemologia*. É o "discurso do método" em teologia: a busca de sua fundamentação crítica e de sua justificação racional, assim como de seu alcance e de seus limites. É o lado filosofante do método teológico, sua "teoria científica". Naturalmente, cada saber possui sua epistemologia própria, de vez que todo saber se organiza naturalmente a partir da natureza de seu objeto[5].

---

2. S. BONAVENTURAE. *Opera omnia*. T.V. Florença: Quaracchi, 1891, p. 421-423. Boaventura atribui essa comparação a Santo Agostinho.

3. Cf. espec. Cap. 24 e 25 deste livro.

4. Cf. espec. Cap. 8, 9 e 10.

5. Cf. espec. Cap. 3 a 7.

4. Nível do *espírito teológico*. Por trás da prática teológica existe um espírito que atravessa e sustenta tudo. É a busca por entender o Mistério. É, no fim, essa "vontade de conhecer" a Deus que se confunde com a própria fé em sua dinâmica interna. Ser teólogo é muito mais que manipular técnicas, usar métodos ou discutir epistemologias. É ser possuído pela paixão de "compreender qual é a largura, comprimento, altura e profundidade" do Mistério divino (cf. Ef 3,18). Essa é a alma secreta de todo o labor teológico[6].

No presente trabalho, abordamos todas essas dimensões, ocupando-nos mais demoradamente dos níveis segundo e terceiro, isto é, indicando os modos de procedimento teológico e procurando ao mesmo tempo justificá-los. Mas tudo isso visando finalmente o último nível: criar o gosto pela teologia e o hábito de teologizar com proveito e ao mesmo tempo com prazer.

NOSSA PERSPECTIVA ESPECÍFICA

Digamos logo de início que abordaremos toda a questão da metodologia teológica dentro da "ótica da libertação".

Mas que significa isso? Não que iremos elaborar o método *particular* da Teologia da Libertação, no sentido de discutir as implicações próprias que a perspectiva da libertação impõe à metodologia teológica em geral. Isso já foi feito[7]. Iremos antes abordar mais amplamente o método *geral* da teologia, mas sem nunca esquecer a candente questão da libertação dos pobres. Portanto, mais do que fazer uma metodologia em torno da libertação, faremos uma metodologia *a partir da* libertação.

Por outras, queremos estudar o método teológico com uma *sensibilidade especial* para as questões que o mundo dos pobres põe à fé cristã. Ora, essa não é uma preocupação exclusiva do "Terceiro Mundo", mas é uma questão "global", ou seja, mundial. Vale, porém, de modo todo particular, para o Sul do mundo, onde estão as "sociedades com maioria pobre",

---

6. Cf. espec. Cap. 2, 4, 11 e 16.

7. Cf. para isso minha tese de doutorado *Teologia e prática*. Petrópolis: Vozes, 1978 (1993, 3. ed.); assim como o livrinho, destinado a um público mais amplo, de BOFF, Leonardo & BOFF, Clodovis. *Como fazer teologia da libertação*. Col. Fazer 17-18. Petrópolis: Vozes, 1986.

que constituem, de resto, a maioria esmagadora da população do mundo e também das igrejas cristãs. Esse dado não deixa de ter extrema relevância, inclusive no campo da metodologia teológica, principalmente quando elaborada no Sul.

E a justificação é simples: a preferência pelos pobres, que vale para a fé, vale também para o estudo da fé e vale igualmente para seu método, já que as três coisas estão unidas. Por outras: se o método depende da matéria; se a matéria da teologia é a fé cristã; e se esta implica constitutivamente a opção pelos pobres, então, o método também deverá levar em conta a preferência pelo pobre. Por conseguinte, um método teológico que não privilegia, sem exclusão, os pobres não está epistemologicamente ajustado. E como a opção pelos pobres, com suas implicações históricas (pobre: sujeito coletivo), é um dado recente da consciência explícita da fé, há de se rever à luz dessa opção toda a teologia, incluindo seu método.

Fique desde já claro: não entendemos propor aqui um método alternativo ao método clássico da teologia, uma espécie de "método da Teologia da Libertação". Não. O que faremos é, sim, *desdobrar* o método teológico em geral, estendendo-o à problemática da pobreza planetária. Assim, agregaremos à metodologia teológica as novas questões epistemológicas que a Teologia da Libertação levantou.

Ora, esse desdobramento metodológico implica certamente uma *revisão* crítica do método teológico clássico e exige ao mesmo tempo sua *renovação* profunda. O que se fará, portanto, aqui, não é tanto uma obra de inovação quanto de *renovação*, ou de recriação. Tal é nossa intenção e nossa esperança. Essa tarefa aparece tanto mais necessária quanto mais fazem falta no Sul obras que tenham tratado, de forma orgânica, a questão do método.

RESUMINDO

1. A metodologia teológica não se ocupa diretamente com o conteúdo da teologia (teorias) mas com a sua forma, seu processo, sua prática. Ela não ensina teologias feitas; ensina sim a fazer teologia.

2. A metodologia teológica põe em jogo:

– os elementos articuladores da teologia (dicionário);

– e as regras de como esses elementos se articulam (gramática).

3. Vários são os elementos articuladores da teologia, dentre os quais podemos destacar: a Fé, a Escritura, a Prática, o Magistério, a Linguagem e a Razão.

4. Quanto às regras de articulação da teologia, essas deverão estabelecer como os elementos articuladores se combinam dentro do processo teológico e segundo que etapas. Fundamentalmente, trata-se das seguintes etapas:

– escuta dos testemunhos da fé;

– aprofundamento racional desses testemunhos;

– e atualização em nosso contexto histórico.

5. Para se aprender teologia, como para toda "arte", há três caminhos:

– assimilar as regras da prática teológica;

– seguir o que fazem os teólogos;

– exercitar por própria conta a prática teológica.

Ora, nesse livro nos limitaremos ao primeiro caminho.

6. A metodologia teológica compreende os quatro níveis seguintes:

1) das *técnicas*, referentes aos recursos da teologia e ao modo de seu uso;

2) do *método* propriamente dito, relativo às etapas do procedimento teológico;

3) da e*pistemologia*, ou seja, a reflexão crítica das bases do método teológico;

4) enfim, do *espírito teológico*, que é o que anima em profundidade o interesse por conhecer os mistérios divinos.

7. A pretensão desse nosso trabalho é estudar o método teológico em toda a sua amplitude, sem redução alguma, como requer o conteúdo transcendente da fé. Contudo, de vez que o mesmo conteúdo da fé requer, em sua concretude, a "preferência pelos pobres", resulta que o método deverá necessariamente vir marcado por essa inflexão particular. Ora, como

essa consciência é recente, exige-se todo um trabalho de renovação do fazer teológico.

EXCURSO

TOPOGRAFIA DA "TEOLOGIA FUNDAMENTAL"

Que lugar ocupa nossa disciplina no campo mais amplo da chamada "Teologia fundamental"? Tracemos e quadriculemos esse campo, situando inclusive suas disciplinas limítrofes, as que estão por assim dizer a montante daquela disciplina geral. E procuremos ao mesmo tempo precisar, o quanto possível, os termos e os conceitos das diversas disciplinas desse campo.

Como, pois, distinguir e relacionar a Metodologia teológica com as disciplinas parecidas, como a Teologia fundamental, a Introdução à teologia, a Gnosiologia da teologia, a Enciclopédia teológica e outras disciplinas afins, como a Teodiceia, as Ciências da religião, etc.?

Na organização das disciplinas teológicas, a terminologia no campo da "Teologia fundamental" não é homogênea, como também não o é o entendimento da conexão entre as várias disciplinas referidas. Existem aí muitas posições desencontradas. Para ajudar a lançar alguma luz nessa questão, eis aqui alguns reparos.

Apologética e Metodologia teológica

A Teologia fundamental apresenta duas vertentes principais: uma é de *conteúdo* e outra de *forma*. As duas se chamam, de modo desigual, Teologia "fundamental", porque ambas falam dos fundamentos.

A primeira vertente trata dos fundamentos (materiais, conteudísticos) *da fé*: as razões de credibilidade (*analysis fidei*) e, antes ainda, a justificação da Revelação. Corresponde à antiga *Apologética*. E é a acepção mais comum hoje de "Teologia fundamental". Poderíamos chamá-la de Teologia fundamental propriamente dita. O estatuto desse tratado na teologia é atualmente muito discutido, para não dizer problemático[8].

---

8. Franco Ardusso fala em "desespero metodológico": La teologia fondamentale. In: LORIZIO, Giuseppe & GALANTINO, Nunzio (orgs.). *Metodologia teologica.* Avviamento allo studio e alla ricerca pluridisciplinare. Cinisello Balsamo (MI): San Paolo, 1994, p. 312-316, aqui p. 314. Para o estatuto teórico da Teologia fundamental (conteudística), cf. o longo e complicado estudo de SECKLER, Max. Teologia fondamentale: compiti e strutturazione, concetto e nomi. In: KERN, Walter; POTTMEYER, Hermann J.

A segunda vertente versa sobre os fundamentos (formais, metodológicos) da *teologia*, ou seja, sobre as razões de seu discurso próprio. Corresponde propriamente à *Metodologia teológica*. Fala-se também em Gnosiologia teológica ou Epistemologia da teologia. Nessa linha, a tendência é preferir as referidas denominações sobre o termo geral "Teologia fundamental", que seria melhor reservar para a primeira vertente, descrita acima.

Sucede que hoje as questões se misturam. Entretanto, elas são, do ponto de vista formal, nitidamente distintas. Nada justifica essa confusão, a não ser o nome. É assim que tratados de Teologia fundamental-*conteúdo* incluam questões de Método: papel da razão, hermenêutica, etc. E vice-versa: livros de Teologia fundamental-*forma* ou de Gnosiologia teológica desenvolvam questões de conteúdo: Revelação, Fé e ainda Escritura, Tradição, Dogma, Magistério. Sem dúvida, uma disciplina envolve questões da outra, como veremos em nosso próprio trabalho, mas importa guardar sempre o ponto de vista formal respectivo.

Introdução à teologia

Apresenta-se hoje também uma disciplina particular sob o nome de "Introdução à Teologia". Ela entende dar uma visão panorâmica do conjunto da doutrina da fé, oferecendo uma visão global, unitária de toda teologia, mas a partir de seu núcleo essencial.

É o "Curso introdutório" que o decreto *Optatam Totius*, n. 14, pediu para os debutantes em teologia e a que K. Rahner tentou corresponder com sua obra sintética *Curso fundamental da fé*, centrando tudo no conceito de "autocomunicação" de Deus[9].

Enciclopédia teológica

Encontra-se às vezes nos currículos teológicos a disciplina chamada "Enciclopédia teológica". Ela entende dar uma primeira informação geral e orgânica, seja da problemática da teologia em cada uma de suas disciplinas (enciclopédia real ou material, de que

& SECKLER, Max (org.). *Trattato di gnoseologia teologica*, Corso di Teologia fondamentale 4. Brescia: Queriniana, 1990, p. 537-615; · LIBÂNIO, João Batista. *Teologia da Revelação a partir da modernidade*. São Paulo: Loyola, 1992, cap. 4, p. 51-75; · RATZINGER, Joseph. *Teoría de los principios teológicos*. Materiales para una teología fundamental. Barcelona: Herder, 1985 [orig. al. *Theologische Prinzipienlehre*. Munique: E. Wewel, 1982]. Veja mais à frente no Cap. 19 como equacionamos o estatuto da Teologia fundamental (conteudística) em relação, de um lado, com a Teodiceia, e, do outro, com a Teologia dogmática.

9. *Curso fundamental da fé*. São Paulo: Paulus, 1989 (orig. al. *Grundkurs des Glaubens*. Einfürung in den Begriff des Christentums. Freiburg in Breisgau: Herder, 1977; trad. esp. *Curso fundamental sobre la fe*. Barcelona: Herder, 1984, 3. ed.).

permanece como ilustração mais famosa a *Enciclopédia* de Diderot e d'Alambert, em 33 vol.), e nisso se confunde com a "Introdução à teologia"; seja do próprio método teológico, ou de sua teoria formal (enciclopédia metodológica).

Ora, é só esta última que possui para nós interesse, e isso a um duplo título: por se colocar no nível epistemológico e por oferecer uma perspectiva panorâmica do método teológico[10]. De resto, é também essa a nossa intenção no presente trabalho.

Teodiceia, Filosofia da Religião e Ciências da Religião

Acrescentemos que nos limites exteriores da "Teologia fundamental" aparecem várias disciplinas que também tratam de "religião". As primeiras duas são de cunho claramente filosófico. Seria, em primeiro lugar, a "Teologia filosófica", mais conhecida outrora como "Teodiceia". Trata de Deus do ponto de vista da racionalidade humana pura. Em seguida, temos a "Filosofia da Religião". Essa discute o sentido racional do *fenômeno* religioso, inclusive da fé enquanto autêntica possibilidade humana. Ela tem um caráter não apenas descritivo mas crítico-normativo[11].

A terceira série de disciplinas confinantes com a Teologia fundamental são as diferentes "Ciências da religião": a Sociologia da religião, a Antropologia da religião, a Psicologia religiosa, a História das religiões, etc. Essas ciências tratam a religião no nível de fenômeno empírico, ou seja, a título de uma função verificável. São portanto fundamentalmente descritivas e funcionais. A questão da essência e da verdade da religião permanece para além de seu alcance epistemológico. Sabemos, contudo, que, por pressupostos inconscientes dessas ciências e ainda por via de seus efeitos teóricos, elas não deixam de se envolver com as questões da verdade da religião, resolvidas muitas vezes pelo negativo[12].

---

10. Para a "enciclopédia teológica", cf. RAHNER, K. *Curso fundamental da fé*. Op. cit., p. 14s., e especialmente PANNENBERG, Wolfahrt. *Epistemologia e Teologia*. Biblioteca di Teologia Contemporanea 21, Brescia: Queriniana, 1975, p. 19-24. Diz-nos aí que ERASMO (†1536) foi o primeiro a produzir, em 1516, um trabalho desse gênero: *Razão ou método para chegar à verdadeira teologia: exortação...* Nessa linha vai também a obra clássica de SCHLEIERMACHER, Friedrich. "Breve apresentação do estudo da teologia, de 1811" (trad. it. *Lo studio della teologia. Breve presentazione*. *Giornale di Teologia* 110. Brescia, Queriniana, 1978). Situava-se na esteira do idealismo alemão, particularmente de uma proposta de J.G. Fichte (†1814), realizada depois por F. Hegel com sua *Enciclopédia das ciências filosóficas*, de 1817. Citemos ainda a obra de EBELING, Gerhard. *O estudo da teologia*: uma orientação enciclopédica. Tübingen, 1975.

11. Cf. o conhecido trabalho de RAHNER, Karl. *Höhrer des Wortes*. Munique: Kösel, 1940. Cf. nova ed. RAHNER, K. & METZ, J.B. *L'homme à l'écoute du Verbe*. Fondements d'une philosophie de la Religion. Tours Mame, 1968 [ed. al. Munique: Kösel, 1963; ed. it. *Uditori della Parola*. Turim: Borla, 1967]; e ainda o grosso vol. (689 p.) de MANCINI, Italo. *Teologia, ideologia, utopia*. Col. Biblioteca di Teologia Contemporanea 18. Brescia: Queriniana, 1974.

12. SECKLER, Max. *Teologia, Scienza, Chiesa*. Brescia: Morcelliana, 1988, p. 53-67.

Eis aqui um esquema, evidenciando as várias disciplinas teológicas que se situam no campo da "Teologia fundamental" entendida em sua acepção mais geral e as que estão em seus limites, mostrando inclusive suas conexões:

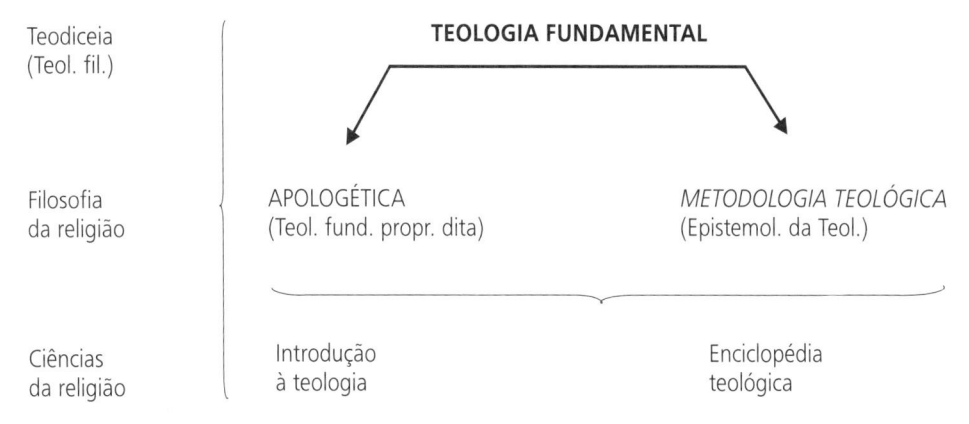

Teodiceia
(Teol. fil.)

TEOLOGIA FUNDAMENTAL

Filosofia
da religião

APOLOGÉTICA
(Teol. fund. propr. dita)

METODOLOGIA TEOLÓGICA
(Epistemol. da Teol.)

Ciências
da religião

Introdução
à teologia

Enciclopédia
teológica

Como se vê, nossa matéria, a Metodologia teológica, aparece aí como um dos dois ramos centrais da chamada hoje "Teologia fundamental". Contudo, e aqui o repetimos, ela deve ser entendida como uma matéria totalmente à parte, pois possui seu estatuto teórico próprio. E é nesse sentido que caminham hoje as denominações das respectivas disciplinas teológicas, na medida em que reservam cada vez mais o título de "Teologia fundamental" ao estudo dos *fundamentos materiais* da Revelação e da fé, e o de "Metodologia teológica" ou "Epistemologia da teologia" à reflexão crítica do *processo formal* da prática teológica.

Acrescentemos, por fim, que nosso tratado mantém uma relação mais ou menos estreita, segundo os casos, com as outras disciplinas vizinhas, seja na área da teologia como na área mais vasta das outras ciências que se ocupam da religião.

LEITURA

RICARDO DE SÃO VÍTOR:

Passar da fé à inteligência da fé[13]

<<Que ardor não devemos ter por esta fé na qual todo bem tem seu fundamento e encontra sua firmeza! Mas se a fé é a origem de todo o bem, o conhecimento é sua

---

13. *De Trinitate*, Prólogo: PL 196, 889-890; e Col. Sources Chrétiennes 63. Paris: Cerf, 1959, p. 50-59. Ricardo (†1173) foi um grande expoente da célebre escola da "teologia monástica", portanto, de linha místico-contemplativa, da abadia parisiense de São Vítor.

consumação e perfeição. Lancemo-nos, pois, em direção à perfeição e, por toda a série de progressos possíveis, avancemos apressadamente da fé para o conhecimento. Façamos todos os esforços possíveis para compreender aquilo que cremos (*ut intelligamus quod credimus*).

Pensemos no ardor dos filósofos profanos quanto ao estudo de Deus, nos progressos que fizeram. E envergonhemo-nos de nos mostrar, nesse ponto, inferiores a eles. [...] E nós, que fazemos nós, que, desde o berço, recebemos a tradição da verdadeira fé? O amor da verdade deve ser em nós mais eficaz que neles o amor da vaidade! Será preciso que, nessas questões, nos mostremos mais capazes, nós que somos dirigidos pela fé, arrastados pela esperança, impelidos pela caridade!

Devemos julgar ainda insuficiente ter sobre Deus, pela fé, ideias corretas e verdadeiras. Esforcemo-nos, como dizíamos, por compreender o que cremos (*quae credimus intelligere*). Empenhemo-nos sempre, nos limites do lícito e do possível, por captar pela razão aquilo de que estamos convencidos pela fé (*comprehendere ratione quod tenemus ex fide*). Aliás, é de se admirar se diante das profundezas divinas nossa inteligência se obscureça, ela que é, quase a todo o momento, envolvida pela poeira dos pensamentos terrenos?

"Sacode a poeira, virgem, filha de Sião" (Is 52,2). Se somos filhos de Sião, erijamos aquela sublime escada da contemplação. Como águias, tomemos asas (cf. Is 40,31), para podermos plainar acima das realidades terrestres e nos elevar às celestes. [...] Elevemo-nos, pois, pelo espírito (*spiritualiter*), elevemo-nos pela inteligência (*intellectualiter*) lá, onde, entretempos, a ascensão com o corpo (*corporaliter*) não nos é ainda possível. [...]

Pois é para o céu que somos levados pelo Espírito, que nos levanta, todas as vezes que a graça da contemplação nos faz alcançar a inteligência do eterno. Deve-nos, pois, parecer pouca coisa ter uma fé autêntica nas realidades eternas, se não nos é dado corroborar estas verdades da fé pelo testemunho da razão. Sem nos satisfazer com o conhecimento do eterno que só a fé outorga, procuremos atingir o que dá a inteligência, se ainda não somos capazes do conhecimento que concede a experiência (mística).

Todas as reflexões desse prólogo têm por objetivo tornar nossos espíritos mais atentos e mais ardentes neste estudo. É um mérito, assim o cremos, estarmos cheios de entusiasmo nessa busca, mesmo se os resultados não respondem totalmente aos nossos desejos.>>

Seção I – FUNDAMENTOS

Capítulo 2

COMO NASCE CONCRETAMENTE A TEOLOGIA

Queremos aqui descrever como se processa o ato de teologizar. Trata-se de descrever fenomenologicamente como se dá o fazer teológico.

POR QUE ISTO: A TEOLOGIA?

1. A fé deseja saber

A pessoa de fé quer naturalmente saber o que é mesmo aquilo que acredita, se é verdade ou não. Quer saber também o que implica tudo aquilo em sua vida concreta e em seu destino.

É que a fé tem isso dentro dela: a curiosidade. Ela quer saber de si mesma. É possuída por um dinamismo interno que a leva a se autocompreender.

Tal é a definição clássica da teologia: *fides quaerens intellectum* (a fé buscando entender). É a expressão, já clássica, de Santo Anselmo (†1109)[1]. Significa: a fé é desejosa de saber. Ela busca luz.

Santo Anselmo se situa na linha direta de Santo Agostinho, que havia dito: "Desejei ver com a inteligência o que acreditei"[2]. Há, portanto, na fé uma "vontade de verdade".

---

1. *Fides quaerens intellectum*: tal foi o primeiro nome de seu livro *Proslogion*, como ele mesmo confessa no proêmio, livro esse publicado na Col. Os Pensadores, São Paulo: Abril, 1979, 2. ed., aqui p. 98. Cf. o Cap. 1 deste livro como *Leitura* no fim do presente capítulo. Cf. BOUILLARD, Henri. *Comprendre ce que l'on croit*. Paris: Aubier/Montaigne, 1971, cap. 1, p. 13-42. Aquela famosa expressão serviu de *programa* para todo o percurso teológico posterior. Sobre ela se detiveram pensadores tão diferentes como Tomás de Aquino, F. Hegel, F. Schleiermacher, R. Guardini e K. Barth.

2. "Desideravi intellectu videre quod credidi": *De Trinitate*, 15, 28, 51: PL 42, 1098.

De resto, o amor é um elemento intrínseco da fé. Quem ama medita, divaga. O amor faz pensar. Quando a fé seduz a razão, então nasce a teologia. A fenomenologia do ato teológico é descrita por Santo Tomás de Aquino nestes termos, de sabor agostiniano:

> No fervor de sua fé, a pessoa ama a verdade que crê, a revolve no seu espírito e a abraça, procurando encontrar razões para seu amor[3].

Alhures, afirma:

> O amante não se contenta com a apreensão superficial do amado. Mas é levado a refletir (*disquirere*) no seu interior cada coisa que concerne ao amado. [...] Assim, o amado habita (*immoratur*) no amante[4].

O Doutor Angélico vai mais longe. Chega a dizer que é o amor que está na raiz disso que chamaríamos "êxtase intelectual", que nos põe para fora de nós mesmos, nos faz meditar sobre o Amado e nos torna aptos para compreender as coisas suprarracionais. Chama essa saída de "primeiro êxtase", o qual predispõe para o "segundo êxtase", o da comunhão direta e imediata com o Amado, e que podemos chamar de "êxtase afetivo"[5].

"Onde está o amor, aí está o olhar"[6]. Esse dado elementar da psicologia do amor tem uma profunda significação epistemológica. Deste modo, mostra-se verdadeira a expressão agostiniana: "O próprio amor é inteligência"[7].

Foi São Boaventura que mais enfatizou o amor como fonte particular de teologia:

> Quando a fé crê por causa do amor daquele em quem crê, então deseja possuir as razões disso[8].

---

3. *Summa Theologica* (= *ST*), II-II, q. 2, a. 10, c.

4. *ST* I-II, q. 28, a. 2, c.

5. Cf. *ST* I-II, q. 28, a. 3, c.

6. TOMÁS DE AQUINO. in *Sent. III*, 35, 1, 2.

7. "Amor ipse intellectus est": apud VAGAGGINI, Cipriano. Teologia. In: BARBAGLIO, Giuseppe & DIANICH, Severino (orgs.). *Nuovo Dizionario di Teologia*. 4. ed. Cinisello Balsamo (MI): Paoline, 1985, p. 1.671 e 1.674.

8. *I Sent.*, proem., q. 2, ad 6, citado pela Instrução da CONGREGAÇÃO PARA A DOUTRINA DA FÉ. *Vocação eclesial do teólogo* (Veritatis Donum, 1990), n. 7, nota 3.

Se é assim, seria dupla a fonte da teologia: a fé e o amor[9]. Mas pode-se reduzir finalmente a teologia a uma fonte só: a fé que se faz amor: a *fides quaerens*, a fé desejosa e amorosa.

Por conseguinte, não é tanto o teólogo que se ocupa com a fé; é antes a fé que ocupa o teólogo. Ela o precede e o solicita[10].

2. O espírito humano busca incansavelmente conhecer

Até agora analisamos a origem da teologia pelo lado do *objeto* – a própria fé. Examinemos agora a mesma questão pelo lado do *sujeito* que crê. Ora, nesse nível, pode-se verificar que a fonte do dinamismo teológico se situa na natureza do próprio espírito humano. Esse representa uma estrutura aberta, interrogativa.

Com efeito, o espírito busca por natureza a verdade, como afirmou Aristóteles. "Todo o ser humano aspira naturalmente ao conhecimento". E o Filósofo dá como exemplo o olhar: a gente olha as coisas "não só em vista da ação, mas também gratuitamente"[11].

Ora, esse dinamismo se exerce também, e de maneira eminente, sobre o conteúdo de verdade da fé[12]. A razão da fé é definida pelo Vaticano I como *ratio fide illustrata*: a razão esclarecida pela fé (DS 3016). Por isso a teologia pode-se definir como "a fé de olhos abertos". É a fé lúcida, inteligente, crítica.

Nessa linha, é impossível que haja fé sem que haja um mínimo de reflexão sobre ela, sem que o espírito deixe de pensar sobre seu conteúdo. Esse é um movimento natural, espontâneo. Por isso, toda pessoa de fé é também teóloga, pelo menos em grau mínimo.

---

9. Cf. CONGREGAÇÃO DA DOUTRINA DA FÉ. Op. cit., n. 7, onde fala da "dúplice origem da teologia": a fé e o amor.

10. Cf. COLOMBO, Giuseppe. *Professione "teologo"*. Milão: Glossa, 1996, p. 11.

11. Na abertura de sua *Metafísica*, I (A), 1: 980a 21.

12. Cf. SCHMAUS, Michael. *A fé da Igreja*. Vol. I. Petrópolis: Vozes, 1976, cap. 5, p. 171.

A busca de luz pela fé é particularmente urgente na cultura moderna, por seu caráter extremamente racionalizador. As coisas da fé não possuem a "evidência cultural" de outrora, quando a sociedade "tradicional", no Ocidente, estava fortemente marcada pelo cristianismo, mais ainda, quando se via centrada nele. Já hoje, as verdades da fé perderam em grande parte sua "plausibilidade" social, ao mesmo tempo em que a busca religiosa em geral se acha em ascenso.

Tudo isso tem grandes consequências para a inteligência teológica. Faz com que as "razões da fé", quer, mais longinquamente, na forma da Teologia filosófica (Teodiceia), quer, mais proximamente, no modo da Teologia fundamental (Apologética) se tornem muito mais necessárias. A "razão antecedente" da fé se aproxima muito mais de sua "razão consequente", a ponto de, na prática, se fazerem simultâneas, isto é, se exercerem juntas, embora estejam por natureza numa relação desigual[13].

A RAIZ UNITÁRIA E PLURAL DA TEOLOGIA

O fundamento mais radical da teologia

Como vimos, o que desperta a teologia é a fé e o espírito crente. Mas antes de qualquer determinação particular (visão, experiência, prática), a fé, em sua raiz mais profunda, é irrupção do "ser novo", da "vida nova". É novo nascimento. Numa palavra, fé significa "conversão", como transformação profunda do ser, como morte e ressurreição. Tal é a fé em sua unidade e globalidade: um novo modo de existir.

Antes, pois, de constituir um saber, um sentir ou um agir particulares, como especificaremos logo mais, a fé é da ordem da ontologia: é receber e possuir um "novo coração e um espírito novo" (cf. Ez 36,26). É ser regenerado. A fé-conversão se torna então a realidade fundadora de uma nova visão do mundo, de uma nova experiência da vida e de uma ética igualmente nova.

---

13. Sobre a razão antecedente e a razão consequente cf. *ST* II-II, q. 2, a. 10, c; e também mais à frente Cap. 19.

E é daí que surge também um novo saber sobre Deus e o mundo: a teologia cristã. O novo ser dá início a um novo pensamento. A teologia tem, portanto, em seu princípio mais originário o evento instaurador de uma nova vida, de uma existência outra. É, em breve, a *metánoia*, não apenas como "mudança de mentalidade", mas antes como evento radical, global e decisivo. Só uma nova subjetividade pode captar a nova realidade. Só uma pessoa transformada pode entender a fundo as coisas de Deus. Só um ser novo pode apreender a Boa-nova. "É somente pela conversão ao Senhor que o véu (das Escrituras) cai" (2Cor 3,16)[14].

A estrutura complexa da fé-conversão

Por outro lado, a fé, enquanto uma atitude totalizante, ou opção fundamental, envolve toda a vida da pessoa e compromete seu destino derradeiro. É um ato complexo, rico de múltiplas determinações. Ora, a teologia esposa necessariamente a estrutura de seu objeto e princípio – a fé.

Podemos aqui destacar na fé três componentes principais: a experiência, a inteligência e a prática. Assim, a fé tem algo de afetivo, de cognitivo e de normativo.

A unidade desses três níveis se exprime de modo particular e concreto no culto. Aí a pessoa acede a certo conhecimento acerca das coisas divinas, faz a experiência das mesmas e, por fim, se dispõe a obedecer às suas exigências. Isso tudo se dá num único ato perceptivo. Assim, por exemplo, confessar: "Deus existe", implica conhecê-lo, amá-lo e servi-lo, ao menos potencialmente[15]. Do mesmo modo também, quando os primeiros cristãos

---

14. A conversão como fundamento da teologia, assim como uma das (oito) "operações" essenciais do método teológico, foi colocada em relevo pelo conhecido trabalho de LONERGAN, Bernard. *Pour une méthode en théologie.* Col. Cogitatio Fidei 93. Montreal/Paris: Fides/Cerf, 1978, p. 154-156 e 306-308. Cf. tb. VILANOVA, Evangelista. *Para comprender la teología.* Estella (Navarra), Verbo Divino, 1995, p. 63: conversão como uma das "coordenadas da teologia"; e p. 15: texto de Lonergan. Cf. ainda RATZINGER, Joseph. *Natura e compito della teologia.* Milão: Jaca Book, 1993, p. 49-53: "O novo sujeito como pressuposto e fundamento de toda teologia"; e p. 53-55: "Conversão, fé e pensamento".

15. Cf. KOLAKOWSKI, Leszek. *Le Religioni.* Milão: SugarCo Edizioni, 1983, p. 153s. Para as várias dimensões da fé, com destaque para a prática, cf. LIBÂNIO, J.B. *Fé e política* – Autonomias específicas

confessavam "Jesus é o Senhor", deslegitimavam *ipso facto* o culto do pretenso senhor daquele tempo: o César divinizado.

Os três componentes "písticos" de que falamos tinham sido individuados pela tradição teológica sob a seguinte terminologia:

– *fides quae*: é a fé-palavra, a fé dogmática;

– *fides qua*: é a fé-experiência, a fé fiducial;

– e *fides informata*: é a fé-prática, a fé encarnada.

Ora, a fé é simultaneamente princípio, objeto e objetivo da teologia. E o é na riqueza das suas múltiplas dimensões. Por isso, entendendo a fé como um ato total de obediência à Palavra, como faz Paulo (cf. Rm 1,5), podemos dizer com um Reformador: "Todo o conhecimento de Deus nasce da obediência"[16].

Toca-nos ver mais adiante de que maneira cada uma dessas dimensões informa o discurso teológico.

PRIMEIRAS CONCLUSÕES

Tiremos agora algumas consequências da tese geral de que a fé é o princípio ou fundamento de toda teologia.

1. Relação íntima entre fé e teologia

Há entre a fé e a teologia uma relação interna ou orgânica, e não meramente exterior ou mecânica. Há continuidade vital entre essas duas realidades, e não mera justaposição.

Poderíamos aqui usar muitas metáforas. Assim, a fé é para a teologia:

– como a seiva para a árvore;

– como a fonte para o rio;

– como o fermento para o pão;

---

e articulações mútuas. Col. Fé e Realidade 17. São Paulo: Loyola, 1985, p. 15-39, onde distingue quatro aspectos da fé: fiducial, hermenêutico (intelectual), práxico e escatológico.

16. "Omnis cognitio Dei ab obedientia nascitur": CALVINO. *Institutiones* I, 6, 2.

– como a alma para o corpo;

– como o punho fechado para a mão espalmada[17].

A teologia é a fé mesma que se vertebra, a partir de dentro, em discurso racional. É o desdobramento teórico da fé. É seu desabrochamento intelectual. Teologia é *fides in statu scientiae* (a fé em estado de ciência). É o *pathos* que toma a forma do *logos*, a experiência que se faz razão. É a sabedoria no modo do saber.

A teologia não acrescenta materialmente um pingo de luz à fé. Desenvolve apenas seu conteúdo material. Desdobra suas virtualidades latentes. É a *ratio* estendendo o *intellectus*: a razão explanando a intuição. Portanto, a fé é como a *enteléqueia* da teologia, isto é, sua forma dinâmica interna. É seu *conatus*, sua alma viva e inquieta. Eis o que diz Clemente de Alexandria (ca. 150), diretor do primeiro instituto de teologia, o *Didaskaleion*:

> A fé é, por assim dizer, um conhecimento elementar e concentrado das coisas necessárias. A gnose (= conhecimento teológico), por sua vez, é a demonstração firme e segura do que se recebe na fé. Ela se edifica sobre a fé, por meio do ensinamento do Senhor, e conduz a uma indefectível posse intelectual[18].

Como se vê, a teologia como discurso se distingue do discurso da fé, tal a confissão. Dá-se entre as duas *certa ruptura* – uma ruptura no nível da forma, especificamente da *linguagem*[19]. A teologia é mutável, diversificada, enquanto a fé tem um caráter absoluto, definitivo.

Isso tudo é verdade no plano da *forma*. Contudo, no do *conteúdo*, há profunda continuidade. A substância viva da teologia é a própria fé. A teologia não diz outra coisa que a fé, só o diz de outro modo. *Non novum sed*

17. A última comparação é de Rogério BACON (†1292), *Opus Maius* II, 1, apud BÖHNER, Philotheus & GILSON, Etienne. *História da filosofia cristã*. Petrópolis: Vozes, 1970, p. 381.

18. *Stromata*, 7, 57, 3.

19. Cf. BOFF, Clodovis. *Teologia e prática*. Teologia do político e suas mediações. 3. ed. Petrópolis: Vozes, 1993, seção II, cap. 3, § 10, espec. nota 5, onde elaboramos o conceito de "quase-ruptura".

nove: não diz coisas novas, mas as mesmas coisas perenes da fé, mas de modo diferente.

Por isso tinha razão Tertuliano ao dizer:

> Nós não temos curiosidade depois de Jesus Cristo. Nem temos necessidade de investigar depois do Evangelho. Quando cremos, não sentimos falta de outras crenças, pois a primeira coisa que cremos é que não há outra coisa para crer[20].

São João da Cruz não diz outra coisa:

> "Ao dar-nos, como nos deu, o seu Filho, que é a sua única Palavra – e não há outra –, (Deus) disse-nos tudo de uma vez nessa Palavra e nada mais tem a dizer[21].

A fé im-plica dentro de si a teologia; e a teologia ex-plica, como que para fora, a fé recolhida em si mesma. Na fé encontramos uma teologia implícita e na teologia, uma fé explícita. As razões teológicas se relacionam com a fé não ao modo da "substituição" ou da "diminuição", mas ao modo da "adição"[22]. Elas se acrescentam orgânica e formalmente à convicção da fé. A teologia é a fé crescendo na inteligência.

2. Primazia da fé sobre toda teologia

A fé, fonte da teologia, é naturalmente anterior a ela, quer do ponto de vista temporal, quer estrutural. Antes da teologia, temos a fé; antes da inteligência, a memória; antes da reflexão, a proclamação. Na teologia cristã, a fé é o *primum*, a *archée* estrutural e estruturante.

Essa é uma afirmação que atravessa toda a tradição teológica. E isso desde o começo. É o que testemunha a citação, invocada pelos grandes teólogos da Igreja, desde Irineu, passando por Agostinho e repetida por toda a Idade Média: "Se não

---

20. *De praescriptione haereticorum*, 7, 21: PL 2, 24.

21. *A subida do Monte Carmelo*, l. II, cap. 22, reportado também na *Liturgia das horas*, Ofício das leituras, 2ª leitura, segunda-feira, 2ª Semana do Advento.

22. São os termos de SANTO TOMÁS. *In Boetium de Trinitate*, q. 2, a. 3, c.

acreditardes, não compreendereis" (Is 7,9 = LXX). Temos aí o que foi considerado a "carta da intelectualidade cristã"[23].

Mas foi Santo Agostinho que mais enfatizou o primado da fé para a compreensão teológica. É dele a definição mais sintética que a teologia recebeu em sua história: *intellectus fidei* – a inteligência da fé, sua autocompreensão.

De Agostinho nos vem ainda o conhecido *crede ut intelligas*: crê para entender. *Praecedit fides, sequitur intellectus*: primeiro vem a fé, depois o entendimento[24]. E mais: "Não pretendas entender para crer, mas antes crer para entender"[25].

Certo, Agostinho é dialético: afirma também a necessidade de alguma compreensão anterior à fé para torná-la possível: *intellige ut credas* (entende para crer)[26]. Mas o peso maior vai da fé para a inteligência.

Na continuidade do Doutor de Hipona, encontramos Santo Anselmo, com sua célebre afirmação: "Não busco compreender para crer. Mas creio para compreender: *credo ut intelligam*"[27].

No mesmo sentido vai outro agostiniano medieval, Ricardo de S. Vítor († 1173): "Esforcemo-nos por compreender o que cremos. Empenhemo-nos sempre, nos limites do lícito e do possível, por captar pela razão aquilo de que estamos convencidos pela fé"[28].

Essa tradição é retomada também na chamada Idade Moderna. Assim, naquele que é tido por um dos grandes metodólogos dos tempos modernos, Melchior Cano († 1560): "Aquele que quiser ser mestre da escola cristã, precisa antes de mais nada abraçar o discurso da fé"[29].

Citemos igualmente outro grande metodólogo, agora das ciências modernas, Francis Bacon († 1626): "Dá à fé o que é da fé (*da fidei quae fidei sunt*). Em vão luta-

23. Segundo CONGAR, Yves. *La foi et la théologie*. Paris: Desclée, 1962, p. 172.

24. *Sermo* 118, 1: PL 38, 672.

25. *In Ev. Jo. Tract. 29*, n. 6: PL 35, 1630-1631. Cf. tb. *Ennarrationes in Ps. 118*, 18, 3: PL 37, 1552; *De Doctrina Christiana*, 2, 12, 17: PL 34, 43; *De Trinitate*, XV, 2, 2: PL 42, 1058.

26. *Sermo 43*, 7, 9: PL 38, 258. Cf. tb. *De praedestinatione sanctorum*, II, 5: PL 44,936; *Ennarrationes in Ps. 118*, sermo 18, n. 3: PL 37, 1551-1552 (cit. supra); e também na *Carta 120* (que pusemos como *Leitura* no fim do Cap. 4). Mais à frente, no Cap. 19 trataremos dessa questão e voltaremos a Santo Agostinho e à sua dialética razão-fé-razão.

27. *Proslogion*. Op. cit., cap. 1: *Leitura* no fim deste capítulo.

28. *De Trinitate*, prólogo, referido supra na *Leitura* no fim do Cap. 1.

29. CANO, Melchior. *De locis theologicis*, l. I, cap. 2.

rá (*frustra sudaverit*) aquele que pretender obrigar os celestes arcanos da religião a se adaptarem à nossa razão"[30].

Desses testemunhos se depreende claramente que a teologia é realmente o discurso *de* Deus, mais que um discurso *sobre* Deus. Ela se faz *a partir de* Deus e não tanto *em torno de* Deus.

Poderíamos dizer que a teologia é "palavra de Palavra": é um falar a partir do falar mesmo de Deus. Nesse sentido, é um "discurso de segunda ordem". Seu objeto é um sujeito, uma pessoa, "Alguém"[31]. Deus é o sujeito eterno da teologia. A palavra teológica não passa de um eco humano da Palavra divina.

RESUMINDO

1. A teologia nasce do coração da própria fé. É, na definição felicíssima de Santo Anselmo, "a fé que ama saber". Igualmente o amor, que nasce da fé, deseja saber as razões por que ama. Tal é a dupla fonte *objetiva* da teologia.

2. Quanto à fonte *subjetiva* da teologia, é o próprio espírito humano que "deseja naturalmente conhecer" (Aristóteles), e disso não estão excluídas as coisas da fé.

3. Toda a pessoa de fé, na medida em que procura entender o porquê daquilo que crê, é, a seu modo e à sua medida, "teóloga".

4. Em sua raiz mais profunda, a teologia nasce da fé, entendida em sua unidade como novo nascimento, mais simplesmente como *conversão*. Só um ser profundamente transformado pode verdadeiramente ter acesso aos mistérios divinos.

5. A fé é uma realidade unitária, mas é também complexa. E é segundo essa complexidade que a fé é fonte, objeto e fim da teologia. De fato, a fé compreende:

– um elemento *cognitivo*: é a fé-palavra;

– um elemento *afetivo*: é a fé-experiência;

– um elemento *ativo*: a fé-prática.

---

30. *Instauratio magna*, l. III, Cap. 2, 1s; cf. ainda cap. 4.

31. Cf. BARTH, Karl. *Introdução à teologia evangélica*. São Leopoldo: Sinodal, 1977, p. 128s. (orig. al. Zurique: EVZ-Verlag, 1962). Damos esse texto como *Leitura* no final do Cap. 4.

6. Há uma relação íntima, orgânica entre fé e teologia. Esta é a "fé em estado de ciência".

7. A fé sempre vem antes da teologia e tem o primado absoluto sobre ela, como mostra toda a tradição teológica, na linha do "crê para entender" de Agostinho e que Anselmo retomou em seu "creio para entender".

EXCURSO

A FÉ COMO PRECONDIÇÃO PARA TODA COMPREENSÃO

Que a teologia tenha na fé seu pressuposto não é algo que deponha contra ela. Antes isso é *condição de sua possibilidade*, e não perversão, como no caso do preconceito. Veremos isso mais em detalhe no capítulo seguinte. Ora, o fato de a teologia pressupor a fé é apenas um caso de uma situação mais geral do comportamento humano. Se não o que, vejamos.

A fé pode muito bem ser entendida como uma atitude humana geral face à realidade e ao seu sentido. É a "fé antropológica", qualitativamente diferente, é claro, da "fé salvífica". A "fé antropológica" é um crédito de confiança que se dá às coisas que se quer conhecer. É uma abertura e predisposição positiva do espírito frente ao mistério do mundo. É uma forma de amor. Essa postura humana básica se exprime em vários níveis.

1. Nível pessoal

Sem um mínimo de fé, a vida interpessoal e social se torna impossível. A chamada "boa-fé" é uma atitude necessariamente pressuposta em toda *convivência social*. O "preconceito favorável" ou o "não julgueis" de Jesus são outras expressões dessa confiança prévia que se deve ter em outrem. É nessa pressuposição de fundo que se baseia o famoso *a priori* jurídico da "presunção de inocência", reconhecido, aliás, na "Declaração dos Direitos Humanos" (art. XI). Ao contrário, a suspeita sistemática envenena as relações intersubjetivas e torna impossível a coexistência pacífica entre as pessoas.

Aqui vale sobretudo a epistemologia agostiniana: *Amor dat novos oculos*. Diz Agostinho: "Nenhum bem se conhece se não for perfeitamente amado"[32]. Era o "segredo" que a raposa deixou para o Principezinho: "Só se vê bem com o coração. O essencial é invisível aos olhos"[33].

---

32. *De diversis quaestionibus*, 83, q. 35, n. 2.

33. SAINT-EXUPÉRY, Antoine de. *O pequeno príncipe*. 15. ed., cap. 21. Rio de Janeiro: Agir, 1972, p. 74.

É este, aliás, o sentido comum de "compreender" usado nas relações interpessoais, sobretudo de tipo educativo. Compreender aí significa efetivamente entender a situação de uma pessoa a partir de uma atitude de simpatia e amor.

Mesmo a sociedade moderna, extremamente racionalizada em seus processos, não dispensa, antes exige para funcionar, um crédito inicial de confiança. Os "sistemas abstratos" de que estamos cercados, desde o fato de acender a luz elétrica, até usar programas de computador, passando pelo uso dos meios de transporte, ou de comunicação (telefone, fax, etc.), são utilizados ou operados por nós sem entendermos bem a sua lógica complexa. Acreditamos simplesmente que funcionem e é nessa confiança, sempre arriscada, que os adquirimos e usamos[34].

2. Nível hermenêutico

Toda leitura proveitosa exige um "leitor benévolo" e não um censor ou inquisidor. O sentido de um texto só se libera quando se adota em relação a ele uma predisposição favorável.

O próprio "círculo hermenêutico" não deslancha senão na base da antecipação do sentido. Sentencia Alain:

> É preciso crer antes... Jurai antes e por provisão que Platão diz a verdade; sob esta condição podereis compreendê-lo[35].

3. Nível científico

Na raiz de toda investigação científica há uma aposta de fé: acredita-se na racionalidade da natureza, isto é, de que ela é governada por leis, de que existe uma "ordem natural" que preside às coisas e de que existe uma "harmonia preestabelecida" (G.W. Leibniz) entre a racionalidade do nosso cérebro e a ordem do mundo[36].

Sabe-se que A. Einstein († 1955) chamava essa fé pré-científica e ao mesmo tempo transcientífica de "religiosidade cósmica". Eis suas palavras:

---

34. Cf. GIDDENS, Anthony. *As consequências da modernidade*. São Paulo: Unesp, 1991, cap. 4, p. 115-150.

35. ALAIN. *Propos sur le Christianisme*. Paris: Ed. Rieder, 1927, p. 122.

36. Cf. um dos pais da cibernética WIENER, Norbert. *Cibernética y sociedad*. Buenos Aires: Sudamericana, 1958, cap. 11. Cf. tb. o teólogo protestante GILKEY, L. *Religion and scientific future*. trad. it. *Il destino della religione nell'età tecnologica*. Roma: Ed. Armando, 1972, espec. p. 83 e 86, apud MONDIN, Battista. *As teologias do nosso tempo*. São Paulo: Paulinas, 1978, p. 193s.

Eu afirmo com todo o vigor que a religião cósmica é o móvel mais poderoso e mais generoso da pesquisa científica. (...) O espírito científico... não existe sem a religiosidade cósmica[37].

Max Planck († 1947), autor da teoria quântica, afirmou a esse propósito:

Aquele que realmente contribuiu alguma vez à construção da ciência sabe por própria experiência interna que na porta de entrada da mesma ciência há uma escrita, que não é visível de fora, mas que é insubstituível: a fé que olha para frente. Dificilmente poderá haver uma proposição cuja errônea interpretação tenha provocado tanto mal como a que garante que a ciência não há de supor nenhum requisito prévio[38].

Falando mais simplesmente, um campo definido da ciência só se abre por obra e graça de uma decisão subjetiva, isto é, por algo anterior ao seu desvelamento científico.

O discurso científico – diz J. Ladrière, um dos maiores filósofos da ciência hoje – se baseia... numa escolha por um tipo característico de atitude intelectual[39].

LEITURA

SANTO ANSELMO DE CANTUÁRIA:

Incitação da mente à contemplação de Deus[40]

<<Eia, vamos, pobre homem! Foge por um pouco às tuas ocupações, esconde-te dos teus pensamentos tumultuados, afasta as tuas graves preocupações e deixa de lado as tuas trabalhosas inquietudes. Busca, por um momento, a Deus e descansa um pouco nele. Entra no esconderijo da tua mente, aparta-te de tudo, ex-

37. EINSTEIN, Albert. *Como vejo o mundo*. Rio de Janeiro: Nova Fronteira, 1981, p. 22s.

38. Apud BEINERT, Wolfgang. *Introducción a la teología*. Barcelona: Herder, 1981, p. 106 [orig. al. *Wenn Gott zu Wort kommt*. Friburgo/Basileia/Viena: Herder, 1978].

39. LADRIÈRE, Jean. *A articulação do sentido*. São Paulo: EPU/Edusp, 1977, p. 134.

40. *Proslógio* (1078), cap. 1: PL 158, 225-227, trad. apud Col. Os Pensadores. São Paulo: Abril, 1979, p. 99-101. Parte deste texto constitui a 2ª leitura de sexta-feira da 1ª semana de Advento da *Liturgia das horas*. O livro citado contém o famoso "argumento ontológico". As circunstâncias dessa intuição, surgida em plena noite, mostra-nos em Anselmo um teólogo apaixonado. Com efeito, como conta Eadmero na *Biografia* do santo (I, 26), sua busca ardente por uma chave teórica, única e autoevidente, que provasse a existência de Deus, converteu-se para ele numa obsessão, que o distraía na oração, tirava-lhe o apetite e o sono, a ponto de se tornar para ele uma verdadeira tentação. Contudo, o "pai da es-

ceto de Deus e daquilo que pode levar-te a ele, e, fechada a porta, procura-o. Abre a ele todo o teu coração e dize-lhe: "Quero teu rosto; busco com ardor teu rosto, ó Senhor" (Sl 26,8).

Eis-me, ó Senhor meu Deus, ensina, agora, ao meu coração onde e como procurar-te, onde e como encontrar-te. Senhor, se não estás aqui, na minha mente; se estás ausente, onde poderei encontrar-te? Se tu estás por toda parte, por que não te vejo aqui? Certamente habitas uma luz inacessível. Mas onde está essa luz inacessível? E como chegar a ela? Quem me levará até lá e me introduzirá nessa morada cheia de luz para que ali possa enxergar-te?

Nunca te vi, ó Senhor meu Deus. Senhor, eu não conheço o teu rosto. Que fará, ó Senhor, que fará este teu servo tão afastado de ti? Que fará este teu servo tão ansioso pelo teu amor e, no entanto, lançado tão longe de ti? Anela ver-te, mas teu rosto está demasiado longe dele. Deseja aproximar-se de ti, mas a tua habitação é inacessível. Arde pelo desejo de encontrar-te, e não sabe onde moras. Suspira só por ti, e não conhece o teu rosto. Ó Senhor, tu és o meu Deus e o meu Senhor, e nunca te vi. Tu me fizeste e resgataste, e tudo o que tenho de bom devo-o a ti; no entanto, não te conheço ainda. Fui criado para ver-te, e até agora não consegui aquilo para que fui criado.

[...] E tu, Senhor, até quando, até quando, ó Senhor, ficarás esquecido de nós? Até quando conservarás o teu rosto afastado de nós? Quando iluminarás os nossos olhos e nos mostrarás o teu rosto? Quando voltarás a nós? Olha para nós, ó Senhor. Escuta-nos, ilumina os nossos olhos, mostra-te a nós. Volta para junto de nós, a fim de termos, novamente, a felicidade, pois, sem ti, só há dores para nós. Tem piedade de nossos sofrimentos e esforços para chegar a ti, pois, sem ti, nada podemos. Convida-nos, ajuda-nos, Senhor. Rogo-te que o meu desespero não destrua este meu suspirar por ti, mas respire dilatado meu coração na esperança. Rogo-te, ó Senhor, consoles o meu coração amargurado pela desolação. Suplico-te, ó Senhor, não me deixes insatisfeito após começar a tua procura com tanta fome de ti. Famélico, dirigi-me a ti: não permitas que volte em jejum. Pobre e miserável que sou, fui em bus-

---

colástica", como é considerado, foi também um pastor profético, que, quando arcebispo de Cantuária, enfrentou com desassombro os abusos dos dois reis normandos: Guilherme II (†1100) e Henrique I (†1110). Contudo, a inquietação teológica nunca o deixou. Ainda no leito de morte, avisado de que seu fim se aproximava, disse: "Se tal é a vontade de Deus, obedecerei de bom grado. Mas se quiser deixar-me entre vós até que termine uma questão que me preocupa o espírito, relativa à origem da alma, ficaria muito agradecido a Ele, pois não sei se encontraria alguém que se ocupe disso se eu morrer": Col. cit. supra, Os Pensadores, p. XIII.

ca do rico e do misericordioso: não permitas que retorne sem nada, e decepcionado. E se suspiro antes de comer, faze com que eu tenha a comida após os suspiros.

Ó Senhor, encurvado como sou, nem posso ver senão a terra: ergue-me, pois, para que possa fixar com os olhos o alto. As minhas iniquidades elevaram-se por cima da minha cabeça, rodeiam-me por toda parte e me oprimem como um fardo pesado. Livra-me delas, alivia-me desse peso, para que não fique encerrado como num poço. Seja-me permitido enxergar a tua luz, embora de tão longe e desta profundidade. Ensina-me como procurar-te e mostra-te a mim que te procuro. Pois, sequer posso procurar-te se não me ensinares a maneira, nem encontrar-te se não te mostrares. Que eu possa procurar-te desejando-te, e desejar-te ao procurar-te, e encontrar-te amando-te, e amar-te ao te encontrar.

Ó Senhor, reconheço e te rendo graças por teres criado em mim esta tua imagem a fim de que, ao recordar-me de ti, eu pense em ti e te ame. Mas ela está tão apagada em minha mente por causa dos vícios, tão embaciada pela névoa dos pecados, que não consegue alcançar o fim para o qual a fizeste, a menos que tu não a renoves e a reformes. Não tento, ó Senhor, penetrar a tua profundidade. De maneira alguma a minha inteligência amolda-se a ela, mas desejo, ao menos, compreender a tua verdade, que o meu coração crê e ama. Com efeito, não busco compreender para crer, mas creio para compreender (*non enim quaero intelligere, ut credam; sed credo, ut intelligam*). Efetivamente creio, porque, se não cresse, não conseguiria compreender.>>

Capítulo 3

O QUE ESTUDA A TEOLOGIA E EM QUE PERSPECTIVA

De que trata a Teologia? Qual é seu tema ou seu assunto? E como trata esse tema ou assunto? Como se vê, estamos aqui nos questionando sobre o *objeto* da teologia e sobre sua *perspectiva* própria.

Tomamos aqui a teologia como uma ciência, mas não decididamente em base ao modelo das ciências empírico-formais, como às vezes se tende hoje. A teologia é uma ciência a seu modo, uma ciência *sui generis*. É um saber ou disciplina que tem uma analogia estrutural com o saber científico em geral. Poderíamos dizer que é um saber "de tipo científico", como explicaremos melhor no próximo capítulo.

Ora, para desenvolver a questão do objeto e da perspectiva própria da teologia, partamos da estrutura do saber científico.

ESTRUTURA DO DISCURSO CIENTÍFICO EM GERAL

Elementos essenciais

Todo saber científico, inclusive o teológico, põe em ação três elementos principais:

– o *sujeito* epistêmico, em nosso caso, o teólogo;

– o *objeto* teórico, na teologia, Deus e sua criação;

– o *método* específico, que é o caminho para o sujeito chegar ao objeto visado. Que método seja esse para a teologia: é precisamente esse o tema do presente livro.

Pertence ao entendimento elementar da epistemologia saber que o objeto determina o método. Este está sempre subordinado ao assunto em questão. Na ciência, é preciso deixar-se conduzir pela mão das coisas. Pois é a própria realidade que ensina o caminho (o método) para se chegar a ela. Aristóteles assevera: "A coisa a se saber é anterior ao próprio saber e é a medida do mesmo"[1]. Na formulação sintética de Santo Tomás: "O método de uma ciência deve corresponder à sua matéria"[2]. Ora, qual é o objeto próprio da teologia? Da resposta a esta pergunta depende o método teológico.

Uma distinção epistemológica primária

Partamos da distinção clássica entre objeto material e objeto formal de uma ciência.

1. O *objeto material* define a *coisa* de que uma ciência trata. É como se alguém fizesse um "corte vertical" na espessura mesma do ente e delimitasse nele uma região, para dela em seguida se ocupar. Trata-se do "quê" de um saber (*objetum quod*).

Sinônimos de "objeto material" são: matéria-prima, temática, assunto, questão.

2. O *objeto formal* indica o *aspecto* segundo o qual se trata o ente escolhido. É como se fizéssemos agora um "corte horizontal" no objeto material, a fim de captar-lhe um nível ou camada. Aqui temos não o "quê", mas sim o "como" de um saber.

Sinônimos de "objeto formal" são: aspecto, dimensão, faceta, lado, nível, razão específica.

---

1. *Metafísica*, l. X (I), cap. 6, 1057a 11s., apud SANTO TOMÁS. *ST* I, q. 14, a. 8, obj. 3: "Scibile est prius scientia et mensura ejus". Cf. tb. *Ética a Nicômaco*, 1994b, 24s., trad. da Col. Os Pensadores, Abril, São Paulo, 1973, p. 250: "É próprio do homem culto buscar a precisão, em cada gênero de coisas, apenas à medida que admite a natureza do assunto".

2. "Modus scientiae debet respondere materiae": *In Boetium de Trinitate*, q. 6, a. 1, sed contra. Diz igualmente na mesma obra (*lectio II*): "Em todas as coisas se requer o modo adequado (*competens*) à matéria." Igualmente Hegel: "Para compreender cientificamente, é necessário se deixar conduzir e levar progressivamente pela natureza das coisas": apud MALDINEY, Henri. *Conscience et Signification*. Paris: PUF, 1953, p. 89. Sabemos que M. Heidegger se levantou contra a pretensão de antepôr o método às "coisas em si mesmas", propondo antes o *Seinlassen* (deixar o Ser ser), enquanto acolhida do que se mostra em termos de fenomenologia: cf. espec. *Ser e tempo*, § 7. 3. ed. Petrópolis: Vozes, 1989, p. 56s. Também Klaus Hemmerle insistiu muito no *lassendes Denken*, o "pensamento que deixa" (a realidade se automanifestar): Das Heilige und das Denken. In: CASPER, B.; HEMMERLE, K. & HÜNERMANN, P. *Besinung auf das Heilige*. Friburgo/Basileia/Viena, 1966, p. 22-25.

Acontece com as ciências o que se passa com nossos sentidos ou faculdades. Assim, por exemplo: a vista vê tudo, mas só sob o aspecto da cor; o ouvido ouve tudo, mas só sob o aspecto do som. E poderíamos continuar. Nos exemplos citados, o sabor e a cor constituem objeto formal de seus respectivos sentidos.

Demos agora mais um passo. Digamos que o objeto formal só é captado a partir de uma *perspectiva* particular em que se põe o sujeito epistêmico. A perspectiva é o correlato (subjetivo) do *aspecto* (objetivo) que se tem em vista. É chamada na tradição escolástica *objetum sub quo*.

Sinônimos de "perspectiva" são: ótica, visão, ponto de vista, prisma, ângulo, abordagem, enfoque, interesse e, mais modernamente, pertinência.

Como se pode perceber, aspecto e perspectiva estão em relação recíproca. São as faces respectivamente objetiva e subjetiva do mesmo processo. Contudo, embora seja verdade que sem se posicionar numa determinada *perspectiva* não se pode apreender o aspecto que se pretende, é mais verdade ainda que aquilo que, em última instância, comanda e determina a perspectiva é o *aspecto*. É o ser que mede a razão e não o contrário. A verdade se procura e encontra, não se inventa ou cria. Na prática, aspecto e pespectiva representam sempre o objeto formal como cara e coroa.

Demos o exemplo do tema ou objeto material "terra": a partir de uma perspectiva determinada se capta dele um aspecto específico ou objeto formal. A figura seguinte mostra diferentes personagens que se relacionam com a terra (objeto material) a partir do interesse específico de cada um deles (objeto formal):

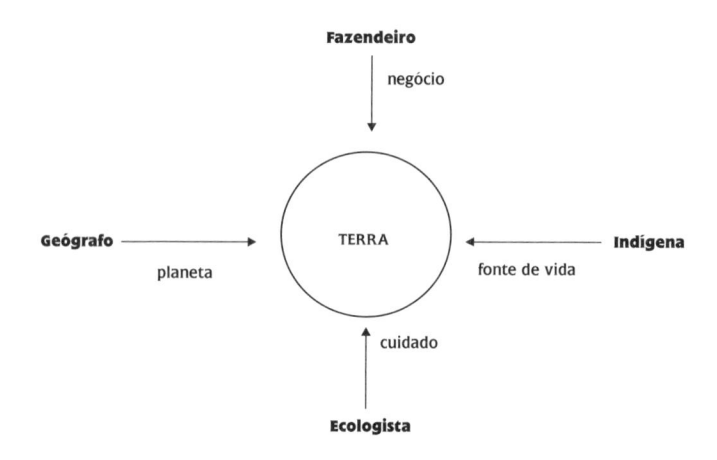

ESTRUTURA DO DISCURSO TEOLÓGICO EM PARTICULAR

O objeto material da teologia

De que trata a teologia? De Deus e tudo o que se refere a ele, isto é, o mundo universo: a criação, a salvação e tudo o mais. E isso está já na palavra mesma de "teologia": estudo de Deus. Mas como Deus é o "Determinante de tudo", então, qualquer coisa pode ser objeto de consideração do teólogo. Deus, com efeito, pode ser definido como "a Realidade que determina todas as realidades"[3].

Na verdade, a teologia não tem por objeto um "objeto" entre outros. Ela não estuda um "pedaço" da realidade total, materialmente distinto de tudo o mais. Antes, ela toma como "objeto" aquela *dimensão* da realidade que diz respeito ao Sentido supremo e por isso totalizante de tudo e de cada coisa. Ela toma por tema o horizonte de sentido omnicompreensivo ou omnienglobante de tudo.

Contudo, importa dizer que Deus é o objeto *primário* (melhor, primeiro) da teologia e, tudo o mais, objeto *secundário* (melhor, segundo). E é natural, pois a teologia não pode pôr no mesmo nível o Criador e a criatura, como diz Tomás de Aquino:

> A teologia não trata por igual (ex *aequo*) de Deus e das criaturas, mas de Deus principalmente (*principaliter*) e das criaturas (somente) na medida em que se relacionam com Deus como a seu princípio ou fim[4].

Nesse sentido, os escolásticos diziam que Deus era o "sujeito" da teologia. Sujeito vale aqui por tema de fundo ou objeto formal. Nesse caso, tudo o mais em teologia é "objeto".

Por que tal assimetria? Pela simples razão de que o Criador é infinitamente transcendente em relação a qualquer criatura. Diz o Vaticano II:

> Sem o Criador, a criatura se esvai. [...] E, pelo esquecimento de Deus, a própria criatura se torna obscura (GS 36,3).

---

3. Definição epistemológica de PANNENBERG, Wolfhart. *Epistemologia e Teologia*. Brescia: Queriniana, 1975, p. 287 e passim.

4. *ST* I, q. 21, a. 3, ad 1.

Poderíamos falar, com outras palavras, assim: Deus é o objeto "principal" da teologia; tudo o mais é objeto "consequencial". De fato, a fé diz respeito em primeiro lugar a Deus, e das demais coisas só por consequência, ou seja, por causa de Deus. Diz Santo Tomás:

> A Verdade teológica (*divinae cognitionis*) se refere em primeiro lugar e principalmente (*primo et principaliter*) à própria Realidade incriada; e às criaturas como que consequencialmente (*quodammodo consequenter*), enquanto, conhecendo-se aquela, se conhece tudo o mais[5].

O objeto formal da teologia

Como expressar o objeto formal da teologia? Poderíamos expressá-lo dizendo que é "Deus enquanto revelado". Ora, o Deus revelado é o Deus bíblico, o Deus do Evangelho, o Deus salvador.

Lutero não dizia outra coisa quando, em sua linguagem existencial, afirmava que o tema próprio da teologia cristã é o "homem perdido e o Deus salvador"[6].

Por outras palavras, trata-se sempre de Deus enquanto visto "à luz da fé". Essa última expressão diz a *perspectiva* própria da teologia.

Sinônimos aproximativos de "à luz da fé" são: segundo a Palavra de Deus, de acordo com as Escrituras, do ponto de vista da Revelação, aos olhos da Tradição eclesial, etc.

Tudo isso parece uma evidência, mas não é. Pois pode-se considerar Deus (objeto material) não enquanto o "Deus vivo e verdadeiro" (1Ts 1,9) da fé cristã, mas segundo outros pontos de vista. Assim, Deus pode ser visto como criação cultural, como fenômeno social, como dado psicológico, como objeto artístico e por aí afora. Ora, uma coisa é Deus na ótica dos psicólogos ou dos antropólogos, e outra é o Deus dos teólogos e dos fiéis. Um é o Deus da fé, outro é o Deus do marxismo, o Deus das filosofias, das culturas e assim por diante.

---

5. *De veritate*, 14, 8, ad. 2.

6. "Theologiae proprium subjectum est homo peccati reus ac perditus et Deus iustificans ac salvator hominis peccatoris": *Werke*, vol. 40/2, p. 328, comentando o Salmo 51, o *Miserere* (1532).

Todos os outros objetos da teologia – objetos secundos – são tratados sob a mesma ótica, ou seja, "à luz da fé", ou seja, a partir do Deus revelado. Tais assuntos podem ser perfeitamente teologizados na medida em que são relacionados com o Deus da fé, ou seja, enquanto situados *sub ratione Dei*, "sob o enfoque de Deus"[7].

O importante e decisivo num assunto qualquer é sempre seu objeto formal (objetivo), ou, por outras, a perspectiva (subjetiva) a partir da qual se encara aquele assunto. Na caso da teologia, é a perspectiva da fé que confere a "cor teológica" a uma reflexão determinada.

Portanto, a teologicidade de um discurso não consiste no seu objeto material, mas sim no seu objeto formal. É esse que determina se um discurso é ou não é teológico.

Ser teólogo é assumir uma ótica particular. É ver tudo à luz de Deus. Em outras palavras: é ver em tudo o Divino: Deus e sua ação. Pode-se assim dizer que o teólogo usa os óculos da fé. Numa outra figura, fazer teologia é Cristo nos pegar pela mão e nos levar pelo mundo, fazendo-nos ver as coisas como ele as vê[8].

Quadro sinótico sobre o objeto da teologia

Eis uma figura que resume o que foi dito:

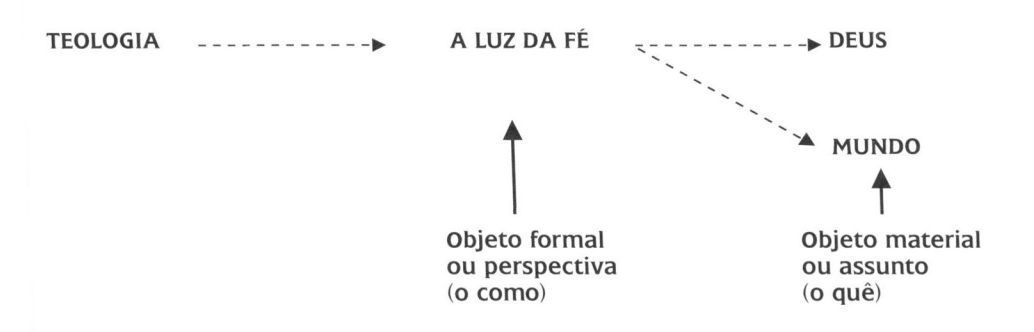

---

7. *Sub ratione Dei*: ST I, q. 1, a. 7, c.; *sub Deo*: ibid., ad 2.

8. Comparação de COLOMBO, Giuseppe. *Professione "teologo"*. Milão: Glossa, 1996, p. 56.

Notar que Deus se encontra tanto no olhar do teólogo como na paisagem da teologia. Deus vê Deus. Deus fala de Deus. É a Revelação como autocomunicação. "Só Deus pode falar bem de Deus" (Pascal). Por isso Deus é para o teólogo ao mesmo tempo "sujeito" (vidente) e "objeto" (visto).

Deus é o *sujeito* eterno da teologia. Por quê? Porque a teologia é o discurso de Deus sobre o ser humano e não o discurso do ser humano sobre Deus. Este último discurso é o da chamada "teologia filosófica" mas não o da teologia cristã (cf. Cap. 19). A teologia cristã é o discurso da Palavra de Deus e não simplesmente da Fé subjetiva dos fiéis. Neste último caso não teríamos teo-logia, mas "pisteo-logia": tratado *da fé* em Deus e não *do Deus da fé*[9].

Notemos ainda que, na figura acima, há uma assimetria entre Deus e o mundo. Isso para evidenciar que Deus é o objeto direto ou primeiro da teologia e o mundo o objeto indireto ou secundo.

ALGUMAS CONSEQUÊNCIAS

O ilimitado campo do "teologizável"

Se Deus é o objeto principal da teologia e se tudo tem alguma relação com Deus, então tudo é teologizável. Não há coisa sobre a qual não se possa fazer teologia. Não existe uma ciência positiva que possua uma esfera de interesse mais largo. É verdade: a filosofia também se estende a tudo na medida em que é definida como a "ciência de todas as coisas". Contudo, seu ponto de vista formal é outro: ela vê tudo apenas à luz da razão natural, enquanto a teologia vê tudo à luz sobrenatural da fé. A filosofia liga tudo à ideia de Ser; a teologia, à de Deus.

Seja como for, não é porque tudo é teologizável, que se há de teologizar efetivamente "sobre tudo e mais alguma coisa (*de omni re scibili et de quibusdam aliis*)", como ironizava Voltaire. É preciso ver a relevância histórica ou pastoral de se desenvolver este ou aquele tema em teologia. Na verdade, a prática teológica tem um caráter kairológico: seus assuntos obedecem à oportunidade ou à economia da fé na história.

---

9. A ideia de "pisteologia" é de BARTH, Karl. *Introdução à teologia evangélica.* São Leopoldo: Sinodal, 1977, p. 79.

A esse propósito, São Gregório Nazianzeno, chamado "o teólogo", insistia muito no "senso da medida" (*metriótees*), na moderação, no equilíbrio, que deve haver em toda prática teológica. Para ele, há de se teologizar "com medida" (*metríoos*), com humildade e discrição. Ele elaborou todo um *Discurso teológico* – o 32 – assim intitulado: "Sobre a moderação (*eutaxías*) nas discussões e que não convém a todos nem em todas as circunstâncias discutir sobre a Divindade"[10].

Teologia é teologia de Deus ou da libertação?

O princípio de legitimação da "Teologia da Libertação" está exatamente no fato da extensão máxima do campo do teologizável em geral. Contesta-se, às vezes, esta teologia por substituir Deus pela libertação. E se declara a partir daí sua ilegitimidade. Mas é confundir objeto material e objeto formal.

A libertação e o pobre podem ser perfeitamente assunto da teologia, precisamente na medida em que são considerados segundo Deus, dentro do projeto do Reino. Ora, o Deus da teologia é um Deus libertador.

Mais: o tema pobre e sua libertação possui uma conexão estreitíssima com o Deus bíblico, que "revela-se a Si mesmo como o defensor dos pobres e o libertador dos oprimidos"[11]. Essa é uma temática capital em toda a Bíblia. Se o pobre não é o centro da fé, mas sim o Deus libertador, nem por isso é menos central, por estar perto daquele centro. Se o pobre não constitui e nem pode constituir o objeto primeiro da teologia, está, contudo, entre os primeiros "objetos secundos", se assim se pode dizer.

---

10. *Discours théologiques*. Col. Sources Chrétiennes 318. Paris: Cerf, 1985, p. 81/82-154/155. O contexto é o ambiente de discussões acirradas no período entre os Concílios de Niceia (325) e de Constantinopla (381). Gregório visa Eunômio († ca. 392-395), inteligente bispo capadócio de Cízico, e em geral os arianos, que desandavam a teologizar desabridamente e reduziam a teologia a mera "tecnologia" dialética.

11. SÍNODO DOS BISPOS 1971, *A justiça no mundo*, n. 30 (Documentos Pontifícios, n. 184. Petrópolis: Vozes). Cf. tb. CONGREGAÇÃO DA DOUTRINA DA FÉ. *Instrução sobre a liberdade cristã e a libertação (Libertatis Conscientiae*, 1986), todo o cap. 3, n. 43-60 (Documentos Pontifícios, n. 207. Petrópolis: Vozes).

Materialismo epistemológico

Decidir do objeto da teologia a partir simplesmente do seu objeto material é cair no "materialismo epistemológico". E isso acontece sob duas formas:

1. Quando se pensa estar fazendo teologia só porque se fala de "coisas religiosas". Aí se dá uma clara redução do objeto da teologia. Este fica limitado a seu objeto primário. Deixa-se de fora toda e qualquer outra realidade criacional. Aí há um estreitamento do campo temático da teologia. Não se vê que se pode perfeitamente falar das coisas do mundo de modo religioso.

Essa posição, às vezes, é sustentada por um pretenso espiritualismo: o de não misturar as coisas sagradas com as profanas. Contudo, aqui também, "quem quer fazer de anjo, faz de fera" (Pascal). Pois deixa o mundo, com todas suas realidades, não espiritualizado, portanto, finalmente irredento.

2. Quando se pensa estar fazendo teologia só porque se fala de Deus, sem reparar em *como* se fala dele. Dá-se assim a entender que o decisivo é a matéria de que se trata e não a *forma*. Na verdade, está-se então desenvolvendo qualquer ramo das ciências da religião (sociologia, antropologia, marxismo, linguística, etc.), mas não teologia para valer.

Mas nesse ponto importa também dizer que a "pertinência teológica" de uma reflexão não está em cada página ou frase do discurso teológico. Está antes no movimento geral da reflexão, no ritmo do conjunto. O que importa é a intenção de fundo, o horizonte maior de compreensão. Pois, no fundo, é a pertinência que dá cor e qualidade teológica às diferentes afirmações, que de per si nem sempre são teológicas.

É o que se vê também na *Suma Teológica*. Aí a teologia aparece como incorporando toda uma série de mediações não teológicas, especialmente filosóficas, mas que ela situa dentro do horizonte maior da pertinência teológica. Por isso, o grande medievalista E. Gilson disse que Santo Tomás era *unicamente teólogo* (e não *também* filósofo), mas que era obrigado a tratar de modo filosófico questões filosóficas, exatamente na medida em que isso era exigido pela própria teologia[12].

TEOLOGIA COMO SABER RADICALMENTE INICIÁTICO

Mas como obter a perspectiva própria da teologia? Partindo da *experiência* de fé (cf. Cap. 6). É a experiência da graça que "abre os olhos" do teó-

---

12. Apud TOUILLEUX, Paul. *Introdução a uma teologia crítica*. São Paulo: Paulinas, 1969, p. 101.

logo. Este se nutre da "iluminação" da fé. A lanterna teológica é o *lumen fidei*. A inteligibilidade teológica vem a cavalo da iluminação da fé.

A "luz da fé" não é a rigor a Bíblia, ainda que por vezes se costume identificar as duas expressões. Por quê? Porque o *lumen fidei* é, como toda iluminação espiritual, da ordem da graça. A verdade da fé e sua certeza não depende de uma autoridade exterior, seja ela a Igreja ou a Bíblia. Antes, se a Igreja ou a Bíblia dizem a verdade, só se pode reconhecê-lo graças à "luz da fé". Se a página bíblica revela algo, é apenas enquanto *testemunha* da Verdade da Palavra que se autorrevela gratuitamente.

O mesmo se pode dizer de todas as autoridades exteriores da fé e da teologia, como os Concílios, o Magistério, os Padres, os Doutores, etc. Todas essas são instâncias extrínsecas que não constituem por si mesmas a verdade da fé e da teologia, mas apenas a anunciam e testemunham. A graça da fé é um dom da misericórdia e da "filantropia" divinas. É uma expressão da condescendência divina em relação à fraqueza de nossa inteligência. Ora, é da luz "pística" que se nutre a racionalidade teológica.

Como então entender os Mistérios divinos sem o auxílio do Espírito? Pois só Ele "conhece as profundezas de Deus... pois o que há em Deus ninguém conhece a não ser o Espírito de Deus" (1Cor 2,10-11). Na verdade, somente através do dom infuso da Sabedoria é que podemos apreciar as coisas de Deus e é só pelo dom pneumático da Inteligência que podemos penetrar em sua profundidade[13].

De que valem então os "documentos da fé", como a Bíblia, a Tradição, o Magistério? Valem como *provocações* à iluminação interior da fé. São como o sopro que ajuda a atiçar a chama, mas que não têm a força de produzi-la[14]. Certamente, o *intellectus fidei* vem a partir do *auditus fidei* – a aus-

---

13. Cf. *ST* II-II, q. 8, a. 6, c.

14. É a comparação que usa Platão em sua autobiográfica Carta VII (a única reconhecida como autêntica) para explicar o papel do mestre na filosofia: esta não se ensina; quem ensina é a sabedoria; o filósofo apenas estimula o aprendiz. É também a teoria pedagógica de Agostinho em seu *De magistro*. Para ele, ninguém ensina ninguém. Só existe um mestre verdadeiro, e este é o mestre interior: a Verdade, Deus, o Espírito.

culta da Palavra proclamada na Igreja. Mas, no fim, é só a "Verdade primeira" que leva a crer[15].

Sem dúvida, a Bíblia como tal não caiu do céu, mas cai sim a iluminação da fé que ela testemunha e anuncia. A Palavra viva e salvadora de Deus passa pelas palavras humanas das Escrituras mas ao mesmo tempo as transcende. Assim, nos Atos, Lídia escuta Paulo, mas só crê porque "o Senhor abriu-lhe o coração para atender às coisas que Paulo dizia" (At 16,14).

Por isso, só uma pessoa "iluminada" é capaz de ver tudo "à luz da fé". Quem não é misticamente iluminado não pode ser verdadeiro teólogo. O teólogo é antes de tudo "alguém que viu", um testemunha, um contemplativo. Pois só assim possui ele o sentido do divino, o "senso de Cristo" (1Cor 2,16). Enquanto teólogo, ele nada mais faz senão elaborar de maneira crítico-científica aquilo mesmo que ele intuiu previamente através da percepção da fé.

A própria forma científica que toma o discurso teológico é toda impregnada pela apreensão mística e misteriosa do *lumen fidei* que está na raiz da formalidade teológica. Ela é obra da vontade, sim, mas enquanto iluminada pela graça[16].

Ninguém por certo duvida que a teologia requer aplicação – o *studium*. Duns Scotus afirmou, não sem ironia, que, se para teologizar bastasse a iluminação infusa,

> "então em vão alguém pelejaria buscando a verdade. Nesse caso, o melhor caminho, para adquirir teologia, seria se sentar na igreja e rezar para obter essa iluminação[17].

Mas é igualmente indubitável que a teologia é, em sua fonte, um "saber iniciático". Os que não beberam nas águas do Espírito e não foram iniciados

15. Para se chegar a esta Verdade primeira, decisiva, que é Deus mesmo, Santo Tomás põe várias mediações: a Escritura, a Igreja e a própria teologia (exegese): "A todos os artigos da fé a fé adere por uma via única: a Verdade primeira. Mas esta nos é proposta nas *Escrituras*, segundo a doutrina da *Igreja*, enquanto a *compreende* de modo são": *ST* II-II, q. 5, a. 3, ad 2.

16. Cf. TOUILLEUX, P. Op. cit., p. 21-37.

17. *Reportata parisiensia*, III, d. 24 [*Opera omnia*, Ed. L. Vivès, t. 23, p. 453].

só poderão "silogizar" em teologia mas não produzir um conhecimento que seja "espírito e vida".

A teologia é o conhecimento supremo. É a sabedoria em sentido absoluto. Pois a teologia é o próprio ponto de vista de Deus, enquanto comunicado, o quanto possível, aos seres humanos através da Revelação e enquanto acolhido pela fé e feito iluminação pneumática. Tal condição assigna à teologia um estatuto *sui generis*, uma dignidade única entre todos os saberes. Ela não é apenas uma *espécie* particular de ciência entre outras. Ela constitui um *gênero* único de saber, o "saber da fé" (a razão de Deus). Esse saber – sabedoria absoluta – se põe como grandeza única frente a todos os outros saberes, a ponto de deverem ser considerados em bloco apenas como "saberes da razão".

OS NOVOS ENFOQUES TEOLÓGICOS[18]

Hoje em dia estão em curso novos enfoques teológicos. Não se trata apenas de novos *temas*, em relação aos quais se cunhou a expressão "teologia do genitivo": teologia do desenvolvimento, teologia da técnica, teologia do trabalho, e assim por diante. Trata-se sim de uma nova *problemática* teológica. Os novos enfoques se situam, não do lado do objeto teórico, mas do lado do *sujeito concreto que vê*. Por isso, trata-se de perspectivas, óticas ou pontos de vista que investem a totalidade da teologia; ângulos "a partir" dos quais se faz uma determinada teologia.

Lista dos principais enfoques teológicos

São 5 os grandes enfoques teológicos que marcam presença no atual cenário teológico:

1. O enfoque da *libertação*. A Teologia da Libertação, que o corporifica, sempre sublinhou que se tratava aí não de mais um tratado teológico, mas de um "novo modo" de fazer teologia em geral. De fato, a teologia hoje,

---

18. Para a descrição dos novos enfoques (estruturados de modo algo diferente do nosso), assim como para as suas respectivas questões metodológicas, cf. LIBÂNIO, João Bastista & MURAD, Afonso. *Introdução à teologia*. Perfil, enfoques, tarefas. São Paulo: Loyola, 1996, p. 254-283, dando a bibliografia essencial de cada enfoque.

qualquer que seja, busca integrar em seu discurso esse horizonte globalizante.

2. O enfoque *feminista*. Aqui também não se trata apenas de aprofundar a temática da mulher, ou de reconhecer a mulher como sujeito produtor de teologia. Trata-se de ver a fé e o mundo a partir da ótica da mulher. Mais amplamente falando, trata-se de assumir a questão do *gênero*, o que compreende mulher e varão, com seu respectivo "gênio" próprio.

3. O enfoque *étnico*. É toda a problemática de uma teologia inculturada nessa ou naquela cultura. Que é teologizar a partir da ótica negra, da indígena, da africana, da asiática, sem ainda levar em conta as mil cores do arco-íris que cada qual representa?

4. O enfoque *inter-religioso*. Às vezes é chamado de macroecumênico. Aqui já estamos num terreno extremamente desafiador. Não se trata apenas de assumir a ótica de uma cultura (afro, por exemplo), mas de se medir com a ótica de uma religião (o candomblé, por exemplo). Como enriquecer a ótica cristã com a ótica das outras religiões? O diálogo ecumênico (entre as igrejas cristãs) e o inter-religioso obriga as diferentes Confissões a superarem uma visão confessionalista, sem por isso sacrificar a própria identidade.

5. O enfoque *ecológico*. Busca-se aqui marcar toda a reflexão teológica com a questão da vida, da natureza e, mais amplamente, de todo o cosmos (a Criação) em seus mútuos relacionamentos.

Questões de articulação a respeito desses vários enfoques

Tentando descobrir o princípio de *unidade* da lista acima, poder-se-ia dizer que estão aí em jogo dimensões constitutivas e de certa forma *transversais* do ser humano, ainda que emergindo no curso da história. Seriam as dimensões que poderíamos chamar respectivamente de: sociopolítica, sexual, cultural, religiosa e biológica (ou física). Seria, portanto, a *antropologia* sua base comum.

Esses enfoques podem e até devem *se articular entre si*. Pois as dimensões a que se referem estão, na prática, enlaçadas. De fato, a Teologia da Libertação hoje se abre à questão da mulher, à problemática das culturas, à ecologia, etc. Em contrapartida, a teologia feminista busca incorporar a perspectiva da libertação, da ecologia, etc., enquanto o discurso ecológico se interroga sobre sua dimensão cultural, feminina e libertadora, e por aí vai.

Ademais, poder-se-ia perguntar se haveria entre esses diferentes enfoques alguma *precedência*? Talvez se pudesse dizer que a dimensão libertadora, enquanto corresponde à "opção preferencial pelos pobres" – central no cristianismo – gozaria de certa precedência e deveria estar, de um modo ou de outro, presente em todos os outros enfoques. Mas essa é uma questão que necessita de uma discussão mais amadurecida.

Por outro lado, cada um desses enfoques possui a sua especificidade, determinada pela especificidade de seu objeto. Cada um deles, portanto, põe problemas metodológicos igualmente específicos. Não podendo aqui detalhar cada uma dessas metodologias próprias, tanto mais complexas quanto mais ricas, contentemo-nos em analisar aqui como esses enfoques específicos se articulam com a perspectiva teológica fundamental, constitutiva da "teologicidade" que eles reivindicam.

Enfoque originário e enfoques segundos

Perguntemo-nos, pois, qual é o lugar desses novos enfoques na epistemologia teológica. Como se relacionam com a perspectiva própria e fundamental da teologia? O que os faz serem enfoques "teológicos"?

Deve ficar claro que tais enfoques de modo nenhum substituem o enfoque *originário* da teologia, que é pensar tudo "à luz da fé". São antes enfoques *segundos*, que se acrescentam ao enfoque primeiro/primário, se apoiam nele, o desdobram e, de todos os modos, se articulam sobre ele e com ele[19].

Sim, a teologia pode e deve se fazer "a partir": do pobre, da mulher, do negro, do hindu ou da Gaia (terra). Mas se a teologia quer ser e permanecer

---

19. Essa distinção se aproxima da que faz Battista Mondin, chamando "princípio arquitetônico" aquele dado pela própria Revelação ou Mistério da salvação em Cristo, e "princípio hermenêutico", a perspectiva particular de se abordar a Revelação: *Introduzione alla teologia*. Milão: Massimo, 1983, p. 8-11 [2. ed. revista e aumentada: 1991].

o que é, partirá, certo, daí, mas arrancando sempre de um ponto de partida ainda mais originário, ou seja, "a partir da fé", ou "a partir do Deus de Jesus Cristo". Assim, por exemplo, há uma teologia que parte dos pobres, mas sempre *partindo de Cristo*. É esse enfoque originário que garante a identidade e, consequentemente, a unidade dos diferentes discursos teológicos. Sem o vigor do *primado epistemológico* da fé, não se tem teologia alguma, mas apenas um discurso qualquer, respingado eventualmente de toques religiosos e abusivamente chamado de teologia[20].

O primado do enfoque da fé sobre qualquer outro se funda na transcendência da própria fé em base a seu conteúdo. A teologia visa *principal e finalmente* a Deus e ao seu Reino eterno e não às questões imanentes do tempo, enquanto fechado em si. Se essas questões entram na teologia, é somente na medida em que são abraçadas e salvas por aquela primeira e decisiva dimensão. A história só se mostra salvífica *sub specie aeternitatis*[21].

A articulação epistemológica hierarquizada dos dois enfoques, como posta acima, explica por que o "novo enfoque" teológico não se opõe à tão criticada "teologia do genitivo". De fato, o novo enfoque não parece dispensar um primeiro trabalho em termos de "teologia do genitivo", como condição prévia de sua possibilidade.

Assim, a libertação do pobre, a questão da mulher, etc., antes de serem um enfoque presente no olho do sujeito, são um enfoque presente, de certo modo, no olho de Deus, e por isso são *objetos* postos à frente do sujeito. Por exemplo, é preciso primeiro tirar a limpo como Deus vê a mulher, para depois refletir como a mulher vê Deus e como, a partir daí, vê o mundo. Portanto, teríamos aqui um processo em três momentos:

1. *Como Deus vê a mulher*: enfoque originário ou "olhar primeiro", em termos de "teologia do genitivo";

---

20. Em termos de linguagem, poderia-se reservar o conceito "perspectiva" para a ótica originária da teologia, que é a da fé; e o conceito "enfoque" para as óticas segundas; ou, para evidenciar a articulação desses dois níveis, falar em Enfoque I e Enfoque II (ou Perspetiva I e Perspectiva II).

21. "A fé não diz respeito a algo temporal como a seu objeto. Mas na medida em que o temporal se relaciona com a verdade eterna, que é o objeto da fé, aí cai debaixo da fé. Exemplo: a fé crê na paixão enquanto é paixão de *Deus*": TOMÁS DE AQUINO. *I Sent.*, d. 23, q. 2, a. 4, qa. 2, ad 1.

2. *Como a mulher vê Deus*: "novo enfoque", ou "olhar de retorno", ou ainda "volta dialética";

3. Por fim, *como a mulher vê o mundo a partir de Deus*: "olhar desdobrado".

RESUMINDO

1. Como em toda ciência, é preciso distinguir na Teologia o objeto material – o que se estuda; e o objeto formal – o aspecto sob o qual se estuda algo. Ao objeto formal corresponde no sujeito epistêmico a *perspectiva*, como o lado subjetivo ao objetivo. Ora, o objeto determina o método.

2. O objeto *material* da teologia é, em primeiro lugar, Deus e depois tudo o mais. Portanto, nada há que não seja em princípio teologizável. Na prática, porém, teologiza-se segundo certa medida.

3. O objeto *formal* da teologia é Deus enquanto revelado e também toda e qualquer realidade na medida em que se relaciona com o Deus revelado. Tal é o aspecto determinante em teologia, que dá qualidade teológica ao seu discurso. Portanto, faz-se teologia sempre que se reflete algo "à luz da fé" ou da Revelação.

4. É perfeitamente legítimo fazer teologia do processo de libertação, como, aliás, de qualquer outra coisa, desde que se analise o tema em foco *sob o prisma crítico da fé*. Dizer, pois, que a teologia só se ocupa com Deus, para excluir qualquer outro assunto, é ignorar este princípio elementar: o que faz uma ciência não é seu assunto (objeto material), mas o modo como esse assunto é tratado (objeto formal).

5. Na medida em que a perspectiva própria da teologia é constituída pela "luz da fé", ela tem como pressuposto a *iluminação* própria da fé e sua *iniciação*. Em virtude de tal iniciação, o teólogo é iluminado pelo Espírito e feito capaz de ver tudo banhado na luz divina.

6. No cenário teológico hoje se afirmam "novos enfoques": da libertação, feminista, étnico, inter-religioso e ecológico. Não constituem apenas novos temas (embora sejam isso também), mas mais ainda novas perspectivas, que investem o conjunto da teologia. Cada um desses enfoques possui sua metodologia própria, determinada sempre pelo seu objeto específico.

7. Esses "novos enfoques" se articulam com o enfoque *teológico* básico como "enfoques segundos" em relação ao "enfoque primeiro". Portanto, eles encontram seu fundamento último e sua justificação radical somente quando se *acrescentam* à perspectiva própria da teologia – a luz da fé – e operam no vigor da mesma. Essa perspectiva constitui o enfoque *originário*, perene e insubstituível de todo e qualquer discurso que se quer teológico.

EXCURSO

O PROCESSO DA PRÁTICA TEÓRICA

O modelo de "prática teórica", desenvolvido por L. Althusser, lança uma luz particular sobre a questão em foco, isto é, a do objeto da teologia e de sua ótica respectiva[22].

Primeiro, cumpre fazer um esclarecimento quanto ao conceito mesmo de "prática teórica". Segundo tal conceito, a ciência, no caso, a teologia, constitui uma verdadeira *prática*, ainda que específica. É realmente tarefa, trabalho, construção, produção, muito embora se trate de *produção de conhecimentos* (G. Bachelard). Conhecer é agir (J. PIAGET). O conhecimento científico não é reflexo, mas reflexão da realidade. É recriação do mundo no nível do conceito. A mente não é página branca em que o mundo se imprime; ou espelho que reflete passivamente a realidade (epistemologia especular, de corte estoico).

Por outro lado, diz-se dessa prática que é uma prática "teórica". É que se trata de uma prática muito específica. Prática teórica é processo de produção *de conhecimentos*. Tal processo se passa *na cabeça* e não fora dela. As ideias nem sempre têm a "insustentável leveza do ser" que se costuma crer. As ideias têm sua dureza e concretude. Muitas vezes é mais fácil carregar pedras na cabeça que ideias dentro dela. É mais duro produzir um conceito ou uma argumentação do que entrançar armações de aço.

Ora, como funciona a prática teórica? Ela articula três instâncias, chamadas "Generalidades", por se passarem no nível da mente:

1. *Generalidade I* (= G I). É o objeto material, assunto ou matéria-prima. Essa é também uma Generalidade no sentido de ser uma realidade mental. Pois não constitui uma

---

22. Apresentado em forma resumida em BOFF, Clodovis. *Teologia e prática. A teologia do político e suas mediações.* Petrópolis: Vozes, 1978, seção II, § 2, p. 144-150; e aplicado à teologia do político, § 3, p. 150-158.

coisa concreta, mas sim uma ideia ou um objeto teórico, se bem que olhando para o objeto real, extramental;

2. *Generalidade II* (= G II). É o conjunto de princípios que exprimem a perspectiva de um estudo e que captam o objeto formal, ou seja, o aspecto específico presente no seio do objeto material. Esta é a instância determinante porque é ela que produz a teologicidade da teologia. Como se vê, as Generalidades não são homogêneas entre si;

3. Por fim, a *Generalidade III* (= G III). É o efeito de conhecimento produzido pelo trabalho dos instrumentos de produção (G II) sobre a matéria-prima (G I). São as conclusões ou teorias teológicas elaboradas. Note-se que entre a G I e a G III existe uma "ruptura epistemológica", operada justamente pela G II. A pergunta vira resposta, a hipótese se torna conclusão.

Eis uma figura:

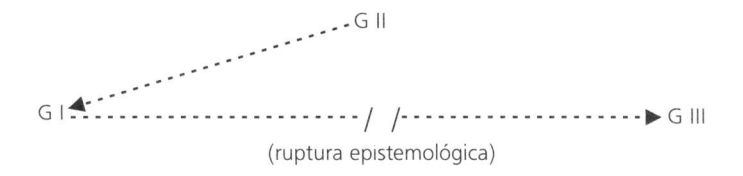

(ruptura epistemológica)

Teologia como prática teórica

Aplicando este modelo à teologia, podemos obter esta outra figura:

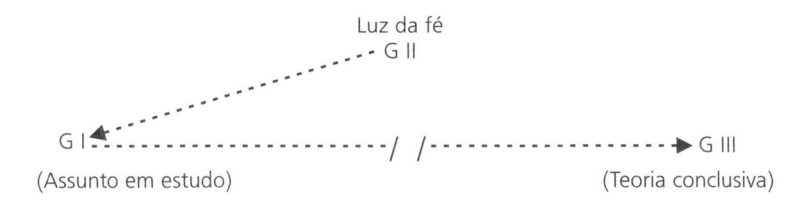

Demos um exemplo no campo da "Teologia da Libertação":

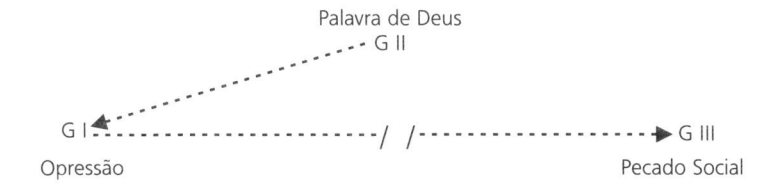

Importante é manter claro o primado da G II como instância determinante para a definição do discurso teológico enquanto precisamente teológico. A G II é a expressão técnica do "objeto formal".

Ruptura epistemológica em teologia?

Notemos que também na teoria teológica se dá, a seu modo, uma "ruptura epistemológica". Tal ruptura é clara na última figura: o "pecado social" do teólogo não é simplesmente a "opressão" do sociólogo ou do senso comum. Mas quando se trata de teologizar as verdades mesmas da fé, haveria também ruptura?

Dissemos que a teologia só faz desdobrar a verdade que se encontra como que concentrada no seio da própria fé. Isso é verdade. Mas entre um dado da fé e sua teologia existe uma ruptura *sui generis*:

– primeiro, no nível da *linguagem*, como dissemos (Cap. 2);

– depois, entre o dado da fé, enquanto posto na forma de *questão* ou hipótese, e o esclarecimento obtido no termo da argumentação teológica. Contudo, aqui a ruptura não é e nem pode ser entre a fé (no nível da G II) e a teologia (no nível da G III), mas entre uma questão de fé (G I) e sua solução (G III). E isso justamente em virtude da própria fé (G II).

Isso fica claro quando se analisa a estrutura da *quaestio* das Sumas medievais. Entre o *utrum* inicial ("se": hipótese) e o *respondeo dicendum quod* (corpo do artigo) há um evidente salto qualitativo: o salto da dúvida metódica para a certeza teórica. É a famosa *determinatio* medieval de uma questão, ou seja, a resposta final que fecha a referida questão. Mas tal certeza é produzida a partir do que é supremamente certo: a fé da instância G II, expressa no momento *sed contra* ("todavia, em contrário"), no qual se invoca uma autoridade de fé. É o que se pode ver, de resto, na *leitura* que segue.

LEITURA

SANTO TOMÁS DE AQUINO:

O objeto próprio da teologia[23]

<<I. Objeções

Parece que não é Deus o objeto formal da ciência teológica. Com efeito:

1. Em qualquer ciência é preciso saber de antemão qual é a essência de seu objeto. É o que afirma Aristóteles no livro dos *Analíticos posteriores* (l. 1, c. 1). Ora, é impossível à teologia saber o que é Deus. Pois diz São João Damasceno: "De Deus

---

23. *Suma Teológica*, parte I, questão 1, artigo 7. Costuma-se abreviar assim: *ST* I, q. 1, a. 7. A tradução é minha.

é impossível dizer o que seja". Portanto, parece mesmo que Deus não é o objeto formal da teologia.

2. Mais. Tudo o que se discute numa ciência deve vir compreendido no interior de seu objeto. Ora, a Sagrada Escritura, além de Deus, discute acerca de muitas outras coisas. Fala, por exemplo, das criaturas e das práticas dos seres humanos. Donde, Deus não parece ser o objeto da teologia.

II. Argumento de autoridade

Todavia, em contrário temos que o objeto de uma ciência é aquilo de que se trata nessa ciência. Ora, na teologia se fala de Deus. De fato, "teologia" significa "discurso sobre Deus". Portanto, é Deus mesmo o objeto da teologia.

III. Argumentação teológica

Respondo dizendo que é Deus o objeto da teologia. Efetivamente, o objeto está para uma ciência como está para uma faculdade ou hábito. Ora, considera-se objeto próprio de uma faculdade ou hábito aquilo sob cujo aspecto se lhe refere qualquer coisa. Assim, por exemplo: gente e pedra se referem à faculdade da vista sob o aspecto de que ambos possuem cor. Daí que o ser colorido é o objeto próprio da vista.

Vindo agora à teologia, digamos que nela se trata de todas as coisas à luz de Deus, quer por serem tais coisas o próprio Deus, quer por terem relação com Deus como princípio e fim.

O mesmo pode ser esclarecido a partir dos princípios da teologia, que são os artigos da fé, fé essa provinda de Deus. Ora, o objeto formal de uma ciência é o mesmo que o objeto dos princípios dessa ciência. Pois a ciência está contida por inteiro de modo virtual em seus próprios princípios.

Alguns, entretanto, olhando mais para os assuntos tratados pela teologia do que para a razão segundo a qual ela os considera, atribuíram outro objeto à teologia. Para uns, seriam as realidades e os sinais; para outros, a história da salvação; para outros ainda, o Cristo total, isto é, cabeça e membros. Na verdade, de todos esses temas trata sim a teologia, mas sempre segundo a relação que têm para com Deus.

IV. Resposta às objeções

1. Embora sobre Deus não se saiba propriamente o que Ele é, para tratar dos assuntos teológicos o teólogo recorre, no lugar da definição, ao efeito (obra) de Deus,

seja na ordem da natureza, seja na ordem da graça. O mesmo acontece, aliás, em algumas ciências filosóficas: estas demonstram algo sobre a causa a partir do efeito, aceitando para tanto o efeito no lugar da definição prévia da causa.

2. Todas as outras coisas que se debatem na teologia, à exceção de Deus, são sempre compreendidas em Deus. Contudo, não são compreendidas como partes, espécies ou acidentes de Deus, mas enquanto referidas de algum modo a Ele.>>

Capítulo 4

A RACIONALIDADE PRÓPRIA DA TEOLOGIA

A QUESTÃO DA RAZÃO HOJE

A razão moderna e seus limites

A fé se opõe à razão somente no horizonte da cultura racionalista, que é, apesar das reações do pós-moderno, a que ainda domina na sociedade moderna.

De fato, o racionalismo reduzia a razão a uma de suas formas ou funções: a razão cartesiana das "ideias claras e distintas", a "razão representativa" ou "calculante", que veio a dar na "razão instrumental" e, em concreto, na "razão técnico-científica".

Para a razão racionalista ou da Ilustração, naturalmente não havia lugar para a fé. A razão era a luz e a fé, trevas – as trevas dos "mistérios" incompreensíveis. Portanto, não havia lugar também para a teologia, como "ciência séria"[1]. Negando a sabedoria, Descartes, sem querer, negava a possibilidade da teologia como ciência[2].

Na verdade, a "razão moderna" só admite duas formas ou funções da razão.

Em primeiro lugar, razão é a *razão demonstrativa* ou apodítica. Esta trabalha com argumentos necessários ou constrangedores. É a razão que opera na mate-

---

1. A "escola de Venegono" (Milão) criticou com vigor particular a oposição racionalista ou iluminista entre razão e fé, da qual a própria teologia seria hoje ainda refém. Essa escola intenta deste modo resgatar a razão própria da fé e dar à teologia seu próprio estatuto teórico e fazê-la assim respeitável nos círculos do debate cultural moderno. Para isso cf. o principal representante dessa escola COLOMBO, Giuseppe. *La ragione teologica*. Milão: Milão, 1995 (814 p.!); Id. (org.). *Il teologo*. Milão: Glossa, 1989; Id. (org.). *L'evidenza e la fede*. Milão: Glossa, 1988. Luigi Giussani, fundador e animador do Movimento "Comunhão e Libertação", sublinha o fato de que a razão moderna não dá conta da exigência de sentido que cada consciência carrega. Por isso a fé cristã só pode aparecer frente ao sistema da modernidade como o "outro" da cultura dominante. Cf. principalmente seu *Il senso religioso*. Milão: Jaca Book, 1982. Para uma crítica da razão técnico-científica moderna, cf. LADRIÈRE, Jean. *Os desafios da racionalidade*. Petrópolis: Vozes, 1979, cap. 8, p. 189-201. Para uma crítica da "razão secular" das ciências sociais, na qual o autor quer mostrar que a teologia política e a da libertação estariam enredadas, cf. MILBANK, John. *Teologia e teoria social*. Para além da razão secular. São Paulo: Loyola, 1995 [orig. ingl. Blacwell, Oxford, 1990].

2. Cf. MARITAIN, Jacques. *Le songe de Descartes*. Paris: Corréa, 1932.

mática (2 + 2 = 4) e na lógica (silogismos). Sobre ela se fundou o conceito antigo de "ciência" (*epistéemee*), formalizado por Aristóteles em seus *Analíticos*.

Em segundo lugar, razão é, além da razão demonstrativa, a *razão científica*. Esta, tal como hoje é entendida no campo particular das ciências empírico-formais, combina experimentos e cálculos, expressos em proposições, quer descritivas, quer lógicas. Aí se considera como científica toda teoria que passou pelo critério da "refutabilidade": é científico o que não foi ainda refutado, ou melhor, o que resiste com sucesso aos intentos de refutação (K. Popper).

Ora, até aqui chega o racionalismo moderno. Para este, tudo o que supera a razão lógica ou a empírico-formal é considerado como irracional, arbitrário, sentimental, fantástico e por aí vai. Racional = científico[3].

Contudo, a "razão moderna" se encontra atualmente em plena crise. Disso são provas, entre outras, a nova epistemologia científica, especialmente na área da nova cosmologia[4], as recentes pesquisas neurológicas[5], e especialmente as correntes do pós-moderno[6]. Além do mais, nosso século foi testemunho do que significa, nas palavras de São Boaventura, a *violentia rationis*[7]. Auschwitz e Hieroxima permanecem para sempre como os dois símbolos trágicos da *hybris* da racionalidade moderna.

---

3. Emblemático nisso é o conselho que dava David HUME († 1776), no fim de sua *Investigação sobre o entendimento humano*, aos que consultam as bibliotecas: "Se tomarmos nas mãos um volume qualquer de Teologia ou de Metafísica escolástica, por exemplo, perguntemos: 'Este livro contém algum raciocínio abstrato sobre quantidade ou número?' Não. 'Contém algum raciocínio experimental sobre questões de fato ou de existência?' Não. Para o fogo com ele, pois outra coisa não pode encerrar senão sofismas e ilusões". Col. Os Pensadores 23. São Paulo: Abril, 1973, p. 198.

4. Cf. somente GUITTON, Jean; BOGDANOV, Grichka & BOGDANOV, Igor. *Deus e a ciência* – Em direção ao metarrealismo. Rio de Janeiro: Nova Fronteira, 1992; · WEBER Renée. *Diálogos com cientistas e sábios* – A busca da unidade. São Paulo: Cultrix, s.d. [orig. 1986].

5. Cf. GOLEMAN, Daniel. *Inteligência emocional*. São Paulo: Objetiva, 1996; · DAMÁSIO, António. *O erro de Descartes*. São Paulo: Companhia das Letras, 1966. Ainda que se oponham à dicotomia "moderna" entre razão e sentimento, esses autores não caem por isso na confusão entre as duas, mas defendem a sua conexão recíproca.

6. Cf. MADURO, Oto. *Mapas para a festa*. Reflexões latino-americanas sobre a crise e o conhecimento. Petrópolis: Vozes, 1994. Propõe uma gnosiologia relacional, antidogmática na linha de Feyerabend, processual, espiralada-ascendente, que integre emoção, afetividade, intuição e experiência humana. Para a religião, cf. VATTIMO, Gianni. *Credere di credere*. Milão: Garzanti, 1996.

7. *In Sent.*, proem., q. 2, ad 6.

Ampliar a ideia de razão

Frente à razão moderna, precisamos realizar um duplo alargamento da ideia de razão.

1. Razão não é só a razão formal (lógica) ou a empírico-formal (científica). Existe também a *razão discursiva* em geral, a que exibe razões várias para se explicar: argumentos, raciocínios, provas de diversos tipos, seja necessitantes, seja convenienciais. Podemos chamá-la também de "razão crítica" no sentido amplo da que passa em revista tudo, tentando encontrar razões e sentido nas coisas[8].

Nesse nível temos, é claro, a "razão hermenêutica", usada nas "ciências humanas", mas cuja hesitação epistemológica é o imposto que paga ao racionalismo reinante. Mas temos também as razões mais simples e diretas que se usam no cotidiano, para dar conta dos nossos atos. São as do "bom-senso". E é igualmente nesse nível que se dá o uso principal da razão em teologia (razões de conveniência), como veremos melhor em seguida.

Mas se impõe aqui um reparo: tendo chegado a este nível, teremos certamente superado uma forma de racionalismo científico – o cientificismo, mas não o racionalismo *tout court*. Esse pode persistir sob uma forma filosófica e mesmo teológica. Donde a necessidade de dar um passo a mais: temos de alargar o horizonte da razão para além de qualquer forma de racionalismo.

2. Coloquemos, portanto, mais um patamar da razão. É a *razão intuitiva*, que os gregos chamavam *noûs*, e os latinos, *intellectus*. Na linguagem moderna poderíamos falar em "pensamento", "mente", "espírito" e mesmo "consciência"[9].

---

8. Cf. MODA, Aldo. *Per una critica della ragione teologica*. Pádua: Messagero, 1993.

9. No campo da filosofia moderna, "razão" parece apontar muitas vezes para o sentido acima, especialmente na área do idealismo alemão. Aí *Vernunft* (razão) é entendido como a faculdade das ideias absolutas, sendo que o *Verstand* (entendimento) seria a faculdade do raciocínio e da análise. Porém, o *Vernunft* kantiano não parece ter a envergadura epistêmica que tem o *noûs* platônico. A este talvez poderia corresponder o conceito moderno de "crítica", desde que devidamente ampliado.

Esse *noûs* é coextensivo ao ser humano, enquanto abertura-ao-mundo. É intuição, percepção e apreensão do Ser. É reconhecimento, ausculta e acolhida da Realidade. É contemplação e saber imediato da Verdade. Essa função da razão propicia um conhecimento supraconsciente, supraconceitual, atemático. Refere-se, de maneira particularizada, à "experiência do ser", à "sensibilidade religiosa", à "consciência ética", ao "sentimento do belo", ao "sentido do amor", ao "senso do humor", enfim, às "razões do coração"[10].

O *noûs* é o foco vivo de toda a criatividade humana: estética, filosófica, religiosa e científica. É a fonte misteriosa das ideias novas. A história das ciências mostra que a gênese das invenções não provém da razão e do método. Essas são instâncias *a posteriori*: vêm depois, para dar forma ao lampejo noético originário[11].

A inteligência (*noûs*) é o pensamento capaz de "reconhecer" o mistério do Ser. Para ela, a Verdade é "desvelamento" (*a-létheia*). Por isso pode acolher a Verdade ontológica e venerá-la com gratidão.

A inteligência tende não ao domínio conceitual, mas à contemplação amorosa da Realidade, ao "consentimento" do ser das coisas. O *noûs* ausculta o Mundo. É submissão e docilidade ao Real, como insistiam os antigos. É o pensamento por assim dizer "onto-liberal": ele deixa o Ser ser Ser. Nas palavras de M. Heidegger: *das Sein seinlassen*.

Na esteira da concepção heideggeriana, podemos dizer que tal pensamento coincide com a própria essência do humano enquanto *Dasein*, isto é, o lugar onde a Verdade se manifesta. O Ser se escuta antes que se pense; e se pensa (*Denken*) antes de se teorizar (*Vernunft*)[12]. Heidegger mostrou que o sentido originário ou primeiro de "logos" é escuta e não fala; é reco-

---

10. Cf. RAHNER, Karl. *Curso fundamental da fé*. Introdução ao conceito de cristianismo. São Paulo: Paulus, 1989, p. 26-36: "Sobre alguns problemas epistemológicos fundamentais". Aí, numa perspectiva transcendental, põe a diferença e a relação entre a "originária possessão de si" (ou experiência/consciência existencial) e o saber conceitual (reflexivo ou temático), tirando as consequências disso para o conhecimento religioso. Oferecemos um trecho como *Leitura* no fim do Cap. 20.

11. Cf. TOUILLIER, Pierre. *De Arquimedes a Einstein*. A face oculta da invenção científica. Rio de Janeiro: Zahar, 1994.

12. Por ex. HEIDEGGER, Martin. *Was heisst Denken?* Tübingen: Niemeyer, 1954 [trad. fr. *Qu'appelle-t-on penser?*. Paris: PUF, 1959].

lhimento e não ex-plicação; é abertura, atenção, acolhida e não apreensão ou posse[13].

Assim, o *intellectus* é o princípio primordial e fundamento do próprio pensar. É pensamento pensante, origem do pensamento pensado (*ratio*). Em outros termos, é a "razão constituinte" à diferença da "razão constituída"[14].

Ora, aqui estamos antes de qualquer distinção entre sujeito e objeto. Pois ambos são iluminados pela luz do Ser enquanto intuído pelo *intellectus*. Estamos, portanto, nos antípodas do racionalismo, especialmente em sua forma moderna, a do pensamento instrumental, na medida em que relegou o Ser à categoria de objeto ou predicado do pensamento, enquanto elevava o eu a nível de sujeito.

Claro, o *noûs* nos situa no campo superior do humano (e mesmo do super-humano ou divino, como pensavam os gregos) e não no campo inferior do infra-humano (instinto, inconsciência, fantasmagoria). Mas o campo superior tem a virtude de assumir o inferior e lhe dar um sentido ou razão. Assim, o sono e o sexo, que em si mesmos estão no nível do infrarracional ou pré-racional, podem ser perfeitamente "racionais", melhor dizendo, "razoáveis", na medida em que são integrados numa ordem ou num projeto racional (sono por necessidade e sexo por amor)[15].

Esta é uma razão sem razões. É só razão no singular, ou em maiúsculo: Razão. Ela pode, em seguida, gerar razões, mas estas ficam sempre aquém da intuição como experiência originária. E é só nesse sentido estrito que tal conhecimento se pode dizer suprarracional, pois se mantém independentemente das razões produzidas explicitamente na forma de discurso[16].

---

13. É o que mostrou o belo trabalho de FIUMARA, Gemma Corradi. *Filosofia dell'ascolto*. Milão: Jaca Book, 1985, espec. cap. 1, p. 9-29. Cf. tb. a obra do epistemólogo da medicina e ao mesmo tempo da mística: BALDINI, Massimo. *Educare all'ascolto*. 4. ed. Brescia: La Scuola, 1991.

14. LALANDE, André. *Vocabulaire technique et critique de la philosophie*. 11. ed. Paris: PUF, 1972, nota da p. 883s. [há trad. em port.].

15. Cf. *ST* II-II, q. 153, a. 2, ad 2.

16. Num passo pouco conhecido, afirma Aristóteles que a "intuição", que "tem por objeto os princípios" da ciência, é "mais exata" e "mais verdadeira" que a própria ciência. "O princípio da demonstração não é uma demonstração. Por consequência, o princípio do conhecimento científico não é o conhecimento científico. Então..., a intuição será o princípio da ciência. Daí que a intuição pode ser considerada princípio do princípio". *Analíticos secundos*, II, 19, 100 b.

Eis em resumo uma figura de uma noção "alargada" de razão:

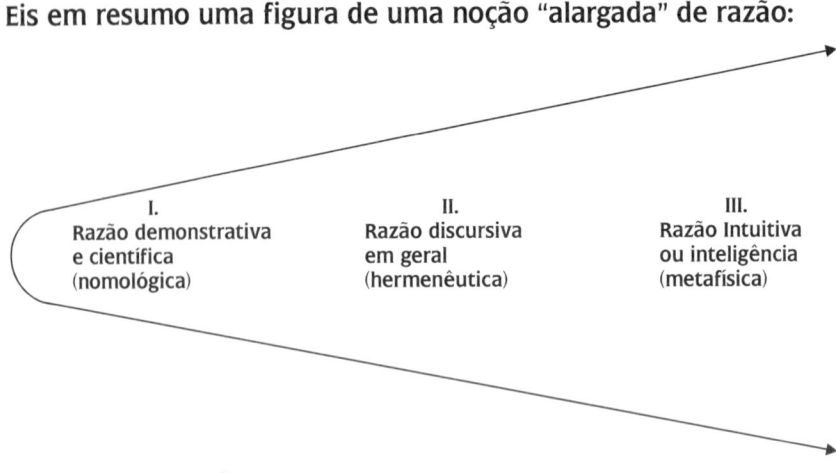

I.	II.	III.
Razão demonstrativa e científica (nomológica)	Razão discursiva em geral (hermenêutica)	Razão Intuitiva ou inteligência (metafísica)

A DISTINÇÃO "INTELLECTUS" E "RATIO" EM TEOLOGIA

É útil resgatar aqui a diferença que os clássicos da Antiguidade e da Idade Média costumavam colocar entre o *intellectus* (*noûs*) e a *ratio* (*logos*) e adjudicar a esta última a função restrita e corrente de faculdade discursiva ou argumentativa. Essa distinção nos ajuda grandemente a firmar o estatuto próprio da teologia como saber crítico ou científico em relação à evidência da fé.

De fato, baseados nos gregos, os Escolásticos muitas vezes distinguiam o *intellectus* e a *ratio*. Seriam duas funções da mesma faculdade. A inteligência "penetra" a verdade e a "apreende" de modo simples, imediato e sintético (intuição). Já a razão "conhece", "conquista", "persegue" a verdade, movendo-se de um canto para outro (discurso). A primeira é uma função superior e mais perfeita. Ela qualifica Deus e os anjos (seres "intelectuais"). A segunda define os humanos (seres "racionais"). O *intellectus* é para a *ratio* o que é o repouso para o movimento; a posse para a aquisição, o ponto para a linha[17].

---

17. Cf. TOMÁS DE AQUINO. *De veritate*, q. 15, a. 1, onde diz que *ratio* e *intellectus* são dois momentos da mesma potência – a cognitiva, pelo que "racional" e "intelectual" aparecem muitas vezes como termos intercambiáveis. Ver também as inúmeras referências do *Índice analítico* da ST relativos aos dois verbetes em questão, por ex., *ST* I, q. 79 toda. Portanto, *razão* no sentido técnico é sempre discurso, reflexão, assim como é o *logos* em Aristóteles. Mas, por vezes essa noção é tomada em forma larga, no sentido da faculdade radical de conhecer a verdade, seja lá de que forma for, discursiva ou não. Assim, por exemplo, Aristóteles chama a parte mais elevada da alma *tò loghístikon*. Cf. seu admirável

Podemos, por conseguinte, distinguir duas coisas: a fé com sua racionalidade originária e a razão da fé com suas razões teológicas particulares. Temos, pois, de um lado, o *intellectus fidei* e, do outro, a *ratio fidei*; mais precisamente: a inteligência da fé e a racionalidade da teologia.

Mas como a *ratio* teológica é o desdobramento do *intellectus* místico e depende da natureza deste último como de seu princípio, vejamos, em primeiro lugar, como se dá o *intellectus fidei*, para em seguida analisar como fica a posição da razão teológica frente à fé.

1. Intellectus fidei

É o *intellectus*, enquanto função originária e originante do pensar, que está em operação no campo da fé. Essa atitude fundamental constitui precisamente o *intellectus fidei*. Este testemunha que a fé possui sua evidência, sua luz e inteligência específicas. A fé tem seus olhos próprios[18]. A fé aparece aí como saber, experiência, gnose, sabedoria, amor.

Se é lícito falar aqui em "razão", seria uma razão que é abertura infinita à realidade, amor irrestrito ao Ser. Nessa ótica ampla, a fé é certamente "racional". E isso num triplo sentido:

– ela faz sentido, é uma atitude razoável, é uma opção responsável;

– ela pode dar as razões de si mesma, explicitando-as por meio de um discurso sensato, até mesmo teológico;

– por fim, ela é uma experiência de luz, de verdade e de sentido.

Se tomamos como medida de conhecimento o *Logos* de João ("no princípio era o *Logos*" e não o *big-bang*), então a teologia – e só a teologia entre as ciências – é supremamente racional. A fé é a participação humana neste

---

livro VI da *Ética a Nicômaco*, onde fala das "virtudes dianoéticas" ou "intelectuais" da alma. Diz aí que sendo a Realidade plural, para conhecer as "verdades" correspondentes a suas diversas partes, o Ser "racional" ou "noético" precisa das "virtudes" relativas a essas verdades: a intuição (*noûs*), a ciência (*epistéemee*), a arte (*técknee*), a prudência (*phróneesis*) e a sabedoria (*sophía*). Por sua parte, o *Bhagavad Gita* apresenta esta hierarquia ontológica: "Os sentidos são superiores à matéria; a mente (razão), superior aos sentidos; a inteligência (iluminada), superior à mente (razão); e o divino/alma, superior à inteligência (iluminada)" (III, 42).

18. Cf. o clássico trabalho de ROUSSELOT, Pierre. "Les yeux de la foi". *Revue des Sciences Religieuses*, I (1910), 214-259, 444-475 [trad. esp. Madri: Ed. Encuentro, 1994; trad. it. Milão: Jaca Book, 1977].

Logos divino. É o espaço onde o *Logos*, Sentido fundamental de tudo, desdobra toda a sua luz. Assim, a partir da Bíblia, surge um conceito novo de razão. É um *logos* que supera tanto o *logos*-razão do Ocidente como o *logos-noûs* dos gregos, como intuição[19].

O *Logos* de Deus, por seu poder criador, funda a "verdade ontológica" das coisas, fazendo-as compreensíveis ao *logos* humano. Por causa do Logos criador, os seres são como as estrelas: claros e luminosos[20]. O próprio "logos hermenêutico", coextensivo ao ser humano e à sua experiência originária, anterior ao "logos apofântico" (proposicional), só se sustenta a partir do *Logos*, que "era no princípio"[21].

Voltando à ideia de *intellectus*, poderíamos defini-lo como a Razão ao feminino, enquanto Razão receptiva à verdade do Ser. Essa é realmente a concepção de Razão que corresponde à natureza de dom da fé revelada. Aliás, para a inteligência como razão-escuta, não existe outro campo da realidade mais adequado do que o da Revelação. Aí o ser humano aparece como o "ouvinte da Palavra" (K. Rahner).

Se há, portanto, um campo de verdade em que o *intellectus* pode se exercer em sua máxima potência de acolhida, é exatamente em relação à Fé, pois esta trata da Verdade por antonomásia, a Verdade em pessoa – Deus. Por isso, pode-se dizer com Santa Catarina de Sena: "A fé é como a menina dos olhos da inteligência"[22].

A inteligência da fé é, no fundo, experiência. É sapiência. É contemplação. A inteligência da fé é capacidade de reconhecer a preeminência do Amor sobre quaisquer outras razões. É só a partir do Amor, o único que é digno de crédito, que se constroem as razões da razão[23].

---

19. Cf. para essa concepção RATZINGER, Joseph. *Chiesa, Ecumenismo e Política*. Cinisello Balsamo (MI): Paoline, 1987, p. 147-152.

20. Cf. PIEPER, Joseph. La criatura humana; el concepto de criaturidad y sus elementos. In: RODRIGUES ROSADO, Juan J. & RODRIGUES GARCÍA, Pedro (orgs.), *Veritas et Sapientia*. Pamplona: Ed. Navarra, 1975, p. 123-136, aqui p. 126-129.

21. Cf. STEIN, Ernildo. *Aproximações sobre hermenêutica*. Porto Alegre: EDIPUCRS, 1996, p. 21-33.

22. *O Diálogo*, cap. 29, 45, 99, apud GARRIGOU-LAGRANGE, René. *A Igreja Católica*. Lisboa: Paulistas, 1959, p. 237 [trad. bras. São Paulo: Paulinas, 1984].

23. BALTHASAR, Hans Urs von. *Somente o amor é acreditável*. Caxias: Paulinas, 1969 [orig. al. *Glaubhaft ist nur Liebe*. Einsiedeln: Johannes, 1963; trad. it. *Solo l'amore è credibile*. Roma, 1977].

Do mesmo modo, somente o pensar originário da inteligência pode acolher (melhor que captar) a Verdade que se revela no Evento, tal como se dá na História da Salvação e em sua Revelação. Não simplesmente no sentido do *verum* = *factum* de Vico e do positivismo histórico, mas no sentido profundo do *verum facti*.

Sem dúvida, o Evento histórico contém verdades universais e permanentes. Essas podem ser exibidas na forma de raciocínios. Por isso o *intellectus* se desdobra em *rationes* analítico-especulativas e, finalmente, num sistema conceitual. Contudo, o sistema mantém sempre uma referência vital ao que o constitui em sua raiz: o *factum* enquanto *intellectum*, a saber, enquanto intuído, acolhido e entendido[24].

A fé como *intellectus* se exprime naturalmente em palavras. É o "discurso religioso"[25]. Este não toma, em primeiro lugar, a forma do discurso encadeado e do sistema, mas antes a forma do oráculo, da palavra de autoridade, da doutrina serena. Ou então, reveste a linguagem da homologia, da intercessão, da doxologia. Seu caminho preferido não é a argumentação. Para empregar as categorias aristotélicas, a fala da fé, se não é sempre "apofântica" (declarativa, judicial), será sempre uma fala "semântica", ou seja, sensata, significativa[26].

Conhecimento gnóstico-sapiencial

A partir do *intellectus fidei*, alguns têm definido a teologia como um conhecimento gnóstico-sapiencial. Originariamente, é a fé, e não a teologia, que possui esse caráter. Contudo, é também verdade que a fé dá nascimento a um discurso teológico correspondente, que se poderia chamar de "gnóstico"[27].

---

24. Para toda essa parte retomamos BORDONI, Marcello. Riflessioni introduttive. In: SANNA, Ignazio (org.). *Il sapere teologico e il suo metodo*. Bolonha: EDB, 1993, p. 25-34.

25. Cf. BOFF, Clodovis. *Teologia e prática*. A teologia do político e suas mediações. Petrópolis: Vozes, 1978, p. 201-209, seção II, § 10, espec. p. 202.

26. Cf. *Peri Heermeneias*, 4 e 5.

27. É a teoria teológico-epistemológica defendida por VAGAGGINI, Cipriano. Teologia. In: BARBAGLIO , Giuseppe & DIANICH, Severino (orgs.). *Nuovo Dizionario di Teologia*. 4. ed. Cinisello Balsamo (MI): Paoline, 1985, p. 1.597-1.711 (= 114 p.). Cf., mais resumidamente, deste autor, *Il senso religioso della liturgia*. 4. ed. Roma: Paoline, 1965, p. 585-588.

Para começar, distingamos aqui a *gnose* e o *gnosticismo*. Este último conceito define uma poderosa corrente de pensamento religioso, de tipo místico, surgida em torno do século I e se afirmando no II, e que busca, como via de salvação, um conhecimento (= *gnóosis*) privilegiado, esotérico, reservado a poucos, das coisas divinas, através de revelação, iluminação ou iniciação. Produziu sistemas elaboradíssimos, caracterizados por uma ampla visão cosmológica e por uma refinada arte da especulação, de tipo sincretizante e levada a níveis delirantes.

O gnosticismo sistemático em ambiente cristão só podia derivar na heresia. Em seu furor especulativo, rejeitava o caráter positivo (Escrituras) e histórico (Cristo e a Igreja) da fé cristã, como se vê nos alexandrinos Basílides e Valentino, e particularmente nas heresias extremadas dos Cainitas, Ofitas e do Evangelho de Judas. Foi combatido pelos Padres da Igreja, como Tertuliano, Hipólito e, especialmente, Santo Irineu.

A *gnose*, em contrapartida, representa não tanto um sistema, mas uma atitude espiritual: a de penetrar o Mistério de Deus em vista da Comunhão salvadora. Nesse sentido, a gnose se verifica em todas as grandes culturas antigas: da Índia, Pérsia, Egito, Grécia e mesmo Israel. É a chamada "gnose eterna", que continua viva até hoje, como, por exemplo, na *New Age*[28].

Na verdade, existe também uma gnose bíblica. É o conhecimento supraconceitual de Deus, de caráter concreto, quer afetivo, quer prático. Paulo, em particular, fala em vários passos da *gnose* no campo da fé[29]. Para ele, o conhecimento da fé vem por uma via superior: é uma "sabedoria" revelada pelo Espírito (cf. 1Cor 2 todo); é uma iluminação pneumática (cf. Ef 1,17-20; 3 todo). Para muitos biblistas, o Evangelho de João foi escrito em ambiente gnóstico e respondendo aos desafios do gnosticismo (por ex., Jo 10,14-15; 14,9; 17,3)[30].

A gnose foi defendida e praticada de modo positivo por uma corrente expressiva dos Padres gregos. Foram grandes teólogos "gnósticos" os alexandrinos Clemente e Orígenes no século III e, mais tarde, Evágrio Pôntico († 600), entre outros. A partir desses Padres do Oriente, "gnóstico" surge como o primeiro nome de teólogo,

---

28. Cf. BERGERON, Richard. *Le cortège des fous de Dieu.* Un chrétien scrute les nouvelles religions, Monteral: Paulines/Apostolat des Éditions, 1982; resumo do mesmo autor: "Para uma interpretação teológica das novas religiões". *Concilium*, 181 (1983/1), p. 115-124; · FILORAMO, Giovanni. *I nuovi movimenti religiosi.* Metamorfosi del sacro. Bari: Laterza, 1986.

29. Cf. 1Cor 1,5.21; 2,8.11.14; 8,1-3.7.10.11; 13,2.9.13; 2Cor 2,14; 4,6; 5,16; 8,9; 10,5; Ef 3,19; etc.

30. Por ex. DODD, Charles-Harold. *Interpretação do quarto evangelho.* São Paulo: Paulinas, 1977.

enquanto possuidor de um conhecimento aprofundado da fé, inclusive por via da intuição e da sabedoria espiritual. Não é sem sentido que foi no contexto do gnosticismo reinante, influenciada por ele e em reação a ele, que surgiu em Alexandria a primeira escola teológica da Igreja cristã, o *Didaskaleion*, onde se começou a realizar um estudo crítico e sistemático da fé[31]. Disso constitui a melhor expressão teológica o primeiro tratado de dogmática cristã, o *Perì Archóon* de Orígenes.

A *gnose* cristã implica um conhecimento extremamente rico, onde se podem identificar três dimensões:

– em primeiro lugar e acima de tudo, uma dimensão *afetivo-prática*, segundo a grande tradição bíblica;

– depois, uma dimensão *carismática*, indicando um conhecimento superior ou profundo dos mistérios, obtido através da Revelação divina, de acordo com a concepção da apocalíptica;

– e, por fim, a dimensão *místico-estática*, como acontecia na gnose do helenismo popularizado[32].

A tradição da gnose continuou no Ocidente por meio do ideal da *sapientia*, conhecimento carismático com suas dimensões experimental, afetiva, mística e ética, como veremos mais adiante (Cap. 6)[33].

E se a Sabedoria implica alguma *ratio*, essa será a *Ratio superior*, como em Agostinho e antes ainda em Platão, distinta da *Ratio inferior*, tal como esta opera na ciência de Aristóteles[34].

2. Ratio fidei

A fé feita razão, melhor ainda, feita razões, é isso precisamente a teologia. Esta nasce do *intellectus fidei*, para se tornar, em seguida, a *ratio fidei*.

---

31. Cf. EUSÉBIO DE CESAREIA. *História Eclesiástica*, VI, 3, 3.

32. Cf. DUPONT, Jacques. *Gnosis* – La connaissance religieuse dans les epîtres de Saint Paul. Lovaina/Paris: E. Nauwelaerts/J. Gabalda, Lovaina/Paris, 1949, p. 537-543: Conclusões.

33. Para toda essa parte usei estas fontes: DUPONT, Jacques. *Gnosis...*, op. cit.; PETERSON, Erik. *Gnosi*. In: *Enciclopedia cattolica*, VI (1951), p. 879s; SCHLIER, Heinrich. *Gnose*. In: FRIES , Heinrich (org.). *Dicionário de Teologia*. Vol. II. São Paulo: Loyola, 1970, p. 240-254; CERFAUX, Lucien. *Gnose pré-chrétienne et biblique*. In: PIROT, L. (org.). *Dictionnaire de la Bible. Supplément*, Letouzey et Ané, Paris, 1938, t. III, p. 659-701; CONGAR, Yves. *La foi et la Théologia*. Paris: Desclée, 1962, p. 90-92 e 213-215; ROPS, Daniel. *A Igreja dos Apóstolos e Mártires*. Porto: Tavares Martins, 1960, p. 339-342.

34. TOMÁS DE AQUINO. *De Veritate*, q. 15, a. 2; *ST* I, q. 89, a. 9.

Do mesmo modo como se distinguem inteligência e razão, assim também importa distinguir fé e teologia, fé e razão, mais precisamente: inteligência da fé e razão da teologia. Distinguir, sim, mas para unir. Pois se trata de momentos diferentes de um mesmo processo.

Inteligência e razão: duas aves de canto distinto, como declama um de nossos maiores poetas, Castro Alves:

> A fé – a pomba mística
> E a águia da razão[35].

Nesse sentido, tem toda razão São Boaventura em ver a teologia como algo que "se acrescenta" à fé. É um desdobramento autônomo desta. *Theologia fit per additionem*[36]. A teologia é dependente da fé, mas tem sua autonomia discursiva. Certo, o tema da teologia é o da fé – o "credível, mas enquanto passa para a razão inteligível, e isso através do acréscimo da razão"[37].

Tomamos aqui razão como a função do espírito de fazer justiça às coisas, portanto, de lhes dar razão. E, portanto, uma disposição ou virtude especulativa, que produz ciência (*epistéemee*).

Assim, podemos distinguir, em primeiro lugar, *pistis* (fé) e *logos* (palavra). Lembremos que a *pistis* já possui sua luz própria, sua evidência específica, sua claridade interna, sua inteligibilidade particular, e isso para além ou para aquém de toda palavra. A fé é a rigor "inefável".

Em seguida, no nível do *logos*, podemos distinguir três *logoi* ou "palavras" relativas a Deus:

---

35. Poesia "O vidente", de *Os Escravos*. In: ALVES, Castro. *Poesias completas*. Rio de Janeiro: Ediouro, [s.d.], p. 124.

36. In *Sent.*, proem., 1, ad 5, 6. Também Santo Tomás diz que a razão teológica em relação à fé não representa uma "subtração" nem uma "substituição", mas só uma "adição", precisamente discursiva: *In Boet. de Trin.*, q. II, a. 3, c.

37. "Credibile, prout tamen trasit in rationem intelligibilis, et hoc per additionem rationis": In *Sent.*, proem., 1 c. Para isso, cf. SECKLER, Martin. La teologia come scienza della fede. In: KERN, Walter; POTTMEYER, Hermann J. & SECKLER, Max (orgs.). *Trattato di gnoseologia teologica*. Corso di Teologia Fondamentale. Brescia: Queriniana, 1990, p. 204-280 (com bibliografia), aqui p. 231.

1. A palavra *da* Fé, enquanto proclamação e profissão, tal como se encontra, por exemplo, na Bíblia, no Credo ou nos Dogmas;

2. A palavra *da Sabedoria*: é a teologia enquanto fé feita discurso sob forma meditativa ou da *cogitatio*. É a teologia dos Padres;

3. Por fim, a palavra *da Ciência*: é a fé, feita igualmente discurso, mas agora enquanto discurso que dá as razões da fé. É a teologia enquanto ciência, como em Santo Tomás[38].

Quando falamos na relação fé e razão, devemos entender *fé* seja como iluminação supraconceitual (fé a nível 1), seja como fé dogmática, que, de resto, dá forma discursiva àquela (fé a nível 2).

Por sua parte, *razão* deve ser entendida como o discurso da fé, seja ele sapiencial, como nos Padres (razão a nível 1), seja científico, como em Tomás de Aquino (razão a nível 2). Nessa linha, fé e razão se colocam em dois planos distintos[39].

Ora, a tese fundamental da relação fé-razão é: *a razão está a serviço da fé*. E é lógico. Pois a fé, que de certo modo representa a "razão divina", não pode estar submetida à razão humana. Uma realidade de ordem inferior não pode ter a pretensão de dar cabalmente conta de uma realidade de ordem superior. Se a razão não compreende totalmente a fé não é por defeito desta, mas antes pelo contrário: é por defeito da razão e por excesso da fé. A demasiada luz divina ofusca a pobre retina humana.

Contudo, deve-se dizer que a relação da fé com a razão humana não é de tipo despótico ou servil, mas sim político ou civil ou ainda democráti-

---

38. Cf. SECKLER, M. Op. cit., p. 207-218: "Três formas fundamentais de teologia".

39. Não concordamos com a tese de fundo de COLOMBO, G. In: *La regione teologica*, op. cit., que, por causa de seu vezo polêmico em justificar o estatuto da teologia como "razão da fé" e vencer o extremismo racionalista (Ilustração) que colocou uma oposição ou, no mínimo, uma justaposição entre fé e razão, acaba caindo no outro extremo: dizer que a fé é coextensiva à razão; que aquela se encontra no âmbito da razão, não além dela; que a fé alarga ou eleva a capacidade da razão sem ultrapassá-la ou extrapolá-la; que a fé é uma "forma", "figura", "modo" ou "determinação" (na verdade, radical) do saber, do conhecimento, da razão. Tudo isso seria verdade se a razão coincidisse com a inteligência. Mas então não haveria mais distinção entre fé e razão e menos ainda articulação entre as duas, como também não haveria mais diferença entre fé e teologia.

co[40]. Neste sentido: a razão serve à fé a partir de sua autonomia, do mesmo modo como o servente serve ao pedreiro e este ao engenheiro a partir de sua competência respectiva.

Por isso, pode-se dizer que a razão teológica é como um monarca constitucional: manda sim, mas não manda de modo arbitrário; manda segundo uma instância superior: a Revelação, que lhe serve como de constituição[41].

Melchior Cano afirmava o mesmo quando dizia: "A razão não é senhora, mas servidora; o silogismo não preside, mas serve"[42].

Pascal possui belas sentenças sobre a relação razão-fé, falando das possibilidades da primeira e enfatizando ao mesmo tempo seus limites[43]. Vejamos as seguintes afirmações dos *Pensamentos*:

> Se submetemos tudo à razão, nossa religião não teria nada de misterioso nem de sobrenatural. Se entramos em choque com os princípios da razão, nossa religião seria absurda e ridícula. A razão, diz Santo Agostinho, não se submeteria nunca, se não julgasse que há ocasiões em que deve se submeter. É, pois, justo que ela se submeta quando julga que deve se submeter; e que não se submeta quando julga com fundamento que não deve fazê-lo. Não há nada tão conforme à razão que a renúncia da razão nas coisas que são de fé; e nada de tão contrário à razão que a renúncia da razão nas coisas que não são da fé. São dois excessos igualmente perigosos: excluir a razão ou não admitir senão a razão. O último passo da razão é reconhecer que há uma infinidade de coisas que a ultrapassam. O coração tem suas razões que a razão desconhece[44].

---

40. São categorias de Santo Tomás: cf. ST I, q. 81, a. 3, ad 2; q. 83, a. 1, ad 1; I-II, q. 9, a. 2, ad 3; q. 17, a. 7, c; q. 56, a. 4, ad 3; q. 58, a. 2, c; q. 74, a. 3, ad 3.

41. Comparação de KNOX, Ronald A. *Illuminati e carismatici*. Bolonha: Il Mulino, 1970, p. 796.

42. "Ratione non domina sed administra, syllogismo non praesidente sed subserviente": *De locis theologicis*, l. IX, cap. 6 (apud DTC, t. IX/1, col. 732).

43. Cf. PASCAL, Blaise. *Pensamentos* (ed. Brunschvicg).

44. PASCAL, Blaise. Op. cit., n. 273, 270, 272, 253, 267, 277.

Somente uma mentalidade caudatária do racionalismo considerará como "irracional" tudo o que não cabe dentro do âmbito da razão analítica e calculante, como a experiência da vida, a ética, a religião e a mística[45].

Razão teológica como razão em grau supremo

Confrontada com seu "Objeto imenso" (Hegel), a razão teológica se mostra fraca e deficiente. Mas, tomada em absoluto, aparece como a razão máxima, a razão soberana. Ela exprime o ponto extremo a que pode chegar a força da razão em geral. Sim, a razão vai tão longe que chega a penetrar nos *profunda Dei* (1Cor 2,10). Para mostrar o lugar da teologia, na ponta do desenvolvimento racional, valha a seguinte figura:

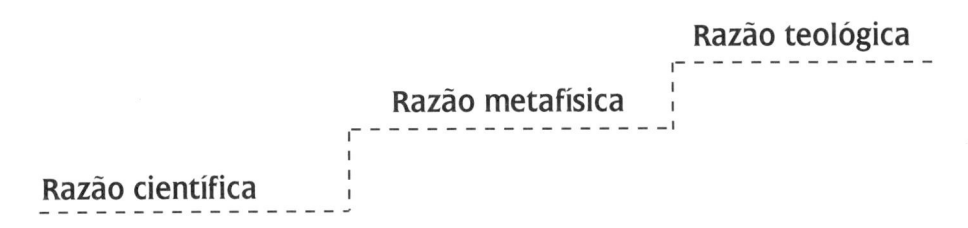

E eis agora um testemunho concreto de como esse percurso foi vivido. Fala Raïssa Maritain:

> Ávida de saber, não sabia onde achá-lo.
> Aos 12 anos, o situava na medicina;
> aos 18, nas ciências;
> aos 20, na metafísica;
> aos 22, na teologia. Agora sei que se acha mesmo ali[46].

---

45. Cf. SCHWEITZER, Albert. *Cultura e ética*. São Paulo: Melhoramentos, 1953 (orig. 1923): "O Racional, levado aos derradeiros limites, necessariamente se transforma no Irracional. A afirmação do mundo e da vida, bem como a Ética, são irracionais" (p. 20). "Toda a convicção valiosa é irracional e tem índole entusiástica uma vez que... brota do desejo de viver" (p. 21). Irracional vale aqui por suprarracional. A intuição do autor é correta; é sua linguagem que permanece prisioneira dos equívocos do racionalismo, ao qual aliás Schweitzer nunca renegou.

46. Apud MILITELLO, Cettina. *Il volto femminile della storia*. Casale Monferrato (AL): Piemme, 1995, p. 325.

Como a graça aperfeiçoa a natureza, assim a fé aperfeiçoa a razão. Dessa forma, a teologia representa a razão perfeita[47]. É a razão plena, completa, consumada. Assim, a teologia constitui uma esfera particularíssima de racionalidade, uma racionalidade suprema e culminante.

É o que viu Tomás de Aquino, quando discutiu o estatuto científico da teologia no quadro da epistemologia de Aristóteles nos *Segundos Analíticos*. Percebeu que, se a teologia não se encaixava bem aí dentro, não era por causa da estreiteza da teologia, mas sim de Aristóteles, que não previu (e nem podia) essa forma *sui generis* e superior de racionalidade, que é a teologia da fé revelada. Daí a novidade e a originalidade de sua solução por meio do conceito de "quase-subalternação" da teologia à ciência divina[48].

São Boaventura tem a mesma consciência, que exprime aqui em termos místicos:

> Só ela (a teologia) é a ciência perfeita, porque começa do primeiro, que é o Primeiro princípio, e chega até o último, que é o prêmio eterno; começa do mais alto, que é o Deus altíssimo, criador de tudo, e chega até o mais baixo, que é o suplício infernal[49].

Assim, a razão não é uma grandeza soberana, posta defronte à fé, mas uma realidade que a fé pode incorporar e medir. Não é só a razão que questiona a fé; é também e muito mais a fé que questiona a razão, justamente a partir de uma "Razão superior", a Divina. Tanto mais que a razão, além de contingente porque criada, é uma razão "ferida" por causa do Pecado[50].

---

47. Cf. TOMÁS DE AQUINO. *In Boetium...*, q. 2, a. 3.

48. É a interpretação do rigoroso estudo de DUMONT, C. "La réflexion sur la méthode théologique". In: *Nouvelle Revue Théologique*, 83 (1961), p. 1.034-1.050 e espec. 84 (1962) 17-35, aqui p. 28-32.

49. *Breviloquium*, I, c. 1, 2.

50. Perspectiva enfatizada por BOUYER, Louis. *Le métier de théologien*. Entretiens avec Georges Daix, Tournai: Ed. France-Empire, 1979, cap. 11: "O ofício de teólogo", p. 207-227.

A fé é ou não racional?

Poderíamos perguntar, finalmente, se a fé é ou não é racional. A rigor, a fé é transracional: situa-se além da razão humana. Mas a razão, embora aquém da fé, pode supeditar a esta uma base racional ou argumentativa. Poderíamos dizer: porque suprarracional, a fé é super-racional, no sentido de possuir uma racionalidade eminente.

Santo Tomás afirma que, se a fé é transracional, não é por defeito mas por excesso. Não é por falta de luz, mas por irradiar luz demais. Ela ofusca o olho da razão. Declara:

> E a própria fé não é preter-racional de modo absoluto, pois a razão natural sempre encontra razões para poder acolher as coisas que se dizem de Deus[51].

A Fé é essencialmente abertura ao sobrenatural, enquanto a Razão tende a se fechar no natural, só se abrindo ao sobrenatural por um certo apelo do alto. Poderíamos figurar essa relação assim:

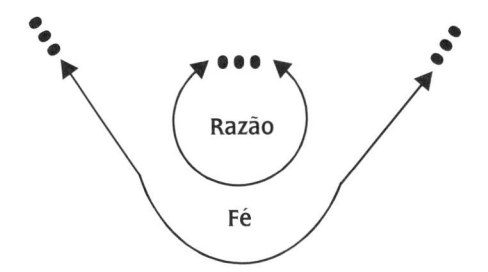

Podemos, portanto, dizer que a fé subsume a razão sem se reduzir a ela. Supera a razão, integrando-a. Abraça-a e, ao mesmo tempo, a ultrapassa.

AS FUNÇÕES DA RAZÃO EM TEOLOGIA

Qual é o tipo de razões que usa a *ratio* teológica? Não propriamente razões "demonstrativas" ou "científicas", como dissemos, mas justamente as razões *proporcionadas* a seu "objeto" – o Mistério. Repitamos o que dissemos (no início do Cap. 3): o tipo de argumentação ou prova depende estritamente da natureza do assunto. Aristóteles não cansa de lembrá-lo. Chega a

---

51. *In Boetium de Trinitate*, q. 3, a. 2, ad 5.

acusar de falta de cultura (apedeutismo) os que confundem os códigos epistemológicos dos diferentes saberes:

> Alguns exigem que se diga tudo com rigor. A outros, ao contrário, o rigor dá um sentido de moléstia... O rigor tem, com efeito, algo parecido com a preocupação pela minúcia e por isso alguns o consideram como qualquer coisa de servil... Por isso, é necessário estar previamente instruído (*pepaidéusthai*) do método pelo qual cada ciência deve ser tratada, enquanto é absurdo procurar a um só tempo a ciência e o método da ciência[52].

Passando ao concreto, Santo Tomás de Aquino atribui três funções principais à razão no campo da fé:

1. "demonstrar" os preâmbulos da fé;

2. "esclarecer" (*ad notificandum*) as verdades da fé através de comparações (*similitudines*);

3. "resistir" aos que se opõem à fé[53].

Examinemos mais de perto essas três funções.

1. *Função manifestativa*. Essa primeira função pertence à *Teologia natural* (Teodiceia). Não cai propriamente no âmbito da razão da teologia da fé, mas somente no de seus pressupostos, precisamente de seus "preâmbulos".

Fique claro que a razão teológica não é demonstrativa das verdades da fé como tais. Neste sentido, a razão teológica não é demonstrativa, nem do ponto de vista "científico" no sentido moderno e nem do ponto de vista "filosófico" do silogismo apodítico.

Portanto, a racionalidade teológica não é a "científica", do modelo empírico-formal. A fé não admite provas onde entre a experimentação. Nesse sentido, é completamente disparatado e fora de lugar para as coisas do

---

52. ARISTÓTELES. *Metafísica*, l. II (a), c. 3, 995a 8-14. Cf. ainda *Ética a Nicômaco*, l. I, c. III, n. 4-5; c. VII, n. 18; l. II, c. II, n. 3; l. VI, c. 1, n. 2; etc.

53. Cf. *In Boetium...*, q. 2, a. 3, c. Cf. nesse sentido SCHILLEBEECKX, Edward. *Revelação e teologia*. São Paulo: Paulinas, 1968, p. 115-137: "Algumas funções principais da teologia especulativa"; CONGAR, Yves. *Théologie*, in *Dictionnaire de Théologie Catholique* (DTC), XV/1, col. 378-383.

Mistério exigir "provas científicas" da fé. Foi uma ilusão de juventude de Agostinho:

> Queria estar certo das coisas que não via como estava certo de que $7 + 3 = 10$[54].

E mesmo se na fé existe algo de sensível ou tangível, como o testemunho, os sacramentos e os milagres, essa dimensão é apenas sinal de outra dimensão, qualitativamente distinta. Tomé toca nas chagas, mas proclama o "Senhor e Deus" (Jo 20,28).

Igualmente, a razão teológica não tem nada a ver com a razão "filosófica" de tipo demonstrativo ou apodítico frente ao Mistério revelado. Pois este transcende esse tipo da racionalidade coagente e irrefutável. A fé não admite evidências subjugadoras e irresistíveis. É o que afirma Santo Tomás a respeito da função apologética da teologia:

> Quero te advertir, antes de tudo, sobre isto: que, nos debates relativos às verdades da fé, com aqueles que não creem, não deves te esforçar por provar a fé por meio de razões necessárias, pois isso derrogaria à sublimidade da fé... Nossa fé é tal que, como não se pode provar por razões necessárias..., também não se pode impugnar pelas mesmas razões. Portanto, a isso deve visar a intenção do apologeta cristão: não provar a fé, mas defendê-la[55].

2. *Função defensiva*. Saltando sobre a segunda função, que retomaremos logo adiante, analisemos a função que Tomás da Aquino põe em terceiro lugar ("resistir"). Essa pertence à *Apologética* em seu momento polêmico, ou seja, o de refutar as objeções que se levantam contra a fé. Tem caráter defensivo e, por isso, secundário. É sua *pars destruens*. Portanto, não constitui a substância do discurso teológico, que só pode estar em sua *pars construens*.

3. *Função construtiva*. Resta examinar a segunda função colocada acima, que é a central na racionalidade teológica: *esclarecer* os misté-

---

54. *Confissões*, VI, 4.

55. *De rationibus fidei contra Sarracenos*, 2.

rios da fé a partir de dentro. É finalmente nela que se concentra a razão teológica.

Que busca essa racionalidade "esclarecedora" ou "manifestativa"? Busca fundamentalmente mostrar o *nexo* existente entre o mundo da fé e o nosso mundo. Tal nexo mostra a profunda harmonia que se encontra entre o mundo sobrenatural e o natural.

Ora, falando em harmonia, vem à mente a figura da música. Justamente, a relação entre os vários instrumentos nada tem de obrigatório, mas segue as regras da harmonia. Por essas regras, se vê que, embora nada tenha de arbitrário, a harmonia é algo de essencialmente solto e criativo.

Não impede, contudo, que o nexo da racionalidade teológica possa, em certo momento, ser mais apertado: pode ser um nexo de estrita necessidade lógica. Mas, mesmo aí, temos a ver sempre com um nexo *relativo* (à natureza intrínseca da verdade revelada) e ao mesmo tempo com um nexo *derivado* (da acolhida da Revelação como evento gratuito). Disso nos ocuparemos logo adiante.

A partir das indicações do Vaticano I, podemos evidenciar três nexos que a razão teológica procura evidenciar com o objetivo de "chegar a um conhecimento, na verdade frutuosíssimo, dos mistérios":

1) o nexo do mundo da fé com o nosso mundo, "graças à analogia com aquilo que se conhece naturalmente";

2) o "nexo dos próprios mistérios entre si";

3) e, finalmente, o nexo dos mistérios com o ser humano e seu destino: "nexo com o fim último do homem"[56].

Seja como for, a racionalidade teológica usa sempre a linguagem da *analogia*. Essa linguagem se refere, de certa forma, a ideias assintóticas e não a conceitos adequados; a comparações e não a equações; a símbolos mais que a silogismos; a evocações antes que a explicações. Veremos isso em detalhe no Cap. 11.

---

56. Cf. DS 3016.

Em breve, o tipo da racionalidade (raciocínio, argumentação ou prova) que usa o teólogo para "dilucidar" (*ad notificandum*) o dado da fé opera, alternativamente, com dois registros lógicos:

– em primeiro lugar e sobretudo, a racionalidade de "conveniência" ou "persuasiva";

– e em seguida e de forma segunda, a racionalidade "demonstrativa" ou "necessitante"[57].

Analisemos essas duas formas de racionalidade teológica.

1. Razões convenienciais

Estas valem para a "Economia", ou seja, a ação divina na História, onde se desdobra o agir livre e amoroso de Deus. São as razões da pura liberdade de Deus, mais precisamente, as razões de seu amor gratuito e gracioso. São as razões do coração de Deus. Por que Ele cria o mundo? Por que se encarna? Por que morre na cruz? A resposta a tudo isso quem dá é o Amor. São as invenções do Amor que "explicam" essas coisas. Tudo isso "convém" ao Amor. Daí se falar em "razões de conveniência".

"Convenientes" vale aqui por razoáveis, ordenadas, harmônicas. Não se trata de razões arbitrárias, caóticas ou absurdas, mas antes, como todas as razões do verdadeiro amor, razões maravilhosas e sumamente louváveis[58]. Assim, por exemplo, Santo Tomás aduz 10 razões para a conveniência da encarnação: 5 no sentido de "promover o bem" e outras 5 no sentido de "remover o mal"[59].

As razões de conveniência se contrapõem às necessárias. Se admitem alguma necessidade (e a Bíblia usa termos assim: "é preciso"), é apenas no

---

57. Poder-se-ia falar para a teologia da razão "dialética", no sentido aristotélico? Cf. *Tópicos*, Col. Os Pensadores 4. São Paulo: Abril, 1973. A Dialética se distingue da Analítica. Essa trabalha com argumentos necessários, partindo de princípios primeiros. A razão dialética, usual na Retórica, arranca de qualquer tese, admitida de antemão, e daí procede (*Tópicos*, I, 10: p. 18). Seu objetivo é persuadir. Aristóteles pensa a dialética como uma lógica inferior. Santo Tomás preferiu definir a teologia como ciência, e para isso partiu da *Analítica* de Aristóteles.

58. Cf. VAGAGGINI, C. *Teologia*. Op. cit., p. 1682-1683.

59. *ST* III, q. 1, a. 2.

sentido da necessidade *moral* (razões exigidas pela boa ordem do plano amoroso de Deus), não da necessidade metafísica (razões exigidas pela ordem natural das coisas).

As razões de conveniência evidenciam a harmonia entre a lógica divina e a humana. Assim, por exemplo, explica Tertuliano, "era conveniente" que o Verbo se encarnasse para que a carne (*caro*) se tornasse o gonzo (*cardo*) da salvação[60]. Tais razões são como as "razões musicais": seguem as leis da harmonia. Poderíamos falar da lógica da beleza em geral: é "belo" que Deus tenha vindo entre os humanos, tenha assumido nosso destino e assim por diante. Aqui poderíamos parafrasear: é bastante belo para ser verdadeiro.

Demos alguns exemplos das razões de conveniência tirados da sagrada Escritura:

– "Não é bom que o homem esteja só" (Gn 2,18). YHWH não era obrigado a criar uma companhia para o varão, mas achou "bom". A mulher aparece como uma criação livre do amor divino;

– "Era preciso festejar e se alegrar" (Lc 15,32). A acolhida festiva do filho perdido não é uma exigência impositiva; é iniciativa livre e amorosa do Pai;

– "Convinha que (Deus)... levasse à perfeição, por meio do sofrimento, o Autor da salvação..." (Hb 2,10). A morte de Cristo na cruz e sua ressurreição pertencem à livre decisão de Deus, decisão, contudo, sempre harmoniosa;

– "E tal é precisamente o Sumo Sacerdote que nos convinha: santo, inocente, imaculado..." (Hb 7,26). A mediação de Cristo em favor da humanidade não é em absoluto devida a ela ou por ela merecida, mas lhe vem ao encontro "como à mão a luva";

– "É preciso que o Filho do Homem sofra muito..." (Lc 9,15). Estamos aqui diante do conhecido "*deei* soteriológico", retomado em outros passos (Lc 17,25; 24,26). Essa é uma "necessidade" *sui generis*. Equivale às conve-

---

60. *De Resurrectione carnis*, 8, 2: apud *Catecismo da Igreja Católica*, n. 1015.

niências livremente decididas por Deus em seu plano gracioso. Elas se impõem apenas porque assim foram livremente queridas e assumidas por Deus.

Clássico é o caso da razão usada pelo Beato Duns Scotus, em seguida a Santo Anselmo, para o dogma da Imaculada: *Potuit, decuit, ergo fecit*: Deus pode fazer Maria imaculada; *convinha* que a fizesse tal; portanto, fê-la imaculada. A liturgia proclama: "Puríssima *deveria* ser aquela que seria a mãe do Cordeiro sem mancha, que tira o pecado do mundo"[61].

Assim também para o dogma da Assunção: Jesus foi glorificado em seu corpo. Ora, a mãe e o filho possuem unidade carnal. Logo, sob pena de romper a unidade carnal de mãe e filho, foi *conveniente* glorificar Maria com seu Filho[62]. Mas este tipo de argumentação, seguidíssimo na mariologia do pré-Vaticano II, deve ser usado com muito cuidado, especialmente quando se trata de dogmatizar.

Como vimos, a racionalidade conveniencial tem um grande papel na vida humana. É o tipo da razão que manda no cotidiano. Exigir verificação ou demonstração de tudo torna a vida em comunidade impossível. E é sintoma de patologia. "O louco é o homem que perdeu tudo, menos a razão" (G.K. Chesterton).

Igualmente, a lógica conveniencial é a que se adequa mais às grandes questões humanas, que superam a mera racionalidade silogística. Por que casar e com quem, por que ter um filho, por que escolher esta ou aquela profissão, por que votar neste ou naquele partido, por que ser desta ou daquela religião – questões assim não são adequadamente redutíveis a argumentos lógico-racionais. Somente a lógica da vida ou da sensibilidade podem guiar de modo decisivo as respostas humanas a esse tipo de questões. Que alguém vá casar com tal pessoa, ou escolher tal profissão, etc., isso é apenas "conveniente", "razoável", por mais decisivo que seja.

Tal gênero de racionalidade, exatamente por ser aproximativo, é o mais adequado ao Mistério, embora pareça inadequado para nós. Na ver-

---

61. Assim reza o Prefácio da missa da festa da Imaculada Conceição do Missal Romano (8 de dezembro).

62. Cf. ROUET, Albert. *Maria e a vida cristã*. São Paulo: Paulinas, 1980, p. 84 [orig. Paris: DDB, 1978].

dade, é o que mais respeita o Mistério em sua grandeza transcendente e em sua radical alteridade.

2. Razões necessárias

Por certo, as verdades da fé não são demonstráveis. Dissemo-lo em termos das razões anteriores. Com efeito, é contraditório querer dar "demonstrações" naturais das verdades sobrenaturais. É, pois, por princípio absurdo pretender medir com a razão humana os Mistérios divinos. Todavia, uma vez postos, pode-se tirar desses Mistérios conclusões necessárias.

Se, por um lado, as "razões de conveniência" se adequam às verdades da "Economia", as razões necessárias ou silogísticas podem se prestar, ainda que não exclusivamente, à esfera da "Teologia", no sentido do Oriente: o discurso das verdades da fé em suas conexões internas, por exemplo, as relações íntimas da Trindade.

Dá-se aí um silogismo com a forma seguinte:

– Premissa maior: afirmação da fé (revelada);

– Premissa menor ou meio-termo: análise da razão;

– Conclusão: certeza teológica.

Eis, a seguir, alguns exemplos de argumentos dedutivos ou necessários:

– "Se não existe ressurreição dos mortos, então Cristo também não ressuscitou" (1Cor 15,13);

– Se Jesus é "verdadeiro homem", então possui, além da vontade divina, a vontade humana (contra o monotelismo);

– Se há relações em Deus, é absolutamente necessário afirmar que elas não se identificam com a essência divina[63];

– "Em Deus é impossível haver vários filhos"[64];

---

63. Cf. TOMÁS DE AQUINO. *De potentia*, q. 8, a. 2, c.

64. TOMÁS DE AQUINO. *De potentia*, q. 2, a. 4.

– Se Deus é criador de tudo, também a liberdade humana é animada por Ele;

– Se a graça aperfeiçoa a natureza, é porque ela se acha aberta à graça (potência obediencial ou solicitante)[65].

Retomando: as asserções de *existência*, ou seja, as relativas ao *an sit* (ao que de fato se passou na História da Salvação), sendo fruto de Revelação, só podem ser objeto de argumentos de conveniência. Entretanto, as questões relativas à *natureza* interna das verdades da fé, ou seja, as relativas ao *quomodo sit*, podem ser, mas não sempre, objeto de argumentos necessários, apodíticos ou demonstrativos.

Este tipo de argumento não é o mais importante em Teologia. Sua colocação no centro do discurso teológico levou aos vícios da chamada "teologia das conclusões", entre os quais o especulativismo abstrato, a marginalização do dado da fé e a esterilidade teórica.

É verdade que Santo Anselmo, Abelardo, Ricardo de São Vítor e também Raimundo de Lulo falavam em suas teologias das "razões necessárias". Mas isso se deveu sobretudo à confusão, ainda persistente na primeira Escolástica, quanto à correta articulação entre razão e fé[66].

HERMENÊUTICA: ESTATUTO GERAL DA RAZÃO TEOLÓGICA

A partir dos anos 1970, quando surgiu no campo da teologia o "Debate sobre o método" (*Methodenstreit*), em seguida ao da sociologia nos anos 1960, fala-se cada vez mais do "estatuto hermenêutico" da razão teológica[67]. E se situa a teologia no campo das "ciências hermenêuticas"[68]. Para

---

65. Os três últimos ex. são de VAGAGGINI, C. *Teologia*. Op. cit., p. 1.681-1.682.

66. Contra Santo Anselmo, Santo Tomás enfatiza as razões de conveniência: *ST* I, q. 32, a. 1.

67. SAUTER, Gerhard. *Vor einer neuen Methodenstreit in der Theologie?* Munique: Kaiser, 1970. Cf. as obras editadas por esse mesmo teólogo-epistemólogo: *Theologie als Wissenschaft*. Munique: Kaiser, 1971; *Wissenschaftstheoretische Kritik der Theologie*. Munique: Kaiser, 1973.

68. Cf. os estudos do conhecido filósofo das ciências LADRIÈRE, Jean. Postface a TSHIBANGU, T. *La théologie comme science au XXe. siècle*. Kinshasa: Presses Universitaires du Zaïre (PUZ), 1980, p. 229-244; *A articulação do sentido*. São Paulo: EPU/Edusp, 1977, p. 157-187. Cf. tb. JEANROND, Werner G. *Introduction à l'herméneutique théologique*. Col. Cogitatio Fidei. Paris: Cerf, 1995 [orig. ingl. 1991].

isso houve um recurso crescente aos grandes teóricos da hermenêutica: F. Schleiermacher, W. Dilthey, M. Heidegger, H.-G. Gadamer e P. Ricoeur[69].

Hermenêutica em geral

A "razão hermenêutica" seria a "outra razão" ao lado e além da "razão científica", que seria uma "razão nomológica". Adverte-se, contudo, que não se deve colocar uma divisão terminante entre as duas. Eis como elas se apresentam numa forma extremamente esquematizada:

– A "razão nomológica" é a que opera sobretudo (mas não só) no reino das "ciências da natureza". É uma razão forte, provante, analítica. Ela visa a *explicação* dos fenômenos. Seria um saber pelas causas eficientes e materiais;

– A "razão hermenêutica" se desdobra principalmente (mas não exclusivamente) no reino das "ciências humanas". Procura desvendar o *sentido* ou *intenção* que está por trás de toda ação humana. É um saber pelas causas finais e formais (sentidos e valores).

E de vez que a ação humana se desenvolve na *história*, a verdade (sua luz, inteligibilidade, precisamente seu sentido) significa des-coberta ou manifestação progressiva. Para a hermenêutica, toda verdade se dá num contexto histórico e toda leitura de sentido é releitura em base à própria situação histórica. Aqui a função da razão é *acolher* o sentido que se desvela, a história funcionando como texto ou contexto. O trabalho da razão é de *compreensão*. Trata-se de uma "razão fraca"[70].

Sem embargo, a grande questão para o hermeneuta é a que já tinha formulado Platão: "Sabe o que foi dito, mas não se aquilo é verdade."[71] Ou seja: é a questão da *verdade das coisas* e não somente da verdade dos textos. E quando se trata da verdade absoluta e perene, então entra efetivamente em jogo a reflexão metafísica ou ontológica. Santo Tomás já tinha dito que filosofia não é saber o que os filóso-

---

69. Cf. uma visão de conjunto desses autores (menos P. Ricoeur, mas incluindo R. Bultmann), in: MANCINI, Italo. *Teologia, ideologia, utopia*. Brescia: Queriniana, 1974, p. 117-171.

70. Cf. para esta caracterização NEUNER, Peter. *La fede principio soggettivo della conoscenza teologica*. In: KERN, W.; POTTMEYER, H.J. & SECKLER, M. (orgs.). *Trattato di gnoseologia teologica*. Op. cit., p. 54-56; tb. PESCH, Otto H. *La Parola di Dio principio oggettivo della conoscenza teologica*. Ibid., p. 41-44. Essa razão ofereceria uma saída aos dois extremos que ameaçam as sociedades atuais: o fundamentalismo dogmático e o relativismo caótico, como pensa TRACY, David. "Para além do fundamentalismo e do relativismo. A hermenêutica e o novo ecumenismo". *Concilium*, 240 (1992/2), p. 114-123.

71. *Epínomis*, 975c.

fos disseram, mas a verdade das coisas[72]. Em nosso caso, não basta saber o sentido vivido pelos sujeitos da fé (opinião). Importa finalmente saber qual é o sentido *verdadeiro*, tal como foi intencionado por Deus mesmo[73].

Neste sentido (estrito), a hermenêutica só pode ser *um momento*, uma mediação para se encontrar a verdade do "texto do mundo". É quando se interrogam aqueles que a buscaram. Assim fez Aristóteles na *Metafísica*. Mas é preciso finalmente interrogar as próprias coisas e buscar a verdade mesma por meio e para além dos intérpretes.

É assim que as coisas se colocam, a menos que a hermenêutica não se supere a si mesma e se faça interpretação das coisas mesmas e não apenas do sentido intencionado pelos sujeitos em seus contextos particulares. É a hermenêutica no sentido largo. Mas então deveria se chamar hermenêutica *alética* (veritativa). Ela buscaria o sentido *verdadeiro* da realidade, entendida como um texto encobrindo sentidos, sejam eles intencionados ou estruturais. E é assim que a Psicologia, a Sociologia, a Antropologia, a História e todas as outras "ciências humanas" seriam hermenêuticas, cada uma com sua especificidade, na medida em que cada uma delas busca criticamente o verdadeiro sentido de seu "texto" vivo.

Hermenêutica em teologia

Passando agora à teologia, digamos que sua razão própria também possui uma constituição hermenêutica. E isso num duplo sentido. É hermenêutica, em primeiro lugar, porque trabalha os *textos* da tradição da fé: Bíblia, Padres, Magistério, etc. É hermenêutica no sentido estrito (ou H 1). Nessa linha, a teologia como hermenêutica procura a verdade absoluta dos oráculos proféticos, mediação da Revelação. Todo seu esforço racional neste caso consiste em interpretar corretamente a Palavra de Deus. Mas, como particularidade própria, a teologia não precisa perguntar, como fazem as outras ciências humanas: Será que tal sentido intencionado é verdadeiro? Pois ela daria já por assentada, de antemão, no âmbito da fé, a verdade do oráculo divino. As questões que ficam para a teologia e que ela tem que enfrentar são só duas:

---

72. In *I De Coelo et Mundo*, lect. 22, n. 8. Cf. *ST* I, q. 107, a. 2, c: "A perfeição da minha inteligência (*intellectus mei*) não é conhecer o que tu queres ou sabes, mas somente qual é a verdade das coisas (*rei veritas*)".

73. Cf. para esta problemática SANNA, Ignazio (org.). *Il sapere teologico e il suo metodo*. BOLONHA: EDB, 1973, espec. os estudos de G. Mura e M. Bordon, mas também os de A. Rigobello e P. Coda.

1ª) Foi Deus mesmo que falou isso?

2ª) O que Ele quis mesmo dizer com isso?

Mas a teologia é hermenêutica também num segundo sentido: porque interpreta sempre de novo a Tradição viva da fé em função dos tempos. É então hermenêutica no sentido largo (ou H 2). Efetivamente, a Revelação da Verdade divina se manifesta também por meio dos eventos, "conexos com as Palavras" (DV 2). Foi assim para a Revelação *fundante* (encontrável nas Escrituras e na Tradição) e continua assim na Revelação *renovada* ao longo da história. Para a interpretação do texto concreto da história viva como sendo história de graça e salvação, é necessário um discurso hermenêutico "de segunda ordem" (= H 2). Ora, o que é a teologia senão precisamente tal interpretação?

Assim, a teologia não possuiria apenas uma "Mediação hermenêutica" (= H 1): ela seria por inteiro hermenêutica[74]. Nesse caso, a hermenêutica da fé se confunde com a própria teologia. A teologia está entre as "ciências hermenêuticas" na medida em que, como cada uma delas, busca o máximo de inteligibilidade dos textos/dados que lhe são propostos por meio da elaboração de sistemas de significação que busquem "saturar" o quanto possível seu campo específico de leitura.

Para a pragmática da linguagem teológica, seria útil reservar o conceito de "hermenêutica" para seu uso técnico e estrito, ou seja, para o momento interpretativo dos grandes textos da teologia, principalmente dos textos bíblicos[75]. Para a interpretação mais larga da grande Tradição da fé

---

74. Cf. FUCHS, Ernst. *Hermeneutik*. Tübingen: Mohr, 1974; · EBELING, Gerhard. *Hermeneutik*. In: *Religion in Geschichte und Gegenwart*, t. III, 3. ed.; · GREISCH, J. *L'âge herméneutique de la raison*. Paris, 1985; · GEFRÉ, Claude. *Un nouvel âge de la théologie*, Col. Cogitatio Fidei 68. Paris: Cerf, 1972; *Como fazer teologia Hoje*. Hermenêutica teológica. Col. Teologia hoje. São Paulo: Paulinas, 1989 [orig. fr. *Le Christianisme au risque de l'interprétation*] Paris: Cerf, 1983]; · SCHILLEBEECKX, Edward. *Intelligenza della fede*. Interpretazione e critica. Roma: Paoline, 1975 [orig. hol. 1972; trad. esp. *Interpretación de la fe*. Salamanca: Sígueme, 1973]; Id. Verso una applicazione cattolica dell'ermeneutica. Identità della fede nella reinterpretazione della fede. In: *Dio, il futuro dell'uomo*. 2. ed. Roma: Paoline, 1971, p. 7-58 (saiu também em SCHILLEBEECKX, Edward & SCHOONENBERG, Piet. *Fede e interpretazione*. Col. Giornale di Teologia 56. Brescia: Queriniana, 1971, 1ª parte).

75. É a opção terminológica que adotamos em *Teologia e prática*, op. cit., quando falamos em "Mediação Hermenêutica" (seção II), espec. § 15, p. 238-243: "Noção de Hermenêutica".

e, mais ainda, da realidade concreta em que a fé revelada é percebida e vivida, conviria falar simplesmente em teologia ou em discurso, teoria, análise ou razão teológica, embora não deva escapar a ninguém que a natureza epistemológica da racionalidade teológica é de tipo nitidamente hermenêutico.

TEOLOGIA É CIÊNCIA

Que é teologia? Na definição de Santo Agostinho, teologia significa *sermo de divinitate*: discurso sobre Deus[76]. Ora, nem todo discurso sobre Deus – teologia – tem a forma da ciência. Há teologias especificamente sapienciais e não científicas, como acontece na Patrística. Existem também "teologias pastorais" e "teologias populares", e essas não têm e nem pretendem ter forma científica (cf. Cap. 20). E só com a Escolástica que a teologia assumiu essa forma. Por isso deve-se distinguir a teologia científica das teologias não científicas, mas que não são menos teologias que as primeiras[77].

O que nos interessa aqui é saber se a teologia é ou pode ser ciência[78]. Mesmo que seja qualificada de *sabedoria*, fica sempre a pergunta se essa sabedoria, para além de seus conteúdos de saber experiencial, vital, global e supraconceitual, não pode assumir também a *forma* da ciência, como queria Santo Tomás[79] e como parece ser tendencialmente a prática hoje quando se fala de "epistemologia teológica"[80].

---

76. *De Civitate Dei*, VIII, 1.

77. Cf. SECKLER, Max. *Teologia, Scienza, Chiesa*. Brescia: Morcelliana, 1988, p. 22-34.

78. Cf. LADRIÈRE, Jean. *Postface* a TSHIBANGU, T. *La théologie comme science au XXe. siècle*. Kinshasa: Presses Universitaires du Zaïre, Kinshasa, 1980, p. 229-244; · SILVA, Sergio. "Ensayo sobre las condiciones actuales del quehacer teológico y sobre su estatuto teórico". *Teología y vida*, 30 (1989) 155-173: como a teologia realiza no concreto as características da ciência hoje a partir da teoria de J. Habermas (13 passos), completado por um último, tirado de Karl-Otto Apel; · RAHNER, Karl. *Teologia e ciência*. São Paulo: Paulinas, 1971, espec. p. 70-81 do cap. "A ideia que a teologia faz de si mesma face às exigências da ciência", onde caracteriza o conhecimento científico como "certo" e "universal", traços realizados pela teologia; e ainda ROVIRA BELLOSO, José María. *Introducción a la teología*, Col. BAC-Manuales 1, Madri, 1996, cap. 3, p. 79-121, analisando a teologia como ciência segundo Santo Tomás, Henrique de Gand e W. Pannenberg.

79. Cf. *ST* I, q. 1, a. 2 e 6; *Sent.*, prol., a. 3; *In Boetium...*, q. 2, a. 2.

80. Notemos que, no rigor do termo, "epistemologia" é a teoria do conhecimento *científico* (*epistéemee* = ciência), embora às vezes esse termo seja usado como "gnosiologia" ou teoria do conhecimento *em geral*. Neste livro intercambiamos os termos.

Mas que é uma ciência? Em que consiste?

Não é preciso aqui se deter na epistemologia antiga (Aristóteles) e medieval (Santo Tomás), retomada em seguida pelo idealismo alemão (F. Hegel) e por algumas correntes modernas (L. Althusser). Segundo essa concepção, "ciência" é todo saber, deduzido de princípios indiscutíveis, sejam eles autoevidentes (não prováveis) ou axiomáticos (pressupostos não provados) e a eles redutível[81]. Esta colocação deve ser considerada hoje como amplamente superada pela moderna epistemologia.

Para responder à pergunta acima não devemos tomar uma ciência particular como modelo para as demais. Cada ciência é de sua espécie. E se define a si mesma a partir de seu objeto. Assim também é com a teologia. Afirma um dos maiores filósofos da ciência atuais, Jean Ladrière:

> Se há uma lição a tirar da evolução das ciências modernas e de toda a reflexão crítica que se desenvolveu desde mais de meio século sobre o estatuto do conhecimento científico, é justamente que a ideia de cientificidade não responde a um modelo unívoco[82].

Ciência é um conceito *analógico*. Ora, o que a teologia pode ter (e de fato tem) em comum com as outras ciências é o *modelo formal*, caracterizado pelos três traços seguintes:

1. a criticidade;

2. a sistematicidade;

3. e a autoamplificação.

Ora, temos três tipos de ciência: 1) as dedutivas; 2) as empírico-formais; e 3) as hermenêuticas.

---

81. Cf. *ST* I, q. 1, a. 3. Para a epistemologia teológica medieval, cf. DUMONT, C. *La théologie comme science chez les scolastiques du treizième siècle*. Histoire de la question 'Utrum theologia sit scientia' de 1230 à 1320 (excerpta ex dissertatione ad lauream in Fac. Theol. PUG 1955). Lovaina, 1962; · Id. "La réflexion sur la méthode théologique", art. cit.; · HAYEN, A. "La théologie aux XIIe., XIIIe. et XXe. siècles". *Nouvelle Revue Théologique* (1957), p. 1.009-1.028, (1958) 113-132; · CHENU, Marie-Dominique. *La théologie comme science au XIIIe. siècle*. 3. ed. Paris: Vrin, 1969; aplicando para hoje o modelo medieval: *La théologie est-elle une science?* Paris: Arthème Fayard, 1957.

82. LADRIÈRE, J. *Postface*. Op. cit., p. 230. A seguir, expomos o essencial desse excelente trabalho, ao qual fizemos alguns acréscimos, devidamente registrados.

1) Ciências dedutivas

São hoje a matemática e a lógica formal. Seu método é este: arrancam de *princípios*, procedendo daí por *deduções*. Os princípios são considerados hoje não como postulados autoevidentes (como em Aristóteles), mas como axiomas funcionais em vista de possíveis deduções.

Mas mais que as deduções, nessas ciências vale a caracterização dos seus objetos abstratos mediante a descrição de suas propriedades.

2) Ciências empírico-formais

São as "ciências da natureza", especialmente a física. Seu método consiste em colocar, como princípio, as *hipóteses*, e buscar seu *controle empírico* mediante o procedimento da refutação.

Na verdade, todo esse processo visa estabelecer um quadro geral composto pelos vários "modelos" de explicação científica. É dentro dele que uma ciência é compreendida. Aí se consideram confirmadas as teorias que não foram refutadas no confronto com os procedimentos previstos neste padrão geral.

3) Ciências hermenêuticas

São as chamadas "ciências humanas". Dizem-se "hermenêuticas" porque buscam saber das intenções significativas que atuam nas ações do ser humano. Seu método é partir de *hipóteses de sentido* e tentar, em seguida, sua *sistematização*.

Mas como se dá tal sistematização? Por meio de organização de sistemas significantes que buscam "saturar" seu campo de estudo: mais verdadeiro é o sistema que mais inteligibilidade consegue. A verdade de uma interpretação é medida pela "saturação de sentido" alcançada pela sua totalidade proposicional[83]. Compreende-se facilmente que essas organi-

---

83. Para esse ponto em particular cf. LADRIÈRE, Jean. "Interprétation et Vérité". *Laval philosophique et théologique*, 49 (1993), p. 189-199.

zações explicativas do sentido permanecem sempre abertas a ulteriores esclarecimentos. O que dá uma dinamicidade particular às ciências hermenêuticas.

Aplicação à teologia do modelo formal de ciência

Expliquemos as características formais da ciência, enquanto aplicadas à teologia.

Para começar, devemos reconhecer que a teologia, como ciência, é *sui generis*, porque seu fundamento (a fé revelada) é de outro gênero em relação a qualquer outro saber. Pois, diversamente de todas as outras, ela arranca de um saber transcendente já dado: a Revelação (princípio objetivo) ou a fé (princípio subjetivo). Seus princípios têm um caráter "positivo": são "postos" pela fé. Os artigos da fé são os pré-postos ou pré-supostos do saber teológico. São seus "dados" de partida. O teólogo parte pois desta "posição" inicial.

Sendo que a fé é uma *inteligência* originária de Deus, envolvendo experiência, as verdades da fé constituem a "pré-compreensão" da teologia. Já embicam o discurso teológico no caminho correto. Daí que a teologia só pode ser a autocompreensão (agora científica) da fé. É a explicitação tematizante ou a articulação teórica da inteligência da fé. Compreende-se (na teologia, discursivamente) o que já se compreendeu (na fé, intuitivamente).

Daí também por que a teologia é um discurso autoimplicativo: o próprio teólogo faz parte do objeto de estudo. É um crente que se estuda a si mesmo enquanto tal.

1. Criticidade

Assim como toda ciência, a teologia é um *saber crítico*, ou seja, um saber que opera sobre si mesmo, que é consciente de seus procedimentos. É um saber autocontrolado, e autocontrolado mediante o *método* que ele se dá. Esse método é construído em função de seu objeto, se bem que o método condicione dialeticamente o modo de apreensão do objeto. Por meio dos procedimentos de seu método, a teologia tende a estreitar ao máximo a distância que separa o seu saber de seu objeto.

A teologia é, portanto, um saber edificado sobre a análise crítico-metódica das verdades da fé. Prova disso é a imensa produção teológica na Igreja desde há dois mil anos, com elaborações da mais alta especulação e das mais finas análises. Ora, a própria teologia pode perfeitamente exibir seu método de trabalho (como se intenta neste livro).

Contudo, importa atentar para a especificidade de princípio da criticidade teológica. Esta se exerce sempre a partir de uma doação originária de sentido, precisamente o sentido já dado pela fé. A criticidade teológica se deixa pois medir por um desvelamento pré-temático, antepredicativo: a Revelação. Por isso mesmo, a interpretação crítica que o teólogo exerce "sobre" o dado da fé é uma interpretação que se dá "a partir" da própria fé. É sempre uma interpretação "de dentro". Ora, aí se impõe o "círculo hermenêutico". Ele é constitutivo da teologia.

2. Sistematicidade

Toda ciência cria um corpo de saber. Tal corpo é unificado segundo princípios de estruturação interna, para formar uma arquitetura teórica coerente[84].

Pela sua posição original (posição pística), a teologia não busca criar de fora sistemas explicativos para depois "aplicá-los" ao Mistério, mas antes procura refazer teoricamente a estrutura interna do próprio Mistério. Fá-lo por meio de sistemas de sentido que tenham uma capacidade máxima de saturação noética. Veremos como, em teologia, os pontos de fuga desses sistemas são sempre numerosos, devido à transcendência de seu objeto.

E aí está também o "critério científico" que permite *controlar* as asserções da teologia. Queremos dizer que o sistema de compreensão que melhor explica o Mistério cristão é também o mais científico do ponto de vista teológico.

---

84. "Como a unidade sistemática é o que converte o conhecimento ordinário em ciência..., a arquitetônica é a doutrina do científico em nosso conhecimento... Entendo por arquitetônica a arte dos sistemas": KANT, Immanuel apud ROVIRA BELLOSO, J.M. *Introducción...*, op. cit., p. 81.

Efetivamente, qual é o "critério científico" decisivo para a uma teoria científica em geral? Não seria a *verificação* empírica dos neopositivistas e nem mesmo a *falsificação* de K. Popper, mas mais largamente o *controle* (pois algum controle deve haver) ou a confirmação, relativos à ciência em questão (na linha de Carnap). Melhor dito: é, falando em geral, a "maior capacidade explicativa de uma teoria" (Th. Kuhn). Esse critério é bastante amplo para subsumir todos os outros critérios particulares[85].

Na verdade, é consenso entre os epistemólogos da teologia que a função principal do método teológico é arrumar os dados em sistemas orgânicos que deem conta, no máximo grau possível, de todos os dados da fé. J.Ev. Drey († 1853) insistiu na sistematicidade como tarefa essencial da teologia, além da tarefa, também importante, da analiticidade (estudo de detalhe e interno dos dados da fé)[86].

Contudo, é preciso acrescentar que, embora principal, a sistematicidade é a qualidade que paradoxalmente menos convém à teologia. Por quê? Porque, por mais amplas e orgânicas que sejam as sínteses teológicas, nunca conseguem encerrar o dado revelado. Este lhes escapa por todas as partes. Por isso as sínteses teológicas, ainda as mais prestigiosas, acabam de certa maneira sempre abortando.

Além disso, os documentos fundacionais da fé refogem a toda sistematização. São antes ensaios que se multiplicam no esforço de dizer algo do Mistério infinito. A Bíblia não tem uma síntese, antes tem muitas. Por seu lado, as confissões de fé (Credos) são sínteses, não sistematizações. Enfim, o Catecismo apresenta mais uma sistemática (arranjo pragmático) que uma sistematização viva. E o Denzinger? São como diapositivos da fé, nada mais. Daí a suprema importância que tem na teologia a terceira característica do saber científico: a dinamicidade.

---

85. Cf. PANNENBERG, Wolfhart. *Epistemologia e teologia*. Col. Biblioteca di teologia contemporanea 21. Brescia: Queriniana, 1975. Resumo da epistemologia pannenberguiana: FORNERO, Giovanni. La filosofia contemporanea. In: ABBAGNANO, N. (org.). *Storia della filosofia*. Turim: UTET, 1991, p. 773-785. Para Pannenberg é uma "necessidade vital" que a teologia seja de fato "científica" se quiser sobreviver acadêmica e culturalmente. O mesmo pensa a Escola de Venegono (cf. supra nota 1).

86. Cf. SECKLER, M. *Teologia, Scienza, Chiesa*. Op. cit., p. 100-103.

3. Dinamicidade

O caráter autoamplificativo ou mais simplesmente dinâmico é o traço principal da ciência em geral. Essa tende sempre a crescer. Donde a ideia de "progresso científico". Tal crescimento pode se dar em dois níveis: em extensão, quando uma ciência consegue explicar mais uma parte ou fragmento de seu objeto teórico; e em compreensão, quando ela aprofunda mais uma camada, compreende mais um segmento do mesmo objeto.

Nas ciências hermenêuticas a dinamicidade é ainda mais acentuada. Pois as organizações de sentido que buscam "saturar" explicativamente o campo próprio de estudo se revelam sempre curtas. Daí as contínuas retomadas de explicação no curso das pesquisas históricas.

Assim também ocorre analogamente com a teologia. E mais ainda com ela. Pois se há uma característica científico-formal que mais convém à teologia é esta. Isso por uma razão dupla:

– o horizonte de *mistério* ou a transcendência de seu objeto;

– e a protensão *escatológica* da verdade divina pelo fato de a Revelação plena (*apocalypsis*) ser um evento decididamente parusíaco.

Tudo isso dá à teologia um dinamismo extremo, sem paralelo com qualquer outro discurso. Por isso, a teologia continuamente faz e refaz suas estruturações racionais, procurando avançar o quanto pode. Daí o dilúvio de discursos e produções teológicas, como a ameaçar submergir o mundo (cf. Jo 21,25).

As grandes questões da fé, por sua natureza, não admitem respostas fixas. Elas são recorrentes. As teologias que se criaram para responder às inquietações da inteligência da fé, uma vez passada sua época, não satisfazem mais. Não há, a rigor, desenvolvimento cumulativo em teologia. Novos cenários culturais obrigam a retomadas contínuas de toda a tradição passada. E nisso volta-se perpétua e recorrentemente às fontes. Isso faz com que a teologia seja a mais relativa de todas as ciências, a mais pluralista e a mais marcada pela historicidade. Seria isso um limite, ou não é antes uma vantagem?

O fato é que a fé viva engole toda teologia, por mais bem construída e acabada que pareça. A fé se nutre realmente das sistematizações teológicas: consome-as e consuma-as. Não existe e nem pode existir uma teologia definitiva, como alguns acreditaram da teologia de Santo Tomás. O *épaphax* – o uma vez por todas – é a qualidade intrínseca da fé revelada, mas de modo nenhum de uma teologia.

De resto, não só a teologia permanece sempre como construção em suspenso, mas essa condição afeta de certo modo também as declarações dogmáticas e até mesmo as Escrituras bíblicas. Pois a Palavra misteriosa de Deus é um transcendental que não se esgota em categorial nenhum.

Símbolo eloquente dessa abertura insanável, dessa chaga sempre aberta de toda sistematização teológica é a própria *Suma Teológica* de Santo Tomás de Aquino. É e permanece para sempre como uma obra incompleta, em aberto. É como a "Sinfonia inacabada" de Schubert; ou como a catedral *Notre-Dame* de Paris, com suas torres pela metade; ou ainda como as *Capelas imperfeitas* da Igreja de Aljubarrota em Portugal[87].

Arrematemos a questão da teologia como ciência com as palavras de J. Ladrière, que foi nessa discussão nosso guia:

> Na medida em que ela (a teologia) visa uma compreensão sistematizante (2ª característica) e capaz de se aprofundar (3ª característica) através de seus próprios recursos metodológicos (1ª característica), ela merece ser considerada como "ciência"[88].

Teologia: invenção cristã?

Como ciência da fé, seria a teologia uma invenção cristã como pretende G. Ebeling[89]? Para ele, os filósofos gregos teriam separado mito (fé) e *logos* (razão), religião e ciência, enquanto os cristãos os teriam unido.

Contudo, devemos reconhecer, em primeiro lugar, que, para Platão, a teologia não era propriamente uma antimitologia, mas sim uma mitologia autocrítica. Mais, ele chega a admitir certa revelação como caminho do conhecimento do Divino, como veremos no Cap. 19.

---

87. Cf. a interessante colocação de SECKLER, M. Op. cit., p. 72s. e 83s.

88. Cf. LADRIÈRE, J. *Postface*. Op. cit., p. 236 (os parênteses são nossos).

89. Cf. seu art. Theologie – I. Begriffsgeschichtlich. In: *Religion in Geschichte und Gegenwart*, VI, 1962, col. 754-769. O mesmo afirma RATZINGER, Joseph. *Natura e compito della teologia*. Milão: Jaca Book, 1993, p. 53.

Em seguida, a história da cultura mostra que não é só a fé cristã que é capaz de enfrentar a força e o peso da razão crítica. Certo, a fé revelada tem sua especificidade, de que participa logicamente seu discurso científico, a teologia. Mas toda fé, seja qual for, sempre "dá o que pensar".

De fato, as grandes religiões têm seus teólogos, que refletem a partir de seus textos sagrados. O judaísmo brilha com Maimônides. O islã tem Averróis, Avicena, Al-Ghazali e outros. O hinduísmo pode exibir os grandes teólogos da *Vedanta* (exegese racional dos Upanishades), como Shankara e Ramanuja[90]. E que é o Shastra senão a teologia budista, como discurso racional a partir das *Sutras* (máximas) de Buda? Seu iniciador, Nagarjuna (séc. II aC), permanece como o maior teólogo do budismo Mahayana.

Talvez seja verdade que foi no Cristianismo que o processo de racionalização da fé foi levado mais longe. Mas ele não tem o monopólio da razão da fé. M. Weber constatou que o processo de "racionalização" faz parte de todas as religiões. Destaca porém:

> Somente junto aos cristãos se constituiu uma dogmática de caráter teórico, sistematicamente racionalizada, imperativa e formando um vasto conjunto...[91]

RESUMINDO[92]

1. A teologia é *ciência* na medida em que realiza a tríplice caracterização formal de toda ciência, que é a de ser crítica, sistemática e autoamplificativa.

2. Falando em geral, a racionalidade própria da teologia, enquanto "ciência humana", é de tipo *hermenêutico*: ela procura compreender, de modo mais exaustivo ou "saturado" possível, a Palavra de Deus ou o sentido de fé, primeiro do "texto bíblico" e, em seguida, à luz deste, do "texto da vida".

---

90. Shankara (séc. VIII dC) foi o maior pensador da Advaita Vedanta, que prega o não dualismo; e Ramanuja (séc. XII dC) foi a maior figura da escola oposta, a Vaishnava Vedanta, que defende o não dualismo particularizado.

91. *Economie et Societé*, 2.5.6. Paris: Plon, 1971, p. 485.

92. A ordem das teses não seguiu aqui a ordem da exposição, bastante árdua, mas a ordem que convinha às conveniências da didática (para facilitar a compreensão). Além disso, incorporamos o essencial dos dois *Excursos* seguintes.

3. Do ponto de vista analítico, a racionalidade hermenêutica da teologia se desenvolve sob duas formas: as *razões de conveniência ou dialéticas*, que são as primárias, e as *razões necessárias* ou demonstrativas, que têm uma função segunda.

4. Além de se apresentar sob a forma de ciência, a teologia aparece também sob a forma de *sabedoria*, na medida em que seu discurso é do tipo da gnose, ou seja, global, experiencial e místico.

5. Principalmente como sabedoria, mas também como ciência, a teologia tem uma essencial dimensão *pneumatológica* ou espiritual, pois ela se alimenta da fé que é dom teologal e que é infundida com os dons do Espírito (*Excurso I*).

6. A fé possui sua *inteligência* própria, no sentido de ter sua luz ou sua inteligibilidade específica, consistindo na intuição supraconceitual e mesmo suprarracional do Mistério de Deus.

7. Já a *razão* da fé, propriamente a teologia, é a exposição racional, ou seja, discursiva (quer sapiencial, quer científica) da fé revelada. Nesse sentido, a fé é em parte racional ou racionalizável, e em parte não. Mesmo assim, a razão teológica representa o ponto mais alto a que pode chegar a razão humana em geral.

8. De vez que a razão está naturalmente sempre aquém da Verdade da fé; mais: que tende concupiscentemente a se fechar sobre si mesma, é necessário que ela passe pela experiência da cruz e de sua "loucura" a fim de que, ressuscitada, apreenda a sabedoria paradoxal de Deus. É a dimensão "estaurológica" da razão teológica (*Excurso II*).

EXCURSO I

DIMENSÃO PNEUMATOLÓGICA DA RAZÃO TEOLÓGICA

O saber da fé enquanto gnose ou sabedoria só se alcança por um dom do alto. É obra do Espírito Santo. É um conhecimento pneumático, infundido através dos dons "espirituais" da sabedoria, da inteligência, da ciência e do conselho.

Afirma a constituição *Dei Verbum*:

> Para que se preste essa fé (na Revelação), exigem-se os auxílios interiores do Espírito Santo, que move o coração, converte-o a Deus, abre os olhos da mente e dá a todos suavidade no consentir e crer na verdade (n. 5).

Por isso mesmo o discurso propriamente teológico deve esposar a natureza desse conhecimento carismático. O Vaticano I diz que o andar da "razão iluminada pela fé" deve ter essas qualidades: *sedulo, pie et sobrie*, isto é, zelo, veneração e contenção[93].

Aristóteles não desconhece um conhecimento divino, "heroico", supraconceitual, obtido por simpatia e que é fonte de informação e ação, embora essa admissão não tenha tido maiores consequências no seu sistema[94]. Platão, nesse sentido, não admite dúvidas: sua quádrupla "hieromania" ou loucura sagrada (profética, iniciática, poética e amorosa) mostra que o ser humano pode ser investido por forças que se situam acima de sua natureza[95].

Santo Tomás reconhece, com o Areopagita, que existe um conhecimento de Deus por via do "sofrer o divino" (*patiens divina*)[96]. Insiste que essa *passio divinorum* consiste na paixão por Deus, na busca de sua comunhão de amor e no gozo espiritual de sua presença. Nessa linha é bem consciente que para se chegar ao conhecimento da verdade, especialmente a divina, além da via *especulativa* (científica), temos a via *afetiva* (sapiencial). Esta última se dá por "conaturalidade" ou "compaixão", diríamos por experiência ou contato vivo[97].

Tal "saber saboroso" (= sapiência) se verifica particularmente no ato da contemplação. Cassiano, por exemplo, chama o núcleo desta de *spiritualis scientia*. Essa se dá na "prece pura", transcendendo "todo som vocal, movimento de língua ou pronúncia de palavra", "fora dos limites da linguagem humana"; ela "arrebata o espírito iluminado pela pregustação da luz celeste", que então "haure de Deus, com plena satisfação, como duma rica nascente e, em forma tácita, comunga com Ele"[98].

---

93. *Dei Filius*: DS 3016.

94. Cf. *Ética a Eudemo*, 1248a 26-1248b 2, apud VAGAGGINI, C. Op. cit., p. 1.623.

95. Cf. *Fedro*, 265b.

96. *ST* I, q. 1, a. 6, ad 3.

97. Cf. *ST* II-II, q. 45, a. 2, c; q. 97, a. 2, ad 2; q. 162, a. 3, ad 1.

98. Apud *Dizionario degli Istituti di Perfezione*. Vol. II. Roma: Pauline, 1975, col. 637.

A comunhão com Deus no Espírito proporciona um *conhecimento místico*, superior de longe a todo conhecimento teórico-teológico. Isso foi muito enfatizado por todos os grandes autores místicos. O "doutor cristianíssimo" João Gerson (†1429) contrapunha a "teologia espiritual" à teologia especulativa, que reputava de categoria inferior, porque, entre outros limites, nos aproxima menos de Deus, além de ficar restrita a pouca gente[99]. Santa Teresa de Jesus diz que Maria SS., pelo conhecimento místico que tinha de Deus, sabia mais que o maior teólogo[100].

Em São João da Cruz se pode constatar com clareza a diferença de nível entre o conhecimento místico e o conhecimento teórico: aquele vem expresso em forma de poesia, às vezes escrita anos antes, e este ao modo de explicação (*declaración*). Ele mesmo justifica o desnivelamento entre os dois conhecimentos no Prólogo do *Cântico Espiritual*:

> Seria ignorância pensar que os ditos de amor em inteligência mística, quais os das presentes *Canções*, se possam explicar de algum modo por palavras...[101]

Os Orientais tiveram uma gnosiologia teológica muito mais embebida na mística do que a tradição do Ocidente. A experiência religiosa é aí constitutiva do trabalho teológico. Não há aqui contraposição entre mística e teologia, como sucedeu no Ocidente, mas antes coincidência. Para eles, a teologia é "coisa do Espírito", no sentido de que, por meio dela, o Pneuma prolonga na história a Palavra da Revelação, levando a Comunidade à "verdade plena"[102].

Tomemos como ilustração o maior teólogo místico do Oriente, Simeão, o Novo Teólogo. Num hino, declara:

---

99. Cf. SALAMBIER, S. Gerson. In: *Dictionnaire de Théologie Catholique*. Paris: Letouzey et Ané, 1947, t. VI/1, col. 1313-1330, aqui col. 1324-1327: "Teologia mística".

100. Cf. Meditação sobre os Cânticos, VI, 7. In: *Obras Completas*. Aveiro: Ed. Carmelo, 1970, p. 625.

101. Cf. *Vida y obras de San Juan de la Cruz*. BAC. Madri: Católica, 1946, p. 907. Diremos algo a mais sobre a "teologia mística" deste autor no Cap. 11/2.

102. Cf. SERTORIUS, Lili. La théologie orthodoxe. In: VANDER GUCHT, Robert & VORGRIMLER, Herbert (orgs.). *Bilan de la théologie du XXe. siècle*. Paris: Casterman, 1970, t. I, p. 562-600 (base: N. Nissiotis). Os Ocidentais estão recuperando a dimensão pneumatológica da teologia, mas menos na área da razão teológica. Por ex. Gerhard Sauter adjudica ao Espírito o papel de garante escatológico da verdade divina, o que já é muito (e grande), mas na verdade é ainda muito pouco: cf. COLOMBO, G. (org.). *L'evidenza e la fede*. Milão: Glossa, 1988, p. 65-71: "A fundação 'pneumatológica' da asserção teológica".

O que não foi transformado pela participação do Espírito Santo e não se tornou Deus por adoção não tem o direito de ensinar aos homens as coisas de Deus.

Insurge-se contra os teólogos que se mostram privados de experiência mística. Diz que estão "sentados em lugares subterrâneos" e pretendem "raciocinar sobre o que há na terra e sobre o que há no céu". Chama-os de "estúpidos", "pretensiosos", "insensatos e pior que isso": são "como um cego que briga com os que veem claro"[103].

Por seu lado, digamos, *en passant*, que a Teologia da Libertação recuperou a dimensão radicalmente espiritual da metodologia quando afirmou peremptoriamente: "Nossa metodologia é nossa espiritualidade"[104]. Voltaremos a esse ponto mais à frente, quando falarmos da "raiz mística da teologia" (Cap. 7).

EXCURSO II
DIMENSÃO "ESTAUROLÓGICA" DA RAZÃO TEOLÓGICA

A razão teológica é em verdade uma "razão crucificada", assim como é Crucificado o sujeito centralíssimo de quem fala. Como a de Cristo, a cabeça do teólogo é coroada de espinhos. Por isso se fala na "forma estaurológica" do pensar teológico (K. Barth, P. Bühler, E. Jüngel e J. Moltmann)[105]. É a linha da *theologia crucis* de Lutero, desde então familiar ao protestantismo[106]. Mas tal perspectiva não é de todo estranha ao pensamento católico (tradição franciscana, Urs von Balthasar, St. Breton, etc.)[107].

---

103. Cf. SIMÉON LE NOUVEAU THÉOLOGIEN. *Hymnes* (III). Col. Sources Chrétiennes 196, p. 198-211.

104. GUTIÉRREZ, Gustavo. "Falar sobre Deus". *Concilium*, 191 (1984/1), p. 43-50, aqui p. 46.

105. Cf. BORDONI, Marcello. *Riflessioni introduttive*. Op. cit., p. 34-40; · SCHWARZWÄLLER, K. *Die Wissenschaft von der Torheit*, Evangelische Theologie im Schnittpunkt von christlichen Glauben und kritischer Vernunft (A ciência da loucura. A teologia evangélica no ponto de intersecção entre fé cristã e razão crítica). Stuttgart, 1976; · BÜHLER, P. *Kreuz und Eschatologie*. Tübingen: Mohr, 1981. Cf. em particular a obra fundamental de JÜNGEL, Ernst. *Gott als Geheimnis der Welt* (1977) [trad. fr. *Dieu mystère du monde*. Fondement de la théologie du Crucifié dans le débat entre théisme et athéisme]. Col. Cogitatio Fidei 117. 3. ed. rev. Paris: Cerf, 1983.

106. Cf. GHERARDINI, Brunero. *Theologia crucis*. L'eredità di Lutero nell'evoluzione teologica della Riforma. Roma: Paoline, 1978. "É no Cristo crucificado que se encontra a verdadeira teologia e o conhecimento de Deus": *Op. Weimar*, 1, 362, apud GHERARDINI, op. cit., p. 29.

107. Cf. BIFFI, Inos. *Figure medievali della teologia*. Milão: Jaca Book, 1992, p. 123-125, citando São Boaventura e sua "forma crucis intelligibilis", retomado por von Balthasar. Cf. de BRETON, Stanislas. *Le Verbe et la Croix*. Paris: Desclée, 1981.

O fato é que, na atual condição histórico-salvífica, a razão humana possui uma inclinação doentia para se fechar em sua autossuficiência, como no caso do racionalismo. Está afetada por certa "concupiscência epistemológica". E isso marcou toda a história do Ocidente, na medida em que a razão aí acabou coincidindo com sua função representativa, calculante e dominadora. Orgulhosamente "racional" quiseram ser a filosofia iluminista e hoje a ciência e a tecnologia. E aí "racional" se pretendeu o "único verdadeiro".

Por causa dessa tendência ao fechamento autonomista, existe sempre entre Fé e Razão uma dialética da mais alta tensão, gerando contínuos dramas e às vezes tragédias, como no caso do ateísmo. Do ponto de vista existencial, não metafísico, trata-se aí verdadeiramente de uma "antinomia constitutiva". A relação entre Fé e Razão nunca se afivela. Permanece sempre aberta, em equilíbrio instável[108].

A Razão quer se fechar no puramente racional e aí repousar, como no caso do racionalismo. Mas a Fé, como tavão, não deixa. Ela diz: Mais adiante, para o alto! Por sua parte, a Fé quer descansar no fideísmo. Mas a Razão não permite. Mantém-na desperta, obrigando-a a ir sempre mais a fundo, com perguntas assim: O que é isso? Por que, afinal? Será mesmo?

Poderíamos figurar a tensão dialética Fé x Razão assim: a Fé é como um vértice se abrindo; a Razão é como um semicírculo se fechando. Já a Teologia é a expressão, em verdade dramática, da unidade desse dinamismo contrário: a abertura da Fé irrompe continuamente de dentro da Razão, impede-a de se fechar em círculo; e o rigor da Razão acicata a Fé, impedindo-a de ceder à horizontalidade indeterminada.

No rastro do grande teólogo medieval Ricardo de São Vítor, podemos comparar o teólogo à burrinha de Balaão: ela empaca frente ao anjo que pretende lhe interditar o caminho (a Razão), mas tem que avançar debaixo das esporas de seu cavaleiro (a Fé). O teólogo ouve a burrinha lhe dizer:

> Quem pôde me fazer falar, poderá sem dúvida te fazer falar também a ti[109].

---

108. Cf. SECKLER, Max. *Teologia, Scienza, Chiesa.* Op. cit., p. 48s.

109. *De Trinitate*, l. III, cap. 1 (Sources Chrétiennes 63). Exemplo referido também por CHENU, Marie-Dominique. *La théologie est-elle une science?* Paris: A. Fayard, 1957, p. 36s.

É então que no caminho da teologia se levanta a cruz e sua sombra alongada, e não somente como tema de seu discurso, mas também como experiência do próprio discurso. A cruz põe uma alta dose de irredutível dimensão de loucura na teologia. Pois a palavra teológica se alimenta da "palavra da cruz" (1Cor 1,18). E esta é "loucura" para os gregos e para todos os sábios deste mundo (1Cor 1,23).

Aos olhos da racionalidade humana em geral, a teologia não é em sua substância um saber exaustivamente racional. Nela encontramos razão e não razão. Falamos aqui em não razão e não em "desrazão" ou irracionalidade. Pois, a rigor, a fé nunca é um ato irracional, insensato ou absurdo. Se assim aparece, é por excesso de luz. Na verdade, a fé e seu discurso comportam racionalidade e loucura. Como assim?

Loucura e sabedoria em Paulo e na Bíblia em geral

Efetivamente, colocando-nos do ponto de vista puramente humano, ou seja, do humano fechado em si mesmo, a fé aparece realmente como uma loucura. São Paulo exprimiu esta concepção de modo vigoroso nos primeiros capítulos da 1Cor, que têm por tema central precisamente a "loucura" da cruz (1,18.21.23; 2,14; 3,19). Mas é evidente que, para Paulo, a fé só é loucura para "os que se perdem" (1,18), os pretensos "sábios", "inteligentes", as "pessoas cultas" e os "raciocinadores" deste "mundo" (1,19-21), para o "homem psíquico" (2,14), especificamente para os "gregos" (1,22) e para os "pagãos" em geral (1,23).

De fato, para seus primeiros críticos, a fé cristã aparecia como algo de irracional. Era heterogênea à cultura da época. Assim para Celso, Porfírio, Juliano Apóstata e outros filósofos[110]. Realmente, a fé num Deus encarnado e num Salvador crucificado chocava o *logos* estabelecido dos antigos, como chocou mais tarde os racionalistas a partir do século XVI. Se a natureza "chocante" da fé cristã não possui mais hoje a aparência de escândalo que lhe é originário, é em parte porque já temos dois mil anos de tradição cristã. Mas o "escândalo da cruz" é impossível de ser evacuado de todo, por ser originário (1Cor 1,17). Pode ser eludido, mas não eliminado.

A própria vida dos santos manifesta ao vivo a loucura da fé. A caridade dos santos, por exemplo, seja ela em relação ao próximo que a Deus, atingiu cumes realmente surpreendentes na perspectiva do senso "humano demasiado humano". É o que se chama "heroicidade das virtudes". É verdade que essa loucura nem sempre foi isenta de certas

---

110. Cf. RUGGIERO, Favio. *La follia dei cristiani*. Su un aspetto della "reazione pagana" tra I e V secolo. Milão: Il Saggiatore, 1992. O autor recenseia: Plínio o Jovem, Apuleio, Suetônio, Epíteto, Marco Aurélio, Luciano de Samosate, Galeno, Celso, Porfírio, Juliano Apóstata e Rutílio Namaziano.

formas de loucura, quer de tipo racional, quer de tipo clínico (penitências absurdas e experiências religiosas patológicas). Mas tais formas são circunstanciais, acidentais e periféricas em relação ao essencial, que sempre foi a vivência "heroica" do amor e das demais virtudes[111].

Ora, a teologia, como *logos* desta fé, só pode conter um forte ingrediente de loucura aos olhos do "mundo". Não é um *logos* plenamente lógico (sempre aos olhos dos "raciocinadores deste mundo"). É impossível para um teólogo convencer quem quer que seja da "racionalidade" total da fé. E isso não porque a fé não seja racional, mas porque o é por demais. Vimos como a "racionalidade teológica" é uma racionalidade absolutamente *sui generis*.

Por isso mesmo o *logos* da fé pode se tornar objeto de irrisão para os "gregos", como ocorreu com Paulo no Areópago de Atenas (At 17,32). Isso vale para toda razão, seja lá qual for sua figura nas diversas culturas. Mas vale particularmente (mas não exclusivamente) para a razão moderna. Efetivamente, para uma sociedade como a nossa, que põe no centro de sua cultura a "razão instrumental", a fé só pode parecer loucura, insensatez ou absurdo. Isso não, evidentemente, para as consciências de pessoas (os crentes) ou grupos (as comunidades eclesiais), mas no nível da mentalidade dominante.

O caráter de "loucura" da razão teológica fez Karl Barth chamar a atenção para o fato de que a faculdade de Teologia é uma faculdade "estranha" dentro do conjunto das faculdades de uma Universidade. A menos que se trate de uma Universidade verdadeiramente "católica" e não apenas de nome, a teologia não deixa de parecer estranha à razão humana na condição presente e mais ainda à cultura moderna ilustrada[112]. O texto teológico é como um "fora-texto" ao texto das ciências[113]. Principalmente na Universidade moderna, o teólogo fará sempre, em certa medida, figura de "louco" em meio a "sábios". Não lhe resta outra atitude senão a de assumir, em plena consciência e mesmo com brio, essa condição marginal ou "liminal".

Todavia, há também o inverso: a teologia pode dar o troco ao *logos* puramente "mundano". Efetivamente, do ponto de vista de Deus, o *logos* teológico é o *logos* supremamente racional. E, ao contrário, será o *logos* puramente humano que aparecerá como

---

111. Cf. VON BALTHASAR, Hans Urs. *La Gloire et la Croix* (IV). Vol. 7. Col. Théologie 85. Paris: Cerf/DDB/Aubier, 1984, p. 201-258: "Loucura e Glória". Entre os santos loucos, o autor cita: São Francisco de Assis, São Simeão o louco, Santo André o louco, Jacopone de Todi, Ângela de Foligno, João Colombini, João de Deus, Felipe Néri.

112. Em seu comentário à *Epístola aos Romanos* (1919).

113. Cf. GESCHÉ, Adolphe. "Éloge de la théologie". *Revue Théologique de Louvain*, 27 (1996), p. 160-173 [discurso de jubilação na Universidade de Louvain-la-Neuve].

insensatez. De fato, na Escritura, "loucos" são os que não reconhecem a Deus (Sl 14,1; Jr 4,22; Rm 1,21-22; 2,20). Os livros sapienciais contrapõem sabedoria e loucura, sendo que a primeira consiste no temor de Deus (cf. Pr 1,22-32) e na prática a sua palavra (cf. Eclo 22,9-18), enquanto que a loucura está na impiedade (cf. Pr 9,13-18; 10,21).

E, contudo, aqui também encontramos a inversão: os justos (sábios verdadeiros) são tidos por loucos pelos ímpios, os quais (autênticos loucos) se chamam de sábios (cf. Sl 5,4; 14,1; 23,1; 73,22; 38,6; 69,6). O profeta é chamado de "tolo" e de "louco" (Os 9,7; cf. Jr 29,26; 2Rs 9,11). Mas o profeta sabe o que vale a sabedoria pretensiosa dos humanos: "Os sábios, consternados e confundidos, ficarão cobertos de vergonha, por haverem repelido a Palavra do Senhor. Qual seria, então, a sabedoria deles?" (Jr 8,9).

Jesus mesmo considera "insensato" quem constrói sobre a areia por não praticar sua palavra (cf. Mt 7,26). "Insensato" igualmente é o rico que "acumula para si mesmo, em vez de se enriquecer em vista de Deus" (Lc 12,20-21). "Insensato" é o fariseu que põe as coisas de Deus acima de Deus mesmo (cf. Mt 23,17). "Insensatas" também são todas as pessoas que vivem desatentas à vinda do Filho do Homem, como as virgens que não providenciaram óleo para suas lamparinas (cf. Mt 25,1-13). Os incrédulos são "tolos" (Lc 24,25; Ef 5,15) ou simplesmente "loucos" (Rm 1,22; 1Cor 1,20.27).

E entretanto, na inversão do jogo já constatada, o próprio Mestre foi tido por "louco" da parte dos "seus" (Mc 3,21)[114]. Já os escribas o tomam por "possesso de Belzebu" (Mc 3,22). Gente do povo comenta: "Ele está possesso; perdeu o juízo" (Jo 10,20). Do mesmo modo, Paulo, que fala da "loucura da cruz", considera-se "louco por Cristo" (1Cor 4,10). E embora tenha consciência de "dizer palavras de verdade e de prudência" (At 26,25), é chamado de "louco" por Festo (At 26,24).

A cruz não abole a razão, mas a converte e a ressuscita

Contudo, não devemos pensar que a sabedoria/loucura da cruz seja a subversão da razão natural, sua explosão e destruição. A loucura da cruz não é antirrazão ou razão na contramão, embora assim pareça por força do vigor retórico e polêmico com que é apresentada, especialmente em Paulo. É sim a subversão da razão fechada em si mesma, da razão naturalista ou racionalista. A sabedoria da cruz não é a supressão mas a *superação* da razão.

Se a cruz representa a morte da razão, da razão estreita e mundana, é sempre em vista de sua ressurreição como razão pascal, redimida, transfigurada. A sabedoria da

---

114. Notar que Mt e Lc omitem esse texto marciano, possivelmente por achá-lo chocante demais.

cruz não destrói a sabedoria da razão natural. Compõe-se com ela: assume-a, purifica-a e eleva-a.

Tirando o resultado prático dessa reflexão, podemos dizer: a epistemologia da cruz obriga a razão teológica:

– a valorizar a analogia como abertura à Verdade, que é sempre maior que toda linguagem;

– a se abrir à doxologia e à eucaristia como fonte e horizonte de toda palavra teológica;

– a assumir a quenose da palavra teológica, por meio da "redução ao mistério", que leva ao apofatismo e ao silêncio adorante – termo de todo verdadeiro discurso teológico[115].

Por isso, a teologia se faz com a cabeça no lugar e trabalhando com vigor. Mas uma cabeça sempre aberta ao "mais". Agora, não se pode tomar a "loucura estaurológica" como loucura sem mais, como parecem entender alguns autores, especialmente protestantes (Lutero, K. Barth, E. Käsemann). No que, aliás, incidem também católicos, como o filósofo convertido M. Clavel, ao afirmar que o pensamento não vale um prego da cruz[116]. Ora, isso corresponde a desautorizar toda teologia. E, além disso, é admitir o marcionismo no campo da gnosiologia: como se "Deus pudesse odiar – como disse Agostinho – aquela faculdade pela qual nos criou superiores ao resto dos animais"[117].

LEITURA I

VATICANO I:

A fé e a razão[118]

<<3015. O consenso constante da Igreja Católica tem crido e crê que há duas ordens de conhecimento, distintas não só por seu princípio, mas também por seu

---

115. Retomo aqui ideias de BORDONI, Marcello. *Riflessioni introduttive.* Op. cit., p. 34-40. Cf. do mesmo autor "La croce nella struttura epistemologica del sapere teologico". *La Sapienza della Croce,* 4 (1989), p. 13-29.

116. CLAVEL, Maurice. *Ce que je crois.* Paris: Grasset, 1975.

117. *Carta 120,* 3, citada na *Leitura* do Cap. 4. Cf. PENNA, Romano. Logos paolino della croce... In: SANNA, Ignazio (org.). *Il sapere teologico e il suo metodo.* Op. cit., p. 233-255. O autor toma equivocadamente a oposição polêmica e pedagógica de Paulo como uma oposição teórica, de princípio.

118. Constituição Dogmática *Dei Filius*, cap. 4: DS 3015-3017 e 3019, apud Col. Documentos Pontifícios 96. Petrópolis: Vozes, 1953, p. 8-10.

objeto: por seu princípio, visto que numa conhecemos pela razão natural, e na outra pela fé divina; e por seu objeto, porque, além daquilo que a razão natural pode atingir, são-nos propostos à fé Mistérios escondidos em Deus, que não podemos conhecer sem a Revelação divina. [...]

3016. Em verdade, a razão, iluminada pela fé, quando investiga diligente, pia e sobriamente, consegue, com ajuda de Deus, alguma compreensão dos Mistérios – e esta frutuosíssima – quer pela analogia das coisas conhecidas naturalmente, quer pela conexão dos próprios Mistérios entre si e com o fim último do homem. Nunca, porém, se torna capaz de compreendê-los como compreende as verdades que constituem o seu objeto próprio. Pois os Mistérios divinos, por sua própria natureza, excedem de tal modo a inteligência criada, que, mesmo depois de revelados e aceitos pela fé, permanecem ainda encobertos com os véus da mesma fé e como que envoltos em um nevoeiro, enquanto durante esta vida "vivermos ausentes do Senhor; pois andamos guiados pela fé, e não pela contemplação" (2Cor 5,6s.).

3017. Porém, ainda que a fé esteja acima da razão, jamais pode haver verdadeira desarmonia entre uma e outra. De fato, o mesmo Deus que revela os Mistérios e infunde a fé, dotou o espírito humano da luz da razão; e Deus não pode se negar a si mesmo, nem a verdade jamais contradizer à verdade. A vã aparência de tal contradição nasce principalmente disto: ou de os dogmas da fé não terem sido entendidos e expostos segundo a mente da Igreja, ou de se considerarem simples opiniões como axiomas certos da razão. [...]

3019. E não só não pode jamais haver desarmonia entre a fé e a razão, mas uma serve de auxílio à outra: a reta razão demonstra os fundamentos da fé e, iluminada com a luz desta, cultiva a ciência das coisas divinas; e a fé livra e guarda a razão dos erros, enriquecendo-a de múltiplos conhecimentos. [...] Nem proíbe (a Igreja) que as disciplinas (humanas), dentro de seu respectivo âmbito, façam uso de seus princípios e métodos próprios. Mas, reconhecendo embora esta justa liberdade, admoesta cuidadosamente que não admitam em si erros contrários à doutrina de Deus ou ultrapassem os próprios limites, invadindo e perturbando o que é do domínio da fé.>>

LEITURA II

SANTO AGOSTINHO:

A fé e a razão na Carta 120[119]

<<(2) [...] És razoável quando me pedes a mim, ou a qualquer outro doutor, razões que te façam entender o que crês? Corrige nisso a tua posição, não no sentido de renunciar à fé, mas para que contemples também com a luz da razão o que já admites na firmeza da fé.

(3) Longe de nós pensar que Deus possa odiar em nós aquela faculdade pela qual nos criou superiores ao resto dos animais. Longe de nós pensar que a fé nos incita a recusar ou a deixar de buscar a razão, pois nem mesmo poderíamos crer se não tivéssemos almas racionais.

Pertence já ao foro da razão o fato de que a fé preceda à razão em certos assuntos próprios da doutrina da salvação, cuja razão ainda não somos capazes de compreender (embora o sejamos mais tarde). A fé purifica o coração, a fim de que capte e suporte a luz da grande razão (*magnae rationis*). E assim, foi com razão que disse o Profeta: "Se não crerdes, não compreendereis" (Is 7,9: LXX).

Aqui se distinguem sem dúvida duas coisas: dá o conselho para crermos em primeiro lugar, para que em seguida possamos entender o que cremos. Portanto, é a própria razão que exige a precedência da fé sobre a razão. Já vês que, se esse preceito não fosse racional, haveria de ser irracional: Deus te livre de pensar em tal coisa. Logo, se este preceito é racional, não cabe dúvida de que a mesma razão, que dá precedência à fé sobre a razão quando se trata das grandes questões que não se podem ainda compreender, deve ela própria preceder à fé. [...]

(6) Permite-me falar assim para mover tua fé ao amor do conhecimento (*ut fidem tuam ad amorem intelligentiae cohorter*): a ele conduz a razão verdadeira e para ele a alma é preparada por meio da fé. [...]

(8) [...] Melhor é creres o que é verdadeiro, embora ainda não o vejas, do que pensares que vês o verdadeiro quando de fato é falso. Também a fé possui seus olhos (*habet fides oculos suos*). Por esses olhos vê, de certo modo, que é verdadeiro

---

119. *Carta 120*, a Consênsio (ano 410): PL 33, 452-462; ou *Obras de San Agustín*. BAC, t. 8. Madri: Católica, 1951, p. 880-905.

aquilo que ainda não vê; e por eles também vê com certeza que ainda não vê aquilo que crê. Mais ainda: quem chega a compreender, com verdadeira razão, aquilo que antes apenas cria é realmente preferível àquele que ainda só deseja entender o que crê. Mas quem nem sequer deseja entender e pensa que as coisas que deveríamos entender basta crê-las, esse não sabe ainda para que serve a fé, já que a fé piedosa não quer estar sem a esperança e a caridade. Ora, o fiel deve crer o que ainda não vê, porém esperando e amando a visão futura.

(13) [...] Não é um pequeno início do conhecimento de Deus saber o que Deus não é, antes de passarmos a saber o que é. Ama intensamente a inteligência (*intellectum valde ama*). Nem sequer as sagradas Escrituras, que exigem fé nos grandes mistérios antes de podermos entendê-los, poderão te serem úteis, se não as entenderes corretamente. [...]

(14) Tu, caríssimo, ora intensa e fielmente para que o Senhor te dê o entendimento (*ora... ut det tibi Dominus intellectum*). Assim, ser-te-ão frutuosas as advertências que de fora te oferece a inteligência dos mestres e doutores.>>

Capítulo 5

A FÉ-PALAVRA: FONTE PRIMEIRA E DECISIVA DA TEOLOGIA

De onde arranca a teologia? Qual é a sua fonte primeira de conhecimento, seu fundamento último, seu princípio básico? Essa é uma questão difícil, porém importantíssima. Ensina Aristóteles:

> Em todas as coisas, como diz o refrão popular, "o primeiro passo é o mais importante" e, por essa mesma razão, também o mais difícil. Pois, quanto mais poderosa se destina a ser a sua influência, mais pequenas são as suas proporções, e, portanto, mais difíceis de perceber. Mas, depois que foi descoberto o primeiro começo, é mais fácil lhe fazer acréscimos e desenvolver o resto[1].

FUNÇÃO DA FÉ REVELADA NA TEOLOGIA

A fé-palavra como princípio formal da teologia

Falando em "princípio formal" falamos no que confere *especificidade* à teologia, naquilo que funda a teologicidade da teologia, ou seja, sua *ratio formalis*. É por isso o critério radical e decisivo que nos permite identificar um discurso como discurso teológico.

Ora, tal princípio formal é constituído pela fé. Epistemologicamente falando, é a fé que funda a razão teológica e não o contrário. A favor da fé a razão humana pode algo, mas contra a fé não pode nada. Diz expressivamente Santo Anselmo (†1109):

> A sabedoria humana, confiando apenas em si mesma, pode antes romper-se os cornos (*cornua sibi evellere*) de encontro a essa pedra (da fé) do que demovê-la (*evellere*) com suas investidas...[2]

Importa darmo-nos conta que, embora a fé constitua um só ato sintético, rico de múltiplas determinações, das quais destacamos três: a

---

1. ARISTÓTELES. *Dos argumentos sofísticos*. 183b, 21-26. Trad. bras. Col. Os Pensadores 4. São Paulo: Abril, 1973, p. 203.

2. *Epístola de Incarnatione Verbi*. Op. cit. infra, como *Leitura* no fim deste capítulo.

fé-experiência, a fé-palavra e a fé-prática, é precisamente por meio da segunda dimensão, a da fé-palavra, que se nos transmite o conteúdo *noético* essencial da fé e, portanto, o princípio inteligível da teologia.

Portanto, quando se afirma que a fé é o princípio determinante da teologia, por fé aqui se entende a fé-palavra. Por outras, é a fé positiva ou dogmática, a *fides quae*. Em outras palavras ainda, trata-se da Tradição apostólica, condensada no Credo.

Deve-se, contudo, observar que quando se diz fé-palavra, referimo-nos, em primeiro lugar, não à palavra da doutrina, mas à palavra do *testemunho*. Este passa através do querigma, que é anúncio e proclamação, cujo portador é o Apóstolo ou Missionário; e passa, em seguida, através da homologia, ou confissão de fé, como se exprime na profissão que faz a Comunidade dos Fiéis. Só depois de ser testemunhada no anúncio e na confissão, é que a fé-palavra se torna *doutrina*, ou seja, ensino sob a forma da Catequese, do Magistério e, finalmente, da Teologia.

Todavia, este é o lado *subjetivo* ou antropológico da fé-palavra. Precisamos recuar e ver qual é o correlato *objetivo* ou teologal desta fé. Pois a fé-palavra, antes de ser palavra humana, é Palavra *de Deus*. Dizer que "a teologia parte da fé do Povo de Deus" só vale se se entende o Povo de Deus como *constituído* pela Palavra, não *constituinte* da mesma. Ele é medido por ela, não a mede.

Por isso, devemos dizer que, ultimamente, a fonte determinante da teologia é a *Palavra de Deus*, como prefere a tradição protestante, ou a *Revelação*, como costuma dizer a tradição católica. Aliás, o Vaticano II junta as duas expressões, quando nomeia uma de suas quatro constituições dogmáticas com os termos: "Constituição dogmática sobre a *Revelação* divina" e ao mesmo tempo lhe dá como *incipit* as palavras: *Dei Verbum*.

Que dizer então? Que o princípio constitutivo derradeiro da teologia é a Palavra de Deus ou a Revelação Divina, testemunhada na Bíblia e "tradicionada" na e pela Igreja[3]. A Palavra é a norma da Fé, que é a norma

---

3. Aludimos aqui à instância da *Tradição*, que na doutrina católica é, junto com a Escritura, uma mediação essencial da Revelação, questão a ser discutida mais tarde (Cap. 8/2).

da teologia. Ou seja: a Palavra é a norma suprema e última da teologia, enquanto a Fé é a norma próxima[4].

Procurando sintetizar, poderíamos dizer que, para a teologia:

– a Revelação é o princípio *objetivo* de sua construção;

– a Fé é o princípio *subjetivo*[5].

Para falar conjuntamente dos dois aspectos acima, diremos simplesmente "fé revelada".

Fique bem claro que estamos falando especificamente do *discurso* da fé (teologia), não da *vida* de fé em geral. Claro que, para esta última, o critério decisivo é o amor (cf. Mt 25,31-46; Gl 6,5). Mas convém aqui não confundir a ordem da existência com a ordem da inteligência, a saber, não misturemos analiticamente a vida com o pensamento, e o amor com o discurso.

Ora, na matéria que estamos tratando – epistemologia – nos situamos no nível do pensamento. E aqui o que conta é a fé *certa*, não a fé *vivida*, embora aquela esteja sempre a serviço desta, como a teologia está em função da vida cristã. Sem dúvida, as regras da gramática existem para se falar bem, mas na hora do exame o que importa não é falar bem, mas saber as regras.

Eis uma figura para visualizar as análises feitas:

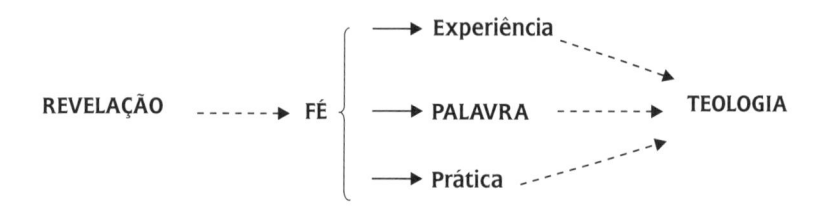

4. Cf. SEMERARO, Marcello & ANCONA, Giovanni. *Studiare la teologia dogmatica*. Roma: Vivere in, 1994, p. 22.

5. Cf. PESCH, Otto H. La parola di Dio principio oggettivo della conoscenza teologica. In: KERN, Walter; POTTMEYER, Hermann J. & SECKLER, Max (orgs.). *Trattato di gnoseologia teologica*, Corso di Teologia fondamentale. Brescia: Queriniana, 1990, p. 17-46; · NEUNER, Peter. *La fede principio soggettivo della conoscenza teologica*. Ibid., p. 47-67.

Vemos aí que a teologia se põe diretamente na linha de derivação da fé-palavra (e esta da Revelação), sendo só obliquamente determinada pela fé-experiência e a fé-prática.

Primado absoluto da Revelação

Importante é ter sempre presente que na teologia o primado compete absolutamente à Palavra de Deus ou à Revelação sobre toda a qualquer racionalidade humana. A atitude fundamental do teólogo, e antes ainda do crente (para não falar do ser humano em geral), é a de um ativo "deixar ser", "deixar acontecer". Trata-se de uma postura de expectativa, de escuta e, finalmente, de entrega. É analogicamente o que sucede na experiência do amor ou na contemplação da beleza.

A teologia (como, em sua origem, a fé) exige um *descentramento antropológico* radical: voltar-se do homem para Deus. Pede uma verdadeira "revolução copernicana": deslocar o centro do universo mental da "terra da razão" para o "sol da Revelação".

Onde inicia, pois, a teologia? Dissemos: da fé amorosa ou do amor confiante. Ora, isso implica justamente estupor e adoração. Mas estupor e adoração do quê? Do evento resolutivo do destino humano: Jesus Cristo. É essa experiência que sustenta, estrutura, mede e regula a *ratio theologica* cristã.

Nada, portanto, aqui, do *cogito* cartesiano e nem dos *a prioris* kantianos. Sem dúvida, existe no ser humano a "potência obediencial", o "cor inquietum", o "existencial sobrenatural". Mas nada disso é critério que determine o evento da Revelação e que seja, por conseguinte, o ponto de partida real da teologia.

Nada, pois, de qualquer dependência nem condicionamento transcendental da Revelação em relação ao ser humano. Em vez das rahnerianas "condições de possibilidade", não seria melhor falar aqui, usando uma linguagem branda, em *correspondência* ontológica, tal, por exemplo, como se vê em ato na contemplação da fé e no maravilhamento extático do amor[6].

---

6. Estamos seguindo aqui as reflexões gnosiológicas de Hans U. von Balthasar, espec. em Teologia e santità. *Verbum Caro*. 3. ed. Brescia: Morcelliana, 1975, p. 200-229; e em *Gloria* (1). La percezione della forma. Milão: Jaca Book, 1975; resumo da gnosiologia de Balthasar em FORNERO, Giovanni. La filosofia contemporanea. In: ABBAGNANO, N. *Storia della filosofia*. Turim: UTET, 1991, p. 762-766.

O drama da "teologia liberal" pode aqui ser instrutivo. Desde F. Schleiermacher, a teologia protestante, em seu legítimo anseio de dialogar com a razão moderna ou ilustrada, acabou sucumbindo a seus encantos. Cedeu ao antropocentrismo, pelo qual a fé só valia em função da questão antropológica. K. Barth rompeu com o encantamento modernizante da teologia, restituindo à Palavra sua prioridade absoluta. Assim, restabeleceu o teocentrismo, integrando nele a questão humana[7].

Por certo, as teologias da práxis, especialmente a Teologia da Libertação, reivindicaram o princípio "partir da realidade". Foi uma reação sadia a uma teologia que havia se tornado doutrinária, abstrata e a-histórica. Contudo, essa reivindicação nem foi e não é sem risco: o de a teologia permanecer presa no cativeiro do antropocentrismo moderno, agora em forma sociolibertadora.

A esse propósito se compreendem as preocupações do Magistério, que são como o correspondente católico do poderoso "Nein" de Barth ao fascínio da modernidade. O "partir da realidade", na verdade, só vale precedido por um "partir" mais radical e determinante: o da Palavra de Deus. Do ponto de vista estritamente teológico, a Palavra só pode ter a primazia, como se verá melhor mais à frente[8].

Escritura: testemunha da Revelação

Praticamente, fazer teologia é confrontar criticamente as questões humanas com a Bíblia, como mostraremos mais à frente (Cap. 8/1). Assim, o discurso da fé consiste finalmente na *reductio ad Scripturas*.

Ora, em relação às Sagradas Escrituras, eis como se exprime a constituição *Dei Verbum*:

> A Sagrada Teologia se apoia, como em perene fundamento, na palavra escrita de Deus justamente com a Sagrada Tradição, e nesta mesma palavra se fortalece firmissimamente e sempre se remoça, perscrutando à luz da fé toda a verdade encerrada no mistério de Cristo. Ora, as Sagradas Escrituras contêm a Palavra de Deus e, porque inspiradas, são verdadeiramente Palavra de Deus. Por isso, o estudo das Sagradas Páginas seja como que a alma da Sagrada Teologia (DV 24).

---

7. Cf. KÜNG, Hans. *Grandes pensadores cristianos*. Una pequeña introducción a la teología. Madri: Trotta, 1995, p. 183-207: K. Barth, a confrontar com F. Schleiermacher, p. 153-179.

8. Cf. infra as "Interpretações equivocadas" e o "Esclarecimento" do *Excurso* deste capítulo.

Portanto, a fé revelada aparece como o dado inicial, o ato inaugural, o "marco zero" de toda teologia. Essa arranca daí e somente daí, qualquer que seja a teologia, incluindo a Teologia da Libertação. Sem esse *prótoon*, a Teologia da Libertação pode ainda ser "da libertação", mas não será mais "teologia". O mesmo se pode dizer de toda a qualquer teologia, seja ela feminista, étnica, macroecumênica ou ecológica.

ALÉM DE PALAVRA, A REVELAÇÃO É HISTÓRIA

Importa notar que o princípio formal ou determinante da teologia – a *fides quae* – não tem por conteúdo uma doutrina abstrata, um conjunto de verdades especulativas. Não. Trata-se, antes, de uma história: a História da Salvação. Por isso, a fé cristã é mais testemunhada (como fato) do que ensinada (como doutrina). Melhor, primeiro é testemunhada no querigma; só depois é ensinada na "didaskalia". Em síntese: a teologia não reflete finalmente uma doutrina, mas a Revelação mesma, e esta como verdade-evento: o acontecimento da verdade na história, do qual a fé é a acolhida[9].

A dimensão histórica da fé se mostra com particular clareza pela análise da estrutura mesma do Credo cristão. Em vez de se apresentar como um elenco de verdades, aparece antes como uma história que se conta. Quem fala aí não é o filósofo ou o sábio, mas o testemunha, seja ele profeta, apóstolo, mártir ou confessor. Além da estrutura narrativa, o Credo judeu-cristão é autobiográfico: é autoimplicativo enquanto situa o confessante numa tradição determinada: "Meu pai era um arameu errante..." (Dt 26,5). Recitando o Credo, o fiel narra a sua história, enquanto participante dela – história particular de significação universal[10].

A fé cristã não é simplesmente fruto de intuição ou especulação, mas evento salvador, experienciado e anunciado. "O que ouvimos, o que vimos com os nossos olhos, o que contemplamos e nossas mãos apalparam..., nós vo-lo anunciamos" (1Jo 1,1.3). "Não é nos baseando em mitos artificiosos

---

9. Cf. DORÉ, Joseph. "La raison théologique selon G. Colombo". *Teologia*, 21 (1996), p. 7-17, aqui p. 13.

10. Cf. LASH, Nicolas. "Teologias a serviço de uma tradição comum". *Concilium*, 191 (1984/4), p. 106-120, aqui p. 116.

que vos demos a conhecer o poder e a vinda de Nosso Senhor Jesus Cristo, mas como quem foi testemunha ocular de sua majestade" (2Pd 1,16).

Que a Revelação seja sobretudo fato significativo e não pura teoria, nada melhor o prova que seu núcleo central: o evento Jesus e, particularmente, o núcleo do núcleo: o mistério pascal.

Por isso, a forma literária que assume a Palavra revelada é a da narrativa. A história da salvação se apresenta exteriormente como um "mito", mas cujo conteúdo é histórico-salvífico[11]. Mas como a narrativa da fé é o relato de uma história real e ao mesmo tempo paradigmática, ela constitui de fato uma *metanarrativa* que revela o sentido escatológico de todas as outras narrativas.

A Fé revelada é uma história com significado

Contudo, essa história é história que carrega uma significação muito particular: é história *de salvação*. Daí que se trata de uma história sempre interpretada, isto é, acompanhada de palavras que lhe revelam o sentido salvífico. Ela se dá, como diz o Vaticano II da Revelação, "por meio de acontecimentos e palavras, intimamente conexos entre si" (DV 2). Por isso, na Bíblia, o agente da ação libertadora na história e o portador da palavra profética vão sempre lado a lado.

Por conseguinte, temos aqui a ver com uma narrativa *de fé*. Essa possui um sentido que é profeticamente decodificado. É uma história para ser crida e testemunhada. E isso nos põe à distância de qualquer positivismo. A história da salvação é a história mais sua significação salvífica: foi "por nossos pecados" que "Cristo morreu" (1Cor 15,3).

E é exatamente por estar afetada de um significado soteriológico que a história é suscetível de ser teologizada. Pois a história da salvação como puro e simples processo objetivo não é em si mesma teologizável. Só é teologizável a partir e em base à sua narrativa "mítica", melhor dizendo, em base a seu relato *profético* ou "pístico". Esse já nos põe na pista teológica correta, na medida em que nos dá a verdade essencial do sentido aí contido. A narrativa bíblica enquanto interpretação

---

11. Sobre a importância da fé revelada em sua forma narrativa, cf. METZ, Johann Baptist. *A fé em história e sociedade*. São Paulo: Paulinas, 1980, espec. § 12, p. 238-266; · MILBANK, John. *Teologia e teoria social*. Para além da razão secular. São Paulo: Loyola, 1995 [orig. ingl. Oxford: Blacwell, 1990], p. 491-510: "Contra-história".

originária já nos fornece os primeiros elementos de teologia[12]. Por isso, é uma teologia originante, ou, precisamente, princípio de teologia. Uma primeira palavra foi dita, semente de tantas outras.

Na verdade, só a teoria gera teoria, não a prática. A Revelação, em sua palavra profética, é grávida de teologia: contém potencialmente os germes de todas as teologias subsequentes. De resto, a própria Bíblia inaugura a teologia, desenvolvendo, a partir de seu núcleo narrativo, um primeiro ensaio de elaboração doutrinal.

Por tudo isso se deve dizer que o teólogo, antes de ser um "animal pensante", é um ser *oculatus et auriculatus*, para falar como os medievais.

Portanto, se a dimensão *material* da fé é a história, sua dimensão *formal* é Deus, Verdade primeira. Portanto, todo evento histórico é (na Bíblia) e deve ser (na teologia) compreendido em relação ao Deus salvador. Tomás de Aquino exemplifica: "Se a fé crê na paixão, é somente porque se trata da paixão de Deus"[13].

TEOLOGIA: CIÊNCIA BASEADA EM PRESSUPOSTOS?

É verdade, a teologia arranca da fé como de seu pressuposto básico. Portanto, a fé constitui sua pré-compreensão constitutiva. Mas isso não significa que a teologia seja um discurso que se funda em *preconceitos* no sentido de princípios não discutidos.

Primeiro, porque a fé na Revelação bíblica não é de todo destituída de razões, ainda que estas sejam radicalmente (e logicamente) insuficientes para produzi-la. Sabe-se que existe mesmo uma disciplina específica, a Teologia fundamental (Apologética) que analisa e expõe tais razões (cf. Cap. 19). Daí que os pressupostos da teologia se distinguem claramente dos meros preconceitos.

---

12. A atenção ao caráter narrativo da Bíblia fez surgir um novo método de análise literária da Bíblia: a "análise narrativa": cf. PONTIFÍCIA COMISSÃO BÍBLICA. *A interpretação da Bíblia na Igreja* (15/04/1993). São Paulo: Paulinas, 1994, p. 50-53: apresentação e apreciação crítica. Quanto à "teologia originária" da Bíblia, cf. infra, Cap.18.

13. In *III Sent.* d. 23, q. 2, a. 4, qa. 2, ad 1. Cf. CONGAR, Yves. Le moment "économique" et le moment "ontologique" dans la Sacra Doctrina (Revélation, Théologie, Somme Théologique). In: VV.AA. *Mélanges Chenu*. Paris: Vrin, 1967, p. 135-187 (extensa bibliogr. à p. 163, nota 103).

Segundo, porque a ideia de um conhecimento absolutamente sem pressupostos é uma ilusão. Isso não existe, a não ser na fantasia, como mostraram as pesquisas em fenomenologia. De fato, toda ciência possui seus princípios de construção, como vimos (Cap. 2). Nisso a teologia não difere de qualquer ciência. Melchior Cano já o tinha visto:

> Nenhuma disciplina em absoluto procura provar por meio de argumentação seus próprios princípios. Por isso mesmo esses se chamam posições ou pressupostos[14].

A vantagem da teologia sobre as outras ciências é que ela declara, por questão de fé e até por exigência epistemológica, suas premissas em alto e bom som. E, por isso mesmo, pode controlar melhor essas mesmas premissas e as elaborações que partem delas. Enquanto isso, tantas ciências, pretensamente "racionais" e "críticas", carregam, sabendo ou não, sua filosofia silenciosa, sua metafísica prévia e até sua cripto-teologia, quer o confessem ou o escondam![15]

Tomás de Aquino já tinha enfrentado, com coragem e originalidade, o problema dos princípios da teologia. No quadro da epistemologia de Aristóteles, devidamente retificada e transcendida, sua resposta está na ideia de "ciência subalternada". Diz ele:

> A teologia arranca de princípios conhecidos à luz de um conhecimento superior. Tal conhecimento é o de Deus e dos Santos. Deste modo, como a música aceita os princípios que a aritmética lhe transmite, assim também a teologia aceita os princípios que lhe foram revelados por Deus[16].

A dependência da fé por parte da teologia não é algo de lamentável. Não. É antes algo de impreterível: é condição de sua possibilidade. As verdades da fé não são a sombra ideológica que todo saber carrega e que só

14. *De locis theologicis*, l. XII, c. III, med., apud CONGAR, Y. Théologie. In: *Dictionnaire de Théologie Catholique*, t. XV/1, col. 426.

15. Cf. SECKLER, Max. *Teologia, Scienza, Chiesa*. Saggi di teologia fondamentale. Brescia: Morcelliana, 1988, p. 52 e 61.

16. *ST* I, q. 1, a. 2, c.

consegue reduzir mas não eliminar. São antes os fundamentos de sua construção, os princípios de sua inteligibilidade.

Mais ainda: esses pressupostos não há que os reduzir, como aos preconceitos, mas antes há que os enriquecer, para proveito da própria teologia.

Portanto, a vinculação da teologia à fé não é apenas uma exigência técnica ou epistemológica para aquela ser uma ciência e uma ciência fundada. É também um imperativo religioso ou de fé, pois o saber teológico é sempre um saber sagrado: é o saber da fé, é a fé-se-sabendo[17].

A relação fé-teologia é substancialmente homogênea, de tal sorte que a teologia se mostra como momento imanente da fé. Ela nunca pode transcender a esfera da fé. Opera e só pode operar no seu círculo. O que aí faz é só esmiuçar e debulhar, compondo e dividindo, o que a fé já tem e sabe como um todo.

Agora aparece ainda mais claro o que já tínhamos visto (Cap. 2): que a fé não é uma condição liminar e extrínseca da teologia, mas antes sua condição interna, essencial e vital. A teologia é impregnada e envolvida pela fé. Essa dependência constitui a própria teologia e lhe dá toda a vitalidade[18].

INTERPRETAÇÕES PROBLEMÁTICAS

1. Fé-experiência: ponto de partida formal da teologia?

Às vezes se diz que a teologia arranca da experiência de fé da comunidade. Não é verdade. Dissemos que teologia não é "pisteologia" (Cap. 3). No fundo, ela não é a reflexão da fé da Comunidade, mas sim reflexão da Palavra de Deus. É isso que é em primeiro lugar.

Aliás, a *fides qua* da Comunidade se mede pela *fides quae* (Revelação) e nela se funda. É uma fé-resposta humana à fé-proposta divina. É, pois, algo de posterior e segundo. A Palavra de Deus é sempre primeira. A fé eclesial é sempre uma fé

---

17. Cf. CHENU, Marie-Dominique. *La théologie est-elle una science?* Paris: Arthème Fayard, 1957, p. 87.

18. Cf. Id. Op. cit., p. 89.

dogmática na medida em que se confronta com as referências objetivas da Palavra. Não é uma experiência puramente, e nem mesmo primariamente, subjetiva. A experiência deve ser apreciada a partir do conteúdo mesmo da fé revelada. Portanto, a fé da Comunidade não é constituinte, mas constituída pela Revelação. Essa é que é constituinte.

Essa constitui o princípio crítico decisivo de tudo, tanto da experiência da fé como, em consequência, da teologia. Não é a Palavra de Deus que deve se adaptar às pessoas, mas estas àquela. Nesse sentido tem razão G. Colombo:

> A teologia se qualifica no seu sentido próprio de teologia em referência à fé, que, na experiência dos indivíduos ou dos grupos, é sempre subjetiva. A revelação... é substancialmente o critério objetivo da fé e a esse título exerce sobre esta, ou melhor, nesta, o controle crítico[19].

Portanto, é a *fides quae* que fornece à teologia seus princípios e que lhe confere uma luz própria, e não a vivência da fé de uma Comunidade. Esta é mais iluminada que iluminadora, conquanto possua sua luz (segunda), como ainda veremos (Cap. 7).

2. Fé-práxis: ponto de partida formal da teologia?

A práxis animada pela caridade corresponde à *fides formata*[20]. Quer se chame obediência, serviço, compromisso ou ação, a práxis é um componente integrante da fé. É a fé informada, concreta, completa e encarnada, inclusive no âmbito social, em termos de justiça, solidariedade e libertação. É, de certa forma, a fé acabada, cumprida, consumada, terminada.

Ora, seria a práxis como tal o princípio determinante e, por isso, o critério último da teologia? A rigor, não, pois a própria práxis, para ser evangélica, supõe a fé em sua positividade. Com efeito, ela também necessita ser *qualificada* e apreciada "à luz da fé". A ortopráxis supõe a ortodoxia[21]. Ora, o juízo sobre a verdade de uma prática, ou seja, de sua correspondência com o plano de Deus, releva igualmente da Palavra de Deus.

---

19. COLOMBO, Giuseppe. "E lo studioso della fede finì a gambe all'aria". *Avvenire*, 16/09/1984, retomado em *ADISTA* (Roma), jan. 1985, dossier n. 8: "Teologia della Liberazione", p. 91.

20. Cf. Gl 5,6: "A fé opera pela caridade". Para a *fides formata* cf. *ST* II-II, q. 4, a. 4 e a. 5.

21. Cf. SCHMAUS, Michael. *A fé da igreja*. Vol. I. Petrópolis: Vozes, 1976, p. 171-175; KLOPPENBURG, Boaventura. *Igreja popular*. Rio de Janeiro: Agir, 1983, p. 97-100; · CAMBON, Enrique. *Ortoprassi*. Documentazione e propettive. Roma: Città Nuova, 1974.

Insistimos: o que está em questão aqui não é a esfera da vida, onde, aí sim, o que conta finalmente é a práxis do amor; mas está em questão, mais especificamente, a esfera da teologia, e aqui o que vale é a luz da fé.

Em particular, a Teologia da Libertação tem sido criticada por "partir da práxis"[22]. Eis um tipo de censura que se lhe tem feito:

> O defeito fundamental da Teologia da Libertação é tomar a práxis como "princípio hermenêutico (metodológico) determinante" (*Lib. Nunt.*, X, 2) e não a fé[23].

O que vem aí dito é formalmente verdadeiro. Contudo, a acusação pode não ser procedente. Com efeito, vejamos como G. Gutiérrez define a Teologia da Libertação:

> É a reflexão crítica da práxis histórica à luz da Palavra[24].

Ora, que vemos aí? Que a práxis histórica aparece não no papel de instância determinante, mas no de tema ou matéria-prima da teologia. E há, por outro lado, o reconhecimento de que se necessita decisivamente da "luz da fé" para refletir sobre a práxis e julgá-la.

Ademais, se examinarmos o contexto mais amplo da definição acima, veremos que o autor reconhece que a "função praxeológica" da teologia "supõe e exige", em sua relação com a Palavra, as funções clássicas da teologia: a função sapiencial ou espiritual e a função intelectual ou racional[25].

Mesmo assim, seria possível sustentar que a "práxis" é sim o princípio determinante da teologia caso a entendermos como sendo a práxis de *Deus*. De fato, a Revelação, como vimos, não consiste apenas ou antes de tudo numa doutrina. É uma unidade sintética de "acontecimentos e palavras intimamente conexos entre

---

22. Cf. já o título de um clássico dessa corrente: ASSMANN, Hugo. *Teología desde la praxis de la liberación*. Salamanca: Sígueme, 1973.

23. *Declaração dos Andes*, documento de julho de 1985, no qual colaboraram 21 participantes latino-americanos (bispos, teólogos e leigos), entre os quais os brasileiros Dom B. Kloppenburg e Dom E. Bettencourt.

24. GUTIÉRREZ, Gustavo. *Teologia da Libertação*. Petrópolis: Vozes, 1975, p. 26: conclusão do cap. 1. Cf. infra a *Leitura* no fim do Cap. 7.

25. Cf. Ibid.

si" (DV 2). O conteúdo da fé-princípio teológico é, portanto, uma práxis significativa, isto é, uma história mistérico-salvífica.

Nesse caso aparece claro que o *primum* da teologia não é a práxis do homem, mas sim a "práxis de Deus", tal como se testemunha na Sagrada Escritura. Não é em primeiro lugar a história humana, mas a história da salvação operada por Deus. E só diz respeito à história humana na medida em que é resposta à história divina. Seja como for, essa práxis de Deus corresponde ao conceito de Revelação: é seu conteúdo. Ora, como defendemos aqui, essa é a instância determinante da teologia.

Sem dúvida, a práxis é também uma das fontes da teologia. Mas ela contribui para a iluminação teológica como fonte segunda. De seu lugar e importância faremos especificamente justiça mais à frente, num capítulo específico (Cap. 7).

3. A epistemologia do amor

Na perspectiva da Teologia da Libertação, Jon Sobrino propôs redefinir a teologia como *intellectus amoris*, ou então como *intellectus misericordiae, justitiae, liberationis*[26]. Nesse sentido, ele fala ainda da "razão compassiva"[27]. E insiste em que esta concepção seria "a maior novidade da Teologia da Libertação"[28].

Mas essa proposta é na verdade problemática, pelo menos como vem colocada. Ela pretende substituir a clássica, a da teologia como *intellectus fidei*, o que não pode ser. Pois, o *intellectus amoris* supõe e só pode supor o *intellectus fidei*. E é dentro dele que deve se situar, a título de uma sua especificação ou destaque.

Pois o "amor" de que se fala há que ser discernido: Corresponde ao "agapé" do NT? É animado por ele? Ora, essa pergunta não é tão óbvia assim. Se fosse claro para todos em que consiste o amor, Jesus não precisaria ter insistido tanto nele a ponto de selar essa lição com seu próprio sangue. Portanto, para conhecermos o conteúdo do amor, para ele ser verdadeiramente libertador no espírito de Jesus, somos obrigados a recorrer à luz da fé, aos Evangelhos. Sem isso pode-se produzir qualquer teoria humanitária, marxista ou liberal que seja, mas nunca teologia realmente cristã.

---

26. Cf. SOBRINO, Jon. *El principio misericordia*. San Salvador: UCA, 1993, p. 65-75: "A teologia da libertação como 'intellectus amoris'" [trad. bras. Petrópolis: Vozes, 1994].

27. Cf. SOBRINO, Jon. "Aniquilação do outro – memória das vítimas". *Concilium*, 240 (1992/2), p. 13-21, aqui p. 19-21.

28. Cf. SOBRINO, J. *El principio misericordia*. Op. cit., p. 49, 71, 74 e 84: 4 vezes.

Não há por que, a essa altura, contrapor fé e amor. Pois, repitamos, fé aqui significa a Revelação de Deus. A qual reporta antes de tudo o amor de Deus pelo seu povo. Se *intellectus amoris* há, não se trata em primeiro lugar do nosso amor, mas do amor de Deus mesmo. É o que a Palavra da fé testemunha. Ora – e aqui voltamos à tese inicial –, esse é o princípio inarredável da teologia, de toda teologia.

Como veremos ainda (Cap. 7), é epistemologicamente sustentável (porque o é teologicamente) fazer o movimento seguinte: pensar a fé a partir da práxis do amor, refletir o Evangelho a partir da libertação, considerar Deus a partir do pobre. Mas já não é mais sustentável *priorizar* esse momento, sem cair na "visão do sapo": ver o mundo de Deus, que é infinito, do fundo do poço da realidade humana, sempre finita.

Não é o *intellectus fidei* que cabe dentro do *intellectus liberationis*, mas antes é justamente o contrário que é o correto: a libertação é uma *dimensão* da fé, e esta é o *horizonte* maior da libertação. Enquanto a libertação histórica é um *elemento* da fé, a fé é o *elemento* dentro do qual se situa a libertação. Assim entendida, a "epistemologia do amor" de modo algum se contrapõe às anteriores, mas se compõe com elas, pois as pressupõe, as amplia e as completa. O "princípio misericórdia" nada mais é na verdade que a "inteligência da fé", enquanto esta é uma "fé que opera pela caridade". Aí a caridade é a ponte entre a fé e a ação, máxime a ação libertadora.

Repitamos: pensar Deus *a partir do pobre* é possível e necessário, e essa é de fato "a novidade" epistemológica da Teologia da Libertação. Mas isso apenas como momento segundo de uma dialética maior, cujo primeiro momento, e momento dominante, é: pensar o pobre *a partir de Deus*, como toda a tradição teológica sustentou. Aqui sim Deus é a instância produtora, não mais mera matéria-prima[29]. Portanto, partir dos pobres, sim, mas partindo de Deus, como dissemos (Cap. 3).

Em conclusão, podemos dizer que a teologia é sem dúvida *intellectus amoris*, mas sempre a partir e no vigor do *intellectus fidei*, que detém sempre o primado epistemológico (não naturalmente vivencial).

E não é isso, afinal, que interessa aos mesmos pobres? Ou seja: que o amor deles e por eles seja *verdadeiro*. Ora, a fé é a verdade do amor.

---

29. Cf. BOFF, Clodovis. Epistemología y método de la teología de la liberación. In: ELLACURÍA, Ignacio & SOBRINO, Jon (org.). *Mysterium Liberationis*. Madri: Trotta, 1990, p. 79-113, aqui p. 81s.: tese 2.

RESUMINDO

1. O princípio formal *objetivo* da teologia é a Revelação ou a Palavra de Deus. Fazer teologia é ver finalmente tudo "à luz da Palavra".

2. O princípio formal *subjetivo* da teologia é a fé-palavra. Teologia é refletir Deus e tudo "à luz da fé".

3. A Revelação divina consiste em palavras e, mais ainda, em *fatos*. Mas, para efeito da *teoria* teológica, a Revelação é princípio determinante enquanto *interpretação profética* dos fatos salutares, isto é, enquanto narrativa *significativa*.

4. A Doutrina da fé ou a Palavra de Deus se encontra concretamente na *Sagrada Escritura*, lida e tradicionada na e pela Comunidade eclesial.

5. A base dos princípios acima referidos é que a Revelação detém sobre a razão um *primado absoluto*. Ela encontra no ser humano certa *correspondência*, mas não um condicionamento qualquer. Por isso, o ser humano só pode acolher a Palavra no maravilhamento da contemplação e do amor, fonte secreta de toda palavra teológica.

6. Ressalve-se que a fé-palavra é princípio decisivo apenas no campo do *saber teológico*, não no campo da *prática* da vida. Se lá vale o critério de *verdade*, aqui vale ultimamente o critério do amor autêntico. Certo, a palavra da verdade está a serviço do amor, mas, para ser eficaz, esse serviço precisa ser verdadeiro, correto, ortodoxo.

7. O "ponto de partida" estritamente *teórico* (epistemológico) do discurso teológico só pode ser a fé positiva. Já seu ponto de partida *prático* (didático, expositivo, pastoral, etc.) pode ser perfeitamente a realidade, a vida ou a práxis (cf. *Excurso* infra).

8. A teologia, como toda ciência, parte necessariamente de pressupostos ou de *princípios*, que ela explicita com toda a clareza (e que inclusive confessa). Contudo, os princípios não devem ser confundidos com os *preconceitos*. Aqueles abrem a inteligência, esses a fecham.

9. O princípio *determinante* da teoria teológica (não da prática da vida) não pode ser nem a experiência nem a prática, mas sim a Palavra (a de Deus, primeiro, a da fé da Comunidade, em seguida). Pois tanto a experiên-

cia como a prática precisam ambas ser avaliadas à luz da Palavra revelada e por ela animadas.

10. A teologia é também *intellectus amoris* sim, mas apenas de modo *derivado* e *segundo*, pois o amor também precisa ser iluminado e dirigido finalmente pelo *intellectus fidei*, derivado ele mesmo da Palavra de Deus.

EXCURSO

ESCLARECIMENTO SOBRE A EXPRESSÃO: "PONTO DE PARTIDA DA TEOLOGIA"

Fala-se, frequentemente, hoje em termos de "ponto de partida" da teologia. É uma expressão ambígua.

Podemos entender ponto de partida numa perspectiva meramente *prática* e mesmo pragmática (expositiva, pedagógica, didática ou ainda pastoral). Nesse caso, o ponto de partida pode, sim, ser a experiência ou a vida. É o que se observa no método de exposição, que parte do "ver", para depois seguir com o "julgar" e fechar com o "agir", usado na Ação Católica e reconhecido pelo Magistério[30].

Mas se entendemos ponto de partida numa perspectiva rigorosamente *teórica* (ou hermenêutica ou ainda epistemológica em geral), então é a Revelação ou a fé que constitui esse ponto[31].

Normalmente, na Teologia da Libertação e em muitos documentos da Igreja latino-americana (Medellín, Puebla, etc.), o primeiro momento é o "ver". Mas mesmo aí a fé-palavra é o momento determinante. Esta fica apenas suspensa ou colocada entre parênteses, mas não está de modo algum supressa. Pois o "ver" é todo animado por ela, mesmo se de modo ainda inexpresso.

Já o segundo momento é o "julgar". É segundo apenas quanto ao processo pedagógico, mas não quanto à importância. Em importância é o primeiro, pois é o momento em que a Palavra de Deus não é apenas "usada", mas exerce seu juízo

---

30. Cf. por ex. JOÃO XXIII. *Mater et Magistra* (1961), n. 232; · PAULO VI. *Octogesima Adveniens* (1971), n. 4; e a própria estrutura da *Gaudium et Spes*.

31. Cf. ARDUINI, Juvenal. *Horizonte de esperança*. Teologia da Libertação. São Paulo: Paulinas, 1986, p. 18 e 43, onde fala no ponto de partida "metodológico", em contraposição ao ponto de partida "teológico". Teve o mérito de colocar a diferença, mas a denominação não é ainda clara. Giordano Frosini distingue o "primado ontológico" (da Palavra) e o "primado metodológico" (do ver): em *Teologia oggi*. 2. ed. Bolonha: EDB, 1997, p. 29.

soberano sobre a realidade "vista". Para evitar o risco de uma leitura interesseira e seletiva da Palavra, haveria que dialetizar sempre os dois momentos, metendo-os sucessivamente em confronto[32].

Enquanto princípio formal, a Fé dogmática dá à teologia sua perspectiva própria. Colocar-se na perspectiva teológica é ver uma coisa "à luz da Palavra de Deus", ou "à luz da Revelação", ou, mais simplesmente, "à luz de Deus". Porém, a expressão mais comum é "à luz da fé".

O princípio "à luz da fé" possui um caráter *transcendente*. Aponta para a Verdade divina, a qual, enquanto revelada, ilumina o discurso teológico. "O princípio de todos os nossos dogmas tem sua raiz no alto, no Senhor dos céus" – diz João Crisóstomo[33].

Portanto, a "luz da fé" constitui a "instância determinante" do processo de produção teórica da teologia. Designa não aquilo *que* se teologiza, mas aquilo *pelo qual* se teologiza; não a matéria-prima, mas os meios de produção[34]. Não indica o princípio *sobre o qual* se julga, mas o princípio *com o qual* se julga tudo o mais[35].

O princípio formal da teologia é constituído pelo que se pode chamar a "positividade cristã"[36]. Para efeitos de epistemologia, esta aparece como o conjunto dos postulados, axiomas, pressupostos ou premissas a partir e em virtude dos quais a teologia trabalha.

Esse princípio determinante, que identificamos na fé ou na luz da fé, pode ser expresso em diversas outras fórmulas, possuindo cada uma sua tonalidade própria:

– é a Palavra de Deus, a Revelação e mesmo as Escrituras;

– são os Dados da fé, os Artigos do Credo, a Tradição apostólica;

– são as Verdades da fé, os Mistérios, o Dogma ou a Doutrina cristã.

---

32. Cf. BRIGHENTI, Agenor. "Raices de la epistemología y del método de la teología latinoamericana". *Medellín*, 78 (1994), p. 207-254, dando uma visão global dos resultados de sua tese doutoral *Raízes da epistemologia e do método da Teologia da Libertação. O método 'ver-julgar-agir' da Ação Católica e as mediações da Teologia latino-americana.* Louvain-la-Neuve, 1993, 544 p.

33. Apud PIO IX. *Qui pluribus* (1846): DS 2779.

34. Cf. BOFF, Clodovis. *Teologia e prática. A teologia do político e suas mediações.* Petrópolis: Vozes, 1978, seção II, § 2 e 3, p. 144-158, onde se aplica o "modelo da prática teórica" de L. Althusser à teologia, com especial atenção à Teologia da Libertação. Cf. o resumo aqui supra, no *Excurso* do Cap. 3.

35. Cf. AGOSTINHO. *De libero arbitrio*, 14, 38; *De vera religione*, 31, 58.

36. Cf. BOFF, Cl. *Teologia e prática*. Op. cit., seção II, § 3, p. 151, n. 37.

LEITURA

SANTO ANSELMO DE CANTUÁRIA:

Primado da fé na teologia[37]

<<Antes de discutir a questão (da Encarnação do Verbo), direi algumas palavras para conter a presunção daqueles que, por uma temeridade ímpia, se atrevem a questionar um ponto qualquer da fé cristã por não poderem compreendê-la, e julgam, por um orgulho tolo, que o que não podem compreender é impossível, em vez de confessar, por uma humilde sabedoria, que podem existir muitas coisas que são incompreensíveis. Nenhum cristão deverá tentar jamais demonstrar que não existe o que a Igreja Católica crê de coração e confessa com a boca. Ao contrário, conservando sempre firmemente esta fé, amando-a e conformando com ela sua vida, deve investigar humildemente, na medida de suas forças, a razão que lhe faça ver como é essa fé (*rationem quomodo sit*). Se pode compreendê-la, dê graças a Deus. Se não pode, não levante a cabeça para combatê-la (*non immittat cornua ad ventilandum*), mas deve antes abaixá-la em adoração.

Porque a sabedoria humana, confiando apenas em si mesma, pode mais facilmente romper-se os cornos de encontro a esta pedra, do que demovê-la com suas investidas. Há, com efeito, alguns que, quando sentem brotar em si os cornos de uma ciência autossuficiente e ignorando que, se alguém pensa saber algo, ignora ainda como deve saber, antes que a solidez da fé tenha proporcionado asas espirituais, costumam se elevar presunçosamente até às mais altas questões da fé. Daí provém que, em seus esforços por se elevar às avessas, por meio da inteligência, até às verdades que exigem antes a escala da fé, como está escrito: "Se não crerdes, não compreendereis" (Is 7,9), caem forçosamente, por falta de inteligência, numa multidão de erros. Porque é evidente que não têm o sólido sustentáculo da fé aqueles que, não podendo compreender o que creem, discutem contra a verdade desta mesma fé, confirmada pelos Santos Padres, como se os morcegos e as corujas, que não veem o céu senão de noite, quisessem disputar sobre os raios do sol em pleno meio-dia contra as águias, que fixam o sol sem pestanejar. [...]

---

37. *Epistula de Incarnatione Verbi* (Carta sobre a Encarnação do Verbo): PL 158, 263-265; in: *Obras completas de San Anselmo*. BAC 82. Madri: Católica, 1952, t. 1, p. 689-697. Anselmo se insurge aqui contra a presunção dos nominalistas, cujo chefe de fila era Roscelino (†1124). Em sua dialética desabrida, afirmavam só existirem os seres individuais, sendo as realidades universais puras abstrações, seres fictícios, puramente lógicos. O que os levou a defender o triteísmo.

Por conseguinte, antes de tudo, temos que purificar o coração pela fé, conforme se diz de Deus, que "purificou seu coração pela fé" (At 15,9); iluminar os olhos pela prática dos mandamentos do Senhor, porque "o mandamento do Senhor é brilhante e dá claridade aos olhos" (Sl 18,9); e chegar a ser, por uma humilde submissão ao testemunho do Senhor, como pequeninos, a fim de aprender a sabedoria "que nos dá o testemunho fiel do Senhor, concedendo sabedoria aos pequeninos" (Sl 18,8). Pelo que o Senhor disse: "Dou-te graças, Pai, [...] porque revelaste essas coisas aos pequeninos" (Mt 11,25).

Por certo, é isto que aqui digo: quem não crer, não compreenderá. Porque quem não crer, não experimentará, e quem não experimentar, não compreenderá. Porque quanto supera a experiência ao simples ouvir dizer, outro tanto supera a ciência de quem experimentou o conhecimento de quem só ouviu falar.

Mais: sem a fé e a prática dos mandamentos de Deus, não somente é impossível ao espírito compreender as verdades profundas, mas acontece também às vezes que, uma vez abandonada a boa consciência, desapareça a inteligência e a própria fé se perca. [...] Que ninguém, por conseguinte, penetre nas obscuridades das questões religiosas senão depois de ter adquirido, na solidez da fé, a gravidade dos costumes e da sabedoria, de medo que, recorrendo, com leviandade e imprudência, aos inumeráveis rodeios dos sofismas, não se veja enredado por algum erro tenaz. [...]

Disse tudo isso para que ninguém presuma discutir as mais profundas questões referentes à fé sem estar capacitado para tanto; ou, se vier a ter tal pretensão, para que nenhuma dificuldade ou impossibilidade de compreender possa apartá-lo da verdade a que aderiu pela fé.>>

Capítulo 6

A FÉ-EXPERIÊNCIA: OUTRA FONTE DA TEOLOGIA

A MONTANTE DA TEOLOGIA: A EXPERIÊNCIA DA FÉ

Fé-palavra e fé-experiência

Vimos que a fé-palavra determina formalmente a teologia. Mas a *fides quae* se dá no contexto da *fides qua*. A Palavra da Revelação ressoa no espaço da experiência religiosa. O conhecimento da fé não é puramente teórico e menos ainda mera informação. É sobretudo afetivo e experiencial, envolvendo o ser humano todo. A fé implica um "saber substancial". Diz Pio XI:

> Assim como não pode dizer que conhece bem um país longínquo aquele que soube fazer dele uma descrição extremamente detalhada, mas aquele que por algum tempo aí viveu, assim o conhecimento íntimo de Deus (*intimam Dei notitiam*) não se consegue apenas com a investigação científica, mas também com a comunhão estreitíssima (*conjunctissime*) com Deus[1].

É verdade: a fé-palavra é naturalmente o elemento discernidor da fé-experiência. Mas esta vem antes. Está a montante de qualquer palavra. O *próoton* da fé é a experiência. O *intellectus fidei* é a fonte da *ratio teologiae*.

J.H. Newman, que estudou em profundidade a crise ariana, a primeira grande crise da Igreja provocada pela teologia (Ário era teólogo da Escola de Alexandria), intuiu que por trás da mesma havia o confronto entre duas concepções da fé cristã: a ariana, para quem o cristianismo é uma verdade que se dirige principalmente à inteligência – donde o privilégio da compreensão especulativa da fé; e a "católica" ou ortodoxa, para quem o cristianismo é uma força regeneradora que se dirige ao ser humano inteiro,

---

1. PIO XI. *Studiorum Ducem* (1923), encíclica recomendando a autoridade de Santo Tomás de Aquino.

especialmente ao coração – donde o primado da experiência e da admiração sobre todo entendimento[2].

O saber da fé é saber iniciático: vem de uma experiência comunicada por via simbólico-sacramental. É saber de convivência e comunhão. É um saber "desde dentro", não "desde fora". Daí por que o mero "cientista da religião" jamais saberá como sabe o crente e o teólogo crente. Não saberá avaliar corretamente a substância da fé em questão. Isso que vale para qualquer religião, vale mais ainda para a fé cristã[3]. Daí a afirmação de Santo Anselmo:

> Quem não crer, não experimentará; e quem não tiver experimentado, não entenderá[4].

A "sancta vetula": a piedosa velhinha

Para ilustrar a importância da experiência religiosa como fonte de saber, vem ao caso a referência que vários doutores antigos fizeram à "santa velhinha cristã". Agostinho foi o primeiro que fez seu elogio:

> Que vale Juno em face de uma velhinha, que é uma fiel cristã (*aniculam fidelem christianam*)[5]?

Vem à mente sua exclamação dolorosa, antes da conversão, depois de ouvir a história de alguns monges, particularmente a de Santo Antão:

> Levantam-se os ignorantes e arrebatam o céu, e nós, com todo o nosso saber, privado de coração, eis que nos revolvemos na carne e no sangue[6].

---

2. Cf. NEWMAN, John Henry. *Gli ariani del quarto secolo*. Milão: Jaca Book, 1981.

3. Cf. nesse sentido as considerações de uma teóloga do Candomblé, SANTOS, Juana Elbein dos. *Os nàgô e a morte*. Petrópolis: Vozes, 1975, p. 17s.; Id., "A percepção dos fenômenos religiosos". *Vozes*, 7 (1977), p. 23-34, aqui p. 26 e 31s.

4. "Qui non crediderit, non experietur, et qui expertus non fuerit, non intelliget": *Epist. de Incarn. Verbi*, cit. supra na *Leitura* no fim do Cap. anterior.

5. *Sermo 273*, 6: PL 38, 1250.

6. *Confissões*, I. VIII, cap. 8, 19.

A tradição da "velhinha piedosa" não passou desapercebida a Tomás de Aquino. Pregando aos fiéis de Nápoles, em seu dialeto, sobre a facilidade com que até os simples podem conhecer pela fé o modo de bem viver, declara:

> Nenhum filósofo antes da vinda de Cristo, apesar do grande esforço intelectual que despendia, pôde chegar ao conhecimento de Deus e dos meios necessários para alcançar a vida eterna, como, depois do advento de Cristo, qualquer velhinha (*vetula*) o pode pela fé[7].

Afirma também que, se a caridade dependesse da ciência, "um teólogo mau teria uma caridade muito mais eminente que uma piedosa velhinha (*sancta vetula*)[8].

À questão por que as mulheres e os simples são particularmente piedosos (*devoti*) responde o Doutor Angélico: É que eles são mais humildes e menos presunçosos. Por isso mais facilmente se entregam a Deus (é o sentido de "devoção"), confiando mais n'Ele que em si próprios. Significaria isso que os sábios e os grandes não possam ser devotos? Não, responde ele, pois sabedoria e grandeza não são, por si mesmas, empecilhos que desviam de Deus, mas apenas ocasiões: afastam de Deus *occasionaliter*. Por isso, conclui, os sábios e grandes podem ser tanto mais devotos quanto mais submetem a Deus sua sabedoria e sua grandeza[9].

Vale aqui referir o diálogo entre São Boaventura e o Beato Egídio:

> – Frei Egídio: "Pobres de nós! Que faremos nós, ignorantes e simples, para podermos nos salvar?"
> – Frei Boaventura: "Meu irmão, sabeis bem que basta amar a Deus".
> – Frei Egídio: "Tendes certeza disso? É verdade que uma simples mulher possa agradar-Lhe tanto como um mestre em teologia?"

---

7. TOMÁS DE AQUINO. *Exposição sobre o Credo*. São Paulo: Loyola, 1981, p. 18 (intr.). Num debate público contra os averroístas em Paris em julho de 1270, o santo Doutor teria exclamado: "Quanto ao destino religioso do ser humano, os filósofos sabem menos que uma velhinha na simplicidade de sua fé": CHENU, Marie-Dominique. *Santo Tomás de Aquino e a teologia*. Rio de Janeiro: Agir, 1967, p. 116.

8. *Epist. ad Eph.*, c. III, l. 5, v. 19.

9. *ST* II-II, q. 82, a. 3, ad 3. Mas Santo Tomás não cede aqui a certo irrealismo, aliás estranho à Bíblia?

À resposta afirmativa do doutor, o Frei Egídio corre para o jardim e, olhando para a cidade, exclama em alta voz:

– "Ó pobre velhinha, ignorante e simples (*o vicchierella, poverella, idiota e semplice*), ama o teu Senhor Jesus Cristo, e poderás ser mais que Frei Boaventura"[10].

Mas essa tradição da "sabedoria dos simples" está na verdade enraizada nas Sagradas Escrituras. Aí se diz que é Deus mesmo que ensina a sabedoria aos pequenos (cf. Sl 119,97-104). Paulo afirma que a "sabedoria de Deus" por ele pregada está escondida aos "príncipes deste mundo" (1Cor 2,6). E Jesus mesmo louva ao Pai, porque ocultou os mistérios do Reino aos "sábios e doutores" e os revelou aos "pequeninos" (Mt 11,25). O Espírito é o mestre dos fiéis (cf. 1Jo 1,20-21.27).

E é por essa sabedoria que Maria, mãe de Jesus, é a mais íntima conhecedora (e anunciadora) dos mistérios divinos, sendo por isso chamada pelos Padres de verdadeira "Profetisa"[11].

Características do conhecimento místico

De vez que a experiência da fé é fonte de conhecimento (místico) de Deus, vejamos como é tal conhecimento.

Para a Bíblia, conhecer a Deus passa pela experiência e pela prática. O saber bíblico é profundamente afetivo e concreto. "Quem não ama, não conhece a Deus" (1Jo 4,7; cf. Jr 22,16)[12].

Por outro lado, a fé é da ordem da percepção espiritual ou da sabedoria pneumática do Mistério de Deus (cf. 1Cor 2,6-16). Ora, ela funciona como os *prima principia* da ciência teológica. Toda a teologia está potencialmente presente nessa inteligência concentrada e em bloco que é a inteligência da fé[13].

---

10. DA LISBONA. *Chroniche*, I, l. VII, c. 14, 498.

11. Cf. GRILLMEIER, Aloys. Maria Prophetin. Eine Studie zu einer messianisch-patristischen Mariologie. In: *Mit ihm und in ihm*. Freiburg in Breisgau: Herder, 1975, p. 198-216.

12. Cf. mais à frente o *Excurso I* no fim do Cap. 7: "Epistemologia bíblica".

13. TOMÁS DE AQUINO. *Sent.*, prol., q. I, a. 3, q. 2, ad 3.

Poderíamos descrever o conhecimento místico por estes três qualificativos: é um conhecimento apofático, simpático e extático[14].

1. *Apofático*. É um conhecimento inefável, mais negativo que positivo. Não que não possa ser falado, mas a palavra nunca lhe é adequada. Sobra mais silêncio que fala. Por que isso? Porque se trata de um saber preterconceitual ou supraconceitual. A linguagem é pequena demais para tal grandeza.

2. *Simpático*. É um conhecimento por com-paixão, conaturalidade ou sintonia. Supõe experienciação direta. Sente-se mais que se sabe[15]. O órgão aqui é a intuição, o *intellectus*, como capacidade de "ler dentro", entre as linhas. A razão vê os raios, o intelecto vê o sol. A razão vê as luzes, o intelecto, o foco luminoso. A razão vê os detalhes (é analítica), o intelecto vê o conjunto (é sintético)[16].

3. *Extático*. O conhecimento místico é fruto do amor agápico, o amor que sai de si e se entrega. Nasce, pois, de uma "perda vantajosa", de uma "alienação identificante", de uma "perdição salvadora", só legitimada porque em relação ao Ser Absoluto[17]. Só uma existência descentrada em direção do Centro da Realidade permite aceder a tal saber. "Não sou eu que vivo, mas é Cristo que vive em mim" (Gl 2,20).

Sentido originário da palavra "teologia"

Um estudo sobre a origem da palavra "teologia" é instrutivo do que estamos falando[18].

Com efeito, esse termo designava em sua origem uma palavra de proclamação de Deus, no sentido da homologia e do anúncio de Deus. Tinha, pois, um conteúdo mais profético que doutrinário. Era dotada de força performativa, seja ela invocativa, seja evocativa. Seguia a pragmática mais que a gramática.

---

14. Para esta caracterização seguimos JOURNET, Charles. *Introduction à la théologie*. Paris: DDB, 1947, p. 15-32. Certo, a fé não é um grito apenas, mas é *também* um grito, como reconhece o próprio DUMÉRY, Henri. *La foi n'est pas un cri*. Tournai, 1957, p. 10s.

15. Cf. *ST* I, q. 1, a. 6, ad 3; II-II, q. 45, a. 2.

16. Cf. *ST* I-II, q. 57, a. 22, ad 2.

17. Cf. *De Divinis Nominibus*, cap. 4, l. 10.

18. Cf. mais detalhadamente infra Cap. 17: "História da palavra 'teologia'".

Isso mostra que por trás da teologia há um encontro espiritual com Deus. Teólogo algum pode cair no "esquecimento genético" a respeito de sua prática teórica. Lembrará sempre que teologia é originariamente oração a Deus e proclamação de Deus. Sua natureza nasciva e íntima é contemplativa[19]. Daí também por que sua função última será sempre servir à adoração[20].

Aliás, a linguagem religiosa primária e primeira tem um caráter invocativo: é a oração. Antes de falar de Deus, fala-se a Deus. E é só no quadro e na força do falar-a-Deus que emerge o falar-de-Deus. Ou seja: a teologia nasce da prece. Esta constitui a "forma interna" daquela[21].

É pois no quadro do diálogo ou do encontro, isto é, no face a face que a teologia tem seu contexto natural. É no falar-com-Deus que emerge o falar-de-Deus no duplo sentido: a Palavra do próprio Deus e as palavras dos humanos sobre Deus[22].

Tais são as origens e tais devem ser também as condições em que a teologia se desenvolve[23]. A teologia terá uma "alma orante" (João Paulo II) ou não será teologia portadora de vida. Emblemático é o bilhete que São Francisco escreveu a Santo Antônio, dando-lhe permissão de se dedicar à teologia:

> Gostaria muito que ensinasses aos irmãos a sagrada teologia, contanto que nesse estudo não se extinga o espírito da santa oração e da devoção[24].

---

19. Cf. HAMMER, Jérôme. Discurso em Washington (13/11/1978). In: *Documentation Catholique*, 1979, p. 70-73.

20. Cf. FERRÉ, Frédérick. "Le langage religieux a-t-il un sens?". *Cogitatio Fidei 47*. Paris: Cerf, 1970, p. 157s.

21. Cf. OTT, Heinrich. La prière comme langage de la foi. In: VV.AA. *Parole et avènement de Dieu*. Paris: Beauchesne, 1972, p. 63-99, espec. p. 84-87 e 93.

22. Cf. FERRÉ, F. Op. cit., cap. 8, p. 113-124.

23. Cf. BARTH, Karl. *Introdução à teologia evangélica*. São Leopoldo: Sinodal, 1977, p. 125-133: "O trabalho teológico: oração", do qual damos um excerto como *Leitura* no fim deste capítulo.

24. *São Francisco de Assis: Escritos e biografias de São Francisco de Assis; crônicas e outros testemunhos do primeiro século franciscano*. Petrópolis: Vozes/Cefepal, 1981, p. 75. Igualmente Santo Inácio de Loyola insiste para que seus filhos unam sempre a *eruditio* e a *pietas: Constituições*, parte IV.

A RAIZ MÍSTICA DA TEOLOGIA: VISÃO HISTÓRICA

A tradição teológica do Oriente: teologia mística

Uma rápida olhada na história da teologia nos mostra a relação de raiz entre teologia e experiência de fé. Sem pretensão alguma de sermos sistemáticos, relembremos apenas alguns marcos significativos, tanto na tradição do Oriente, como do Ocidente.

Comecemos pela Igreja do Oriente. Nessa, a teologia, além de ser um trabalho *espiritual*, fruto do Espírito (é sua 1ª característica), a teologia tem também caráter *doxológico* (2ª característica). É um hino de glorificação a Deus. Toda a teologia se faz *ad maiorem Dei gloriam*.

Além disso, a teologia no Oriente é profundamente *eucarística* (3ª característica). Ela está referida à grande ação de graças da santa liturgia. Por quê? Porque está toda voltada para Deus e sua glorificação. É teônoma e teocêntrica.

Assim, para os Orientais, a teologia está estruturalmente vinculada à vida da fé. A experiência religiosa é constitutiva do trabalho teológico. Teologia não é só conhecimento de Deus, mas também e mais ainda amor de Deus. No fundo, teologia é "visão amorosa de Deus". Nisso os Orientais seguem de perto os Padres. A teologia é mística ou espiritual ou não é nada[25].

Não é à toa que no Oriente são chamados "os teólogos" por excelência três escritores profundamente místicos: São João Evangelista, São Gregório de Nazianzo e Simeão, o Novo Teólogo.

São João, em particular, goza na Escola de Alexandria de um lugar central. Seu evangelho é visto como portador do saber mistérico da fé. Traz um conhecimento verdadeiramente iniciático, gnóstico e sapiencial. João reporta as palavras que jorraram do coração do Mestre e não apenas de seus lábios. O seu é o evangelho dos iniciados nos mistérios da intimidade divina. É o evangelho dos amorosos e dos contemplativos. Mais: ele comunica um saber divino de que Maria de Nazaré foi a grande iniciada, a *mystes* maior. Assim se exprime Orígenes:

> Os Evangelhos são as primícias de toda a Escritura; e o Evangelho de João, as primícias dos Evangelhos. Ninguém pode captar o sentido deste Evan-

---

25. Cf. SERTORIUS, Lili. La théologie orthodoxe. In: VAN DER GUCHT, R. & VORGRIMLER, H. (org.). *Bilan de la théologie du XXe. siècle*. Paris: Casterman, 1970, t. I, p. 562-600 (já cit. no Cap. 4, *Excurso I*).

gelho se não tiver reclinado a cabeça sobre o peito de Jesus e não tiver recebido da parte de Jesus a Maria por Mãe. E para ser um outro João, é preciso tornar-se... o próprio Jesus[26].

Efetivamente, o teólogo para ser teólogo em profundidade deve ativamente, como o Discípulo Amado, "reclinar a cabeça no seio de Jesus" (Jo 13,25; 21,20) a fim de lhe auscultar as palavras misteriosas do coração. Mais: o próprio *Logos*, que "nos deu a conhecer o Pai", foi antes seu confidente, por "repousar em seu seio" (Jo 1,18)[27]. Daí ser também a intuição teológica entendida no vocabulário da mística nupcial:

> A iluminação de todo conceito obscuro é um beijo que o Verbo de Deus dá à alma perfeita. [...] Por isso toda vez que em nosso coração fazemos alguma descoberta, sem necessidade de mestre, acerca das doutrinas e das questões divinas, são tantos beijos que nos são dados pelo Esposo, o Verbo de Deus[28].

Donde também o espírito de oração que subjaz à raiz de toda pesquisa em teologia:

> Quando, ao invés, procuramos algo sobre os ensinos divinos e não conseguimos descobri-lo, então... pedimos a Deus a visita de seu Verbo com as palavras da Esposa: "Que ele me beije com os beijos de sua boca" (Ct 1,1). De fato, o Pai conhece a capacidade de cada alma e sabe a qual delas, em sua mente e em seus sentimentos, deve oferecer, a seu tempo, os beijos do Verbo[29].

É convição do Mestre alexandrino que nenhuma criação teológica tem lugar senão por força de uma "ferida" de amor, como a ferida do Coração de Cristo[30].

---

26. ORÍGENES. *Commentaire sur saint Jean*. Col. Sources Chrétiennes 120. Paris: Cerf, 1966, l. 1, c. 4, § 23, p. 70-73, também cit. por JOÃO PAULO II. *Redemptoris Mater*, n. 47.

27. Cf. ORÍGENES. Op. cit. Col. Sources Chrétiennes 385. Paris: Cerf, 1992, l. 32, c. 20-21, § 260-279, distinguindo o simples "repousar" (Jo 13,23) do "reclinar-se" sobre o peito de Jesus (Jo 13,25), considerada esta última uma "atitude melhor e mais excelente". Cf. JOSAPHAT, Carlos. "Originalidade evangélica da teologia e seu diálogo interdisciplinar". *Espaços* (Itesp), 4 (1996), p. 5-25, aqui p. 8s.: "Tradição joânica".

28. ORÍGENES. *Comentário ao Cântico dos Cânticos*, 1,1.

29. Id. Op. cit.

30. Cf. BALTHASAR, H. Urs von. *Parole et mystère chez Origène*. Paris: Cerf, 1956, p. 130, nota 25.

Os Orientais sempre foram muito sensíveis à teologia entendida como alta espiritualidade. Para eles, teologia muitas vezes é sinônimo de mística. É o sentido que lhe dava o Pseudo-Dionísio (séc. V-VI), como atesta o título de uma obra sua: *A teologia mística*. Aí ele não separa teologia da contemplação. Veja-se também o que diz Evágrio Pôntico (†399), juntando o falar de Deus ao falar com Deus:

> Se és teólogo, orarás de verdade. E se oras de verdade, és teólogo[31].

Diádoco de Foticeia († ca. 468), um dos mestres espirituais mais conhecidos do Oriente antigo, ensina que se há de falar de Deus a partir de dentro de Deus:

> É bom esperar sempre, por uma fé ativa na caridade, a iluminação que leva a falar. Pois nada é mais indigente que o pensamento que filosofa fora de Deus sobre as coisas de Deus[32].

Mas foi de modo todo particular a Igreja siríaca que pensou a teologia como forma de louvação. Aí teologia não é conhecimento mas reconhecimento. Seu lugar de expressão é o culto. Centros de elaboração desta teologia hínica foram as escolas de Nísibi e de Edessa (hoje na Turquia). Seu grande representante foi Santo Efrém († 373), animador de ambas as escolas. Nasceu justamente na primeira cidade e morreu na última. O melhor de sua teologia se encontra sob a forma da poesia. Daí seu epíteto: "a harpa do Espírito Santo"[33].

A tradição teológica ocidental: entre mística e racionalismo

Mas a própria tradição teológica do Ocidente, embora se incline à razão raciocinante, não perdeu de todo o veio orante ou místico da teologia. A tríplice tradição: monástica, agostiniana e franciscana, considerou um ponto de honra dar precedência ao conhecimento experiencial sobre o científico.

Efetivamente, a epistemologia da Teologia Monástica procurou sempre alternar e conjugar o *sciendum* e o *experiendum*, a gramática e a compunção, dando, porém, precedência ao último polo[34]. Contudo, a tendência mais forte desta teologia era para o lado da experiência. São Bernardo foi o primeiro teólogo a falar da

---

31. *A Oração*, 60.

32. *Centúrias*. Col. Sources Chrétiennes. Paris: Cerf, 1955, cap. 7; cf. cap. 67-68 tratando da relação teologia e contemplação.

33. Cf. GEERLINGS, Wilhelm. Riflessione sulla teologia fondamentale. In: KERN, W.; · POTTMEYER, J.M. & SECKLER, M. (org.). *Trattato di gnoseologia teologica. Corso di teologia fondamentale*. Brescia: Queriniana, 1990, p. 393.

34. Cf. LECLERCQ, Jean. *L'amour des lettres et le désir de Dieu*. Paris, 1957.

"experiência" espiritual. Refere-se ao "livro da experiência"[35]. A propósito, leia-se apenas aqui este seu testemunho polêmico:

> Não convém a esta teologia
> a leitura, mas a unção,
> os livros (*litterae*), mas o Espírito,
> a erudição, mas a prática dos mandamentos do Senhor[36].

Para a Escola Franciscana, que aplicou à teologia o espírito do *Poverello*, a teologia é toda marcada pela *unctio* da contemplação. É essencialmente *scientia affectiva*[37].

Seu maior representante, São Boaventura, situando-se na linha de Orígenes, Evágrio e Agostinho, desenvolveu toda uma teoria do conhecimento de Deus enquanto saber místico-experiencial. O ápice do saber divino para ele consiste no conhecimento *per intimam unionem, in ecstatico amore*. Aí "mais se sente do que se conhece Deus". Efetivamente, é um conhecimento que provém da união, do toque por meio do "tato espiritual", toque esse que é uma forma superior de ver[38].

O Doutor Seráfico, diferentemente de Santo Tomás, acentuou o sentido *experiencial* da sabedoria[39]. Define a sabedoria como um saber saboroso: "Sabedoria de um lado vem de 'saber' e do outro vem de 'sabor'"[40]. A partir daí define a teologia como "conhecimento santo da verdade enquanto digna de fé e de amor" (*veritatis ut credibilis et diligibilis notitia sancta*)[41].

---

35. *Sermons sur le Cantique, Sermo III*, 1. Col. Sources Chrétiennes 414. Paris: Cerf, 1996, t. I, p. 76, n. 1 e p. 100. "Liber experientiae" é expressão de vários autores do séc. XII: Elredo de Rievaulx, Isaac da Estrela, Guigo o Cartuxo: Ibid.

36. *Carta 108*: para Tomás. Na mesma linha vai o testemunho do Beato Francisco de Sena (†1328), da Ordem dos Servos de Maria: "O que ensina teologia não é a erudição, mas a unção, não a ciência, mas a consciência, não os livros (*karta*) mas a caridade (*charitas*)": "Legenda". *Monumenta OSM*, V, p. 226, n. 11.

37. Cf. DETTLOFF, W. Franciscanos (teologia dos). In: FRIES, Heinrich (org.). *Dicionario de teologia*. Vol. 2. São Paulo: Loyola, 1970, vol. 2, p. 229-234.

38. Cf. LAVALL, Luciano Campos. *O mistério santo*. "Deus Pai" na teologia de Karl Rahner. São Paulo: Loyola, 1987, p. 128-138.

39. Seguimos aqui KLOPPENBURG, Boaventura. "O afeto colegial dos bispos". *Communio*, vol. 4, n. 21 (1985).

40. *III Sent.*, dist. 27, a. 2, q. 5. Tomás não desconhece essa tradição: cf. II-II, q. 45, a. 2, ad 2 e ad 1.

41. *De Donis Spiritus Sancti*, 4, 19.

Nesse sentido, teologia pertence mais ao gênero da sabedoria que ao da ciência, pois sabedoria, para ele, era o saber saboroso. "A sabedoria é um conhecimento afetivo" (*notitia transiens in affectum est sapientia*)[42].

A teologia está finalizada ao amor. "Pois este conhecimento (teológico) ajuda a fé e a fé está de tal modo na inteligência que move naturalmente ao afeto"[43].

Nesse ponto, Boaventura herda claramente de Agostinho, que assevera: "Não há bem que se conheça perfeitamente se não se ama perfeitamente"[44]. Do mesmo modo, aliás, que outro agostiniano, Gregório Magno, quando identifica amor e conhecimento (*amor ipsa notitia est*)[45].

Clássico é o texto bonaventuriano, colocado em valor pelo Vaticano II na *Optatam Totius* (nota 32), ao ensinar com que espírito se há de estudar teologia:

> Ninguém creia que lhe baste
> a leitura sem a unção,
> a especulação sem a devoção,
> a investigação sem a admiração,
> a atenção sem a alegria,
> a atividade (*indústria*) sem a piedade,
> a ciência sem a caridade,
> a inteligência sem a humildade,
> o estudo sem a graça divina,
> a pesquisa humana (*speculum*) sem a sabedoria inspirada por Deus[46].

Outro franciscano, Santo Antônio, doutor da Igreja pouco aproveitado pelos teólogos, tem uma gnosiologia que vai também na linha do conhecimento místico, antecipando nisso São João da Cruz[47].

Já a Escolástica Posterior se afastou perigosamente da fonte espiritual da teologia. O resultado foi que a teologia deixou de nutrir a fé, tornando-se acentuada-

---

42. *In Hexaëmeron*, 5, 13.

43. *I Sent.*, proem., q. 3, resp.

44. AGOSTINHO. *De Diversis Quaestionibus*, 83, q. 35, n. 2.

45. *Hom. 27 in Evang.*: PL 76, 1207.

46. *Itinerarium mentis in Deus*, prólogo, n. 4, trad. bras. *Itinerário do Cosmo ao Ômega*. Petrópolis: Vozes, 1968, aqui p. 44. Reportamos, como *Leitura* no fim do Cap.21, o texto da *Optatam Totius*, mas sem a citação.

47. Cf. CAIEIRO, Francisco da Gama. *Santo António de Lisboa*. Lisboa: Imprensa Nacional/Casa da Moeda, 1995, 2 vol., aqui vol. I, p. 374-421.

mente doutrinária. A Escolástica Tardia, desligando a Suma Teológica da Bíblia, que era a sua fonte, tanto do ponto de vista histórico como estrutural, agravou ainda mais a situação.

Entrementes, a reação da vertente contemplativa não cessou de se fazer sentir. Assim, no fim da Idade Média, encontramos a bela figura do Chanceler de Paris, João Gerson que leva às alturas a "teologia mística", contrapondo-a à "teologia especulativa".

> A teologia mística não olha as operações do intelecto ou do sentimento, mas somente a unidade ou a união da essência do espírito ou da mente com Deus. Por isso, não se ocupa com Deus enquanto verdade, amor, beleza, mas consiste em um amplexo só espiritual, inefável e mesmo assim experimental entre o Esposo e a Esposa[48].

Erasmo (†1536) redige um verdadeiro "manifesto teológico": *Razão ou método sintético para se chegar à verdadeira teologia*, em que faz um apelo pela volta às Escrituras e ataca toda reflexão, tanto sutil quanto fútil, tal como se praticava na Escolástica do tempo, pleiteando por uma teologia simples e escriturística[49]. Em sua *Carta a Dorpius* e em seu famoso *Elogio da loucura* faz as mesmas críticas. Diz neste último livro:

> Esses insignificantes faladores... experimentam tanto prazer em se ocupar dia e noite com essas suavíssimas nênias (ter-se-ia Deus unido pessoalmente a uma mulher, ao diabo, a um burro, a uma abóbora, a uma pedra?) que nem tempo lhes sobra para ler ao menos uma vez o Evangelho e as Cartas de São Paulo[50].

Lutero, por sua parte, faz uma devastadora crítica à teologia escolástica. Ataca seu intelectualismo e vê nela uma "força transviante" da fé. Acusa-a, por seu obje-

---

48. GERSON, Jean. *La teologia mistica*. Roma: Paoline, 1992, p. 29.

49. O nome completo da obra tem seu interesse: *Ratio seu methodus compendio perveniendi ad veram theologiam, paraclesis i.e. exhortatio ad sanctissimum et saluberrimum christianae philosophie Studium* (Razão ou método sintético para se chegar à verdadeira teologia, paraclese, ou seja, exortação ao santíssimo e utilíssimo estudo da filosofia cristã). A obra chegou a ter 35 edições em menos de 25 anos.

50. ERASMO. *Elogio da loucura* (1509). Rio de Janeiro: Ediouro [s.d.], cap. 53, p. 125-136, aqui p. 133. Cf. ainda BOFF, Clodovis. "Erasmo: a atualidade do não-conformismo". *Vozes*, 12, dez. 1969, p. 1.060-1.082, espec. 1.071-1.074. Cf. tb. GODET, P. Erasme. In: *Dictionnaire de Théologie Catholique*. Paris: Letouzey et Ané, 1939, t. V, aqui col. 394.

tivismo, de alienar a alma do Deus da Aliança e do Cristo salvador. Carregando contra ela, confessa desolado: "Assim foi que perdi a Cristo"[51].

Em contrapartida, agostiniano que era, Lutero propõe uma teologia de tipo existencial, contraposta à especulação. Para ele, "só a experiência faz o teólogo" (*sola experientia facit theologum*)[52]. Nessa linha, ele fala inclusive em *práxis*[53].

> Quem não tenha sido agricultor durante cinco anos, é incapaz de compreender Virgílio, os seus idílios pastoris e os seus poemas campestres; e quem não tiver sido associado durante vinte anos à administração dum grande Estado, é incapaz de compreender perfeitamente as cartas de Cícero. Do mesmo modo, ninguém suponha que pode compreender a Sagrada Escritura se durante cem anos não governou as Igrejas com os Profetas, como Elias e Eliseu, com João Batista, com Cristo e com os Apóstolos. Não toque, pois, esta divina Eneida, mas adore humildemente os seus traços[54].

Com seu conhecido rompante, dispara:

> É vivendo, mesmo morrendo e se danando que o teólogo se constrói, e não compreendendo, lendo ou teorizando[55].

Pouco depois, o conhecido diretor espiritual, Miguel de Molinos (†1696), condenado como fautor do "quietismo", afirma:

> O teólogo possui uma disposição mais fraca para a contemplação do que o rude. [...] Está com a cabeça tão cheia de fantasias, imagens, opiniões e teorias que a luz verdadeira não consegue aí penetrar[56].

Mas venhamos ao nosso século, e citemos logo os modernistas. Apesar de seu unilateralismo, tentaram resgatar o conteúdo experiencial da fé e sua relevância

---

51. Cf. CONGAR, Yves. *Martin Luther, sa foi, sa reforme*. Col. Cogitatio Fidei 119. Paris: Cerf, 1983.

52. *Tischreden* 1, 16; apud WICKS, J. *Introduzione al metodo teologico*. Casale Monferrato (AL): Piemme, 1994, p. 19.

53. "É isto verdadeiramente conhecer a Deus: experimentar realmente na práxis (*in praxi*) que só ele é sábio, que sua vontade é suavíssima, sendo a nossa tola e péssima": *Op. Weimar*, 44, 592. Nota: Lutero escreve *praxi* em grafia grega!

54. Ed. Enders, vol. XVII, p. 60.

55. *Op. Weimar* 5, 163, 28: "Vivendo, immo moriendo et damnando, fit theologus, non intelligendo, legendo, sive speculando." Ainda: "Oração, meditação, tentação como método correto (*rechte Weise*) de estudar teologia". Op. cit., 50, 658.

56. DS 2264.

para a teologia[57]. Um de seus representantes mais cultos, G. Tyrrel critica a teologia intelectualista, dizendo que com ela o "teólogo poderia não ter mais fé do que um cachorro"[58].

Reportemos, por fim, um testemunho dos nossos tempos, D. Hélder Câmara. Ao receber o título *honoris causa* pela Universidade Católica de Lovaina (Bélgica), arengou os numerosos teólogos aí presentes nestes termos:

> Não vos contenteis em serdes pesquisadores que dilaceram o dado teológico com pulso firme e mão fria. [...] Não gasteis o melhor de vosso tempo neste trabalho negativo. Tomai em vossas mãos algumas verdades sólidas e de tal modo elas vos possuam, se insiram em vós, sejam vosso sopro e vossa vida, que chegueis a ser alguém que no meio das dúvidas seja fé encarnada, audível, tangível[59].

Para fechar esse sobrevoo, recordemos que a Teologia da Libertação igualmente procurou recuperar a vertente mística da teologia falando da "experiência de Deus no pobre" como sua *fons et origo*[60].

Resultado: importância da "Teologia genuflexa"

Que significa tudo isso para a existência teológica? Que toda boa teologia banha no contexto da contemplação. A teologia é como uma estrela: para poder brilhar, precisa de seu oxigênio: a oração. Teologia não se faz só sentado, estudando ou de pé, ensinando. Teologia se faz também e em primeiro lugar de joelhos, orando. É a "teologia genuflexa", como se exprimiu von Balthasar[61].

Na verdade, já encontramos na Bíblia esta posição adorante do conhecedor de Deus. Paulo "dobra os joelhos diante do Pai" para lhe pedir que

---

57. Cf. PIO X. *Pascendi* (1907), n. 14, onde expõe a doutrina modernista da fé como experiência; e n. 39, onde a critica e condena.

58. Apud GARDEIL, Ambroise. *Le donné révélé et la théologie*. 2. ed. Paris: Cerf, 1932, p. 200.

59. *Grande Sinal*, n. 8, out. 1970, p. 624 (procuramos melhorar a redação).

60. Cf. GUTIÉRREZ, Gustavo. *O Deus da vida*. São Paulo: Loyola, 1972.

61. Cf. BALTHASAR, Hans Urs von. *Ensayos teológicos* I. Verbum Caro. Madri: Guadarrama, 1964, p. 267 [orig. al. Einsiedeln: Johannnes Verlag, 1961].

"conceda" aos fiéis de Éfeso "compreenderem qual é a largura e o comprimento e a altura e a profundidade, e conhecer o amor de Cristo que excede a todo conhecimento" (Ef 3,14.16.18). Salomão, o Sábio, também implorou "um coração que escuta", "um coração sábio e inteligente" (1Rs 3,9.12). O livro da Sabedoria lhe atribui a belíssima oração para obter a sabedoria (Sb 9,1-12).

A própria libertação, tema axial da teologia que leva seu nome, antes de ser teoria teológica, é prece, como se vê nos Salmos. "Clamaste na aflição e eu te libertei" (Sl 81,8). Mais ainda: na experiência da Igreja latino-americana, libertação, antes de ser teologia, foi exortação pastoral, foi prática cristã (antes dos teólogos da libertação, apareceram os leigos engajados e os pastores proféticos). Mas antes ainda de tudo isso foi grito orante do povo: "Ouvi o clamor do meu povo e desci para libertá-lo" (Ex 3,7-8).

As religiões em geral entendem que o verdadeiro conhecimento de Deus vem por via de revelação do alto. Daí por que prescrevem gestos de reverência sagrada como condição de sua manifestação. Eis um exemplo tirado dos costumes indígenas:

> Antes de conversar sobre coisas sagradas, preparamo-nos por meio de oferendas... Um encherá o cachimbo e passará a outro, que o acenderá, oferecendo-o à terra e ao céu... Depois fumarão juntos... Só então estarão prontos para conversar[62].

TEOLOGIA COMO SABEDORIA

Sabedoria e ciência: 1ª distinção

Para indicar a fonte (assim como a forma) religiosa da teologia, a história lhe confere o nome de "sabedoria": teologia é sabedoria.

A tradição antiga, que vem de Aristóteles, passa por Cícero, por Agostinho e, por meio deste último, é assumida pelos medievais, distinguia claramente, embora não rigidamente, ciência e sabedoria.

---

62. Palavras do índio sioux Mato-Kuwapi ("Caçado pelos Ursos"), in: McLUHAN, T.C. (org.). *Pés nus sobre a terra sagrada*. Porto Alegre: L&PM, 1986, p. 30.

Santo Agostinho definiu ciência como o conhecimento das coisas humanas e temporais; e sabedoria como o conhecimento das coisas divinas e eternas[63]. Sabedoria seria, portanto, o saber dos fins derradeiros, decisivos, eternos. Seria finalmente o saber do sentido da vida, que regula em seguida o caminho ético. Aqui sabedoria vem definida formalmente por seu *conteúdo* ou objeto: o divino, não ainda por sua *forma* de expressão, como veremos mais adiante.

Sabedoria e ciência: esta é a primeira grande distinção a reter na intrincada problemática referente à teologia como sabedoria. Esta distinção se refere ao conteúdo ou tema do conhecimento, independentemente ainda de seu modo de acesso ou de sua linguagem.

Sábio é aquele que conhece o destino último da vida e procura viver eticamente em consequência. Esse é também o sentido que possui "sabedoria" nas Sagradas Escrituras, especialmente nos livros sapienciais. O Aquinate, que recolhe aqui a tradição bíblica, explica que, ao contrário de quem é sábio, tolo é aquele que "avalia de modo equivocado (*perverse*) a questão do sentido geral da vida (*communem finem vitae*)"[64].

Porque fala de Deus enquanto Sentido absoluto de tudo, a teologia é sabedoria. Contudo, embora sendo a sabedoria suprema, põe-se ao lado de outras sabedorias. Efetivamente, seguindo aqui Tomás de Aquino, haveria três tipos de sabedoria:

1. A sabedoria *metafísica*. É a sabedoria da razão natural ou filosófica: a dos filósofos e sábios;

2. A sabedoria *teológica*. É a sabedoria da razão iluminada pela fé revelada: a dos teólogos;

3. A sabedoria *espiritual*. É a sabedoria mística, infundida pelo Espírito a partir da experiência do amor divino: a da "velhinha cristã", dos santos e dos místicos[65].

---

63. Cf. *De Trin.*, XII, 14,22; 15,25; XIII, 1,1-2; XIV, 1-3 para Santo Tomás, cf. *ST* I-II, q. 57, a. 2; I-II, q. 66, a. 2. Cf. MARROU, Henri-Irénée. *Saint Augustin et la fin de la culture antique*. Paris: Boccard, 1938, espec. p. 561-569: "Scientia et Sapientia dans la langue de Saint Augustin". A distinção não é absoluta: pode haver tanto uma "sabedoria científica", como uma "ciência sapiencial".

64. *ST* II-II, q. 8, a. 6, ad 1.

65. Cf. JOURNET, Charles. *Introduction à la théologie*. Paris: DDB, 1947, p. 9s. (a estrutura de todo o livro segue a tríplice divisão de sabedoria); • VAGAGGINI, Cipriano. Teologia. In: BARBAGLIO, Giuseppe &

Considerando agora a história a voo de pássaro, vemos que no Mundo Antigo existem três grandes realizações da sabedoria:

– a *indiana*: espiritual-ascendente (religiosa);

– a *grega*: natural-racional (metafísica);

– e a *hebraica*: revelada-descendente (pística).

A Idade Média, por sua parte, articulava sabedoria e ciência, colocando a segunda sob a jurisdição da primeira (para falar a verdade, de um modo um tanto ditatorial). Já a Idade Moderna fez uma reviravolta: colocou a ciência acima da sabedoria (Descartes; já Sigério de Brabante). Mais: declarou o fim da sabedoria teológica (Descartes). Em seguida, decretou o fim da sabedoria metafísica (Kant). Finalmente, pediu à ciência os serviços da sabedoria. Foi o drama do despotismo da ciência, agora privada da guia da sabedoria (cientificismo)[66].

Nos dias que correm, a razão moderna parece felizmente "recuperar a sensatez", como atestam as diversas críticas que se fazem hoje à modernidade, inclusive o chamado "pós-moderno"[67].

Sabedoria mística e sabedoria teológica: 2ª distinção

Mas o que nos interessa propriamente aqui é perceber que a teologia é essencialmente um tipo de sabedoria, tipo na verdade mais alto que o tipo de sabedoria puramente filosófico, porém inferior à sabedoria espiritual ou mística. Sim, a sabedoria mística se situa no curso superior da sabedoria teológica. Como se distinguem e como se articulam essas duas sabedorias?

A sabedoria *mística* é uma sabedoria-*dom*: é infundida pelo Espírito Santo no coração do fiel. É um "padecer" a Deus. Apresenta-se no modo da experiência. Exprime-se no juízo "espontâneo" ou no discernimento "instin-

DIANICH, Severino (org.). *Nuovo Dizionario di Teologia*. 4. ed. Cinisello Balsamo (MI): Paoline, 1985, p. 1.626s.; · THION, Paul. *Foi et Théologie selon Godefroid de Fontaines* (tese de doutorado na PUG), Lovaina, 1966, p. 171-175.

66. Resumimos aqui as lições dadas por Jacques MARITAIN em Roma em 1934 e publicadas em *Science et Sagesse*. Paris: Labergerie, 1936.

67. Cf. LADRIÈRE, Jean. *Os desafios da racionalidade*. Petrópolis: Vozes, 1979, espec. cap. 8 e 9; · SANTOS, Boaventura de Souza. *Introdução a uma ciência pós-moderna*. Rio de Janeiro: Graal, 1989, espec. cap. 2: "Ciência e senso comum", propondo a reconciliação daquela com este, tido como uma das formas da sabedoria.

tivo" acerca das coisas de Deus. Nesse nível, a sabedoria é caracterizada pelo seu *modo de apreensão*: é dom do Espírito acompanhado de unção. A Virgem Maria é a figura da *Sofia*: é a "sede da sabedoria", a "custódia da Palavra"[68].

Já a sabedoria *teológica* é uma sabedoria-*virtude*: ela vem pelo esforço (*per studium*). Representa o labor do discurso. É a sabedoria que, além de sentir, sabe.

Esta é a segunda grande distinção na árdua questão da teologia como sabedoria. Refere-se ao *modo de apropriação* desse saber absoluto das coisas, que é a sabedoria.

Em termos de valor, devemos reconhecer que a sabedoria-dom (sabor místico) se situa na raiz da sabedoria-virtude (saber teológico). Antes de ser discurso humano sobre Deus, a fé é experiência do Espírito Santo. Diz Lucas: "O Senhor abriu-lhes a mente para que entendessem as Escrituras" (Lc 24,45). Mente aí é o *noûs*, ou, na linguagem bíblica, o "coração", órgão da inteligência espiritual. A fé é sentimento antes de ser entendimento. Está no coração antes de entrar na cabeça. Primeiro é intuição (espiritual) e depois saber (teórico)[69].

Relembrando que o lugar da experiência luminosa da fé é a *ratio superior*, ou melhor, a inteligência da fé, podemos dizer com Santo Tomás:

> O discurso (teológico) da razão (da fé) começa sempre na inteligência (da fé) e sempre acaba na mesma inteligência (da fé)[70].

Teologia sapiencial e teologia científica: 3ª distinção

Demos agora um passo a mais e vejamos que forma discursiva pode ter a sabedoria teológica, ou que modo de expressão assume.

Efetivamente, a sabedoria em geral pode se apresentar seja na linguagem tipicamente *sapiencial*, linguagem quente, emocional, envolvente, como em Platão, Agostinho ou São Boaventura; seja na linguagem *científi-*

---

68. Cf. IWASHITA, Pedro. *Maria e Iemanjá*. São Paulo: Paulinas, 1991, p. 357-364. Para Maria, cf. BOUYER, Louis. *Le trône de la Sagesse*. Paris: Cerf, 1957.

69. Cf. MARITAIN, Jacques. "Il n'y a pas de savoir sans intuition". *Revue Thomiste*, 70 (1970) 30-71. Cf. tb. a noção central em Bergson de intuição como "simpatia intelectual": LEOPOLDO e SILVA, Franklin. *Bergson*: intuição e discurso filosófico. São Paulo: Loyola, 1994.

70. *ST* II-II, q. 8, a. 1, ad 2.

ca, linguagem fria, racional, distanciada, como em Aristóteles, Tomás de Aquino e Duns Scotus.

E esta é a terceira grande distinção na problemática em estudo. Refere-se ao modo de expressão ou forma discursiva que toma a teologia. Ora, temos aqui duas formas básicas: a teologia sapiencial e a teologia científica. O conteúdo de ambas (1ª distinção) é o mesmo: o saber de Deus. Sua forma de apreensão (2ª distinção) pode ser para ambas tanto a graça como o trabalho. Mas a forma de expressão ou linguagem é diferente.

A *teologia sapiencial* é assim chamada porque se reveste de uma linguagem precisamente "sapiencial", quer dizer, afetiva, saborosa. Tal linguagem é *própria* da teologia como sabedoria (conteúdo). Pois como a via suprema do conhecimento divino é a experiência mística e não a especulativa, sua linguagem para isso é do gênero da "retórica" e não da "analítica". Vê-se então que "sapiencial" se diz duplamente: tanto do *conhecimento* místico-experiencial de Deus (conteúdo), como de seu modo de expressão (forma)[71].

Já a *teologia científica* é assim chamada porque é a sabedoria na forma do discurso *conceitual*: "sapientia in statu scientiae". Por outras, é sabedoria ao modo de um conhecimento teórico, argumentativo. Esse, contudo, não é o modo próprio da sabedoria, mas apenas *apropriado*, no sentido de que a sabedoria científica se apossa aqui do discurso da ciência, servindo-se dele para seus fins. Daí dizer Santo Tomás: "A sabedoria não se distingue da ciência, como oposto a oposto, mas como se relacionando com a ciência por adição"[72]. Portanto, a teologia, que já é sempre sabedoria pelo seu conteúdo (trata do divino), pode ser também ciência por sua forma (trata do divino de modo conceitual)[73].

---

71. Aliás, a *Gaudium et Spes*, n. 15, depois de ter declarado a sabedoria a perfeição da inteligência, sintetiza a dupla dimensão acima, a saber: entende, sim, a sabedoria como o entendimento das "coisas invisíveis" (sabedoria-conteúdo), mas também como um entendimento que "atrai de maneira suave" e que leva a "saborear o mistério" (sabedoria-forma).

72. *In Boet. de Trin.*, q. 2, a. 2, ad 1. O tratamento sintético da teologia como sabedoria está em *ST* I, q. 1, a. 6.

73. SERTILLANGES, A.D. In: *Somme Théologique*, t. I. Paris/Tournai/Roma: Desclée, 1925, p. 328s.

Não há, pois, oposição, mas distinção e articulação entre sabedoria sapiencial e sabedoria científica. A ciência confere ao sabor sapiencial a forma do saber teórico. É efetivamente o que fez Santo Tomás com Santo Agostinho: ele pôs a teologia sapiencial desse último nos termos da teologia científica[74]. Assim, "o Boi mudo devorou toda a substância espiritual da Águia de Hipona"[75]. Já Duns Scotus não hesita em entremear linguagem piedosa e linguagem científica[76].

Contudo, é preciso fazer aqui um reparo crítico. A redução da sabedoria à forma da ciência, por outras, a passagem da linguagem própria (emocional) à linguagem apropriada (conceitual), não vai sem resto. Esse processo não se dá sem ganhos e perdas: ganha-se em rigor, mas se perde em calor[77]. Essa redução se paga com o sacrifício da quentura que a linguagem própria da sabedoria (a sapiencial) comunica ao espírito. A ciência ilumina, sim, mas é a sabedoria que aquece e move. Tal é a virtude e ao mesmo tempo o limite da teologia de Tomás de Aquino, definida como "sabedoria sob forma de ciência".

Seja como for, fica claro que existem duas espécies ou formas fundamentais de teologia: a sapiencial e a científica. Cada uma delas tem suas vantagens e suas desvantagens. Por isso mesmo, elas não se opõem, antes se complementam. O ideal, evidentemente, é possuir, em síntese dinâmica, a *sabedoria-dom-sabor-experiência* junto com a *sabedoria-virtude-saber-ciência*. Ser ao mesmo tempo "teólogo sábio" e "teólogo sabido".

---

74. É o que mostrou MARITAIN, Jacques. *Les degrés du savoir*. 5. ed. Paris: DDB, 1948, Cap. 7, p. 577-613.

75. GARDEIL, A. apud MARITAIN, J. Op. cit., p. 607.

76. Cf. De primo principio. In: *Obras del Doctor sutil Juan Duns Scotus*. BAC. Madri: Católica, 1960, com orações: p. 595 (início), p. 602 (cap. 2), p. 622 (cap. 3) e p. 646 (Cap. 4). Cf. da argentina DE DIEZ, Raquel Fischer. La piedad del pensar: lenguaje orante en Duns Escoto. In: SILEO, Leonardo (org.). *Vía Scoti*. Roma: PAA-Antonianum, 1995, p. 1.011-1.021.

77. Cuidado: como a sabedoria pode ser uma virtude humana, a ciência pode ser também um dom espiritual (aliás, pertence à lista dos dons do Espírito). Depende da forma como vem ao ser humano: se é por conquista laboriosa ou se é por oferta gratuita do alto. Quanto aos dons "intelectuais" concedidos pelo Espírito, eis como Tomás de Aquino (ST II-II, q. 8, a. 6, c) os explica:
– *inteligência: penetração* em profundidade das coisas da fé;
– *ciência*: discernimento correto das coisas *criadas*;
– *sabedoria*: discernimento correto das coisas *divinas*;
– *conselho*: aplicação correta da fé nas coisas *particulares*.

De resto, São Boaventura explicita assim a relação entre elas. Considera que os Dominicanos representam o ideal da *teologia científica*, por isso são como os Querubins, os brilhantes anjos da ciência. Já os Franciscanos representam o ideal da *teologia sapiencial*, por isso são como os Serafins, os ardentes anjos do amor. A diferença está em que os primeiros "dedicam-se principalmente à especulação... e em seguida à unção", ao passo que os segundos se entregam "em primeiro lugar à unção e depois à especulação." E conclui: "E oxalá este amor ou unção não se afaste do Querubim"[78].

O que a experiência místico-sapiencial dá à teologia

A teologia desdobra discursivamente a sabedoria-sabor comunicada pela fé. Ela explicita racionalmente o que a experiência religiosa intui "num golpe de vista trepidante" (*in ictu trepidantis aspectus*)[79]. Como a razão desenvolve a inteligência, assim a teologia científica: faz passar a emoção religiosa no nível do conceito.

A rigor de termos, a experiência, por si só, não dá evidência alguma. O que dá, sim, é certeza e convicção. É luz que mais aquece do que ilumina. Donde a necessidade do trabalho da teologia.

Certo, a teologia não é a única forma discursiva da experiência de fé. Ao lado dela temos a poesia, como em São João da Cruz; temos a homilética, como em Bérulle, e assim por diante[80]. Mas a teologia é o discurso racional da fé. E nisso ela tem um papel único e insubstituível[81].

Mas o que confere à teologia a experiência de fé? Confere unção, quentura, pathos e emoção. Dá fervor e alegria. A devoção não constitui a teologia, como sabia Newman com seu dito: "Theology is no devotional". Mas a devoção está na fonte da teologia e é seu princípio existencial e motivacio-

---

78. *In Hexaëmeron*, 22, 21.

79. AGOSTINHO. *Confissões*, VII, 17.

80. Cf. MARITAIN, J. *Les degrés du savoir*, op. cit., p. 582.

81. É sabido que a *Dei Verbum* (8,1) vê o desdobramento da Palavra revelada segundo três linhas: a oração, a pregação e a reflexão.

nal. Nesse sentido, ela não pode não acompanhar a fala teológica. Só uma teologia nascida da experiência pneumática convence a mente e empolga o coração.

Podemos dizer simplesmente: a fé dá à teologia o "frêmito da vida". Só animada pela fé-experiência temos uma teologia viva e fecunda. A fé vivida é a "alma" da teologia.

Concluindo

Fica, portanto, claro que a teologia, para ser boa, não lhe basta ser inteligente. Ela tem que exalar o "bom perfume de Cristo" (cf. 2Cor 2,14-16). Não lhe é suficiente ser bem arrumada; é preciso também que cheire bem!

Ademais, se é verdade que a teologia nasceu da *fides qua*, é também verdade que a teologia pode ajudar, e muito, a mesma *fides qua*, especificamente, a espiritualidade. Sabia-o a Doutora Teresa d'Ávila, que, "dos confessores, diz que importa que sejam letrados"[82]. Pois se é certo que teologia sem santidade é indigência, é igualmente certo que santidade sem teologia é um perigo! Mas sobre isso voltaremos mais tarde (Cap. 13).

Portanto, fica amplamente evidenciado que a teologia tem uma dimensão pneumática. Teologia é um saber carismático, mesmo quando se encontra na forma da teoria. Ela não pode se reduzir ao campo da razão. Tem que banhar sempre na esfera da fé, que é saber místico do divino.

Pois, "o homem animal (natural) não pode compreender as coisas do Espírito de Deus; são para ele loucura" (1Cor 2,14). A fé, princípio permanente e estrutural da teologia, seiva de seu percurso discursivo, se baseia ultimamente "não sobre discursos persuasivos da sabedoria (humana), mas sobre a manifestação do Espírito" (1Cor 2,4)[83].

---

82. Tal é o título do cap. 5 do Caminho da Perfeição. In: *Obras Completas*. 2. ed. Aveiro: Ed. Carmelo (1978), p. 416-418.

83. Cf. LAMBIASI, F.; LATOURELLE, R. & FISICHELLA, R. *Dizionario di Teologia Fondamentale*. Assis: Cittadella, 1990, p. 1.174.

RESUMINDO

1. A palavra da fé é determinada, *a montante*, pela experiência da fé. É pois desta que a teologia fontalmente se nutre.

2. A "velhinha cristã" é o tipo de todo fiel (também do teólogo), que, crendo na simplicidade de seu coração, se torna discípulo do Espírito, que lhe faz conhecer o sentido da vida de maneira muito mais profunda que o poderia compreender o maior pensador, privado da fé.

3. O conhecimento místico ou espiritual, típico do saber originário da fé, é um saber *apofático* ou negativo, *simpático* ou experiencial e *extático* ou exódico/pascal.

4. "Teologia" é um termo que, em seus *primórdios*, designava uma "palavra sobre Deus": palavra de invocação ou de anúncio. A ciência teológica faz bem em não esquecer o sentido místico de sua raiz etimológica, para guardar sempre um fundamental perfil contemplativo e querigmático.

5. A tradição teológica do *Oriente* conservou sempre uma ligação viva com a vida espiritual e com a liturgia. Lá, teologia é ou supõe contemplação e "eucaristia".

6. No *Ocidente*, a vertente mística da teologia nunca se perdeu de todo, como testemunham as correntes monástica, agostiniana e franciscana. Houve, contudo, na teologia uma deriva grave para o lado de um intelectualismo esterilizante.

7. A primeira posição do teólogo é de joelhos. Só uma "teologia genuflexa" obtém do Espírito o dom de uma mente iluminada: inteligência, sabedoria, ciência e conselho, que iluminarão em seguida todo o seu labor teológico.

8. Do ponto de vista de seu *conteúdo*, a teologia é sempre *sabedoria*, isto é, saber das coisas supremas e divinas, mesmo sob forma de "teologia científica" (sabedoria em estado de ciência). Agora, do ponto de vista de sua *forma* de expressão, só a "teologia sapiencial" é sabedoria, isto é, saber saboroso. Contudo, quer sob uma forma, quer sob outra, a teologia não é formalmente (embora sim radicalmente) sabedoria-dom (espiritual), mas sabedoria-*virtude* (intelectual), porque vem pelo trabalho do conceito.

9. A teologia pode ser sabedoria também num segundo sentido. É quando a teologia reveste a forma de um discurso saboroso, afetivo, experiencial (Santo Agostinho, São Boaventura). É a *teologia sapiencial*. À diferença dessa forma de expressão, a teologia pode também assumir outra, a do saber teórico. É a *teologia científica* (Santo Tomás, Duns Scotus).

10. O que dá a experiência da fé à razão da fé é o "frêmito da vida". Só um teólogo que banhe na experiência do Espírito vivificador e que saia daí gotejando poderá produzir uma teologia viva e vivificadora.

EXCURSO

SANTO TOMÁS DE AQUINO: TEORIA E PRÁTICA DA SABEDORIA TEOLÓGIA

1. Sabedoria experiencial na teologia de Tomás de Aquino

Apesar de Santo Tomás definir e praticar a teologia como ciência, ele não deixa de reconhecer, no interior mesmo de sua teologia e de sua prática teológica, o alto papel da sabedoria enquanto saber afetivo e experiencial, místico e pneumático acerca dos mistérios de Deus.

Assim, ele sabe perfeitamente que "sabedoria", em latim, faz alusão à "ciência saborosa" (*sapida scientia*) e que é um saber, melhor, um "juízo" "por inclinação" (*judicare per modum inclinationis*), distinto do "juízo" "por conhecimento" (*per modum cognitionis*). Fala também no juízo por "compaixão", por "conaturalidade"[84], ou por "afinidade"[85].

Para o Doutor Angélico, não se pode negar a existência de um "conhecimento afetivo ou experimental" de Deus. É quando alguém "experimenta em si mesmo o gosto da doçura divina e a complacência na vontade divina... Assim somos admoestados para que provemos a vontade de Deus e degustemos sua suavidade"[86]. Reconhecendo que existe um "conhecimento da verdade" que não é "meramente especulativo", mas "afetivo", afirma que os soberbos só possuem o primeiro, enquanto o segundo é reservado aos humildes: "Os soberbos se deleitam em sua própria excelência, enquanto têm aversão (*fastidiunt*) pela excelência da verdade". E, citando o livro dos Provérbios, diz: "Onde está a humildade aí está a sabedoria"[87].

---

84. Cf. *ST* II-II, q. 55, a. 2, c.: sobre a Sabedoria.

85. Cf. *Sent. III* d. 35, q. II, a. 1, q. I.

86. *ST* I, q. 64, a. 1, ad 3.

87. *ST* II-II, q. 162, a. 3, ad 1.

Ora, à diferença da sabedoria-estudo, que é própria dos teólogos, a sabedoria, como saber intuitivo, é própria dos místicos. Tem um caráter pneumático: é um dom do Espírito Santo. É uma sabedoria-dom e não uma sabedoria-conquista racional. Só o "homem espiritual" a possui (cf. 1Cor 2,15). Ela supõe que a pessoa seja instruída e tocada pelo Alto. Aqui não se "aprende", mas se é "apreendido". Sabe-se Deus por paixão, sofrendo (*patiens*), e não por esforço[88].

A dialética que Santo Tomás estabelece entre a experiência espiritual e o conhecimento teológico é muito fina e complexa. Diferentemente de Agostinho e de Boaventura, para os quais "o amor vê", Santo Tomás entende segurar clara a diferença entre a experiência e a inteligência. Para ele, o amor (vontade) pode ser a fonte (causa) da sabedoria, mas não sua sede (sujeito). Sede do conhecimento sapiencial é sempre a inteligência, não a vontade.

O que pode fazer o amor é *mover* a inteligência ao conhecimento: *Ubi amor ibi oculus*[89]. Pode também *sintonizá-la* com seu objeto. Pode enfim *mediar* o conhecimento, enriquecendo subjetivamente o objeto. Em suma, a experiência amorosa de Deus *dispõe* para a teologia. Tem um papel propriamente *motivador*, mas não constitutivo. A experiência espiritual representa um conhecimento supra-humano e supraconceitual[90]. O místico não "aprende" coisas (*mathein*), mas "sofre" forças (*pathein*). Mais que saber, ele intui, adivinha (*mantein*)[91].

2. Santo Tomás: exemplo de "teologia genuflexa"

Vejamos agora como Santo Tomás dá exemplo de "teologia experiencial" em sua própria prática teológica. Ora, ele, que é tido por um teólogo extremamente analítico e frio, é insistentemente qualificado pelos testemunhos do processo de canonização como um "homem de grande oração"[92]. Diariamente lia um capítulo de "teologia espiritual",

---

88. Cf. *ST* I, a. 1, q. 6, ad 3.

89. *III Sent.* d. 35, q. 1, a. 2, sol 1, citando Ricardo de São Vítor, *Benjamin minor* 13: PL 196,10, que assim prossegue: "Libenter aspicimus quem multum diligimus" (olhamos com prazer as pessoas que muito amamos).

90. Cf. Mons. PIOLANTI, Antonio. Conoscenza sapienziale di Dio in S. Tommaso d'Aquino. In: VV.AA. *Prospettive Teologiche moderne*, Atti dell'VIII Congresso Tomistico Internazionale IV, Pontificia Academia di S. Tommaso, Libreria Editrice Vaticana, Cidade do Vaticano, 1981, p. 114-125.

91. A razão e a emoção religiosa (iniciação) eram para Aristóteles a dupla fonte de certeza a respeito das coisas divinas. Cf. JAEGER, Werner. À *la naissance de la Théologie*. Col. Cogitatio Fidei 19. Paris: Cerf, 1966, p. 96, incluindo a nota 51.

92. Cf. os testemunhos recolhidos em RAMIREZ, Santiago. Síntesis biografica de Santo Tomás. In: *Suma Teológica*. Madri: Católica, 1947, p. 59*-60*.

as *Collationes Patrum* (Conferências dos Padres) de Cassiano. Perguntado por que interrompia assim a elaboração teórica, responde:

> Eu tiro dessa leitura a devoção e por esta subo mais facilmente à especulação. O coração acha aí modo de se derramar em devoção e a inteligência, graças à devoção, se eleva às mais altas regiões[93].

Seu colaborador direto, espécie de secretário, Frei Reginaldo, afirma dele:

> Nunca começou a escrever qualquer obra sem antes ter rezado e derramado lágrimas. E quando duvidava num ponto, recorria à oração e, banhado em lágrimas, voltava de sua dúvida iluminado e instruído[94].

Santo Tomás entendia seu trabalho teológico como uma vocação religiosa pessoal e como um verdadeiro ato de obediência a Deus. Confessa:

> Para usar as palavras de Santo Hilário, vejo claramente como principal tarefa de minha vida e meu dever para com Deus isto: falar dele através de todas as minhas palavras e sentimentos[95].

E, todos os dias, ajoelhado aos pés do crucifixo, rezava assim:

> Concede-me, Deus misericordioso,
> desejar com ardor o que tu aprovas,
> procurá-lo com prudência,
> reconhecê-lo com verdade,
> realizá-lo com perfeição,
> para o louvor e glória do teu nome.

Sabemos que nos últimos três meses de sua vida, teve uma violenta crise espiritual e intelectual, depois da qual não pôde mais teologizar. Passava o tempo na oração e no choro. Instado por Frei Reginaldo sobre por que não mais escrevia e se referindo ao arroubo que teve na missa do último 6 de dezembro, confidenciou:

> Depois do que vi, parece-me palha tudo o que escrevi. Por isso não posso mais escrever[96].

---

93. GUILHERME DE TOCCO. *Vida*, cap. 22.

94. REGINALDO DE PIPERNO. *Processo de Nápoles*, 1319.

95. *Summa Contra Gentiles*, I, 2.

96. Segundo RAMIREZ, S. Op. cit., p. 47*.

Não é sem relevância que sua última atividade teológica, já doente (malária?), foi explicar o *Cântico dos Cânticos* aos monges de Fossa Nova que o estavam hospedando. É assim que ficou representado até hoje num alto-relevo posto na cela em que faleceu. E ao receber o viático, dois dias antes de morrer, fez um supremo esforço, levantou-se do leito, pôs-se de joelhos diante do SS. Sacramento e orou com estas palavras:

> Eu te recebo a ti,
> preço da redenção da minha alma;
> eu te recebo a ti,
> viático de minha peregrinação.
> Foi por amor de ti
> que estudei,
> velei,
> trabalhei,
> preguei
> e ensinei[97].

Deste modo ficou claro que, para ele, a teologia era realmente o que se tinha desde sempre proposto: um ato de amor e de serviço a Deus.

LEITURA

KARL BARTH:

Teologia invocativa[98]

<<O objeto do labor teológico não vem a ser "Algo" nem "Algo superior absoluto"... É antes "Alguém", não "uma coisa", mas "Ele", o Uno, que existe não qual "ser-em-si", passivo e mudo, mas que se revela em sua obra, que, como tal, é também a sua Palavra. A tarefa do labor teológico é a de ouvir este Uno, que fala em sua obra; de prestar contas desta Sua Palavra a si mesmo, à Igreja e ao Mundo.

---

97. Cf. SERTILLANGES, Antonin D. (org.). *Prières de saint Thomas d'Aquin.* Paris: Art Catholique, [s.d.], p. 78s. Devemos acrescentar que a oração termina assim, sempre se dirigindo a Cristo na Eucaristia: "Jamais falei algo contra ti. Contudo, se falei algo por ignorância, não quero apegar-me à minha opinião. E, se falei algo incorreto, entrego tudo à correção da Igreja Romana".

98. BARTH, Karl. *Introdução à teologia evangélica.* São Leopoldo: Sinodal, 1977, p. 128s. [orig. alem. Zurique: EVZ-Verlag, 1962]. Essa obra constitui o último seminário dado pelo teólogo, seu "canto do cisne". O título do excerto acima é nosso.

Com isso terá de aprender e proclamar, antes de tudo, que a Palavra deste Uno não é nenhum anúncio neutro, mas que é o Fato crítico da História, da relação entre Deus e o ser humano. "Eu sou o Senhor, teu Deus, que te conduziu da casa da servidão do Egito. Não terás outros deuses diante de mim!" Só levando a sério o fato de que é Deus quem dirige a Palavra ao ser humano, esta poderá ser percebida e compreendida como sendo Palavra da verdade, referente à obra de Deus, à verdade do próprio Deus.

Assim também todo o raciocinar e falar humanos em relação a Deus só poderão ter o caráter de resposta a ser dada à sua Palavra. Não se trata de nenhum raciocinar ou falar acerca de Deus, mas exclusivamente de um raciocinar ou falar divinos, dirigidos ao ser humano, cujo falar segue ao falar de Deus e a ele se relaciona.

E assim como seria errado se a oração se relacionasse a um "Algo" divino..., poderia ser igualmente errado e, com certeza, seria um raciocínio inadequado referente a Deus, se se referir a Ele... na terceira pessoa. Só poderemos raciocinar e falar em relação a Deus, de forma autêntica e adequada, se a Ele respondermos; se, portanto, aberta ou secretamente, de forma implícita ou explícita, com Ele tratarmos na segunda pessoa.

Mas isso quer dizer que o labor teológico... deverá realizar-se essencialmente em forma de um ato litúrgico, como invocação de Deus, como oração dirigida a Ele. Revelando esse estado de coisas, Anselmo de Cantuária colocou, acima da primeira modalidade de sua doutrina sobre Deus, o *Monológion*, uma segunda, que chamou de *Proslógion*, na qual realmente passou a desdobrar tudo o que tinha a dizer a respeito da existência e da "essência" de Deus, dirigindo a palavra diretamente a Ele, do princípio ao fim, em uma única oração. [...]

Uma teologia... que perdesse de vista a relação eu-tu, na qual Deus é o Deus do ser humano e vice-versa; uma teologia que assim tivesse o não essencial pelo essencial, só poderia ser uma teologia falsa. Teologia autêntica, ao considerar que Deus só poderá ser seu objeto se for sujeito que atua e fala, será necessariamente, de forma implícita ou indireta, *Proslógion*..., será oração.

Todos os movimentos litúrgicos que surgem na Igreja chegam tarde, se sua teologia, na própria base, não for movimento litúrgico, se não for praticada como *proskynesis*, isto é, como adoração.>>

Capítulo 7

A FÉ-PRÁTICA: MAIS OUTRA FONTE DA TEOLOGIA

A terceira fonte do conhecimento teológico é a fé-prática. Melhor que terceira fonte, poderíamos dizer terceiro afluente do único rio – a Fé revelada.

Usamos aqui o termo "prática" no sentido do compromisso cristão em geral. A fé-prática é a "fé que opera pela caridade" (Gl 5,6). É o momento ativo da fé, o qual se particulariza nas práticas: ética, interpessoal, ético-política, social, pastoral e assim por diante. Falamos na "prática" como fonte da teologia, mas poderíamos também falar em termos de "vida", "realidade", a "história" ou coisa que o valha.

Mas vejamos antes de tudo as várias funções da prática no método teológico. Assim destacaremos o modo como a prática possui um potencial gnosiológico.

LUGAR DA PRÁTICA NA TEOLOGIA

Diversas funções da prática

A prática entra na teologia a vários títulos:

1. A prática pode ser a *matéria-prima* da teologia. É o *theologizandum*, o-que-deve-ser-teologizado.

2. A prática pode ser o *objetivo* (*télos*) da teologia. Fala-se então de uma teologia a serviço da prática da fé, da caridade libertadora. Disso trataremos mais adiante (Cap. 13).

3. A prática pode ser *ortus, fons et origo* da teologia. É afirmação da anterioridade absoluta da fé concreta sobre toda e qualquer reflexão sobre ela. Tal anterioridade é temporal (vem antes) e ao mesmo tempo axiológica em termos absolutos (é mais importante). Isso significa que, para um teólogo, vem antes, como ato I, a prática concreta da fé e só depois, como ato II, a teologia. É assim que a relação prática com a prática, a saber, o compromisso concreto com uma Comunidade de fé constitui uma condição pré-epistemológica para todo teólogo (cf. mais à frente neste capítulo: "Prática: ponto zero da teologia").

4. Enfim, a prática pode ser também um *princípio cognitivo*. E aqui chegamos ao tema deste capítulo. Queremos mostrar que a fé-prática é também *archée* na

construção da teologia. Trata-se na verdade, como veremos melhor, de um princípio subordinado e dependente do princípio principal e determinante: a fé-palavra, que analisamos atrás (Cap. 5). A fé esclarece a prática, mas também a prática esclarece, a seu modo, a fé (Cap. 7).

Acabamos de falar da prática como "princípio" de conhecimento em teologia. Digamos que se trata de princípio "cognitivo" como sinônimo de "gnosiológico" ou "epistemológico". Poderíamos falar também em princípio "teórico", "hermenêutico" ou ainda por outros nomes.

Esclareçamos, contudo, e desde já, que prática pode ser *princípio* em outros quatro sentidos diferentes:

1. Como princípio *cognitivo*. É o que acaba de ser enunciado e que terá de ser ainda explicado. É a tarefa do presente capítulo.

2. Como princípio *material*. É no sentido de que a prática oferece à teologia o material sobre o qual a luz da fé vai se exercer. É concretamente quando a teologia trata da vida, da história, dos "sinais dos tempos", interpretando naturalmente tudo isso "à luz da fé".

3. Como princípio *temporal*. É no sentido de origem cronológica: que a prática da fé vem antes da prática da teologia. O teólogo também pode dizer com Göthe, no *Fausto*: "No princípio era a ação". E se João tem razão quando proclama: "No princípio era a Palavra", é porque a Palavra de Deus é potência ativa e criadora.

4. Como princípio *prático* (pastoral, didático ou pedagógico). É quando, no curso da construção teológica, a prática ocupa o primeiro momento da reflexão: o momento do "ver". Ora, "partir da realidade" é um princípio que convém de modo todo particular a destinatários da teologia que são "agentes de pastoral".

5. Como princípio *motivacional*, na medida em que a prática move a reflexão teológica. Aqui o interesse por mudar a realidade condiciona realmente a reflexão[1].

O valor cognitivo da prática: tese de fundo

Mas em que sentido particular a prática é também (com a fé-palavra e a fé-experiência) princípio *epistemológico* da teologia no sentido de gera-

---

1. Cf. PANNENBERG, Wolfhart. *Epistemologia e Teologia*. Brescia: Queriniana, 1975, p. 272 e 304. Aí ele contrapõe os "princípios" (teóricos), que fazem parte do "contexto de justificação", aos "interesses" (motivacionais), que compõem o "contexto de descoberta".

dor de conhecimento? Digamos logo que é no sentido de constituir um princípio *interpelador* e *verificador* da verdade teológica na história.

Sem dúvida, a prática é fundamentalmente o *theologizandum*, o-que-se-teologiza. Não é a rigor o *theologizans*, o princípio da teologização, que, como vimos, é a Palavra da fé. Mas a prática não deixa de projetar certa luz por sobre a teologia: ela ajuda a desvelar o Deus revelado, sua verdade e seu projeto na história. Iluminada, ilumina, como por efeito de retorno ("volta dialética"). No sentido que acabamos de referir, poderíamos dizer: a fé "determina" a prática e a prática "sobredetermina" a fé.

Representemos então numa figura nossa tese de fundo:

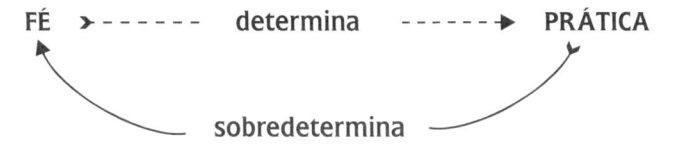

Retomando os três níveis da fé, entendida esta como princípio geral da teologia, podemos mostrar a respectiva diferença desses níveis assim:

– A fé-palavra é o princípio *formal* ou determinante;

– A fé-experiência é o princípio *existencial*;

– A fé-prática é o princípio *interpelador* e *verificador*.

Procuremos representar aqui a tríplice influência da fé em relação ao conhecimento teológico, isto é, como experiência, palavra e prática, figurando-a ao modo de um rio, respectivamente com seu curso superior, médio e inferior:

Ora, para discutir como pode a prática ser fonte de conhecimento ou princípio cognitivo em teologia, devemos primeiro examinar como se dá a Revelação divina.

VALOR EPISTEMOLÓGICO DA PRÁXIS NA REVELAÇÃO E NA VIDA

Constituição prática da Revelação

Vimos que a Revelação é o princípio objetivo da teologia. Vimos também que a Revelação não se constitui apenas de palavras, que dão sentido, mas também e, sobretudo, de intervenções históricas da parte de Deus (cf. DV 2). Mais ainda: é a autocomunicação de Deus. Por isso a Revelação vem formulada não em forma de sistema doutrinário, mas em forma de narrativa: a história da salvação.

Conhecemos a Deus verdadeiro não apenas pelas palavras dos Profetas e Sábios, mas também e, sobretudo, pelos eventos que envolveram Libertadores e Reis. Igualmente, como conhecer o Cristo senão entrando no caminho de seu seguimento vivo? Ser discípulo aqui tem pouco a ver com escola, mas muito mais com a vida[2].

Nesse sentido, é altamente expressivo o fato de que, segundo a tradição judia, ao lado da "Torá" e dos "Escritos", estão os "Livros Proféticos"[3]. Mas esses compreendem, além dos livros dos Profetas, também os que chamamos os livros históricos: Josué, Juízes, Samuel e Reis. É porque, para a mentalidade bíblica, História e Palavra vão juntos: a História é profética enquanto lida a partir da Palavra. De resto, temos 22 capítulos dos livros dos Reis que falam mais sobre Profetas que sobre Reis[4].

Ora, a Revelação é algo de contínuo: ela atualiza e renova, ao longo da história, seu conteúdo perene e em si mesmo concluso (não para nós). Deus continua atuando e falando na história. Sim, "a Palavra de Deus é viva e eficaz" (Hb 4,12). Diz a *Dei Verbum*:

> O Deus que outrora falou mantém um *permanente diálogo* com a Esposa de seu dileto Filho (n. 8,3).

---

2. Cf. METZ, Johann Baptist. *A fé em história e sociedade*. Estudos para uma teologia fundamental prática. São Paulo: Paulinas, 1981, p. 65-70: "Constituição prática do *logos* da teologia cristã".

3. É também a distribuição dos livros adotada pela TEB (Tradução Ecumênica da Bíblia. São Paulo: Loyola).

4. Cf. *Bíblia*. Tradução Ecumênica. Livros Proféticos. Introdução. São Paulo: Loyola, 1994, p. 319-322.

Por outro lado, a teologia é o desdobramento da Palavra de Deus na história. Por isso, se tal é a constituição da Revelação, tal deve ser também a constituição do *logos* teológico, que tem nela seu princípio. Com esta diferença, porém: que a teologia não é fundadora de revelação alguma, mas apenas atualizadora e explicitadora da Revelação, que foi "uma vez por todas confiada aos santos" (Jd 3).

A prática cotidiana: caminho de conhecimento

Analisemos agora como a prática pode ser em geral fonte de conhecimento. Comecemos pela vida do dia a dia.

Ora, a gnosiologia da vida cotidiana, ou seja, a sabedoria do bom-senso assevera: "A vida ensina". De resto, essa sentença traduz uma convicção filosófica. Aristóteles, em sua *Metafísica*, refazendo criticamente a história do pensamento filosófico, afirma que os filósofos avançavam empurrados pela própria realidade: "Enquanto os pesquisadores progrediam assim, o próprio objeto lhes indicava o caminho e os obrigava a continuar a procurar"[5]. Na mesma linha Tomás de Aquino asseverava: "A vida leva ao conhecimento da verdade"[6]. À condição, naturalmente, de encontrar alunos atentos.

Na verdade, que é mesmo a inteligência senão abertura ao mundo, docilidade ao real? Sua medida é a própria realidade. Esta lhe serve de regra e mestra. Donde nascem os grandes pensamentos? Dos livros? Não. Esses são apenas subprodutos de algo muito mais nascente, que é exatamente a voz das coisas, sua palavra, verdade e luz. Certamente que a maior parte do que se sabe não vem por achado próprio mas por ensino dos outros (daí a importância da escola como instituição socializadora do saber acumulado)[7]. Contudo, mesmo aí entra a prática como instância de confronto pessoal com o saber aprendido, senão, este se reduz a mera teoria abstrata e livresca.

---

5. *Metafísica*, I (A), 984 a 18-19. Diz-se do Estagirita que, interrogado por Alexandre da Macedônia, então seu discípulo, como sabia tanto, respondeu: "É que a realidade nunca me enganou".

6. *Vita ducit ad cognitionem veritatis*: recomendação do Pe. Maurílio Teixeira-Leite Penido aos seminaristas do "São José", em palestra de 7 de março de 1955, apud MOURA, D. Odilão. *Padre Penido*. Vida e pensamento. Petrópolis: Vozes, 1995, p. 248.

7. Cf. TOMÁS DE AQUINO. *In II Ethicorum ad Nicomachum*, lect. I, n. 246: "O conhecimento se adquire mais pelo ensino que pela descoberta", embora a invenção esteja na raiz de tudo, já que "todo o conhecimento tem sua origem nos sentidos" e por isso na experimentação reiterada.

E na vida só conhecemos bem as coisas que fazemos. Algo assim pensava Sócrates quando identificava conhecimento e virtude, sendo o erro fruto da ignorância. Isso é certo neste sentido: sem praticar a virtude não se sabe bem e integralmente o que é a virtude. Do mesmo modo, a fé se conhece bem quando se pratica, como também o Evangelho de João dá a entender. Vale então falar da "densidade epistemológica da prática".

Tudo isso significa que a prática é inteligível ou racional; que ela possui um *logos* interno, suscetível de ser explicitado num discurso; e que ela mesma, de certa maneira, provoca essa explicitação.

O que dissemos da verdade natural valeria também para a verdade revelada? Até certo ponto sim. Pois, esta, embora obra da livre e graciosa intervenção de Deus (e nisso a verdade divina só pode ser rigorosamente revelada), passa pelas mediações da vida. Sem deixar de ser transcendente, a Revelação se imanentiza na vida. Sem isso não poderia ser acolhida. É "existencial", não no sentido de pertencer à estrutura da existência, mas no de se dar *no seio da* existência[8].

Prática litúrgica e vida evangélica: "lugares teológicos"

O que dissemos acima foi verdade na vida, por certo privilegiada e única, dos Profetas, dos Apóstolos e, de modo pleno e definitivo, no evento Jesus. Contudo, esse processo continua valendo, de modo subordinado, na vida das pessoas hoje, na medida em que essa vida é a atualização e o desdobramento da substância da Revelação, ou seja, da história salvífica.

Efetivamente, a vida pessoal e comunitária dos cristãos é a renovação da autocomunicação permanente de Deus em Jesus e no Espírito. Aí se atualiza a Revelação viva. Aí a Palavra se faz carne de história. Pois a prática da Comunidade eclesial media a prática de Jesus. Em relação ao Reino, a Igreja não é causa eficiente, mas apenas instrumental. Isso vale em primeiro lugar na ordem dos Sacramentos e da Palavra. Mas vale também, a seu modo, no campo da pastoral em geral e inclusive na diaconia da caridade e da libertação.

Deste modo, a vida de pessoas e de Comunidades exemplares constitui um verdadeiro *locus theologicus*, ainda que de segunda ordem em relação

---

8. É aquilo para o que aponta o conceito de Karl Rahner: o "existencial sobrenatural", na esteira da *Apologética* (1896) de M. Blondel.

à Palavra. Tal "lugar" instrui a teologia sobre aspectos do Mistério da salvação, que por certo se realizou (objetivamente) uma vez por todas, mas que perpetuamente se renova (subjetivamente) ao longo da história.

A atualização da Salvação e da Revelação possui na *liturgia* seu lugar culminante e epifânico, como diz a *Sacrosanctum Concilium* (n. 6-7). A prática litúrgica é um dos "lugares" epistemológicos mais ricos e claros da teologia[9]. E enquanto fé celebrada, é fonte ou lugar determinante da teologia. "A norma da oração determine a norma da fé" (DS 246)[10]. Por isso o Concilio pede que a liturgia seja considerada como uma das disciplinas "principais" da teologia e das "mais importantes" para "os seminários e casas religiosas" (SC 16)[11].

A teologia pode mesmo ser definida como a "liturgia pensada". Odo Casel (†1948) sublinhava que toda teologia deve ser "teologia dos sacramentos". Assim foi em realidade na teologia monástica e assim é ainda hoje na teologia ortodoxa. Para esta, a liturgia é a *theologia prima* e a reflexão teológica a *theologia secunda*[12]. Já no NT a liturgia foi o contexto vivo das fórmulas de fé, e o é ainda hoje para ambos os símbolos: o "apostólico" e o "niceno-constantinopolitano"[13]. Para Santo Tomás, as festas li-

9. Cf. ROVIRA BELLOSO, José María. *Introducción a la teología*. Col. BAC-Manuales 1. Madri, 1996, p. 141-145; · DALMAIS, Henri-Irénée. La liturgie. In: DORÉ, Joseph (org.). *Introduction à la théologie*. Col. Le Christianisme et la foi chrétienne. Manuel de Théologie, n. 0. Paris: Desclée, 1991-1992, t. III, p. 28-43.

10. Afirmação do *Indiculus*, cap. 8, atribuido ao Papa Celestino I († 432). Deu no dito teológico: *Lex orandi lex credendi.*

11. Cf. tb. *Optatam Totius*, n. 16, que dá destaque à liturgia na formação teológica, para que – justifica – os estudantes "aprendam a reconhecer (os Mistérios) sempre presentes e operantes nos atos litúrgicos..." (OT 16,3).

12. Cf. VILANOVA, Evangelista. *Para comprender la teología*. Estella (Navarra): Verbo Divino, 1995, p. 8s. Uma anedota ilustrativa: num encontro entre teólogos latino-americanos e teólogos russos, em Zagorsk a 27 de junho de 1987, para confrontar nossas respectivas teologias, apresentamos a teologia da libertação dizendo de início: "Tudo começa com a práxis: a práxis social da fé", ao que os teólogos ortodoxos responderam: "Para nós, também, tudo começa com a práxis: a práxis litúrgica!"

13. Cf. KASPER, Walter. La prassi scientifica della teologia. In: KERN, Walter; · POTTMEYER, Hermann J. & SECKLER, Max (org.). *Trattato di gnoseologia teologica*. Corso di Teologia fondamentale 4. Brescia: Queriniana, 1990, p. 283s.: "A teologia como liturgia pensada".

túrgicas são para o povo simples (*minores*) fonte de instrução suficiente sobre a fé[14]. Pio XI acreditava mais no poder formador da liturgia do que de qualquer encíclica.

Porém, a apropriação subjetiva da Salvação e da Revelação não se dá só na liturgia, mas na vida de fé como um todo. Um lugar especial, que merece destaque, tanto mais que é hoje negligenciado na teologia, é o que se chamou "vida dos santos"[15]. Destes, entendidos como fonte teológica, diz a *Lumen Gentium*:

> Na vida (dos santos)..., Deus de maneira viva manifesta sua presença e sua face à humanidade. Ele mesmo nos fala neles e nos dá um sinal de Seu Reino..., (sendo eles) a comprovação da verdade do Evangelho... (LG 50,2).

A prática dos cristãos evangélicos e, alargadamente, das Comunidades santas projetam uma luz viva sobre o mistério de Deus e de sua graça, que o teólogo não pode de modo algum menosprezar, pelo contrário.

"Historia, magistra vitae"

Passando agora da vida cotidiana para a da história, vemos que o próprio processo histórico, efeito da prática social, contém uma força cognitiva potente. Cícero sentenciou: "A história é mestra de vida". De fato, a história social e, em particular, a vida eclesial são poderosos fatores de desenvolvimento teológico. Não que revelem algo de novo, mas despertam a consciência da fé para aspectos latentes ou mesmo esquecidos da Revelação. Trata-se propriamente aí, não de criação, mas de explicitação, não de invenções, mas de encontros, melhor ainda, de reencontros.

As redescobertas da fé, provocadas no e pelo curso da história, se deram em muitos pontos, como:

---

14. *De veritate*, q. 4, a. 11, c.

15. Cf. WICKS, Jared. *Introduzione al metodo teologico*. Col. Introduzione alle discipline teologiche 1. Casale Monferrato (AL): Piemme, 1994, p. 85-87.

– o culto dos mártires e dos santos;
– o sacramento da penitência;
– a doutrina mariológica;
– a primazia da Sé Romana;
– a Vida Religiosa ou Consagrada;
– a precisão moderna do "fora da Igreja não há salvação";
– a Doutrina Social da Igreja;
– a dimensão político-libertadora da fé;
– a opção preferencial pelos pobres;
– a necessidade da inculturação do cristianismo, etc.[16]

Todos esses temas devem muito à história em seu surgimento e em seu desenvolvimento, mas sempre a partir de germes já presentes no seio da Revelação.

Contudo, evitando todo evolucionismo teológico, devemos acrescentar que se dão também na história obscurecimentos parciais de verdades doutrinais e éticas. Isso ocorre quando se dão ênfases exageradas em certos pontos, deixando outros, mais importantes, na sombra. É, por exemplo, o caso do acento unilateral que a teologia ocidental colocou em vários pontos, como: na Paixão de Cristo em prejuízo da Ressurreição; na dimensão hierárquica da Igreja em detrimento da comunitária; no Primado papal sobre a Colegialidade episcopal e assim por diante. São os famosos reducionismos ou unilateralismos.

Às vezes há coisas mais graves: são as distrações e esquecimentos, como aconteceu com a Pneumatologia na teologia ocidental. E pode haver ainda situações mais graves: involuções teológicas globais, como quando comparamos a doutrina da Grande Escolástica com a da Escolástica Tardia, ou a do Vaticano II com a do Vaticano I e de Trento. Voltaremos a isso mais adiante, em relação à "evolução dos dogmas" (Cap. 8/2).

Certamente, a prática *como tal* não gera revelação alguma, e nem pode. Mas pode dispor à sua explicitação. Na verdade, se a Revelação *em si*

---

16. Cf. a exposição interessante e clara de CONGAR, Yves. *La foi et la théologie*. Paris: Desclée, 1962, tese XII, p. 107-112. Cf. do mesmo autor: A influência criadora da sociedade e da história no desenvolvimento do homem cristão. In: VV.AA. *As várias faces da liberdade*. Rio de Janeiro: Paz e Terra, 1969, p. 11-34.

se concluiu, *quanto a nós* sua manifestação permanece. Valha, pois, esta distinção: *Revelação* (objetiva) – *manifestação* (subjetiva).

Aliás, o processo atualizante referido se dá também na própria Bíblia. Basta este exemplo: Moisés recebe, como novidade, a Revelação de YHWH, mas este se lhe manifesta como o antigo "Deus dos Pais" (cf. Ex 3,6.13-15). A experiência das Comunidades Eclesiais de Base (CEBs) tem algo de semelhante: a partir de sua ação-reflexão, elas re-descobrem o Deus revelado dos pais, agora porém manifestado sob os traços do Deus Libertador.

PRINCIPAIS ARTICULAÇÕES TEOLOGIA-PRÁTICA

A prática como termo polar da fé explícita

Foi o Concílio Vaticano II que deu direito de cidade na Igreja à teologia dos "sinais dos tempos"[17]. Ora, a prática se situa aí dentro, como em seu horizonte maior. Certo, o Concílio acolheu e assim universalizou buscas teológicas anteriores. Mas não resta dúvida de que a teologia das realidades temporais (e a prática se situa aí) recebeu do Concílio sua consagração legitimadora.

Com efeito, o Concílio manda "perscrutar os sinais dos tempos e interpretá-los à luz do Evangelho" (GS 4,1; cf. tb. 11,1 e 44,2)[18]. Portanto, para uma teologia dos sinais dos tempos, o Vaticano II requer duas operações: uma *analítica*, que dê conta da verdade própria da realidade em questão; e outra *hermenêutica* (no sentido largo), que projete sobre ela a luz da fé. E o Concílio não apenas recomenda esse método, mas o põe em prática na própria Constituição Pastoral *Gaudium et Spes*. Sucede, porém, que o simples fato de pôr em confronto esses dois polos provoca uma interação entre eles: a fé *age* sobre a prática, e esta por sua vez *reage* sobre a fé.

---

17. Cf. BOFF, Clodovis. *Sinais dos Tempos*. Princípios de leitura. São Paulo: Loyola, 1979.

18. Cf. esses textos por extenso, mais à frente, como *Leitura* do Cap. 10.

Tal situação dialético-epistemológica é em tese aceita (embora pouco praticada) na teologia moderna. Um arguto teológo americano, D. Tracy, assim definiu a tarefa da teologia no mundo atual:

> A teologia é a tentativa de estabelecer correlações mutuamente críticas entre uma interpretação da tradição cristã e uma interpretação da situação contemporânea[19].

Vemos aí colocado o conceito/preceito de "correlações mutuamente críticas". Na mesma linha Paulo VI, em sua Exortação *Evangelii Nuntiandi*, se refere ao fecundo princípio da *"mútua interpelação"* que, como diz ele, "se fazem constantemente o Evangelho e a vida" (n. 29). O Papa coloca esse princípio justamente para introduzir o tema da libertação, tomado como "conteúdo" integrante da evangelização (EN, cap. 3).

Colocando a relação fé-prática em termos de *reciprocidade* (correlação), fica evidente que a prática emerge como um princípio *ativo* do ato teológico. Não é matéria meramente passiva sobre a qual "projetar" a luz da fé, ou apenas "aplicar" a verdade do Evangelho. A prática também possui sua luz própria, qualidade que devemos ainda explicitar.

As "teologias da prática" (da política, da esperança e, especialmente, da libertação) deram uma grande contribuição à epistemologia teológica por terem organicamente incorporado a prática (seja lá como for chamada: sinais dos tempos, realidade, vida, história, prática) ao processo do método teológico. Elas assignaram à prática um lugar extremamente importante dentro da teologia: obrigaram a fé a se confrontar com ela como a seu outro polo dialético[20].

As teologias da prática, sobretudo a Teologia da Libertação, *ampliaram* o eixo: Fé-Razão (teológica), agregando-lhe a *Vida*. Daí a fórmula extensa: *Fé-Teologia-Vida*. O que vemos aí?

Vemos, primeiro, que a Vida não aparece como mera consequência da fé, mas atua como o *primum intentionis*. A esse título, a Vida atua energicamente sobre todo o processo teológico.

---

19. TRACY, David. *Christian Theology*. An Introduction to its Traditions and Tasks. Ed. Pert C. Hodgson e Robert H. King. 2. ed. Filadélfia: Fortress, 1989, p. 36; apud *Concilium*, 256 (1994/6), p. 873.

20. Para uma primeira informação, cf. MONDIN, Battista. *As teologias do nosso tempo*. São Paulo: Paulinas, 1978, cap. 4, p. 101-131, onde se explanam: a *Teologia do Progresso* (T. de Chardin, J. Alfaro), a *Teologia Política* (J.B. Metz, H. Cox, J. Moltmann) e a *Teologia da Libertação* (G. Gutiérrez, H. Assmann).

Vemos depois que a Teologia emerge como humilde *mediação* da Vida de fé. Já não tem um fim fechado em si mesma: compreender a fé. O que ela finalmente visa é servir à vida da fé. Assim, fica superada a ideia da "teologia pela teologia", ideia que leva facilmente ao intelectualismo, ao esteticismo e à alienação.

"Primado da prática": em que sentido

Esta questão intrincada merece aqui uma clarificação. Distingamos os dois níveis da questão: o nível prático, relativo à *fecundidade* da fé; e o nível teórico, relativo à *verdade* da fé. O primeiro diz respeito ao ser humano e o segundo, a Deus. A confusão entre esses dois níveis obliterou todo o debate teológico nessa questão, produzindo ainda mais confusão[21]. Mas vamos à explicação.

1) Primeiro, no nível da vida cristã: primado da prática da fé

Aqui nos referimos – como dissemos – à *fecundidade* da fé, à sua apropriação e vivência subjetivas. Não há sombra de dúvida: a prática da fé e da caridade tem prioridade sobre toda palavra ou sentimento religioso. Isso é tão evidente para Jesus que seria ocioso insistir. Lembremos apenas a ênfase posta na prática ao fim do Sermão da Montanha (Mt 7,21-27), a parábola dos dois filhos (Mt 21,28-32) e a do julgamento final (Mt 25,31-46). O discipulado cristão se faz no caminho, como seguimento, não na escola, como estudo. A prioridade aqui é de tipo axiológico: significa superioridade ética em ordem à salvação.

Por isso também, a teologia não pode só se importar com a *verdade* de suas afirmações, mas deve olhar também para sua *fecundidade*: se elas produzem vida e vida em abundância. E a fecundidade de uma teologia compreende também sua *relevância* histórica. É nesse sentido que se pode entender a reivindicação de teólogos pelo "primado da prática", ainda que tal colocação resulte muitas vezes malposta e por isso perigosa. A prática

---

21. Cf. o princípio de solução em minha tese *Teologia e prática*, op. cit., seção III, cap. 4, p. 335-353. Para o "primado da prática", cf. METZ, J.B. *A fé em sociedade e história*. Op. cit., p. 64-78. Cf. uma crítica à alegada "prioridade da prática" na Teologia da Libertação (tomando aqui como alvo minha tese), in: MILBANK, John. *Teologia e teoria social. Para além da razão secular.* São Paulo: Loyola, 1995 [orig. ingl. Oxford: Blacwell, 1990], p. 327-330: "Da prática fundacional à pragmática sobrenatural".

evangélica da Comunidade deveria ser, para a teologia, uma referência muito mais importante (está aí a prioridade) do que a mera teoria abstrata, estéril e de costas para o povo e seus problemas.

De verdade, teoria teológica nenhuma salva, mas sim a prática da fé, da esperança e da caridade. É a lição da *sancta vetula* já evocada (Cap. 6). E se fosse para escolher entre teologia e vida cristã, não haveria qualquer dúvida. Há mesmo na história da Igreja casos-limite, deveras significativos, de homens e mulheres de estudo que sacrificaram a teologia em favor da prática do amor. Admirável é o exemplo de São Domingos, fundador da Ordem mais intelectual da Idade Média. Diz um testemunho da época:

> Estudava teologia em Palência, e então começou a fazer estragos naquela região uma fome crudelíssima, a ponto de muitos pobres morrerem de fome. Frei Domingos, movido de compaixão e misericórdia, vendeu seus livros glossados com sua própria mão; deu aos pobres o preço dos mesmos e de outros pertences, dizendo: "'Não quero estudar sobre peles mortas enquanto as pessoas estão morrendo de fome"[22].

E muitas vezes não é nem a prática da caridade que justifica o retraimento da teologia, mas simplesmente a prática da sobrevivência. Isso vale ordinariamente para os pobres, mas também para os que partilham, por um motivo ou outro, sua situação. Memorável nesse sentido é o fato de que, no III Concílio de Constantinopla (680), os legados papais, que falavam mal o grego, foram desculpados pelo Papa Santo Agatão († 681) com a explicação de que seu clero, em meio às invasões dos bárbaros, tinha que garantir, a duras penas, pelo trabalho manual, a própria

---

22. Frei Estêvão, provincial da Lombardia, no processo da canonização (testemunho VI), in: GALMES, L. & GOMEZ, V.T. (orgs.). *Santo Domingo de Guzmán. Fuentes para su conocimiento*. BAC 490. Madri: Católica, 1987, p. 166. O mesmo é corroborado por outras duas testemunhas, p. 86s. e 161. Há outros casos-limite em que não foi a teologia mas a cultura em geral que foi sacrificada para uma causa mais alta. Assim, Orígenes († 253 ou 254) vendeu seus numerosos e belos códices de cultura profana para se dedicar apenas às Escrituras: cf. EUSÉBIO DE CESAREIA. *História Eclesiástica*, l. VI, cap. 3. Igualmente, a mexicana Sor Juana Inés de la Cruz († 1695), a primeira grande escritora da América Hispânica, no fim da vida vende sua biblioteca de 4 mil volumes para ajudar as vítimas de uma seca, vindo ela mesma a morrer da epidemia subsequente, ao cuidar dos empestados: cf. Cruz, Sor Juana Inés de la. In: *Encyclopaedia Britannica*. Vol. VI. 1964, p. 842. Entre nós temos um exemplo semelhante, o do Pe. Ibiapina († 1883), que, de repente, vende os livros de advogado e político, e dá o ganho e outros bens aos pobres: cf. COMBLIN, José. *Instruções espirituais do Padre Ibiapina*. Col. Oração dos pobres 2. São Paulo: Paulinas, 1984, introdução, p. 11. Cf. mais exemplos, infra Cap. 13, no subtítulo: "A teologia é um saber prático".

subsistência, e que por isso não lhes sobrava tempo para se ocuparem de questões como a elegância helênica do falar[23].

Francisco de Assis mandou dar como esmola a uma pobre senhora, na falta de outra coisa, o único códice do Novo Testamento de que os frades dispunham, explicando:

> Estou certo que dá-lo é mais do agrado do Senhor e da Santíssima Virgem do que lê-lo[24].

Por isso mesmo, embora reconhecendo que a teologia possa constituir para alguns a vocação de sua vida e um serviço de amor (é um carisma-ministério), vale sempre a advertência de Hugo de São Vítor de que mesmo para o teólogo a prática direta tem sempre a primazia; do contrário, subentra facilmente no estudioso puro o profissionalismo burocrático e a busca do poder:

> Para um filósofo cristão (= teólogo), o estudo deve ser um encorajamento para a ação e não um compromisso total da vida. O estudo deve alimentar e não sufocar a intenção prática. De fato, os que estudam as Sagradas Escrituras usando todo o seu tempo e, se me é lícito dizer, angustiando seu espírito, não são filósofos cristãos, mas profissionais: seus propósitos, destituídos de toda discrição, dificilmente fogem ao vício da ambição[25].

2) Depois, no nível da teoria teológica: primado da palavra da fé

Temos a ver aqui com a *verdade* salvadora. Estamos ora para além da dialética teoria-prática. O primado não compete nem à teoria e nem à prática dos seres humanos, mas à Revelação, como síntese da teoria e da prática divinas. Se, humanamente falando, existe alguma prioridade em Deus, ela estaria antes do lado da prática. Pois a Revelação se constitui

---

23. Cf. BUTLER, Alban. *Vida dos santos*. Vol. I. Petrópolis: Vozes, 1984, p. 102 (10 de jan.).

24. Legenda Perusina, 56, in: *São Francisco de Assis*: Escritos e biografias de São Francisco de Assis; crônicas e outros testemunhos do primeiro século franciscano. Petrópolis: Vozes/Cefepal, 1981, p. 787.

25. Didascalicon, V, 7, apud MONDIN, Giovanni Battista. *Dizionario dei teologi*. Bolonha, ESD, 1992, p. 671.

sobretudo de fatos (é verdade, significativos): o Êxodo, a Encarnação, a Cruz, a Ressurreição. Jesus, mais que mestre, foi salvador.

Portanto, o princípio gerador do conhecimento teológico é a Palavra criadora e salvadora. Assim, quando se pergunta sobre o que decide: se é a vida ou a fé, é claro que a resposta é a fé. Mas quando se pergunta: Quem orienta quem: a prática humana ou a Palavra divina, a resposta não padece dúvida: só pode ser a Palavra divina.

Já vimos anteriormente (Cap. 5) que não é a prática humana, mas a Fé revelada ou, o que dá no mesmo, a Palavra de Deus que é soberana em teologia, animando e julgando tudo. Se fosse a prática, cairíamos na ideologia, pela qual a fé funcionaria apenas como legitimação de nossa ação. Ora, a Palavra de Deus está acima da teoria e da prática.

A fé-palavra julga a prática da fé, mas esta julga a teologia concreta. Como não? Então na Igreja seria mais importante a teologia que a vida concreta da fé e da caridade? A prática cristã não precisa da teologia profissional para ser medida. Basta-lhe a fé-palavra para isso. Antes são as teologias concretas que precisam ser completadas, corrigidas, e, eventualmente, refutadas pela prática da fé[26].

De certo existe aí uma circularidade dialética, onde a teologia também ajuda a medir a prática da fé. Mas a quem compete o movimento dominante? É claro que à vida de fé concreta. Pois a vida de fé já traz dentro dela sua regra que é justamente a fé, e isso independentemente de ser teologizada.

Em resumo, a prática humana da fé detém a primazia se se pensa na *fecundidade* ou na relevância da fé revelada, no modo concreto como é vivida. Mas já não tem a primazia se se pensa a prática humana como julgando a *verdade* da fé. Se há alguma prática que aqui tem a primazia, é a prática de Deus – a Revelação –, cujo registro é a Escritura sagrada.

Já em relação à teologia, a fé-palavra tem a primazia, assim como também a fé-prática (e o mesmo poderíamos dizer da fé-experiência). Deve-

---

26. É a opinião de VAGAGGINI, Cipriano. Teologia. In: BARBAGLIO, Giovanni & DIANICH, Severino (org.). *Nuovo Dizionario di Teologia*. 4. ed. Cinisello Balsamo (MI): Paoline, 1985, p. 1676.

mos, contudo, agregar que a teologia exerce um efeito crítico de retorno sobre a palavra, a experiência e a prática da fé.

Devemos por fim destacar, sem poder nos deter maiormente aí, que, no interior de cada nível (entre vida de fé e teoria teológica, por um lado, e entre Palavra de Deus e teologia, por outro), opera uma *dialética* em termos de mútua inclusão, de reciprocidade e de polo dominante. Tal dialética deve ser acionada igualmente entre os próprios níveis, isto é, entre Palavra de Deus e vida de fé, como ensaiamos acima, articulando verdade e fecundidade da fé[27].

Prática: ponto zero da teologia

Na verdade, precisamos descer mais a fundo, recuar para o estágio pré-teológico. Pois a prática se encontra no pé da teologia. Sabemos que, sem compromisso, não há teologia rica e plena. A prática da fé na Comunidade eclesial é "precondição epistemológica" para o exercício fecundo da teologia. Falamos naturalmente aqui da prática como processo real e não da prática como ideia abstrata. Trata-se da prática concreta, e não da prática pensada. E isso tem base em duas das grandes tradições que fundaram o Ocidente: a filosofia grega e a fé hebraica.

Para a filosofia grega, em sua vertente aristotélica, "nada há na inteligência que não passe pelos sentidos". K. Marx se situa na linha desta tradição (tirante seu exclusivismo) quando aplicou esse princípio à consciência social mediante a afirmação: "A vida determina a consciência". Ora, se a vida concreta alimenta a razão, a vida de fé alimenta a razão teológica. Por outras, a vida de fé determina a consciência teológica (sem que se negue o movimento inverso, embora segundo)[28].

Ora, tudo isso tem implicações práticas no nível da produção teológica. Indica que é impossível fazer uma teologia adequada sem uma vinculação viva com a Comunidade de fé, sem uma participação concreta em sua caminhada real.

---

27. Cf. BOFF, Clodovis. *Teologia e prática*. A teologia do político e suas mediações. Petrópolis: Vozes, 1978, seção III, § 14: "Articulação: criteriologia teológica – criteriologia pística"; e seção III, todo o cap. 5, p. 354s: "A dialética: seus modos e suas normas".

28. Cf. BOFF, Cl. *Teologia e prática*. Op. cit., seção III, § 5, p. 304-309: "Nas origens da teoria".

Mas há mais: a Teologia da Libertação põe uma ênfase particular, e isso na intenção de toda teologia, na prática da justiça, no compromisso com o pobre, enquanto pré-requisito para o conhecimento do Deus vivo e verdadeiro, do Deus bíblico, o Libertador. Aqui também se pode dizer: "sem prática de libertação não há teologia de libertação"[29]. Explicitemos que se trata de um requisito necessário, mas não suficiente; e que o empenho de libertação deve ser entendido em sentido amplo e não restrito a esta ou àquela prática particular.

Quanto à gnosiologia bíblica, ela vem corroborar a intuição acima. Com efeito, para esta, o conhecimento de Deus implica na prática de seus mandamentos, particularmente na prática que liberta o estrangeiro, o órfão e a viúva[30]. A Bíblia toda ensina que, embora não seja o caminho único e exclusivo da Revelação divina, o compromisso com os pobres constitui de fato um caminho de todo *privilegiado* para se encontrar a Deus.

Por isso mesmo, a teologia também deve fazer, em e pelo teólogo, a evangélica opção preferencial pelos pobres. Ela também é chamada a contribuir para a sua libertação. E quando se trata da problemática social da libertação, é pensável se pôr a falar de teologia, sem o menor contato com o processo vivo da libertação, sem laço algum com os sofrimentos, esperanças e lutas do povo?

As implicações em nível da formação teológica institucional também são bastante claras, embora não sejam fáceis de determinar, de fazer passar e de operacionalizar[31].

---

29. Cf. por ex. BOFF, L. & Cl. *Como fazer teologia da libertação*. Col. Fazer 17-18. Petrópolis: Vozes, 1986, p. 20s.; BOFF, Clodovis. *Sinais dos Tempos*. Op. cit., p. 151 (e 153).

30. Cf. no fim deste capítulo Excurso I: "Epistemologia bíblica".

31. São variadas as experiências de conjugar institucional e operativamente teoria teológica e prática cristã (pastoral ou social). Ilustrativa é a experiência da "teologia da enxada", proposta e animada por Comblin, iniciada em 1969 no Nordeste brasileiro, e que busca formar missionários para a área rural por meio de uma disciplina que põe em confronto, de um lado, vida vivida e analisada no meio dos camponeses e, do outro lado, Bíblia e doutrina da fé. Para isso cf. COMBLIN, José. *Teologia da enxada*. Uma experiência da Igreja no Nordeste. Petrópolis: Vozes, 1977. A experiência evoluiu posteriormente para formas diferenciadas. Cf. outra experiência: LIBÂNIO, João Batista. "Articulação entre teologia e pastoral. A propósito de uma experiência concreta". *Perspectiva Teológica*, 19 (1987), p. 321-352, resumida in: LIBÂNIO, J.B. & MURAD, A. *Introdução à teologia*. Perfil, enfoques, tarefas. São Paulo: Loyola, 1996, p. 210s.

Três formas de compromisso com o povo

Coloquemos aqui três modelos de compromisso do teólogo com o povo pobre. Designemo-los mnemonicamente como os três "c"s do compromisso: compromisso no nível da "causa", no nível da "caminhada" e no nível das "condições" de vida[32].

1. No nível da *causa* ou também do interesse. Aqui se luta *pelos* pobres a partir do próprio fronte teórico. Pois a causa dos pobres passa também pelo debate intelectual. Mas para que isso não fique no plano da mera simpatia ou apoio puramente moral, importa que se tenha algum contato *físico* com a caminhada dos pobres, algo como um gancho, ainda que pequeno, com o mundo dos oprimidos. Isso supõe, por exemplo, manter certo contato, embora ocasional, com alguma comunidade ou movimento popular. A presença concreta, ainda que descontínua, permite aferir a justeza da própria arma teórica.

2. No nível da *caminhada* ou também das práticas. Luta-se aqui *com* os pobres. Nesse nível o teólogo tem uma participação mais regular com a vida e luta do povo. Divide seu tempo entre o trabalho teórico e o trabalho prático, quer de tipo pastoral, quer pedagógico, quer político, alternando, o quanto possível, estudo e empenho público.

3. No nível das *condições* de vida. Aqui se luta *como* os pobres. Isso supõe uma inserção profunda no mundo dos pobres ou uma encarnação em seu universo vital. É o caso dos teólogos "inseridos" na periferia social, quer seja um bairro popular, uma favela ou ainda uma vila do interior.

Seja também dito que permanece sempre necessário certo recuo físico ou distância local em relação à prática social quando se entende fazer qualquer estudo sério, inclusive em teologia. Mas aí o recuo teórico tem um caráter tático: ele se dá em função do salto estratégico da prática, que é sempre o que conta finalmente. Em cristianismo, a verdade é mais que para se conhecer: é para se viver.

O PRIVILÉGIO EPISTEMOLÓGICO DO POBRE: SOFRIMENTO/CONHECIMENTO

Se é certo que o pobre e o compromisso com ele não é o único caminho de conhecimento de Deus, pode-se e deve-se falar, sim, no "primado", ou

---

32. Cf. BOFF, Cl. *Teologia e prática*. Op. cit., seção III, § 4: "Modelos de síntese viva entre Teologia e Política", p. 295-303.

melhor, no "privilégio epistemológico do pobre"[33]. Um exame acurado da história do pensamento poderia mostrar a estreita relação que existe entre pobreza e sabedoria, tanto em nível religioso (ex. Buda), como filosófico (ex. Sócrates)[34]. Mas fiquemos no campo teológico.

Efetivamente, o pobre oferece as condições melhores, ou mais vantajosas, para se conhecer o Deus bíblico e seu Reino. De fato, o Deus bíblico é justiça e libertação, e o é, em primeiro lugar, para os oprimidos. O Reino de Deus pertence aos pobres antes de quaisquer outros (cf. Lc 6,20). O Messias é o libertador dos pobres, sobretudo deles (cf. Lc 7,22). E apareceu na figura do pobre e do crucificado. Podia não ter sido assim, mas foi assim. E esse deve ser também o caminho da fé. Se assim é, o compromisso com os pobres e com sua libertação é uma maneira privilegiada de entender por que Deus é Javé e por que Jesus é o Messias.

Por isso, a "opção preferencial pelos pobres" oferece as condições ótimas de se fazer uma teologia realmente evangélica, bíblica e libertadora. Sem essa opção, será sempre possível fazer teologia, mas será uma teologia deficitária. Faltar-lhe-á a sensibilidade tipicamente cristã para com os últimos. Então, poder-se-á silogizar sobre a libertação, mas não fazer uma teologia cristã consequente, pois esta não pode não ser de libertação. Uma prova suplementar disso é que os grandes teólogos foram, segundo seu tempo, pobres e amantes dos pobres, como Agostinho, Tomás, Boaventura, Belarmino e tantos outros[35].

---

33. O primeiro a falar em termos de "privilégio epistemológico dos pobres" foi ASSMANN, Hugo. "Igreja popular". *Contacto*, dez. 1975, p. 29.

34. Platão defende com força a relação pobreza (não miséria) e sabedoria, especialmente no *Hípias maior*, onde vê, na figura de Sócrates pobre, o tipo do verdadeiro sábio, e na do rico Hípias, o tipo do pseudo-sábio, do sofista. A ideia de que o rico é no fundo um grande ignorante (além de iníquo e ainda de infeliz) é demonstrada com vigor nas *Leis*, l. V, 742 c8 – 743 e7.

35. Para Santo AGOSTINHO: cf. BOFF, Clodovis. "Santo Agostinho de Hipona e a pastoral da libertação". *Revista Eclesiástica Brasileira* (REB), 43 (1983), p. 292-318, aqui p. 313-315: "Santo Agostinho e os pobres"; VV.AA. *San Agostín y la liberación*. Reflexiones desde Latinoamérica. Lima/Iquitos: CEP/Ceta, 1986, espec. p. 141-171. Para Santo Tomás: "Tinha uma compaixão admirável pelos pobres. Costumava dar generosamente aos indigentes roupas e coisas suas...": TOCCO, Guilherme de. *Vita*, cap. 36. Para São Boaventura: cf. sua Apologia paupertatis, in: *Obras de San Bonaventura*, t. VI, BAC. Conta-se dele que, censurado por ter-se atrasado no caminho, justificou-se que fora interrogado por um pobre e que não pudera passar adiante visto que o pobre era seu senhor. Quanto a São Belarmino (†1621) conta A. Butler que "certa vez serviu-se das cortinas de suas salas para fazer roupa para os pobres, observando que 'as paredes não pegam resfriado'". Diz também que, feito bispo de Cápua, "procurava os indigentes, a cujas necessidades provia": *Vida dos Santos*. Vol. V. Petrópolis: Vozes, 1988, p. 121 (13 de maio).

Acrescentemos, porém, que o pobre só revela Deus quando abordado na pobreza de coração. O compromisso evangélico implica na humildade de se aproximar pobremente dos pobres. Sem aceder à pobreza de coração, ou seja, à humildade, também não se acede à verdade divina. Pois a humildade é o caminho da verdade, mais ainda quando a verdade toma os hábitos da pobreza[36].

De resto, para além de uma visão pauperística do pobre, importa compreender que o pobre socioeconômico é um representante eloquente da comum condição humana. Ele revela o que é no fundo o ser humano: necessitado, passível e mortal[37]. Ora, da condição sofredora do ser humano, dizia Graham Greene:

> Às vezes, parece-me que a busca do sofrimento e a lembrança do sofrimento são os únicos meios que temos para nos pormos em contato com o conjunto da condição humana. Com o sofrimento, partilhamos do mito cristão[38].

Visto serem, por definição, sofredores, os pobres são "iniciadores" particulares da verdade.

Sofrimento: como caminho mais curto para a verdade

Com efeito, o tema do sofrimento como caminho real para o conhecimento tem uma longa e rica tradição. Eis, a seguir, alguns testemunhos significativos dessa tradição.

Em primeiro lugar, os gregos. Esses aproximavam *pathos* (dor) e *mathos* (lição). A mais sublime expressão disso se encontra na oração a Zeus no *Agamêmnon* de Ésquilo:

> Pois foi o grande Zeus que conduziu os homens pelos caminhos da sabedoria e decretou a regra para sempre certa: "*O sofrimento é a melhor lição*". Da mesma forma que em pleno sono, quando somente o coração está desperto, antigas penas nossas voltam à memória, as-

---

36. Cf. GUTIÉRREZ, Gustavo. *Beber do próprio poço*. Itinerário espiritual de um povo. Petrópolis: Vozes, 1984, p. 139s.

37. Cf. LA VALLE, Raniero. "E ora, i cattolici?", editorial da rev. *Bozze 93*, n. 4, publicado também em *Adista*, 12/02/1994, p. 5-8, aqui p. 7.

38. "La fin des pluies". *Le Monde*, 10/05/1967, p. V.

sim aos homens vem, malgrado seu, a sapiência. Essa violência boa é comunhão de graça, procedente dos deuses, entronados em augustas sedes[39].

Vejamos agora Hegel. Ele viu que, ao lado da "admiração" aristotélica, existe um segundo choque que faz deslanchar a reflexão: a dor. Mas enquanto a admiração faz pensar contemplativamente, a dor faz pensar transformadoramente. Com efeito, a "consciência infeliz" é uma etapa do desenvolvimento do espírito[40].

O mesmo caminho se vê em Gandhi. Para ele, o sofrimento foi um encontro de iluminação e ao mesmo tempo de conversão:

> É o sofrimento e só ele que abre ao homem a compreensão interior... Embora seja advogado, tenha estudado em Londres, etc., agora que vejo a dor de meus irmãos, não posso mais ser o mesmo[41].

Nietzsche sublinha, de modo extremamente forte, a ideia do sofrimento como mestre do conhecimento. Quando ainda jovem fizera sua a máxima do Mestre Eckhart: "Para se chegar à verdade, não há montaria mais rápida do que a dor"[42]. Dele é também a magnífica sentença com que exprimia a glória e ao mesmo tempo a angústia de sua experiência do "eterno retorno": *Lux, mea crux. Crux, mea lux* (A luz é minha cruz e minha cruz é minha luz)[43].

Já em nosso século, eis como se exprime a propósito Léon Bloy, que viveu uma situação de pobreza extremamente cruel:

> Seguramente, um capitalista pode se ocupar de história e de literatura, mas a profundidade lhe é vedada. Esta é o privilégio dos pobres. Somen-

---

39. Trad. KURY, M. da G. Rio de Janeiro: Ed. Civilização Brasileira, 1964, p. 7s. Cf. sobre isso JAEGER, Werner. *Paideia*. São Paulo: Martins Fontes, 1979, p. 291s.; · LESKI, A. *A tragédia grega*. Col. Debates 32. São Paulo: Perspectiva, 1971, introdução.

40. Cf. HEGEL, G.W.F. *Phénoménologie de l'Esprit* [trad. Jean Hyppolite]. Paris: Aubier/Montaigne, 1941, t. I, p. 176-192: "Consciência infeliz".

41. Apud ARCHANJO, José Luiz. *Prefácio* a Mahatma Gandhi, *A roca e o calmo pensar*. São Paulo: Palas Athena, 1991, p. XVII.

42. Cf. HALÉVY, Daniel. *Nietzsche*: uma biografia. Rio de Janeiro: Campus, 1989, p. 73. Outra versão, mais breve: "O meio mais rápido para se chegar à verdade é a dor": p. 379.

43. HALÉVY, D. Op. cit., p. 196.

te eles podem compreender e mesmo adivinhar, porque conhecem o sofrimento"[44].

Passando agora para o campo específico da fé e da teologia, devemos começar dizendo que a cruz como via de revelação pertence ao ABC da fé cristã. Paulo proclama de modo polêmico que a verdadeira sabedoria é a loucura da cruz. Ele desenvolve a ideia da cruz como *logos* (1Cor 1-2). E os discípulos escolhidos deste *logos* são os últimos da sociedade (cf. 1Cor 1,26-29). Do mesmo modo, Jesus confessa que é aos "pequeninos" que o Pai comunicou a Revelação, não aos "sábios e doutores" (Mt 11,25-26)[45].

A Carta aos Hebreus afirma que a capacidade de com-paixão de Jesus como Pontífice provém do fato de Ele ter conhecido as mesmas provações que nós (Hb 4,15; 5,2). E continua: "Embora Filho, aprendeu, pelo sofrimento, a obediência e (foi) levado à perfeição..." (5,8-9).

A "teologia da cruz" de Lutero se refere antes de tudo à experiência do sofrimento como reveladora do Deus da fé. Escreve ele:

> Não merece o nome de teólogo aquele que contempla as "coisas invisíveis" de Deus por meio das coisas criadas, mas sim aquele que compreende as coisas visíveis e posteriores (*posteriora*: costas) de Deus por meio dos sofrimentos e da cruz[46].

Privilégio "hermenêutico" dos pobres

De modo particular, devemos afirmar que existe também o privilégio "hermenêutico" dos pobres. Já nos referimos à passagem em que Jesus reconhece os pobres como "ouvintes privilegiados" da Palavra de Deus na medida em que lhe são reveladas pelo Pai coisas escondidas aos sábios e doutores (cf. Mt 11,25-26). E isso continua hoje no campo das Comunidades de base[47].

---

44. *Au seuil de l'Apocalipse*. Mercure de France, 1953, p. 138.

45. Cf. FELLER, Vítor Galdino. *A revelação de Deus a partir dos excluídos*. São Paulo: Paulus, 1995.

46. *Disputa de Heidelberg* (1518), teses 19 e 20: *Werke*, 1, 354. Cf. o já cit. GHERARDINI, Brunero. *Theologia Crucis*. Roma: Paoline, 1978.

47. Reconhece-o a mesma PONTIFÍCIA COMISSÃO BÍBLICA. *A interpretação da Bíblia na Igreja* (15/04/1993). São Paulo: Paulinas, 1994, p. 122 e 155.

Só eles e os que se parecem com eles, por meio da solidariedade no sofrimento, é que podem "ir fundo" no sentido das Escrituras. Nessa linha, um dos mais conhecidos hermeneutas modernos, Ernst Fuchs diz que a experiência da dor é uma das regras hermenêuticas mais fecundas para se entender muitas parábolas de Jesus:

> Estas parábolas devem ser imersas na nossa desventura para se compreender sua mensagem[48].

Por sua parte, J.N. Newman, falando do sentido místico das Escrituras, se pergunta se a apreensão desse sentido não passa pela purgação que traz a perseguição:

> Poderia ser que um certo grau de elevação moral, que só os tempos de perseguição podem produzir, fosse necessário para o pleno exercício da interpretação mística[49].

Mas isso mesmo perceberam e viveram os grandes místicos. Tomemos apenas São João da Cruz. Queixando-se da solidão do cárcere, escreve a uma amiga: "Es lima el desamparo y para gran luz el padecer tinieblas"[50]. Alhures sentencia: "El más puro padecer trae y acarrea más puro entender"[51]. Para ele "a cruz é a porta da sabedoria de Deus"[52].

> (Nos mistérios de Cristo) é impossível entrar ou se aprofundar a alma, se não passar primeiro pelos apertos do sofrimento interior e exterior, os quais são meios para alcançar a divina sabedoria. [...] Com efeito, mesmo aquilo que nesta vida podemos conhecer dos mistérios de Cristo, não nos é dado alcançar senão depois de muito sofrimento...[53]

---

48. FUCHS, Ernst. *Marburger Hermeneutik*. Tübingen: Mohr, 1968, apud *Lessico dei teologi del sec. XX*. Supplemento a *Mysterium Salutis*, vol. XII. Brescia: Queriniana, 1978, p. 522.

49. NEWMAN, John Henry. *Prospects of the Anglican Church (1839)*; apud DE LUBAC, Henri. *Storia e Spirito*. Roma: Paoline, 1971, p. 642.

50. "O desamparo é uma lima e padecer trevas traz grande luz": Carta a Catalina de Jesus (1581). In: *Vida y obras de S. Juan de la Cruz*. BAC. Madri: Católica, 1946, p. 1.209 [existem em trad. bras. as *Obras Completas*. 3. ed. Petrópolis: Vozes, 1991].

51. "O mais puro sofrer traz e acarreta o mais puro entender": Puntos de amor. In: *Vida y obras*..., op. cit., p. 1.202.

52. Cántico Espiritual, canción 36. In: *Vida y obras*..., op. cit., p. 1.058-1.059, aqui p. 1.058.

53. Cántico Espiritual, canción 37. In: *Vida y obras*..., op. cit., p. 1.060-1.061.

Trazendo por último um testemunho da atualidade, eis o que diz um pastor evangélico, partindo da sua experiência junto às Comunidades cristãs pobres da Nicarágua em sua leitura da Bíblia:

> Há alguns tesouros escondidos nas Escrituras que só se encontram em circunstâncias de dor[54].

Podemos finalmente perguntar em que se baseia o "privilégio epistemológico do pobre" e de quem a ele se alia. A resposta é que o pobre não tem necessidade ou interesse em ocultar a verdade. Antes, necessita dela para se libertar. Para os grandes, a mentira é necessária para manter seu poder. Para o poderoso a verdade dói, para o pobre alegra. Por isso, o oprimido está em melhores condições de aceder à verdade, máxime a verdade social. Por isso também, uma teoria social é verdadeira não porque está na ótica dos pobres; mas por ser verdadeira é que uma teoria está na ótica dos pobres[55].

De fato, só a pobreza é objetiva, enquanto a riqueza é subjetiva, ilusória: crê-se que a riqueza é um bem quando não passa de um simulacro do bem, ou, na melhor das hipóteses, de um meio para o bem. "O desapego perfeito deixa ver as coisas nuas"[56]. De fato, somente Jó ulceroso vê a beleza do universo (cf. Jó 38–41). Só Francisco pobre, não seu pai rico, vê a fraternidade do sol, da lua e das estrelas. Finalmente, "é preciso estar morto para ver as coisas nuas"[57].

Se assim é, vale a afirmação de São Gregório Nazianzeno: "Os pobres são nossos mestres, os humildes nossos doutores". Colocar-se na "escola dos pobres" é um imperativo de todo agente popular[58]. Mas se é verdade que eles são confidentes especiais dos "segredos do reino", o "magistério dos pobres" vale de modo todo particular para os teólogos.

---

54. Bispo GOMEZ, Medardo. *Amanecer* (Manágua), ago.-out. 1991, p. 55.

55. Cf. LÖWY, Michael. *Método dialético e teoria política*. Rio de Janeiro: Paz e Terra, 1978, p. 34.

56. WEIL, Simone. *A gravidade e a graça*. São Paulo: Martins Fontes, 1993, p. 56. Sigo aqui as considerações dessa pensadora expostas nas p. 55s.

57. Id. Op. cit., p. 71.

58. Cf. BOFF, Clodovis. "Agente de Pastoral e povo". *REB*, 40 (1980) 216-242, espec. p. 230-235: "Sabedoria de vida".

CONCLUSÃO: A LUZ PRÓPRIA DA PRÁTICA

Vimos no início deste capítulo que a prática pode ser para a teologia: matéria-prima, objetivo, ato I e, por fim, princípio cognitivo. Focalizemos agora este último item, ponto fulcral deste capítulo, pois tudo o que até agora discutimos foi preparação para o que agora será definido.

Perguntemos, pois, em que consiste precisamente a luz teológica própria que se irradia da prática. Qual é a contribuição específica que ela traz à inteligência da fé?

A "força de inteligibilidade" da prática, ou sua "espessura epistemológica", consiste principalmente em dois pontos:

1. A prática *provoca* o conhecimento teológico. Fá-lo de muitos modos: levanta problemas concretos, que a teologia transforma em questões teóricas; desperta a consciência teológica para verdades "escotomizadas"; obriga a teologia a se pôr ao trabalho da pesquisa e da explicitação. "A dureza da situação e a novidade do regime me obrigam a estas empresas"[59]. A rigor, a prática enquanto tal não responde, mas *interroga*. Só responde enquanto habitada por um sentido, que compete justamente à teologia captar e formular.

A interpelação ou provocação da prática à teologia o mais das vezes se dá no modo do choque: crises assaltam a Comunidade cristã, que forçam a inteligência da fé a buscar iluminação. Assim aconteceu, por exemplo, com a Igreja primitiva em relação à crise dos judaizantes: ela se viu obrigada a elaborar a ideia da graça da salvação e de sua universalidade. É só lembrar a teologia de Paulo. O mesmo se pode dizer da Teologia da Libertação: essa tem seu ponto de arranco originário (e original) no escândalo que sente o teólogo e o cristão em geral quando entra em contato com a miséria das massas.

2. A prática *verifica* o conhecimento teológico. Verifica, não em absoluto, no sentido de constituí-lo, mas de *visibilizá-lo* ou corporificá-lo na

---

59. "Res dura et regni novitas me talia cogunt moliri": VIRGÍLIO. *Eneida*, I, v. 563-564, apud Carl Schmitt como fecho da "Premissa" de seu *Der Hütter der Verfassung* (1931).

concretude da vida. Verificar aqui é *reconhecer* por verdadeiro. E assim também a verdade da fé fica *confirmada* aos nossos olhos.

Na verdade, uma coisa é teologizar sobre a Igreja-comunidade, e bem outra coisa é fazê-lo tendo Comunidades vivas diante de si. Assim, na medida em que a prática encarna a fé, ela confere à mesma fé contornos bem nítidos. O amor cristão então não é mais apenas mera exigência, mas aparece na figura concreta de Francisco de Assis e de Vicente de Paulo. Igualmente, a comunhão eclesial não é apenas uma teoria teológica, mas uma vivência concreta no seio de Comunidades de base concretas.

E porque a prática verifica ou confirma a teologia, ela também lhe dá certo *acabamento*, uma plenitude particular. É só com a prática que o conhecimento teológico se completa, se perfaz, se consuma. A prática dá um esplendor último à teoria. Efetivamente, é só quando é praticada que a verdade da fé mostra toda a sua luz. É o que evidencia, como vimos, a gnosiologia de João. Quando Francisco beijou o leproso levou a termo seu processo de conversão e viu quem era realmente o Mestre que o chamava ao seguimento.

Retomando as duas contribuições gnosiológicas da prática e formulando-as *grosso modo*, podemos dizer: a prática não responde, *interroga*; não conhece, *reconhece*.

O "retorno dialético" Vida-Fé

Vimos que não existe só o movimento da fé para a prática, mas também o "retorno dialético" da prática para a fé. Ou seja: a fé ilumina a vida, mas também a vida ilumina a fé. É a "interpelação recíproca" que já vimos (EN 29). Na verdade é esta "dialética com dominante" que é uma das maiores contribuições epistemológicas da Teologia da Libertação à metodologia de toda a teologia.

A bem da verdade, as teologias da prática, em particular a Teologia da Libertação, além de estabelecerem a prática como o vis-à-vis da fé no processo teológico sob a forma Fé-Teologia-Vida, instauraram a "volta dialética": *Vida-Teologia-Fé*. O método não é mais a mão única, como na teologia clássica. É a mão dupla. Daí ser um método dialético. É a ideia do "confronto" Evangelho-Vida, onde a teologia funciona como a mediação científica a serviço da Vida de fé.

A própria Instrução romana *Libertatis Nuntius* (1984) recolhe o que há de válido na Teologia da Libertação sobre a importância que ela confere ao lugar "prática" na metodologia teológica. Afirma:

> É preciso tomar consciência de certos aspectos da verdade a partir da *prática* (**XI**, 13).

A Instrução percebe a implicação epistemológica desta asserção quando diz que a prática, enquanto subordinada à fé como a seu princípio mais importante, pode ser sim "um dos fundamentos", ou seja, um dos princípios ou fontes do conhecimento teológico:

> Uma metodologia teológica sadia toma em consideração, sem dúvida, a *prática* da Igreja e nela encontra um de seus fundamentos, mas isto porque essa *prática* é decorrência da fé e constitui uma expressão vivenciada dessa fé (**X**, 3).

Mas isso já sabia Agostinho:

> A compreensão é o salário da fé (*Intellectus merces est fidei*). Não é qualquer fé, mas sim a fé que opera pela caridade que há de estar em ti para que compreendas a doutrina[60].

Portanto, é a prática "pística", e não qualquer prática, que lança certa luz sobre a teologia. Pois a verdade da fé já brilha de certo modo no corpo mesmo da prática. Essa é como um livro vivo que regista o sentido da fé. Tanto mais que é muito raro que a prática da fé se apresente totalmente nua, isto é, sem veste alguma de palavra. Dependendo de sua maior ou menor explicitação, a prática ilumina sem dúvida a teologia.

Mas poderíamos perguntar se uma prática que não seja explicitamente de fé mas que seja autenticamente ética – se tal prática não tem igualmente alguma "densidade noético-teológica". Certamente que sim. É só pensar em termos de "sinais dos tempos", como fez a *Gaudium et Spes*, e veremos que mesmo os processos históricos que se passam fora da Igreja *interpelam* a fé e a Comunidade de fé, e também *verificam* (ou não) a verdade teo-

---

60. *In Joan. Ev. Tract.*, tr. 29, n. 6: PL 35, 1630-1631.

lógica enquanto acolhida ou recusada. Mas é claro que aqui a luz do "retorno dialético" é menos clarificadora (embora talvez paradoxalmente mais intensa).

Em ambos os casos, porém, no confronto dialético Fé-Vida, o polo dominante, do ponto de vista epistemológico (não da prática ética), é sempre a Fé, enquanto Palavra de Deus ou Narrativa santa. É a Palavra que anima e julga soberanamente toda a vida, tanto a da fé explícita como qualquer outra. Toda a prática, dos cristãos ou dos não cristãos, necessita, do ponto de vista teológico, do discernimento da fé revelada.

Portanto, trata-se sempre de uma "dialética com dominante": a instância ou momento determinante é sempre a fé-luz. A Vida ou Prática só pode vir como "princípio segundo". Sem isso não há teologia verdadeira, mas seu simulacro, isto é, alguma ciência da religião escondida sob os traços e o nome de "teologia".

Na verdade, a Prática *como tal* não "faz ver" nada, nada "faz saber". Nesse sentido, não é *cien-tífica. Por si só*, não dá inteligibilidade alguma. Se possui alguma luz, é só potencialmente. É preciso sempre que a Palavra da Revelação subentre para liberar a luz que a prática traz dentro de si. Tal palavra pode ser tanto a Palavra primeira da fé (que muitas vezes faz corpo com a prática), como a palavra teológica.

A Vida "faz pensar", sim, "provoca" a inteligência da fé, desdobra sua "carga epistemológica". Mas isso sob a condição absoluta de encontrar dentro ou diante de si uma Fé que dialogue com ela. Teologicamente falando, a vida é texto que precisa ser lido; é pergunta que pede resposta. Só a Fé, porém, pode interpretar esse texto e responder a essa pergunta. Sem dúvida, "o conhecimento está metade na pergunta e metade na resposta" – como afirmou um sábio muçulmano[61]. Mas só a resposta revela a metade verdadeira que estava na pergunta. E tal resposta é anunciada pela fé e articulada pela teologia.

---

61. Abû 'Otsmân al-Makkî, apud DERMENGHEM, Émile. *Maomé e a tradição islâmica*. Rio de Janeiro: Agir, 1973, p. 180.

Repitamos, para finalizar: a prática, que ilumina, foi antes iluminada. E ela só ilumina enquanto já foi iluminada. É uma luz que retorna sobre outra luz, essa originária, a da fé. É, portanto, a "luz de luz". A palavra da prática nunca é palavra fontal, nem final. É sempre uma palavra *média*. Antes e depois dela temos a Palavra da fé: antes, a Palavra que orienta; depois, a Palavra que julga.

Superação do método dedutivo em teologia

O método dialético, reivindicado sobretudo pela Teologia da Libertação, mas não exclusivo dela, não é em absoluto alternativo ao da teologia clássica. É antes a assunção, renovação e desdobramento deste último. Entender o "novo" método como um método indutivo, contraposto ao dedutivo, é um equívoco. Há de se integrar os dois momentos numa síntese superior, como métodos complementares e não como contrários[62].

Isso significa, em particular, que aparece como ultrapassado o método *dedutivo* em teologia. Seu abstracionismo levou ao seco doutrinarismo e à rigidez da chamada "teologia das conclusões". Vê-se claramente hoje que a teologia dedutiva tinha o defeito de valorizar quase exclusivamente a doutrina da fé, não levando a sério a vida real, em seu potencial noético próprio.

Quanto à vida concreta, não era, na teologia doutrinária, senão mera consequência da doutrina. Essa sim que era a fonte única, material e formal, do pensar teológico. A História viva não era matéria-prima, nem provocação ao saber e menos ainda sua verificação. E quanto à Palavra, não era interpelada a partir da Realidade. A Vida, ou seja, a Prática não possuía "espessura epistemológica" nenhuma. Não instigava a Revelação a se manifestar e irradiar. Por isso a teologia dedutiva tendia à autorreprodução e se mostrava infecunda. Era como essas batatas que, por falta de terra, brotam sozinhas no sótão...[63].

Em contrapartida, podemos dizer que o método teológico, que se concentra no confronto fé-vida, enquanto método dialético, compreende e ao mesmo tempo

---

62. Cf. contudo GUTIÉRREZ, Gustavo. *Hablar de Dios desde el sufrimiento del inocente*. Salamanca: Sígueme, 1986, p. 71-76, opondo os dois métodos teológicos, dedutivo (dos amigos de Jó) e indutivo (de Jó).

63. Cf. CONGAR, Y. "Théologie et sciences humaines". *Esprit*, 1965, p. 121 e 135. A expressão "théologie montée en graine" é do Pe. Clérissac.

ultrapassa tanto o caminho da dedução (da fé para a vida) quanto também o da indução (da vida para a fé)[64].

Desfaçamos ainda uma última objeção. Há quem oponha à dualidade Fé-Vida a unidade sintética "Fé viva". Mas isso é pressa teórica, para não dizer preguiça. O labor da análise obriga a distinguir, a fim de melhor unir. Sem distinguir, não se chega a síntese alguma, mas à confusão do inorgânico e fusional. Aí não se sabe mais nem o que é a Fé e nem o que é a Vida, com suas respectivas e autônomas exigências. Aí não se tem síntese, mas monismo redutor. Ora, o monismo teórico leva, na prática, à reação do dualismo ou divórcio: ou só-fé ou só-vida.

Devemos antes distinguir as coisas no nível teórico para se chegar à sua bem articulada união na prática. A síntese não é dada de entrada, mas é resultado de um processo: a fé *torna-se* viva. Entre Fé e Vida não há unidade (de entrada), mas união. Também entre as duas vale a dialética cristológica de Calcedônia: união sem confusão; distinção sem separação.

RESUMINDO

1. Não é a prática que constitui o princípio iluminador dominante da teologia, mas sim a Palavra da fé, devendo antes a prática ser iluminada pela Fé. Contudo, a prática, como por um "retorno dialético", pode também iluminar a fé e contribuir, com seu *potencial epistemológico* próprio, para o conhecimento teológico.

2. A Revelação se constitui não só de palavras, mas também, e sobretudo, de *eventos*. Por isso a teologia, que tem na Revelação seu princípio determinante, encontra a fonte de seu conhecimento não só nas palavras da fé mas também, e enquanto iluminada por elas, na prática da fé, que atualiza e encarna a Palavra no hoje.

3. A *vida de fé* das pessoas e Comunidades mostra aspectos do mistério de Deus a que o teólogo não deve de modo algum ficar desatento na construção de sua teologia. Em especial, a *liturgia* e a *vida dos santos* possuem uma luz particular que a teologia deve acolher com todo o cuidado.

---

64. O que já percebera CHENU, Marie-Dominique. "Uma realidade nova: teólogos do Terceiro Mundo". *Concilium*, 164 (1981). Da mesma opinião: VILANOVA, E. *Para comprender la teología*. Op. cit., p. 103-104.

4. O mesmo ocorre com a *história*. Seus desafios à fé muito ensinaram à Igreja sobre a verdade divina, enquanto provocaram sua atenção para verdades escondidas ou esquecidas e enquanto levaram à retificação e também ao aprofundamento de tantas outras.

5. O Vaticano II, na *Gaudium et Spes*, legitimou a proposta que incorporou a prática como parte do método teológico a título de *polo de confronto* com a fé, por meio, porém, de uma dialética em que o polo dominante cabe sempre à fé revelada.

6. O "primado da prática" se justifica apenas na ordem da *prática* da fé (caridade), não na da teoria da fé (teologia). Nesta última, o primado compete à Palavra de Deus (a menos que se entenda a Palavra de Deus como a Prática divina da Salvação, cuja narrativa se encontra nas Escrituras).

7. Para que seja rico e fecundo, o confronto entre fé e prática ou, por outras, entre Evangelho e Vida deve, para o teólogo, se dar na vida real antes que na teoria teológica. Isso implica, como condição necessária, embora insuficiente, que o teólogo tenha uma vinculação real com a vida concreta da *Comunidade eclesial* e não apenas uma vinculação teórica ou moral. Tal vinculação pode se dar em três níveis: no nível da "causa", da "caminhada" e das "condições de vida" do povo (os três "c"s).

8. Também a teologia é chamada a cumprir o imperativo evangélico da "opção preferencial pelos pobres". Isso implica num determinado compromisso do teólogo com o *mundo dos pobres*. Só embreada na vida do povo, sua teologia será efetivamente libertadora.

9. Os pobres, por sua condição, são *portadores privilegiados* da sabedoria da vida e também dos mistérios do Pai. Por isso, para participar de sua riqueza humana e espiritual, o teólogo deverá participar de algum modo da vida dos pobres e se pôr à sua escuta.

10. A prática ilumina a fé quando é prática de fé. Ilumina enquanto iluminada, como por um "retorno dialético". A luz *própria* da prática para a teologia consiste nisto: que ela, por um lado, *provoca* o conhecimento teológico e, por outro, o *verifica*. Em outras palavras: *interroga* e *reconhece* a verdade teológica.

11. Pelo fato de, em seu núcleo, o método teológico pôr em confronto fé-vida, mostra que não tem apenas uma estrutura dedutiva e nem apenas indutiva, mas sim *dialética*. Com este termo se entende abarcar e ao mesmo tempo superar ambos os métodos há pouco referidos.

EXCURSO I

A EPISTEMOLOGIA BÍBLICA

À diferença do que ocorre em geral na epistemologia grega, para a Bíblia, a via real do conhecimento é a experiência e a prática da vida[65]. É verdade que encontramos também alguns desenvolvimentos marcadamente teóricos na Bíblia, especialmente nos Livros Sapienciais, mas são reflexões tardias, feitas justamente no contexto do helenismo.

O certo é que, para o homem bíblico, conhecer a Deus não é especular sobre sua natureza por meio de um conhecimento teórico-teológico. É antes acolher, conhecer, amar e praticar os seus mandamentos. O Deus bíblico não é apenas para se conhecer, mas sobretudo para se amar e obedecer. "YHWH" não é tanto "Aquele que é" quanto "Aquele que está-com". Não é bem o Ser Supremo da Metafísica, mas sim o Senhor da História. O AT não se preocupa com a teoria de Deus, mas com a história de Deus. A Bíblia não é um sistema, mas uma narração. A "vida contemplativa", teórica ou mística que seja, se não é estranha à Bíblia, também não é nela central. Esta privilegia a vida ativa, de obediência à Torá. É daí que surge e é aí que está o conhecimento religioso.

Portanto, o conhecer bíblico é propriamente um conhecer concreto. Ele tem um conteúdo ativo, incluindo uma dimensão afetiva ou volitiva. Poderíamos traçar a equação: *Conhecer = Amar + Fazer*. Assim, conhecer a Deus é, por um lado, amá-lo, adorá-lo, confiar nele; por outro, é observar a Torá, é praticar a solidariedade e a justiça.

Do que se viu, deduz-se que o conhecer concreto da Bíblia se dá por dois caminhos: o do *pathos*: pelo sentir, experimentar; e o da *práxis*: pelo fazer, praticar. Tal é a síntese da gnosiologia bíblica. Analisemos agora, mais em detalhe, essa gnosiologia nos dois níveis mencionados.

---

65. Cf. BULTMANN, Rudolf. Ginóoskoo, gnóosis, etc. In: KITTEL, G. (org.). *Grande Lessico del Nuovo Testamento*. Brescia: Paideia, 1966, t. II, col. 461-542 [ed. orig. al. *Theologisches Wörterbuch zum Neuen Testament*. Stuttgart: Kohlhammer, 1933 e 1935, t. I, col. 688-719]; · BOTTERWECK, J.J. *Conoscenza di Dio nell'AT*; · GARCIA DE LA FUENTE, O. *Conoscenza di Dio nel NT*. Vol. II, col. 499-503. In: VV.AA. (org.). *Enciclopedia della Bibbia*. Turim/Leumann: Elle di Ci, 1969; · BOYER, Louis. *Gnôsis*: la connaissance de Dieu dans l'Écriture. Paris: Cerf, 1988.

1. Conhecimento-pathos

Pela Bíblia, conhece-se uma coisa quando esta é sentida e amada. Trata-se de um conhecimento por contato direto, afetivo e mesmo físico. É o conhecimento de tipo saboroso, "sapiencial", como na promessa de amor: "Conhecerás YHWH" (Os 2,22). "Conhecer uma mulher" é ter relação com ela (Gn 4,1; Nm 31,17.18.35; Lc 1,34; Mt 1,25). É experimentando que se conhece: o sofrimento (Is 53,3), o castigo (Is 16,21; Ez 25,14), o fracasso (1Sm 14,12), a esterilidade (Is 47,8), a doença (Is 5,3), a guerra (Jz 3,1), a paz (Is 59,8), etc. Igualmente, "conhecer o bem e o mal" (Gn 2,9; 3,3) não é um ato especulativo, mas prático: é estabelecer as regras do agir por um ato discricionário (daí o pecado).

Assim também se conhece a Deus: fazendo a experiência de sua ação e de seu poder. Isso ocorre de dois modos, aliás, conexos: experimentando sua ação libertadora, ou então, padecendo sua correção por meio do sofrimento.

No primeiro caso, temos o evento emblemático do Êxodo – gesta libertadora e ao mesmo tempo ato de revelação (Sl 77,15; 106,8; 98,2). O mesmo vale para o "novo Êxodo", a volta do exílio (Is 49,26).

Quanto ao sofrimento – segundo caso –, esse é justamente o tema central de Ezequiel. Para este profeta, o exílio foi a dura escola onde Israel aprendeu quem era Deus. Ezequiel não cansa de repetir (71 vezes!): "E assim conhecereis que eu sou o YHWH". E o diz principalmente nos anúncios de desgraças (6,7.14; 7,4.9.27; 12,20; 15,7.11.17; 26,6; 28,22s., etc.).

A epistemologia ou gnosiologia do *Novo Testamento* não é diferente. Aí também conhecimento é experiência existencial. Aí conhecimento é "conhecimento real", não "conhecimento nocional" (para usar uma distinção de Newman). É um saber concreto, não apenas conceitual. "Ninguém conhece o Filho senão o Pai e ninguém conhece o Pai senão o Filho e aquele a quem o Filho o quiser revelar" (Mt 11,27). Como se vê, trata-se de um conhecimento por familiaridade e comunhão. Como sabemos, é João que enfatiza esse conhecer afetivo: "Conheço as minhas ovelhas e minhas ovelhas me conhecem, como meu Pai me conhece e eu conheço o Pai (Jo 10,14-15; cf. v. 27). Conhecer aqui vale por *reconhecer*: "Oh, se também tu conhecesses o que te pode trazer a paz! [...] Porque não conheceste o tempo em que foste visitada" (Lc 19,42.44).

Para Paulo é o mesmo. Vimos (Cap. 4) o que era a *gnóosis*, enquanto saber comunicado por via pneumática (1Cor 2,11-12; cf. Rm 8,26-27). O saber "gnóstico" comporta uma dimensão afetiva (cf. Fl 1,9). É no sentido do conhecer amoroso que Paulo pede a Deus para que os colossenses sejam "repletos do conhecimento de sua (de Deus) vontade" (Cl 1,9); que fala do "bem supremo" que é o "conhecimento de Jesus Cristo"; que anseia pelo "conhecimento de Cristo e do poder de sua ressurreição" (Fl 3,8-10). Conhecer Cristo, para Paulo, é fazer a experiência profunda d'Ele. Por isso também, "ser conhecido por Deus" significa ser reconhecido, amado, acolhido por Ele. "Se alguém ama a Deus, esse é conhecido por Ele" (1Cor 8,3; cf. 13,12; Gl 4,8-9).

2. Conhecimento-prática

Esse é o segundo caminho epistemológico na Bíblia – a via ética, complementar da via religiosa. Conhecer a Deus, na Bíblia, é também e mais ainda lhe obedecer, é praticar a justiça. Deus se conhece pela prática ética, "conhecendo seus caminhos" (Jó 21,14). A prática ética é mesmo anteposta à prática religiosa (Is 1,10-20; 58,1-12; Am 5,21-27).

É sobretudo por meio da "opção pelos oprimidos" que se conhece a Deus. Falando do pai do rei Joaquim, diz Jeremias: "Julgou a causa do aflito e do oprimido. Não é isso conhecer-me? – diz o Senhor" (Jr 22,16).

Oseias, o profeta da ternura e do amor não correspondido, denuncia, pondo em paralelo sinonímico o conhecimento de Deus e a prática do bem: "Clamam a mim 'Meu Deus, nós, Israel, te conhecemos'. (Mas) Israel rejeitou o bem" (Os 8,2-3; cf. 4,1). Em outro passo, muito caro a Jesus, que, segundo Mateus, o cita duas vezes (9,13; 12,7), Oseias sinonimiza o conhecimento e o amor: "É o amor que eu quero e não os sacrifícios, o conhecimento de Deus e não os holocaustos" (Os 6,6). Numa outra sinonímia, vemos a idolatria e a apostasia como sendo o não conhecimento de YHWH (Os 5,4).

Há ainda outros paralelismos sinonímicos na Bíblia que não deixam dúvida sobre a identificação entre conhecimento de Deus e obediência à sua Lei (cf. 1Sm 2,12; Jr 2,8; 9,2.5). Destaquemos apenas mais este, de Isaías, aliás eloquentíssimo: "Não se fará mal nem dano no meu santo monte, porque a terra ficará cheia do conhecimento de YHWH, como as águas enchem o mar" (Is 9,8-9).

Quanto ao NT, este também tem a ideia do conhecimento-prática. Eis um texto denso e expressivo: "A *gnóosis* incha, o agapé constrói. Se alguém pensa que sabe algo, ainda não conhece como convém conhecer. Mas se alguém ama a Deus esse é conhecido por Ele" (1Cor 8,1-3). Aí se mostram três coisas. Primeiro, Paulo conhece a tentação grega do conhecimento meramente *teórico*, descompromissado com o irmão. Em seguida, ele está convencido também que conhecer é uma relação *ético-efetiva* (amar o outro). E por fim, diz que o conhecimento comporta uma dimensão *místico-afetiva* (amar a Deus é ser conhecido-amado por Ele).

Nos Sinóticos, ultrapassando agora o mero rastreamento semântico e nos fixando no tema mesmo, vemos que, para Jesus, conhecer era se comprometer. Assim, Jesus não oferece de si uma definição teórica, mas uma definição prática. Aos discípulos de João, que lhe perguntam se era "o que havia de vir", responde de modo, não demonstrativo, mas sim *monstrativo*: "Ide anunciar a João o que vistes e ouvistes" (Lc 7,18-23). Jesus se define pelo que faz. O mesmo ocorre para a pergunta "quem é o meu próximo". A resposta é uma estória cuja "mensagem" é: Próximo é "aquele que *faz* misericórdia". E Jesus fecha o diálogo insistindo na prática: "Vai e *faze* tu o mesmo" (Lc 10,25-27). Assim é também na Parábola do Juízo escatológico, onde aparece claramente que (re)conhecer Jesus é servir de fato o "menor dos seus irmãos" (Mt 25,31-46).

Em João, são particularmente as obras que ensinam quem é Jesus (cf. Jo 5,36; etc.). Mas João merece um tratamento à parte, o que faremos imediatamente a seguir.

A epistemologia de João

É João o que dá mais ênfase à fé-prática como fonte de conhecimento. Particular em João é a ideia de "fazer a verdade": "Quem *faz a verdade*, aproxima-se da luz" (Jo 3,21). "Se... andamos nas trevas..., não *fazemos a verdade*" (1Jo 1,6).

Para João, a verdade é antes de mais nada a própria Revelação do Pai em Cristo (Jo 1,17), é a Palavra de Jesus (Jo 17,17), é Jesus mesmo (Jo 14,6). Ora, a verdade se pratica, não se conhece apenas. Sem dúvida, para João a verdade não somente se "faz", mas também se "diz", se "ouve" (pela revelação), se "conhece", se "sabe"; se "é dela", se "está nela", Jesus "é a verdade". Mas sem dúvida, acima de tudo, a verdade é e deve ser "feita".

Ora, que é esse "fazer a verdade"? Não é, em primeiro lugar, a prática ética, mas sim a *atitude de fé*, enquanto apropriação pessoal da verdade revelada; em seguida e em base à experiência interior da fé, é a prática externa, mediada pelas obras. O "fazer" de João não sofre deriva alguma para qualquer pragmatismo. A verdade joanina se faz primeiro no coração, depois na vida moral, sendo a primeira condição da segunda. A verdade envolve primeiro fé e depois amor (cf. 1Jo 1,6; 3,2; 5,1)[66]. Assim, primeiro estamos em Cristo e produzimos frutos (Jo 15,4-5).

Mas dá-se aí também um "retorno dialético": "Se guardais meus mandamentos, permanecereis no meu amor" (Jo 15,10). Efetivamente, são muitos os textos em que João mostra como a prática é fonte de conhecimento de Cristo:

– Jo 5,6: "As obras que faço dão testemunho de mim" (cf. 10,25). Quer dizer: as obras falam, elas dão a conhecer algo de Cristo;

– Jo 7,17: "Se alguém cumprir a vontade do Pai, reconhecerá a minha doutrina". A prática da obediência se mostra aqui a via do conhecimento de Cristo;

---

66. Cf. os estudos clássicos de POTTERIE, Ignace de la. *La verité dans Saint-Jean*. Analecta Biblica 74. Roma: Biblical Institute Press, 1977, 2 vol., espec. cap. 6, p. 479-535, e conclusão, p. 530-535. Do mesmo autor, *La verdad de Jesús*. Estudios de cristología joanea. BAC 405. Madri: Católica, 1979, espec. cap. 12: "*Hóida y gignóosco. Los dos modos de conocimiento en el cuarto evangelio*"; · Id. (org.). *La verità della bibbia nel dibattito attuale*. Col. Giornale di teologia 21. Brescia: Queriniana, 1968.

– Jo 14,21: "Quem me ama guarda meus mandamentos... e eu me manifestarei a ele". Aqui é o amor efetivo que leva à revelação de Deus;

– 1Jo 4,8: "Quem não ama não conhece a Deus". Deus se conhece bem com o coração, mas é sempre um coração que move à ação. O conhecimento de Deus é ao mesmo tempo cordial e eficaz (1Jo 3,17-18).

Terminemos essa breve síntese da epistemologia bíblica, não sem antes prevenir sobre um equívoco não incomum. Seria, com efeito, errôneo contrapor, ponto por ponto, os traços da teoria da verdade bíblica aos da grega, assim: para a Bíblia a verdade estaria na prática, apareceria sob forma do evento e levaria à transformação, enquanto que para a Filosofia grega a verdade estaria na teoria, se manifestaria sob a forma do conceito e produziria apenas compreensão. Em breve, a verdade bíblica (e semita) seria "fidelidade" ('emet) e a grega (e ocidental) "adequação".

Mas, analisadas mais a fundo, as concepções bíblica e grega estão longe de serem incompatíveis. Constituem apenas dois momentos complementares da mesma e única verdade. Separadas, tanto uma como outra correm perigo: a sabedoria bíblica, de resvalar para o pragmatismo e a confusão; e o saber grego, de cair no abstrato, árido e frio. Combinadas, elas se complementam: a sabedoria dá à ciência substância vital; e a ciência dá à sabedoria vertebração crítica[67].

Ora, a teologia não é justamente o esforço de conjugar as duas, no sentido de articular a sabedoria bíblica e a ciência grega? Não é a tentativa de dar ao *conteúdo da Sabedoria (bíblica) a forma da Ciência (grega)*? Enfim, não é com a Bíblia que se aprende a *fazer* teologia, mas com a Grécia. E vice-versa: não é com a Grécia que se aprende *teologia* como conteúdo, mas sim com a Bíblia. E ei-las, pois, corretamente harmonizadas.

EXCURSO II

A FÉ DOS DEMÔNIOS

A "fé opera pelo agapé" (Gl 5,6). É a "fé informada" dos escolásticos. É a fé-prática. É essa, e só essa, a fé que justifica e salva. E essa fé é a que os demônios não têm e não podem ter. A fé-doutrina eles a têm e possivelmente em grau mais elevado do que nós, humanos. Os Evangelhos mostram que os demônios percebem a messianidade de Jesus antes e melhor que as pessoas. Isso se vê, por exemplo, já na tentação do deserto (Mc

---

67. Cf. MANCINI, Italo. *Teologia, ideologia, utopia*. Brescia: Queriniana, 1974, p. 665-675.

1,12-13) e no primeiro milagre de Jesus, a cura do possesso: "Sei – diz o demônio – quem tu és: o Santo de Deus" (Mc 1,24).

Na verdade, os demônios podem ser grandes argumentadores teológicos. Sabem mais de Deus que qualquer gênio em teologia. A diferença é que não podem amar, nem afetiva e nem praticamente. São Francisco, com aquela sua peculiar penetração espiritual, diz muito apropositadamente:

> Um só demônio conhece mais das coisas celestiais e ainda agora conhece mais as da terra do que todos os homens juntos[68].

O Doutor Angélico fala, em vários passos, da fé dos demônios. Diz que eles creem sim, mas só quando "forçados"[69]. Trata-se de uma *fides coacta*, devida à evidência constrangedora dos sinais, para os quais têm grande "perspicácia"[70]. Assim, por exemplo, eles podem ser obrigados a crer na Eucaristia pela força dos sinais[71].

Contudo, sua fé é "informe" no sentido que, como em todos os condenados, não tem a forma do amor, ou seja, não é animada por ele[72]. Os diabos creem, mas não podem amar. Partindo de Agostinho, Tomás distingue um "conhecimento matutino", puramente luminoso, como é o de Deus; e um "conhecimento vespertino", em lusco-fusco, que é o dos anjos. Ora, quanto aos demônios, eles teriam um "conhecimento noturno": é tenebroso porque por eles conhecem a Deus, mas não o louvam[73].

Portanto, um conhecimento puramente teórico, sem compromisso nenhum, como o dos arrogantes, é um saber demoníaco[74]. Do mesmo modo, São Tiago falava numa "sabedoria terrena, animal e diabólica" (Tg 3,15). Haveria, pois, uma "teologia diabólica" na medida em que está desligada da prática do agapé libertador.

Assim também, as Cartas Pastorais denunciam o falso saber religioso que não leva a prática construtiva alguma mas apenas à desagregação e ao desorientamento (1Tm 4,1-7; 6,3-5; 2Tm 2,14-18; 3,5-9; 4,3-4; Tt 1,10-16). Ora, isso vale perfeitamente para uma teologia desligada da fé viva, a saber, da fé agápica.

---

68. *Escritos e biografias...* Petrópolis: Vozes, 1981, Admoestações, 5, 6, p. 63.

69. *ST* I, q. 64, a. 2, ad 5; II-II, q. 5, a. 2, ad 5.

70. *ST* II-II, q. 5, a. 2, o.

71. *ST* III, q. 76, a. 7, c.

72. *ST* II-II, q. 18, a. 3, ad 2.

73. *ST* I, q. 64, a. 1, ad 3.

74. Cf. *ST* II-II, q. 162, a. 3, ad 1.

Curioso: para o sábio islâmico Jafar ben Mohammed al Sadiq, foi Íblis (Satã) que introduziu no mundo a teologia, como procedimento discursivo, quando, em vez de se contentar, na obediência pura, com a letra da Revelação, recusou a se inclinar diante do homem criado por Deus, argumentando (foi o primeiro raciocínio teológico, fautor de sua desgraça!) que um ser de luz era mais nobre que um ser de terra[75].

LEITURA

GUSTAVO GUTIÉRREZ:

O que é "Teologia da Libertação"[76]

<<A teologia como reflexão crítica da práxis histórica à luz da Palavra não só não substitui as demais funções da teologia como sabedoria e saber racional, mas ainda as supõe e necessita. Não é tudo, porém. Não se trata, com efeito, de simples justaposição. O trabalho crítico da teologia leva necessariamente a uma redefinição dessas outras duas tarefas. Sabedoria e saber racional terão daí em diante, mais explicitamente, como ponto de partida e como contexto, a práxis histórica. Em referência obrigatória a ela é que se deverá elaborar o conhecimento do progresso espiritual a partir da Escritura; nela igualmente recebe a fé as questões levantadas pela razão humana. A relação fé-ciência situar-se-á no contexto da relação fé-sociedade e no da consequente ação libertadora.

No presente trabalho, dada a índole do tema que nos ocupa, levaremos em conta, sobretudo, esta função crítica da teologia com as implicações que acabamos de indicar. Isso nos levará a estarmos especialmente atentos à vida da Igreja no mundo, aos compromissos que os cristãos, impelidos pelo Espírito e em comunhão com outros homens, vão assumindo na história. Atentos em particular à participação no processo de libertação, fato mais significativo de nosso tempo, que toma peculiaríssima coloração nos países chamados do Terceiro Mundo. Este tipo de teologia que parte da atenção a uma problemática peculiar dar-nos-á, talvez, por caminho modesto, porém sólido e permanente, a *teologia em perspectiva latino-americana*

---

75. GOLDZIHER. *Die Zahiriten*, apud JOURNET, Charles. *Connaissance et inconnaissance de Dieu*. Paris: DDB, 1969, p. 80.

76. *Teologia da libertação*. Perspectivas. Petrópolis: Vozes, 1975, p. 26s.: Conclusão do cap. 1: "Teologia: reflexão crítica" [orig. esp. Salamanca: Sígueme, 1972, retomando trabalhos anteriores, desde 1968].

que se deseja. Isto, não por frívolo prurido de originalidade, mas por elementar sentido de eficácia histórica, e também – por que não dizê-lo? – pela vontade de contribuir para a vida e reflexão da comunidade cristã universal. [...]

Por tudo isso, a Teologia da Libertação nos propõe talvez não tanto novo tema para a reflexão quanto *novo modo* de fazer teologia. A teologia como reflexão crítica da práxis histórica é assim uma teologia libertadora da história da humanidade, portanto também da porção dela – reunida em *ecclesia* – que confessa abertamente Cristo. Teologia que não se limita a pensar o mundo, mas procura se situar como um momento do processo por meio do qual o mundo é transformado: abrindo-se – no protesto ante a dignidade humana pisoteada, na luta contra a espoliação da imensa maioria dos seres humanos, no amor que liberta, na construção de uma nova sociedade, justa e fraterna – ao dom do Reino de Deus.>>

Seção II – PROCESSOS

Capítulo 8/1

MOMENTO I DA PRÁTICA TEOLÓGICA – POSITIVO (I): A SAGRADA ESCRITURA

A estrutura geral do processo de produção teológica

Explicitemos de imediato os três momentos essenciais que compõem o discurso teológico em seu processo de produção, ou seja, como prática:

PRÁTICA TEOLÓGICA:

- I. Ausculta da fé (*auditus fidei*)
- II. Explicação da fé (*intellectus fidei*)
- III. Atualização da fé (*applicatio fidei*)

Como se vê, três são as grandes operações do processo de produção teológica:

I. *hermenêutica*, para a escuta da fé;

II. *especulativa*, para a explicação da fé;

III. *prática*, para a "aplicação" da fé na vida.

O momento *hermenêutico* quer compreender o sentido mesmo da Mensagem da fé, registrada nas sagradas Escrituras, na Tradição e nos Dogmas da Igreja, segundo uma articulação que teremos ainda que explicitar.

O momento *especulativo* entende explicar o conteúdo interno da fé através de um movimento *ad intra*. É o momento chamado *teórico* enquanto voltado imediatamente para o *conhecimento* do dado da fé. Diz-se também momento *construtivo* porque, à diferença do anterior – o positivo – se propõe a construção de uma inteligência teológica aprofundada.

O momento *prático* corresponde ao momento da *applicatio* da fé à vida concreta. Representa um movimento por assim dizer *ad extra*: da fé para a vida, pois busca *atualizar* a fé na vida. Podemos também chamá-lo de momento *projetivo*, porque nele se examinam as "projeções" da fé no mundo, ou mesmo os "projetos" que ela implica na realidade concreta.

Nos dois primeiros capítulos que seguem, estudaremos o primeiro momento – o *positivo* –, que consiste na escuta da fé, testemunhada, primeiro, na sagrada Escritura (Cap. 8/1), depois, na Tradição (Cap. 8/2) e, por fim, nos Dogmas (Cap. 8/2). Deixaremos para os capítulos subsequentes o exame do momento *construtivo* (Cap. 9) e do momento *prático* (Cap. 10). Vamos ao trabalho.

A ESCUTA DA FÉ

O primeiro momento do ato teológico mesmo é o *auditus fidei*: a escuta da fé. Teologizar é primeiro ouvir e depois pensar. O *intellectus fidei* vem sempre depois da ausculta da Palavra. "Shema, Israel" (Dt 6,4 = Mc 12,29). A razão teológica é em primeiro lugar uma razão-escuta, uma razão receptiva. Em seguida, e só em seguida, é uma razão-fala, uma razão lógica[1].

Vale sobretudo para o teólogo o que disse, ao modo de epigrama, Elias Canetti: "O ouvido não o cérebro é a sede do espírito"[2]. De resto, à diferença da cultura grega, "cultura dos olhos", a do saber teórico, a hebraica é a "cultura dos ouvidos", ou seja, a da Palavra profética.

Por que essa primazia do ouvido sobre o olhar teórico? Porque a teologia se baseia fontalmente nos testemunhos dos Profetas (AT) e dos Apóstolos (NT) e não sobre as reflexões dos sábios. Por isso, na Igreja vem primeiro a Palavra-proposta – a Revelação; depois vem a Palavra-respos-

---

1. Cf. ALBERT, Hans. El mito de la razón. In: ADORNO , Theodor (org.). *La disputa del positivismo en la sociología alemán*. Barcelona: Grijalbo, 1973, p. 281.

2. Tal é o tema de fundo de vários livros do prêmio Nobel de literatura de 1981 Elias Canetti, especialmente *A província do homem* (1973), mas também: *Massa e poder* (1960), *As vozes de Marrakesch* (1967), *O testemunho auricular* (1974), *A língua salva* (1978), por fim *A chama na orelha*, cuja III parte tem por título: *"A escola da escuta"*.

ta – a teologia. Porque história e não sistema, a fé revelada se sabe por testemunho e não por especulação.

Daí também a importância em teologia da faculdade da *memória*, precisamente a memória da fé. A memória em teologia goza do primado sobre a inteligência, pois vem antes e é seu princípio. A "eminente ciência de Jesus Cristo" (Ef 3,8) é originariamente *memoria Jesu*: "Fazei isso em memória de mim" (Lc 22,19)[3]. A teologia – repetimos – se refere não a um sistema de verdades, mas a uma narrativa: é a história de uma aliança de amor. A fé é um ato de *tradição*: funda-se sobre a *anámnesis*[4]. Por isso, a teologia possui uma radical "racionalidade anamnética", que, por veicular uma "memória perigosa", constitui uma racionalidade ético-crítica[5].

Por tudo isso, a fé cristã tem um inequívoco caráter *positivo*. É a "positividade cristã" que obriga a teologia a se pôr humildemente à escuta antes de falar. E nisso refaz a estrutura da iniciação cristã: antes da *reditio Symboli* (profissão de fé), dá-se a *traditio Symboli* (iniciação aos mistérios da fé).

As razões principais da teologia são constituídas pelas várias testemunhas da Palavra, sejam elas *primárias* (as Sagradas Escrituras com a Tradição), sejam *secundárias* (os Concílios, os Padres, a Liturgia, o Magistério, etc.). São, pois, as razões da autoridade que têm a primazia e não as autoridades da razão.

A positividade teológica: M. Cano

O momento positivo da construção teológica tem seu ato inaugural na ausculta da Palavra de Deus, mas prossegue, em seguida, com a recepção dos outros testemunhos dessa Palavra. Por isso, depois da Sagrada Escritura, há que se colocar o

---

3. Cf. CHANTRAINE, Georges. *Cos'è la teologia. Come studiare la teologia.* Casale Monferrato (AL): Piemme, 1989, p. 48-50.

4. Cf. GISEL, Pierre. Verité et tradition historique. In: LAURET, Bernard & REFOULÉ, François (orgs.). *Initiation à la pratique de la théologie.* Paris: Cerf, 1982, p. 145-147: "Tradição: anamnese e produção".

5. Cf. METZ, Johann Baptist. "Liberdade solidária. Crise e missão do pensamento europeu". *Concilium*, 240 (1992/2), p. 106-113.

conjunto das "Escrituras cristãs" como documentos-fonte do teologizar[6]. Além disso, é preciso ouvir a própria vida de fé da Igreja na liturgia e na caminhada geral do Povo de Deus.

A teologia se apropria de tudo isso e lhe determina o sentido, discernindo o peso e o valor de cada testemunho. Obtém assim uma primeira inteligência da fé, para depois aprofundá-la por um trâmite próprio, que teremos ainda que especificar (Cap. 9).

Quais são os documentos da fé que constituem fonte para a teologia? Para isso nos instrui a teoria epistemológico-teológica de Melchior Cano (1509-1560), em seu livro *Os lugares teológicos*[7].

Que são esses "lugares teológicos"? São as instâncias de argumentação, as "sedes" ou os "domicílios" das razões teológicas. Trata-se na verdade de uma heurística ou tópica teológica – a parte do método que ensina onde encontrar (*heurískein*) os argumentos de autoridade em teologia[8].

Na esteira de Cano, mas sem nos amarrar-nos a ele, podemos hierarquizar os seguintes "lugares teológicos", dispostos em três campos[9]. Eis como podem ser especificados:

---

6. A expressão "sagrada Escritura" ou "divina Escritura", para os primeiros teólogos escolásticos, não designava apenas a Bíblia, mas ainda os Padres, os Concílios, as Decretais pontifícias – todos escritos tidos então por sagrados: cf. CONGAR, Yves. *La Tradizione e le tradizioni*. Roma: Paoline, 1964-1965, 2 vol., aqui, vol. I, p. 175s. e 220-247.

7. Foi dominicano. Professor em Valladolid, Alcalá e Salamanca. Assessor influente no Concílio de Trento nos anos 1551-1552. Bispo das Canárias por dois anos. Exerceu em seguida vários cargos em sua Ordem. Seu livro clássico, *De locis theologicis* foi publicado postumamente em 1563.

8. A taxionomia dos "lugares" de M. Cano é a seguinte: 1. Escritura, 2. Tradição, 3. Igreja Católica, 4. Concílios, 5. Igreja Romana, 6. Santos Padres, 7. Teólogos escolásticos, 8. Razão natural, 9. Filósofos, 10. História humana. Sem dúvida, Cano distingue, com muita razão, os dois primeiros lugares de todos os outros; distingue também os três últimos dos demais. Contudo, tem-se observado nele algumas faltas: a de uma integração mais cerrada dos "lugares" em sua articulação recíproca, assim como a da inclusão de outros "lugares", como a Liturgia e os Sinais dos Tempos. Cf. SECKLER, Max. *Teologia, Scienza, Chiesa*. Brescia: Morcelliana, 1988, p. 171-206: "O significado eclesiológico do sistema dos 'loci theologici'".

9. A tríplice repartição das autoridades em teologia é de Tomás de Aquino. Este distingue: a "autoridade própria e necessária": a da Revelação; a "autoridade própria e provável": a dos Doutores da Igreja; enfim, a "autoridade estranha" (e provável): a da razão humana e dos filósofos: cf. *ST* I, q. 1, a. 8, ad 2. Cipriano VAGAGGINI chama a 1ª fonte de "constitutiva" e a 2ª de "propositiva e interpretativa": Teologia. In: BARBAGLIO, Giuseppe & DIANICH, Severino (org.). *Nuovo Dicionario di Teologia*. 4. ed. Cinisello Balsamo (MI): Paoline, 1985, p. 1.694.

I. Testemunhos primários:

(1) Escritura, junto com a Tradição

Explicação: A Revelação ou Palavra de Deus é testemunhada nesse lugar. Por isso a Escritura ocupa um lugar absolutamente à parte e único. Junto com a Escritura, inclui-se a Tradição apostólica, porque é impossível dissociar a Escritura da Tradição e vice-versa, como veremos melhor mais adiante (Cap. 8/2).

II. Testemunhos secundários:

(2) Senso dos Fiéis, incluindo as Confissões de fé e a Liturgia

(3) Magistério episcopal, tanto ordinário como solene

(4) Magistério pontifício (Santa Sé, Papa)

(5) Santos Padres

(6) Teólogos

Explicação: Depois da Escritura com a Tradição, a maior autoridade é o "senso dos fiéis", ou seja, é a própria Igreja enquanto professa a fé. Esse "senso da fé" encontra expressões privilegiadas nos Credos e na sagrada Liturgia. Depois, vêm o Magistério, não só pontifício, mas também episcopal, em seguida, os Padres e, por fim, também os teólogos, sobretudo os Doutores da Igreja.

III. Testemunhos alheios:

(7) Religiões não cristãs

(8) Filosofias e concepções do mundo (ideologias)

(9) Ciências naturais e humanas (razão natural)

(10) História passada, especialmente da Igreja

(11) Sinais dos Tempos

Explicação: Esses são chamados "lugares teológicos alheios". Por quê? Porque, por um lado, não pertencem à própria teologia. São *theologizanda*, isto é, oferecem dados que devem ser eles mesmos teologicamente discernidos a título de matéria-prima (daí serem chamados de "alheios"); por outro, são também *theologizantia*, ou seja, possuem também certa luz teológica, como vimos nos Cap. 6 e 7 (daí merecerem o nome de "lugares *teológicos*").

A escuta da fé é sempre ativa e crítica

Evidentemente, a audição da fé em seus documentos autorizados não é ingênua. Supõe uma audição crítica. O momento positivo implica numa hermenêutica. Positividade cristã não é positivismo. O "posto à frente" não é um dado morto a ser assumido como tal, mas é uma Palavra viva, dirigida a pessoas vivas. A exegese moderna, em particular, mostrou clarissimamente a "humanidade" e a historicidade da Palavra de Deus, contra todo fundamentalismo.

O dado teológico não é simplesmente dado. É um dado já construído. Não é fato consumado, mas processo vivo. Pois a Palavra de que a teologia arranca não é, como distingue Ch. Péguy, o todo-feito, o habitual, mas é o fontal, o nascente[10].

Portanto, o *auditus fidei* exige uma *explicatio*. Esta precede a *applicatio*, a qual constitui naturalmente um momento posterior da teologia, o da construção teológica, como estudaremos no próximo capítulo. Ora, a "escuta da fé" implica em três momentos:

1. Momento heurístico

É buscar e encontrar os "dados" da fé. É assumi-los na elaboração teológica. Esses dados constituem os princípios por meio dos quais teologizamos. Os princípios últimos da teologia são os artigos da fé. E esses, porque princípios de base, são a rigor indemonstráveis, mas antes acolhidos na fé, o que não dispensa um exame prévio de sua credibilidade (cf. Cap. 19).

A descoberta (daí heurística) desses dados vai na linha dos *Tópicos* e de suas regras, tais como foram expostas por Aristóteles e como foram transferidas por M. Cano para a teologia[11]. De fato, nesse momento os

---

10. Cf. RANGEL, Paschoal. "Charles Péguy e a teologia (II)". *Atualização*, 40 (1973), p. 711-722, aqui p. 713-715.

11. Os *Tópicos* de Aristóteles foram publicados em português na Col. Os Pensadores 4. São Paulo: Abril, 1973.

princípios da teologização, máxime os "princípios principais", que são os bíblicos, aparecem sob as espécies dos *éndoxa* ou *opiniones*. Ressalve-se, contudo, que essas opiniões são na verdade os testemunhos divinos da fé, sendo por isso mesmo infinitamente mais "imponentes" que os da razão natural.

Tudo isso implica numa crítica textual, apoiada na filologia, na linguística e em outras matérias auxiliares, que ajudam a restituir ao texto, o quanto possível, sua originalidade material.

2. Momento hermenêutico

Os textos não falam por si mesmos, mas somente quando interrogados. Daí as perguntas sobre o que querem dizer, levando-se em conta o contexto geral da época e outras regras de interpretação, que em breve desenvolveremos.

3. Momento crítico

Trata-se de discernir ou julgar o peso das respectivas autoridades segundo uma hierarquia de valor: primeiro a Palavra de Deus e sua Tradição, depois o senso dos fiéis, em seguida o Magistério e assim por diante. É o *judicium* sobre os "lugares", postulado por Cano.

É nesse nível que aparece claro o lugar hegemônico da Bíblia. Rigorosamente falando, só desse lugar se pode dizer: *a nemine judicatur*: não é julgado por ninguém, sendo que julga a todos (cf. 1Cor 2,15). Essa é a única autoridade não relativa, mas soberana. Só ela é *inspirada* pelo Espírito, enquanto as outras autoridades são apenas *assistidas* por Ele. Em relação a ela é legítimo somente um humilde discernimento hermenêutico: saber o que nos quer dizer, sendo fora de lugar uma atitude judicativa superior: o que escolher ouvir dela ou o que preferimos dizer sobre ela.

Quanto aos outros lugares, são ouvidos sim, mas não sem antes serem submetidos à crítica da Palavra. À medida que se desce na hierarquia dos *loci*, esses também diminuem de peso. De modo que, como princípios de teologização, vão perdendo vigor. Cada um deles reflete ou representa de modo relativo a Palavra de Deus, essa sim sempre certa.

Vê-se, por aí, que os "lugares teológicos" incluem não só princípios da teologização, a saber, os artigos da fé e os dogmas, ao modo da *Analítica* de Aristóteles; mas também princípios correspondentes à sua *Dialética*, ou seja, meras teses teológicas, os chamados *theologoúmena* (cf. Cap. 14).

Necessidade e insuficiência da metodologia tipo Cano

Melchior Cano teve o mérito de chamar a atenção da teologia para a *positividade* da fé, estabelecendo para isso a *hierarquia* das autoridades teológicas. Mais: para ele, a tradição da fé não é simples hierarquia, mas um organismo interativo de sujeitos mais ou menos autônomos. Como mestre da *inventio* e do *judicium* dos princípios teológicos, Cano contribuiu para organizar o momento inicial da teologia, o momento positivo[12].

Contudo, seus limites são hoje claros. Usando uma distinção de G. Sorel (†1922), podemos dizer que seu método permite criar apenas uma "sistemática" e tirar dela deduções na linha de uma "teologia das conclusões", mas não leva até uma verdadeira "teórica", no sentido de uma ordenação lógica do material acumulado e de um desdobramento conceitual do mesmo[13].

Efetivamente, depois do momento "receptivo" do método teológico, segue o momento "construtivo", como veremos no capítulo seguinte[14]. Ao *auditus fidei* segue o *intellectus fidei*: a reflexão que busca o aprofundamento interno da verdade em questão, penetrando em seus nexos íntimos, assim como a confrontação atualizante da verdade em questão com a situação concreta da Comunidade.

---

12. Cf. SECKLER, M. *Teologia...*, op. cit., p. 171-206; e POTTMEYER, Hermann Josef. Norme, criteri e estrutture della tradizione. In: KERN, Walter; POTTMEYER, Hermann J. & SECKLER, Max (orgs.). *Trattato di gnoseologia teologica*. Brescia: Queriniana, 1990, p. 137-172, aqui p. 148-152.

13. Cf. minhas críticas in: *Teologia e prática*, op. cit., p. 156-158, na seção II, § 3. Cf. tb. as de SEMERARO, Marcello & ANCONA, Giovanni. *Studiare teologia dogmatica*. Roma: Vivere, 1994, p. 57s.

14. Para esses dois momentos, cf. a obra do teólogo zairense, feito bispo, TSHIBANGU, T. *Théologie positive et théologie spéculative*. Lovaina/Paris, 1965; e ainda LATOURELLE, René. *Teologia, ciência da salvação*. São Paulo: Paulinas, 1971, p. 71-87. Mais perto de nós, é a esses dois momentos que se atém o Pe. PENIDO, Maurílio T.-L. *Natureza da teologia*. Conferência no II Congresso de Intelectuais Católicos, jan. 1952, apud MOURA, Odilão. *Padre Penido*. Vida e Pensamento. Petrópolis: Vozes, 1995, p. 250-254, aqui p. 252s.

Sem persolver o 2º momento e o 3º, isto é, ficando apenas na "positividade da fé", não se chega a uma teologia completa e fecunda, mas apenas, no máximo, a uma teologia controversística, que se contenta com as *auctoritates*. Não é à toa que a metodologia positiva e mesmo positivista de Cano se deu no contexto histórico da polêmica contra os Reformadores.

Portanto, ficar no "trabalho morto" é fazer arqueologia, não construção teológica. Contentar-se com aquilo é cair na teologia rabinizante, que comenta os textos, para em seguida suscitar novos comentários, e assim *ad infinitum et ad nauseam*. Limitando-se a esse momento, dificilmente a teologia evita o dogmatismo, forma de autoritarismo doutrinário, quando então vale apenas o argumento do *magister dixit*, dispensando todo o labor do conceito.

Não. Para fazer teologia se precisa ainda de todo um 2º momento: a produção teológica mesma e a criação de novas razões a partir do confronto entre as mesmas verdades da fé; e, por fim, de um 3º momento, o confronto da fé com a realidade humana e histórica da Comunidade.

Por isso Melchior Cano não pode ser considerado simplesmente como o "fundador da epistemologia teológica moderna", como se ouve dizer. Falta ainda mais da metade da tarefa teológica. Para chegar à "diferença teológica" não basta ajuntar materiais, embora os pondo em ordem. É preciso ainda levantar efetivamente a construção a partir de um plano ordenado, criativo e voltado para a realidade[15].

Divisão de nossa exposição

Seja como for, o momento positivo é a porta de entrada da produção teológica. Ele impõe se colocar, em primeiríssimo lugar, na escola da Palavra bíblica, testemunha primeira da Revelação. Só em seguida a teologia pode se pôr na ausculta dos outros testemunhos da fé, os testemunhos segundos.

Portanto, neste capítulo nos ateremos à positividade bíblica, deixando para os capítulos seguintes o tratamento dos outros lugares.

---

15. Assim também Aristóteles, em sua *Metafísica*, passa sim em revista as filosofias passadas, mas a fim de partir em seguida para a construção de sua filosofia. Se ele também realiza um primeiro momento *positivo* é para depois passar ao momento *especulativo*, sendo que o momento *prático* vem mais tarde, expresso em seus tratados éticos e políticos.

A questão da Tradição, que faz organicamente parte da Escritura, será neste capítulo levada em conta (ver infra, 6ª regra do "decálogo hermenêutico"). Mas, como constitui uma questão complexa, será analiticamente tratada à parte, isto é, no próximo capítulo.

SAGRADA ESCRITURA: A TESTEMUNHA DA PALAVRA

Todo o n. 24 da Constituição Dogmática *Dei Verbum* coloca a importância da Escritura para a teologia. Faz aí algumas afirmações básicas. Diz que para a teologia a Escritura é o "perene fundamento"; que nela a teologia "se fortalece e sempre se remoça"; e que o "estudo" da Bíblia deve ser "como que a alma" da teologia (cf. tb. OT 16,2).

A credibilidade única de que os autores bíblicos gozam na Igreja e, por consequente, na teologia se dá em força de seu "imediatismo" em relação à Palavra revelada. A teologia, quanto a ela, conhece a Palavra "apenas de segunda mão". É o que afirma K. Barth, e tira as consequências:

> (O teólogo) não será nenhum *vir spectabilis* que tivesse o direito de conceder ou de tirar a palavra aos Profetas e Apóstolos, como se fossem seus colegas de faculdade. Menos ainda, será um professor ginasial, com a tarefa ou autoridade de olhar por sobre os ombros (das testemunhas bíblicas)..., para lhes corrigir os cadernos e lhes conceder notas boas, médias ou baixas. Mesmo o menor, o mais esquisito, o mais ingênuo, o mais obscuro entre estes primeiros se acha à dianteira de qualquer teólogo posterior, seja ele o mais piedoso, o mais douto, o mais perspicaz... Assim, a teologia terá seu lugar definitivo abaixo dos escritos bíblicos... Terá de permitir, de bom grado, que aqueles lhe olhem sobre os ombros e lhe corrijam os cadernos...[16]

Já Santo Agostinho tinha afirmado, em carta, na verdade, polêmica, ao biblista São Jerônimo:

> Aprendi a tributar somente aos livros da Escritura, chamados canônicos, a honra de crer, com toda a firmeza, que nenhum de seus autores incidiu em erro quando escreveu. Quanto aos outros autores, leio-os,

---

16. BARTH, K. *Introdução à teologia evangélica*. São Leopoldo: Sinodal, 1977, p. 27s., da III preleção: "As Testemunhas".

sim, mas, por mais eminentes que sejam em santidade ou inteligência, não os tenho por verdadeiros apenas em força da autoridade de sua palavra[17].

Distinção entre Palavra e Escritura

Para fins de interpretação, convém explicitar aqui a distinção entre Palavra de Deus ou Revelação e a Escritura ou Bíblia. Essa distinção é latente em toda *Dei Verbum* (cf. n. 8,1; 9; 11,2; 12; 17; 18,1; 26).

A *Palavra* representa a realidade mistérica da automanifestação e autocomunicação escatológica de Deus, que se experimenta na fé. É a "lei evangélica", realidade pneumática, impressa no fundo de nosso coração. A Comunidade de fé é totalmente determinada pela Palavra, que lhe é anterior, que a gerou e a mantém viva.

Já a *Escritura* é o testemunho categorial ou registro humano e canônico da Palavra. A esse nível a palavra escrita vem depois da Igreja e esta poderia, a rigor, subsistir sem ela. A Escritura julga, mas é em si mesma um "juiz morto": é só o Espírito vivificador que a transforma em Palavra divina[18].

Contudo, não se deve opor as duas noções. Pois a letra da Escritura sustenta o espírito da Palavra. Esta se fez carne e... livro. Daí a necessidade da exegese dos textos bíblicos, quando nada para fazer frente ao gnosticismo e ao seu especulativismo aéreo.

Palavra de Deus: fonte e não meio da teologia

Dois são os olhos da teologia: *auctoritas* e *ratio*. Todavia, a razão teológica tira sua força principal dos "argumentos de autoridade", que provêm da Palavra, e não dos "argumentos de razão". Pois a Palavra é a razão primária de toda teologia cristã, primeiro a Palavra de Deus, e depois as outras palavras ou testemunhos da fé. É o que exprime o dispositivo *sed contra* na arquitetura da grande escolástica.

---

17. *Carta 82*, apud ST I, q. 1, a. 8, ad 2.

18. É assim que M. Cano descreve os termos da distinção acima: in: POTTMEYER, H.J. *Norme, criteri...*, op. cit., p. 149s.

Atenção, porém. Pois a Bíblia não pode ser usada apenas para provar teses previamente estabelecidas. Não. É ela que é princípio fontal de toda reflexão teológica. É ela que "dá as cartas" em teologia. Infelizmente, à diferença da Alta Escolástica, não foi o que aconteceu com a Escolástica Posterior[19]. Esta caiu no vício dos *dicta probantia*: afirmações tiradas da Bíblia para sustentar teses teológicas predeterminadas. Ora, aí a Escritura já não representa mais o ponto de partida, mas apenas um *locus* ou repertório de afirmações, usadas instrumentalmente em função de uma teologia já dada[20]. Ora, a Palavra de Deus não é para servir à teologia mas para ser servida por ela. É fim da teologia e não mera função dela.

Na verdade, o que é a teologia em sua essência? Na linguagem preferida pela tradição católica, é a ciência da Revelação, tal como é testemunhada na Bíblia e na Tradição, donde o acento na dogmática. Já na linguagem protestante, teologia é a reflexão a partir da Palavra bíblica, donde o acento na exegese. A teologia não seria essencialmente a "inteligência da Escritura" (*intellectus Scripturae*)[21]? A rigor, teologia não é simplesmente a "ciência das Escrituras", pois isso não nos levaria para além de uma "hermenêutica da letra" (biblicismo). Teologia é, isto sim, a ciência *daquilo de que falam as Escrituras*, isto é, da Palavra transcendente de Deus[22]. E aqui já estamos na "hermenêutica do espírito", aquela que é propriamente teológica.

Sem dúvida a fé tem sua "positividade". Porém, não se pode cair por isso no "positivismo" teológico. A fé busca, sobre qualquer outra coisa, não essa ou aque-

---

19. M. CANO distingue duas escolásticas: a *escolástica miserável*, "a qual, subtraída a autoridade da sagrada Escritura, filosofa acerca das coisas divinas por meio de silogismos contorcidos"; já a *verdadeira escolástica* "raciocina sobre Deus e sobre as coisas divinas de modo adequado, prudente e inteligente a partir das Escrituras e das instituições sagradas": *De locis theologicis*, l. VIII, cap. 1 (apud DTC, t. IX/1, col. 731).

20. Para toda essa questão, cf. KASPER, Walter. *Renouveau de la méthode théologique*. Paris: Cerf, 1968, especialmente cap. 2, p. 15-24.

21. É a definição do teólogo medieval Godefroid de Fontaines (1285-1304): cf. a tese doutoral na Gregoriana de THION, Paul. *Foi et théologie selon Godefroid de Fontaines*. Lovaina, 1966 (269 p.), espec. p. 157-167.

22. A crítica à definição da teologia como "ciência das Escrituras" foi feita por Henrique de Gand (†1293) e mais ainda por Pedro Auréolo (†1322). Este chega a dizer que "saber o que está escrito não é fazer teologia" ("scire quid est scriptum non est scire theologicum"). Isso no fundo – explica ele – não é fazer mais que fazem os entendidos dos livros fabulosos dos poetas pagãos. E continua: saber teologia não é, pois, saber a ideia da Bíblia sobre Deus, mas é antes saber Deus mesmo: *Scriptum in I Sent.*, proem., apud BROWN, Stephen F. Scotus' Method in theology. In: SILEO, Leonardo (org.). *Via Scoti*. Roma: PAA/Antonianum, 1995, p. 229-243, aqui p. 237.

la verdade religiosa positiva, mas "a" Verdade por excelência, que tem por nome "Deus". E é só à luz dessa Verdade que a fé acolhe em seguida todas as outras verdades positivas[23].

DECÁLOGO HERMENÊUTICO

Entre as fontes de informação teológica, a Bíblia constitui o *heegemonikón*, a instância primacial. Teologia é partir e re-partir da Bíblia e discernir a partir dela todas as outras escrituras cristãs.

Daremos agora algumas regras essenciais para o uso da Bíblia na teologia assim como na vida das Comunidades cristãs em geral[24]. Embora essas regras valham também, *mutatis mutandis*, para a interpretação de outros textos básicos da fé, visamos aqui em primeiro lugar as Escrituras sagradas[25].

1. Disposição sincera e orante para a escuta da Palavra

Para a compreensão de qualquer texto, o princípio dos princípios hermenêuticos é este: a abertura ao sentido objetivo, a disposição de entender o mais plenamente possível o que há para se entender. Sem essa

---

23. É a penetrante visão de Santo Tomás, abrindo o tratado sobre a fé, no início da *Secunda secundae*, dizendo que o objeto *formal* da fé é a "Verdade primeira", sendo o objeto *material* as verdades do Credo: II-II, q. 1, a. 1, todo. De fato, só cremos nas "verdades" propostas à nossa fé por nos aparecerem como "verdadeiras", ou "à luz da Verdade", instância suprema.

24. Para estabelecer esse decálogo nos inspiramos nos trabalhos de Carlos Mesters, animador principal do "novo modo de ler a Bíblia" que se usa nos CEBIs (Centros de Estudos Bíblicos) por ele fundados e que se difundiu nas CEBs (Comunidades Eclesiais de Base). Para a hermenêutica de Mesters, cf. a tese doutoral, orientada por mim, de CAVALCANTI, Teresa. *O método de leitura popular da Bíblia na América Latina*. A contribuição de Carlos Mesters, PUC, Rio de Janeiro, 1991, mimeo. Cf. tb. da mesma autora sua tese de mestrado *A lógica do amor*. Pensamento teológico de Carlos Mesters. São Paulo: Paulinas, 1986. Cf. tb. outra tese doutoral de MACCISE, Camilo. *Palabra y Comunidad en San Pablo y en las Comunidades eclesiales de base en América Latina*. México/Roma: CEVHAC/Teresianum, 1989, espec. II Parte. Mas para toda essa parte é preciso levar em conta as filosofias hermenêuticas de F. Schleiermacher, W. Dilthey, M. Heidegger, H.-G. Gadamer e P. Ricoeur, e suas aplicações em teologia. Cf. uma síntese clara em PCB, IBI, p. 87-90 (cf. nota seg.). Cf. em particular de RICOEUR, Paul. *Ermeneutica biblica*. Linguaggio e simbolo nelle parabole di Gesù. Brescia: Morcelliana, 1978.

25. Cf. o esclarecedor documento da PONTIFÍCIA COMISSÃO BÍBLICA. *A interpretação da Bíblia na Igreja* (15/14/1993). São Paulo: Paulinas, 1994. Dele nos serviremos aqui abundantemente (referência abreviada: PCB, IBI, p.).

atitude de fundo, todo e qualquer princípio, por mais técnico que seja, é ineficaz[26].

Essa é também, a novos títulos, a atitude fundamental de todo aquele que se aproxima da Palavra de Deus. É a vontade de acolher e praticar o que vai ouvir. É só assim que alguém *sintoniza* com a mensagem revelada e pode captar sua mensagem. É o que significa o princípio de se "ler a Bíblia com espírito de fé". Nessa linha ensina o Vaticano II: "A Sagrada Escritura deve ser lida e interpretada naquele mesmo Espírito em que foi escrita" (DV 12,3). Importa, pois, conaturalizar-se, afinar-se, pela fé, com a Escritura, para se poder entendê-la corretamente[27].

Isso implica se despojar de todo preconceito e se abrir ao questionamento. O leitor que interroga as Escrituras deve estar pronto a se deixar interrogar por elas. O texto interpreta o leitor. Requer-se, pois, uma leitura que seja fiel, dócil, e não uma leitura simplesmente interesseira ou então insubmissa. É a escuta do filho obediente e não do filho rebelde, como ensina Santo Agostinho[28].

Impossível ler a Bíblia sem "pobreza espiritual". Por isso também, ser pobre, estar com os pobres ou ser como eles oferece as melhores condições para interpretar corretamente a Bíblia. Não são os "pequeninos" os discípulos prediletos do Pai, aos quais Ele ama revelar seus segredos (cf. Mt 11,25)? Como já vimos (Cap. 7), existe também um "privilégio hermenêutico dos pobres". Eis como, em relação a isso, se exprime J.L. Segundo:

> A opção pelos pobres... não é um tema da Teologia da Libertação, mas a premissa epistemológica para interpretar a Palavra de Deus[29].

---

26. Cf. CORETH, Emerich. *Cuestiones fundamentales de hermenéutica*. Barcelona: Herder, 1972, p. 148 e 190.

27. Cf. BETTI, Emilio. *L'ermeneutica come metodica generale delle scienze dello spirito*. Roma: Città Nuova, 1987, p. 156-158 e 71-73, que o autor chama "cânone da correspondência", um dos quatro de sua canônica hermenêutica (os outros cânones são: a "autonomia" do objeto, a "totalidade" e a "atualidade").

28. Cf. *Discurso do Senhor no Monte*, I, 3, 10; I, 11, 32; *Carta 171A*.

29. In *Sal Terrae*, 74 (1986) 476, apud MEDINA, Elbio. "La morte del teologo uruguaiano J.L. Segundo, un credente attento ai segni del suo tempo". *Sial* (Verona), 4 (1996) 1-2 (escrito por ocasião da morte daquele teólogo em 17/01/96).

A hermenêutica bíblica, do ponto de vista técnico e científico, não difere de qualquer outra. Mas o *espírito* com que vem usada é único, como é única a natureza de sua mensagem. Ora, de vez que se trata da Palavra da salvação, a razão natural se mostra limitada, precisando ser "iluminada" pela fé. Donde a recomendação de Orígenes ao seu aluno Gregório, o Taumaturgo:

> Aplicando-te à leitura divina, procura cuidadosamente e com espírito de fé aquilo que a muitos escapa: o espírito das divinas Escrituras. Não te contentes com a vibração do entusiasmo e com a pesquisa. O mais importante para obter a inteligência das letras divinas é a oração[30].

Justamente, a *oração* é a atitude mais adequada a se adotar ao escutar a Palavra. É que estamos aí na raiz da teologia, que é, como vimos, orante e confessante (Cap. 6). Agostinho recomenda que os fiéis "orem para poderem entender" (*orent ut intelligant*)[31]. É sobretudo a recomendação insistente dos Padres orientais:

> Não te aproximes dos mistérios das Escrituras sem a oração (Isaac, o Sírio, séc. VII).

> Antes da leitura, ora e suplica a Deus para que ele se revele a ti (Santo Efrém, sírio, †373).

Tal é também o espírito da chamada "leitura orante" da Bíblia, como é praticada em muitos grupos cristãos da América Latina[32].

Existe toda uma simbologia que cerca o uso da Palavra na Igreja e que indica a veneração com que ela deve ser ouvida e lida, por exemplo: a en-

---

30. Apud HAMMAN, Adalbert. *Os Padres da Igreja*. São Paulo: Paulinas, 1980, p. 96.

31. SANTO AGOSTINHO. *De Doctrina Christiana*, III, 56: PL 34, 89.

32. Cf. as publicações da Coleção "Tua Palavra é Vida", em 7 volumes, publicada pelas Ed. Loyola/CRB, São Paulo/Rio de Janeiro, desde 1990, cujo primeiro volume, de caráter metodológico, tem por título justamente *A leitura orante da Bíblia* (1990). Essa visão espiritual da leitura bíblica é muito clara em C. Mesters e também nos CEBIs (Centros de Estudos Bíblicos) e nas CEBs. É o que mostrou especialmente CAVALCANTI, T. *O método de leitura popular...*, op. cit., cap. 4, p. 182-215: "A comunidade de fé: contexto da leitura da Bíblia"; mas também cap. 3, p. 44-119: "A raiz contemplativa".

tronização da Bíblia na abertura das sessões conciliares; sua incensação nas missas solenes; o levantar-se à leitura do Evangelho na missa; a imposição, na sagração episcopal, sobre a cabeça do novo ministro do livro das Escrituras; o juramento feito sobre a Bíblia, sem falar em tantos gestos criativos nas celebrações populares da Palavra.

2. Situar o texto no contexto histórico

Essa é uma regra hermenêutica elementar. "O texto no contexto para não virar pretexto" – costuma dizer C. Mesters. De fato, isolando o texto de sua situação literária e histórica, cai-se num dos extremos: ou manipular a Bíblia à vontade, ou produzir dela uma leitura rígida e abstrata.

Por contexto podemos entender:

– o contexto *literário*, próximo ou remoto, ou seja, o quadro em que está inserida uma perícope na ordenação do livro santo;

– o contexto do *cânon*, isto é, o lugar que uma passagem ocupa dentro do conjunto da Bíblia;

– por fim, a *situação histórica* em que o texto foi produzido.

Deixemos aqui de lado os dois primeiros sentidos: o primeiro por ser óbvio, e o segundo, porque dele trataremos logo adiante. Fiquemos no terceiro sentido: o *contexto histórico*.

É preciso sempre examinar a situação histórica (econômica, política, cultural e social em geral) em que um texto foi redigido: seus destinatários, os conflitos que estão subjacentes, a motivação que preside à sua produção, etc. Para estabelecer o contexto histórico-social são de grande ajuda as mediações das ciências humanas em geral. Nesse nível, os trabalhos de exegese científica são indispensáveis.

Assim, por exemplo, como interpretar certa concepção antifeminista em Paulo (ex. Ef 5,22-33; 1Cor 2,16; 1Tm 2,11-15), é verdade, ao lado de afirmações da mais alta estima pela dignidade da mulher (cf. Gl 3,28), senão apelando para o contexto cultural da época, de que ele era caudatário? O mesmo vale para a ideia da escravidão e de outras semelhantes.

Contudo, deve-se reconhecer que o sentido da Palavra de Deus é de natureza transcendente. A Palavra está, sem dúvida, sempre *situada* num

contexto histórico determinado, mas não está *vinculada* de modo determinante por esse contexto. Antes, ela supera de tal modo todo e qualquer
contexto histórico que permite sempre a apreensão de seu sentido essencial e decisivo, sem necessariamente passar pelo exame técnico desse contexto. É que a Palavra toca o ser humano enquanto tal, em sua condição
perene e em seu destino comum. Nesse sentido, afirma K. Barth:

> Certamente, não se devem descuidar as diferenças entre o tempo de
> Paulo e o nosso, entre o seu lugar e o nosso, com o objetivo, porém, de
> reconhecer que essas diferenças não têm nenhuma importância es-
> sencial[33].

Mas por que então pôr o texto no contexto? Barth dá a esta operação
um valor reduzido: o de ser apenas "preparação à inteligência do texto".
Pois, mesmo após a explicação do contexto, a compreensão da Mensagem permanece inteira como tarefa para o teólogo. Explica Barth no mesmo lugar:

> Aquilo que teve uma vez uma grande importância a possui ainda hoje; e
> aquilo que é sério e importante hoje e não é um caso ou um capricho
> está também em conexão imediata com aquilo que foi sério e importan-
> te uma vez. Os nossos problemas, bem entendidos, são os problemas de
> Paulo e as respostas de Paulo devem ser as nossas respostas enquanto
> discernidas à luz daquelas[34].

O teólogo de Basileia tem razão. Ainda que o conhecimento da verdade
venha por certo condicionado pela história, há, contudo, nele também algo
de incondicionado e absoluto. Não foi precisamente por esse motivo que a
mensagem foi posta por escrito? Não foi para que os leitores futuros, embora vivendo numa outra época, viessem a aproveitar da mesma luz antiga
e no entanto sempre nova? E as reinterpretações contínuas da Bíblia não
buscam finalmente atingir, embora assintoticamente, o "essencial", o "perene", o "transistórico" sempre válido dos textos?[35]

---

33. *A epístola aos Romanos.* Prefácio à 1. ed., Berna, 1919, logo no início; 2. ed., reescrita e definitiva, 1922 [trad. it. Milão: Feltrinelli, 1962, cit. p. 1].

34. BARTH, K. Op. cit., ibid.

35. Cf. COMISSÃO TEOLÓGICA INTERNACIONAL (= CTI). A interpretação dos dogmas (1988). *Sedoc*, 23 (1990) 193.

Portanto, não se há de majorar o valor do contexto social. Sua importância é mais negativa que positiva, mais desconstrutiva que construtiva: é desentulhar o terreno das ambiguidades, para liberar o sentido sempre vivo. O contexto é apenas a moldura histórica da mensagem transcendente, e de modo nenhum a pintura mesma da mensagem. A análise do contexto só tira a palha, mas ainda não oferece o grão do sentido. Não é causa, mas condição[36].

É por isso que os Padres, menos informados do que nós sobre o contexto histórico dos textos bíblicos, porém mais sintonizados com seu conteúdo profundo, puderam assim mesmo elaborar comentários de grande profundidade teológica e de perene atualidade. É certo, contudo, que, por não conhecerem suficientemente o contexto, os Padres caíram em interpretações que aparecem hoje um tanto arbitrárias, destituídas que estavam de uma base crítica consistente.

3. Estabelecer o "sentido textual" do passo em questão

Fala-se normalmente de "sentido *literal*", distinguindo-o do "sentido espiritual"[37]. Porém preferimos a expressão "sentido textual", pois muitas vezes o "sentido textual" coincide com o "sentido espiritual". É o que se vê, por exemplo, em João, aliás de modo típico.

Digamos, ademais, que o sentido textual é grávido do chamado "sentido pleno", isto é, aquele sentido supraliteral, visado pelo autor transcendente da Escritura – o Espírito Santo, e que se vai desdobrando ao longo da história em virtude da tradição[38].

O sentido textual se contradistingue do sentido *atual*, que veremos logo em seguida. Efetivamente, na interpretação bíblica há de se captar, em primeiro lugar, o sentido do texto como tal. Primeiro vem o preceito

---

36. Na gigantomaquia que opôs K. Barth e R. Bultmann, o primeiro enfatizou o incondicionado (teológico) da Escritura e o segundo o condicionado (social). Na verdade, não há oposição, se bem que haja mais verdade em Barth que em Bultmann. Para essa polêmica, cf. CORETH, Emerich. *Cuestiones fundamentales de hermenéutica*, op. cit., p. 20-24.

37. Sobre o sentido "literal", cf. PCB, IBI, p. 94-97.

38. Sobre o "sentido pleno", cf. PCB, IBI, p. 100-102. Seria "uma outra maneira de designar o sentido espiritual" (p. 101).

applica te ad textum (aplica-te ao texto); depois vem o *applica textum ad te* (aplica o texto a ti). Antes vem a e*xplicatio*, depois a *applicatio*.

Dito isso, como chegar ao "sentido em si" do texto, o sentido que teve "naquele tempo"?

Aqui, mais importante que o próprio texto é a *intenção* do autor do texto: o que ele *quis* dizer. É captar o "espírito" sob a "letra", a *mens* que subjaz à expressão. É o que diz São Jerônimo:

> O Evangelho não está nas palavras... mas no sentido; não na superfície, mas na medula; não nas páginas dos discursos, mas na raiz da razão[39].

Mas como chegar à intenção de um autor? Além do exame do sentido geral de sua mensagem e do contexto literário e social, deve-se estar particularmente atento ao "gênero literário" que ele usa para dizer o que quer dizer. É esse o último ponto que destaca a DV (n. 12). Uma coisa é, com efeito, uma narrativa histórica, outra um poema, outra ainda uma parábola, um provérbio, e assim por diante.

No campo do sentido textual é de muita valia o método de exegese que, apesar de seus limites, tem produzido bons resultados: o *método histórico-crítico*. Esse compreende:

– a *crítica textual*: estabelecimento do texto originário ou autêntico pela via dos códices, como se observa nas edições críticas da Bíblia;

– a *crítica literária*: busca das fontes, da idade, dos destinatários e da singularidade de um texto (em confronto com outros), assim como de sua estrutura interna por meio da identificação das unidades discretas (perícopes);

– a *crítica das formas ou gêneros*: análise das formas literárias de um texto, de suas camadas sucessivas, inclusive das pré-literárias e núcleos originários (especificamente a *crítica da tradição*), e estabelecimento do seu *Sitz im Leben*;

– a *crítica da redação*: estudo da perspectiva teológica própria do respectivo hagiógrafo[40].

---

39. *In Gal.* 1,11: PL 26, 347A.

40. Cf. WOLKMANN, M.; DOBBERAHN, F.E. & CÉSAR, E.E.B. *Método histórico-crítico*. São Paulo: Cedi, 1992; · GILBERT, Pierre. *Pequena história da exegese bíblica*. Petrópolis: Vozes, 1995; · ZIMMERMANN, M. *Metodologia del Nuovo Testamento*. Turim: Marietti, 1971. Para exposição e apreciação do método histórico-crítico, incluindo a crítica de seus limites e o balanço de seus resultados, hoje bastante evidentes, cf. PCB, IBI, p. 37-46 e 160.

Esse método, hoje normal, privilegia a dimensão *diacrônica* do texto. Precisa ser completado por métodos que dão destaque à dimensão *sincrônica*, como as modernas análises retórica, narrativa e semiótica[41].

No que tange à apreensão do sentido textual, a exigência de objetividade e de rigor é muito importante. Pois, só o sentido textual pode ser exibido como argumento teológico, não o sentido atual ou "espiritual". O sentido textual é inclusive base para todo e qualquer sentido atual que se queira tirar em seguida. Sentencia o Aquinate: "O sentido espiritual se funda sobre o literal e o pressupõe"[42].

É nesse momento que se mostra importante a presença do exegeta profissional tanto na elaboração de documentos pastorais, como na leitura popular da Bíblia. Ele pode contribuir muito para a socialização dos resultados das pesquisas científicas, relativas ao sentido textual das Sagradas Escrituras.

Vale também dizer que é possível se entender um texto melhor que seu autor humano (não que o divino). É certo, por exemplo, que a consciência da divindade de Jesus é mais clara categorialmente, embora não existencialmente, para nós que o foi para a primeira Igreja. Esse é o princípio de compreensão formulado pela primeira vez como tal por Friedrich Schleiermacher († 1834):

> Primeiro entender o discurso tão bem como o autor e depois melhor do que ele... Levar à consciência muitas coisas que a ele podem ter ficado inconscientes, a não ser que ele, refletindo, seja seu próprio leitor[43].

4. Buscar em seguida o "sentido atual" do texto

Estamos aqui no momento da "aplicação" do texto a nós hoje; de perceber sua força atual. Pois a Palavra de Deus é sempre "viva e eficaz" (Hb

---

41. Cf. PCB, IBI, p. 46-57 e 160-161.

42. *ST* I, q. 1, a. 10, c; cf. *ST* I, q. 102, a. 1, c, onde fala da *veritas historiae*, como *fundamentum* das "exposições espirituais". É a teoria hermenêutica da grande tradição teológica, inclusive dos Padres. Cf. meu livro *Teologia e prática*, op. cit., seção II, § 16, n. 4, espec. nota 34.

43. Apud CORETH, E. *Cuestiones fondamentales de hermenéutica*. Op. cit., p. 156, nota 4. O autor nota que filósofos como Kant, Fichte e Schlegel já haviam se dado conta disso.

4,12). É como o fogo: é luz que "ilumina a mente", é energia que "fortalece a vontade" e é calor que "inflama os corações" (cf. DV 23).

De resto, o "serviço da Palavra" no Novo Testamento (cf. At 6,2.4; 2Cor 4,1; 5,18) é uma verdadeira "prática de leitura". Essa implica o duplo movimento: fazer, sim, a memória da fé, proclamando sobretudo a Ressurreição de Jesus (cf. At 1,8; 4,18; 4,33; Lc 24,47), mas também *confrontar* a Palavra com o momento presente (cf. Lc 24,47-48; At 1,15-2; 2,14-20; 3,12-26; 4,17; 5,28, etc.)[44].

Neste sentido, tornou-se célebre a intervenção de Paulo VI, em seu Discurso à XX Semana Bíblica Italiana em 1972:

> A interpretação não terá esgotado sua tarefa a não ser quando tiver mostrado como o significado da Escritura pode se referir ao presente momento salvífico, isto é, quando faz ver sua aplicação nas circunstâncias presentes da Igreja e do mundo[45].

A base teológica desse princípio hermenêutico o Papa a tira do mistério da Encarnação, cuja virtude atravessa os tempos e chega até nós:

> A fidelidade à Palavra encarnada exige também, em virtude da dinâmica da encarnação, que a mensagem se faça presente, na sua integridade, não ao homem em geral, mas ao homem de hoje... Cristo se fez contemporâneo de alguns homens e falou na linguagem deles. A fidelidade a ele pede que esta contemporaneidade continue[46].

Há, portanto, uma "continuidade entre exegese e pregação", como disse Paulo VI no mesmo discurso. A exegese, que se fixa na interpretação científica da Palavra, se desdobra na hermenêutica, que visa finalmente o ouvinte da Palavra hoje.

O que chamamos "sentido atual" ou aplicado foi chamado na tradição "sentido espiritual". Era não um sentido puramente interior e místico, mas

---

44. Cf. MARTINI, Carlo Maria. "Ministeri...". In: MASINI, Mario (org.). *La parola per l'assemblea festiva*. Va. domenica di Pasqua, 322. Brescia: Queriniana, 1973, p. 14-17 [orig. Paris: Cerf, 1973].

45. Publicado em *Revista de Cultura Bíblica*, vol. 11, n. 43-44 (1987), p. 244-248.

46. PAULO VI. Ibid.

o sentido que o *Espírito* sugeria no texto em função do presente[47]. De resto, há um parentesco íntimo entre a hermenêutica "espiritual" dos Padres e a leitura "popular" da Escritura, que põe em confronto Bíblia e Vida[48].

Vimos que para determinar o "sentido textual" precisávamos de todo o rigor do exegeta. Agora, o "sentido atual" interessa especialmente ao dogmático, ao moralista e aos pastores em geral. E, à diferença do momento anterior, o hermeneuta, nesse campo, deve estar aberto e ser criativo. Pois o "sentido para nós" é necessariamente plural, em função da pluralidade dos leitores e de suas situações. E porque na leitura entra sempre algo do sujeito interpretante, podemos dizer que, de certo modo, "toda exegese é também eisegese"[49]. Por isso, Duns Scotus podia dizer: "A interpretação da Sagrada Escritura é infinita"[50].

Mas o sentido atual também não pode ser qualquer sentido. Um mesmo texto não pode abrigar sentidos heterogêneos. Ele tem que estar dentro do "leque de sentidos" permitidos pelo sentido textual. Donde a importância de se estabelecer previamente este último sentido, de modo a impedir uma leitura puramente "biscateira" (*bricoleuse*) da Palavra de Deus[51]. Vale sempre a máxima elementar de toda hermenêutica: "O senti-

---

47. É sob o nome geral de "sentido espiritual" que Santo Tomás ajunta os três outros sentidos que os medievais viam na Bíblia, além do "literal": os sentidos "alegórico" (ou típico), o "moral" e o "anagógico" (celeste e escatológico): *ST* I, q. 1, a. 10, c. Daí o célebre dístico de Agostinho da Dinamarca (†1282): "Littera gesta docet, quid credas allegoria, moralis quid agas, quid speres anagogia" (A letra ensina a história; o que crer, a alegoria; o que fazer cabe à ética; que esperar, à anagogia): apud PCB, IBI, p. 93. Cf. LUBAC, Henri de. *Exégèse médiévale*. Les quatre sens de l'Ecriture. Paris: Aubier, 1959. Tomando como exemplo "Jerusalém", temos: sentido literal = capital davídica; sentido alegórico = Igreja; sentido moral = cidade justa e santa; sentido anagógico = Reino glorioso.

48. Como mostrou Carlos Mesters, espec. no art. "Flor sem defesa". *Sedoc*, vol. 9, out. 1976, col. 325-392. Cf. mais extensamente CAVALCANTI, T. *O método de leitura popular...*, op. cit., p. 261-266: "A exegese dos Santos Padres e a exegese medieval".

49. Na expressão de CROATO, José Severino. *Hermenéutica bíblica*. Para una teoría de la lectura como producción de sentido. Buenos Aires: Asociación Ediciones la Aurora, 1984 [trad. bras. São Paulo: Paulinas, 1986], apud *Concilium*, 256 (1994/6), p. 856.

50. *Div. Nat.*, 1, II, c. 20: PL 122, 560 A.

51. Cf. meu livro *Teologia e prática*, op. cit., seção II, § 16, n. 2, p. 245s.

do deve ser tirado do texto (*efferendus*), e não simplesmente introduzido nele (*inferendus*)"[52].

Mais uma vez: tudo isso não impede a criatividade interpretativa na atualização da Palavra. Só impede a arbitrariedade. Por exemplo, os Padres, uma vez presos à substância da fé e ao critério do agapé, permitiam-se uma grande liberdade na interpretação das Escrituras. Orígenes chega a dizer que, para garantir o "sentido espiritual" (de fé e de vida), os Apóstolos tiveram que às vezes "modificar" ou mesmo "falsear" o "sentido corporal" da Palavra de Deus[53]. O que mais vale na Escritura não é a linguagem (letra), mas a mensagem (espírito)[54]. Alegar que tal ou tal palavra não está na Bíblia e que, portanto, não deve ser usada equivale a dizer que só se pode teologizar em hebraico ou grego[55].

Naturalmente, para "aplicar" o sentido textual ao presente é necessário levar em conta nossa situação atual (assim como se fez com o mesmo sentido textual). É o polo "Vida" da hermenêutica bíblica popular, praticada especialmente nas CEBs.

---

52. *Sensus non est inferendus, sed efferendus*: apud BETTI, Emilio. *L'ermeneutica...*, op. cit., p. 66 e 121: Isso não contradiz de modo nenhum o cânon hermenêutico da "atualidade" ou da recriação do sentido em função da vida do sujeito, mas se combina complementarmente com ele: cf. BETTI, E. Op. cit., p. 154-156 e 70s.

53. Cf. ORÍGENES. Commentário de S. João, apud LUBAC, Henri de. *Histoire et Esprit.* L'intelligence de l'Ecriture d'après Origène. Col. Théologie 16. Paris: Aubier, 1950, p. 126.

54. Uma pequena ilustração dessa aplicação pneumática criativa nos dá São Francisco, quando, instado por um teólogo dominicano a lhe explicar o sentido das palavras de Ezequiel: "Se não exortares o ímpio a abandonar a sua má conduta, é a ti que eu pedirei conta de sua alma", respondeu: "Eu as entendo assim: o servo de Deus deve brilhar e refulgir de tal modo pela santidade de sua vida, que o seu exemplo seja uma censura aos mais. Sim, digo-vos, o exemplo de sua vida e sua boa fama tornarão todos os ímpios conscientes de suas iniquidades". E eis, em comentário, a reação do dominicano, opondo a "teologia aquilina" de Francisco à "teologia galinácea" dos espíritos cerebrinos: "A teologia deste homem, apoiada na pureza de sua vida e no espírito de contemplação, é semelhante à águia que voa, enquanto que a nossa se arrasta pelo chão": O espelho da perfeição, cap. 53. In: *São Francisco de Assis:* Escritos e biografias de São Francisco de Assis; crônicas e outros testemunhos do primeiro século franciscano. Petrópolis: Vozes/Cefepal, 1981, p. 898s.

55. Cf. *ST* I, q. 29, a. 3, ad 1: "Se para falar de Deus fosse preciso usar somente a linguagem da Sagrada Escritura, então nunca se poderia falar de Deus em outra língua que não fosse a língua original do Antigo ou do Novo Testamento".

Sem dúvida, o polo "Vida" não dá a medida última da Palavra. Ao contrário: é a Vida que precisa ser esclarecida e julgada pela Palavra. Mas, como já vimos no Cap. 7, existe aí um "círculo hermenêutico", pois a Vida ou Práxis pode provocar e despertar uma compreensão inédita da Palavra eterna de Deus[56].

5. Ler a Escritura em comunhão com o conjunto da Igreja

A Bíblia é patrimônio de todo o Povo de Deus. É um "livro de família". É o livro da Igreja. Foi escrita coletivamente: o Povo de Deus é seu autor. Por isso deve também ser lida comunitariamente.

O Povo de Deus, mediante o *sensus fidei*, ouve a Palavra com o acerto do Espírito. E nisso ele goza da *infallibilitas in credendo* (cf. LG 12), como explicaremos mais à frente (Cap. 14). Relembremos aqui que os pobres são os destinatários privilegiados da Palavra e que, como se vê nas CEBs, eles compreendem de modo particularmente penetrante as Páginas santas.

Por outro lado, a leitura individual não é de modo algum excluída. Muito pelo contrário: é incentivada. Contudo, ela nunca é totalmente privada. Com efeito, a comunhão com a Igreja pode ser física, no sentido de que sua leitura é feita na e pela Comunidade presente. Mas pode ser também espiritual, *in absentia*. O leitor individual lê sempre como membro do Povo de Deus e sintonizado com esse Povo. Por isso, quando lê a Escritura, deve sempre *sentire cum Ecclesia*, isto é, levar em conta o senso da Igreja como um todo.

6. Pôr-se na linha da grande tradição da Igreja

Aqui também o que está em jogo é de novo a Igreja, agora em sua dimensão *diacrônica*, e não sincrônica, como no número anterior.

Na verdade, entre nós e o texto existe uma distância: interpõe-se toda a vivência da Igreja a partir da Palavra, vivência essa que foi por sua vez

---

56. Cf. CTI. *A interpretação dos dogmas*, C, III, 4, op. cit. p. 212, referindo-se ao que chama mais precisamente o "critério antropológico".

tradicionada ao longo da história. Importa, pois, recolher também os ecos da Palavra que Deus suscitou no coração do Povo de Deus. Pois a Palavra é como um rio, que tem, sim, sua fonte, mas que foi se enriquecendo com o aporte de muitos afluentes.

A tradição hermenêutica opera já dentro da própria Bíblia, como se vê pelas releituras sucessivas que ela mesma registra; e opera também a partir da Bíblia ao longo da vida da Igreja. É que Deus não cessa de falar a seu Povo pelo Espírito de seu Verbo: "O Paráclito vos ensinará tudo e vos recordará tudo o que eu vos disse" (Jo 14,26). A tradição é obra do Espírito.

Portanto, todo texto deve ser posto dentro da tradição viva em que nasceu e se desenvolveu. Essa é sua atmosfera vital, fora da qual o texto corre o risco de se reduzir à sua mera forma elementar, como o carvalho à semente. O hermeneuta católico dá particular relevo à tradição:

> O que caracteriza (a exegese católica) é que ela se situa conscientemente na tradição viva da Igreja, cuja primeira preocupação é a fidelidade à revelação atestada pela Bíblia. As hermenêuticas modernas colocaram em destaque... a impossibilidade de interpretar um texto sem partir de uma "pré-compreensão" de um gênero ou de um outro[57].

Pois, quando se lê um texto bíblico, não se pode deixar de lado a elaboração doutrinária, quer dogmática, quer teológica, que se desenvolveu a partir do mesmo texto. Mais em geral, temos que levar em conta a "história dos efeitos" daquele texto: a repercussão que teve no curso da história[58]. Por exemplo, como ler o episódio do jovem rico (Mt 19,16-22) sem considerar o movimento de Vida Religiosa que floresceu "como árvore frondosa e variegada" ao longo dos séculos a partir de textos como aquele (LG 43,1)?

Contudo, como veremos melhor logo à frente, a tradição permanece sob o juízo de sua fonte – a Sagrada Escritura. Daí que se devem afastar interpretações que se tornaram "tradicionais" mas que não encontram

---

57. Cf. PCB, ICI, cap. 3, p. 103-124, aqui p. 103.

58. Para a "história dos efeitos", cf. PCB, IBI, p. 64-66.

(mais) respaldo na Bíblia, como certas leituras classistas, racistas, sexistas ou de gênero semelhante. Destaquemos em particular a longa e persistente tradição patriarcal que atravessa a Bíblia e chega até nós, e contra a qual muito justamente se levantou a "abordagem feminista" da Escritura[59].

Lugar especial na tradição merecem os Padres da Igreja, com sua exegese "espiritual" das Escrituras. Cristo "fundou" a Igreja, os Apóstolos a criaram, mas os Padres a *educaram* e depois os Doutores a instruíram. Os Padres fundaram a *paideia* cristã, deram forma à tradição doutrinária da Igreja. Por serem "pastores", vivendo no seio da Comunidade (à diferença dos Doutores, que viveram nas escolas), eles realizaram uma leitura viva e atualizante (espiritual e moral) da Escritura. Embebidos da Palavra de Deus e dotados de uma visão orgânica da fé, eles mostram uma particular força para comunicar a sabedoria cristã (cf. DV 8).

Mas se deve também reconhecer os limites dos Padres, como a descontextualização que muitas vezes fazem de um texto ou a alegorização extremada a que chegam. Contudo, sob esses mesmos limites pode-se sempre perceber o espírito genuinamente cristão que animava sua interpretação[60].

7. Considerar o texto dentro do conjunto do cânon escriturístico

Trata-se de inserir o texto em questão no contexto maior da "unidade de toda a Escritura" (cf. DV 12,3). Justamente porque a Bíblia tem um único autor transcendente, existe nela uma lógica interior, uma mensagem fundamentalmente unitária. A Escritura traduz um único plano de Salvação. É o que por vezes se chama a "analogia da fé" (cf. Rm 12,6), entendida como a

---

59. Cf. PCB, ICI, p. 78-82.

60. Para os Padres, cf. PCB, ICI, p. 116-119. Cf. tb. STUDER, Basil. Os teólogos. *Mysterium Salutis*, I/3. Petrópolis: Vozes, 1971, p. 100-104, onde distingue: os *Patres*, cuja *auctoritas* está fundada na Antiguidade e na santidade; e os *Magistri*, cuja *opinio communis* se baseia na ortodoxia e na competência científica. Esta distinção desponta em Jerônimo e Agostinho, se estabelece no séc. XII e é formalizada por M. Cano, que confere aos teólogos um *locus* específico. Às vezes se distingue *Patrística* de *Patrologia*: a 1ª seria o estudo histórico e literário dos escritores antigos da Igreja, enquanto a 2ª consistiria no estudo propriamente *teológico* dos mesmos.

grande harmonia que os mistérios mantêm entre si ("nexo dos mistérios": DS 3016). Afirma, nessa linha, São Boaventura:

> Toda a Escritura poderia ser comparada a uma cítara: uma corda, sozinha, não dá harmonia, mas somente com as outras. Assim a Escritura: um texto depende do outro. Mais: um passo se refere a mil outros[61].

Assim, é muito produtivo ler a Escritura pela Escritura, cotejando os textos paralelos. "A Bíblia é intérprete de si mesma" (*Scriptura sui ipsius interpres*), como se exprimia Lutero[62]. Existe mesmo uma nova perspectiva de ler a Escritura, a "abordagem canônica", que busca precisamente entender os textos dentro do contexto do cânon bíblico, propiciando assim a captação do sentido nitidamente teológico dos textos[63].

Se há tensões internas na Bíblia elas se resolvem dentro de uma harmonia mais geral e profunda, dada pelo projeto mesmo de Salvação que a percorre por inteiro. Tal é o contraponto básico sobre o qual se constrói toda a sinfonia bíblica e a partir do qual se pode entender o efeito "contrastantemente harmônico" de certos "acordes dissonantes".

Por isso é preciso adotar uma hermenêutica dinâmica ou dialética, para se compreender a mensagem bíblica como um todo. Já dizia o primeiro grande dialético, Heráclito:

> O que é contrário é útil, e é do que está em luta que nasce a mais bela harmonia. [...] A harmonia invisível vale mais que a visível[64].

8. Colocar Cristo como a chave-mor de toda interpretação bíblica

Cristo é o centro, o objetivo e a plenitude da Revelação bíblica. "As Escrituras falam de mim" (Jo 5,39; cf. Rm 10,4). Por isso, toda a Bíblia deve ser lida à luz de Jesus Cristo, de sua palavra e de sua vida.

---

61. *In Hexaëmeron*, col. 19, 7. A mesma figura aparece na *Leitura* do mesmo Doutor que damos infra no fim deste capítulo.

62. Cf. PCB, ICI, p. 147.

63. Cf. PCB, ICI, p. 58-61 e 126.

64. Fragmentos 8 e 54 respectivamente.

Não que toda a interpretação bíblica deva falar só de Cristo, mas sim falar a partir de Cristo e à sua luz. É a partir de Cristo, culminância da Revelação (cf. Hb 1,2) que se há de ver toda a Escritura, como se vê toda a montanha a partir do cume. São Boaventura diz que a fé em Cristo é "lâmpada, porta e fundamento" de toda Escritura[65]. E Hugo de São Vítor:

> Toda a Escritura constitui um livro só e esse livro é Cristo. Pois toda a Escritura divina fala de Cristo e toda a Escritura divina em Cristo se plenifica[66].

Por isso mesmo, a interpretação bíblica há de ter um caráter dinâmico: perceber como a Revelação cresce até seu zênite, que é a Palavra derradeira de Deus em Jesus.

Portanto, toda interpretação bíblica que se choque com a mensagem de Jesus Cristo deve ser afastada ou retificada. Pois há na Bíblia "elementos imperfeitos e caducos" (DV 15). E tudo nela deve ser em Cristo restaurado e completado. Pois Cristo é o corretivo e a consumação da "Lei e Profetas" (cf. Mt 5,17-18). Assim, por exemplo, a libertação cristã, sem se reduzir à libertação exódica, deverá se desdobrar na libertação pascal.

Verdadeiramente, toda a Escritura, quando lida à luz do mistério pascal de Cristo, ganha uma luz radicalmente nova. Ela se abre como que por dentro e deixa irradiar uma luz absolutamente inesperada. É o que se vê já na leitura que o NT faz do Antigo à luz da Páscoa[67]. E é a base para o sentido "pneumático" da Escritura.

---

65. Breviloquium, Prol. 2. In: *Opera Omnia*, 5, 201-202. Cf. esse esplêndido texto por inteiro na *Liturgia das horas*, Ofício das leituras, 4ª semana do Tempo Comum, segunda-feira.

66. *De arca Noe morali*, l. 2, c. 8: PL 176, 642 C-D. Assim também Santo Tomás: "É como se alguém possuísse um livro que contivesse toda a ciência do mundo: nada mais buscaria senão aquele livro. Assim também nós, não precisamos buscar outra coisa senão Cristo, porque n'Ele – como diz o Apóstolo – 'estão escondidos todos os tesouros da sabedoria e da ciência'": *Coment. da Ep. aos Tess.*, c. 2, 3, lect. I, Ed. Marieti, 1912, p. 127b.

67. Cf. PCB, ICI, p. 97 e 108s.

9. Seguir as indicações do Magistério da Igreja

Como veremos melhor no Cap. 14, o Magistério é o intérprete "autêntico", isto é, autorizado ou oficial, da Palavra (cf. DV 10,2). Ele intervém em última instância para afastar interpretações aberrantes e garantir a autenticidade de uma interpretação[68].

Mas deve-se dizer que raramente o Magistério intervém para dar uma definição vinculante para o sentido de um texto (cf. DS 3007: Vaticano I)[69].

Do Magistério valem sobretudo as indicações gerais que orientam uma verdadeira interpretação da Bíblia, indicações que são expostas em documentos apropriados[70].

10. Finalizar no amor toda leitura da Bíblia

Como iniciamos o código hermenêutico com a fé, devemos terminá-lo com a caridade. De fato, "a caridade é a plenitude da Lei" (Rm 13,10). Que visa, com efeito, a Palavra de Deus, senão a vida e a vida em abundância, o amor e a libertação plena? Por isso, todo sentido de morte, ódio, opressão ou discriminação vai contra o sentido fundamental da Bíblia e se torna, a esse título, interpretação ilegítima[71].

Se a Palavra fala do amor, a resposta também deve ser de amor. A disposição ao compromisso de amor é o selo de toda boa interpretação bíblica. E quando dizemos compromisso dizemos conversão, obediência, evangelização, justiça, libertação, enfim, a prática dos mandamentos de Cristo.

---

68. Cf. PCB, ICI, p. 126.

69. Para a Tradição e o Magistério, como instâncias hermenêuticas, inclusive para a "leitura popular" da Bíblia, cf. MESTERS, Carlos. "O projeto 'Palavra-Vida' e a leitura fiel da Bíblia de acordo com a Tradição e a Magistério da Igreja". *Revista Eclesiástica Brasileira*, 49 (1989), p. 661-673. Para o mesmo, cf. tb. CAVALCANTI, T. *O método de leitura popular...*, op. cit., p. 261-277. A relação entre Escritura, Tradição e Magistério é explicitada em DV 8-12.

70. Lembremos espec.: a Encíclica *Providentissimus Deus* (1893) de Leão XIII, a *Divino afflante Spiritu* (1943) de Pio XII e a Constituição Dogmática *Dei Verbum* (1965) do Vaticano II.

71. Cf. PCB, ICI, p. 144.

Uma hermenêutica que permaneça no saber cultural ou no simples fruir estético não realizou até o fim sua tarefa. A boa hermenêutica termina na vida concreta, para fora da *estória* da Salvação (narrativa), rumo à *História* da Salvação (processo). As sagradas Escrituras "foram escritas para nossa instrução" (1Cor 10,11). Diz bela e acertadamente Santo Agostinho:

> Aquele que possui o amor nos costumes, possui o que é latente e o que é patente nas Palavras divinas[72].

E em seu grande tratado de hermenêutica bíblica, A *Doutrina cristã*, afirma ainda a propósito:

> Quem imaginar ter compreendido as divinas Escrituras ou pelo menos parte delas sem edificar, pela compreensão delas, esse duplo amor de Deus e do próximo, não as compreendeu ainda[73].

E fazendo apelo à figura do caminhante que se perdeu na estrada mas que alcança assim mesmo seu destino, chega a afirmar, com aquela liberdade que caracteriza os Padres frente à "palavra carnal":

> Mesmo uma interpretação errônea da Escritura não deve ser considerada falsa nem perniciosamente enganosa caso seja útil para edificar a caridade. Não obstante, há de se corrigir o intérprete que assim se engana[74].

De resto, como já vimos, o sentido da mensagem bíblica só se completa e se leva a cabo na e pela prática. É aí que ela se veri-fica e mostra o esplendor de sua verdade.

Síntese

Resumindo o decálogo acima, podemos designar o núcleo da hermenêutica bíblica por meio do confronto fundamental:

---

72. "Ille itaque tenet et quo patet et quod latet in divinis sermonibus qui caritatem tenet in moribus": *Sermão 350, Sobre a Caridade*, II, n. 2: PL 39, 1534. Também citado por Duns Scotus infra na *Leitura I* do Cap. 13.

73. *De Doctrina Christiana*, I, 36, 40 [trad. bras. São Paulo: Paulinas, 1991].

74. Op. cit., I, 36: título.

BÍBLIA – VIDA.

Ou, mais largamente:

FÉ (Bíblia) – (Vida) AMOR.

Aí se vê que a Fé é o início da escuta da Palavra, e o Agapé, o fim. No meio está a Bíblia, confrontada com a Vida. Depois podem entrar também o contexto e todos os demais princípios que vimos, mas que, na figura, foram preteridos para evidenciar melhor o núcleo essencial da hermenêutica bíblica.

A BÍBLIA E AS OUTRAS DISCIPLINAS TEOLÓGICAS

Vimos que a Escritura é a "alma" da teologia. Como opera essa "alma" no corpo teológico[75]?

Deve haver um diálogo fecundo entre Escritura e as outras disciplinas teológicas (dogma, moral, etc.). Podemos descrevê-lo resumidamente como segue:

1. A Escritura oferece às várias disciplinas a *fundamentação* de suas reflexões em base da Palavra de Deus. Além disso, o estudo bíblico abre *novos aspectos*, que as disciplinas teológicas são chamadas a incorporar.

2. Por seu lado, as disciplinas teológicas vão à Escritura com uma *pré-compreensão*, constituída por suas próprias elaborações. Além disso, interrogam a Bíblia a partir das *novas preocupações* que a situação concreta levanta[76].

Como se vê, há um vaivém dialético entre Bíblia e teologia. Nesse nível, fala-se às vezes em combinar o método progressivo e o método regressivo[77].

O *método progressivo* arranca da Escritura e vem até à compreensão atual da fé, tal como se dá na teologia assim como no Magistério. É como o caminho que vai da semente para a árvore. Esse método mostra como a Palavra evoluiu na história do ponto de vista de sua compreensão. É o método sugerido pelo Concílio

---

75. Cf. RAHNER, Karl. Escritura e Teologia. In: FRIES, Heinrich (org.). *Dicionário de Teologia*. Vol. II. São Paulo: Loyola, 1970, p. 72-82 (com bibliografia); · LÉON-DUFOUR, Xavier. *Teologia e Escritura*. In: NEUFELD, Karl H. (org.). *Problemas e perspectivas de Teologia Dogmática*. São Paulo: Loyola, 1994; ALEMANY, José J. "Existe uma relação problemática entre exegese e teologia dogmática". *Concilium*, 256 (1994), p. 119-128; GRELOT, Pierre. *Bible et Théologie*. Col. Mystère chrétien 7. Paris: Desclée, 1965.

76. Cf. PCB, ICI, p. 131-138.

77. Cf. SEMERARO, M. & ANCONA, G. *Studiare teologia dogmatica*. Op. cit., p. 58-67.

(cf. OT 16). Mas se ficarmos apenas nesse método, caímos no biblicismo ou no arqueologismo, como se tudo o que é o primeiro é necessariamente o melhor.

Já o *método regressivo* parte da compreensão atual da fé e volta até as Escrituras, para verificar aí o fundamento e a legitimidade dessa compreensão. Tal foi o método proposto pela *Humani Generis* (1950) e que predominou na manualística pré-conciliar. Contudo, deve ser dialetizado com o método progressivo. Pois, aqui também, se ficarmos só nele, podemos cair no uso meramente ideológico da Bíblia, no estilo dos *dicta probantia*, ou então, no anacronismo, julgando o presente com critérios do passado.

Portanto, em benefício de uma teologia realmente compreensiva, importa articular os dois métodos, considerando-os como dois momentos de um mesmo processo maior.

RESUMINDO

1. Os três momentos da construção teológica são:

– o momento *positivo*, correspondendo à escuta da fé (hermenêutica);
– o momento *especulativo*, consistindo na explicação da fé (teoria);
– o momento *prático*, que busca atualizar ou projetar a fé na vida (prática).

2. No primeiro momento do ato teológico – "momento positivo" – trata-se do *auditus fidei*, isto é, de ouvir os testemunhos que nos falam do Mistério divino. Este momento é insuficiente, mas é básico para o segundo, o "momento especulativo" ou construtivo, e também para o terceiro, o prático.

3. Entre os testemunhos que o teólogo deve ouvir há os "primários", que são as Sagradas Escrituras e a Tradição; os "secundários", que são os outros testemunhos eclesiais (Credos, Liturgias, Magistério, Santos Padres, Doutores e Teólogos); e, por fim, há os "alheios", que, assim mesmo, podem ser apropriados pela teologia (Religiões, Filosofias, Ideologias, Ciências, História e Sinais dos Tempos).

4. A escuta da "positividade" da fé é sempre ativa. Compreende uma *heurística* (busca dos textos corretos e autênticos); uma *hermenêutica* (interpretação adequada dos textos); e uma *crítica* (apreciação justa dos mesmos textos).

5. A Escritura é a "alma" de toda teologia. Não é ela que está a serviço da teologia ("teologia das teses"), mas ao contrário: é a teologia que está a serviço da Palavra de Deus.

6. Para se compreender corretamente a Escritura, existem algumas regras hermenêuticas, que podemos resumir assim:

– dispor-se sinceramente à *escuta* obediente e orante da Palavra;

– situar o texto no *contexto* histórico e também no contexto maior do cânon, do qual Cristo é o ápice;

– fixar primeiro o sentido *textual* e depois desdobrar a partir daí o sentido *atual*, para hoje, finalizando sempre a leitura da Bíblia na prática do *agapé*;

– levar em conta a *Igreja*: a comunhão com toda ela, com sua tradição posterior e com seu Magistério.

7. O núcleo desta hermenêutica coincide com o núcleo da metodologia teológica: confrontar Fé e Amor, ou mais concretamente ainda: *Bíblia* e *Vida*. Isso significa que a teologia é o desdobramento teórico da Bíblia.

8. O estudo da Bíblia, central na teologia, deve entrar em diálogo fecundo com as outras disciplinas teológicas nestes termos: essas disciplinas propõem ao estudo bíblico novas perguntas e novas hipóteses, e a Bíblia lhes oferece um *fundamento* seguro e lhes abre *novos aspectos* do Mistério de Deus.

EXCURSO

A QUESTÃO DO CÂNON DAS ESCRITURAS

Se a Escritura se faz autoridade máxima para a fé e a teologia, de onde lhe advém essa autoridade? É do fato de constituir o conjunto dos escritos canônicos, ou seja, dos escritos-regra. Com efeito, "cânon" vem de *cana*, vara – instrumento usado para medida. Daí o sentido de norma ou regra e, aplicado à Bíblia, a lista oficial dos livros que fazem lei na Igreja.

Mas de onde tira a Escritura o fato de ser cânon ou norma de fé? Tira do próprio Povo de Deus, testemunha direta dos Eventos salutares. Especificamente para os escritos do NT, trata-se da Comunidade primitiva, a Igreja dos Apóstolos. Esta condensou sua fé nos livros santos e aí registrou seu credo essencial. E se os livros são ditos inspirados é porque a fé das origens, das testemunhas diretas, era inspirada.

A Comunidade de fé posterior, a Igreja pós-apostólica, não constitui o cânon, como a Igreja apostólica. Recebe-o dela e o passa para frente (tradição). Em relação ao cânon, só pode reconhecê-lo e interpretá-lo.

Como se estabeleceu o cânon

O cânon se fixou por meio de um processo lento e progressivo. Mas o essencial é dizer que foi tudo uma questão de *reconhecimento*, enquanto conduzido pelo Espírito, atuando no "senso de fé" do Povo de Deus. Em particular, foi o uso *litúrgico* de um livro que constituiu uma das principais expressões desse senso/consenso dos fiéis e, por isso, jogou um papel importante na "canonificação" de um livro.

I. Para o AT

O AT pode ser dividido em três partes, como faz, em seu prólogo, o Sirácida (Eclesiástico):

a) a *Torá*, que é o nosso Pentateuco;

b) os *Profetas*, subdivididos em *Anteriores*: nossos livros históricos de Josué, Juízes, Samuel e Reis; e os *Posteriores*: os grandes e pequenos profetas, menos Daniel;

c) e os *outros Escritos*: nossos Sapienciais, mais Rute, Ester, Esdras, Neemias, Crônicas e finalmente Daniel[78].

Em todos esses livros, jogou o processo espontâneo, guiado pelo Espírito, de discernir, na prática, entre os vários escritos, reconhecendo em alguns deles a Palavra de Deus. O critério mais geral desse discernimento era se os escritos em questão serviam para sustentar a fé e guiar a vida da Comunidade[79].

1. Quanto à *Torá*, trechos da Lei, já nos tempos de Ezequias (716-687), orientam a restauração religiosa (cf. 2Rs 18,6; 2Cr 30,5.18; 31,3-4.21). Josias (640-609) redescobre a Lei deuteronômica e realiza a reforma religiosa (2Rs 22,8-10). Foi provavelmente Esdras que reuniu os cinco livros da Torá. O uso litúrgico da Torá já sinalizava a atribuição existencial e prática de canonicidade a esse conjunto de livros por parte do Povo de Deus. O cisma samaritano (432-350) consagra a Torá como regra de fé e vida.

2. Quanto aos *Profetas*, apesar do prestígio carismático de que gozavam, sua autoridade canônica só é reconhecida depois do Exílio, quando a instituição profética não existia mais como tal. No século IV, os livros proféticos começam a ser reunidos como um todo, processo esse que se conclui em torno do séc. II aC.

---

78. A Tradução Ecumênica da Bíblia (TEB) (São Paulo: Ed. Loyola, 1994) segue a mesma divisão, acrescentando-lhe ainda os "deuterocanônicos".

79. Cf. PCB, CIC, p. 114. Cf. NEUENZEIT, Peter. Canon. In: FRIES, H. (org.). *Dicionário de Teologia*. Op. cit., vol. I, p. 217-233; • MAGGIONI, Bruno. "La questione del canone biblico". *La Rocca*, 53 (1994), p. 53s.

3. Quanto aos *outros Escritos*, conjunto relativamente heterogêneo, esses já se encontram legitimados no Prólogo do Sirácida (v. 1). Sua legitimidade canônica é reconhecida a partir de vários fatores:

– prestígio do autor a que são atribuídos: Salomão, Davi;

– uso no culto sagrado, como os Salmos, as Lamentações;

– sintonia com a Torá e os Profetas, que ofereciam já uma canonicidade paradigmática.

Formalmente, foi no Concílio fariseu de Jâmnia (ca. 90) que se reconheceu oficialmente a canonicidade da Bíblia hebraica, nosso Antigo Testamento, ou melhor, o Primeiro Testamento.

II. Para o NT

Os Padres Apostólicos (Clemente Romano, Inácio, Policarpo) já fazem menção de escritos do nosso NT como escritos inspirados e merecedores do maior crédito. No final do século II a maior parte do NT era usada nas igrejas com autoridade escriturística equivalente à do AT.

O surgir de listas espúrias de escritos do NT (como a de Marcião, em 145) levou a Igreja de Roma a elaborar, por volta de 180, uma primeira relação formal dos livros creditados do NT. É o "cânon de Muratori"[80]. Essa lista inclui quase todos os livros do NT atual, menos cinco: 3Jo, 1Pd, 2Pd, Tg e Hb (mas compreende, por outro lado, o *Apocalipse de Pedro* num fragmento).

Mas foi somente no século IV que se chegou ao elenco atual. Para isso muito contribuíram Eusébio de Cesareia e mais ainda Atanásio, que, em sua Carta de Páscoa de 367, relaciona nossos 27 livros do NT, dando por fechada a lista e apelando para o Ap 22,18-19 (nem acrescentar e nem tirar). Concílios locais posteriores ratificam tal lista. Jerônimo traduz para o latim os livros da lista de Atanásio.

No século V se generalizou o cânon atual, com exceção do Apocalipse, que só foi reconhecido no séc. VIII. Os Concílios de Florença e de Trento estabeleceram de modo definitivo a lista canônica do Antigo e do Novo Testamentos (DS 1334s e 1501-1505).

Para ser posto no cânon, decisivo foi o uso prolongado, especialmente na liturgia, do livro em questão. A operação, como se vê, segue um caminho mais pneumático que inte-

---

80. Do nome do bibliotecário de Milão, que descobriu no séc. XVIII o fragmento original do primeiro cânon formal do NT.

lectual ou jurídico. A razão e a decisão vêm depois, como reconhecimento do que ocorreu antes pela força do Espírito, operando na vida concreta da Igreja[81].

Escritura e Igreja

A relação entre a Sagrada Escritura, em particular o NT, e a Igreja, especialmente a questão da primazia, é extremamente complexa, quando nada porque cada um desses polos tem mais de um sentido.

Restringindo-nos apenas ao NT, propomos o esquema seguinte como ajuda para esclarecer o relacionamento dialético entre Igreja e Escritura:

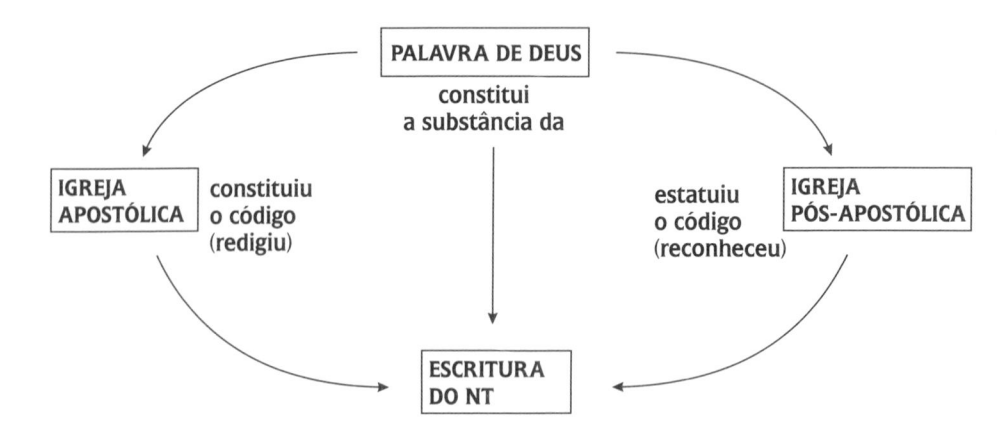

Neste esquema se coloca a Palavra de Deus como uma instância mistérica ou transcendental. Tanto a Igreja como a Escritura aparecem apenas como mediações dessa Palavra e é nessa medida que são críveis. Crê-se na Escritura porque Cristo aí fala (Emil Brunner). Efetivamente, Cristo é o "Senhor da Escritura", o "Rei da Escritura", como dizia Lutero[82].

Avancemos mais um ponto. É a Escritura que funda a fé da Igreja ou é o contrário? Dá-se aí uma circularidade virtuosa: o "cânon da fé" já existia, de maneira viva e operante, antes da redação das Escrituras, as quais, por sua vez, tiraram sua autoridade do cânon vivo. Mas esse era, por sua parte, guardado pela Igreja, o terceiro elemento que surge aqui. Ora, entre esses três elementos joga uma dialética pericorética, pois os três estão mutuamente entrelaçados, não sendo nenhum deles totalmente externo aos outros.

---

81. Para a questão do cânon cf. KERN, Walter & NIEMANN, Franz-Josef. *Gnoseologia teologica*. Brescia: Queriniana, 1984, p. 52-55; · LIBÂNIO, João Batista. *Teologia da Revelação a partir da modernidade*. São Paulo: Loyola, 1992, p. 365-377; · GRELOT, P. *Bible et Théologie*. Op. cit., p. 124s; · BOFF, Hugo P. "As escrituras e o cânon bíblico". *Jornal EBD*, n. 26, abril 1994, p. 10s.

82. Cf. GABUS, Jean-Pierre. *Critique du discours théologique*. Neuchâtel/Paris, 1977, p. 98.

Eis como isso pode ser representado:

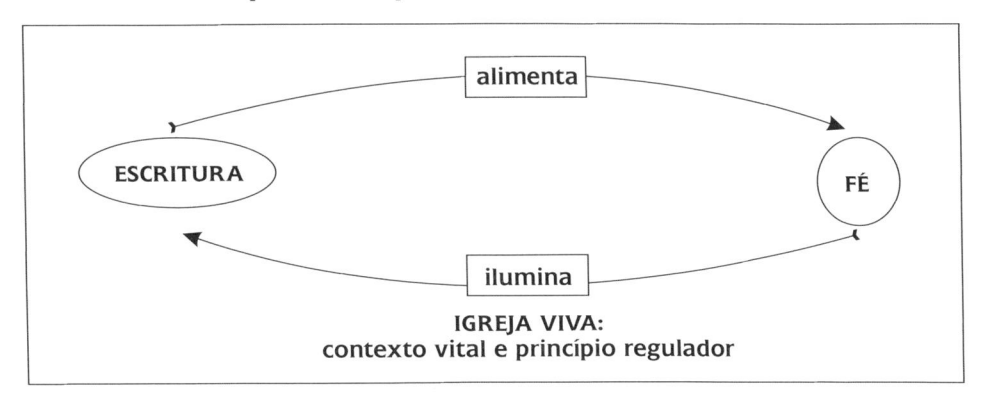

Note-se aqui a importância da Igreja viva como princípio regulador (no sentido de discernidor ou reconhecedor, sempre sob a assistência do Espírito) tanto da Escritura santa como da Fé dogmática.

Na verdade, como dizia J.Ev. Kuhn, "é a Igreja que é a Esposa de Cristo e não a Escritura"[83]. E Agostinho: "Eu efetivamente não creria no Evangelho se não me movesse a isso a autoridade da Igreja Católica"[84]. Certamente, a Palavra (transcendental) carrega a Igreja, mas a Igreja também carrega a palavra (categorial), assim como o unguento perfuma a noiva, mas esta carrega o frasco.

O cânon no cânon

Qual é o núcleo ou miolo das Escrituras? É a fé cristológica, isto é, a boa-nova de Jesus Cristo salvador, confessada nas homologias da Igreja. Os Padres falavam na "regra da fé", "regra da verdade", ou "tradição apostólica".

O "cânon no cânon" pode ser expresso de várias maneiras: Jesus Cristo redentor, mistério da salvação em Cristo, Cristo morto e ressuscitado por nós, Reino de Deus em Cristo (J.S. Drey, J.B. Hirscher), justificação pela fé em Cristo (São Paulo), reunificação dos filhos de Deus dispersos (São João), salvação pela Encarnação, morte e Ressurreição; Mistério Pascal, nova Aliança no sangue de Jesus, etc.

---

83. Apud FRIES, Heinrich. *L'Église*. Questions actuelles. Paris: Cerf, 1966, p. 23.

84. *Contra epistulam Manichaei quam vocant fundamenti* (397), c. 5, n. 6.

Mas em toda e qualquer formulação, entra sempre Jesus Cristo, como figura central: "o nome, a doutrina, a vida, as promessas, o reino, o mistério de Jesus de Nazaré" (EN 22)[85]. O Símbolo dos Apóstolos constitui uma excelente síntese do cânon no cânon, cujo núcleo se encontra justamente na fórmula "e (creio) em Jesus Cristo, seu Filho, nosso Senhor".

Definir a "essência do Cristianismo" – que é outro modo de colocar o mesmo problema – por outra coisa que não por Jesus Cristo é se colocar fora do caminho certo[86]. Portanto, não é o amor em geral, não é a opção pelos pobres, nem qualquer outra coisa do gênero que define o núcleo central da fé cristã. Essas coisas nada definem; elas é que precisam de definição: o que é o amor, como é a opção pelos pobres e assim por diante. Ora, quem as define em sua abissal profundidade só pode ser Cristo mesmo.

A inspiração

Encontramos dois passos no NT que nos falam da inspiração dos livros bíblicos: "Toda a Escritura (é) inspirada por Deus" (2Tm 3,16); e: "A profecia jamais veio por vontade humana, mas aqueles homens falaram da parte de Deus impelidos pelo Espírito Santo" (2Pd 1,21).

É Deus mesmo o autor transcendente das Escrituras (Vat. I: DS 3006). Por isso se diz que as Escrituras são inspiradas, ou seja, *protegidas do erro*. Mas esse privilégio não vale para as Escrituras absolutamente em todas as suas asserções, mas somente para as "verdades da salvação", como diz explicitamente a DV 11. Quanto às outras verdades, as profanas, nada se diz, pelo que não gozam da "imunização pneumática" e, assim, da inerrância que só a inspiração divina assegura[87].

85. Cf. CTI. *A interpretação dos dogmas*, B, I, 3, op. cit., p. 197s.

86. Cf. KÜNG, Hans. *Vinte teses sobre o ser cristão*. Petrópolis: Vozes, 1979, 2ª tese: "O especificamente cristão é o próprio Jesus Cristo", p. 17-19.

87. Para isso, cf. RAHNER, Karl. *Sull'ispirazione della sacra Scrittura* (1958). Brescia: Morcelliana, 1967; BOFF, Leonardo. "A atual problemática da inerrância da Escritura". *REB*, 30 (1970), p. 380-392; e "Tentativa de solução ecumênica para o problema da inspiração e da inerrância". *REB*, 30 (1970), p. 648-667. Mas aí não fica claro como a inspiração bíblica é "qualitativamente diferente" de qualquer outra, tal como reivindica a Igreja quando fala na revelação "escatológica" ou suprema de Deus na pessoa de Jesus (cf. Hb 1,1-2).

LEITURA

SÃO BOAVENTURA:

O lugar da Escritura na teologia[88]

<<5. [...] O modo de estudar (a teologia) supõe quatro condições: a ordem, a assiduidade, a complacência e a medida.

6-7. Quanto à *ordem*..., deve-se saber que existem quatro gêneros de escritos em teologia: primeiro vêm os livros das Sagradas Escrituras; segundo, os livros dos textos dos Antigos (*originalium*), isto é, dos Santos Padres; depois as Sumas dos Mestres e, por fim, os escritos dos ensinos profanos (*doctrinarum mundialium*).

Quem quiser aprender, busque a ciência (teológica) na sua fonte, isto é, na Sagrada Escritura. Pois junto aos Filósofos não existe a "ciência da salvação para a remissão dos nossos pecados" (*apud Philosophos non est scientia salutis danda in remissionem peccatorum nostrorum*) (Lc 1,77). Nem junto às Sumas dos Mestres em teologia, pois eles se inspiraram nos escritos (*originalibus*) dos Santos Padres. Nesses mesmos, apesar de inspirados na Sagrada Escritura, não é possível ainda obter conhecimento seguro e pleno, pois os Santos Padres puderam se enganar.

O discípulo de Cristo deve estudar em primeiro lugar a Sagrada Escritura, na qual não há erro. Assim, as crianças: primeiro aprendem as letras do alfabeto, isto é, o ABC, depois as sílabas, depois a ler, depois o que significa tal ou tal parte, essa ou aquela construção, e só então compreendem. Quem, portanto, não quer apreender em primeiro lugar o alfabeto, nunca avançará na gramática. Igualmente na Sagrada Escritura: primeiro precisa estudar sua letra e seu texto. E assim como na cítara cada corda é necessária para a harmonia, assim toda a Escritura é como uma cítara. Desse modo, é mister possuir ao alcance da mão (*in promptu*) o texto completo da Sagrada Escritura, de outro modo o teólogo nunca será um expositor preparado (*promptus*) da Escritura.

8-9. Observa como operou o Senhor o milagre em João 2. Não imediatamente disse o Senhor: "Faça-se o vinho", mas quis que os servos enchessem as talhas de água "até às bordas". É necessário, portanto, que a tua talha, isto é, a capacidade

---

88. *In Hexaëmeron*, III, VII, 5-19. In: S. BONAVENTURAE. *Collationes in Hexaëmeron...*, ed. F. Delorme. Florença: Quaracchi, 1934, p. 214-219. Relembremos que "sagrada Escritura" designa, para os medievais, não só a Bíblia, mas todos os documentos da doutrina da fé.

de tua mente, seja cheia da água da compreensão literal, para que em seguida Deus a converta em compreensão espiritual. [...]

10-11. É perigoso descer (da Escritura) para os Antigos Padres, e mais perigoso ainda descer para as Sumas dos Doutores, e maximamente perigoso descer até à Filosofia... [...] Pois não se deve misturar a água do saber filosófico ao vinho da Sagrada Escritura em tanta quantidade que o vinho se mude em água. Isso é um mau milagre. Faz-se, assim, o contrário da Igreja primitiva, quando os clérigos recentemente convertidos (cf. At 19,19), como Dionísio, deixavam os livros dos Filósofos e tomavam os livros da Sagrada Escritura. Mas nos dias de hoje (*moderno tempore*) se faz a transformação do vinho em água, e do pão e pedra, ao contrário dos milagres de Cristo (cf. Jo 2,7s; Lc 11,11; Mt 4,3).

15. Esta é, portanto, a ordem correta: estudar principalmente a Sagrada Escritura quanto aos sentidos literal e espiritual, e em seguida ler os Antigos Padres (*originalia*), submetendo-os à luz da Escritura. Igualmente, estude os escritos dos Filósofos, como que passando por eles. [...]

16. Quanto à segunda condição, a *assiduidade*, temos São Bernardo que diz: "A leitura dispersiva (*lectio vagabunda*) é um obstáculo muito grande: é como alguém que planta aqui e ali". [...] A Escritura, numa primeira abordagem, parece rude e obscura, mas se torna familiar pela frequentação assídua e só é possuída plenamente por meio do exercício contínuo.

17. Quanto à *complacência*, é de se notar que, em relação aos corpos, um alimento difícil não é bem assimilado senão por algum prazer provindo da mastigação e do sabor. Assim acontece com a Escritura: primeiro é preciso consumá-la, depois mastigá-la pela repetição e então assimilá-la, para se tornar alimento da alma, regra de vida e água da sabedoria salutar. Não é isso que acontece com as águas turvas dos Filósofos. [...] Portanto, deve-se ruminar continuamente as doces palavras da Escritura, em função do sabor que se tem, por meio da aplicação veemente do espírito. Portanto, não se devem preferir os abraços da serva aos amplexos da senhora, as bolotas dos porcos ao pão dos filhos...

18. Quanto à quarta condição, a *medida*, o estudante tenha muito cuidado em "não saber mais do que convém" (Rm 12,3), mas quanto seja suficiente, em razão do tempo em que vive, de sua condição e dos costumes correntes. Nem se deve castigar o corpo em demasia. Por isso se diz: "Achaste mel? Come apenas o suficiente" (Pr 25,16).>>

MOMENTO I DA PRÁTICA TEOLÓGICA – POSITIVO (II): A TRADIÇÃO E O DOGMA

Introdução

Tratamos no capítulo anterior da Escritura como base positiva primária da teologia. Falta ainda discutir as outras "autoridades" positivas ou os outros "lugares" da teologia, como o senso dos fiéis, o Magistério e assim por diante. Essas coisas virão a seu tempo.

Mas antes de lá chegarmos, vejamos agora a questão da Tradição e do Dogma. São duas questões que dizem claramente respeito à positividade da fé. Aliás, tanto a noção de Tradição como a de Dogma, em sua acepção mais *geral*, correspondem praticamente à positividade da fé, como se vê quando se fala, em absoluto, na "Tradição cristã" ou no "Dogma cristão"[1]. E aí está incluída também, de certa forma, outra fonte positiva da teologia: o Magistério. Mas preferimos tratar tematicamente do Magistério não aqui mas mais adiante, em relação à questão problemática: Teologia e Magistério (Cap. 14).

Mas além de indicarem o conteúdo da positividade da fé, Tradição e Dogma indicam um *modo* sob o qual ela se encontra. Portanto, dizem respeito não só à substância da fé, mas a uma determinação específica dela. De fato, a Tradição, que se diz acompanhar a Escritura e ao mesmo tempo seguir a ela, é também um modo como a mesma Escritura é interpretada. E o Dogma é uma forma determinada sob a qual se encontram, de modo geral ou específico, os dados positivos da fé.

Dependendo, portanto, do modo como se encaram essas questões, elas pertencem à Teologia fundamental, entendida como conteúdo (cf. Cap. 1) ou então à Metodologia teológica. Aqui as trataremos na intenção desta última disciplina. Se entramos também em questões de conteúdo, o faremos exclusivamente na medida em que incidem sobre as regras do

---

1. Cf. PELICAN, J. *La tradition chrétienne*. Histoire du développement de la doctrine. Paris: PUF, 1994, 5 vol.

método teológico. Portanto, nossa intenção é epistemológica e se mantém nesse campo.

A TRADIÇÃO

1. Sentido da Tradição

Tradição: palavra ambígua[2]

Desde a Ilustração, a tradição é posta em crise e mesmo difamada. Só vale a razão. Contudo, é indubitável que existem tradições razoáveis, como viu H.-G. Gadamer[3]. Importa, pois, sempre discernir entre tradição e tradição.

Existe uma visão conservadora da tradição. É o "tradicionalismo". Mas existe também uma visão criativa de Tradição, que não só não se opõe à renovação mas é sua condição. Pelo que Ch. Péguy chegou a afirmar que uma reforma não consiste em substituir uma coisa por outra, mas em voltar de uma tradição menos profunda a uma tradição mais profunda[4].

Cumpre, pois, dizer que há Tradição com T maiúsculo e tradição com t minúsculo, a saber, a grande Tradição e tradições menores. Tradição não é simplesmente o passado. A Tradição se revive, o passado, não. Ou melhor, o passado se revive no presente só por via da Tradição. Essa re-nova o passado, não o repete simplesmente. Ela o recria, não o copia sem mais[5].

---

2. O maior especialista da Tradição e cuja teoria teve enorme influência no Vaticano II é GEISELMANN, Josef Rupert. Para uma síntese do autor por ele mesmo, cf. Tradição. In: FRIES, Henrich (org.). *Dicionário de Teologia*. Vol. V. São Paulo: Loyola, 1971, vol. V, p. 351-363, com bibliografia incluindo as cinco obras do autor. Outra síntese, mais extensa, do autor: La Tradition. VV.AA. *Questions théologiques aujourd'hui*. Paris: DDB, 1964, t. I, p. 95-148. Cf. tb. sua obra mais recente *Sagrada Escritura y tradición. Historia y alcance de una controversia*. Barcelona: Herder, 1968.

3. Cf. GADAMER, Hans-Georg. *Wahrheit und Methode*. 2. ed. Tübingen: J.C.B. Mohr, 1965, p. 256-262; e tb. BOF, Giampiero & STASI, Adriano. *La teologia come scienza della fede*. Bolonha: EDB, 1982, p. 72-76.

4. Cit. por CONGAR, Yves. "Théologie et Sciences Humaines". *Esprit*, 7-8 (1965), p. 136.

5. Cf. a obra clássica em 2 vol. de CONGAR, Yves. *La tradition et les traditions*. Essai historique. Paris: Fayard, 1960 (302 p.); *La tradition et les traditions*. Essai théologique. Paris: Fayard, 1963 (365 p.). Cf. tb. do mesmo autor a síntese *La tradition et la vie de l'Église*. Col. Je sais – je crois. Paris: Fayard, 1963.

O espírito "católico" é marcado pela importância que confere à tradição. Na história esse traço foi polemicamente majorado a ponto de ter se tornado o "mal católico" por excelência[6]. Mas o abuso não tolhe o uso. A tradição continua a ter importância fundamental para a Igreja, em particular para a leitura da Bíblia.

Quanto ao "espírito protestante", inicialmente tão avesso à tradição em nome da *sola Scriptura*, já está percebendo como é vital esta problemática e está também se interessando por ela (G. Ebeling, O. Cullmann, R. Bultmann)[7].

Valor da tradição

A importância da tradição é que ela possibilita a *identidade* de uma pessoa ou grupo ao longo da história como base de seu sentimento de dignidade. Ela "enraíza" as pessoas num chão ontológico. Dá-lhe uma referência vital: uma pátria, um lar, um ninho. Arrancar alguém de sua tradição significa desenraizá-lo, e por isso destruí-lo cultural e mesmo fisicamente. É o que sucedeu com os africanos escravizados ou com os indígenas destribalizados. Por isso, a tradição costuma ser a arma de resistência dos que veem sua identidade ameaçada. A memória identitária é potencial de protesto.

Para a hermenêutica, a tradição oferece o *clima* próprio para se interpretar um texto. Este nunca pode ser isolado de seu "ambiente vital". A tradição constitui o elemento em que um texto libera seu sentido. Contra o iluminismo que defendia uma razão isolada e olímpica, o romantismo da Escola de Tübingen (J.S. Drey, J.A. Möhler e J.Ev. Kuhn) enfatizou a contextualidade insuperável da razão humana: esta se acha sempre culturalmente situada. Ela nunca está fora da sociedade e da história.

Assim, as Escrituras não podem ser lidas fora da atmosfera que as viu nascer, em que se desenvolveram e que contribuíram a alimentar. Assim,

---

6. Cf. NAUD, André. *Le magistère incertain*. Montreal: Fides, 1987, p. 22-45 [trad. it. Col. Biblioteca Teologica Contemporanea 62. Brescia: Queriniana, 1990].

7. GEISELMANN, J.R. *La tradition*. Op. cit., p. 104-112. Cf. tb. TAVARD, Georges. *Écriture ou Eglise?* La crise de la Réforme. Unam Sanctam 42. Paris: Cerf, 1963.

por exemplo, como entender, em toda a sua riqueza e profundidade, o Cristo dos evangelhos sem passar por Niceia e Calcedônia?

Relevância da tradição na atualidade

A pessoa humana é como uma árvore. Precisa de duas coisas: *direção* – para cima, para o céu aberto; e *enraizamento* – para baixo, para a terra escura. Ninguém vive, por certo, sem esperança, mas também não vive sem memória.

Sem a tradição, estamos sem raízes. E sem raízes avançamos para o nihilismo. É impossível viver no devir absoluto, na mudança total, como pensava Heráclito e queria Nietzsche. Os que vão nessa direção só fazem é provocar a reação do fundamentalismo, forma de tradicionalismo.

A Igreja cristã herda não só a tradição da fé, mas também a *tradição humanista clássica*, especialmente a grega (platonismo e aristotelismo). Esta tradição dá as bases *naturais* da fé. Frente ao mundo atual, que vive da e para a mudança contínua, a Igreja sublinha a necessidade de bases permanentes que sustentem a existência e a orientem.

Por isso, na linha da tradição clássica, ela defende a natureza das coisas, a razão, a ética, a comunidade, a pessoa, a ordem justa do mundo. Diz nesse sentido Geiselmann:

> Assim, diante da ruína de toda a tradição humanista de que somos testemunhas, a Igreja permanece no Ocidente a única potência espiritual que vive ainda da tradição humanista ocidental[8].

2. Tradição e tradições

Funções da tradição da fé

Podemos determinar três funções principais da tradição em relação à fé:

1. Função *constitutiva*. Foi a tradição que constituiu as Escrituras. Falamos aqui da tradição originária e originante da fé e de seus documentos canônicos: as Escrituras sagradas. Ora, essa função, no NT, é exclusiva da chamada "Tradição apostólica".

2. Função *continuativa*. Essa função se exerce na Igreja enquanto esta vive na história. Representa o papel de conservar a substância vital do que

---

8. Cf. GEISELMANN, J.R. *La tradition.* Op. cit., p. 143.

foi recebido, para passá-la adiante. Refere-se ao "depósito" da fé, que a Comunidade deve guardar e fazer frutificar, mas cuja substância lhe é rigorosamente "indisponível" (cf. 1Tm 6,20; 2Tm 1,14). "Recebeste ouro, devolve ouro" – afirma São Vicente Lerinense em sua *Primeira exortação*. E continua:

> Quando dizes novamente não digas novidades (*cum dicas nove non dicas nova*). O progresso sem alteração da Fé é como o de um homem: muda de idade mas continua com a mesma identidade[9].

3. Função *inovativa*. É o trabalho de apropriação, interpretação, re-novação, atualização e enriquecimento do "depósito" revelado. Essa é a função mais esquecida da tradição. Essa tarefa supõe certa ruptura, em contextos culturais mudados, das formas estabelecidas de interpretar a doutrina da fé. Sem isso, trai-se às vezes seu sentido originário. Então a tradição se torna *traição*. Não é à toa que *traditio* tem em latim o duplo sentido de tradição e de traição.

Sem embargo, para ser fiel à substância, às vezes é preciso ser infiel à forma. Pode assim haver uma "fidelidade infiel" ou uma "infidelidade fiel". É que a fidelidade à substância exige frequentemente a mudança na forma[10]. E é por isso que existe o que se chama a "evolução dos dogmas", de que falaremos mais adiante.

Observemos que, enquanto a 1ª função ficou reservada à Igreja apostólica, as duas outras – a continuativa e a inovativa – pertencem tanto à Igreja apostólica, enquanto interpretou de modo autoritativo e criativo a "Palavra primordial" (H. Schlier), como à Igreja pós-apostólica, enquanto leva adiante a proclamação da fé revelada.

Tradição como processo vivo e dinâmico

Em virtude das três funções acima, especialmente a inovativa, a tradição cristã se apresenta como um processo *dinâmico*: é um receber e um dar de modo acrescido; é um passar adiante um legado, depois de enriquecido. Trata-se, pois,

---

9. *Commonitorium primum* (de 434), cap. 22.

10. Cf. CONGAR, Yves. "Dom Lefebvre, defensor da tradição?". *Concilium*, 139 (1978/9), p. 94-103.

de um processo vivo, orgânico e crescente, e não de algo morto, mecânico e decadente.

A respeito da tradição, vale a máxima popular: "Quem conta um conto, aumenta um ponto", mas apenas neste sentido: a tradição não inventa, acrescenta; não mente, revela.

A dinâmica da tradição pode ser constatada em relação à grande Tradição cristã. Sobre a Ceia, diz Paulo: "Eu recebi do Senhor o que vos transmiti" (1Cor 11,23). Sobre a morte e ressurreição do Senhor: "Eu vos transmiti o que eu mesmo havia recebido" (1Cor 15,3).

A tradição é a consciência viva da fé. A verdadeira tradição é uma "tradição viva", como o grande especialista moderno da tradição, Geiselmann, intitulou um livro seu, tomando de empréstimo aquela expressão ao Papa Agatão (608)[11]. Na mesma linha, outro Papa, Estêvão I (254-257), preceituava: "Nada se inove, a não ser o que foi transmitido (*Nihil innovetur, nisi quod traditum est*)" (DS 110). Donde se vê que a Tradição, em si mesma, nada tem de morto; o que é morto (e mata) é o tradicionalismo, a tradição engessada, mumificada.

Tradição apostólica e outras tradições

Em termos absolutos, a grande Tradição ou *Parádosis* se identifica com a própria autocomunicação de Deus em Jesus Cristo e no Espírito. Ela tem um caráter transcendental. Categorialmente como aparece?

Do ponto de vista dos conteúdos, podemos distinguir dois tipos concretos[12]:

1. A *Tradição apostólica*. É a tradição *constitutiva*. É a forma histórico-cultural concreta em que se encarnou a única *Parádosis*. Ela se diversifica nas várias testemunhas da Igreja apostólica. Essa tradição é constituinte: gerou o NT. Não só: acompanha e prolonga as Escrituras.

---

11. *Die lebendige Überlieferung als Norm des christlichen Glaubens.* Freiburg in Breisgau, 1959.

12. Distinção sublinhada por GEISELMANN, J.R. *La tradition.* Op. cit., p. 113 e 137; feita também por COLOMBO, Giuseppe. *La ragione teologica.* Milão: Glossa, 1995, p. 212 e 228. É uma distinção igualmente proposta pelo *Catecismo da Igreja Católica*, n. 83, como também pela COMISSÃO TEOLÓGICA INTERNACIONAL (= CTI). "A interpretação dos dogmas". C, II, 22. *Sedoc*, 23 (1990), p. 189-214 (e *Gregorianum*, 72/1 [1991], p. 5-37), aqui p. 208s.

A tradição apostólica se encontra sob duas formas:

– a forma *escrita* (fechada), constituída pelas Escrituras santas;

– e a forma *vivida* (aberta), que é o modo pelo qual as Escrituras são apropriadas pela Comunidade cristã.

Ambas as formas são dimensões constitutivas da *Parádosis* da fé ou a da Tradição apostólica. São respectivamente como o núcleo do cometa e sua cauda. A palavra "Tradição" aqui deveria ser usada preferivelmente com T maiúsculo e no singular.

Nesse sentido, a Escritura é fonte *materialmente suficiente* para a *fides*, mas não *formalmente* ou *modalmente* suficiente. Pois, para explicitar e interpretar a Escritura, entra a tradição como condição adicional necessária (*traditio interpretativa*). Na verdade, só há Tradição porque a Escritura não se identifica simplesmente com a Palavra e que esta é mais do que a Escritura. Agora para os *mores*, a Escritura não é materialmente suficiente, sendo a tradição aqui *constitutiva*[13].

2. A *Tradição eclesial*. Esta pertence em próprio à Igreja pós-apostólica. Aqui, porém, convém distinguir dois aspectos na tradição eclesial: o *processo* e o *conteúdo*.

Como *processo*, a tradição eclesial atualiza a "tradição apostólica" por meio da pregação, da liturgia e da pastoral em geral. Ela realiza as funções continuativa e inovativa da tradição em geral. Seu conteúdo essencial é o da tradição apostólica enquanto renovada e aplicada. Para ajuizar dessa tradição eclesial, conta muito para a Igreja – e isso é particularmente verdadeiro para a Ortodoxia – os 7 primeiros Concílios, verdadeiramente "ecumênicos", porque da "Igreja una", de antes do primeiro grande cisma[14].

---

13. Opinião de GEISELMANN, J.R. *Sagrada Escritura y tradición*. Barcelona: Herder, 1968, p. 381s. (conclusão).

14. Cf. ROVIRA BELLOSO, José María. *Introducción a la teología*. Col. BAC-Manuales 1. Madri, 1996, p. 250-252. Os 7 primeiros Concílios são: Niceia (325), Constantinopla (381), Éfeso (431), Calcedônia (451), Constantinopla II (553), Constantinopla III (680-1) e Niceia II (787).

Agora, do ponto de vista dos *conteúdos* da "tradição eclesial", pode-se dizer que essa gera apenas "tradições eclesiásticas". Trata-se de um tipo de tradição de segundo nível. São tradições determinadas, normalmente originadas a partir da grande Tradição apostólica, como "história dos efeitos" dessa grande Tradição. Eis alguns exemplos de "tradições eclesiais" específicas: o batismo das crianças, os ritos dos sacramentos, a data da festa da Páscoa, o sinal da cruz, o culto das imagens, a confirmação como sacramento à parte, a água misturada ao vinho na missa.

Essas tradições secundárias são mutáveis. Muitas delas se transformam ou mesmo desaparecem em regiões ou mesmo em toda a Igreja. É o que ocorreu, por exemplo, com a tradição de celebrar a Eucaristia pela manhã, de orar de pé durante o tempo da Páscoa, de fazer ofertas pelos defuntos, etc.

Na verdade, são "tradições humanas" que, se de um lado explicitam e desdobram a grande Tradição, podem também enfraquecê-la e mesmo obscurecê-la. Daí por que necessitam sempre de purificação e renovação (cf. LG 8). Jesus mesmo tinha advertido que as tradições dos homens podem "invalidar a Palavra de Deus" (Mc 7,8-13; cf. Cl 2,8). É quando a tradição se degrada em tradicionalismo. Então vale o dito de Tertuliano: "Cristo não disse: 'Eu sou a tradição', mas: 'Eu sou a verdade'"[15].

Para fazer um discernimento e uma eventual renovação das diferentes tradições humanas ou "eclesiásticas", eis alguns critérios importantes:

– *cristocentrismo*: se as tradições em questão fazem jus ao lugar único de Cristo e de sua Palavra;

– *apostolicidade*: se têm um caráter originário;

– *catolicidade*: se estão em harmonia com a fé da grande Igreja;

---

15. Máxima repetida pelos papas reformadores do séc. XI, Gregório VII e Urbano II, para se defenderem da acusação de fautores de novidades e que passou para o *Decreto* de Graciano (Dist. VIII, c. 5). Cf. CONGAR, Yves. *Vera e falsa riforma nella Chiesa*. Milão: Jaca Book, 1972, p. 248. São Toríbio de Mogrovejo também usava frequentemente esta citação para seus propósitos renovadores em sua vasta diocese de Lima: cf. BUTLER, Alban. *Vida dos Santos*. Vol. IV. Petrópolis: Vozes, 1984, p. 220 (27 de abril). Gregório VII costumava também repetir a frase de São Cipriano (Ep. 74, IX, 2): "Costume sem verdade é erro persistente" (*Consuetudo sine veritate vetustas erroris est*): cit. por CONGAR, Y. Op. cit., p. 411.

– caráter *litúrgico*: se refletem a *lex orandi*;

– *pastoralidade*: se servem à edificação do Povo[16].

Seja como for, para avaliar a tradição eclesial, quer como processo, quer como conteúdo, importa sempre partir da grande Tradição apostólica.

A teoria das "duas fontes" da Revelação

Para justificar verdades ou práticas da fé que não estão claramente baseadas na Escritura, existe, desde São Basílio († 379), a teoria das "duas fontes da Revelação": a tradição *escrita* (Bíblia) e a tradição *oral*.

Deve-se, contudo, observar que essa teoria nunca foi dogmatizada, permanecendo até hoje em aberto. O Concílio de Trento, falando da Escritura e da Revelação, sintomaticamente trocou a expressão *partim-partim*, pela de *et-et*. Sem embargo, o modo como aquele Concílio tratou a tradição não resolveu a ambiguidade do seu estatuto em relação à Revelação. Ao contrário, originou, na teologia pós-tridentina, um mal-entendido que persistiu em seguida em torno dessa questão.

De fato, Trento tende a entender a tradição de modo *material* ou conteudístico. Diz que a Revelação nos chega por duas mediações: "os livros escritos e as tradições não escritas". Ambas mediações – prossegue – "a Igreja recebe e venera com igual piedade e reverência" (*pari pietatis affectu et reverentia*). A tradição é vista aí de um modo *reificado*: diz o Concílio que se transmite "de mão em mão" (**DS 1501**).

Ora, cada vez mais teólogos defendem a tese de que a Escritura é a fonte única. Referem-se assim à "suficiência *material*" da sagrada Escritura em relação à Revelação. Assim, todas as verdades da fé se encontram materialmente nas Escrituras, embora *não formalmente*, explicitamente como tais[17]. Isso significa que a Tradição (eclesial) exerce apenas o papel de um *complemento formal* da Escritura, neste sentido: ela ajuda à sua correta interpretação e à aquisição, não de novas verdades, mas de uma maior "*certeza* a respeito de tudo o que foi revelado", como se exprime com precisão a DV 9.

---

16. Critérios indicados pela CTI. *A interpretação dos dogmas*, C, II, 3. In: op. cit.

17. Cf. WIEDERKEHR, Dietrich. Il principio della tradizione. In: KERN, Walter; · POTTMEYER, Hermann J. & SECKLER, Max (orgs.). *Trattado di gnoseologia teologica*. Brescia: Morcelliana, 1990, p. 107-136, aqui p. 113s.

Sabemos que Lutero e os Reformadores reivindicavam a *sola Scriptura*, que tanta polêmica suscitou. Mas se vê hoje mais serenamente que isso significava apenas a *prioridade decisiva* da Escritura no que diz respeito à Revelação salvadora, mas não o monopólio absoluto (*Scriptura solitaria*). O axioma *sola Scriptura* quer dizer: "só a Escritura" ocupa o *centro* da Revelação e não qualquer outro escrito.

RESUMINDO

1. Importa distinguir a verdadeira *tradição*, que é um processo vivo, dinâmico e criativo, do *tradicionalismo*, que entende coisificar e mumificar a tradição, o que só pode fazer matando-a.

2. A tradição é decisiva para conferir a uma pessoa ou comunidade uma *identidade* histórica, um *enraizamento* vital, uma âncora existencial. Sem tradição, as pessoas ou comunidades se tornam vítimas das mudanças, do desorientamento geral e soçobram no nihilismo.

3. As funções principais da tradição na Igreja são: *constituir* o texto bíblico, *conservá-lo* passando-o adiante e *atualizá-lo* criativamente por meio de novas releituras, segundo os tempos.

4. Toda escritura, especialmente a sagrada, só irradia seu sentido integral quando lida *dentro da tradição* que a gerou, a acompanha e segue adiante.

5. Devemos distinguir:

– a "tradição apostólica", que é fundadora dos textos do NT e é condição *formal* (tal uma atmosfera) para que esses explicitem todo o seu sentido;

– e a "tradição eclesial", que prolonga dinamicamente a primeira, a atualiza e ao mesmo tempo cria novas tradições, que concretizam, nas diferentes culturas e épocas, as exigências da "tradição apostólica".

6. A tradição apostólica, porque divina, permanece sempre a *norma crítica* de todas as "tradições eclesiásticas", no sentido de renová-las, corrigi-las e engendrar novas.

EXCURSO I
A QUESTÃO DAS "DUAS FONTES":
UMA SOLUÇÃO INSPIRADA NA *DEI VERBUM*

Como Trento, o Vaticano II deixou em suspenso a problemática das "duas fontes" da Revelação. É verdade que o capítulo II da *Dei Verbum* oferece da tradição um conceito ainda não satisfatório, por parecer demais englobante e pouco articulado[18]. Assim mesmo, a *Dei Verbum* constitui um avanço inegável nesta questão. Oferece nos n. 8 e 9 elementos novos para a solução da relação entre Revelação e Tradição.

Essa Constituição concebe a Revelação como uma realidade unitária e dinâmica ao mesmo tempo: "uma só nascente (*scaturigo*) divina", "um só todo" (DV 9). Poderíamos chamar essa realidade transcendental de grande Tradição divina. Nesse nível transcendental, Palavra e Tradição se identificam.

Ora, essa Revelação transcendental se exprime sob duas formas categoriais: a Escritura e a Tradição. Elas estão mutuamente relacionadas: a *Tradição* tem frente à Escritura uma função receptiva, conservativa e inovativo-explicitadora; e a *Escritura* tem defronte à tradição uma função normativo-crítica. Guardando a figura da nascente, poderíamos falar aqui em "dois canais", se a expressão não fosse por demais material e reificante. Eis o esquema:

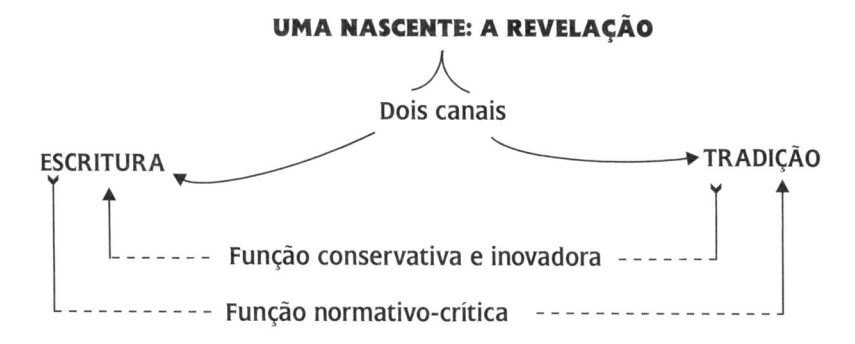

18. Cf. a crítica de BARTH, Karl, à DV: Conciliorum Tridentini et Vaticani I inhaerens vestigiis? In: VV.AA. *La Révélation divina*. Unam Sanctam 70b, t. II. Paris: Cerf, 1968, p. 513-522. Barth acha toda a Constituição excelente (espec. o cap. 1), excetuando, porém, o "sombrio capítulo 2", que, segundo ele, põe no mesmo nível Escritura e Tradição. Barth diz que aqui o Concílio falhou: teve um "infarto". Tem-se atribuído à influência de Y. Congar o conceito "lírico" e inflado de tradição no cap. 2 da DV, conceito que vê a tradição começando como Tradição apostólica, crescendo na vida da Igreja, até se transformar na tradição global da fé: cf. NAUD, A. *Le Magistère incertain*, op. cit., p. 20s.

No lugar da velha problemática das "duas fontes", coloca-se a noção de "nascente" única (*scaturigo*: DV 9). Essa designa uma instância transcendental ou mistérica, mas que se encarna ou categorializa em "duas formas" ou – se quisermos – "dois canais" (já não mais "duas fontes"): a Escritura e a Tradição. Estas seriam, para usar uma outra comparação, já acima referida, respectivamente a cabeça e cauda do cometa da Revelação.

Esse equacionamento encontra apoio em Trento quando fala do "Evangelho prometido... e promulgado por Jesus Cristo, Filho de Deus, por sua própria boca, como sendo a *fonte* de toda verdade salutar assim como de toda disciplina moral", sendo que as Escrituras e a Tradição são "testemunhos e defesa" dessa única fonte (DS 1501)[19].

LEITURA I

JOHANN ADAM MÖHLER:

A relação Escritura-Tradição[20]

<<Sem a sagrada Escritura, como a encarnação mais antiga do Evangelho, a doutrina cristã não se teria conservado em sua pureza e em sua simplicidade. E é realmente desafiar a honra de Deus dizer que ela é acidental, pois ela parece simplesmente ter sido composta em circunstâncias absolutamente fortuitas. Que concepção da atividade do Espírito Santo na Igreja! Além disso, sem a Escritura, teria faltado o primeiro elo da cadeia, a qual justamente sem a Escritura teria ficado privada de um verdadeiro começo, portanto, incompreensível, confusa e caótica.

Mas, sem a Tradição contínua, ter-nos-ia faltado o sentido pleno da Escritura, pois, sem intermediário, teríamos ficado na ignorância de suas articulações.

Sem a Escritura, não teríamos podido ter uma visão completa do Redentor, por falta de documentos sólidos e porque certamente tudo teria ficado perdido na incerteza das fábulas.

---

19. Apud GEISELMANN, J.R. *Sagrada Escritura...*, op. cit., Prólogo à ed. castelhana, p. 7. Nessa obra se expõe o debate em Trento da teoria das "duas fontes" e suas consequências "dualistas", apesar de Trento ter abandonado a expressão *partim-partim* (p. 121).

20. *A unidade na Igreja*, § 16, 8, apud GEISELMANN, J.R. La Tradition. In: VV.AA. *Questions théologiques aujourd'hui*. Paris: DDB, 1964, t. I, p. 135s.

Mas, sem a Tradição, ter-nos-ia faltado o espírito e a simpatia para esboçar uma tal visão; e até mesmo a matéria, pois, sem a Tradição, nós não teríamos tido Escritura nenhuma.

Sem a Escritura, a forma original dos discursos de Jesus nos teria escapado. Nós não saberíamos *como* o Homem-Deus falou. E penso verdadeiramente que não desejaria mais viver se não pudesse mais ouvi-lo falar.

Mas, sem a Tradição, nós não saberíamos *quem* falou aí e que coisa proclamou; e a alegria de ouvi-lo falar ter-se-ia dissipado!

Em breve, tudo é solidário, tanto pela sabedoria como pela graça de Deus, tudo nos foi dado como qualquer coisa de indivisível.>>

O DOGMA E SUA EVOLUÇÃO[21]

1. Natureza do dogma e sua interpretação

Sentido da palavra "dogma"

O sentido básico de dogma no grego do NT é duplo, aliás, como no mundo pagão. Significa:

– opinião doutrinal (Ef 2,15; Gl 2,14);

– e decisão, edito, lei (Lc 2,1; At 16,4; 17,1; cf. 15,28).

Para os Padres e os Escolásticos, dogma significava doutrina em geral, seja ela falsa, ou ortodoxa.

Dogma, no sentido estrito, é uma verdade revelada, normativa e formalmente declarada pela autoridade eclesial. É, em breve, uma doutrina religiosa eclesial vinculante[22]. Nesse sentido, dogma constitui uma noção típica da Idade Moderna (séc. XVI), para a constituição conceitual da qual M. Cano muito contribui. Aqui dogma se contrapõe a heresia. Não que anteriormente não existisse a noção de uma doutrina contrária à fé (cf.

---

21. Para toda essa parte, cf. especialmente COMISSÃO TEOLÓGICA INTERNACIONAL. "A interpretação dos dogmas". *Sedoc*, 23 (1990), p. 189-214. Cf. tb. GEISELMANN, J.R. Dogma. In: FRIES, H. (org.). *Dicionário de Teologia*. Op. cit., vol. I, p. 434-452; CONGAR, Yves. *La foi et la Théologie*. Paris: Desclée, 1962, p. 54-71; KERN, Walter & NIEMANN, Fraz-Josef. *Gnoseologia teologica*. Op. cit., p. 127-152, com bibliografia, p. 153s. (em alemão e italiano); RATZINGER, Joseph. Exame do problema do conceito de tradição. In: RAHNER, Karl & RATZINGER, Joseph. *Revelação e tradição*. São Paulo: Herder, 1968, p. 15-59.

22. Definição de Niemann, in: KERN & NIEMANN, op. cit., p. 131.

1Cor 1,10). Havia a noção *vivida*, mas não havia certamente ainda o nome ou o conceito claro dessa ideia.

Só a partir do séc. XVIII, o Magistério usa regularmente "dogma" no sentido moderno acima. E desde o século passado, "dogma" é usado geralmente no sentido amplo de qualquer verdade de fé.

Função dos dogmas

Os dogmas não são feitos para serem as gaiolas dos teólogos, como pensava E. Renan. Ao contrário, como disse K. Barth, quando da chegada de Hitler ao poder:

> Mesmo no Estado totalitário, os homens vivem da Palavra de Deus. [...] Na tarefa especial que lhe foi confiada, o teólogo deve permanecer desperto, qual pássaro solitário sobre o teto, portanto, sobre a terra, mas sob o céu aberto, larga e absolutamente aberto...[23]

Ora, os dogmas não são barreiras à frente do caminho, mas corrimãos ao lado dele: existem para proteger o caminhante e apoiá-lo em sua ascensão. São, por uma parte, *limen*: pontos de chegada; mas são também *lumen*: pontos de partida.

Os dogmas não são epitáfios de verdades mortas. São fontes vivas de vida e reflexão. São dinâmicos e evolutivos. São algo de permanente, mas também de continuamente atualizável[24]. Só de uma teologia necrosada valem as palavras do mestre Alain:

> Há qualquer coisa de morto em toda teologia. [...] São as ideias debaixo de chave; ninguém mais vai examiná-las; e se dá conta delas através dos registros e resumos, como fazem os livreiros. Ora, essas provisões do espírito se corrompem ainda mais depressa que as provisões da boca. E que é uma ideia na qual não se pensa mais em absoluto?[25].

Foram as circunstâncias, especialmente a pressão das heresias, que obrigaram a Igreja a pôr a fé em fórmulas, com o objetivo exclusivo de ex-

---

23. In: *Theologische Existenz heute*. Munique, 1933, apud BIOT, François. "Théologie et fascisme". *Lumière et Vie*, 121 (1975), p. 86s.

24. Cf. SEGUNDO, Juan Luís. *O dogma que liberta*. Fé, Revelação e Magistério dogmático. São Paulo: Paulinas, 1991 [orig. cast. Santander: Ed. Sal Terrae, 1989], enfatizando a compreensão dinâmica, não estática, dos dogmas, num processo contínuo de "apreender a apreender". Cf. tb. RAHNER, Karl. *O dogma repensado*. São Paulo: Paulinas, 1970.

25. ALAIN. *Propos sur le Christianisme*. Col. Christianisme 2. Paris: Ed. Rieder, 1927, p. 31s.

cluir um erro e assim proteger a verdade e transmiti-la na integridade[26]. Aliás, a maior verdade da fé nunca foi "dogmatizada": a Ressurreição. A Eucaristia, que de resto nem está no Credo, só foi objeto de definição dogmática estrita no Concílio de Trento.

Distinção hermenêutica importante: a coisa e sua expressão

Para interpretar os dogmas, é fundamental distinguir no dogma entre seu *conteúdo* (absoluto) e sua *forma* (relativa). Não se pode de modo algum confundir esses níveis. Por isso, há de se distinguir cuidadosamente, especialmente hoje, entre:

1) a *res*: a realidade visada, a intenção, o sentido, significado, o conteúdo ou a verdade de um dogma. Isso é o que mais importa. E é esse o objetivo da formulação dogmática: é o valor-fim;

2) o *enuntiabile*: a formulação ou expressão, por meio de enunciados ou asserções. Isso tem um caráter meramente mediacional: é um valor-meio[27].

Aliás, esta distinção corresponde àquela outra, entre a Revelação (transcendental) como evento da Palavra e a Revelação (categorial) como escrito, sob forma de sentenças.

João XXIII, no Discurso de Abertura do Vaticano II (11/10/1962), formulou de modo simples e claro a distinção entre o *conteúdo* da fé e a sua *formulação* com as seguintes palavras, que foram assumidas depois pela *Gaudium et Spes*:

> Uma coisa é o próprio depósito da Fé, ou as Verdades, e outra é o modo de enunciá-las (GS 62,3)[28].

---

26. Santo Hilário: Os hereges nos obrigam "a fazer o ilícito, transcender o difícil, falar o indizível": *De Trinitate*, II, 2; cf. I, 19: apud CONGAR, Y. *La foi et la Théologie*. Op. cit., p. 48, n. 1 e p. 22, n. 1.

27. A distinção entre *res* e *enuntiabile (verba)* é de Santo Tomás. Cf. *ST* II-II, q. 1, a. 2, ad 2: "O ato de quem crê não tem seu termo na enunciação, mas na coisa mesma". E explica que nós também usamos as palavras para transmitir um conhecimento. Cf. tb. *ST* II-II, q. 21, a. 6, sed c.: "O artigo da fé é a percepção da Verdade divina enquanto tendendo para esta mesma Verdade" (*tendens in ipsam*). A distinção entre verdade da fé e sua expressão corresponde à de *significatum* e *modus significandi*. Cf. ainda *ST* I, q. 32, a. 4, mostrando a maior ou menor aproximação das "noções" em relação à realidade da fé.

28. O texto maior em que se acha esta citação está na *Leitura* no final do Cap. 10 infra.

Tal distinção aparece também em outro documento do Concílio, a *Unitatis Redintegratio*, relativo ao Ecumenismo. Aí se diz que o *"modo de enunciar* a doutrina" "deve ser cuidadosamente distinguido do próprio *depósito da fé"*. Este é permanente, enquanto aquele pode e deve às vezes ser "reformado" (UR 6,1). Por conseguinte, certo "modo de exprimir" a fé, que tenha se tornado "obstáculo para o diálogo", deve ser superado, por meio do esforço de "explicar mais profunda e corretamente" as verdades em questão (UR 11,1).

Relação entre conteúdo e forma nos dogmas

Como se dá a relação entre os dois aspectos do dogma? Devemos aqui evitar os extremos:

1) o de uma relação puramente *arbitrária*. Assim parecia ser com os modernistas, para os quais a forma expressiva dos dogmas era puramente simbólica ou prática, não propriamente veritativa;

2) o de uma relação *unívoca* ou quase. Aqui a relação é tão estreita que se dá a impressão de o Mistério poder caber dentro de uma formulação adequada e como que ultimativa[29].

A verdade está no meio superior. Entre a verdade da fé e sua expressão dogmática, há uma relação solta, mas não totalmente. Pois as palavras indicam sempre uma direção conceitual. Não são meros instrumentos exteriores, mas meios orgânicos da fé. Não são simples veste ou revestimento da fé, mas seu corpo, sua encarnação. Agora, à condição de ultrapassar o extrinsecismo da metáfora da veste, podemos dizer que a fé nunca vem nua, mas sempre vestida. Se ela muda é apenas de "vestido cultural". Mas algum vestido ela sempre há de ter, um vestido que vela: como uma pele que vela o corpo, ou melhor, como um corpo que vela a alma e ao mesmo tempo a encarna.

Na verdade, não é de qualquer modo que se pode falar em teologia. Esta impõe uma semântica determinada. O descuido das palavras é fonte de heresias, assevera Jerônimo e re-

---

29. O Magistério muitas vezes mostrou uma "paixão quase eleática" pela imutabilidade das fórmulas dogmáticas: FRANCO, Ricardo. Hermenéutica del Magisterio. In: VV.AA. *Teología y Magisterio*. Salamanca: Sígueme, 1987, p. 185-204, espec. p. 190-192 para Pio X, Pio XII e Paulo VI.

pete Tomás de Aquino[30]. Agostinho adverte contra o "falar solto"[31]. E afirma que, de Deus, é mister "falar de modo regrado"[32]. Tanto mais quando se trata da Trindade[33].

Para nos darmos conta da importância dos termos apropriados na confissão da fé, basta lembrar os tremendos debates semânticos que se travaram, no período dos primeiros Concílios, em torno dos conceitos de pessoa, substância, natureza e hipóstase em relação às questões de Cristo e da Trindade.

A verve polêmica dos Padres era animada por um grande amor pela Verdade da fé. Pois sabiam que noções falsas ou heréticas induzem a comportamentos igualmente errôneos. Portanto, seu "amor pela verdade" estava a serviço da "verdade do amor". Se evitavam, por um lado, a tentação da *gnose*, que colocava a verdade à frente da caridade e a teoria de Cristo em detrimento da história de Jesus, evitavam também o mero pragmatismo e, mais ainda, o vale-tudo doutrinal. Estavam convencidos de que não basta a boa fé (moral) mas que importava também a fé boa (dogma), pois ambas as coisas vão de par[34].

A Igreja, como comunidade confessante, é também uma "comunidade linguística". Por isso, ela dispõe de uma linguagem própria, sinal de identificação espiritual e social.

Por outro lado, é preciso também e sobretudo manter a convicção que o Mistério é *semper maius*. Há uma inadequação insanável entre nossa linguagem e a Realidade divina. As fórmulas dogmáticas, embora próprias, são radicalmente imperfeitas, como aliás toda linguagem da fé. Esta é necessariamente analógica, como ainda veremos (Cap. 11).

O que permanece e o que muda no dogma

Os dogmas, como tais, são *irreformáveis*, como o declarou o Vaticano I (DS 3020, 3043). Seu valor é permanente, e isso não só em sua substância

---

30. "Como diz Jerônimo, 'a heresia acontece a partir de palavras ditas de modo desordenado (*ex verbis inordinate prolatis incurritur haeresis*)'. Por isso, com os heréticos não devemos ter nem os termos em comum, para que não pareçamos favorecer seus erros": *ST* III, q. 16, a. 8, c. A citação de São Jerônimo é referida também na *ST* I, q. 31, a. 2, c.

31. *Locutio incauta*, in *De Gestis Pelagii*, 2, onde distingue o "falar descuidado", que se podia ainda compreender, da "fé pouco sã", algo de realmente grave.

32. *Ad certam regulam loqui*: *De Civ. Dei*, X, 23. Leão Magno afirmava que "não é apenas em relação à observância dos mandamentos que é estreita a via que leva à vida, mas também no que tange ao correto caminho da fé (*in recto tramite fidei*): apud NICOLAS, Auguste. *La Vierge Marie et le plan divin*. Parte I. Paris: A. Vaton, 1857, p. 27.

33. "Não há tratado como o da Trindade onde o erro é mais perigoso, a pesquisa mais árdua e o resultado mais fecundo": Santo AGOSTINHO, *De Trin.*, l. I, c. 8. Por isso Santo Tomás, lembrando esse dito de Agostinho, diz para falar da Trindade *cum cautela et modestia*: *ST* I, q. 31, a. 2, c.

34. Voltaremos a essa questão no Cap. 14/1.

ou conteúdo, mas também em sua formulação mesma. Pois essa exprime o significado que o Espírito sugeriu sem erro à Igreja num determinado tempo.

Contudo, toda formulação, mesmo dogmática, é *histórica*, e, por isso, limitada, relativa e, portanto, *perfectível*. Por isso também, permanece *aberta* à evolução histórica e mais ainda à completude escatológica. Pode ser "aperfeiçoada" (*perfici*) e "melhorada" (*perpoliri*) por meio de novas formulações dogmáticas e novas traduções teológicas, como ensina Pio XII na *Humani Generis* (DS 3883).

Vemos, então, que, na evolução de um dogma, se devem distinguir três elementos:

1) o *conteúdo* ou sentido intencionado (a *res*), que é seu núcleo perene e o elemento que realmente conta;

2) a *formulação* dogmática que media linguisticamente esse conteúdo, que é também permanente, mas que não exaure aquele conteúdo;

3) e a *abertura* do dogma a novas formulações, que intentem retraduzir ou explicitar o mesmo conteúdo mistérico[35].

Mas para retraduzir um dogma (3º nível) é preciso entrar pelo caminho da própria fórmula dogmática (2º nível). Pois o acesso ao sentido intencionado não pode ser outro que as palavras em que foi e está enunciado o dogma. Então, e só então, é possível compreender, na e pela fórmula dogmática, o "sentido que entendeu e entende a Igreja", como se exprime o Vaticano I (DS 3043). E isso porque existe o que se chama "evolução dos dogmas", como veremos logo mais. O dogma cresce sim, mas sempre "segundo o mesmo sentido e a mesma ideia", nas palavras de São Vicente Lerinense, retomadas pelo Vaticano I (DS 3020).

Na tradução nova do dogma, acontece não uma *supressão* da fórmula dogmática, mas sua *superação* hermenêutica. Em tudo, o importante é apreender o sentido designado pelas palavras e proposto pela Igreja confessante e repropô-lo à vivência da Comunidade.

---

35. Cf. CONGREGAÇÃO DA DOUTRINA DA FÉ. "Declaração sobre a Doutrina Católica (Mysterium Ecclesiae, 1973". *Sedoc*, 6 (1973), p. 420-422. Cf. tb. VAGAGGINI, Cipriano. Teologia. In: BARBAGLIO, Giuseppe & DIANICH, Severino (orgs.). *Nuovo Dizionario di Teologia*. 4. ed. Cinisello Balsamo (MI): Paoline, 1985, p. 1.699.

Para a hermenêutica dos dogmas

Concretamente, para a interpretação e reproposição de um dogma é preciso tomar certas cautelas hermenêuticas[36]. Essas podem ser assim formuladas:

1. Para se captar o sentido intencionado, não é irrelevante examinar o *contexto histórico e cultural*, a atmosfera social e espiritual em que se deu a dogmatização, como mostramos também para a hermenêutica bíblica (Cap. 8/1). Frequentemente a formulação de um dogma apresenta um viés fortemente polêmico, pelo que nem sempre toca no ponto central da Verdade em questão, com o risco de desfocagem doutrinária.

2. Observar que os termos, em que vêm formulados os dogmas, estão mais próximos da *linguagem comum* que dos sistemas filosóficos em voga no tempo de sua formulação[37].

3. As definições dogmáticas "não devem nunca ser consideradas avulsas da expressão particularmente autêntica da Palavra de Deus nas Sagradas Escrituras, nem separadas do inteiro anúncio evangélico em cada época"[38]. Isso leva *a ressituar* o dogma em questão dentro do grande "nexo dos mistérios", ou seja, no conjunto da fé, cujo centro é Cristo, para ver qual é o lugar que ocupa na "hierarquia das verdades" (UR 11).

Só depois de entender bem o dogma "no mesmo sentido e no mesmo pensamento" (DS 3020) é que se está em condições de retraduzi-lo – e até para melhor – em outros contextos culturais: latino-americano, africano, chinês, hindu, etc.

O dogma está finalizado na homologia e no querigma

Seja como for, o dogma não é feito para a escravização do espírito e nem mesmo para o mero endoutrinamento. O dogma tem:

---

36. Os três critérios seguintes são colocados pela CTI. "Unidade da fé e pluralismo teológico" (out. 1972), n. 10-12. *Sedoc*, n. 64, t. 6 (1973), col. 278-279. Para o problema geral, cf. CTI. "A interpretação dos dogmas" (1988), op. cit. Cf. tb. SCHOONENBERG, Piet. *L'interpretazione del dogma*. Col. Giornale di Teologia 53. Brescia: Queriniana, 1971.

37. Cf. GARRIGOU-LAGRANGE, Réginald. *Le sens commum, la philosophie de l'être et les formules dogmatiques*. Paris, 1909.

38. Cf. CTI. *Unidade da fé...*, op. cit., n. 12, ibid., col. 279.

– uma finalidade *homológica*, em primeiro lugar: serve para confessar a fé e louvar o Senhor;

– e uma finalidade *pastoral*, em segundo lugar: serve para anunciar a verdade salvadora em todo o seu esplendor. Não à toa São Basílio chamava *kérygma* o que nós chamamos *dogma*[39].

A intenção de anúncio do dogma foi particularmente enfatizada por João XXIII quando convocou o Concílio: quis expressamente um concílio "pastoral" e não doutrinário.

Para K. Rahner, o mundo atual não necessita tanto de novos dogmas, mas sim de uma "concentração querigmática", pela qual se anuncie o núcleo essencial da Boa-nova aos homens e mulheres secularizados de hoje e no entanto sedentos do Sentido. Ou seja, em vez de extensão doutrinária, a Igreja deveria procurar intensidade querigmática[40].

Um esquema sintético

Poderíamos reduzir o dito acima nesta equação hermenêutico-pastoral:

DOGMA ONTEM	$\dfrac{\text{Sentido}}{\text{Palavras}}$		DOGMA HOJE	$\dfrac{\text{Mesmo sentido}}{\text{Novas palavras}}$
CONTEXTO HISTÓRICO PASSADO		=	CONTEXTO PRFESENTE	

2. A questão da evolução dos dogmas

O Espírito leva à Verdade plena

Depois do que dissemos sobre a natueza do dogma e sobre o que muda e o que não muda nele, torna-se mais fácil discutir a questão da evolução dos dogmas.

---

39. *Tratado do Espírito Santo*, 27, 66, apud CONGAR, Y. *La foi et la théologie*, op. cit., p. 71.

40. Cf. RAHNER, Karl. Magistero. In: RAHNER, K. (org.). *Sacramentum Mundi*. Vol. V. Brescia: Morcelliana, 1976, col. 1-19, aqui col. 17.

É indubitável que a doutrina dogmática evoluiu. Os dogmas têm uma história[41]. Isso porque há uma Tradição da fé, que faz com que a verdade salvadora permaneça sempre viva, dinâmica e aberta sobre a história.

Ora, relembremos que a *Dei Verbum* (8,2) ensina que o "progresso" da "tradição" da fé se dá em três linhas:

– pela contemplação dos fiéis;

– pelo estudo dos teólogos;

– pela pregação dos pastores.

São especialmente as circunstâncias históricas, os desafios concretos, quer doutrinários (heresias), quer pastorais, que obrigam à evolução do pensamento da fé. Mudando a história e as mentalidades, necessariamente muda a linguagem dogmática da fé, sob pena de se trair a Mensagem salutar.

Foi principalmente a Escola de Tübingen que sublinhou que a evolução dos dogmas não resulta simplesmente de operações *lógicas*, mas do confronto da fé com a realidade *histórica* mutável[42]. Também Maurice Blondel enfatizou o papel da "ação" na evolução do dogma. E a base, para ele, é que a razão não caminha só com silogismos, mas também com intuições e descobertas, iluminações místicas e revelações pessoais. Blondel nota que nisso a tradição também influi, com sua força evolutiva, pelo fato de carregar os textos da fé, em vez de ser apenas carregada por eles[43].

A base verdadeiramente teológica do progresso dogmático está na presença do Espírito, que torna viva e atual a Palavra de Cristo (cf. Jo 14–16). É o "Espírito de Verdade" que leva a Comunidade à "verdade plena" (Jo 16,13). Embora mobilize também as atividades lógicas da pessoa huma-

---

41. Além da obra clássica de J.L. Tixeront, cf. SESBOÜÉ, Bernard (org.). *Histoire des dogmes*. Paris: Desclée, 1994-, 4 t.; GEISELMANN, Josef Rupert; RAHNER, Hugo & GRILLMEIER, Aloys. *Histoire des dogmes*. Paris: Cerf, 1966-. Para a problemática teológica geral cf. RAHNER, Karl & LEHMANN, Karl. "Historicidade da mediação". In: FEINER, Johannes & LÖHRER, Magnus (orgs.). *Mysterium Salutis*, I/3. Petrópolis: Vozes, 1971, p. 213-266 (com bibliografia).

42. Cf. GEISELMANN, J.R. *Die katholische Tübinger Schule*. Freiburg in Breisgau, 1964.

43. Cf. RAHNER, Karl & LEHMANN, Karl. "Historicidade da mediação". *Mysterium Salutis*, I/3. Petrópolis: Vozes, 1971, p. 235s.

na, o Pneuma age sobretudo de modo supraconsciente, por meio da iluminação carismática[44].

Mas o que evolui nos dogmas? Não – como vimos – seu conteúdo perene (*res*). Se assim fosse, não haveria evolução dos mesmos dogmas, mas criação de novos. O que muda é sua formulação histórica (*enuntiabile*)[45]. Há, portanto, na evolução dos dogmas, uma *descontinuidade formal*, mas dentro de uma *continuidade substancial*.

É o que, aliás, ocorre com todo o ser vivo, planta ou ser humano, que cresce em verdade, mas sem perder sua identidade de fundo, como explica São Vicente Lerinense. Para ele, existe por certo progresso ou desenvolvimento do dogma, mas nunca transformação ou mudança de seu conteúdo substancial[46].

Explicitando melhor a evolução dos dogmas

A explicação de Santo Tomás nesta questão corresponde à de São Vicente Lerinense. Perguntando-se "se os artigos da fé cresceram no tempo", responde que não quanto à *substância*, e que sim quanto à *explicitação*[47]. O que importa na fé não são as palavras, mas o significado. Pois, explica ele, se devêssemos usar para Deus só palavras bíblicas originárias, então deveríamos teologizar só em hebreu e em grego! Diz em particular que são os heréticos que nos obrigam a "procurar novos nomes" para "significar a mesma fé antiga". Por isso, arremata, não se deve evitar em absoluto toda a "novidade" em teologia[48].

Quanto à base *antropológica* do desenvolvimento do dogma, Tomás de Aquino a vê na estrutura de nosso intelecto, que, operando por divisão e composição, profere enunciados cada vez mais complexos, ainda que o dogma seja em si "incomplexo", ou seja, simples[49].

Dissemos (Cap. 2 e 4) que a teologia toda se desdobra no âmbito da fé, sem nunca poder ultrapassá-la. Assim também, a evolução dos dogmas não é a passagem da ignorância para

---

44. Cf. ALSZEGHI, Zoltan & FLICK, Maurizio. *Lo sviluppo del dogma cattolico*. Col. Giornale di teologia 10. Brescia: Queriniana, 1967, p. 89-93.

45. Foi baseado nessa distinção capital que J.Ev. KUHN (†1857), da Escola de Tübingen, fundou a possibilidade, a necessidade e a efetividade da evolução dos dogmas. Cf. a síntese de sua posição in: KERN, W. & NIEMANN, F.J. *Gnoseologia teologica*. Op. cit., p. 139-146.

46. Cf. *Leitura* de São Vicente Lerinense no fim deste capítulo.

47. Cf. *ST* II-II, q. 1, a. 7.

48. Cf. *ST* I, q. 29, a. 3, ad 1.

49. Cf. *ST* II-II, q. 1, a. 2. Cf. CHENU, Marie-Dominique. La raison psychologique du développement du dogme d'après Saint-Thomas. In: *La foi dans l'intelligence*. Cogitatio Fidei 10. Paris: Cerf, 1964, p. 51-58.

o conhecimento. Ela se dá antes no interior do próprio conhecimento da fé, onde a inteligênca passa:

- do implícito para o explícito;
- do confuso para o manifesto;
- do latente para o patente;
- do intuído para o entendido;
- do seminal para o desenvolvido;
- do conciso para o desdobrado;
- do virtual para o formal;
- da consciência para a ciência;
- da experiência para a reflexão;
- do coração para a compreensão.

Já a evolução das ciências é diferente: ela segue outra lógica que a do saber teológico. As ciências evoluem por rupturas, substituindo paradigmas por outros, como mostrou Th. Kuhn[50]. Ao contrário, a reflexão teológica se dá por continuidade, por um desenvolvimento contínuo e um aprofundamento permanente dos dados e intuições, incluindo o resgate das doutrinas errôneas[51].

Digamos também que na Igreja todos podem e devem interpretar o dogma: leigos, teólogos e pastores. Contudo, só o Magistério pode julgar formalmente da legitimidade desta ou daquela formulação nova da doutrina dogmática (cf. DV 10b; DS 3007: Vat. I).

Regressão na compreensão da fé

Falar em "evolução" dos dogmas não significa defender qualquer evolucionismo dogmático. Efetivamente, não existe só evolução, mas também regressão na compreensão da fé. De fato, há eclipses ou esquecimentos na doutrina da fé, embora pontuais. Nesse campo também a história nem sempre é evolutiva. A isso já fizemos referência anteriormente (Cap. 7).

Ressalve-se que nunca houve negações ou perdas *essenciais* da Tradição apostólica. A Igreja jamais foi infiel à verdade substancial da fé, relativa ao

---

50. KUHN, Thomas S. *The structure of scientific revolutions.* Chicago: University Chicago Press, 1962 [trad. bras. 3. ed. São Paulo: Ed. Perspectiva, 1991].

51. Inspirei-me aqui em MARITAIN, Jacques. *La philosophie de la nature.* Paris, p. 38-75, apud JOURNET, Charles. *Introduction à la théologie.* Paris: DDB, 1947, p. 139-143.

Cristo Salvador (cf. LG 14,5). Nunca houve traição da grande Tradição[52]. A promessa do Espírito da parte do Ressuscitado mantém a Igreja na verdade.

Mas nos restringindo agora ao campo da própria *metodologia* teológica, eis, indicativamente, algumas verdades olvidadas ou obscurecidas na história da teologia:

1. O *apofatismo*, que denuncia, em boa parte da teologia ocidental, a falta de modéstia nos enunciados da fé;

2. O *simbolismo* da fé, que reivindica, contra o "logocentrismo teológico", o papel da liturgia, como importante didascália dos fiéis;

3. A *escatologia* da Verdade, que ensina: "Agora só conhecemos de maneira confusa" e "imperfeitamente" (1Cor 13,12); e assim será "até que Ele venha" (1Cor 11,26), por mais luminosas e penetrantes que sejam as especulações humanas[53].

Agora, se ampliarmos nossa visão e olharmos para o campo da *teologia* em geral, podemos assinalar vários obscurecimentos, como, por exemplo, no campo da graça incriada, da pneumatologia, da espiritualidade, etc. Nesse ponto basta dar uma olhada geral no Vaticano II para perceber tantas verdades "esquecidas" que foram "redescobertas" ou "relembradas":

– a Igreja como mistério de comunhão e como Povo de Deus;

– a Igreja inserida dentro do mundo e em diálogo com ele;

– a legitimidade da liberdade em matéria de religião;

– a hierarquia como serviço;

– o papel ativo e participante dos leigos na missão da Igreja;

– os elementos de verdade dogmática e de eclesialidade existentes dentro das outras confissões cristãs;

---

52. Contudo, para Lutero, os mil anos que se seguiram ao *consensus quinquesaecularis* (o dos cinco primeiros grandes Concílios), portanto, o período que vai de 533 (V Concílio Ecumênico, o II de Constantinopla) ou, no máximo, desde Gregório Magno (†604), até o tempo em que vivia o Reformador, seria um tempo de decadência na vida e na doutrina da Igreja.

53. Seguimos aqui VILANOVA, Evangelista. In: VV.AA. *Teología y Magisterio*. Salamanca: Sígueme, 1987, p. 133-135. Cf. tb. ALSZEGHY, Z. & FLICK, M. *Lo sviluppo del dogma cattolico*. Op. cit., p. 128-134.

– os "clarões" de Revelação presentes nas religiões não cristãs;

– a autonomia das realidades terrestres;

– a Bíblia nas mãos dos fiéis;

– a base sacramental do poder dos ministros ordenados;

– a sacramentalidade da ordenação episcopal;

– o ministério próprio, não delegado, dos bispos, etc.

RESUMINDO

1. "Dogma", no sentido *estrito*, é uma verdade revelada, vinculante e declarada formalmente pelo Magistério pastoral. Em sentido *amplo*, indica qualquer verdade de fé.

2. Os dogmas não são barreiras para o pensamento, mas, ao contrário, são corrimãos que, por um lado, protegem e, por outro, apoiam a ascensão para mais alto.

3. Nos dogmas, temos que distinguir sempre a *substância* visada (*res*: conteúdo) e a *formulação* cultural (*enuntiabile*: continente). A relação entre esses dois níveis não é nem arbitrária e nem unívoca, mas de mediação necessária e ao mesmo tempo inadequada.

4. No dogma, há o que permanece e o que muda. Permanece a *substância* visada, assim como aquela formulação que foi uma vez expressa (irreformável). Contudo, de vez que toda formulação é histórica e inadequada, há sempre a possibilidade de surgirem novas *formulações*. Essas, porém, só são legítimas quando se colocam no dinamismo significante das formulações anteriores. É nesse sentido que o dogma muda e progride: é no sentido do *crescimento* e não da transformação.

5. Para interpretar um dogma é preciso levar em conta, entre outros, os seguintes *critérios hermenêuticos*:

1) o tipo de linguagem, normalmente o comum da época;

2) o contexto histórico, frequentemente de índole polêmica;

3) e o lugar do dogma em questão na "hierarquia das verdades".

6. O dogma está finalizado na *confissão* de fé e na *pregação*, e não na mera reflexão, e menos ainda na vinculação jurídica da consciência de fé.

7. É porque o *Espírito* leva continuamente a Comunidade de fé à "verdade plena" que existe, no fim das contas, uma evolução nos dogmas. Essa evolução não se dá quanto à substância do dogma, mas sim quanto à sua formulação. Esta pode sempre explicitar melhor aquela, segundo os tempos e os lugares.

8. Contudo, não está garantido um *evolucionismo* dogmático linear. Concedido que a Igreja nunca esqueceu ou perverteu a Mensagem essencial da salvação, a história mostra que houve *obscurecimentos* e *involuções* de aspectos mais ou menos importantes da fé.

EXCURSO II

A TEORIA DE NEWMAN SOBRE A EVOLUÇÃO DOS DOGMAS

John Henry Newman († 1890), dos maiores teólogos do século XIX, se debruçou detidamente sobre a questão da evolução dos dogmas[54]. O critério geral, que ele coloca para uma evolução fiel ou incorrupta da verdade dogmática, é a continuidade substancial do dogma, isto é, seu desenvolvimento orgânico homogêneo, longe de toda ruptura essencial e da novidade absoluta.

Newman explicitou sete critérios para explicar e julgar a evolução dos dogmas, critérios que não são exaustivos e nem se verificam sempre no mesmo dogma. Ei-los em resumo:

1. "Preservação do tipo": permanece a estrutura de fundo do dogma, sua forma essencial, suas características concretas;

2. "Continuidade de princípios": à diferença do critério anterior, é também o lado interno do dogma que permanece substancialmente idêntico a si mesmo;

3. "Poder de assimilação": é a capacidade de uma verdade dogmática de se inculturar, de assimilar sem ser assimilada;

4. "Sequência lógica": verifica-se um nexo lógico entre a verdade original e seu desenvolvimento;

5. "Antecipação sobre seu futuro": existe, na verdade originária, a presença embrionária do desenvolvimento subsequente;

---

54. Cf. suas duas obras sobre a questão: *An Essay on the Development of Christiam Doctrine* (1845) e *An Essay in Aid of a Grammar of Assent* (1870).

6. "Ação de conservação sobre seu passado": é a sobrevivência das fases preceden-tes do dogma num conjunto mais evoluído; por outras: a nova fase conserva a passada, sem suprimi-la;

7. "Persistência do vigor" (vigor durável): é a permanência da força vital do dogma. Pois se há um desenvolvimento que não dura, mas se degrada e se desintegra, é porque não é autêntico. Mas se persiste, é porque é sadio e, por isso, fiel.

LEITURA II

SÃO VICENTE LERINENSE:

O desenvolvimento do dogma cristão[55]

<<Não haverá desenvolvimento algum da religião na Igreja de Cristo? Há cer-tamente e enorme. Pois que pessoa será tão invejosa, com tanta aversão a Deus que se esforce por impedi-lo? Todavia, deverá ser um verdadeiro progresso da fé e não uma alteração. Com efeito, ao progresso pertence o crescimento de uma coisa em si mesma; à alteração, ao contrário, a mudança de uma coisa em outra.

É, portanto, necessário que, pelo passar das idades e dos séculos, cresça (*cres-cat igitur*) e progrida, tanto em cada um como em todos, no indivíduo como na Igre-ja inteira, a compreensão, a ciência, a sabedoria. Porém, apenas no próprio gênero, a saber, no mesmo dogma, no mesmo sentido e na mesma ideia (*eodem sensu ea-demque sententia*)[56].

Imite a religião das almas o desenvolvimento dos corpos. No decorrer dos anos, vão se estendendo e desenvolvendo suas partes e, no entanto, permanecem o que eram. Há grande diferença entre a flor da juventude e a madureza da velhice. Mas se tornam velhos aqueles mesmos que foram adolescentes. E por mais que um ser humano mude de estado e de aspecto, continuará a ter a mesma natureza, a ser a mesma pessoa.

Membros pequeninos na criancinha, grandes nos jovens, são, contudo, os mesmos. Os meninos têm o mesmo número de membros que os adultos. E se no

---

55. *Commonitorium primum*, 23: PL 50, 667-668, apud *Liturgia das horas*, Oficio das leituras, sexta-feira, 27ª semana do tempo comum. Fizemos pequenas correções de estilo.

56. O texto desse célebre parágrafo foi retomado pelo Vaticano I: DS 3020.

tempo de idade mais adiantada neles se manifestam outros, já aí se encontram em embrião. Desse modo, nada de novo existe nos velhos que não esteja latente nas crianças.

Por conseguinte, esta regra de desenvolvimento é legítima e correta. Segura e belíssima é a lei do crescimento, se a perfeição da idade completar as partes e formas sempre maiores, que a sabedoria do Criador pré-formou nos pequeninos.

Mas se uma pessoa se mudar em outra figura, estranha a seu gênero, ou se aumentar ou diminuir o número dos membros, sem dúvida alguma todo o corpo morrerá ou se tornará um monstro ou, no mínimo, se enfraquecerá. Assim também deve o dogma da religião cristã seguir essas leis de crescimento, para que os anos o consolidem, se dilate com o tempo, eleve-se com as gerações.

Nossos antepassados semearam outrora no campo da Igreja as sementes do trigo da fé. Será sumamente injusto e inconveniente que nós, os pósteros, em vez da verdade do trigo autêntico recolhamos o erro da simulada cizânia.

Bem ao contrário, é justo e coerente que, sem discrepância entre os inícios e o término, ceifemos, das desenvolvidas plantações de trigo, a messe, também de trigo, do dogma. E se algo daquelas sementes originais se desenvolver com o andar dos tempos, seja isto agora motivo de alegria e de cultivo.>>

Capítulo 9
MOMENTO II DA PRÁTICA TEOLÓGICA – CONSTRUTIVO

Lugar desse momento na articulação geral da teologia

Após o *auditus fidei*, vem o *intellectus fidei*. Depois de ouvir a Palavra da fé e fazê-la sua, a teologia explicita e aprofunda essa Palavra com suas próprias palavras. É o momento de seu discurso propriamente teórico ou especulativo, que se faz por meio do confronto da fé com as exigências da razão.

Esta é a função *construtiva* da teologia, porque, nesse momento, depois de ter "posto" diante de si os materiais de seu tema – momento *positivo* –, a teologia passa a "construir" seu edifício teórico, a produzir seu sistema, a elaborar suas razões, enfim, a criar seu discurso próprio. Na divisão tradicional da teologia, esse processo vale especialmente para a teologia dogmática, chamada às vezes também "sistemática"[1]. Na verdade, trata-se de uma função essencial de todo verdadeiro labor teológico.

Situemos criticamente esse passo dentro da epistemologia clássica. Tomemos aqui, mais uma vez, Santo Tomás por guia. Sabemos que ele atribui à razão teológica as seguintes funções:

– "*demonstrar* os preâmbulos da fé...;

– *explicar* as coisas da fé por meio de algumas analogias...;

– e *refutar* as objeções que são levantadas contra a fé..."[2].

Ora, o tema deste capítulo – momento construtivo ou teórico da teologia – corresponde à segunda função acima: a *explicativa*. E é a função teológica mais importante das três.

Pois, a primeira e a terceira são funções de certo modo indiretas e externas à fé. A primeira função – *introdutória* – quer apenas colocar os pressupostos da fé, e

---

1. Cf. SEMERARO, Marcello & ANCONA, Giovanni. *Studiare la teologia dogmatica*. Roma: Vivere, 1994; · BEINERT, Wolfgang. *Dogmatik studieren. Einfürung in dogmatisches Denken und Arbeiten*. Regensburg: F. Pustet, 1985.

2. *In Boetium de Trinitate*, q. 2, a. 3, c.

diz respeito à Teodiceia. Esta não é um discurso propriamente teológico, mas filosófico. Fala aí a razão natural, talvez religiosa, mas não ainda a razão da fé.

A terceira função – a *apologética* – não conta com as simpatias do momento. A mentalidade moderna dos cristãos se inclina a substituir pelo diálogo a função polêmico-apologética da fé, entretanto sempre necessária (cf. 1Pd 3,15)[3]. Isso faz com que as críticas dos não cristãos à religião sejam ouvidas com atenção e aproveitadas pela Igreja, e isso mais em vista de sua renovação e da transparência de seu testemunho evangélico (cf. UR 6,1; GS 62,2) do que em função da afirmação da fé ou de seu anúncio direto.

A nomenclatura corrente chama esse momento de "especulativo". Por que precisamente esse qualificativo? Porque se trata de estabelecer com a fé uma relação verdadeiramente *especular*, ou seja, de pôr cada verdade da fé frente ao espelho da *razão* humana, assim como frente ao espelho das outras *verdades* no interior do único grande Mistério da salvação[4].

Ora, o *intellectus fidei*, ou seja, o "momento teórico" ou explicativo da construção teológica se desdobra em três submomentos ou, digamos melhor, em três passos:

1. A *análise*, que explicita as razões lógicas ou os nexos internos da fé;

2. A *sistematização*, que junta todas as análises numa síntese orgânica;

3. A *criação*, que entende desenvolver novas conexões que a verdade em questão pode ter com outros mistérios e com a condição e o destino humanos. Em breve, é dilatar a teoria da fé, avançando novas propostas de compreensão graças a um trabalho de invenção especulativa.

Podemos já antecipar que esses três passos correspondem aproximadamente às três tarefas formais de todo o pensamento científico: a meto-

---

3. Cf. PONTIFÍCIO CONSELHO PARA O DIÁLOGO INTER-RELIGIOSO & CONGREGAÇÃO PARA A EVANGELIZAÇÃO DOS POVOS. *Diálogo e Anúncio* (1991). Col. Documentos Pontifícios 242. Petrópolis: Vozes, 1991.

4. Agostinho explica que *especular* vem de *speculum* (espelho) e não de *specula* (mirante): *De Trinitate*, XV, cap. 8, n. 14, apud TOMÁS DE AQUINO. *ST* II-II, q. 180, a. 3, ad 2. Observemos, porém, que "especulativo" é a tradução latina do termo grego "theórikon". Por esse último termo se indica o pensamento que se interessa pela *verdade* das coisas (o que e como são) e não logo pela *ação* sobre as coisas. Mas como hoje em dia o termo "especulativo" tem ressonâncias negativas, por corresponder a "abstrato" e "artificial", é mais conveniente usar o termo "teórico" ou "reflexivo".

dicidade (análise), a sistematicidade (sistematização) e a dinamicidade (criação). Eis uma figura recapitulativa:

$$
\text{EXPLICAÇÃO DA FÉ:} \begin{cases} \text{1. Análise} \\ \text{2. Síntese} \\ \text{3. Criação} \end{cases}
$$

Expliquemos, a seguir, cada um desses passos.

ANÁLISE TEOLÓGICA

Trata-se aqui de penetrar no conteúdo da própria fé, de examinar seu miolo a partir de dentro, enfim, de explicar racionalmente a fé. Talvez fosse melhor falar em *explicitar* do que em explicar. Pois explicitação sugere uma ideia mais modesta do que explicação: a ideia de simplesmente manifestar ou desdobrar a inteligência que a fé já possui de modo concentrado. *Explicação* pode ambiguamente sugerir a função de dar conta cabal da fé, o que sabemos ser impossível.

De que se trata aqui em concreto? Não se trata a rigor de propor *qual* é a verdade da fé que se há de crer (*an ita sit*). Isso fazem sobretudo os Pastores em sua pregação. Trata-se antes de expor *como* é a verdade proposta (*quomodo sit*). É isso que devem fazer em primeiro lugar os teólogos. É nesses termos que fala Tomás de Aquino em uma de suas célebres "questões várias"[5].

O que se quer aqui de fato é *compreender*, de modo mais saturado possível, a verdade em questão, como querem as ciências hermenêuticas e, *a fortiori*, a teologia. A intenção não é apenas ou principalmente a de *deduzir* umas verdades de outras, como procurou fazer, depois de Trento, a "teologia barroca" e que, por isso, foi chamada de "teologia das conclusões". Esta é, na verdade, uma "teologia de Esaú", pois acaba trocando a Palavra de Deus pelo prato de lentilhas da razão pura[6]. Ora, a intenção do teólogo, ao

---

5. Cf. infra a *Leitura I* no fim deste capítulo.

6. Cf. KASPER, Walter. *Renouveau de la méthode théologique*. Paris: Cerf, 1968, p. 47-50.

contrário, é produzir, o quanto possível, a inteligência do significado da própria Palavra divina e da mensagem viva que ela propõe.

Sem dúvida, é possível fazer *deduções racionais* a partir das premissas da fé, como já mostramos (cf. Cap. 4). Mas – repetimos – esta é uma operação menor e que está a serviço da iluminação interna da verdade como tal. Pois o que importa é articular o tema em pauta em seus nexos internos. Pode-se chamar esta operação maior de "hermenêutica" no sentido amplo que tem em certos teólogos hoje, inspirados em F. Schleiermacher (E. Fuchs, E. Ebeling)[7]. Ora, nesse campo, a "razão conveniencial" é que comanda.

Procedimentos racionais úteis em teologia

Vimos que os argumentos "convenienciais" são os mais próprios às verdades da fé e que são os mais importantes em teologia. Vimos igualmente que a teologia usa também, quando possível, argumentos dedutivos (Cap. 4).

Mas, além desses, recorre-se em teologia a argumentos *indutivos*, por um processo chamado método da *redução* ou da *resolução*. Trata-se de silogismos que partem dos efeitos em direção às causas. Como vimos, esse método foi fortemente reivindicado nos últimos decênios pelas teologias da práxis. De fato, a vida da fé é, a seu modo, reveladora. Contudo, dissemos também que esse método deve ser dialetizado e completado pelo movimento inverso: da fé para a realidade (cf. Cap. 8/1).

Temos, enfim, outras operações menores: são os variadíssimos recursos lógicos de que a teologia lança mão para clarificar os conteúdos da fé. Eis alguns:

– *definições nominais*: sentido dos nomes ou palavras, como Reino, Cristo, Graça, etc.;

– *definições reais*: determinação dos elementos constitutivos de um conceito, como pessoa, natureza, substância, geração;

– *divisões* e *classificações*;

– *axiomas* ou aforismos;

– *distinções*, quer reais, quer formais, etc.

---

7. Cf. BOFF, Clodovis. *Teologia e prática*. Petrópolis: Vozes, 1978, seção II, § 15, nota 7.

Em relação às *distinções*, em particular – instrumento por demais negligenciado em épocas de confusão mental –, é preciso dizer que são meio indispensável para clarificação e boa articulação do pensamento. Daí o dito: *Sapientis est distinguere* (distinguir é coisa de gente inteligente).

Todos os procedimentos racionais acima referidos são meios conhecidos em nossa lógica ocidental. Entretanto, à medida que a fé se incultura em outros contextos, abre-se então a possibilidade de a teologia assumir outras lógicas, como, por exemplo, a semita, a banto, a hinduísta, a chinesa, a aimara, a ianomâmi, e assim por diante[8]. E nisso haverá certamente para a Igreja muitas surpresas.

SISTEMATIZAÇÃO TEOLÓGICA

Chegamos ao momento de ver como se articula a verdade analisada com as outras verdades da fé. Se chamamos o momento anterior de momento da e**x**plicação, esse será o momento da *compreensão*, no sentido de *situar* uma coisa dentro de seu horizonte maior de inteligibilidade. Portanto, à análise segue a síntese. É como trabalhar com uma câmera sobre uma obra de arte: primeiro se focaliza, com a teleobjetiva, cada detalhe; depois se amplia o campo, até mostrar todo o conjunto.

Sem sistematização, teologizar é como talhar pedras (análise), mas não saber que casa construir, por falta de um plano geral. Sem dúvida, o Novo Testamento não é sistemático, mas contém esboços de conjunto da Revelação, traça visões totalizantes da fé, como, por exemplo, a Carta aos Romanos, em torno da ideia-chave da "justificação" (cap. 1–11), ou as Cartas do cativeiro, com sua visão cósmica de Cristo (Cl 1,3–3,4; Ef 1,3–3,21).

A ideia de sistema em teologia ganha corpo com os grandes teólogos, como Orígenes em *Os Princípios*, Santo Agostinho em *A Cidade de Deus* ou em *A Trindade*, São Boaventura no *Itinerário de mente para Deus* e, especialmente, Santo Tomás de Aquino em suas *Sumas*[9].

---

8. Seguimos em todo esse subtítulo a penetrante análise de CHENU, Marie-Dominique. *La théologie est-elle une science?* Paris: Fayard, 1957, p. 53-76.

9. Cf. VAGAGGINI, Cipriano. Teologia. In: BARBAGLIO, Giuseppe & DIANICH, Severino (orgs.). *Nuovo Dizionario di Teologia*. 4. ed. Cinisello Balsamo (MI): Paoline, 1985, p. 1.686. O Credo oferece excelente esquema para a sistematização da fé, como provam, além dos catecismos, os comentários que muitos teólogos fizeram dele. Temos nessa linha inclusive a obra inacabada de TOMÁS DE AQUINO. *Compêndio de teologia*. [pref., trad. e notas por Dom O. Moura] Porto Alegre: EDIPUCRS, 1996.

Como já referimos, os epistemólogos neotomistas (M.-D. Chenu, Y. Congar) enfatizaram a função sistematizadora como sendo a mais importante da prática teológica. Fizeram-no para se contrapor à excessiva importância que tinha assumido a função explicativo-dedutiva na "teologia das conclusões". Para eles, a síntese é preferível à simples análise. Assim, a forma perfeita da teologia é a *teologia sistemática*[10]. Eis a afirmação formal de Y. Congar:

> A qualidade científica da teologia não depende da dedução de verdades novas, mas da construção racional do ensino cristão por meio da ligação de verdades-conclusões a verdades-princípios[11].

A *ars theologica* é uma espécie de *ars combinatoria*. É a capacidade de articular um tema com outro. O Concílio Vaticano I fala a esse propósito no "nexo entre os mistérios" (DS 3016). Foi M.J. Scheeben († 1888) quem valorizou de modo especial o *nexus mysteriorum* como princípio iluminador e organizador da teologia, principalmente em seu livro *Os mistérios do Cristianismo*[12].

Teologizar é, pois, essencialmente articular: é ligar um *articulus* com outro *articulus*, para constituir um todo hermenêutico. Assim, por exemplo, a libertação social se articula com o Mistério global da Salvação. Se existe análise e mesmo dedução teológica é sempre em função de organizar finalmente os dados da fé num conjunto coerente.

---

10. Cf. COLOMBO, Carlo. La metodologia e la sistemazione teológica. In: PONTIFICIA FACOLTÀ TEOLOGICA DI MILANO. *Problemi e orientamenti di teologia dommatica* (Presentazione di Mons. G.B. Montini). Vol. I. Milão: Carlo Marzorati Ed., 1957, p. 1-56 (com bibliografia). Como exemplo, digamos que grande sistemático foi o dominicano Réginald Garrigou-Lagrange († 1964), professor em Roma por quase meio século. "Na primeira metade do século XX nenhum outro teólogo católico gozou de tanto prestígio como Garrigou-Lagrange. O seu parecer fazia opinião em toda a parte, especialmente no Vaticano. O seu juízo contra a *Nouvelle Théologie* teve peso determinante para a sua condenação": MONDIN, João Batista. *As teologias do nosso tempo*. São Paulo: Paulinas, 1978, p. 15s.

11. In *Bulletin thomiste*, 1938, p. 500, apud CHENU, M.-D. *La théologie comme science au XIIIe. siècle*. 3. ed. Paris: Vrin, 1969, p. 11.

12. SCHEEBEN, Mathias Joseph. *Les mystères du Christianisme*. Bruges: DDB, 1947, p. 18-22 (= § 4) e ainda p. 732, 774, passim.

Desse modo, graças à escolha de um eixo temático, toda a teologia é recuperada. A tradição é redefinida por uma assimilação transformadora e não de maneira meramente adicional.

O "princípio arquitetônico"

Efetivamente, para organizar teoricamente o discurso da fé, importa escolher um tema-eixo ou um "princípio arquitetônico". Tal princípio há de ser tirado dentre os mistérios centrais da fé: Cristo, Trindade, Reino, Encarnação, Páscoa, Salvação, etc. Sua função é dar ao discurso uma configuração que seja ao mesmo tempo coerente e adaptada à sensibilidade cultural da época.

É o caso, por exemplo, do tema "libertação", quando compreendido como "libertação integral", isto é, integrando, além da dimensão social, a *soteriológica*[13]. Ao contrário, "libertação", entendida em sua dimensão apenas *social*, nunca pode constituir o eixo arquitetônico ou primeiro, mas um eixo segundo, correspondendo a um enfoque segundo da teologia, como já explicamos (Cap. 3)[14].

Ora, o tema-eixo escolhido, depois de ter sido explicado internamente, por meio das várias abordagens: bíblica, dogmática, ético-social, etc., será convenientemente articulado com os *articuli fidei*, como se vê na figura sumária:

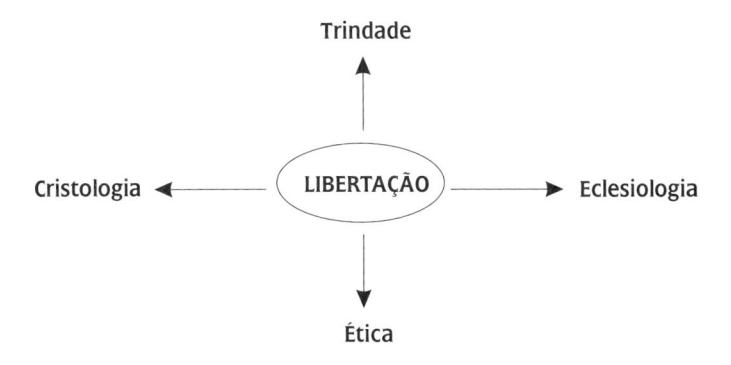

Portanto, sem a definição do princípio arquitetônico, a organização dos dados da fé resulta apenas numa mera arrumação externa, como numa enciclopédia,

---

13. Distinção enfatizada em CONGREGAÇÃO DA DOUTRINA DA FÉ. *Instrução sobre a liberdade cristã e a libertação*, 22/03/1986, n. 23, 71 e 99.

14. Cf. MONDIN, Battista. *Introduzione alla teologia*. Milão: Massimo, 1983, p. 8-35, onde destaca a importância do "princípio arquitetônico", acoplando-o a outro, o "princípio hermenêutico", que viria em seguida, para ordenar a síntese numa determinada perspectiva. Já nos referimos a esse par de termos no Cap. 3, n. 19. Mas nem a designação desse segundo conceito, nem sua operatoriedade e nem sua articulação com o primeiro nos parecem suficientemente claros.

longe de toda amarração teórica interna. Não se chega, assim, a uma verdadeira teoria ou sistema orgânico da fé.

Por outro lado, é preciso relembrar que toda sistematização leva a ferida aberta de sua incompletude radical (cf. Cap. 4). Pois o Mistério da fé desafia toda razão. As sistematizações teológicas são necessárias e, ao mesmo tempo, sempre relativas, abertas e, por conseguinte, plurais. Uma indicação disso nos dá Paulo, quando, depois de ter refletido sobre o espinhoso problema teológico que angustiou toda a primeira geração cristã – a rejeição do Messias pelo Povo eleito –, como que se rendendo, exclama:

> Ó abismo da riqueza, da sabedoria e da ciência de Deus! Como são insondáveis seus juízos e impenetráveis seus caminhos! Quem, com efeito, conheceu o pensamento do Senhor? (Rm 11,33-34).

Portanto, é sinal de presunção intelectual querer chegar a um sistema fechado de verdades da fé, ao estilo hegeliano. A irradiação da fé escapa à razão por todos os lados. Por isso, é suficiente elaborar sínteses abertas e por isso provisórias[15].

CRIAÇÃO TEOLÓGICA

Finalmente, vem, no processo da produção teológica, o passo criativo. Pois toda teologia, como toda ciência, não é simples retomada dos dados do passado e nem mera reorganização dos elementos em presença sobre uma verdade da fé, se bem que esse duplo trabalho possa ser considerado também como obra de criação.

A verdadeira teologia tem uma vitalidade e uma dinâmica particulares. Não se contenta com a mera repetição, ainda que em novos arranjos, da tradição teológica já constituída. Ela busca ir em frente em relação à inteligência da fé, descobrindo novos ligames teológicos, abrindo novas perspectivas, aprofundando o assunto por meio de novas interrogações, enfim, inovando, criando. É a própria responsabilidade evangelizadora do teólogo que obriga a ter uma boa dose de audácia especulativa[16].

---

15. Não só a *Suma Teológica* de Santo Tomás é uma "sinfonia inacabada", mas o é também a *Dogmática eclesial* de K. Barth (13 vol., com 9.185 p.!)

16. Cf. BOFF, Leonardo & BOFF, Clodovis. *Como fazer teologia da libertação*. Col. Fazer 18. 10. ed. Petrópolis: Vozes, 1993, p. 59s.

Certamente a "coragem da heterodoxia", como vontade de pensamento alternativo, fica a um passo da heresia, entendida como fixação no pensamento parcial e perda da integralidade da fé. Mas o medo de pisar em falso não pode impedir o avanço por novas sendas.

Não há possivelmente um campo do saber que mais instigue o pensamento que o da teologia. Os pensadores religiosos produziram as elaborações mais desassombradas e, ao mesmo tempo, as mais luminosas que passaram pela mente humana. A fé é a força mais provocadora do espírito. Vale para o campo teológico aquilo que Tomás de Aquino afirma dos motivos da audácia em geral:

> Aqueles que se relacionam bem com as coisas divinas são os mais audazes[17].

Sem embargo, estamos aqui falando na intenção dos teólogos de profissão. Não corajoso, mas temerário é o iniciante que se mete a aventar novidades teológicas de cujo alcance não tem a menor condição de se dar conta.

Mesmo o teólogo de carreira, não será de modo diletante e gratuito que se porá a abrir novos horizontes de reflexão, mas sim com o senso de responsabilidade que impõe o nível de seu tema e seu lugar na Comunidade eclesial. Assim, partirá de um estudo acurado da grande Tradição e avançará estribado em seus dados mais firmes. Não suceda que suas pretensas descobertas já se encontrem na própria Tradição, ou então não sustentam com sucesso um confronto sério com a mesma Tradição.

Distinguir dogma de teologia

No que tange à proposta de novas hipóteses teológicas, é necessário não confundir o *dogma*, no sentido amplo de doutrina firme da Comunidade de fé ou de patrimônio comum de verdades, e a *teologia*, como a livre interpretação de um teólogo.

---

17. *ST* I-II, q. 45, a. 3, c.

A *Sapientia Christiana* manda que, no ensino da teologia, o teólogo administre "em primeiro lugar" o patrimônio comum da Igreja. Quanto às "opiniões prováveis e pessoais", diz que devem ser "propostas com discrição e apenas como tais"[18].

Em *Os princípios* (escrito em 220-230), "primeiro sistema de teologia cristã e o primeiro manual de dogma"[19], o genial Orígenes († ca. 254), já levava em conta essa distinção. Distinguia suas hipóteses teológicas, que chamava de meros "exercícios" (*gymnasia*), e a afirmação dos princípios da fé (*dogmatikôs*). Portanto, não confundia sua teologia pensante ou explorativa com a teologia doutrinária e confessante da Igreja. No entanto, foi, em parte, por não ter levado na devida conta essa distinção capital, especialmente da parte dos antiorigenistas (inclusive São Jerônimo), que se prolongou por tanto tempo (em três ondas sucessivas) um dos conflitos mais tumultuosos da história da teologia – o conflito origenista[20].

Certamente, a distinção nem sempre é fácil. Pois, na própria "doutrina comum" nem tudo é dogma vinculante. Existe uma franja nebulosa e historicamente móvel entre dogma e livre-pensar teológico. E o teólogo tem condições de perceber isso com mais acuidade do que qualquer outro. É, aliás, justamente trabalhando de modo crítico sobre essas margens dúbias que a teologia avança na inteligência da fé. Seja como for, compete ao Magistério eclesial a tarefa decisiva e última de acolher esses avanços e propô-los a toda a Comunidade cristã.

Os theologoúmena

Precisamente, nesse espaço dúbio, entre o dogma vinculante e a teologia livre, situam-se os chamados *theologoúmena* (ou teologúmenos). Distinguem-se do dogma por constituírem meras teses teológicas, doutrinas não obrigatórias. Mas se distinguem da simples teologia porque representam algo de mais sólido. Mais que meras hipóteses teológicas, defendidas por poucos, são condensações

---

18. JOÃO PAULO II. Constituição Apostólica *Sapientia Christiana* (1979), art. 70.

19. QUASTEN, Johannes. *Patrologia*. BAC 206. Madri: Católica, 1968, vol. I, p. 271.

20. Cf. CROUZEL, Henri. "Actualité d'Origène". *Nouvelle Revue Théologique*, t. 102 (1980), p. 394-399.

doutrinárias que gozam de uma credibilidade geral em certa época, como uma espécie de verdades plausíveis. Assim foi, por exemplo, com a doutrina do limbo.

Os *theologoúmena* são proposições que não exprimem formal e imediatamente uma verdade de fé, mas que aparecem como decorrendo do nexo que a fé mantém com os outros mistérios ou com a sensibilidade cultural de uma época. Representam a exigência da consciência humana dessa época, na medida em que busca a unidade entre as diferentes verdades, bem como a síntese entre a revelação e a razão culturalmente situada.

Portanto, os *theologoúmena* são construções teológicas que se mostram necessárias para a compreensão do dogma, mas que não se impõem de per si. Por isso, importa manter, o quanto possível, a distinção entre os núcleos duros da fé e essas construções humanas relativas, embora necessárias para um melhor esclarecimento da fé[21].

Os simples e os cultos na Comunidade cristã

A distinção entre dogma (vinculante) e teologia (livre) tem particular relevância pastoral. Com efeito, não é toda e qualquer reflexão teológica que pode ser passada ao Povo de Deus. Algumas podem provocar confusão e o "escândalo dos simples".

Desde sempre a Igreja distingue em seu seio os "fracos" e os "fortes" na fé[22]. Por sua parte, os Padres e Doutores medievais falavam nos *rudes*, isto é, nos cristãos humildes, que têm uma fé escassamente teologizada. Diferem dos cristãos ilustrados e mais ainda dos expertos, os quais têm condições de justificar, com maior ou menor racionalidade, a fé da Comunidade eclesial.

Qual é a relação entre os dois? Que responsabilidade têm os cultos frente aos incultos? É fundamentalmente a tarefa de lhes comunicar, se não o *processo*, pelo menos os *resultados* da teologização. Se os simples não podem teologizar, podem contudo partilhar dos *frutos* da reflexão dos

21. Cf. SCHMAUS, Michael. *A fé da Igreja.* Vol. I. Petrópolis: Vozes, 1976, p. 181s.

22. Rm 15,1; cf. 1Cor 8,9-12. Paulo fala também em "crianças" e "adultos" (1Cor 2,6), como faz também o autor da Carta aos Hebreus (5,12-14). O Apóstolo usa ainda a dupla "carnais" e "espirituais" (1Cor 3,1).

cultos. Assim se socializa, ou, se quisermos, se "democratiza" a teologia na Igreja. Desse modo, evitam-se também os dois extremos:

– por um lado, pedir aos "leigos" que, em virtude de sua comunhão institucional com a Comunidade, se contentem apenas em "fazer fé" na racionalidade dos dados teológicos, garantida pelos expertos;

– por outro, exigir que todos desenvolvam um pensamento teológico tal que esteja em condições de fundar racionalmente a própria opção de fé. Ora, isso é demais, além de irrealista[23].

A saída está no meio: nem exigir um Povo todo de teólogos e nem manter o Povo no nível de uma consciência elementar da fé. Analogamente à ideia da "igreja-toda-ministerial", "a-igreja-toda-teologizando" pode ser uma boa fórmula, acrescentando-se, porém: "cada um a seu modo", como veremos quando falarmos das várias "formas de teologia" (Cap. 20).

Pois, se a Igreja busca hoje que o povo cresça, em todos os níveis, quanto à consciência crítica, por que não no nível da fé? Tanto mais que o debate permanente é um dos traços característicos da moderna sociedade democrática[24].

Seja como for, permanece sempre o fato de que na Igreja existirão sempre os "fracos na fé" defronte aos "fortes". Nesse caso, é claro que uma coisa é discutir livremente *inter pares* as próprias posições teológicas; e outra é levar a discussão teológica ao grande público, sem maiores cuidados. É danoso confundir o púlpito do pastor com a cátedra do teólogo. Cuidado particular se há de ter com os pobres, no sentido de não se emitirem declarações *pauperum aurium offensivae* – chocantes aos ouvidos dos pobres. Recomenda o Concílio de Trento:

---

23. Cf. a esse respeito, a polêmica entre M. Seckler e K. Rahner, in: SECKLER, Max. *Teologia, Scienza, Chiesa*. Brescia: Morcelliana, 1988, p. 131s., n. 55. Rahner adota uma posição mais racionalista (quer que todos possam teologizar) e Seckler mais "tutelar" (acha que os "leigos" podem delegar essa função aos profissionais, contentando-se em acreditar nas demonstrações dos teólogos). Contudo, para nós a solução está no meio ou na síntese das duas posições. Aliás, esse debate se parece à discussão sobre o tipo de democracia, se direta ou indireta, sendo a solução compor as duas formas.

24. Cf. VALADIER, Paul. *Catolicismo e sociedade moderna*. São Paulo: Loyola, 1991, p. 30-37: "Sociedade moderna, sociedade de deliberação".

Nas pregações dirigidas ao povo menos instruído (*rudem plebem*) devem-se evitar as questões mais difíceis e sutis que não levam à edificação e quase nunca ao aumento da piedade[25].

RESUMINDO

1. O momento especulativo, ou melhor, *teórico* – objeto deste capítulo – consta de três passos:

– a *análise* do conteúdo interno da fé;

– a *sistematização* desse conteúdo numa síntese orgânica;

– e a *criação*, em que se desenvolvem novas perspectivas da fé.

2. A *análise* teológica – primeiro passo da chamada "teologia especulativa" – busca explicar, ou melhor, explicitar a lógica da fé, suas raízes ou suas razões próprias. Trata-se de mostrar o porquê e o como dos mistérios que se creem.

3. A *sistematização* teológica é o passo mais importante da teorização da fé. Trata-se aí de *articular* os dados da fé num todo orgânico a partir do "nexo entre os mistérios" e em torno de uma "ideia arquitetônica". Contudo, toda síntese teológica será uma síntese aberta, por causa do Mistério "sempre maior".

4. Por fim, a *criação* – terceiro passo da especulação ou da teorização teológica – consiste em lançar novas hipóteses teológicas para avançar na compreensão da fé.

5. É preciso, porém, distinguir sempre com muito cuidado o que é doutrina comum da fé, especialmente o dogma, e o que é opinião ou *hipótese* pessoal, assim como o que é mera *tese* teológica (*theologoúmena*). E isso, sobretudo, em benefício dos "simples na fé", a fim de não confundi-los ou chocá-los.

---

25. DS 1820, falando a propósito do purgatório.

EXCURSO

TIPOS DE TEÓLOGOS

Partindo da tipologia figurativa de Francis Bacon (†1626) a propósito dos tipos de pensadores[26], podemos dizer que existem três espécies de teólogos:

1. Há os *teólogos-formigas*. Só transmitem o que recolhem dos outros. São almoxarifes, guardas de armazém. Para eles, teologia é saber o que outros teólogos disseram e não como é mesmo a verdade em questão. Esses são os teólogos eruditos. Atêm-se aos dados, com perigo de cair no positivismo teológico. Como enciclopédias, sabem tudo sobre um assunto determinado, mas nada acrescentam de novo e próprio. Parecem-se mais a geladeiras, que conservam as coisas, que a estômagos, que digerem, assimilam e transformam as coisas em substância pessoal.

2. Há os *teólogos-aranhas*. Esses são a antítese do tipo anterior. Tiram tudo de si e daí constroem suas teias teóricas. São especuladores desabridos. Possuem uma criatividade teórica verdadeiramente fantástica. Não lhes importa se suas elucubrações têm base na Bíblia ou na realidade. O gosto pela abstração os leva a se perderem nas nuvens do racionalismo abstrato ou do idealismo puro.

3. Há, por fim, os *teólogos-abelhas*. Esses representam a síntese superior dos dois modelos anteriores. Eles tiram o néctar de todas as flores, o digerem e o transformam no mel de suas sínteses pessoais. Esses são os teólogos realmente cultos: a partir de uma boa base de informação ou erudição fundamental, partem para a criação.

Existe outra tipologia, essa mais positiva mas talvez menos operativa em teologia, e que foi proposta pelo poeta grego Arquíloco (séc. VII aC) nestes termos:

"A raposa conhece muitas coisas, mas o porco-espinho conhece uma só e muito importante" (frag. 201).

1. O teólogo tipo *porco-espinho* seria aquele que se entrega a uma grande ideia sintética, que anima todo um sistema, que é possuído por uma intuição de fundo, que estrutura toda uma visão da fé. Aqui se situam em geral os Teólogos da Libertação.

2. O teólogo tipo *raposa* é aquele que é dono de um conhecimento plural, mas que não compõe uma constelação teológica coerente. Trata-se dos teólogos especialistas (sabem tudo de um pouco), como também dos teólogos generalistas (sabem um pouco de tudo), mas destituídos do sentido do essencial e do conjunto. Nessa categoria estariam muitos teólogos do Primeiro Mundo.

---

26. In *Novum Organum*, I, 95: trad. bras. na Col. Os Pensadores. São Paulo: Abril, 1973, p. 69.

O ideal seria construir uma teologia em torno de uma ideia arquitetônica (porco-espinho), sem, por outro lado, omitir o conhecimento detalhado do tudo o mais (raposa). Assim tentaram os grandes, tanto os antigos (Padres e Doutores) como os recentes. Foram porco-espinho com as virtudes da raposa: Orígenes, Agostinho e Tomás de Aquino, ontem; Barth, Rahner, Congar, von Balthasar e Moltmann, hoje.

LEITURA I

SANTO TOMÁS DE AQUINO:

O que vale mais em teologia: a autoridade ou a razão[27]?

<<Parece que (*videtur quod*) o teólogo (*magister*), ao resolver (*determinans*) as questões teológicas, deve usar mais os argumentos de autoridade que de razão.

Efetivamente, em qualquer ciência, as questões são resolvidas mediante o apelo aos primeiros princípios da respectiva ciência. Ora, os primeiros princípios da ciência teológica são os artigos da fé, que nos são manifestados por meio de autoridades. Logo, as questões teológicas são maximamente decididas por via de autoridade.

Contudo (*sed contra*), temos a afirmação da Carta a Tito: "De modo que seja capaz de exortar na sã doutrina e refutar os que a contradizem" (1,9). Ora, os contraditores são mais convenientemente refutados apelando para argumentos de razão do que de autoridade.

Respondo dizendo que todo ato deve ser executado do modo que convenha a seu fim. Ora, a discussão teológica (*disputatio*) pode se destinar a um duplo fim.

Um tipo de discussão se destina a tirar a dúvida sobre o conteúdo de uma verdade (*an ita sit*). Nesse gênero de discussão teológica se deve usar sobretudo argumentos de autoridade. Por exemplo, se a discussão é com os judeus, é preciso trazer as autoridades do Antigo Testamento; se é com os maniqueus, que rejeitam o Antigo Testamento, é preciso usar somente as autoridades do Novo Testamento; se é, porém, com os cismáticos, que aceitam o Antigo e o Novo Testamento mas não o ensino dos nossos Santos Padres (latinos), como os Ortodoxos (*Graeci*), é preciso

---

27. *Questiones quodlibetales*, quodlib. IV, art. 18 (3). Os sublinhados são do original.

discutir a partir das autoridades do Antigo e do Novo Testamento e dos Doutores aceitos por eles. Se, contudo, os contraditores não aceitam autoridade alguma, só resta tentar convencê-los por meio das razões naturais.

Outro tipo de discussão é a magistral, e esta se passa nas escolas. Seu objetivo não é dissipar o erro, mas instruir os ouvintes para que sejam levados ao entendimento (*intellectum*) da verdade em questão. Nesse caso, é preciso apoiar-se em razões que permitam descobrir a raiz da verdade (*radicem veritatis*) e que façam saber (*facientibus scire*) como é (*quomodo sit*) verdadeiro o que se propõe na fé. Do contrário, se o teólogo decide a questão apenas com argumentos de autoridade (*nudis auctoritatibus*), o ouvinte saberá sim qual é o conteúdo da fé (*quod ita est*), mas não adquirirá nenhuma ciência ou compreensão da coisa (*nihil scientiae vel intellectus*) e irá para casa de cabeça vazia (*vacuus abscedet*).

E assim fica clara a resposta às objeções aduzidas.>>

LEITURA II

SANTO AGOSTINHO:

Prece depois da especulação[28]

<<Fixando o olhar de minha atenção na regra de fé (relativa à unidade e trindade de Deus), busquei-te segundo minhas capacidades e na medida que me concedeste, e anelei ver com a inteligência o que acreditava com minha fé (*desideravi intellectu videre quod credidi*), e muito disputei e muito me afanei.

Senhor, meu Deus, minha única esperança, ouve-me para que não sucumba ao desalento e deixe de te buscar, mas anseie sempre teu rosto com ardor (cf. Sl 104,4). Dá-me forças para a busca, tu que fizeste que te encontrasse e me deste a esperança de um conhecimento mais perfeito. Diante de ti está minha firmeza e minha fraqueza: sana esta, conserva aquela. Diante de ti está meu saber e minha ignorância: se me abres, recebe ao que entra; se me fechas a porta, abre ao que chama. Faze que me lembre sempre de ti, te compreenda, te ame. Aumenta em mim tudo isso, até que me transformes totalmente.

---

28. *A Trindade*, l. XV, cap. 28, n. 51: PL 42, 1097-1098: epílogo do tratado mais especulativo do Doutor africano.

Sei que está escrito: "Nas muitas palavras não estás isento de pecado" (Pr 10,19). Oxalá abrisse os lábios somente para anunciar tua palavra e cantar teus louvores! Evitaria assim o pecado e adquiriria abundância de méritos, ainda que na multidão de minhas palavras. Aquele homem, amado por ti, não terá certamente aconselhado o pecado a seu verdadeiro filho na fé, quando lhe escreveu: "Prega a palavra, insiste a tempo e a contratempo" (2Tm 4,2). Por acaso se poderá dizer que falou demais aquele que oportuna e inoportunamente anunciou, Senhor, tua palavra? Não, não falou demais, pois aquilo tudo era necessário.

Livra-me, Deus meu, da multidão das palavras que padeço no meu interior, em minha alma, mísera em tua presença, mas abrigada em tua misericórdia. Quando calam meus lábios, não guardam silêncio os meus pensamentos. E se somente pensasse nas coisas que são do teu agrado, não rogaria que me livrasses da abundância de minhas palavras. Mas muitos são os meus pensamentos, pensamentos humanos, e tu sabes que são vãos (cf. Sl 93,11). Dá-me que não consinta neles, mas faze-me rechaçá-los quando sentir suas carícias. Não permitas que me detenha, adormecido, em seus afagos. Jamais exerçam sobre mim seu poder nem pesem em minhas ações. Com tua proteção, esteja ao abrigo de seu influxo o meu juízo e a minha consciência.

O Sábio, falando de vós em seu livro, hoje conhecido com o nome de Eclesiástico, diz: "Muitas coisas diríamos sem nunca acabar. Seja a conclusão de nosso discurso: 'Ele é tudo'" (Eclo 43,27). Quando chegarmos à tua presença, cessarão estas "muitas coisas" que agora falamos sem poder entendê-las perfeitamente, e tu permanecerás um só – tudo em todos (cf. 1Cor 15,28). E então diremos uma coisa só, louvando-te unidos e em ti transformados, nós também, em unidade.>>

Capítulo 10

MOMENTO III DA PRÁTICA TEOLÓGICA: CONFRONTO COM A VIDA

RELEVÂNCIA HISTÓRICA DO MOMENTO DA PRÁTICA

A boa teologia foi sempre ministra da vida cristã. Contudo, talvez nunca sentiu com tanta agudeza essa tarefa como em nosso momento histórico, nascido e marcado sob o signo da práxis. A responsabilidade histórica se tornou uma das maiores urgências da fé cristã. As teologias da práxis nasceram disso. Escutemos o testemunho eloquente e deslumbrado, pelo efeito de toda nova intuição, de um atento teólogo de nosso tempo, Harvey Cox:

> O teólogo que não está fazendo opção no lugar onde os novos Adãos e os novos Moisés de hoje compõem novos capítulos da saga bíblica, está deslocado. O fim a que serve é espúrio. E sua teologia continuará a ser quimérica e apolítica. Consequentemente, não será profética. Os problemas que ele enfrenta são os acrósticos enigmáticos da academia, não as questões de vida e morte dos homens de fé num mundo de mudanças.
>
> Qual é o nosso lugar e objetivo como teólogos atualmente? Temos de tentar erguer-nos, com um pé na história discordante de Israel, antiga e nova, e o outro pé no convulsivo habitat do homem francamente profano do nosso já adiantado século XX. Essa oscilante plataforma é o nosso *lugar*. Lá nos colocamos, procurando ouvir e ajudar os nossos camaradas no quadro dos profetas, enquanto juntos distinguimos os sinais e às vezes bebemos os vinhos da nova era que se aproxima[1].

FUNDAMENTO TEOLÓGICO DA CONFRONTAÇÃO FÉ-VIDA

O terceiro grande momento da produção teológica é confrontação da fé com a vida. Aqui se aborda a fé *ad extra*, enquanto projetada para fora, para a missão. É o momento prático da teoria teológica, enquanto esta se volta agora para a *ação* concreta. De fato, é impossível à teologia ficar na mera teorização da fé.

---

1. COX, Harvey G. *Que a serpente não decida por nós*. Rio de Janeiro: Civilização Brasileira, 1970, p. 34.

Por que a teologia deve levar seu discurso até ao campo da Vida? Porque as verdades de que trata são sempre verdades *salutares*. Elas dizem respeito à vida e à salvação do ser humano. Por isso, são verdades para serem cridas, amadas e vividas e não apenas sabidas e contempladas.

O fundamento do método teológico de confrontação Fé-Vida está dado (e só poderia sê-lo) pela própria natureza do objeto da teologia – a Fé-narrativa. Pois, como já dissemos (Cap. 3), nos termos de Tomás de Aquino: "O método de uma ciência deve corresponder à sua matéria"[2].

Ora, como já vimos (Cap. 5), a Revelação possui uma constituição prática; ela se passou na e pela Vida concreta e histórica. Afirma-o a Constituição Dogmática *Dei Verbum* (n. 2), testemunha-o a estrutura do Credo cristão e é o que ensinou e praticou o Vaticano II em termos dos "sinais dos tempos" (cf. GS 4 e 11)[3].

Portanto, a teologia deve necessariamente se abrir para a vida e a pastoral. Ao seu momento teórico segue o prático. Poderíamos dizer que ela deve chegar ao momento da *applicatio* da fé na vida pessoal e social. É melhor, contudo, falar em *atualização* da fé na vida do que em sua "aplicação", já que esse termo tem conotações um tanto funcionais e mecânicas.

Essa função pertence declaradamente à nova metodologia teológica. A teologia clássica não desconheceu o polo "realidade" ou "vida". Basta ver sua alentada reflexão moral, pastoral e espiritual[4]. Contudo, para ela a práxis social não tinha ainda a complexidade que tem hoje e, por isso, não exigia as mediações teóricas de que nós precisamos para compreendê-la adequadamente.

---

2. *In Boetium de Trinitate*, q. 6, a. 1, sed contra.

3. Cf. BOFF, Clodovis. *Sinais dos tempos*. Princípios de leitura. Col. Fé e Realidade 5. São Paulo: Loyola, 1979.

4. Cf. ILLANES, José Luís. La sabiduría teológica. Del "intellectus fidei" agustiniano a la "teología tomista". In: RODRIGUES ROSADO, Juan J. & RODRIGUES GARCÍA, Pedro (orgs.). *Veritas et Sapientia*. Pamplona: Ed. Univ. de Navarra, 1975, p. 191-227, aqui p. 219-221. Para o autor, o método teológico de Santo Tomás constava de dois momentos: primeiro, penetração intelectual da verdade revelada (momento mais científico da teologia); segundo, confrontação da mesma com o resto do conhecimento humano e com a realidade (momento mais sapiencial). Mas, a nosso ver, essa escansão metodológica não é assim tão clara no Aquinate.

E grande parte da teologia atual ainda não conseguiu integrar de modo satisfatório o momento prático em seu processo, quer no nível de sua prática teórica, quer no de sua teoria epistemológica[5]. Mas é justamente o momento prático que foi reivindicado com extrema força pela Teologia da Libertação e outras teologias afins (cf. Cap. 7). Segundo essas correntes, a construção teórica do discurso teológico encontra seu termo último no confronto com a realidade ou com a vida, no sentido amplo. A fé "dá o que pensar", mas também e sobretudo "dá o que fazer".

Por isso o momento do "agir" deve ser, decididamente, integrado na organização do discurso da teologia a título de um de seus polos constitutivos. Tal é a exigência do método dialético da teologia atual.

OS NÍVEIS DE CONFRONTAÇÃO

Quando falamos em atualizar a fé na vida, vida é aqui tomada na sua riqueza total. Não se reduz nem à política, nem mesmo à práxis. "Vida" inclui níveis múltiplos, assim como os que seguem:

– a vida interior, lugar das decisões, da fé, da espiritualidade;

– a vida psíquica, espaço das emoções, dos sentimentos;

– a vida interpessoal: familiar, comunitária, cotidiana;

– a vida social, campo da sociedade civil;

– a vida econômica: trabalho, lutas sindicais;

– a vida política, lugar da cidadania, do partido, do Estado;

– vida cultural: lazer, arte;

---

5. A epistemologia corrente assigna à teologia apenas os dois grandes momentos conhecidos: o positivo e o especulativo. Essa concepção se mantém mesmo nas teologias ditas "modernas". Assim, por exemplo, na conhecida obra de LONERGAN, Bernard. *Il metodo in teologia*. Brescia: Queriniana, 1975. Aí se detalham seis especializações funcionais da teologia que configurariam o "momento positivo": a pesquisa, a interpretação, a história, a dialética, a fundação e as doutrinas (p. 147-151). Depois viria o que corresponde ao "momento especulativo": a sistematização e a comunicação. Quanto ao *momento prático*, quase nada, a não ser algo no último campo: a comunicação. Outro exemplo: FROSINI, Giordano. Teologia oggi. 2. ed. Bolonha: EDB, 1997, p. 27-29, propõe o "método do círculo hermenêutico", constando de três momentos: 1) questões culturais do tempo; 2) confronto com a Bíblia e a Tradição da fé; 3) sistematização resultante do confronto cultura-fé. Mas, aqui, cadê o *agir*, além do cultural?

– vida religiosa, âmbito das múltiplas expressões da fé;

– vida ecológica, casa comum da imensa corrente da vida;

– vida planetária, relação da humanidade com todo o cosmos.

Notemos que, entre todas essas expressões, merece destaque a vida *social* no sentido geral, a saber, incluindo a atividade econômica, política e cultural. Pois esse é um dos lugares mais desafiantes de intervenção da fé no mundo atual, especialmente no Sul do mundo. E é uma exigência da evangélica "opção preferencial pelos pobres". Ora, no campo da vida social, importa levar em conta a confrontação da fé a dois níveis.

Num 1º nível, a teologia confronta a fé com a *cultura* do tempo, tal como se exprime em suas cosmovisões filosóficas, ideológicas, éticas e religiosas. A teologia deve aí *inculturar-se*, discernindo a linguagem da época, suas categorias e sua mentalidade em geral, para ver o que dela assumir em seu discurso e o que rejeitar.

Mas a teologia social não pode ficar nesse nível: precisa chegar à *realidade* viva e concreta das pessoas. Há de se perguntar o que tem a fé a dizer frente a tudo isso. É a confrontação a um 2º nível. Aqui a verdade da fé realiza sua intencionalidade última: ser acolhida e vivida na realidade, para ser aí fermento de *libertação* total.

Mas aqui deve haver dialética. Pois não se há de entender a realidade de modo positivístico, isto é, isolanda-a de toda teoria. Não. A realidade vem sempre afetada de significados e representações. Ela tem uma intrínseca estrutura semiótica. *Realidade* = *realidade* + *sua interpretação*. As coisas são as coisas e sua linguagem. Por isso, é impossível aceder à realidade sem passar pelas interpretações que estão nela incorporadas.

E contudo – importa logo acrescentar – é mister visar sempre a "coisa mesma" como que para além das interpretações e, o quanto possível, chegar à própria realidade, primeiro teoricamente, pelo conceito apropriado, e depois efetivamente, por meio da própria prática. E mesmo assim, num e noutro confronto, sempre se há de respeitar a "autonomia relativa" de cada nível.

A LÓGICA DO TERCEIRO MOMENTO: AGIR

Em relação à prática, vimos como esta se constitui numa das *fontes* do saber teológico (Cap. 7). Veremos mais à frente (Cap. 13) que ela é também uma das *finalidades* da teologia. Nesse capítulo ela aparece como um dos elementos integrantes ou – como dissemos – um dos *momentos* constitutivos do método teológico. Trata-se não da práxis como tal, mas da práxis como decisão, *como proposta*. E nisso a práxis tem algo de teórico: a teoria da prática, a teoria que olha para a ação. É a esse nível que a teologia aparece como sendo inclusive um "*saber* prático".

Mas qual é o seu estatuto teórico? Como se processa esse momento? Quais são os seus passos específicos[6]?

Evidentemente, como momento terceiro (agir), a prática pressupõe a análise da realidade concreta e a apreciação ético-teológica da mesma. Portanto, a Mediação Analítica e a Mediação Hermenêutica vêm antes da Mediação Prática da fé.

Quando abordamos a questão da própria Mediação Prática (deveríamos dizer "teórico-prática"), entramos de cheio na *lógica do agir*. Ora, a chamada "teoria da ação" é extremamente complexa. Vemos que ela põe em jogo pelo menos estes quatro passos:

1. Análise da situação objetiva (ciência);

2. Julgamento ou juízo dessa situação (ética);

3. Avaliação concreta da situação em sua singularidade (sabedoria prática, a *phróoneesis* ou a *prudentia*);

4. Por fim, decisão final (discurso performativo: "Vamos lá")[7].

Já Santo Tomás possui uma análise fenomenológica ainda mais elaborada do ato voluntário, enquanto ato-para-a-ação[8]. Distingue aí cinco passos:

---

6. Esboçamos esses passos nos termos da Teologia da Libertação em Epistemología y método de la teología de la liberación. In: ELLACURÍA, Ignacio & SOBRINO, Jon (orgs.). *Mysterium Liberationis*. Conceptos fundamentales de la Teología de la Liberación. Vol. I. Madri: Trotta, 1990, vol. I, p. 79-113, aqui p. 112s.

7. Cf. a análise muito fina de LADRIÈRE, Jean. *A articulação do sentido*. São Paulo: EPU/Edusp, 1977, p. 137-156: "Determinismo e responsabilidade. A linguagem da ação".

8. Cf. *ST* I-II, questões 13 a 17: sobre a ação voluntária.

1. O *consilium*: discernimento da situação concreta;

2. A *electio*: opção dos grandes objetivos;

3. O *consensus*: decisão em favor de determinados meios em vista do fim pretendido;

4. O *imperium*: determinação de agir naquela direção;

5. E o *usus*: a aplicação da vontade em vista da execução iminente.

Observemos que a lógica da ação compreende passos que estão de certa forma já incluídos na lógica dos momentos anteriores, como o discernimento da situação, mas que agora são retomados, tendo diretamente em vista a ação.

Sintetizando, para fins didáticos, as duas teorias da ação acima esquematizadas, poderíamos formular de modo simplificado a lógica da ação segundo os três passos seguintes:

1. A elaboração dos *objetivos* da ação mediante um plano;

2. A proposta das *medidas* concretas para a realização do plano proposto (estratégia e tática);

3. Enfim, a *decisão* de passar à ação.

RESUMINDO

1. O método teológico termina na *atualização* da fé. É uma exigência da própria fé cristã, que é "por causa de nós homens e pela nossa salvação". Além disso, é uma exigência do momento histórico, marcado pelo signo da práxis.

2. A práxis, ou melhor e mais largamente, a *vida* é uma realidade rica de múltiplas dimensões, que vão desde a nossa vida interior até à vida planetária. A teologia não pode excluir nenhuma dessas dimensões.

3. Contudo, a teologia hoje, especialmente no Sul do mundo, tem que dar um destaque todo particular à vida *social*, lugar privilegiado da evangélica "opção preferencial pelos pobres".

4. No âmbito da vida, a teologia deverá confrontar também fé e realidade *social* (material, econômica, política), sem abstrair das representações *culturais* incorporadas nessa realidade (filosofias, ideologias, religiões). O confronto fé-vida opera, pois, nos dois níveis, devidamente entrelaçados.

5. O terceiro momento do método teológico – a atualização da fé – possui sua lógica própria: a *lógica do agir*. Essa compreende alguns passos como:

– a determinação dos objetivos da ação;

– a proposta dos meios concretos;

– e, por fim, a decisão voltada para a ação.

EXCURSO I

VISÃO DE CONJUNTO DO MÉTODO TEOLÓGICO: A RELAÇÃO FÉ-VIDA

Se quisermos retomar, em perspectiva única, o método completo da teologia e sintetizá-lo numa fórmula, poderíamos dizer que consiste no *confronto Fé-Vida*. Esse é seu *núcleo essencial*. A concepção da teologia como confronto Fé-Vida é hoje bastante difundida nos meios eclesiais e teológicos, especialmente na América Latina[9].

Como já tivemos ocasião de afirmar (Cap. 7), trata-se na verdade de um método *dialético*, consistindo exatamente na "mútua interpelação" (EN 29) entre os polos acima referidos. Dá-se, pois, aí um "círculo metodológico". Tal método é um caminho a duas mãos.

Assim, o novo *intellectus amoris* (J. Sobrino) não se contrapõe ao clássico *intellectus fidei*, mas se compõe perfeitamente com ele[10]. Desta sorte, a teologia poderá ser sinteticamente chamada de *intellectus fidei amore formatae* (a inteligência da fé informada pelo amor), ou ainda, nos termos paulinos e agostinianos, *intellectus fidei quae per caritatem operatur* (cf. Gl 5,6): a compreensão da fé que opera pela caridade[11].

Se existe uma "circulação metodológica" entre Fé e Vida, torna-se claro que não é decisiva a questão de onde praticamente se parte, se da Fé ou da Vida. O decisivo sim é que se ponha sempre em confronto Fé e Vida, seja lá de que polo se parta: se da Fé, então esta se há de confrontar com a Vida; se da Vida, então é a Vida que se confrontará com a Fé.

9. Cf. apenas PASTOR, Félix Alexandre. *O Reino e a História*. Problemas de uma Teologia da Práxis. São Paulo/Rio de Janeiro: Loyola, 1982, espec. p. 48-53 e p. 98-101.

10. Cf. Cap. 5, quando analisamos criticamente a proposta epistemológica de Jon Sobrino.

11. Já aludimos no Cap. 7 que essa concepção não é estranha a Santo Agostinho, para o qual é a fé *operante* que dá acesso ao conhecimento de Deus: *In Joan Ev. Tract.*, tr. 29, n. 6: PL 35, 1630-1631.

O ponto de partida material

Mas – pode-se perguntar –, quando partir da Fé e quando da Vida? Ora, isso depende do assunto, que depende, por sua vez, do interesse pastoral em busca de reflexão. Se o assunto é, por exemplo, a questão do Espírito Santo, então se vai *da Fé para a Vida*, confrontando pneumatologia (Fé) com a situação concreta que a Comunidade eclesial está vivendo (Vida). Se o assunto, pelo contrário, é Justiça social, nesse caso se vai *da Vida para a Fé*, discernindo a realidade (Vida) à luz da Palavra (Fé).

É verdade, os teólogos *profissionais* costumam arrancar dos temas da Fé. Por isso, seu método parece (mas nem sempre é) mais dedutivo. Enquanto isso, os *Pastores* e as comunidades *leigas* partem o mais das vezes da realidade mesma. E, por isso, seu método parece (mas nem sempre é) mais dedutivo. Pode haver nessas diferentes formas de teologia apenas tendências ou acentos, mas não pontos de partida unidirecionais rígidos. Em princípio, é sempre possível fazer o "retorno dialético", quer se parta de um polo, quer do outro[12].

Seja como for, quanto ao ponto de partida, uma coisa é certa: a dialética Fé-Vida não põe os polos num mesmo nível, não os trata por igual. O primado aí compete, sem sombra de dúvida, ao polo Fé. Essa é a instância soberana, o *hegemonikón*. Por isso, o confronto se dá sob sua regência ou dominância. Por certo, a fé interroga a Vida e a Vida interroga a Fé ("mútua interpelação"). Contudo, a rigor, não é a Vida que informa e julga a Fé, mas sim a Fé que informa e julga a Vida. Por consequência, cumpre colocar uma hierarquia entre os dois polos. Chamaremos de "Momento I" a reflexão teológica que desenvolve o estatuto da Fé; e de "Momento II" a que aprofunda o estatuto da Vida. Trata-se de dois momentos de um processo que é, na verdade, unitário[13].

O método do confronto vale para toda teologia

Importa, outrossim, observar que o "método do confronto" ou "método dialético" em teologia não vale só para a Teologia da Libertação, embora tenha sido ela quem mais o reivindicou e o praticou, mas vale para toda a teologia. A Teologia da Libertação nada mais fez que inserir de modo decisivo para dentro da teologia em geral o polo Vida, adjudicando ao método teológico uma dimensão irreversivelmente *dialética*.

---

12. Explicaremos mais à frente (Cap. 20) essas diferentes formas de teologia que chamaremos de profissional, pastoral e popular.

13. A esses dois momentos já chamei de "Teologia I" e "Teologia II". Corrigi essa designação equívoca no "Prefácio autocrítico" à 3. ed. de meu *Teologia e prática*. Petrópolis: Vozes, 1993, p. VI e VII.

Permanece, contudo, a especificidade de uma teologia que seja "Teologia *da Libertação*", na medida em que tal confronto (geral) se dá no horizonte (particular) da libertação *histórica*, ou, por outras, quando a intenção do discurso é deliberadamente *sociopolítica*.

Que o método dialético valha para toda a teologia, essa proposição se refere à teologia no seu conjunto, tomada em seu processo geral e unitário. Agora, considerando-se cada disciplina em particular, deve-se então dizer que, embora todas elas devam colocar o confronto referido, cada uma *enfatiza* ou desenvolve sobretudo um ou outro momento do método. Assim, por exemplo:

– a Exegese desenvolve mais o polo da Fé, e nessa o *auditus fidei*, sem, contudo, abandonar o polo Vida, na medida em que busca a atualização do sentido bíblico;

– a Dogmática desenvolve igualmente mais o polo Fé, em seu momento de *intellectus* ou *ratio fidei*, mas não deixa de levar em conta a projeção na vida das verdades da fé;

– já a Moral, a Espiritualidade, a Pastoral e as disciplinas afins privilegiam o polo Vida, a *applicatio fidei*, ou seja, a vivência da fé, mas não esquecem o polo da Fé, enquanto desenvolvem a base bíblica e dogmática daquelas matérias.

E mesmo quando o confronto não é desenvolvido tematicamente num de seus polos, o outro permanece sempre no horizonte da reflexão como polo em tensão. Essa "epoché" (colocação entre parênteses), na verdade, opera como força ativa, ainda que retida. Assim, por exemplo, quando se trata, na América Latina, de Cristologia: aí a realidade latino-americana pode estar pouco ou mesmo não explanada teoricamente, mas deve poder estar bem presente, pelo menos de modo pressuposto, no horizonte da reflexão teológica[14].

Que dizer então dos discursos da fé que não se põem nesse confronto Fé-Vida? Que são provavelmente discursos inacabados. Pois, se esse confronto não é tematizado, deve estar claramente presente, pelo menos como abertura ou exigência a ser preenchida a seu modo e a seu tempo. É, por exemplo, o caso do *Catecismo da Igreja Católica* (1993). Este, é verdade, fica nas indicações gerais e comuns. Mas nele não há fechamento ou pretensão de completude formal. Antes, mantém uma abertura sobre as realidades concretas de cada lugar na medida em que pede que haja versões regionais do Catecismo, que preencham assim a falta de explicitação da conexão da Fé com a Vida concreta.

---

14. Pensamos no caso da Cristologia de SOBRINO, Jon. *Jesus, o libertador*. I. A história de Jesus de Nazaré. Col. Teologia e Libertação 3. Petrópolis: Vozes, 1994.

Mas, enfim, seria ainda legítima uma teologia puramente contemplativa e doxológica? Seria, na medida em que a contemplação e o louvor são já a superação do mero saber teórico e representam a própria Vida em sua expressão mais alta. Contudo, valha aqui também a necessidade, posta acima, de abertura ou exigência do compromisso de caridade, sem o qual contemplação e louvação alguma poderão se dizer cristãs.

Uma figura sintética

Oferecemos, a seguir, um esquema que recolhe, numa visão de conjunto, os vários momentos ou elementos do método até aqui analisados, mostrando suas articulações internas.

Com efeito, os três momentos do método teológico aqui explicitados: *auditus fidei, intellectus fidei* e *applicatio fidei* e os outros três do método da Teologia da Libertação: *ver, julgar e agir* estão entrelaçados, uns incluídos nos outros.

Assim, na *applicatio fidei* do método geral da teologia está incluído e pressuposto o *ver*. Pois é impossível decidir de qualquer ação, especialmente no domínio social, devido à sua atual complexidade, sem passar pelo ver da Mediação socioanalítica.

Por outro lado, no *julgar* do método da Teologia da Libertação, estão incluídos e pressupostos, explicitados ou não, os dois momentos do método teológico em geral: o *auditus* e o *intellectus fidei*.

Vejamos numa figura de conjunto como se articulam esses momentos:

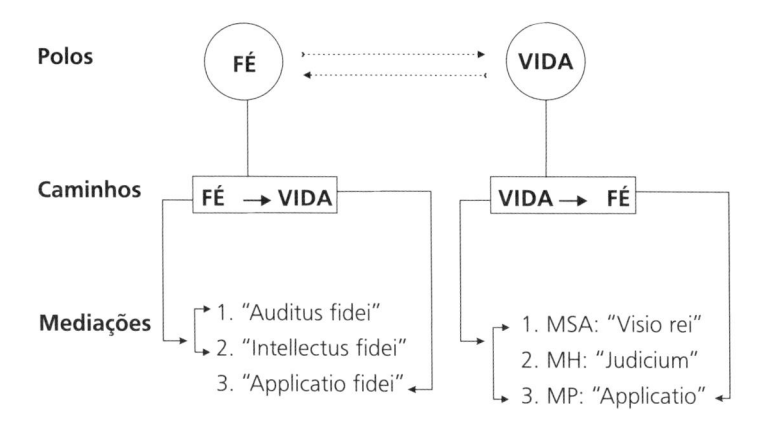

Explicações

1. Antes de tudo, quanto à terminologia. *Polos* valem por "instâncias", ou "termos" de todo processo teológico completo. Correspondem à "teoria" (da fé) e à "prática" ou vivência. *Caminhos* seriam também "momentos maiores", "movimentos", "pontos de partida" (material), "entradas" ou ainda "modos de articulação" da prática teológica. Por

fim, *Mediações* poderiam se chamar também "momentos menores" ou "etapas". As Mediações principais são a Mediação socioanalítica (MSA), a Mediação hermenêutica (MH) e a Mediação prática (MP).

2. O polo "Fé" vale aí por "Teoria" e se refere à fé-narrativa ou fé-doutrina. O polo "Vida", por sua vez, corresponde à "Prática". Na realidade, as duas coisas se encontram referidas uma à outra. Mas não estão necessariamente unidas, pois são relativamente autônomas. Elas são chamadas, sim, a se unirem, o que se dá na forma respectivamente da "Fé vivida" e da "Vida de fé".

3. O método teológico é basicamente *dual*: põe em movimento dois termos. Isso quanto à sua *estrutura*. Agora, quanto ao seu *processo*, esses dois termos passam por três momentos. Assim, no primeiro caminho (da Fé para a Vida), a primeira e a segunda mediação envolvem apenas o primeiro termo – a Fé. No segundo caminho (da Vida para a Fé), a primeira instância (Mediação Analítica e Mediação Prática) move um só polo – a Vida, na primeira vez como realidade dada (tema: ver) e na segunda como realidade a ser trabalhada (tarefa: agir). Há, pois, aí o "retorno dialético" à realidade. Por isso, dizer que a teologia consiste em dois polos em confronto: Fé e Vida, ou que consiste em três movimentos: Ver, Julgar e Agir, é a mesma coisa. A única diferença é que se parte de dois pontos de vista diversos: respectivamente o ponto de vista dos "polos" da *estrutura* do ato teológico e o das "mediações" ou "momentos menores" de seu *processo*.

4. Notar que os dois "caminhos" acabam na *applicatio*. Na verdade, toda teologia, a dos teólogos, dos pastores e do povo, seja ela clássica ou da libertação, termina ou deve terminar na prática, qualquer que seja sua forma: espiritualidade, moral, liturgia, evangelização, pastoral, política. "Aplicação" é aqui entendida como a *operatio fidei*, ou, mais precisamente, a sua *atualização*. Seu sentido é, pois, meramente analógico, tendo pouco a ver com a "aplicação" de uma regra ou lei. Atualização aqui vale por realização ou vivência.

5. Por fim, pode-se perguntar onde está a MSA no Caminho I (da Fé para a Vida). Está no momento da *applicatio*. De fato, a teologia clássica e profissional, que tende a partir dos dados da Fé, quando chega a enfrentar a questão da "atualização" na Vida, se não elabora uma compreensão da realidade tipo Mediação Analítica, pelo menos a pressupõe. Por sua vez, no Caminho II (da Vida para a Fé), é a MH que pressupõe (quando não explicitamente elaborada) uma exegese e uma teologia básica, tipo *auditus fidei* e *intellectus fidei* respectivamente. Deduz-se daí que o processo da teologia, se desdobrado, tem, de fato, em vez de três, os mesmos quatro momentos, quer se entre pela Fé, quer pela Vida, ainda que dispostos de forma distinta.

Se a entrada for pela Fé, temos:

– Escuta da Palavra;

– Inteligência da fé;

– Atualização, compreendendo Análise da realidade.

Se a entrada for pela Vida, eis o processo:

– Análise da realidade;

– Inteligência da fé, compreendendo Escuta da Palavra;

– Atualização.

EXCURSO II

A DIALÉTICA TEORIA-PRÁTICA

As *Teses sobre Feuerbach* (1845) de K. Marx poderiam lançar alguma luz sobre a dialética teológica FÉ-VIDA[15].

Partamos de uma figura:

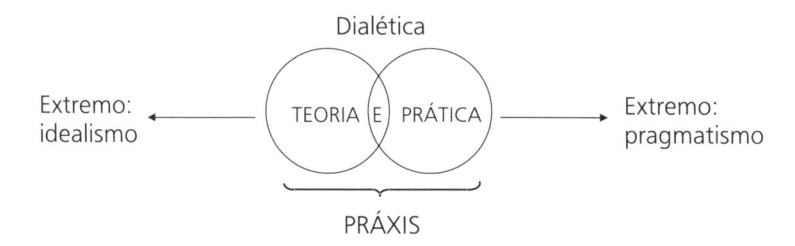

Comentários

1. *Dialética* é aí concebida como o pensamento que pode ser definido como "união sem confusão e distinção sem separação", justamente nos termos da lógica do dogma cristológico de Calcedônia (451).

2. Notemos a distinção *Práxis* e *Prática*. O primeiro termo é mais amplo e correspon-de em Marx à Realidade, Existência, Mundo, História, Vida. Engloba tanto a ação como a

---

15. Cf. trad. bras. in: MARX, Karl & ENGELS, Friedrich. *Textos*. Vol. I. São Paulo: Ed. Sociais, 1977, p. 118-120. Cf. os comentários desse texto: GOLDMANN, Lucien. *Marxisme et sciences humaines*. Paris: Gallimard, 1970, p. 170-196; WACKENHEIM, Charles. *La faillite de la Religion d'après K. Marx*. Paris: PUF, 1963, p. 256-260.

reflexão. Agora, *Prática* é um conceito mais restrito: é um momento da *Práxis*, ao lado da teoria. Nas suas *Teses*, Marx se mostra ambíguo e a distinção acima nele não aparece de modo claro.

3. O conceito de *Práxis*, tomado em sua acepção mais alta, possui em Marx quatro características. Trata-se de uma ação:

- *coletiva* ou social (e não apenas individual);
- *transformadora* da realidade (não passiva e conservadora);
- *significativa* ou intencional (lado subjetivo);
- *real*, material, exterior, transiente (lado objetivo)[16].

4. *Teoria* (ou reflexão) e *Prática* (ou ação) possuem ambas sua autonomia relativa. Mas podem e devem em parte se recobrir. Isto é, há entre os dois uma intersecção, um enlace, uma *pericórese*. É, na figura, a interface marcada pela cópula "e".

5. Mas pode haver também uma relação "patológica" entre os dois polos. Assim, quando a Teoria se separa da Prática, cai num extremo – o idealismo e nos erros afins: teoricismo, verbalismo, intelectualismo, etc. E quando a Prática se divorcia da Teoria, cai no extremismo oposto: o Pragmatismo e semelhantes (ativismo, agitação, rotina, etc.).

Observações críticas

A concepção marxiana das *Teses* deve ser submetida à crítica. Aí a Práxis aparece fetichizada: é a hipóstase da Realidade ou do Mundo. Quer dizer: tem uma amplitude exagerada. Mais adequado seria articular a relação assim:

Aí a ação (práxis ou prática, indistintamente) aparece como a *mediação* do ser humano em vista da modificação do mundo.

É preciso dizer também que, aplicado à teologia, o esquema anterior (dialética teoria-prática) só vale de modo analógico. Sua virtude consiste em ajudar a manter unidos,

---

16. Cf. VÁZQUEZ, Adolfo Sanchez. *Filosofia da Práxis*. 2. ed. Rio de Janeiro: Paz e Terra, 1977, princ. p. 185-208: "O que é a Práxis"; KOSIK, Karel. *Dialética do concreto*. Rio de Janeiro: Paz e Terra, 1969, p. 197-207: "A Práxis". Retomaremos essa questão mais adiante, no Cap. 13.

sem confusão nem divisão, os dois termos da relação, que na teologia são, como vimos, Fé e Vida.

Mas é evidente que em teologia o segundo polo da dialética (Vida) é muito mais amplo e rico que a *Práxis* marxiana, mesmo se esta já vem bastante inflada. A atualização da Fé na Vida pode se dar não apenas na Práxis, enquanto ação coletiva, exterior, etc., mas também na acolhida da fé (passividade ativa), adoração, conversão religiosa, correção ética, amor fraterno, caridade para com o próximo, confissão de fé, doxologia litúrgica e assim por diante. Todas essas coisas podem não ter uma relevância direta e imediata em relação à transformação histórica, mas podem ter, sim, uma significação histórica decisiva a longo termo, sem dizer que sempre têm uma alta importância humana.

Agora, quando se trata de teologizar a ação histórica, como faz, por exemplo, a Teologia da Libertação, a articulação marxiana, devidamente retificada, pode servir – por que não? – de mediação teórica particularmente fecunda.

LEITURA

VATICANO II:

Confronto da fé com a realidade na "Gaudium et Spes"[17]

<<4. Para desempenhar sua missão, a Igreja, a todo momento, tem o dever de perscrutar os sinais dos tempos e interpretá-los à luz do Evangelho, de tal modo que possa responder, de maneira adaptada a cada geração, às interrogações eternas sobre o significado da vida presente e futura e de suas relações mútuas. É necessário, por conseguinte, conhecer e entender o mundo no qual vivemos, suas esperanças, suas aspirações e sua índole frequentemente dramática. [...]

11. Movido pela fé, conduzido pelo Espírito do Senhor que enche o orbe da terra, o Povo de Deus se esforça por discernir nos acontecimentos, nas exigências e nas aspirações de nosso tempo, em que participa com os outros seres humanos, quais sejam os sinais verdadeiros da presença ou dos desígnios de Deus. A fé, com efeito, esclarece todas as coisas com luz nova. Manifesta o Plano divino sobre a voca-

---

17. Falando da *Gaudium et Spes*, afirma o grande historiador da Igreja Roger Aubert: "Come vedo il Vaticano II". *Rassegna di Teologia*, 36 (1995), p. 133-148: "Seu grande mérito foi de inserir pela primeira vez oficialmente na reflexão teológica toda uma série de importantes aspectos da vida dos cristãos, que até pouco tempo antes tinham sido delegados somente aos sociólogos" (p. 147).

ção integral da pessoa humana. E por isso orienta a mente para soluções plenamente humanas. [...]

44. [...] Compete a todo Povo de Deus, principalmente aos pastores e teólogos, com o auxílio do Espírito Santo, auscultar, discernir e interpretar as várias linguagens do nosso tempo, e julgá-las à luz da Palavra divina, para que a Verdade revelada possa ser percebida sempre mais profundamente, melhor entendida e proposta de modo mais adequado. [...]

62. Com efeito, os estudos e as descobertas mais recentes das ciências, da história e da filosofia despertam problemas novos, que acarretam consequências também para a vida e exigem dos teólogos novas investigações. Além disso, os teólogos, observados os métodos próprios e as exigências da ciência teológica, são convidados sem cessar a descobrir a maneira mais adaptada de comunicar a doutrina às pessoas de seu tempo, porque "uma coisa é o próprio depósito da Fé ou as verdades e outra é o modo de enunciá-las, conservando-se contudo o mesmo significado e a mesma sentença" (Cf. João XXIII, *Discurso de 11/10/1962, na abertura do Concílio: AAS 54, 1962, p. 792). Na pastoral sejam suficientemente conhecidos e usados não somente os princípios teológicos, mas também as descobertas das ciências profanas, sobretudo da psicologia e da sociologia, de tal modo que também os fiéis sejam encaminhados a uma vida de fé mais pura e amadurecida. [...]>>*

A LINGUAGEM TEOLÓGICA (I):
ANALOGIA COMO LINGUAGEM DO MISTÉRIO

Todo pensamento, também o da fé, vem à linguagem

Qual é a linguagem da teologia? É naturalmente aquela que correspon-de à sua racionalidade. E esta depende de seu tema: a realidade de Deus. Pois há uma correspondência entre: *Realidade, Racionalidade* e *Lingua-gem*. Uma coisa remete à outra. Mais, uma coisa está enlaçada na outra.

Ora, temos acesso à Realidade Deus mediante a fé. A teologia se funda sobre a fé como seu pressuposto e como seu ponto de partida, como já vi-mos (Cap. 2). Vimos também que a fé pode ser "racionalizada", ou seja, pen-sada teologicamente (Cap. 4). O pensamento da fé traduz uma experiência, uma doutrina e uma prática (Cap. 5-7). Agora, nos resta ver como se passa do pensamento para a linguagem.

Ora, todo pensamento vem à linguagem. Esta *perfaz* o pensamento. Sem a linguagem, o pensamento permanece im-per-feito, incompleto e inarticulado. E isso vale mais ainda se pensarmos no pensamento que en-volve uma experiência, como é o da fé. Ora, a experiência busca necessa-riamente sua linguagem, como o amor, que procura sempre "se declarar".

Mas do Mistério divino, inefável por definição, pode-se falar? Para o Wittgenstein do *Tractatus* a coisa estava decidida: Ou se fala claro ou se fica em silêncio. Não há meio-termo[1]. Mas a teologia, por sua parte, res-ponde com um "sim e não".

"Sim", na medida em que se faz experiência do Mistério (fé) e em que se pode pensá-lo (teologia). E isso vimos que é possível. E é um fato: o Mistério é experimentado na realidade pelos fiéis e é de fato pensado e falado, so-bretudo pelos teólogos.

---

1. É o que diz no Prefácio: "Poder-se-ia resumir todo o sentido do livro nestas palavras: tudo o que pode ser dito, deve poder ser dito claramente; e o que não se pode falar, se deve calar": WITTGENSTEIN, Lud-wig. *Tractatus logico-philosophicus* (1921). Paris: Gallimard, 1961, p. 39.

"Não", porque, como existe uma inadequação insanável entre a realidade do Mistério e o pensamento, assim também existe uma inadequação semelhante entre este e a linguagem religiosa. Isso porque, se o Mistério é mais que o pensamento, este é mais que a linguagem. Como diz Agostinho:

> Tudo o que se diz se consegue pensar (*sentire*), mas nem tudo o que se pensa se consegue dizer[2].

Portanto, do Mistério, sempre pensável, embora inadequadamente, se pode sempre falar, se bem que de modo mais inadequado ainda. Por isso, frente ao Mistério, vale a palavra, mas vale também o silêncio. O Mistério divino é paradoxalmente a realidade que mais urge à fala e que ao mesmo tempo mais a retém. K. Barth viu o drama do teólogo, que não pode falar, mas que tem que falar[3].

E o próprio sentido etimológico da palavra "mistério" é aqui instrutiva. "Mistério" efetivamente vem de *myein*, que significa fechar a boca, silenciar e ao mesmo tempo balbuciar, segredar. Os gregos já sabiam disso. Heráclito sentencia:

> O Uno recusa e aceita ser chamado com o nome de Zeus (frag. 32).
> E: O Deus, cujo oráculo está em Delfos, não fala e nem dissimula: indica (frag. 93).

Portanto, sobre Deus o teólogo nem fala e nem se cala: assinala. Descartes comparou Deus a uma montanha: esta não se pode abraçar mas se pode pelo menos tocar[4]. Assim, Deus não se *compreende*, no sentido de captar, mas se *en-tende*, no sentido de tender a ele, de atingi-lo. Nessa mesma linha, Santo Agostinho e Tomás afirmavam que Deus não é *compreensível* no sentido estrito de conhecimento pleno, exaustivo.

---

2. *Sermo 117*, V, 7: PL 38, 665: "Homo enim nihil potest dicere, quod non etiam sentire possit; potest etiam aliquid sentire, quod dicere non possit." Precisaríamos acrescentar: (dizer) "adequadamente", porque sempre se pode dizer "algo" do que se sente. Por isso diz Santo Tomás: "Tudo o que se conhece pode-se também significar com a voz": In *I Sent.* 22, 1, 1, contra. E ainda: "O juízo sobre o conhecer e o designar é o mesmo." Mas acrescenta: "Como conhecemos a Deus imperfeitamente, também imperfeitamente o designamos, como que *balbuciando*": In *I Sent.* 22, 1, 1, sol.

3. Cf. a célebre conferência de Kal Barth em Elgersburg, outubro de 1922: "Das Wort Gottes als Aufgabe der Theologie". In: *Christliche Welt*, 36 (1922), col. 858-873, publicada também in: *Anfänge der dialektischen Theologie*, I, ed. por J. Moltmann. Munique: Kaiser, 1966.

4. Apud PENIDO, Maurilio Teixeira-Leite. *A função da analogia em teologia dogmática*. Petrópolis: Vozes, 1946 (o original francês é de 1931), p. 186.

Atingir a Deus com a mente é a beatitude; compreendê-l'O, porém, é impossível[5].

É somente no sentido amplo, de um conhecimento parcial, que Deus se pode dizer de certo modo compreensível[6]. Nesse caso Deus está, sim, presente na mente, mas não cabe todo nela. Usando a distinção kantiana entre *wissen* e *erkennen*, poderíamos dizer: Deus se pode saber, mas não conhecer.

No limite, Deus é "inatravessável" (*adiexíteeton*), na expressão de São Gregório de Nissa[7]. É a Realidade que, por um lado, perpassa e penetra todas as coisas; e, por outro, abarca e envolve tudo. É a "realidade que determina todas as realidades"[8]. Por isso, a Realidade infinita toca a tudo e a tudo sobrepuja. Por isso também dela falamos e não falamos[9].

A volta ao sagrado hoje

A pós-modernidade se mostra sensível aos limites da chamada razão moderna, razão autoconfiante e totalitária. Sob esse aspecto, o pós-moderno prefere falar de Deus presente no pequeno, no fragmento, para além de todo sistema ou totalidade, como são os processos históricos e as ideologias. O Deus dos pós-modernos está no diferente, no esquecido, no negado. Aparece como irrupção e interrupção em relação ao que lhe é heterogêneo, o mundo. Em suma, a sensibilidade pós-moderna ajuda a redescobrir que o *Theós* sempre atropela o *lógos*; que está além da racionalidade, assim como da relacionalidade. O pós-moderno leva a reencontrar Deus como o Ab-soluto, o Mistério sempre maior[10].

A filosofia de Heidegger já tinha oferecido o gancho para enlaçar a questão da linguagem de Deus com a inspiração apofática da tradição oriental, não ausente de todo na Escolástica medieval. Na trilha daquele filósofo, Deus aparece como

---

5. *Sermo 38, De Verbo Dom.*, III: apud *ST* I-II, q. 4, a. 3, praet. 1. Cf. TOMÁS DE AQUINO. *In Johanem*, 1, 21: "Compreender se diz propriamente quando alguém conhece uma coisa na medida exata em que essa coisa pode ser conhecida".

6. Cf. *ST* I, q. 12, a. 7; e q. 14, a. 4, c.

7. Cf. *Contra Eunomium*, I, 368s e II, 69.

8. Designação, como vimos (cap. 3), usada por PANNENBERG, Wolfhart. *Epistemologia e Teologia*. Brescia: Queriniana, 1975, p. 285 e passim.

9. Cf. LUBAC, Henri de. *Sur les chemins de Dieu*. Paris: Aubier/Montaigne, 1956 [trad. it. Roma: Paoline, 1959], especialmente cap. 4: "O conhecimento de Deus"; e cap. 5: "A inefabilidade de Deus".

10. Cf. TRACY, David. "A volta de Deus na teologia contemporânea". *Concilium*, 256 (1994/6), p. 887-899. Todo esse número é dedicado à questão "Por que a Teologia?".

não sendo o que se pensa dele. O Deus divino e adorável não é o da metafísica e não é, em particular, o da onto-teologia. Seria antes o Deus dos neoplatônicos: o *metanoetós*, o *ypernoetós*[11].

Mas, falar de Deus é preciso. Como, pois, falar do Mistério? Em que linguagem? Qual é a lógica do inefável[12]?

Observemos que, quando falamos aqui em linguagem, entendemo-la não no sentido meramente semântico (da linguística), mas no sentido gnosiológico de mediação do pensamento e, portanto, de conhecimento. E isso em virtude do enlace existente entre pensamento e linguagem a que nos referimos há pouco.

Para abordar a questão da linguagem teológica preferimos a tradição clássica, que nos parece mais rica e fecunda que as atuais teorias da linguagem[13]. Ora, quanto à linguagem, a tradição clássica distingue três espécies de linguagem: a unívoca, a equívoca e a analógica. Tomemos uma por uma dessas linguagens e expliquemo-las em referência à teologia.

A LINGUAGEM UNÍVOCA

Temos, em primeiro lugar, a linguagem *unívoca*. Exprime coisas segundo *o mesmo sentido*. É a linguagem que adere como que imediata e direta à realidade. Refere-se a conceitos adequados, proporcionados à realidade que representam, embora esta desborde sempre os conceitos, que são sempre aproximativos (menos talvez na matemática, onde o nome coincide quase totalmente com a coisa).

---

11. Cf. LAFFOUCRIERE, Odette. *Le destin de la pensée et "la mort de Dieu" selon Heidegger.* Col. Phénoménologica 24. Haia: Martinus Nijhoff, 1968, especialmente p. 1-40: Introdução e p. 242-257: Conclusão.

12. Cf. PASTOR, Félix Alexandre. *A lógica do inefável.* Col. Fé e Realidade. São Paulo: Loyola, 1989, p. 59-92. Não ficaram claros aí os princípios internos de constituição e de coerência de sua "teoria teológica".

13. Para o uso teológico das atuais pesquisas no campo da linguística, de que faremos algum proveito no cap. 20, houve muita produção mas, a nosso ver, com frutos escassos. Cf. uma boa visão sintética e crítica in: BEINERT, Wolfgang. *Introducción a la teología.* Barcelona: Herder, 1981, cap. 3 e 4, p. 42-90. Cf. tb.: DORÉ, Joseph (org.). *Introduction è l'étude de la théologie.* Paris: Desclée, 1991, t. I: DARTIGUES, André. *Les sciences du langage et la question religieuse,* p. 128-180 e GREISCH, Jean. *Approche linguistique (de la religion),* p. 417-466; · JACQUES, François. L'approche analytique des enoncés théologiques. In: LAURET, Bernard & REFOULÉ, François (orgs.). *Initiation à la pratique de la théologie.* Paris: Cerf, 1982, t. I, p. 509-534 (com bibliografia); · MOLARI, Carlo. *La fede e il suo linguaggio.* Assis: Cittadella, 1972; MONDIN, Battista. *Il problema del linguaggio teologico dalle origini ad oggi.* Col. Biblioteca di Teologia Contemporanea 8. Brescia: Queriniana, 1971, espec. p. 437-495 para a "filosofia da linguagem" contemporânea.

Ora, a linguagem unívoca não serve para Deus. Seria como colocá-lo no nível do mundo. Deus passaria a ser um ser *como* os outros e ao lado dos outros. Ele existiria *no mesmo sentido* em que existem os outros seres. Nesse caso, é como se houvesse homogeneidade essencial entre o Criador e a criatura.

Mas não. Deus é de outro nível ontológico. Ou melhor, Ele está acima de todo nível. Há uma "infinita diferença qualitativa" entre nós e Ele, como enfatizava Karl Barth, retomando uma expressão de S. Kierkegaard. Há um abismo intransponível, um desnivelamento infinito entre Criador e criatura, entre Salvador e salvos. "Deus não faz número com as criaturas" – sentencia um axioma medieval[14].

O antropomorfismo

Por detrás do univocismo se encontra um pensamento equivocado: é o *antropomorfismo*. Aí se pensa Deus como se fosse um de nós. Esse é um erro grosseiro, em que cai frequentemente o povo simples. A esse respeito, se levanta a crítica dos profetas à idolatria: os deuses são fabricados pelos humanos à sua imagem e semelhança.

Os filósofos gregos tinham também feito uma crítica parecida, mas do ponto de vista da filosofia racional. Platão atacou a mitologia por projetar nos deuses as paixões e crimes dos mortais. Ele propunha justamente a "teologia" como corretivo e alternativa à linguagem antropomorfizante da mitologia, como veremos (Cap. 17). Xenófanes (VI-V séc. aC) fez nessa linha uma crítica particularmente expressiva:

> Tivessem mãos os animais e soubessem pintar e esculpir como gente, não há dúvida de que os cavalos fariam ídolos de forma equina, e os bois de forma bovina. Os Etíopes dizem que seus deuses são pretos e de nariz achatado e os Trácios, que os seus têm olhos azuis e cabelos ruivos (frag. 15 e 16).

Os cristãos da cultura popular sempre tenderam a imaginar Deus do modo antropomórfico. Assim foi com os monges do Egito. Eis como Cassia-

---

14. "Deus non facit numerum cum creaturis."

no conta a anedota do velho monge Serapião, que, por rusticidade, incidira na heresia antropomorfista:

> Desenganado pelo diácono Fotino, retrata-se para alegria geral. Levantam-se todos para dar graças ao Senhor, quando Serapião, perturbado na oração porque desterrara da mente aquela imagem que lhe era tão familiar, desata em amargo pranto, prostra-se por terra e brada: "Ai de mim, pobre desgraçado! Arrancaram-me o meu Deus e não sei mais de quem me valer, quem adorar e invocar!"[15]

Observemos que nos situamos aqui na ordem *teórica*, especificamente na ordem teológica. E aí realmente o antropomorfismo é censurável, pois se representa Deus de modo não só inadequado, mas errôneo. Contudo, na ordem *prática* ou no plano da vida, máxime espiritual, é bem possível que o antromorfista, apesar de sua representação equivocada, atinja realmente a Deus pela intenção do coração. É o sentido da parábola do poeta persa Rumi († 1273):

> Um pastor ignorante dizia a Deus: "Onde estás para que te possa servir? Quero remendar teus calçados e pentear teus cabelos. Trarei do meu melhor leite..." – "Infiel! – disse-lhe Moisés que por lá passava. Isto são tolices ímpias. Deus não precisa disso. Atribuir-lhe necessidades é insultá-lo". O pastor, confuso, foge para o deserto chorando. E Deus repreende o profeta: "Acabas de afastar de mim um de meus servidores. Foste enviado para unir, não para separar... Cada um tem sua linguagem particular. O que para ele é louvor, para ti é censura; o que para ele é mel, para ti é veneno... Não considero o exterior e as palavras, mas o estado do coração e o interior... O que reclamo é um coração ardente. Não trates, pois, de pecador um amoroso que se exprime mal..."[16]

Essa parábola não entende justificar o antropomorfismo, mas desvelar uma verdade por meio de um caso-limite. Mas é também verdade que normalmente um modo incorreto de pensar Deus tende a um modo igualmente incorreto de cultuá-lo.

É também na linha do antropomorfismo que se coloca a crítica à mitologia de R. Bultmann. Para ele, a mitologia entende o outro mundo na base deste. Contudo, isso é verdade somente em parte. Pois se deve perguntar

---

15. CASSIANO. *Collationes Patrum*, X, cap. 3, 2ª. Cf. *ST* II-II, q. 188, a. 5, c.

16. Apud DERMENGHEM, Émile. *Maomé e a tradição islamítica*. Col. Mestres Espirituais 1. 2. ed. Rio de Janeiro: Agir, 1973, p. 176.

se pode ser diferente. A questão pertinente está nisto: se a linguagem mitológica transcende ou não a mera representação, em direção à realidade do Mistério. A função do mito não é por acaso falar de uma coisa para dizer outra? Ou seja: sua linguagem (ou modo de falar) não é uma coisa e sua mensagem (ou significado) outra?

Também as correntes panteístas, entre as quais emerge hoje o neopanteísmo ecológico, adotam uma linguagem unívoca a respeito de Deus. E é natural. Pois, para elas, não existe uma descontinuidade entre Deus e o Mundo ou Natureza. Colocam entre os dois uma homogeneidade básica, concebida de vários modos: seja como emanação, seja como evolução ou como determinação (cf. Vaticano I: DS 3023-3024). Aqui também a incomensurabilidade ontológica entre Deus e o mundo é abolida.

O superlativismo

Mas pode haver também um antropomorfismo menos rasteiro, de tipo metafísico, coisa de pessoas cultas. Consiste em colocar entre Deus e o mundo uma diferença apenas de grau ou intensidade, em termos assim: o homem é forte, mas Deus é o mais forte. Tal é a interpretação da religião como "projeção", dada por Feuerbach, retomada por Marx e revista por Freud. E não seria essa também a crítica da onto-teologia feita por M. Heidegger? Há muitos seres, mas só Deus é o Super-ser.

Contudo, deve-se dizer que nem a intencionalidade da fé e nem a especulação teológica situam Deus na outra ponta do gradiente humano ou no topo da pirâmide das excelências ontológicas. A verdade da fé e da teologia é que Deus não faz parte do mundo, mas "Deus está fora de toda ordem do mundo"[17]. Os gregos, sim, pensavam que os deuses faziam parte do mundo, já que este era composto de mortais e de *imortais*.

Ora, por mais que se estire a intensidade das qualidades do mundo, não se supera ainda o quantitativo. Não se dá aí salto qualitativo nenhum. Ficamos ainda presos dentro do círculo do "mau infinito". O superlativismo não vence o abismo intransponível que medeia entre Deus e o Mundo.

---

17. ST I, q. 13, a. 7, c.

O fato é que nessa forma culta de antropomorfismo não se transcende a *imaginação*, em direção da *inteligência*. Não se passa da representação para a compreensão. Não se avança da imagem para o conceito, do material (imaginado) para o espiritual (pensado).

Esse salto é evidentemente difícil e não poucos, dos que se dão à teologia, falham nesse intento. Não estamos falando da pessoa comum em sua representação religiosa e em sua experiência. Pois, em certo sentido, é mais fácil acertar ao crer em Deus do que ao pensar n'Ele. Por isso mesmo, a fé é de muitos, enquanto a teologia é de poucos, se bem que, na economia divina, os poucos devam sempre estar a serviço dos muitos.

Por isso mesmo, por ser difícil manter o pensamento da fé à altura do Mistério, o teólogo é chamado a uma particular "vigilância epistemológica" para não ceder à univocidade e não cair na mundanização do Divino.

As armadilhas da linguagem e da imaginação

De fato, a linguagem da fé dá muitas vezes a impressão de ser unívoca. O teólogo parece então falar das realidades divinas como de algo comum, trivial e sem problemas. Como se conhecesse de modo perfeito e adequado os altos Mistérios da fé.

Cai-se aí na fetichização dos conceitos. Estes se põem a operar de modo objetificador. De conceitos se tornam representações ou imagens. Sem dúvida, estas acompanham sempre os conceitos mais altos. Mas não podem tomar a dianteira e se tornar "ídolos"[18]. Os dogmas não podem jamais ser equivocadamente tomados como paisagem; eles são apenas janelas sobre a paisagem sem horizontes de Deus.

---

18. A epistemologia escolástica denominava essas imagens mentais de "fantasmas". São a sombra inevitável dos conceitos. A percepção fenomênica dos sentidos não deixa nunca de acompanhar as ideias da inteligência referentes à essência das coisas. Por outras, a imaginação acompanha toda reflexão, por mais abstrata ou espiritual que esta se queira. Quando se pensa em Deus ou no Espírito é impossível não imaginar algo. Cf. *ST* I, q. 84-88 e *Contra Gentes*, II, cap. 73. Cf. a obra clássica de RAHNER, Karl. *Espíritu en el mundo*. Metafísica del conocimiento finito según Santo Tomás de Aquino. Barcelona, 1963 (orig. al. 1939).

Ora, é preciso ter bem claro, em teologia, que toda linguagem é incomensurável aos Mistérios. Todos os conceitos da fé são assintóticos: visam as realidades divinas, sem nunca poder agarrá-las e menos ainda abraçá-las. São como o polígono que jamais coincide com o círculo. Em epistemologia teológica, importa estar sempre alerta para resistir à tendência reificadora e mitologizante do discurso humano, tendo muito claro que tudo o que falamos de Deus é desproporcional, inadequado e imperfeito. É o que nos ensina a teoria da analogia que trataremos logo mais.

A inadequação de nossa compreensão em relação aos Mistérios da fé não deve ser apenas um artigo da metodologia teológica. Deve ser o *espírito* geral com que se pratica teologia. O teólogo há de ter sempre desperta a "consciência analógica". Mesmo as declarações solenes dos Concílios e dos Papas; as análises rigorosas de Tomás de Aquino e de Duns Scotus; as intuições geniais de Orígenes e de Agostinho; os poemas líricos de João da Cruz e de Teresa d'Ávila; e até mesmo a linguagem inflamada de Isaías e de outros autores bíblicos, tudo isso pertence à ordem do "conhecimento imperfeito" de que fala Paulo (cf. 1Cor 13,9-12).

Quando se faz metodologia teológica, não basta fazer profissão ritual de analogismo, para depois esquecer disso e continuar fazendo teologia como se faz qualquer outro discurso. Aí a analogia é apenas reconhecida, mas não opera em seguida no corpo do discurso. É uma tese abstrata, não uma postura de base. Ora, à ciência da analogia é preciso acrescentar sua correspondente *consciência* epistemológica, no sentido de uma consciência que acompanhe e informe toda reflexão teológica e lhe confira um halo de reverência e humildade, de discrição e mesmo de silêncio. A esse propósito, eis a voz de um antigo, Sêneca:

> Falou de modo nobre Aristóteles quando disse que nunca devemos ser mais reverentes do que quando tratamos dos deuses. Se entramos nos templos compostos..., quanto mais devemos sê-lo quando discutimos sobre... a natureza dos deuses, para que não suceda cairmos na petulância de afirmar algo que ignoremos ou de mentir sobre o que sabemos[19].

---

19. SÊNECA. *Questões naturais*, VII, 29, 3.

Será a teologia iconoclasta?

Não que se deva cair na iconoclastia. Os ícones, plásticos ou mentais, não são para serem destruídos, mas ultrapassados. O agnosticismo total e o mutismo teológico não são o remédio para a inadequação entre nosso intelecto e o Mistério. Nossa compreensão não deve ser destruída, mas convertida; não supressa, mas assumida e transfigurada.

A linguagem e a imaginação humanas devem sofrer a morte, pela via da negação. Só assim poderão ressuscitar, transassumidas e transemantizadas[20]. Mas, até lá, é bom que a teologia se lembre sempre do segundo mandamento: "Não tomar o nome de Deus em vão". Não se trata aí tanto do fato de não se falar de Deus, mas do modo arrogante e incontinente de se falar d'Ele[21].

Descartes sentiu o gigantesco desafio teórico que representa a linguagem teológica quando confessou:

> Reverenciava nossa teologia e, mais que qualquer outro, pretendia ganhar o céu. Tendo, porém, sabido como coisa certa estarem acima de nossa inteligência as verdades que para ele conduzem, não teria ousado submetê-las à fraqueza de meus raciocínios, e pensava que, para empreender examiná-las com êxito, era necessário uma extraordinária assistência do céu e ser mais do que homem[22].

Contudo, o conhecimento do Supremo vale o supremo esforço. Recomenda o Aquinate que em vez de rebaixar o Mistério até nós, importa, isto sim, nos elevar a nós mesmos até Ele[23]. Porquanto – diz ele também – o menor fragmento que se consegue do Absoluto vale mais que todo o conhecimento do Mundo[24].

---

20. "Trans-assunção" é um termo conhecido de Santo Tomás: *ST* I, q. 1, a. 9, obj. 3.

21. Cf. FABRETTI, Nazareno. "A che serve la teologia?" *Servitium*, 15 (1970), p. 549-551. Cf. MOUNIER, Emmanuel. *Feu la chrétienté*. Paris: Cerf, 1950, p. 39, onde ataca o uso do "nome três vezes santo" como "etiqueta vazia de sentido" que se coloca arbitrariamente sobre as criações humanas, inclusive sobre ideologias totalitárias.

22. Apud PENIDO, Maurílio T.-L. *A função da analogia em teologia dogmática*. Petrópolis: Vozes, 1946, p. 76.

23. SANTO TOMÁS. *De Divinis Nominibus*, cap. 7, l. 1.

24. SANTO TOMÁS. *Summa contra Gentiles*, I, cap. 5.

A LINGUAGEM EQUÍVOCA

Tem-se linguagem equívoca quando "se predica de realidades totalmente diferentes entre si segundo o mesmo termo e não segundo o mesmo sentido"[25]. Por outras, é quando se atribui o mesmo nome (equivocidade) a duas realidades essencialmente diferentes. Assim, por exemplo, dá-se o mesmo nome aos "animais" das constelações e aos da terra: leão, touro, escorpião, peixes, etc. Entre esses pares de realidade existe alguma semelhança, mas é puramente externa e acidental; o sentido já é totalmente diferente. De resto, na linguagem comum, equívoco é, sob o efeito de uma mesma palavra (equí-voco), entender outra coisa que a intencionada.

Ora, para os Mistérios da fé enquanto tais, as palavras não são puramente equívocas. A linguagem religiosa não é meramente exterior e arbitrária em relação aos Mistérios. Quando dizemos que Deus é Criador e Senhor, essas palavras apontam para alguma verdade. Elas dizem algo de objetivo sobre Deus. Certamente, dizem pouco, mas algo de essencial dizem.

O agnosticismo

Como o antropomorfismo é o erro dos univocistas, o agnosticismo é o erro dos equivocistas. Os agnósticos não acreditam no poder que tem a linguagem de dizer algo de "objetivo", de verdadeiro em relação a Deus e seus mistérios. Para eles, Deus é o "totalmente outro". Está absolutamente fora de nosso horizonte ontológico e, por isso, fora de nosso horizonte de compreensão e de linguagem.

Os agnósticos estariam até dispostos a conceder que é de fato impossível não falar de Deus. Mas acrescentam: *falar* sim, mas não *dizer*. Pois, para eles, mesmo falando de Deus, no fundo nada se diz d'Ele. No fim, nada sabemos dele. A linguagem teológica seria puro psitacismo, repetição de fórmulas convencionais e cômodas. Entre a linguagem e o ser o laço seria puramente arbitrário e subjetivo. Assim pensaram também, a seu modo, os modernistas, como referimos (Cap. 8/2).

---

25. *ST* I, q. 13, a. 5, sed contra. Todo o artigo trata da analogia teológica.

O Rabbi Moisés Maimônides († 1209), teólogo judeu medieval, representa uma das mais altas expressões do agnosticismo teológico, com o qual Santo Tomás houve por bem se medir. Em seu célebre *Guia dos extraviados*, afirma que nada se pode conhecer de verdadeiro sobre a essência de Deus. Os atributos que se predicam de Deus nada diriam de sua natureza. Por exemplo, o atributo "sábio": ou fala da ação divina (Deus produz a sabedoria), ou é negação de uma imperfeição (Deus não é não sábio), ou é simples metáfora (Deus age como age um sábio). Daí que, para Maimônides, a teologia, frente ao Único, só pode acabar no silêncio da adoração:

> Glória Àquele que tão excelso está que, quando as inteligências lhe contemplam a essência... muda-se-lhes em ignorância a ciência...[26]

Um agnosticismo legítimo

Inegavelmente, o teólogo judeu de Córdoba suscita admiração. É certo: sobre Deus mais ignoramos que sabemos. Nesse sentido, a equivocidade agnóstica está mais perto do Mistério que a univocidade antropomorfista.

O próprio Tomás de Aquino é um tanto indulgente para com o agnosticismo. Considera-o mais uma deficiência que propriamente um erro[27]. Ele mesmo pende para certo agnosticismo, mas um agnosticismo por excesso, no sentido do *Deus semper maior!*[28] Os próprios místicos avançam dentro das trevas luminosas de um certo agnosticismo, na direção de um conhecimento superior[29].

K. Rahner, um dos maiores teólogos do século XX, defende um legítimo agnosticismo cristão. Sua teologia enfatiza a ideia da incognoscibilidade radical de Deus. Afirma:

> O Cristianismo é sem dúvida o mais radical agnosticismo, porque acredita no *agnóstos Theós*[30].

---

26. Cf. exposição da teoria de Maimônides in: PENIDO, M.T.-L. *A função da analogia...*, op. cit., p. 129-134 e p. 151-154; aqui p. 134.

27. Cf. citações em PENIDO, M.T.-L. Op. cit., p. 172.

28. Cf. Id. Op. cit., p. 173-178 e também p. 120, 180 e 260.

29. Cf. Id. Op. cit., p. 187-190.

30. Entrevista dada, pouco antes de falecer (1984), à *Herder Korrespondenz* e publicada também in: *Il Regno-documenti*, 29 (1984) 293; e in: RAHNER, Karl. *Dimensioni politiche del cristianesimo*. Testi scelti e commentati da Herbert Vorgrimler. Roma: Città Nuova, 1992, p. 98.

A LINGUAGEM ANALÓGICA

Mas se de Deus não se podem usar os termos humanos, nem no mesmo sentido (univocidade) e nem em outro (equivocidade), então, o que sobra? Sobra exatamente a via média, o justo meio: o sentido analógico[31].

Efetivamente, para falar de Deus se podem empregar termos de nossa linguagem humana, indicando, por uma parte, o que no Mistério "bate" com seu sentido e, por outra, o que "não bate". É isso precisamente que faz a linguagem analógica.

A analogia é, com efeito, uma espécie de semelhança. Mas não é mera semelhança, como a do filho com o pai. Essa é uma semelhança unívoca. A semelhança analógica é uma semelhança unida a uma dessemelhança, que é sempre maior. Trata-se, pois, de uma "dessemelhança semelhante". Na analogia se vê mais o diferente que o semelhante, como, por exemplo, a vida na planta e no ser humano[32].

Breve história teológica da palavra "analogia"[33]

Em teologia, a palavra "analogia" tem inicialmente um sentido *bíblico*. Significa a correspondência e recíproca iluminação existentes entre as várias verdades da fé. É a *analogia fidei* (cf. Rm 12,3), base do *nexus mysteriorum* (DS 3016).

Do sentido bíblico se passou para o *teológico*, onde analogia indica as comparações e imagens que se tiram da natureza para representar os mistérios da fé. Isso foi praticado de forma sistemática na Escola dos Vitorinos (séc. XII) e por São Boaventura (séc. XIII). É a *analogia entis*.

---

31. Para a linguagem analógica em teologia, além dos obras aqui citadas, cf. a visão de conjunto de SÖHNGEN, Gottlieb. "A sabedoria da Teologia adquirida através do caminho da ciência". In: FEINER, Johannes & LÖHRER, Magnus (orgs.). *Mysterium Salutis*, I/4. Petrópolis: Vozes, 1972, p. 128-141: "A linguagem do *mysterium*", espec. a boa síntese que faz da teoria da analogia em Aristóteles, p. 134-138.

32. Para a dialética conhecimento/desconhecimento de Deus, além dos textos citados aqui, cf. NICOLA, SJ.H. *Dieu connu comme inconnu. Essai d'une critique de la connaissance théologique*. Col. Bibliothèque Française de Philosophie. Paris: DDB, 1966, onde enfatiza a distinção entre a teologia nocional, por via da analogia, e a teologia mística, por via da experiência; LUBAC, Henri de. *De la connaissance de Dieu*. Paris, 1945 e 1948; · Id. *Sur le chemins de Dieu*. Col. Foi Vivante 22. 3. ed. Paris: Aubier/Montaigne, 1966.

33. Cf. KASPER, Walter. *La prassi scientifica della teologia*. In: KERN, Walter; POTTMEYER, Hermann J. & SECKLER, Max (orgs.). *Tratatto di gnoseologia teologica*. Brescia: Queriniana, 1990, p. 294.

Enfim, chegamos ao sentido *gnosiológico*. Trata-se aí da estrutura meta-fórica da linguagem teológica, estrutura essa que está baseada na própria estrutura simbólica da realidade. É a *analogia nominum*. A analogia aqui traz a virtude de unir o qualitativamente diferente, de fazer ver a unidade na diferença e a diferença na unidade. Por isso a analogia é, no dizer de Platão, "o melhor de todos os laços"[34]. Kant a chama de "via gloriosa"[35].

Gêneros de analogia

A partir de Tomás de Aquino, Caetano, seu grande comentarista, distinguiu dois gêneros de analogia:

1. *A analogia de atribuição*. Consiste em atribuir um mesmo termo a vários sujeitos, mas na dependência do principal. Por exemplo, o termo "injusto", que é dito do salário e de uma estrutura social, mas em força do "analogado principal" – a ação humana. Aí, "injusto" se atribui ao salário como sinal ou efeito de uma ação injusta e à estrutura como causa ou ocasião dessa mesma ação.

2. *A analogia de proporcionalidade*. É tida como a rainha das analogias. Aí uma coisa se refere à outra, simplesmente. Na verdade, nela se comparam duas relações. Trata-se de uma proporção. Assim a equação: $1/2 = 50/100$. Trata-se de uma semelhança proporcional entre relações. Pode vir enunciada na forma: "assim como... assim também...". Exemplo: assim como o cacique governa a tribo, assim o presidente governa a nação. Poder-se-ia reduzir essa analogia à equação:

$$\frac{Cacique}{Tribo} = \frac{Presidente}{Nação}$$

Níveis da analogia

Se um mesmo nome pode ser predicado de mais realidades é porque tal nome remete a uma ideia dessemelhante/semelhante relativa a essas

---

34. *Timeu*, 31 c.

35. Apud SÖHNGEN, G. Op. cit., p. 132.

realidades. Efetivamente, a analogia é uma questão que envolve ao mesmo tempo:

- a linguagem (analogia dos termos);

- a gnosiologia (analogia das ideias);

- a ontologia ou a realidade (analogia das coisas)[36].

Aqui privilegiamos o segundo nível: a analogia do ponto de vista da teoria do conhecimento teológico. Tomamos, pois, a analogia como *mediação cognitiva da fé*, sabendo, contudo, que "analogia do conhecimento" está aberta, para cima, em direção à "analogia da linguagem" e, para baixo, em direção à "analogia do ser".

Uso didático e uso gnosiológico da analogia

Uma coisa é usar a analogia como exemplo, para representar plasticamente uma ideia abstrata. Esse é um recurso *didático*, de caráter meramente sugestivo. Sua luminosidade é puramente subjetiva: é para convencer.

Outra coisa é usar a analogia como recurso *cognitivo*. Aí se trata de um conceito que se quer explicativo. A analogia visa então captar de modo formal e próprio a realidade em questão. Ela tem uma virtualidade ontológica, um valor veritativo e não meramente pedagógico.

Assim, por exemplo: ao dizer que Deus é Pai, pode-se usar este termo analógico como imagem didática de quem é Deus. Aqui a referência é a experiência afetiva de um pai (real ou imaginário). Outra coisa é trabalhar essa referência no sentido cognitivo: a de indicar transcendentalmente quem é realmente Deus como Pai. Assim compreendido, o Pai celeste nada tem a ver com a perigosa projeção, prolongada e sublimada, do pai terreno[37].

Analogia: conhecimento antelucano

O racionalismo cartesiano nos legou o ideal das "ideias claras e distintas". Se uma ideia não é clara, será confusa. Eis aí o dualismo moderno. Ora,

---

36. Cf. CHOLLET, A. Analogie. In: *Dictionnaire de Théologie Catholique*. Paris: Latouzey et Ané, 1909, t. I, col. 1142-1154.

37. Cf. PENIDO, M.T.-L. Op. cit., p. 306-308 e também p. 20. O autor destaca o valor especificamente *metafísico* da analogia. Mas é preferível aqui se ater ao plano gnosiológico, embora reconhecendo que esse plano pressupõe naturalmente o ontológico.

a teoria gnosiológica da analogia, aplicável à teologia (mas não só), se põe como uma terceira posição.

O conhecimento claro da univocidade pode ser dito *diurno*. O conhecimento opaco da equivocidade seria *noturno*. Entre os dois, como justo meio, temos a analogia, que é o conhecimento nem diurno e nem noturno, mas *auroreal*. É um conhecimento *antelucano*, para usar um termo caro a São João da Cruz. É o lusco-fusco, não do crepúsculo, mas da antemanhã da parusia. Aqui, em vez de falarmos racionalisticamente em "à luz da fé", deveríamos falar pós-modernamente em "à sombra da fé". Aqui temos a ver com um conhecimento que não é nem de luz e nem de trevas, mas de penumbra[38].

O conhecimento por analogia lobriga o Mistério entre as névoas das palavras humanas. Sua linguagem é móvel e fluida. Diz belamente Léon Bloy:

> Quando se fala amorosamente de Deus, todas as palavras humanas se assemelham a leões selvagens que ficaram cegos e que andariam em busca de uma fonte no deserto[39].

A analogia é linguagem tentativa. É busca e desejo de entendimento pleno, mas que nunca chega a termo e descansa. A fé amorosa, sim, chega a termo e alcança seu objetivo: Deus e seu misterioso conhecimento. De fato, "a fé é um tipo de conhecimento"[40]. É um conhecimento certo, embora não evidente[41].

Já na analogia nossos conceitos se ajoelham diante de Deus e confessam sua impotência, como diz expressivamente J. Maritain[42].

---

38. Cfr. as reflexões sobre a *Lichtung* (clarão, albor, clareira) heideggeriana de AMOROSO, L. In: VATTIMO, Gianni & ROVATTI, Pier Aldo (orgs.). *Il pensiero debole*. 11. ed. Milão: Feltrinelli, 1997 (1. ed. 1983), p. 137-163.

39. *Le salut par les juifs* (1892), cap. 28, reed. col. 10/18, n. 1593, Paris: Union Générale d'Éditions, 1983, p. 81.

40. *ST* I, q. 12, a. 13, ad 3. Não há oposição entre fé e conhecimento, como pretende o racionalismo. A fé é conhecimento *certo*, mas não conhecimento *científico*, no sentido estrito de saber causal e comprovado. O que se opõe conceitualmente ao conhecimento de fé é o conhecimento de tipo filosófico e científico, mas não evidentemente o conhecimento teológico.

41. Cf. SCHEEBEN, Mathias J. *Les mystères du Christianisme*. Bruges: DDB, 1947, p. 750 e 783.

42. *Les degrés du savoir*. Paris: DDB, 1932, p. 445.

Analogia: linguagem da não linguagem

Portanto, à pergunta de como falar do inefável, de como exprimir o inexprimível, a resposta é: por meio da analogia. Esta é a linguagem do que está além da linguagem. Refere-se literalmente às "falas não faláveis" de Paulo (*árreeta rêemata*: 2Cor 12,4).

Efetivamente, as autênticas palavras religiosas, referentes ao mundo dos mistérios, são como as imagens dos santos: são *aureoladas*. Elas são revestidas de uma áurea de significação que manifesta a irradiação transcendente da linguagem. Usando palavras simples, analogia é o conhecimento por comparação, conhecimento por semelhança.

L. Wittgenstein, em sua primeira fase, ainda preso ao dualismo epistemológico moderno, afirmara: "Aquilo de que não se pode falar, se deve calar"[43]. Mas depois descobriu os vários "jogos de linguagem", dentro dos quais havia também lugar para a linguagem religiosa. Diz que para falar sobre as realidades religiosas é preciso "enfrentar os limites da linguagem"[44]. O filósofo então alcança Santo Agostinho, quando esse afirma: do Inefável "se deve dizer como se pode"[45]. E ainda: "Ai dos que calam sobre Ti!"[46]

Ora, para pensar o impensável, para conceber o inconcebível, a analogia força de certa maneira os limites da linguagem comum, como a querer transgredi-los.

A analogia é um recurso comum do espírito

A analogia é o modo de falar das coisas transcendentes e divinas, mas também das coisas *profundas* da existência. Como falar da condição humana, do sentido da vida, do destino, do amor e da morte, senão por meio da linguagem alusiva da analogia? Esta é uma linguagem *trans-lata*, isto é, trans-ferida da realidade empírica imediata para a realidade profunda. E isso se faz seja por meio de *conceitos*, como por meio de *metáforas*, entre as quais se destaca o

---

43. *Tractatus*, op. cit., § 7. E ainda: "Deve-se dizer somente o que pode ser dito": § 6.56.

44. WITTGENSTEIN, Ludwig. *Leçons et conversations*. Paris: Gallimard, 1971, p. 155.

45. *De Trinitate*, 4, 7; cf. 6, 11.

46. *Confissões*, l. I, cap. 4.

mito. A forma em que aparece melhormente tecido esse discurso translato é indubitavelmente a *poesia*.

Mais: a analogia é uma estrutura fundamental do conhecimento humano em geral. Ela tem aplicações na Matemática (proporções), na Gramática (oposta à anomalia), na Biologia (contraposta à homologia), na Física ("modelos"), na História e Sociologia (sociedade como corpo), na Arte (estilos), na Pedagogia e Didática (exemplos e comparações), no Direito (casos semelhantes), na Ética, no Culto, na Magia, etc.[47].

Foi também amplamente usada na Filosofia, por exemplo, por Heráclito, Platão e Aristóteles, na medida em que esses filósofos perceberam a estrutura "proporcional", a saber, analógica, existente entre os diferentes níveis da realidade: o cosmos, a pólis e a psiché[48].

Uso teológico da analogia

O que dissemos há pouco vale, com maior razão, para o discurso da Transcendência absoluta, ou seja, para a teologia. A analogia teológica compõe uma linguagem que arranca da experiência do mundo e, nela apoiada, aponta para o que está para além do mundo – o Mistério de Deus. Francis Bacon († 1626) escreveu:

> A natureza se revela à inteligência como um raio *direto*; Deus como um raio *refratado* através das criaturas; o homem se manifesta a si mesmo como um raio *reflexo*[49].

O laço entre o mundo da Criação e o mundo do Criador é a relação de semelhança, justamente desvelada pela analogia. Entre essas duas ordens de realidade, a analogia mostra ao mesmo a identidade (parcial) e a heterogeneidade (essa sempre maior). A analogia supõe uma interseção ou interpenetração semântica, a coincidência numa área comum, restando sempre mais ampla a área de não coincidência.

Desenhemos a seguir algumas figuras para visualizar sua lógica:

---

47. Cf. SÖHNGEN, G. Analogia. In: FRIES, Heinrich (org.). *Dicionário de Teologia*. Vol. 1. São Paulo: Loyola, 1970, p. 91-106, aqui p. 93.

48. Cf. Id. Op. cit., p. 94.

49. *De dignitate et argumentis scientiarum*, l. III, cap. 1.

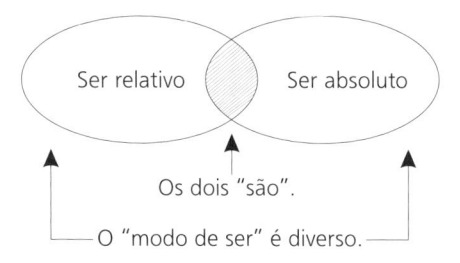

Transformando esse exemplo em forma de equação, temos:

$$\frac{Ser}{Relativo} = \frac{Ser}{Absoluto}$$

Assim também:

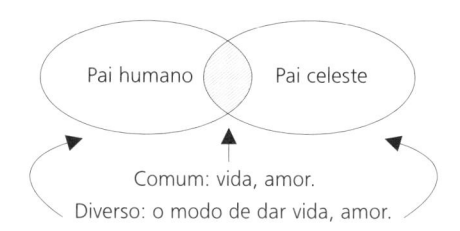

Transformando em equação:

$$\frac{Pai}{Humano} = \frac{Pai}{Celeste}$$

A rigor, análogo não significa segundo a mesma essência, mas "segundo o mesmo logos" ou relação. Assim, chamar Deus de "pai" e o Homem de "filho de Deus", como diz Kant,

> não significa, como se entende em geral, uma semelhança imperfeita entre duas coisas, mas uma semelhança perfeita de duas *relações* entre coisas completamente dessemelhantes[50].

---

50. *Proleg.*, § 58, apud SÖHNGEN, G. Op. cit., p. 92.

Portanto, analogia supõe "igualdade de relação" e "diversidade de essência". Karl Barth usava o termo, na verdade tautológico, de "analogia relationis"[51].

A parte de dessemelhança na analogia é sempre maior

Na analogia teológica, o lado de dessemelhança é sempre maior que o lado de semelhança. A analogia põe em relação duas realidades simplesmente diversas, mas que possuem algo de comum, um aspecto comum. A balança cognitiva pende sempre mais para a equivocidade que para a univocidade[52]. Nessa linha, o IV Concílio de Latrão (1215) declarou:

> Entre o Criador e a criatura não se pode colocar uma semelhança maior que a dessemelhança (DS 806).

Portanto, na analogia, a linguagem fica sempre em falta com a ideia; a ideia, com a experiência; e esta, com a realidade. Porque a realidade divina é sempre "excedente", como vimos atrás. A parte maior da experiência é e se mantém inexpressa, restando apenas sentida.

A força "extática" da linguagem analógica

A linguagem da analogia não é recipiente da experiência, mas antes seu suporte. É apenas rampa de lançamento para a mente, para que esta tenda ao Mistério como por um "êxtase conceitual".

Acontece que, para falar da *realidade divina*, só dispomos da *linguagem humana*. Colocar assim a questão é ver imediatamente a inadequação radical que vige entre nossa fala e o Mistério. Os místicos sentiram isso de modo vivo e agudíssimo. Ângela de Foligno († 1309) dizia que as palavras humanas, para falar dos segredos de Deus, eram "linguagem estrangeira"[53].

---

51. Cf. CHAVANNES, Henry. *L'analogie entre Dieu et le Monde selon saint Thomas d'Aquin et selon Karl Barth*. Col. Cogitatio fidei 42. Paris: Cerf, 1969. Mas a oposição de Barth em relação à anologia do ser acabou por ser superada.

52. Cf. SANTO TOMÁS. *In Boetium...*, q. 6, a. 3: os conceitos teológicos predicam "de modo quase equívoco": *fere equivoce*.

53. BERTONCELLO, Teresa. *Angela di Foligno*. Roma: Città Nuova, 1993, p. 173.

Pois se a mente capta a inadequação da linguagem e da inteligência em relação ao Mistério, é porque capta o infinito do Mistério de modo *intuitivo* por meio da experiência da fé. É a percepção do absoluto de Deus por meio da "fina ponta da alma", ou mediante a "superconsciência"[54].

É como quando se fixa o olhar num ponto e se percebe ao mesmo tempo outra coisa dentro do campo visual, sem que se possa, contudo, fixar o olhar nessa coisa. Assim com o Mistério: só se pode "vê-Lo", por assim dizer, "com o rabo do olho". Mas é sempre *no lance* das palavras que a inteligência vai e chega a Deus. É na montaria das ideias que a fé cavalga para Deus. Mas, a certo ponto, se quiser chegar lá, tem que "cair do cavalo", numa espécie de "queda para o alto".

O sentido do "crer-em" (*pistêuein eis*) de São João indica esse se lançar para além, na direção de Deus. Igualmente, Tomás de Aquino afirma que o artigo de fé é a "percepção da verdade divina, *tendendo* para a verdade mesma"[55]. Relembremos, a esse propósito, o que já dissemos: não se pode rigorosamente com-*preen*-*der* a Deus, mas apenas entendê-lo, *tender* a Ele, ir na sua direção.

Digamos ainda, por antecipação ao que veremos melhor mais adiante (Cap. 19), que existem dois gêneros de teologia: a puramente racional e a teologia da fé revelada. Ora, se os nomes racionais de Deus, explicitados pela primeira, pertencem à "analogia metafísica", os sobrenaturais, aprofundados pela teologia cristã, serão da chamada "analogia revelada" ou "sobreanalogia da fé"[56].

RESUMINDO

1. O pensamento e a experiência da fé buscam sempre sua linguagem. E embora permanecendo inadequada, a linguagem é *necessária* para a fé: para completá-la dentro de nós, para exprimi-la e para comunicá-la aos outros.

2. Para falar de Deus como Mistério inefável, é impossível fazê-lo de modo absolutamente adequado (linguagem *unívoca*). Mas também nem sempre a fala sobre Deus é totalmente inadequada (linguagem *equívoca*). O

---

54. Os hindus falam aqui de "superalma", *param-atma*.

55. *III Sent.* d. 25, q. 1, a. 1, qa. 1, obj. 4; *ST* II-II, q. 1, a. 6, sed contra. Relembrar ainda: "O ato de fé tem seu termo na coisa mesma": *ST* II-II, q. 2, a. 1, ad 2.

56. Cf. JOURNET, Ch. *Connaissance...*, op. cit., p. 88s.

caminho certo passa entre esses dois extremos e se chama: a *linguagem analógica*.

3. A posição extrema representada pelo *univocismo* supõe o *antropomorfismo* vulgar ou sua forma culta – o *superlativismo*. O antropomorfismo é a tendência espontânea de projetar em Deus, sem mais, as qualidades humanas. Já o superlativismo pretende falar de Deus apenas maximizando ao infinito os traços humanos. Mas aqui também não se leva na devida conta a ruptura de ordem ontológica que existe entre Deus e o mundo.

4. A outra posição extrema é o *equivocismo*. Esse se baseia no *agnosticismo*, o qual não acredita na possibilidade de dizer algo de verdadeiro sobre o Mistério, por não ver nenhum laço que nos ligue a Ele. Esse defeito é, contudo, menos grave que o antropomorfismo, porque realmente do Mistério mais ignoramos do que sabemos.

5. O teólogo deve estar extremamente vigilante para não *reificar* inconscientemente sua linguagem, tomando-a como representação adequada das realidades divinas. A tendência a fetichizar ou objetificar a linguagem na teologia é muito forte, de modo que, para resistir a ela, convém usar uma boa dose de um sadio agnosticismo.

6. A linguagem analógica é a linguagem da *comparação*. Por uma parte diz algo de verdadeiro sobre Deus, mas por outra di-lo de modo inadequado. A analogia teológica não possui só uma função didática, mas também e sobretudo epistemológica: ser caminho de Verdade.

7. A analogia não dá logicamente do Mistério uma luz de meio-dia, mas uma luz de aurora ou *antelucana*. Mas essa luz é superior à primeira, por ser de ordem ou gênero superior.

8. Importa levar em conta que na analogia a parte de *dessemelhança* é sempre maior que a de semelhança. E a razão é simples: o "Deus sempre maior".

9. A linguagem analógica é habitada por um *dinamismo* "extático", ou autotranscendente, que nos lança na direção da Realidade infinita, enquanto intuída pela experiência, para além das palavras.

EXCURSO

O MISTÉRIO DE DEUS: TEMA E FONTE DA TEOLOGIA

A teologia trata de Deus. E Deus é o Mistério. É transcendência absoluta. "A Deus ninguém viu" (Jo 1,18; cf. 6,46). "Ele habita uma luz inacessível" (1Tm 6,16). Ora, o Mistério constitui a terra nativa da teologia.

Daí o sentido do segundo mandamento do decálogo bíblico: "Não farás imagem alguma esculpida" (Ex 20,4). Na Bíblia, o nome próprio de Deus, aquele que diz a sua essência, é a rigor inefável (cf. Gn 32,30; Ex 3,14; Ap 19,12). Os apelativos de Deus não passam no fundo de apelidos ou sobrenomes. Eis o que diz um *Midrash*:

> E se já, quando escondi aos humanos o Nome Inefável, eles se matam uns aos outros com a ajuda de meu sobrenome, com mais forte razão, se eu lhes tivesse dado e revelado o Nome Inefável, eles se teriam servido dele para matar[57].

Mas Deus pode ser considerado mistério num duplo sentido: no nível da razão e no nível da fé.

1. Deus: mistério da razão

Antes de ser mistério da fé, Deus já é um mistério para a razão. É mistério *ontológico*. Por isso mesmo existe uma teologia *filosófica*, como veremos (Cap. 19). Portanto, já no nível da razão humana, Deus se apresenta como mistério. Mistério representa uma categoria estritamente filosófica. Pois o próprio pensamento coloca a ideia do que supera o pensamento e que, no entanto, "dá o que pensar".

Ora, o *ser essencial* de Deus é incompreensível para nós, embora supremamente compreensível em si mesmo. Por sua existência e essência Deus é em si mesmo o que há de mais luminoso, claro e evidente.

Manifesta-o a origem provável da palavra "Deus". Viria do sânscrito DEWA, da raiz DIW, que significa brilhante, luzente e talvez celeste. A raiz de "Deus" é a mesma de "Zeús", "Dieús", bem como do latino "dies", dia, céu luminoso[58]. Para assinalar esse conteúdo luminoso e quiçá misterioso de Deus, usava-se, há mais de 6000 anos, na Suméria, a estrela (*) como ideograma para Deus. Tanto o semita oriental (assírio, acádico e babi-

---

57. Apud ARON, Robert. *Les années obscures de Jésus.* Paris, 1960, p. 54.

58. Cf. a rev. intern. *Communio* (ed. it.), n. 6, nov./dez. 1972, p. 15 (363). Tomás de Aquino sabia das prováveis raízes gregas da palavra "Deus", significando cuidar, arder ou observar: *ST* I, q. 13, a. 8, obj. 1.

Iônio) como o ocidental (ugarítico e eblaíta) usam esse mesmo signo estelar, embora lido de diferentes modos: An, Anu, Dingir, Ilu(m) e, no hebraico, El-Elohim[59].

De fato, Deus é *transcategorial*: está para além de todo gênero e espécie[60]. Ele é literalmente inclassificável. Poder-se-ia pensar que "deus" é uma categoria ou classe. É-o, sim, mas de modo puramente *convencional* ou opinativo, não de modo *essencial*. Equivale ao signo estelar ou ao asterisco de que acabamos de falar. É apenas uma indicação ou designação para significar a natureza de Deus, não uma definição, pois Deus, a rigor, excede toda categorização[61].

Uma designação exclusiva, não partilhável do Mistério, seria o tetragrama hebraico: YHWH[62]. Mas mesmo esse nome não entrega a essência divina, antes a subtrai (cf. Ex 3,14). Melhor, aponta para quem é Deus na história, enquanto presença libertadora no meio do povo.

Na verdade, o nome próprio menos inadequado para Deus é "SER"[63]. "Ser" não é categoria, mas o transcendental de maior extensão possível, o qual em seguida pode se categorizar em diferentes seres ou entes. Deus é, pois, "Aquele que é", o Ser subsistente, o Ser por si (*ens a se*).

Os Padres, que tinham um senso agudo da Transcendência, usavam para Deus o termo filosófico exclusivo de "agén(n)etos": o incriado (de *gínomai* = tornar-se), o in-engendrado (de *gennomai* = gerar seres vivos). Deus é a origem de todo ser e fonte de toda vida[64].

A rigor, Deus é, para usar o vocabulário neoplatônico, transinteligível, supermental. Está para além da inteligência: *hyper noûn*. É mesmo a super-inteligência; o *hypernoûs* (Proclo, † 485). Por isso, teologia há de necessariamente ser "teologia supramental"[65].

Mas, repitamos, Deus é *suprainteligível* (acima da inteligência) por ser em si mesmo justamente *superinteligível* (por demais inteligível). Por ser supradiscursivo, Deus é superdiscursivo, isto é, Ele provoca a superabundância da fala.

---

59. Cf. TERRA, João Evangelista Martins. In: *Revista de Cultura Bíblica*, 10 (1986), p. 86. Em nosso tempo, para marcar o respeito pela transcendência divina, foi mesmo sugerido substituir a palavra "Deus" por um asterisco (*), ou por qualquer outro sinal estenográfico, como apontou o bispo anglicano ROBINSON, John. *Pesquisa em torno de Deus*. Col. Linha de risco. Lisboa/Rio de Janeiro: Moraes Editores, 1968, p. 81-87, aqui p. 86.

60. Cf. *ST* I, q. 3, a. 5, sed c: "Deus não é contido em nenhum gênero".

61. Cf. *ST* I, q. 13, a. 8 e 9 sobre o uso do termo "Deus" para designar (não definir) o Mistério Absoluto.

62. Cf. *ST* I, q. 13, a. 9, c; e a. 11, ad 1.

63. Cf. *ST* I, q. 13, a. 11.

64. Cf. PRESTIGE, G.L. *Dieu dans la pensée patristique*. Paris, 1955, p. 44-66, cap. 2; cf. também cap. 8 e 9.

65. Cf. LUBAC, Henri de. *Surnaturel*. Paris: Aubier, 1946, p. 352s.

Por outras, de tão luminoso, o Mistério ofusca. Entenebrece a vista por excesso de luz, jamais por falta. E aqui volta a célebre figura de Aristóteles referida à ideia de Ser, que Tomás de Aquino aplica a Deus: frente a Ele, somos como a coruja frente ao sol[66].

2. Deus é Mistério de fé

Certo, Deus é mistério racional, mas é sobretudo mistério de *graça*. Neste sentido, mistério é surpresa e maravilha. E aqui já estamos no campo da teologia da fé. Misterioso já é o ser de Deus ou sua natureza. Mais ainda misteriosa e maravilhosa é sua ação soberana e amorosa na história de Israel, dos outros Povos e máxime em Jesus de Nazaré.

Assim o sentiu e exprimiu Paulo no esplêndido "hino ao amor de Deus" em Romanos (8,31-39). Aí, falando aos cristãos dos subúrbios de Roma, o Apóstolo mostra a força do amor de Deus em Cristo que supera toda outra e qualquer força.

A transcendência bíblica como "maravilhosidade"

Nas Escrituras, para falar da transcendência divina, usam-se várias categorias, como glória, santidade e maravilha. A glória (*kabod*) é a designação mais comum, implicando poder e beleza. Já "santo" (*qadôsh*) é o que está cortado, separado do mundo, o não terreno, *hágios* em grego. É também o que é puro e está longe de todo pecado. Em ambos os sentidos Deus é o Santo por excelência (cf. Lv 11,44-45). Dentre os profetas, é Isaías que melhor sublinha a santidade de Deus. Para ele, Deus é o três vezes santo (Is 6,3), o "Santo de Israel (Is 41,14.16.20, etc.).

No Dêutero-Isaías (Is 40–55) encontramos bem expressa uma terceira ideia de transcendência: a "maravilhosidade" de YHWH. "A quem podereis comparar-me e quem seria meu igual – diz o Santo!" (Is 40,25). Deus mostra sua grandeza salvadora nas maravilhas operadas em favor dos cativos da Babilônia. Contrapondo-se às potências mundiais de então e realizando seus planos por meio de um pequeno grupo de exilados, YHWH se manifesta de modo absolutamente surpreendente. "Vou maravilhá-los com minhas maravilhas maravilhosas" (Is 29,14).

Na verdade, enquanto santo, Deus é o Inacessível, o Supremo, o Altíssimo. Mas Ele evidencia sua santidade operando maravilhas, prodígios, grandes coisas[67]. Isso já no Êxodo. Referindo-se à maravilhosa travessia do Mar dos Juncos, canta Moisés:

---

66. Cf. *ST* I, q. 1, a. 5, ad 1.

67. Cf. SERRA, Aristide. *Maria secondo il vangelo*. Brescia: Queriniana, 1987, p. 70-82, cap. 6: "Um Deus que opera 'grandes coisas'".

Quem será como Vós entre os deuses, ó Senhor? Quem será como Vós, majestoso em santidade, terrível nas proezas, autor de prodígios (Ex 15,11).

Em sua transcendência, Deus aparece como "o admirável". "Por que queres saber meu nome? Ele é admirável" (Jz 13,18). E particularmente por ter escolhido a "pedra rejeitada" – os excluídos –, Deus aparece "admirável aos nossos olhos" (Sl 118,23 = Mc 12,11). Os salmistas não cansam de repetir: "Só Ele faz maravilhas!" (Sl 72,18; 77,15; 86,10; 136,4). Suas maravilhas são "incontáveis" (Jó 5,9; 9,10; 42,3).

Uma lição de transcendência-maravilha: o livro de Jó

A ideia de transcendência como maravilha se encontra fortemente acentuada no livro de Jó. No cap. 25, depois de ter descrito os fenômenos portentosos do universo, conclui:

Tudo isso é o exterior de suas obras, e disso ouvimos apenas um eco débil. Mas o estrondo de seu poder quem poderá compreendê-lo? (v. 14).

Eliú em particular (36,22–37,24) canta a transcendência maravilhosa de Deus:

Sim, Deus é tão grande que supera nosso saber (36,26)[68].

Ele realiza obras grandiosas que não podemos compreender (37,5).

Deus se envolve em assombrosa majestade. A Ele, Shaddai, não podemos atingir. É supremo em força e equidade, senhor de justiça, isento de opressão (37,22-23).

Mas o discurso de Eliú prepara a entrada do discurso do próprio Deus (cap. 38–41). Esse descreve as maravilhas da própria sabedoria na obra da criação. No fim, Jó é obrigado a reconhecer:

Eu falei sem inteligência sobre as maravilhas que me ultrapassam e que eu ignoro... Assim retiro minhas palavras, e me arrependo no pó e na cinza (42,3.6).

Amor: transcendência divina na imanência da história

Mais que conhecê-lo ou dizê-lo, o Deus bíblico se experimenta como graça – graça que é ao mesmo tempo força e amor. É a isso que a Sagrada Escritura chama "conhecer a Deus" (cf. supra Cap. 7: *Excurso I*).

---

68. "Ecce Deus magnus, vincens scientiam nostram": apud Santo Tomás, com interesse gnosiológico: ST I-II, q. 112, a. 5, c.

O agapé é, pois, a definição prática de Deus (cf. 1Jo 4,7-8). E sua (de)monstração se dá igualmente na prática. Assim, um militante ateu, vendo o Abbé Pierre, fundador dos "Trapeiros de Emaús", ocupar-se com os pobres de Paris, exclama: "Se Deus existe, só pode ser aquilo que fazeis". Assim também definiu Deus uma criança: "Deus é quando a gente se quer bem". Deus é igualmente a surpresa da velhinha de Recife, que, ao receber, sem esperar, um dinheiro para o remédio, exclama: "Isso só pode ser Deus, ou não?"[69]

Depoimentos assim alcançam a antiga definição ética de Deus, dada por Plínio, o Velho, e que o historiador Arnold Toynbee dizia ser seu Credo: *Deus est mortali juvare mortalem* – Deus é o mortal ajudar o mortal![70]

Nesse sentido vai igualmente a anedota árabe contada por Yafi'i:

> Um faquir pergunta a um xeque qual é o Nome Supremo de Deus. O xeque o manda à porta da cidade para observar o que se passa. Depois de certo tempo volta o faquir e conta que vira um velho lenhador, tangendo seu asno carregado de lenha, e que veio um soldado, escorraçou-o, tomou-lhe a lenha e o prendeu, sem que o velho perdesse a paciência e o domínio de si. Pergunta então o xeque: Se conhecesses o Nome Supremo, que farias ao soldado? Pediria sua morte, replicou o faquir sem hesitar. Pois bem! – retomou o xeque –, foi justamente aquele velho o mestre que outrora me ensinou o Nome Supremo[71].

É somente no estado de glória que se poderá saber o Nome Essencial de Deus (cf. Zc 14,9). Mas mesmo aí nosso conhecimento do Nome Essencial será inadequado. Pois a infinitude divina transborda qualquer mente criada não só neste mas também no outro "eóon". Só Deus conhece plenamente Deus. É nisso que consiste a essência da comunhão intratrinitária.

Seja como for, dentre os nomes que a Revelação nos transmitiu de Deus: Criador, Senhor, Espírito, Amor, o mais alto e também o mais consolador é certamente o de "Pai".

O mistério: fonte de reflexão

Longe de ser um limite à razão, o mistério é condição de sua possibilidade. É o que mais provoca a razão. Se o mistério aparece como o que é incompreensível, não é por falta de luz, mas por excesso. Portanto, o mistério não é em si mesmo o incompreensível,

---

69. Contado por Carlos Mesters, in: *Concilium*, 158 (1980/8), p. 54.

70. PLÍNIO, O VELHO. *Hist. Natur.*, l. II, cap. 7, (5), § 18.

71. Referido por DERMENGHEM, È. *Maomé e a tradição islamítica*, op. cit., p. 183.

mas o maximamente compreensível. Não é ausência infinita, mas presença plena. Não é abismo insondável, mas "oceano sem praias da substância", como o definiu São João Damasceno[72].

Como ensinou Gabriel Marcel, deve-se distinguir "mistério" de "problema". Problema é algo de ob-jetivo, que está diante de nós, que não foi ainda compreendido mas que se pode finalmente "resolver". Já o "mistério" é algo que está dentro de nós e nos envolve, que é para nós incompreensível, embora torne tudo compreensível, que não se resolve, mas que se vive.

Assim, o mistério não é para ser esclarecido, mas é para esclarecer a vida. Não é tanto objeto de pensar, quanto luz que faz pensar tudo o mais. Aqui, não é a razão que esclarece o mistério, mas o mistério que esclarece finalmente a razão. "O mistério é a saúde do espírito" (G.K. Chesterton)[73].

LEITURA I

SANTO TOMÁS DE AQUINO:

Analogia: caminho para conhecer o Mistério[74]

<< Para quem reflete, torna-se claro que as realidades sensíveis em si mesmas, que fornecem à razão humana a fonte do conhecimento, conservam nelas um certo vestígio de semelhança com Deus, embora se trate de um vestígio tão imperfeito que é incapaz de exprimir a substância de Deus.

Todo efeito possui, a seu modo, uma certa semelhança com a sua causa, embora o efeito nem sempre atinja a semelhança perfeita com a causa agente. No que concerne ao conhecimento da verdade de fé – verdade que só conhecem à perfeição os

---

72. De fide orthodoxa, I, 9: PG 94, 836.

73. Cf. SCHEEBEN, Mathias J. Les mystères du Christianisme. Bruges: DDB, 1947, onde resgata a ideia de mistério como fonte de luz. Foi Karl Rahner quem talvez tenha mais enfatizado, em seguida, o lado luminoso do mistério: Le concept du mystère dans la théologie catholique. In: Écrits théologiques. Vol. VIII. Paris: DDB, 1967, p. 53-103 [trad. it. Sul concetto di mistero nella teologia cattolica. In: Saggi teologici. Roma: Paoline, 1965, p. 391-466]. Uma síntese da posição rahneriana: FRANÇA MIRANDA, Mário. O mistério de Deus em nossa vida. A doutrina trinitária de Karl Rahner. São Paulo: Loyola, 1975, cap. 5, p. 181-214. Cf. numa ótica mais tradicional GARRIGOU-LAGRANGE, Réginald. Le sens du mystère et le clair-obscur intellectuel. Paris, 1934.

74. Summa Contra Gentiles, l. I, cap. 8: trad. bras. da Col. Os Pensadores. 2. ed. São Paulo: Abril Cultural, 1979, p. 67. Notar que as noções de "semelhanças" e "verossimilhanças" do texto correspondem à ideia de "analogia".

que veem a substância divina –, a razão humana se comporta de tal maneira que é capaz de recolher a seu favor certas verossimilhanças.

Indubitavelmente, estas não são suficientes para nos fazer apreender esta verdade de maneira por assim dizer demonstrativa, ou como por si mesma. Todavia, é útil que o espírito humano se exercite em tais razões, por mais fracas que sejam, desde que não imagine que as possa compreender ou demonstrar. Com efeito, na área das realidades mais elevadas, já constitui uma alegria muito grande o fato de se poder apreender algo, embora com humildade e com fraqueza. O que acabamos de expor é confirmado pela autoridade de Santo Hilário, que em seu livro *Sobre a Trindade*, falando da verdade, assim se expressa:

> Em tua fé, empreende, progride, esforça-te. Sem dúvida, jamais chegarás ao termo, eu o sei, mas felicito-te pelo teu progresso. Quem persegue com fervor o Infinito avança sempre, mesmo se por acaso não chega ao fim. Todavia, acautela-te ante a pretensão de penetrar o Mistério, ante o risco de te afundares no segredo de uma natureza que te possa parecer sem limites, imaginando que estás compreendendo tudo. Procura entender que esta Verdade ultrapassa toda e qualquer compreensão (l. II, c. 10-11). >>

LEITURA II

MAURÍLIO TEIXEIRA-LEITE PENIDO:

Grandezas da analogia metafórica[75]

<< A analogia (metafórica)... substitui e, em certo sentido, reabilita o antropomorfismo, dando-lhe valor preciso... A legitimidade da metáfora refulge a todos os olhos... Se "a Escritura fala a linguagem dos homens", é porque se adapta, de modo divino, à nossa psicologia. Qual avó carinhosa balbucia com seus netinhos, e com eles soletra as primeiras letras, a Bíblia ornamentou o Altíssimo com a longa série

---

75. In: PENIDO, M.T.-L. *A função da analogia em teologia dogmática*. Petrópolis: Vozes, 1946, p. 102-104. Pe. Penido (1895-1970) foi um dos primeiros teólogos brasileiros a se tornar mundialmente conhecido, justamente graças à obra acima, hoje clássica na questão, e que apresentara como tese de doutorado em 1921 na Univ. de Friburgo (Suíça). Penido se formou, desde menino, na Europa, onde se tornou aluno de Bergson e amigo de Journet e de Maritain. Em 1938 voltou ao Brasil a convite de Alceu A. Lima, então Reitor da Univ. Federal, tornando-se aí por 20 anos professor de filosofia. Lecionou também, desde 1954, teologia dogmática no Seminário Arquidiocesano do Rio de Janeiro. Para mais informações cf. MOURA, Dom Odilão, OSB. *Padre Penido. Vida e pensamento*. Petrópolis: Vozes, 1995.

de nossas pseudoperfeições e teceu, em torno do Onipotente, o véu multicor das Metáforas (cf. AGOSTINHO. *De Trin.*, I, 1, 2). E como a avó ainda narra histórias de fadas, Moisés e os profetas desenrolam prazenteiramente, aos nossos olhos, os gestos de um fabuloso monarca oriental. Descrevem Deus como se tivesse um corpo, porém maior e mais resplendente que o nosso e cuja matéria não fosse sangue e carne. Ele desce, sobe, caminha e para; levanta-se, assenta-se, vai e volta. Evidentemente, ele vê e ouve; do contrário, como nos conheceria? Por vezes, inclina-se benévolo, outras vezes, mostra-se cioso e se encoleriza contra nós.

Assim, os "simples, que logram suspeitar apenas o que ultrapassa a sensibilidade" (SANTO TOMÁS. *I Sent.* d. 34, q. 3, a. 2), encontram alimento religioso. Deus deixa então de ser uma abstração para se tornar uma realidade infinitamente viva. Haverá algo de menos humano do que a religião dos deístas? Santo Tomás observava, contra certos heresiarcas que negavam a legitimidade do culto externo: "Esqueceram eles de que são homens, pois não julgam serem as representações sensíveis indispensáveis para despertar pensamentos e afetos espirituais" (*Contra Gentes* III, 119).

Como necessitamos todos de imagens para nutrir o sentimento e estimular a inteligência, quanto mais fortes forem elas mais vigoroso será nosso pensamento (*ST* I-II, q. 74, a. 4, ad 3), mais resolutos nossos atos de vontade. As matemáticas não dispõem para o martírio e tampouco as quintessências filosóficas. Uma vez bem garantida a transcendência divina, nada mais legítimo do que ornar com belas imagens as nossas abstrações (cf. GARDEIL. *Le donne révélé*, p. 135s). [...] "Falar por metáforas não é mentir, pois não visamos deter o espírito nas realidades mesmas que nomeamos, senão levá-lo a realidades semelhantes àquelas" (SANTO TOMÁS. *I Sent.* d. 16, q. 1, a. 3, ad 3). >>

Capítulo 11/2

A LINGUAGEM TEOLÓGICA (II): ESPÉCIES E VIAS DA ANALOGIA

Examinaremos aqui, em primeiro lugar, as duas espécies de analogia: a conceitual e a metafórica. Em seguida, trataremos das três vias da analogia: afirmativa, negativa e da eminência.

AS DUAS ESPÉCIES DE ANALOGIA

Vimos no capítulo anterior que toda linguagem sobre Deus é analógica, ou seja, trans-ferida ou trans-lata. Há, porém, dois tipos básicos de analogia:

– a analogia *conceitual*, que trans-fere para Deus conceitos relativos ao mundo (existência, bondade, sabedoria);

– a analogia *metafórica*, que aplica a Deus semelhanças ou símbolos tirados da experiência humana (Pai, Senhor, Luz). A esta última se relaciona o que hoje se prefere chamar de linguagem *simbólica*. Para nós, aqui, metáfora e símbolo se equivalem[1].

A teoria clássica

A Escolástica distinguia assim as duas espécies de analogia de proporcionalidade:

1. *Analogia de proporcionalidade própria*. Seria a analogia *conceitual*. Aí o aspecto de semelhança está *formalmente* presente nos dois termos da analogia, enquanto o aspecto de diferença está no *modo* de realização da referida dimensão formal. Seja o termo analógico "ser bom": a dimensão *formal* do "ser bom", ou seja, a essência da bondade se encontra realmente tanto em nós como em Deus e, contudo, o *modo* de ser bom encontra uma realização diferente num e noutro.

2. *Analogia de proporcionalidade imprópria*. Essa compreende precisamente as *metáforas* ou símbolos. Aí a dimensão formal, relativa à natureza ou essência

---

1. Cf. LADRIÈRE, Jean. "Discours théologique et symbole". *Recherches de Science Religieuse*, 49 (1975), p. 116-141; BERNARD, Charles André. *Teologia simbolica*. Roma: Paoline, 1981; RAHNER, Karl. *Écrits théologiques*. Paris: DDB, 1968, t. IX, p. 30-39: Sobre o simbólico.

das coisas, já não está mais presente. A semelhança se dá somente no nível *da ação* ou do comportamento. Seja, por exemplo, a expressão "o fogo da paixão": como o fogo aquece e move, assim a paixão, etc. Outro exemplo: o político Y é uma raposa: comporta-se com a esperteza da raposa. Um exemplo em teologia: o que é (= faz) a cabeça para nosso corpo, assim é (= faz) Cristo para a Igreja. E assim são todas as parábolas do Reino, que entendem revelar o que *faz* Deus e não propriamente quem Ele é.

Crítica à concepção clássica

Pode-se perguntar por que a teoria clássica qualifica o conceito de analogia *própria* e a metáfora de analogia *imprópria* em relação à fala dos Mistérios. Não haveria, ao contrário, "conceitos impróprios" para falar de Deus e "imagens próprias"? Seria o metafísico ou o teólogo especulativo mais apto para falar dos Mistérios do que o poeta ou o místico?

Certo, o *conceito* apreende o lado "formal" do Mistério em sua "pureza" metafísica. E isso é positivo. Pois, de que serve noeticamente uma realidade informe e magmática? Mas, por seu lado, a *imagem* apanha o aspecto "conteudístico" do Mistério e sua "plenitude" expressiva e dinâmica. E isso é igualmente positivo e talvez mais positivo ainda. Pois o que seria um formal puramente vazio e abstrato?[2]

Ao contrário das analogias, que lidam com "perfeições puras", as metáforas, na teoria clássica, se referem a "perfeições mistas", como a paixão amorosa, a cólera, a piedade e outros sentimentos do gênero. Na Bíblia, esses sentimentos são claramente atribuídos a Deus, mas é um fato que envolvem aspectos incompatíveis com o divino. Aqui a *riqueza* concreta das metáforas se ganha às expensas da *pureza* abstrata dos conceitos. A abundância da vida se paga com a ausência de rigor. Mas é porque se fala ao coração e não à razão: por conceitos não se morre!

Na verdade, as metáforas são linguagem imprópria apenas na área da teologia, quando entendida como "ciência da fé". Efetivamente, as metáforas não são em si mesmas explicativas, mas evocativas. Muitas mesmo necessitam de ser explicadas. Quando provêm da Revelação, como as metáforas bíblicas, sem dúvida têm força de autoridade. Mas a teologia que delas arranca tem que explicá-las ou ao menos interpretá-las. Ora, isso só é possível sob a forma da *ratio* conceitual. Aqui vale o provérbio francês: *Comparaison n'est pas raison*. Já advertia Platão:

---

2. Cf. SÖHNGEN, Georg. Analogia. In: FRIES, Heinrich (org.). *Dicionário de Teologia*. Vol. 1. São Paulo: Loyola, 1970, p. 91-106, aqui p. 101-102 e 97-98.

"Quem quer proceder seguramente deve se guardar das semelhanças, porque é espécie perigosíssima"[3]. Portanto, a teologia científica não usa metáforas para argumentar, pois, como afirma Santo Tomás, "com símbolos não se argumenta"[4].

Todavia, em outras áreas da linguagem religiosa, como são o querigma, a liturgia, a catequese, e mesmo na área da teologia entendida como "sabedoria da fé", as metáforas não são de modo nenhum linguagem imprópria. São antes a linguagem própria desses campos. Aí elas são usadas para presentificar o Mistério. E isso pertence certamente à teologia sapiencial (como em São Boaventura). Com efeito, esta não se contenta com a demonstração, mas ela busca também, de qualquer maneira, a *monstração* da fé. Ora, os símbolos possuem essa virtude.

Pois é inegável: uma coisa é um teólogo dizer que Deus é Ser, e bem outra é dizer que Deus é Pai. A primeira se dirige principalmente à inteligência e a segunda, à emoção. Aquela faz pensar, mas esta faz cantar!

Mas vejamos, a seguir, de modo mais particularizado, cada uma dessas analogias, a saber: a conceitual e a metafórica. Daremos ênfase a esta última, por ter sido a mais preterida pela teologia clássica.

1. Analogia conceitual

Existe uma linguagem própria de Deus, embora inadequada

A analogia transpõe para o Mistério os conceitos abstratos tirados do mundo. Esses conceitos, porém, podem revelar perfeições puras, como sabedoria, bondade, simplicidade, etc. Predicam de modo realmente *próprio* de Deus. Pois seu significado ou conteúdo *formal* tem um caráter *transcendental* e por isso mesmo ilimitado.

Em verdade, esses conceitos predicam melhor de Deus que do homem. Assim, é Deus que é, em primeiro lugar, perfeito, puro, belo, bondoso, etc. São mais verdadeiros d'Ele que de nós. Em Deus se mostram plenos, culminantes, elevados à ordem suprema. N'Ele se realizam de modo formal e eminente ao mesmo tempo.

---

3. *Sofista*, 231 a. 6-7, referindo à semelhança enganadora entre o lobo e o cachorro.

4. "A teologia simbólica não é demonstrativa": *I Sent.* d. 11, q. 1, a. 1, ad 1. "É só do sentido literal que se pode tirar um argumento, não porém dos sentidos alegóricos, como diz Agostinho": *ST* I, q. 1, a. 10, ad 1.

Todavia, linguagem própria não quer dizer linguagem *adequada*. Efetivamente, nossa linguagem é feita desse mundo e para esse mundo. E ela carrega as marcas de sua origem e de sua função.

Distinguir significado e significação

Uma coisa é o predicado outra é a predicação; uma, a realidade significada (o significado) e, outra, o modo de significar (a significação).

Essa distinção é a "regra de ouro", a "chave mágica" da teoria da analogia teológica[5]. Pois se a *coisa significada* diz uma qualidade própria de Deus, já o *modo de significar* é sempre impróprio, porque adaptado apenas ao mundo criado. Assim, por exemplo, sabemos *que* Deus é bom e sábio, mas *como* Ele é bom e sábio, isso já não sabemos. Só sabemos como tudo isso existe nas pessoas deste mundo. Ora, esse modo não pode ser transferido para Deus, que tem um modo de ser totalmente próprio e misterioso.

Por quê? Justamente porque Deus transborda todo o entendimento. Entendemos, por exemplo, *que* ele é absoluto e perfeito, mas *como* é absoluto e perfeito, isso já não entendemos. Algo entendemos, sim, mas o mais nos supera.

Assim também, falando da ressurreição, São Paulo distingue o fato (*hóti* = "que": 1Cor 15,3) e o modo de sua realização (*põos* = "como": 1Cor 15,35). Este último permanece para nós enigmático e só podemos entrevê-lo por via metafórica, para o que Paulo usa a metáfora da semente (1Cor 15,36-38).

Levando em conta tudo o que dissemos no capítulo anterior (Cap. 11/1), podemos nos dar por satisfeitos com essas explicações sobre a analogia conceitual. Passemos agora para a analogia metafórica, onde nos deteremos um pouco mais, devido à sua relevância quer cognitiva, quer pastoral e que recebeu escasso desenvolvimento na epistemologia propriamente teológica.

---

5. Essa última expressão é de PENIDO, Maurílio T.-L. *A função da analogia em teologia dogmática*. Petrópolis: Vozes, 1946, p. 120. Para esta distinção cf. *ST* I, q. 13, a. 3 e 6; *De Pot.*, q. 1, a. 1; outros textos, in: PENIDO. Op. cit., p. 125, nota 71.

2. Analogia metafórica

Sem sombra de dúvida, a linguagem religiosa em geral é mais metafórica do que conceitual. Se a última se presta melhor à expressão teológico-científica da fé, a primeira é mais adequada à experiência, à expressão e à comunicação da fé.

A metáfora é a linguagem preferida na Bíblia

A Revelação nos chegou pelo "caminho real" das metáforas. Assim, por exemplo, na Bíblia:

– Deus aparece como rei, rochedo, juiz, pastor, esposo, pai;

– Cristo é comparado a um servo, senhor, cordeiro, leão, pão, porta, água;

– o Espírito se mostra na forma de pomba, fogo, vento, água;

– a Igreja é como edifício, rebanho, corpo, esposa, povo;

– o Reino (que já é uma metáfora) é como um tesouro escondido, pérola, fermento, rede de pescar, campo, banquete;

– o céu (que já é também metáfora) é uma cidade, uma tenda, jardim, festa, banquete, visão, etc.

Na verdade, essa linguagem é mais brilhante que iluminadora. Mais aquece do que esclarece. É a linguagem da conotação, enquanto que a conceitual é da denotação. É ressonante e estereofônica. Não quer tanto esclarecer quanto comunicar. Não procura tanto o conhecimento, mas a experiência. Mais que informativa, é performativa. É joia que cintila em todas as suas faces e não um foco direcionado, como o conceito. Em breve, a metáfora tem força evocativa, alusiva, emotiva e indutiva.

O povo fala por metáforas, ou seja, por imagens e símbolos

A metáfora representa a linguagem mais acessível às pessoas em geral. É, sobretudo, uma linguagem do povo simples. Aí se observa como a metáfora realiza sua eficácia própria: a de trans-portar a mente humana ao nível do sobrenatural, conduzi-la da ordem material à espiritual. Isso se verifica particularmente na leitura popular da Bíblia nas Comunidades de base. Aí se transita com facilidade, por exemplo, da cegueira corporal à cegueira espiritual. Tudo se passa como se a realidade fosse de uma peça só, ou, pelo menos, que há pontes entre os vários continentes do real, por mais heterogêneos que possam parecer.

Aliás, a chamada "cultura popular" é essencialmente metafórica: é toda entretecida de símbolos fortes e de imagens evocadoras, sejam elas materiais ou mentais. Ilustrativo, sob este aspecto, é o caso da "guerra das imagens" dos séculos VIII e IX. Foi, na verdade, uma guerra entre a mentalidade *simbólica* popular (povo, pastores e monges) e a mentalidade *conceitual* da elite (imperadores e intelectuais). Essa guerra se resolveu no VII Concílio Ecumênico, o de Niceia II (787), em favor da cultura popular.

A metáfora: linguagem preferida na espiritualidade e pastoral

A linguagem da metáfora tem seu lugar privilegiado na vida da fé, especialmente na espiritualidade e na pastoral. Por quê?

É porque – como dissemos – as metáforas não falam, como a analogia conceitual, de uma equivalência formal e essencial, mas sim de uma equivalência funcional e dinâmica. São boas para os atributos de *ação* de Deus. Falam do que é Deus *para nós*. Não visam tanto o que Deus é em si mesmo, mas o que faz. Não olham tanto para sua natureza, mas para seu agir e sua vontade. São feitas mais para *mover* à fé do que para iluminar a inteligência.

Caso expressivo são as parábolas. Elas falam do que Deus é ou faz em favor dos humanos. Falam de Deus como graça e salvação. Por isso sua estrutura é a narração. Por isso também, melhor que a tradução: "O Reino de Deus é semelhante...", é esta outra: "*Passa-se* com o Reino de Deus o que se passa com..."[6]. Pois a parábola não compara coisas ou pessoas, mas ações ou processos.

Por isso mesmo, a Bíblia, que não é um tratado sobre Deus, mas uma narrativa – a história da Salvação, usa abundantemente as metáforas. O mesmo se pode dizer da vida de fé; quando se trata do agir concreto, usam-se metáforas: "Eis que vos envio como ovelhas entre lobos. Sede, pois, prudentes como as serpentes e simples como as pombas" (Mt 10,16). E

---

6. Proposta de JEREMIAS, Joachim. *Les paraboles de Jesus*. Paris: Ed. Xavier Mappus, 1962, p. 142s. (cap. 10).

mesmo quando a Bíblia parece estar "conceitualizando", muitas vezes ela está apenas "metaforizando". É a chamada linguagem de "duplo objeto"[7]. É evidente que quando, entre outros, os Profetas, São João e o Apocalipse falam em certos objetos reais, estão, na verdade, tomando-os como símbolos de outros objetos. O filho de Davi é o Messias escatológico, a água viva é o dom de Deus, Babilônia é a Roma do tempo.

Os riscos das metáforas

Mas a linguagem metafórica não correria por acaso o risco de cair na fetichização e na antropomorfização? Esse risco existe sempre. A metáfora pode deixar de ser trampolim para se tornar assento. Então já não é mais ponte mas morada.

Contudo, há aí um paradoxo: esse risco é tanto menor quanto maior for a distância interposta entre o sentido primário e o transposto. Assim, quanto mais uma metáfora é grosseira, como muitas vezes sucede no escrito bíblico, onde, por exemplo, Deus é comparado a figuras de animais, tanto mais ela obriga ao salto transcendental. E, ao contrário, quanto mais elaborada, como entre os gregos, onde o divino aparece em forma artisticamente trabalhada, tanto mais corre o perigo de aderir à univocidade[8].

Além do mecanismo da "distância comparativa" de que acabou de se falar, existe outro recurso para manter a metaforicidade das metáforas: é multiplicar as metáforas em referência ao Mistério de que se fala. Deste modo, as metáforas se tornam complementares, mesmo se contrastantes: uma se refere a um aspecto do Mistério e outra a outro. Assim, por exemplo, no Apocalipse, Cristo aparece sob várias imagens: como o Filho do Homem (1,9-20), como o Cordeiro imolado e vitorioso (5,6s; 7,14.17 e 14,15), o Messias do cetro de ferro (12,1.5), o Ceifador escatológico (14,14-16), o Guerreiro vitorioso (19,11-21).

Seja como for, a metáfora é feita não para deter, mas para impelir em direção à Realidade, como observa o Doutor Angélico:

---

7. Cf. TESTA, Emanuele. I profeti In: ROLLA, Armando (org.). *Il messaggio della Salvezza*. Turim/Leumann: EDC, 1965, t. I, § 184, p. 514.

8. Cf. TOMÁS DE AQUINO. *I Sent.* d. 34, q. 3, a. 1 e a. 2; *ST* I, q. 1, a. 9, ad 3.

O movimento que se dirige à imagem enquanto tal não termina nela, mas tende para a realidade da qual é a imagem[9].

A linguagem do paradoxo

As metáforas, em seu processo vivo, frequentemente tomam o caminho do *paradoxo*. Aí se juntam numa mesma expressão ideias contrastantes. Trata-se da chamada "predicação impertinente" ou "bizarra"[10]. A arte da retórica chama de *oximoro* a figura que reúne palavras em forma de paradoxo. Assim as conhecidas expressões "sóbria ebriedade" e "douta ignorância". Paulo fala em "corpo espiritual" (1Cor 15,44); Agostinho, em "múltiplo simples"; o Pseudo-Dionísio, em "trevas luminosas", "raio de trevas", "descanso cruel", "movimento imóvel"; São João da Cruz, em "noite luminosa", "fogo tenebroso", "música calada", etc.

Essa linguagem revela o esforço desesperado de significar algo de transcendente. Para isso, transgride os limites da linguagem, rompendo com a sintaxe. Nicolau de Cusa († 1464) falava na "coincidência dos opostos". Afirmava que, para pensar a Deus, é preciso pôr de lado (*evomere*) tudo o que é imaginação e mesmo racionalidade, para saltar por cima do "muro da coincidência". Assim, referia-se ele a Deus como sendo centro e a circunferência, uno-trino, máximo-mínimo, potência-ato, não outro[11]. O teósofo popular J. Böhme († 1624) dizia que Deus era Tudo-Nada.

Metáforas primárias e secundárias

Nem todas as metáforas se equivalem em teologia. As metáforas *bíblicas* são as primárias e essenciais. Assim as de Deus como Pai, de Cristo como Senhor, do Espírito como Sopro, da Igreja como Corpo, etc. As *outras* metáforas, por mais evocadoras que sejam, são sempre secundárias e acessórias.

---

9. *ST* II-II, q. 81, a. 3, ad 3; cit. tb. pelo *Catecismo da Igreja Católica*, n. 2132.

10. RICOEUR, Paul. Poétique et Symbolique. In: LAURET, Bernard & REFOULÉ, François (orgs.). *Initiation à la pratique de la théologie*. Paris: Cerf, 1982, t. I, p. 37-61, aqui p. 49. Cf. os trabalhos nessa linha de BALDINI, Massimo, espec.: *Il linguaggio dei mistici*. 2. ed. Brescia: Queriniana, 1989; *Le parole del silenzio*. 4. ed. Cinisello Balsamo (MI): Paoline, 1990.

11. Cf. VANSTEENBERGHE, E. Nicolas de Cusa. In: *Dictionnaire de Théologie Catholique*, t. XI. Paris, 1931, col. 601-612. Um aforisma-axioma, de uma seleta do século XII, contendo 24 proposições, e citado por Alano de Lila († 1204), reza assim: "Deus é uma esfera inteligível, cujo centro está em toda a parte e a circunferência em lugar nenhum" (*Deus est sphaera intelligibilis, cujus centrum ubique, circunferentia nusquam*)".

O Vaticano I diz que a teologia deve ser feita "com diligência, reverência e sobriedade" (*sedulo, pie et sobrie*: DS 3016). Essa recomendação nos sugere alguns critérios para a criação e o uso das metáforas:

– *diligência*: sem ingenuidade, com espírito crítico;

– *reverência*: sem cair na banalidade;

– *sobriedade*: sem multiplicação inútil.

Hermenêutica das metáforas

Se desejamos fazer uma leitura das metáforas, quer estritamente teológica (ou explicativo-dogmática), quer pastoral (e elas são feitas especialmente para isso), devemos seguir algumas regras hermenêuticas:

1) Buscar a ponta da metáfora

Trata-se de descobrir o foco semântico de uma metáfora, à exclusão dos aspectos "impertinentes". A "ponta" da metáfora é seu lado de "semelhança" dinâmica ou funcional. É só essa semelhança parcial que merece consideração, devendo tudo o mais ser preterido.

Por exemplo, "o Filho do Homem vem como um ladrão". Aqui é o lado surpresa que é o ponto de contato. Esse "ladrão" não tem nada a ver com roubo. Outro exemplo: o Bom Pastor só cuida das ovelhas, não as cria para o mercado e o matadouro... Assim também, no "leão da tribo de Judá" interessa só a força, não as "unhas e os pelos"[12]. E assim por diante.

2) Reconhecer o subsolo antropológico da metáfora

Normalmente a metáfora bíblica se enraíza no fundo arcaico do inconsciente coletivo e tem, por isso, um alcance universal e permanente. Assim as imagens de pai, rei, servo, banquete, água, fogo, etc.[13] Por isso, é mister inquirir sempre: Que representa emocionalmente, ou melhor, existencialmente tal ou tal metáfora?

---

12. É o próprio TOMÁS DE AQUINO que o faz observar: *De Veritate*, q. 7, a. 2, ad 5.

13. Cf. JUNG, Carl G. et al. *O homem e seus símbolos*. Rio de Janeiro: Nova Fronteira, 1977.

3) Colocar a metáfora no contexto cultural

Essa regra vale sobretudo para as metáforas bíblicas, que supõem o quadro da cultura hebraica. Exemplos: a figura do Ungido (Messias, Cristo): representa o salvador esperado; o mar é a imagem do caos e do perigo; o fogo é o julgamento, e assim por diante. Só entendendo esse transfundo cultural é que se pode decodificar corretamente uma metáfora bíblica.

Fundamento antropológico da linguagem metafórica

Mas que é, na realidade, uma metáfora? É uma imagem concreta que está dentro de nossa imaginação. É um ícone mental.

E por que se usam metáforas ou imagens? Pela mesma razão que alegou São João de Damasco quando defendeu as imagens contra os iconoclastas: a encarnação. Nesta, com efeito, Deus vem aos humanos pela via do sensível. Ora, as metáforas são imagens sensíveis que nos elevam até Deus[14].

Há, de fato, em toda a pessoa um estranho anseio de "objetivar" a Deus, para poder vê-lo, tocá-lo, abraçá-lo ou, pelo menos, imaginá-lo, representá-lo mentalmente. É o que se mostra em fenômenos tão distintos como a idolatria, o antropomorfismo, as especulações judeu-árabes sobre o "corpo de Deus", a ideia dos "avatares" entre os hindus e, finalmente, o mistério cristão da encarnação.

Ora, a representação, quer plástica, quer imaginária, serve de amparo ao pensamento, oferece um conforto para o coração. Sabe-se quanta piedade despertou no cristianismo medieval o culto à humanidade de Cristo e no moderno a devoção ao Sagrado Coração de Jesus.

Fundamento ontológico da metaforização

Por outro lado, o próprio mundo visível sempre constituiu uma fonte inesgotável de espiritualidade. Para os místicos, o mundo é uma grande metáfora viva de Deus. Tudo nele faz lembrar outra coisa. Tudo é sinal e sacramento de Deus. Essa visão "sacramental" do mundo conformou toda a cultura medieval. A expressão mais comovedora dessa atitude místico-cosmológica se encontra em São Francisco de Assis, particularmente em seu "Cântico das criaturas". Igualmente, Alano de Lila (séc. XII) recita:

---

14. Cf. TOMÁS DE AQUINO. *Contra Gentes*, IV, cap. 55.

Omnis mundi creatura,
quasi liber et pictura,
nobis est et speculum[15].

Vemos aí a metáfora como sendo um sinal concreto e experiencial. É a *metáfora-coisa* (real). Esta metáfora é a base objetiva para a *metáfora-sinal* (ideal). De experiência viva, transforma-se em linguagem, modo de expressão teórica. Para a Bíblia há realidades que são tipos ou alegorias de outras realidades. Por exemplo, em Gálatas, as figuras de Sara, Agar, Isaac, Ismael e Jerusalém são todas alegóricas (Gl 4,21-31).

Quanto a São Boaventura, com seu livro *Itinerário da mente para Deus*, quis elaborar um tratado de teologia espiritual que buscasse elevar a alma dos sinais de Deus no mundo em direção ao próprio Deus. E o grande teólogo Hugo de S. Vítor († 1141) foi mais longe: concebeu o projeto de construir toda a teologia no modo da simbologia alegórica ou tipológica[16]. O próprio Santo Tomás, apesar de seu viés fortemente especulativo, não deixa de dar espaço à metáfora no campo da metodologia teológica[17].

RELAÇÃO ENTRE LINGUAGEM CONCEITUAL E METAFÓRICA

Vimos que a teologia usa os dois tipos de analogia: a conceitual e a metafórica. Como elas se relacionam?

É mister notar, antes de tudo, que a linguagem conceitual nunca é só conceitual. Muitas vezes, conceitos aparentemente abstratos trazem atrás de si todo um subsolo metafórico. Por exemplo, o conceito filosófico de "substância": analisado filologicamente, deixa ver algo de concreto: "o que está embaixo". Um conteúdo análogo se encontra na ideia abstrata de "sujeito". Igualmente, o conceito de "pessoa" se refere à máscara teatral. E assim por diante.

---

15. Cit. por CHENU, Marie-Dominique. *La théologie est-elle une science?* Paris: Arthème Fayard, 1957, p. 79: "Toda criatura do mundo é para nós como um livro, um quadro ou um espelho."

16. Cf. CHENU, M.-D. *La théologie est-elle une science?* Op. cit., p. 83s.

17. Cf. *ST* I, q. 1, a. 9 todo: "A teologia deve usar metáforas". Ademais, entre outras questões, dedica toda uma longa *quaestio* à interpretação alegórica dos "preceitos cultuais" do Antigo Testamento: *ST* I-II, q. 102 toda.

É o que fez P. Ricoeur afirmar: "A linguagem ordinária é um cemitério de metáforas mortas"[18]. Sim, há metáforas que morreram e se tornaram conceitos. Corpos viraram esqueletos. Aquilo que tinha originariamente uma potência simbólica, acaba se tornando apenas sinal conceitual. E é natural. O conceito não é tirado da representação imaginária, que os escolásticos chamavam "fantasma"?

O que acima dissemos é particularmente verdade para a teologia. Por exemplo, o conceito de "Redenção". Foi extraído da experiência do mundo antigo, onde evocava o resgate financeiro de um escravo ou de um prisioneiro, visando sua libertação. Mas "redenção" hoje aparece apenas como uma ideia abstrata, sinônimo de "salvação". De resto, a própria noção de "salvação" tem por trás, em seu fundo semântico, a ideia de libertação de uma angústia, de uma doença ou de um naufrágio, coisas que essa palavra não evoca mais hoje quando usada em teologia. Aliás, a maioria dos grandes conceitos teológicos tem um fundo arcaico de caráter metafórico, que se precisaria sempre reavivar. Assim os conceitos de pecado, graça, criação, aliança, perdão, etc.

Mas venhamos ao núcleo da questão: Como se relacionam conceito e metáfora? Digamos que, em relação à linguagem metafórica, a conceitual-científica serve de instância *reguladora*. Se é certo que a teologia não basta para uma boa linguagem pastoral, é também certo que sem teologia a pastoral é como um carro andando à noite sem holofotes. Estes não dispensam o motor, mas dão a direção.

No concreto, porém, essas duas linguagens *se completam*, como se exprime C. Mesters:

> Sem a poesia, a lógica pode ser cano bom, mas sem água. Sem a lógica, a poesia pode ser boa, mas escorre inaproveitada[19].

---

18. RICOEUR, Paul. *Poétique et Symbolique*, op. cit., p. 55. O poeta alemão Jean Paul (Richter, † 1825) já tinha dito que a linguagem é um dicionário de metáforas extintas: in: SÖHNGEN, G. *Analogia...*, op. cit., p. 101.

19. "O futuro do nosso passado". *Revista Eclesiástica Brasileira* (REB), 35 (1975), p. 261-287, aqui p. 279.

Redução das metáforas a conceitos?

São as imagens religiosas traduzíveis em linguagem conceitual? Em parte, sim. E foi o grande esforço da teologia científica: reduzir as imagens aos conceitos. Contudo, tal empresa não se dá sem notável "perda semântica"[20]. Com efeito, a imagem, feita conceito, perde sua cor, perfume e ressonância. Não libera mais a energia evocativa e emotiva que lhe é própria. Há que se levar bem em conta que as metáforas são radicalmente irredutíveis à linguagem conceitual.

Por exemplo: "Pai" não é o mesmo que "causa", "princípio" ou "fundamento". "Reino de Deus" não é o mesmo que "destino último" ou "projeto de Deus". "Cristo" não significa sem mais "novo ser", como queria P. Tillich. E por aí vai. Em todas essas correspondências, o significado (*Bedeutung*) é o mesmo, mas não o sentido (*Sinn*)[21].

Como vimos, a linguagem metafórica é mais adequada à experiência e vivência da fé do que à sua inteligência. Por isso, ela tem o mais largo espaço na oração e na celebração. Na verdade, diante da "Causa das causas", quem é que tem vontade de orar e cantar!? Talvez sim, diante do "Criador e Pai"[22]!

Agora, a *alegoria* é perfeitamente traduzível em seus correspondentes significativos. De resto, é isso que tem de próprio. Já o *mito*, ao contrário, não é de modo nenhum traduzível e isso pelo fato de ser "tautegórico", ou seja, significa o que diz. O mito pode ser apenas explicado, mas não, a rigor, traduzido.

AS TRÊS VIAS DA LINGUAGEM ANALÓGICA

A analogia se exprime sob três formas, ou melhor, três vias: a via da afirmação ou positiva, a via da remoção ou negativa e a via da eminência[23]. São vias não exclusivas, mas que se podem combinar.

---

20. É estranho que Tomás de Aquino sequer mencione a parábola do "Filho pródigo" ao tratar da questão da "bondade de Deus": *ST* I, q. 6, em 4 artigos. É intrigante o fato de que em toda a *Suma Teológica* esta parábola nunca seja citada. Pode? Seria por questões de ciência? Mas que ciência teológica é esta que deixa fora o melhor?

21. É a conhecida distinção de G. Frege: *significado* = referente ontológico; *sentido* = correspondente mental.

22. Embora Cícero, pelo que consta, tenha proferido, ao morrer, a invocação: "Causa causarum, miserere mei!"

23. É a doutrina de Pseudo-Dionísio Areopagita (séc. V-VI), *De divinis nominibus*. Cf. BOFF, Leonardo. Experimentar Deus hoje. In: VV.AA. *Experimentar Deus hoje*. Petrópolis: Vozes, 1974, p. 186-190.

1. Via da afirmação

Inclui todas as proposições que predicam algo de Deus de modo afirmativo. Atribuem-se a Deus perfeições puras, abstraídas transcendentalmente das criaturas: sabedoria, bondade, beleza, simplicidade, permanência, poder, etc.

De si mesmas, essas ideias não possuem limites conceituais. Em seu conteúdo formal são abertas ao infinito. Por isso podem ser predicadas *formalmente* de Deus. Essa é uma linguagem *própria* sobre Deus.

O fundamento de uma linguagem própria de Deus é o laço de *causalidade* metafísica que liga o mundo a Deus. Por isso, para nós, Deus não é apenas o "totalmente outro". Não é um ser absolutamente estranho ao mundo, uma realidade radicalmente heterogênea ao pensamento. Se assim fosse, só existiria equivocidade na linguagem religiosa[24]. Mas não: o mundo é coisa sua e Ele mesmo é Ser – objeto comum do intelecto.

É, portanto, a ideia de causa ontológica que está na base da analogia de atribuição. Seria Deus sábio somente porque causa a sabedoria, como afirmava Maimônides? Ao contrário, responde Santo Tomás, Deus causa a sabedoria, justamente porque é sábio[25].

Mas é bom já antecipar que tais propriedades puras se encontram em Deus de forma *eminente*, suprema ou transcendental, e não apenas de forma superlativa.

Como dissemos antes, se bem que essa linguagem seja própria, ela permanece sempre analógica e por isso *inadequada* ou imperfeita. Por quê? Por causa do *modo* pelo qual nós concebemos concretamente tal ou tal qualidade pura. Ora, esse modo é sempre humano, e, portanto, limitado. Assim, Deus é sábio, sim, verdadeiramente sábio, e sábio de modo eminente. Mas não é sábio *como* um homem é sábio.

O mesmo se pode dizer das analogias metafóricas. Assim Deus Pai: é Pai realmente e "é d'Ele que provém toda a paternidade no céu e na terra"

---

24. Cf. *ST* I, q. 13, a. 5, c.

25. Cf. *De Potentia*, q. 7, a. 6; *De Veritate*, q. 2, a. 1, etc.; *ST* I, q. 13, a. 2 e 6.

(Ef 3,15), mas não é Pai como os pais da terra. Importa sempre estar atento à distinção acima explicada entre coisa significada e modo de significar.

O grande teólogo do Vedanta advaíta, Shankara (séc. VIII dC), diz que a respeito de Deus só usamos uma "expressão indireta", pois temos que passar pelas criaturas para entender o Criador. Este nunca é entendido diretamente. "Quando falamos de Deus, não é de Deus que falamos", assevera igualmente G. Marcel.

Shankara tem razão no que se refere à *origem* de nossas ideias sobre Deus. De fato, elas nascem de nossa experiência do mundo, enquanto obra de Deus. Portanto, do ponto de vista do "terminus a quo", Shankara vê bem: nossas ideias são todas marcadas por sua origem e, consequentemente, pelo nosso *modo* de compreensão. Sua *forma* é terrestre, embora sua *formalidade* seja pura e perfeita. No que respeita ao modo de seus atributos, Deus é realmente inefável. Daí também por que, em teologia, é impossível evitar, de todo, seja o antropomorfismo (quanto ao *quê*), seja o agnosticismo (quanto ao *como*).

Mas se olharmos para a *direção semântica* dos atributos de Deus, para seu movimento significante essencial, ou seja, se nos colocarmos do ponto de vista do "terminus ad quem", então, diferentemente de Shankara, podemos dizer, sim, que existe uma "expressão direta e própria" de Deus. De fato, não é Deus *verdadeira e propriamente* belo, onipotente, eterno, bom, sapiente? Contudo, há que conceder que essa linguagem não deixa de ser inadequada, pois o modo *como* Ele é tudo isso é realmente algo de inefável[26].

Por tudo isso, poder-se-ia escrever todos os atributos do Mistério *entre aspas*. Assim se mostraria que são aplicados de outro *modo* que o são em relação ao mundo.

2. Via da remoção

Esta via consta de enunciados com conteúdo negativo: Deus é in-corpóreo, não gerado, in-finito, ab-soluto (embora os dois últimos atributos

---

26. Cf. JOURNET, Charles. *Connaissance et inconnaissance de Dieu*. Op. cit., p. 59s.

pareçam positivos). Para o Aquinate, essa via é a "via real" do conhecimento de Deus. Diz Santo Tomás:

> No estudo da substância divina deve-se usar principalmente (*precipue*) a via da remoção[27].

Por que isso? Simplesmente porque de Deus mais ignoramos do que sabemos. Eis alguns testemunhos do Doutor Angélico:

> – O último grau do conhecimento humano de Deus consiste nisto: saber que nada sabemos do que é Deus;
>
> – Conhecer a Deus como ignoto: eis o fim de nosso conhecimento;
>
> – De Deus mais se nos manifesta o que não é do que o que é[28].

A esse respeito, poderíamos trazer mil testemunhos da tradição. Citemos estes de Santo Agostinho:

> – Deus se sabe melhor dessabendo;
> – Se compreendes a Deus, não é Ele!;
> – Se chegaste ao fim, não é Deus[29].

Valha também aqui, referido a Deus, o que disse uma conhecida escritora brasileira:

> Sendo impossível entendê-lo, sei que, se eu o entender, é porque estou errando[30].

Os grandes místicos tiveram aguda percepção dos limites e mesmo da impotência de nosso falar em relação ao mistério de Deus[31]. Diremos algo disso logo adiante ao nos referirmos à "teologia negativa" e, em particular,

---

27. *Summa contra Gentes*, I, cap. 14. Ainda: "O modo mais conveniente (*convenientissimus*) de designar as coisas divinas se faz pela negação": *I Sent.* d. 34, q. 3, a. 2. Essa via vale inclusive para o tratamento teórico de todas as "coisas superiores" em geral: *ST* I, q. 58, a. 2, ad 2.

28. Sucessivamente in *De Potentia*, q. 7, a. 5, ad 14; *In Boetium...*, q. 1, a. 2, ad 1; e in *ST* I, q. 1, a. 9, ad 3.

29. Apud CONGAR, Yves. *La foi et la théologie*. Paris: Desclée, 1962, p. 22, nota 1. Cf. aí outros testemunhos.

30. LISPECTOR, Clarice. *Felicidade clandestina*. 1971.

31. Cf. CONGAR, Yves. Langage des spirituels et langage des théólogiens. In: VV.AA. *La mystique rhénane*. Colloque de Strasbourg 16-19/05/61, Paris, 1963, p. 17-23.

a São João da Cruz. Mas poderíamos trazer aqui o testemunho de místicos não cristãos, como os muçulmanos. Diz, por exemplo, Abû Bakr († 634): "A impotência de atingir o conhecimento é conhecimento". E Al-Hallâj († 922): "A pretensão de conhecer é ignorância"[32].

Longe de ser inútil, como parece, o uso de negações a respeito dos Mistérios tem a virtude de dizer de que lado não se encontra o Mistério. Diz Santo Tomás:

> Quanto mais negações se conhecem de Deus tanto menos confuso se faz seu conhecimento em nós[33].

Contestando a prioridade da via negativa, Duns Scotus fez argutamente observar que toda asserção negativa de Deus se apoia necessariamente sobre um substrato positivo, ainda que inexpresso. E justifica: "Não amamos negações para valer". E: "Com o negativo não dá para adorar!"[34]

De fato, a via da remoção é apenas catártica: ela purifica a mente para pensar e respeitar o Mistério como Mistério. É a quenose da razão, que objetiva, contudo, criar espaço para a sabedoria silenciosa superior. Ela remove os obstáculos, abre passagem, desbloqueia o terreno para a mística. Semelhante à arte escultural, ela procede por subtração. Corresponde, na razão teológica, ao que é o esvaziamento místico: negar-se para se alçar às dimensões do Todo[35]. Nisso Scotus tem razão: o negativo é só condição para o positivo.

Relembremos que mesmo as perfeições puras da via afirmativa devem ser negadas quanto ao *modo* em que as concebemos, pois carregam a limitação do seu modo de realização no mundo, de onde ficam tiradas. Pois bem, essa limitação deve ser terminantemente removida.

---

32. Citações de VENTURA, Antonio. *Introdução* ao *Diwan*, de Al-Hallâj. Gênova: Marietti, 1987, p. 3. Abû Bakr foi genro de Maomé e o primeiro califa; Al-Hallâj é o maior mestre do sufismo e morreu crucificado.

33. *In Boetium...*, q. 6, a. 3.

34. "Negationes non summe amamus": *Ordinatio*, I, 3, 10. "Negato non adoratur": *Ordinatio*, dist. 23, q. única, n. 22.

35. Cf. PLOTINO. *Enéadas* VI, V, 12, 20.

Por isso, para qualquer predicação pura de Deus, poderíamos sempre acrescentar a cláusula corretiva: "a seu modo". Por exemplo: Deus é bom, mas a seu modo; Deus ama, mas a seu modo; Deus é Pai, mas a seu modo. E isso também para a via negativa: Deus é i-mortal, mas não do modo como podemos concebê-lo, mas "a seu modo", em verdade misterioso.

3. Via da eminência

Esta forma de predicação é constituída de afirmações relativas aos Mistérios, enquanto *levadas ao grau supremo*. Exemplos: Deus é boníssimo, Deus é a Sabedoria por excelência, Cristo é o Senhor dos senhores, etc.

A via da eminência deve ser entendida depois da via da negação. Se não, será apenas uma via superlativa, que criticamos como "superlativismo" (Cap. 11/1). Ora, a via superlativa é apenas uma "via do aumento" (*via augmenti*), ou seja, a via da afirmação *estendida*, sem ruptura qualitativa alguma. Ao contrário, Deus não é apenas um Super-ser, mas o Ser que está para *além* de todos os seres. Deus não é um Super-pai, mas o Pai por excelência, de cuja paternidade todos os pais participam. Deus não existe tão somente, Ele subsiste (super-existe), ele é o "existente" por excelência.

A via da eminência, em si mesma, não diz nada de circunscrito em Deus. Ela é apenas *abertura* de uma qualidade ao infinito. Nesse sentido, ela é o corretivo de toda a afirmação, elevando esta ao nível da transcendência. Tal elevação não acontece pela via do aumento, mas pela via do salto ao infinito, o qual define justamente a via da eminência.

Notar, porém, que a virtude da via negativa deve ser aplicada também à via da eminência. Não agora quanto à imperfeição no *modo*, como na via afirmativa, mas quanto à própria perfeição, objetivando sublimá-la ao infinito. Pois, mais uma vez, "Deus é sempre maior". Os místicos tinham um sentido particular da supereminência de Deus sobre toda e qualquer expressão humana, inclusive as mais sublimes. Assim São Bernardo:

> Por mais alto que o pensamento avance, Deus está para além[36].

---

36. *De Consideratione*, V, 7, 16.

Para significar a via da eminência, poderíamos escrever todos os atributos de Deus com letras MAIÚSCULAS.

A "VIA DO SILÊNCIO"

Toda a linguagem do Mistério desemboca no silêncio da contemplação. Um silêncio extático e amoroso. "A ti, o silêncio é louvor" (Sl 65,2: hebr.). O "rosário muçulmano" consiste na recitação dos 99 nomes de Allá, terminando no silêncio do centésimo nome, o nome verdadeiro e inefável, que só Ele sabe[37]. Mas aí o silêncio não é falta, como no mutismo, mas plenitude. Como diz o Pe. Lacordaire:

> O silêncio é o último esforço da alma que transborda e que não consegue mais falar[38].

O Mistério é, na verdade, a terra silenciosa onde nasce e onde morre a teologia. É da não palavra que nasce a palavra, primeiro a bíblica, depois a dogmática, por fim a teológica[39]. Mas é também na imersão na não palavra do Mistério que se consuma a teologia. Ela define a *reductio in mysterium* de todos os mistérios particulares da fé e do próprio *logos* teológico[40]. Assim, a teologia é uma palavra entre dois silêncios. Ela se apoia no silêncio do Mistério e tira daí seu vigor.

Paulo confessa que "foi arrebatado até o paraíso e ouviu palavras inefáveis, que não é lícito ao homem repetir" (1Cor 12,4). Evágrio Pôntico († 399) recomenda: "Em silêncio se adore o Inefável"[41]. Fazendo-lhe eco, diz Santo Tomás: "A Deus se honra pelo silêncio"[42].

---

37. Cf. a ladainha dos nomes de Deus in: MIQUEL, Pierre & PERRINI, Matteo. *Preghiere dell 'umanità*. Brescia: Queriniana, 1993, p. 163-165.

38. Apud TRINDADE, Elisabete da. *A Trindade que habita em nós*. São Paulo: Paulinas, 1980, p. 40

39. Cf. BALTHASAR, Hans Urs von. *La gloire et la croix*. Vol. 5. Paris: Cerf/DDB/Aubier, 1990, p. 69-79.

40. Cf. RAHNER, Karl. Riflessioni sul metodo della teologia. In: *Nuovi saggi*. Vol. IV. Roma: Paoline, 1973, p. 99-159, aqui p. 142-159: "Reductio in mysterium".

41. *Le gnostique*, n. 41. Col. Sources Chrétiennes 356. Paris: Cerf, 1989.

42. *In Boetium...*, q. 2, a. 1, ad 6.

São Gregório de Nazianzo († 390), a quem se atribui o "Hino silencioso"[43], assevera: "As coisas inefáveis sejam honradas em silêncio"[44]. "Silêncio" era também o nome do Deus inacessível para os neoplatônicos[45]. Dizia um deles, Porfírio (ca. 305): "Ao Deus Supremo... nós damos um culto pelo silêncio puro"[46].

Teologia apofática ou negativa

Diferentemente da tradição teológica ocidental, a oriental enfatizou o que chamou de "teologia apofática", "mística" ou "negativa". É uma teologia literalmente silenciosa, feita de um conhecimento sapiencial, situado para além da palavra. É uma sabedoria pneumática, dom do Espírito. É um não saber que sabe, a partir do amor que crê e frui no silêncio[47].

Conviria distinguir a "teologia negativa" da "via negativa". Da *via* negativa falamos logo atrás. Nela subsiste ainda linguagem: a linguagem feita de termos negativos. Já a *teologia* negativa vai além da via negativa, porque implica no abandono absoluto (mas isso apenas no limite) de todo discurso, em favor do conhecimento silencioso e amoroso.

A via negativa e a teologia negativa estão ligadas. A "via" negativa prepara e ao mesmo tempo sustenta a "teologia" negativa. E a teologia negativa, quando se exprime (pois o inefável, apesar de tudo, "dá o que falar"), fá-lo em termos negativos. Haveria, portanto, uma "teologia negativa" absolutamente calada; e uma "teologia negativa" verdadeiramente especulativa. A primeira se vê na vida mesma dos místicos e a segunda em seus escritos.

Entre os grandes teólogos, São Boaventura enfatizou com eficácia a superação das palavras pela experiência do amor místico:

> O amor de união transcende todo intelecto e ciência. [...] Aliena por vezes dos sentidos e põe a pessoa no êxtase. [...] Este amor é "sequestrativo", porque tira a pessoa de todo outro afeto por causa do afeto do Esposo[48].

---

43. PG 37, 507-508.

44. *Discurso* 28, 20.

45. Cf. CHENU, M.-D. *La théologie est-elle une science?* Op. cit., p. 40.

46. Apud EVÁGRIO. *Le gnostique.* Op. cit., p. 169.

47. JOURNET, Ch. *Connaissance...*, op. cit., cap. 4, p. 95-142.

48. *In Hexaëmeron*, II, 4, 30 e 31. Cf. o texto do mesmo Doutor, como *Leitura* no fim deste capítulo.

Entre os místicos, São João da Cruz, em particular, apela com frequência para a "teologia mística" ou "negativa"[49]. Chega a dizer que quanto mais ideias claras e distintas temos, menos entendemos do abismo da fé[50]. Para ele, todo discurso, inclusive o teológico, é para principiantes. Os adiantados deixam para trás todo discurso e entram na contemplação silenciosa, onde se lhe dá uma "comunicação calada" da sabedoria divina[51].

Seja como for, no saber místico transconceitual, é sempre a inteligência, e não o amor, o sujeito cognoscente. Falando com todo o rigor, o amor não conhece, mas é causa, motivação e força para a inteligência se elevar ao nível do saber apofático. Dizemos, por isso, que, depois do "conhecimento que ignora" (via negativa), vem a "ignorância que sabe" (teologia apofática)[52].

Na teologia apofática, os conceitos "não são supressos... mas se calam, e dormem, como os apóstolos no Monte das Oliveiras", como diz belamente J. Maritain[53]. Se subsistem, já não são mais meio formal de conhecimento, mas apenas condição, necessária para a expressão e a comunicação.

Repitamos: é só no limite que a sabedoria de amor é silenciosa, pois dela sempre é possível dizer algo. Ela é, mais que tudo, sentimento, mas o pensamento não deixa de ter aí sua parte, porquanto miserável. As palavras aparecem tão abaixo da experiência mística que dão a impressão de profanação, devastação e até de blasfêmia, como confessava a mística de Foligno[54].

O silêncio dos oprimidos

A experiência da impotência do verbo não é só coisa de intelectuais. Seus "iniciados" são todos os que se dispõem a entrar pelo caminho da entrega ilimitada ao Amor. E também aqui os pobres têm a primazia. Há para eles, da parte de Deus, mais uma opção preferencial: a da experiência mística.

---

49. Cf. Noche oscura del alma, cap. 17, in: *Obras de San Juan de la Cruz*. BAC. Madri: Católica, 1940, p. 840s; *Cántico espiritual*, canciónes VII, n. 6-8; XXVI, n. 7-10 e XXVI, n. 5: Ibid., respect. p. 939s., 1.020-1.022 e 1.024s.; Toda ciencia transcendiendo (poesia). Ibid., p. 1.244s.

50. Cf. Subida del Monte Carmelo, cap. 7: Ibid., p. 690s.

51. Cf. Llama de amor viva, n. 22, 3-6: Ibid., p. 1.140-1.150.

52. É a teoria de Santo Tomás. Cf. JOURNET, Ch. *Connaissance...*, op. cit., p. 102-108.

53. MARITAIN, Jacques. *Les degrés du savoir*. 5. ed. Paris: DDB, 1948, p. 523.

54. Apud JOURNET, Ch. *Connaissance...*, op. cit., p. 118. Cf. aí depoimentos de outros místicos, p. 114-127.

É só esta que estabelece a verdadeira "aristocracia" do espírito. Aí, de fato, segundo a lição de Cristo, encontram-se muitos dos "pequeninos", pois estes o Pai escolheu graciosamente como confidentes dos seus segredos (cf. Mt 11,2-27). A estes o Espírito pôs de parte como seus discípulos prediletos (cf. Jo 6,45; 14,26; 1Jo 2,27). Se há um esoterismo espiritual cristão, este será o do amor[55].

O silêncio que é imposto aos pobres pela cultura letrada tem sua "revanche divina". Aos que têm a palavra proibida, Deus concede audiência e comunica a sua Palavra. Na "noite social" da exclusão, abre-se a "noite luminosa" da Revelação[56].

Quando o teólogo deve calar

A palavra teológica aparece como um *intermezzo* entre dois silêncios: a fé de onde nasce e o agapé aonde termina. Há o momento em que o teólogo deve falar. Teologia não é mutismo. Diz Agostinho:

> O que podemos dizer quando falamos de ti, Senhor? E, contudo, ai daqueles que guardam silêncio sobre ti[57].

Mas há também o momento em que o teólogo deve calar. É o silêncio da experiência do Divino, que se faz adoração saborosa ou, então, ação fecunda.

Mas o silêncio envolve todo o discurso teológico: antes e depois. É a terra fértil da palavra teológica, quando nova e rica. O Verbo nasce do Silêncio do Pai:

> Quando um silêncio profundo envolvia todas as coisas e a noite mediava o seu rápido percurso, tua Palavra onipotente, Senhor, desceu do trono real dos céus[58].

---

55. Cf. JOURNET, Ch. *Connaissance...*, op. cit., p. 141s. onde dá o exemplo de uma mística, simples pastora de vacas. Mas a hagiografia nesse ponto é inesgotável.

56. Cf. GUTIÉRREZ, Gustavo. *Beber do próprio poço*. Petrópolis: Vozes, 1984, p. 95-100, onde aplicou à espiritualidade da libertação o caminho místico de São João da Cruz.

57. *Confissões*, I, 4, 4. "Se algo dizemos é só para não calar de todo": *De Trinitate*, V, 9, 10.

58. Antífona, inspirada em Sb 18,14-15, para a entrada da Missa de 30 de dezembro, sexto dia da oitava do Natal, do Missal Romano.

Então, quando a palavra teológica se levanta, vem toda carregada do silêncio que a engendrou. A discrição teológica nasce da humildade de reconhecer a congenial indigência humana em compreender os Mistérios. São Paulo declara:

> Nosso conhecimento é imperfeito... No presente vemos por espelho e obscuramente... Agora só conheço em parte... (1Cor 13,9.12).

Daí a resistência de todo autêntico teólogo à garrulice religiosa e ao discurso inflacionado. A orgia das palavras no campo do sagrado só leva à banalização do discurso. O Mestre asseverou:

> De toda palavra fútil que os humanos falarem, terão de dar contas no dia do juízo (Mt 12,36).

Portanto, "economia do discurso". "Santificado seja o vosso nome" é oração que todo teólogo há de fazer com frequência e devoção.

E "circunspecção"! Num mundo pluralista como o moderno, importa guardar o "sentimento do preço" e a distinção que possuem as coisas da fé. As coisas preciosas não podem ser entregues sem mais ao primeiro que chega. "Não atireis vossas pérolas aos porcos" (Mt 7,6). A fé é por demais cara ao crente para ser exposta sem mais ao ridículo e à irrisão dos estranhos[59].

Outras saídas do discurso

Mas antes ainda do silêncio da mística e do agapé, existem outras saídas do mundo do discurso religioso. Uma delas é o "falar em línguas", que encontra hoje o favor dos grupos carismático-pentecostais. Aí se deixa a linguagem articulada em favor de outra, puramente expressiva e doxológica.

Outra saída, a ela aparentada, é a *jubilação*. Eis como a descreve Agostinho:

> Júbilo é um som a significar que do coração brota algo impossível de se expressar. [...] É inefável o que não podes falar. E se não podes falar e não deves calar, o que te resta senão jubilar?[60]

---

59. Tomás de Aquino é extremamente sensível a toda exposição temerária da fé: *ST* I, q. 1, a. 9, ad 2; I, q. 68, a. 1, c; *In Boetium...*, proem., q. 2, a. 4, c; *De Pot.*, q. 4, a. 1.

60. *Enarrationes in Psalmos*, Ps. 32, Sermo 1, 7-8: CCL 38, 253-254, referido também na *Liturgia das horas*, Ofício das leituras, 2ª leitura da festa de Santa Cecília, 22 de novembro.

Finalmente, existe também a *poesia*[61]. Dante, no último canto da *Divina Comédia*, tenta exprimir a fulgurante visão de Deus que lhe fora concedida, mas se declara vencido, confessando uma sucessão de derrotas: a expressão verbal cede diante da *impressão* da memória; esta se rende à *intuição* visiva; e esta, por fim, é vencida pela própria *Realidade* divina.

> Da quinci innanzi il mio vedder fu maggio
> che'l parlar mostra, ch'a tal vista cede,
> e cede la memoria a tanto oltraggio[62].

RESUMINDO

1. Há duas espécies de analogia: a *conceitual* e a *metafórica*. A primeira é abstrata e a segunda concreta. A conceitual, embora fale de atributos *próprios* de Deus (predicados de sábio, perfeito, etc.), é também e sempre inadequada em relação ao *modo* de atribuir a Deus aqueles atributos (predicação).

2. As metáforas ou símbolos em teologia são o caminho mais direto e a via *privilegiada* para evocar os mistérios, fazê-los presentes, embora não tenham valência argumentativa. É a linguagem preferida pela Bíblia e a mais acessível ao Povo em geral, por isso também a mais recomendável do ponto de vista da pastoral.

3. É preciso *articular* os dois tipos de linguagem: a conceitual, que tem um particular poder científico (crítico e provante); e a simbólica, que tem de próprio comover o coração, promover a conversão e mover à ação.

4. Para *interpretar* as metáforas, especialmente as primárias (bíblicas), deve-se levar bem em conta os seguintes elementos:

– a "ponta" da metáfora;

– seu subsolo antropológico;

– seu contexto cultural, especialmente o bíblico.

---

61. Cf. infra *Excurso II*, no fim deste capítulo.

62. *Paradiso*, XXX, 55-57: "A partir daquele instante, minha vista resultou superior / ao poder da linguagem, a qual cede a esta visão, / e cede a memória a tanto excesso". Pouco antes, confessava, numa imagem tão bela quanto eficaz, que na experiência mística a mente sai de si como o raio sai da nuvem (*Par.* XXX, 40-45).

5. Ha três vias ou articulações da linguagem analógico-teológica:

– a via da *afirmação*;

– a via da *remoção*;

– a via da *eminência*.

6. A via da *remoção* é a mais importante de todas, pois se acorda melhor com a natureza do Mistério divino, de quem mais ignoramos do que sabemos.

7. Poderíamos acrescentar uma quarta via, que representa, na teologia, a "via de saída" da linguagem e que dá acesso ao *silêncio* adorante e amoroso (teologia apofática), e à solidariedade efetiva com os oprimidos e com o silêncio que lhes é imposto. Nestes dois momentos o teólogo deve calar: para a adoração e para o agapé.

EXCURSO I

OUTRAS LINGUAGENS DA FÉ

A teologia não é evidentemente a única linguagem, e nem sempre a mais eficaz, de exprimir a fé. Existem muitas outras. E todas elas carregam um "valor de inteligência" teológica, que, dentro do possível, vale a pena resgatar.

Falamos aqui não tanto da linguagem como conhecimento da fé (= teologia), mas da linguagem como *expressão* da fé. Eis algumas dessas linguagens expressivas:

1. *Poesia*: ex. "A Divina Comédia" de Dante;

2. *Música*: ex. "A Paixão segundo São Mateus" de Bach[63];

3. *Canto*: ex. os hinários de igreja;

4. *Pintura*: ex. os vitrais;

5. *Teatro*: ex. as encenações religiosas;

6. *Dança*: ex. a liturgia africana ou oriental;

7. *Narrativas*: ex. as legendas dos santos e a mitologia popular;

---

63. Cf. reflexões de VV.AA. sobre a "teologia da música", in: *Il Regno-attualità*, n. 18/713, 15/10/1993, p. 571-577.

8. *Máximas*: ex. os provérbios do povo;

9. *Simbologia*: ex. os objetos de culto e alegorias;

10. *Humorismo*: ex. as anedotas e caricaturas de caráter religioso.

Mas a linguagem plástica privilegiada será sempre a *liturgia*. É a fé feita símbolo, gesto e celebração. Ela incorpora muitos dos modos expressivos acima, como a poesia, o canto, a simbologia.

Todos os elementos referidos são meio para exprimir e, consequentemente, para comunicar uma vivência da fé que lhes é anterior e que já vem mais ou menos teologizada. Mas, a esse título, são também dialeticamente *fonte* de fé e de reflexão teológica, portanto, "lugares teológicos". São simultaneamente efeito e fator de teologia, meios de exprimir uma teologia preexistente e ao mesmo tempo recursos para criar uma nova.

Evidentemente, neles a função expressiva é preponderante. Por isso, a pergunta que o teólogo profissional há de fazer será: Que teologia há por trás disto: deste canto ou desta pintura? Tematizará então essa teologia implícita, enriquecendo-a, em seguida, pelo confronto com a tradição da fé e os desafios da história.

Além da liturgia, a *via pulchritudinis* é, por tradição, a linguagem que mais se presta à expressão e comunicação dos Mistérios da fé. Basta ver a importância da arte na vida e na prática da Igreja[64]. A Constituição sobre a liturgia, a *Sacrosantum Concilium*, afirma que as Belas Artes estão "entre as mais eminentes atividades da criatura humana" (SC 122) e que elas refletem a "beleza infinita de Deus" (SC 127).

EXCURSO II

TEOLOGIA E POESIA

Por ser tanto conceitual como simbólica, a linguagem teológica pode ser definida como uma linguagem originariamente "poética". De fato, como *poiéesis* (criação), a teologia tem um duplo efeito: ela *produz* sentidos: é a inovação *semântica*; e ao mesmo tempo ela *manifesta* significados: é sua função *heurística*. Por outras, a "poesia" teológica possui uma força expressiva e simultaneamente veritativa. Por meio dela, além de *sentirmos* Deus como Pai, podemos saber ao mesmo tempo que Ele é realmente Pai[65].

64. Cf. BALTHASAR, Hans Urs von. "A arte cristã e a pregação". In: FEINER, Johannes & LÖHRER, Magnus (orgs.). *Mysterium Salutis*, I/3. Petrópolis: Vozes, 1971, p. 195-212.

65. Cf. RICOEUR, Paul. *Poétique et Symbolique. Op. cit.*, p. 39 e 61.

Todavia, a teologia não usa normalmente uma linguagem poética. Ela se exprime em prosa. Agora, como linguagem expressiva, a poesia é indubitavelmente superior à prosa. Estando mais próxima ao Mistério, ela consegue "passar" mais de seu conteúdo, e fá-lo de modo mais eficaz. A poesia, quando religiosa, tem particular força evocadora: pelos símbolos, ela faz vislumbrar o Divino.

Por isso mesmo a poesia é a "linguagem necessária" da fé. Trata-se de uma necessidade *inerente* ao discurso religioso e não meramente funcional a ele. A linguagem poética é ainda aquela que é a menos inadequada ao Mistério. Os conceitos são bons para esse mundo; para o outro, precisamos de símbolos. E nisso a poesia está em seu elemento. Ela "faz ver". "Metaforizar é ver o semelhante", diz Aristóteles[66]. Por exemplo, por meio das semelhanças das parábolas, Jesus "faz ver" o que é o Reino. Nesse sentido, Jesus era um poeta essencial. E como a visão é a fonte da mensagem, assim o poema está na raiz da prosa.

Todavia, a linguagem crítica da teologia e a linguagem criativa da poesia não se opõem, antes elas podem e devem se combinar. A teologia, em sua linguagem analógico-conceitual, atribui a Deus perfeições puras. Ela "faz saber": é linguagem científica. Mas a poesia, com suas metáforas, "faz ver", transfigura, abala, sacode. Ela tem conotações de afetividade, criatividade e novidade[67].

Seja como for, existe, no fundo, entre o grande poeta e o verdadeiro teólogo, uma "comunidade" de experiência: é a escuta da "protopalavra", aquela que diz sem dizer. Ambos carregam a disposição, o *pathos* de ouvir a voz mesma das coisas, o "claro enigma", as evidências ofuscantes "escondidas na luz" (J. Maritain)[68]. Evidentemente, poesia e fé são aqui tomadas como posturas metafísicas frente ao mistério do ser e da existência, mistério esse que só encontra resposta no Mistério maior: Deus[69].

Isso tudo é verdade em relação à *grande poesia*, aquela que tem um conteúdo ontológico e que, por isso, abre à Palavra da fé ou é mesmo a sua mediação mais digna. Mas se tomarmos a poesia meramente *literária*, aquela que privilegia o efeito *estético* da linguagem e cuja função é sobretudo retórica, então a diferença da palavra poética em relação à palavra teológica é imensa. Certo, o poeta-literato e o teólogo empregam ambos metáforas. Mas a diferença entre os dois é decisiva: enquanto no poeta a metáfora desborda a realidade, no teólogo é a realidade que desborda a metáfora. Assim, por exem-

---

66. *Poética*, 1459 a 4-8.

67. Cf. ESPINEL, José Luís. *La poesía de Jesús*. Salamanca: Ed. San Esteban, 1986, em quem nos baseamos para as considerações acima. Para a relação dialética entre teologia e poesia, cf. p. 263-278.

68. Cf. RANGEL, Paschoal. "O teólogo e a poesia". *Atualização* (Belo Horizonte), 16 (1985), p. 277-302.

69. Cf. RAHNER, Karl. La palabra poética y el cristiano. In: RAHNER, K. *Escritos de Teología*. Madri: Taurus, 1964, t. IV, p. 453-466.

plo: o quadro teológico da transfiguração, por mais poético que seja (cf. Mt 17,2), fica muito aquém da verdade de Cristo. Aí a revelação poética é apenas caminho da Revelação maior – a teológica. Mas se um poeta dissesse o mesmo de um rei qualquer, diria, sem dúvida, mais que a realidade comporta[70].

EXCURSO III
A COMUNICAÇÃO DA TEOLOGIA

A linguagem não existe só para exprimir a fé (relação com o objeto), mas também para comunicá-la aos outros (relação com o destinatário). Eis algumas ideias úteis para comunicar eficazmente o conhecimento da fé.

Ser claro

Busque a simplicidade de estilo na exposição do próprio pensamento. Saiba, porém, que a verdadeira simplicidade é fruto de uma compreensão amadurecida do assunto. Ela é produzida, não é espontânea. É a simplicidade que vem depois da vitória sobre a complicação, não antes. Cuidado com a simplicidade à primeira vista: em geral é ilusória.

Portanto, procure dar clareza às suas palavras e ideias. Se as ideias são claras, as palavras também serão claras. "O que é bem concebido, se enuncia claramente" (N. Boileau). Procure ser compreensível por amor aos outros. *Claritas = charitas*. É a caridade do professor para com seus alunos, do autor para com seus leitores, do pregador para com seus ouvintes.

Evitar o hermetismo

Peque antes por didatismo que por esoterismo. A opacidade do discurso não provém sempre, como se tende a pensar, de sua profundidade. Provém o mais das vezes da confusão do pensamento e da falta de amadurecimento das ideias. Nunca tome por profundo um lago que é só barrento.

Limpidez

Limpe seu vocabulário de todo artifício e enfeite inútil. Passe as ideias pelo crivo da crítica e do esforço conceitual. Tome por modelo a Tomás de Aquino em sua honradez intelectual, pensamento castiço e despojamento de todo atavio.

---

70. Cf. *ST* I-II, q. 101, a. 2, ad 2.

Palavras a serviço das ideias

A Verdade é luz. As palavras só existem para fazer transparecer o pensamento. Não são artifício didático, mas a exposição da própria verdade em sua bela e casta nudez. As palavras são mediações que fazem corpo com as ideias e não intermediários externos ao pensamento. Quando o pensamento vai à frente, as palavras vêm atrás, como ovelhas obedientes.

Evidências construídas

Fuja das evidências imediatas. Em geral são clichês ou lugares-comuns. Busque antes as evidências comprovadas, as que foram criadas e que, por sua fecundidade, mostram que são ricas e profundas. Mas para isso trabalhe para esclarecer para si mesmo seus pensamentos antes de passá-los aos outros.

LEITURA

SÃO BOAVENTURA:

A mística: saída da teologia[71]

<< 1. [...] Agora resta à nossa alma transcender e passar... não apenas além deste mundo sensível, mas também além de si mesma. Nesta passagem, Cristo é o caminho e a porta. Cristo é a escada e o veículo, o "propiciatório colocado sobre a arca de Deus" (cf. Ex 26,34) e o "mistério desde sempre escondido" (Ef 3,9).

2. Quem olha para este propiciatório, com o rosto totalmente voltado para ele, contemplando-o suspenso na cruz, com fé, esperança e caridade, com devoção, admiração e alegria, com veneração, louvor e júbilo, realiza com ele a "páscoa", isto é, a passagem. E assim, por meio do lenho da cruz, atravessa o Mar Vermelho, saindo do Egito e entrando no deserto, onde saboreia o maná escondido. Descansa também no túmulo com Cristo, parecendo exteriormente morto, mas experimentando, tanto quanto é possível à sua condição de peregrino, aquilo que foi dito pelo próprio

---

71. *Itinerário da mente para Deus* (1259), VII, 1.2.4-6: *Obras de San Boaventura.* BAC. Madri: Católica, 1945, t. 1. Trata-se do último capítulo, que tem por título: "Sobre o êxtase (*excessu*) mental e místico no qual a inteligência encontra repouso e o afeto passa inteiramente em êxtase para Deus". Seguimos, com poucas modificações e alguns complementos, a tradução da 2ª leitura da festa de São Boaventura (15 de julho) da *Liturgia das horas*, usando como confronto a tradução da ed. bras. preparada por Jerônimo Jerkovic: *Itinerário do Cosmo ao Ômega.* Petrópolis: Vozes, 1968, p. 105-109.

Cristo ao ladrão que o reconhecera: "Ainda hoje estarás comigo no Paraíso" (Lc 23,43). [...]

4. Nesta passagem, se for perfeita, é preciso deixar todas as operações intelectuais e que o ápice de todo o afeto (*apex affectus*) seja transferido e transformado em Deus. Estamos diante de uma realidade mística e profundíssima: ninguém a conhece, a não ser quem a recebe; ninguém a recebe, se não a deseja; nem a deseja, se não for inflamado, até à medula, pelo fogo do Espírito Santo, que Cristo enviou ao mundo. Por isso, o Apóstolo diz que essa sabedoria mística é revelada pelo Espírito Santo (cf. 1Cor 2,13).

5. Já que, para obter esta passagem das criaturas a Deus, nada pode a natureza e pouco o esforço humano,

– é preciso dar pouca importância à indagação e muita à unção;

– pouca à língua e muita à alegria interior;

– pouca à palavra e aos livros e muita ao dom de Deus, isto é, ao Espírito Santo;

– pouca ou nada à criatura e toda à essência criadora, o Pai, o Filho e o Espírito Santo. [...]

6. Se agora queres saber como isso acontece,

– interroga a graça, não a ciência;

– o desejo, não a inteligência;

– o gemido da oração, não o estudo dos livros;

– o Esposo, não o mestre;

– Deus, não o ser humano;

– a escuridão, não a claridade.

Não interrogues a luz, mas o fogo, que tudo inflama e transfere para Deus, com unções suavíssimas e afetos ardentíssimos. Esse fogo é Deus; a "sua fornalha está em Jerusalém" (Is 31,9). Cristo a acendeu no calor da sua ardentíssima paixão. Verdadeiramente, só pode suportá-la quem diz: "Minha alma prefere ser sufocada, e meus ossos a morte" (cf. Jó 7,15). Quem ama esta morte pode ver a Deus, porque, sem dúvida alguma, é verdade: "O homem não pode ver-me e viver" (Ex 33,20).

Morramos, pois, e entremos na escuridão. Imponhamos silêncio às preocupações, paixões e fantasias. Com Cristo crucificado, passemos "deste mundo para o Pai" (Jo 13,1), a fim de podermos dizer com o apóstolo Filipe, quando o Pai se manifestar a nós: "Isso nos basta" (Jo 14,8); e exultar com Davi, exclamando: "Mesmo que o corpo e o coração vão se gastando, Deus é minha parte e minha herança para sempre!" (Sl 72,26). "Bendito seja Deus para sempre! E que todo o povo diga: Amém! Amém!" (Sl 105,48). >>

Seção III – ARTICULAÇÕES

Capítulo 12

A RELAÇÃO DA TEOLOGIA COM A FILOSOFIA E AS DEMAIS CIÊNCIAS

Neste capítulo, discutiremos sobre as *mediações culturais* a que recorre a fé para falar sobre Deus e tudo o que a Ele se refere. Trata-se, no concreto, de examinar a relação da teologia com as outras ciências, incluindo a filosofia.

Mas, antes, falemos da teologia como ciência autônoma, mais, como ciência suprema. Pois só a partir da identidade da teologia é possível colocar bem sua relação com os demais saberes.

ELOGIO DA TEOLOGIA COMO SABER SOBERANO

O objeto da teologia é o objeto supremo

Por certo, a teologia não é um saber *absoluto*, mas o saber *do Absoluto*. É uma "linguagem regional", portanto, sempre relativa[1]. Contudo, isso vale do ponto de vista do sujeito *epistêmico*. Pois, do ponto de vista do objeto *teórico*, vale o que afirmou Aristóteles: "A ciência mais divina é... a ciência das coisas divinas". E ainda: "O pensamento soberano é o pensamento do Bem soberano"[2].

---

1. Cf. BOFF, Clodovis. *Teologia e prática*. A teologia do político e suas mediações. Petrópolis: Vozes, 1978, seção I, § 18: "Teologia: uma linguagem regional". Referindo-se ao saber humano, São Boaventura fala, com sua linguagem inconfundível, da "paupercula scientiola nostra": a pobrezinha de nossa cienciazinha: *Breviloquium*, prol., 5.

2. Cf. *Metafísica*, l. I (A), cap. 2, 983 a 5-7 e l. XII (Lambda), cap. 7, 1072 b 19.

A excelência da teologia em relação a toda outra ciência vem em primeiro lugar disto: de seu *objeto especulativo*. Falando da "filosofia primeira", que chama alhures de "ciência teológica", Aristóteles diz que "pode haver ciências mais necessárias do que ela, mas nenhuma delas é mais excelente"[3]. Para ele, a teologia filosófica – a única que ele conhecia –, aparece entre os vários ramos do saber como a sabedoria suprema[4].

E isso vale *a fortiori* para a teologia da fé revelada. A esse título, a teologia é, frente a todas as outras ciências, uma ciência sem paralelo, porque seus princípios provêm de uma fonte diversa e mais alta: o "*logos* divino". Mesmo que a teologia recorra aos vários saberes humanos, seus princípios não deixam de provir do próprio Mistério enquanto autorrevelado[5]. Assim, entre a teologia e todo outro saber, a diferença não é de espécie (ela não é uma espécie a mais de ciência), mas de *gênero*, como afirma Santo Tomás logo na entrada da *Suma*[6]. Isso significa que, do ponto de vista dos princípios, há entre ela e as outras ciências uma diferença de qualidade.

Falando da teologia revelada em termos de "sabedoria", o Aquinate vai mais longe e afirma que a teologia "não é somente, entre todos os saberes humanos, o saber supremo em algum gênero, mas é *o saber supremo em absoluto*". E assim é – explica ele – porque a teologia "considera a causa mais alta de todo o universo, que é Deus", e isso "não apenas partindo do conhecimento que se pode ter das criaturas, mas também partindo do conhecimento que o próprio Deus tem de si mesmo e que comunica aos outros por Revelação"[7].

Por isso, escreve o mesmo doutor, apoiando-se em Aristóteles: "O mínimo conhecimento das realidades mais elevadas é mais desejável do que o conhecimento mais certo das coisas menores"[8]. E acrescenta: "O conheci-

---

3. *Metafísica*, livro I (A), cap. 2, 983 a 10-11.

4. Cf. infra *Leitura* de Aristóteles no final do Cap. 17.

5. Cf. *ST* 1, q. 1, a. 5, ad 2. Este art. tem por título: "Se a doutrina sagrada é mais digna que as outras ciências".

6. *ST* I, q. 1, a. 1, ad 2.

7. *ST* I, q. 1, a. 6, c.

8. *ST* I, q. 1, a. 5, ad 2.

mento das realidades mais nobres, por mais imperfeito que seja, confere à alma uma perfeição extraordinária"[9].

Afirma ainda que o conhecimento dos vários saberes humanos pode ser *mais claro* para nós, mas nunca *mais seguro*, além de mais eficaz, que o da teologia. Porque o conhecimento teológico não se baseia apenas na autoridade da razão humana, sempre falível, mas na força da Revelação divina, que é sempre infalível[10].

O objetivo da teologia é o objetivo mais excelente

Vimos que o primeiro título de excelência da teologia sobre as outras disciplinas é de ordem *teórica*: não há *objeto* teórico mais alto que Deus. Já o segundo título de sua excelência se situa no nível *prático*: não há *objetivo* ulterior da vida que o da felicidade definitiva, identificada com Deus. Ora, a teologia não se ocupa com este ou aquele fim relativo, mas com o fim absoluto da vida, com o sentido radical da existência[11].

Por causa disso, os antigos tinham a teologia por "rainha das ciências". Isso vale não do ponto de vista do sujeito cognoscente, pois nesse nível o teólogo não é mais do que ninguém e seu discurso pode mesmo ter qualidade inferior que muitos outros discursos. Isso vale – repetimo-lo – no nível do *objeto cognitivo* e, além disso, no nível do *objetivo existencial*. Pois não existe nenhuma questão superior à questão de Deus, como o sentido último da vida e fonte da felicidade, e mais ainda quando Deus se dá a conhecer a si mesmo. Sob esse aspecto, a teologia é "a sabedoria" por excelência e a ciência "arquitetônica" em absoluto[12]. Enquanto a ciência é saber dos meios, sempre relativos, a teologia é saber do fim absoluto.

Nessas afirmações não há pretensão alguma. São, do ponto de vista lógico (não existencial), tão evidentes que parecem truísmos. Pois, dizer que não existe tema mais digno de reflexão e mais decisivo para a vida do que o tema "Deus" é uma afirmação tautológica ou quase. É a natureza das coi-

---

9. *Suma Contra Gentiles*, l. I, cap. 5.

10. Cf. *ST* I, q. 1, a. 8, ad 2; e a. 5, ad 2.

11. Cf. *ST* I, q. 1, a. 5, c.

12. Cf. *Summa Contra Gentiles*, I, 1.

sas que impõe esta ordem e não a pretensão subjetiva de quem quer que seja, menos ainda do corpo dos teólogos. As coisas simplesmente não poderiam ser diferentes.

"As outras ciências são chamadas servas da teologia" – sentencia Tomás de Aquino[13]. Mas, como diremos logo adiante, são servas no sentido de *mediações autônomas* e não de escravas, como se estivessem sob a jurisdição epistemológica da teologia. Se a teologia tem alguma jurisdição sobre as ciências, é exclusivamente em sua ordem própria, que é de tipo axiológico, como veremos logo mais.

Alguns testemunhos da excelência da teologia

Valha aqui o testemunho de Erasmo sobre a transcendência da teologia em relação às outras ciências. Em sua *Carta a Dorpius*, escreve:

> Faço tão grande caso da ciência teológica que tenho o costume de não dar senão a ela o nome de ciência. Respeito e venero tanto a ordem dos teólogos que é a única em que me alistei e à qual quis me inscrever, embora o pudor me impeça de me arrogar um título tão eminente. Não ignoro, com efeito, que apanágios de erudição e de vida estão ligados ao nome de teólogo. Existe não sei quê de subre-humano na profissão de teólogo. É uma dignidade que pertence a bispos, não a gente como eu[14].

Eis agora o testemunho de um físico moderno, Carl Friedrich von Weizsäcker:

> Gostaria de dizer aos teólogos algo que eles já sabem e que os outros deveriam saber: eles são os guardiães da única verdade que avança mais fundo do que a verdade da ciência, base da era atômica. Eles guardam um conhecimento sobre a natureza do homem, que é mais profundo que a racionalidade dos tempos modernos. Há que chegar infalivelmente a hora em que, com o fracasso da planificação, se há de perguntar por esta verdade[15].

---

13. *ST* I, q. 1, a. 5, sed contra.

14. *Lettre a Dorpius*. Paris: Garnier-Flamarion, 1953, p. 108s.

15. *Die Verantwortung der Wissenschaft im Atomzeitalter*. Göttingen, 1957, p. 11s., apud KÜNG, Hans. *Ser cristão*. Rio de Janeiro: Imago, 1976, p. 67.

Por fim, em seu *Elogio da teologia*, Henri Brugmans, já Reitor honorário do Colégio da Europa (Bruges), afirmava:

> ... Proudhon notava sobriamente que, no fundo de todo problema políti-
> co, descobre-se sempre um problema de teologia! [...] Mas se vivemos
> hoje uma crise doutrinal do socialismo..., não seria porque descuida-
> mos por muito tempo as questões mais elementares: "Que pensar do
> homem? A que coisa ele aspira? Qual é seu destino, qual é a sua voca-
> ção?" Depois dessa negligência caímos na tática pura, porque falhamos
> em teologia. [...] E se voltássemos um pouco ao que conta verdadeira-
> mente: à teologia[16]?

Situação atual da teologia no concerto das ciências

Tudo isso precisa ser dito com tanto mais vigor quanto mais sabemos que a cultura moderna foi moldada pelo império da razão científica. Nesse contexto, o saber teológico é menosprezado, levando às vezes o teólogo a sentir complexo de inferioridade frente ao prestígio mundano do saber convencional. Pior, para readquirir alguma plausibilidade social, o teólogo pode ser tentado a flertar com as ciências e lhes ser subserviente. Isso é coisa que já sucedeu na história, por exemplo, na Idade Média com a entra-da irrompente da filosofia aristotélica. O dominicano de Oxford Ricardo Fishacre († 1248) disparava:

> É impressionante como hoje alguns se deleitam tanto com os abraços or-
> dinários da serva que não cuidam da senhora, embora essa seja de bele-
> za inestimável[17].

É um equívoco pensar que, para se tornar relevante, a teologia precise forçosamente abordar as questões de que se ocupam as outras ciências ou, para estar "em dia", deva ceder à agenda do debate cultural convencional. A teologia tem lá seu tema, tema tão relevante que representa a questão mais decisiva, porque trata do destino derradeiro do mundo. Tudo o mais

---

16. BRUGMANS, Henri. "Éloge de la théologie". *Le Monde*, 18/02/1976, p. 9.

17. In *Sent.*, prol., apud CHENU, Marie-Dominique. *La foi dans l'intelligence*. Col. Cogitatio Fidei 10. Paris: Cerf, 1964, p. 177, n. 1. De modo semelhante fala São Boaventura: "É de se temer... que nós, tendo Cristo, não nos entreguemos com maior prazer aos abraços da serva da sabedoria, a filosofia, do que aos abra-ços da senhora": *In Hexaëmeron*, II, 7. Cf. a mesma comparação alhures, como na *Leitura* que damos no fim do Cap. 8/1 (n. 17).

que a teologia trate, trata-o à luz dessa questão radical. Também as graves questões sociais só adquirem importância decisiva à luz da questão de Deus. Assim, a questão dos pobres e de sua libertação adquirem, graças à fé e à teologia, uma gravidade única.

É só na cultura secularista, hoje declinante, que as questões radicais da existência perderam sua relevância. Mas o fenômeno da pós-modernidade, entre outros, já evidencia os limites das pretensões da cultura moderna. Em seu comentário à *Carta aos Romanos*, Karl Barth, falando da relação teologia-ciências, diz:

> A teologia tem a ver com a graça, com o "momento absoluto", com a voraz dialética tempo/eternidade, da qual todas as outras ciências souberam, mais ou menos felizmente, pôr-se a salvo e que, entretanto, ameaça a todas[18].

Prossegue afirmando que a teologia é ciência na medida em que presta respeito incondicional ao seu objeto. Ora, esse objeto possui um caráter único e irredutível: a pessoa perante Deus. É por isso que a teologia, embora pertença ao número das ciências, é um "ponto interrogativo e exclamativo na margem extrema da Universidade"[19]. Para caracterizar a diferença entre a Teologia e os outros saberes, poderíamos trazer a seguinte afirmação do teólogo de Basileia:

> O ser humano pede a Deus, em alta voz:
> não uma verdade, mas a Verdade;
> não um bem, mas o Bem;
> não respostas, mas a Resposta. [...]
> Não reclama soluções, mas a Redenção[20].

Outra coisa não dizia L. Wittgenstein, ao sentenciar em seu *Tractatus logico-philosophicus* (1921):

---

18. *L'epistola ai Romani* (1922). Milão: Feltrinelli, 1962, p. 511, comentando Rm 15,16.

19. Op. cit., p. 512.

20. Das Wort Gottes als Aufgabe der Theologie. In: *Anfänge der dialektischen Theologie*, ed. por Jürgen Moltmann (org.), I. Munique: Kaiser, 1966, p. 201s. Na frase final da cit. supra há em alemão um jogo de palavras intraduzível entre *Lösungen* (soluções) e *Erlösung* (Redenção). Sobre a teoria do conhecimento teológico de Barth, cf. MANCINI, Italo. *Teologia, ideologia, utopia*. Brescia: Queriniana, 1974, p. 77-116.

Nós sentimos que mesmo se todas as *possíveis* questões científicas acharem sua resposta, nossos problemas de vida não foram sequer roçados[21].

Base teórica da relação teologia-ciências

Mas como se justifica teoricamente o lugar da teologia entre as ciências? Nisto: que toda ciência supõe implicitamente um fundamento último, está aberta, quer o saiba ou não, a um Sentido absoluto e global (teodiceia), sentido esse que pode vir (e veio!) à Palavra por meio da Revelação (teologia cristã). Pois o objeto que a ciência (no sentido usual) estuda, seja qual for, reenvia sempre ao Incondicional que condiciona todo o condicionado, ao Absoluto que sustenta todo o relativo, ao Determinante que determina todo o determinado, em suma, ao Horizonte último de todos os horizontes.

Ora, a teologia tematiza uma realidade que não é um ser parcial, como nas demais ciências, mas o Horizonte de todos os seres. Nesse sentido, a Teologia constitui uma ciência necessária como todas as outras. Mais: é uma ciência rigorosamente "fundamental"[22].

Por isso a teologia e as demais ciências se exigem reciprocamente em termos de diálogo. E o lugar normal, mas não exclusivo, desse diálogo é a "casa das ciências": a Universidade. Pois, se o tema das demais ciências está aberto ao "Tema imenso" da teologia, esta também está constitutivamente aberta àquelas. De fato, a teologia é a fé que pensa e se faz linguagem a serviço do anúncio. Ora, pensamento e linguagem estão ligados à cultura de um tempo e, portanto, às ciências[23].

---

21. Proposição 6,52. Paris: Ed. Gallimard, 1961, p. 175.

22. É a argumentação de BEINERT, Wolfgang. *Introducción a la teología*. Barcelona: Herder, 1981, p. 110-115.

23. Nisso insistiu Carlo Colombo, o teólogo italiano mais famoso entre 1945 e 1975 e um dos iniciadores da "Escola de Venegono" (Milão), a que imprimiu sua marca. Cf. seu manual de metodologia teológica: *Il compito della teologia*. Milão: Jaca Book, 1982.

POR QUE A TEOLOGIA PRECISA DOS OUTROS SABERES

Sem dúvida, a teologia é um saber próprio e autônomo. Porém, para se desdobrar e se realizar conceitualmente, esse saber necessita de outros saberes. Falamos aqui em termos de "saber" para designar toda sorte de conhecimentos humanos, em particular a filosofia e as assim chamadas ciências.

Digamos, em primeiro lugar, que, sendo a teologia o discurso precisamente *humano* de Deus, ela pode e deve usar todos os recursos da inteligência humana para falar do Mistério.

Em segundo lugar, o Mistério de Deus só se mostra *por meio do mundo e da história*. É aí, pois, que a teologia há de olhar para decifrar o nome de Deus. Ora, para isso o saber humano é de grande ajuda e é mesmo indispensável.

Ater-se apenas ao conhecimento divino, dispensando todo outro saber, leva ao sobrenaturalismo ou espiritualismo. Aí o papel do Criador liquida o das criaturas, prejudicando assim, paradoxalmente, a ideia mesma do Criador. Tomás de Aquino já tinha advertido de que "um erro acerca das criaturas redunda numa falsa ideia de Deus"[24]. E dá o seguinte exemplo:

> Se, à pergunta por que a lenha queima, alguém responde dizendo que é porque Deus assim o quer, por certo dá uma resposta conveniente se entende reconduzir a questão à sua causa primeira; mas não, se entende excluir as outras causas[25].

Portanto, a teologia subsume toda e qualquer ciência em vista de seu assunto próprio: o Sentido último e radical do mundo. Para dar uma visão antecipada e sumária da articulação entre teologia, filosofia e ciências, poderíamos dizer: as ciências se ocupam com as "causas" do Mundo, a filosofia com sua "essência" e a teologia com o seu "sentido" derradeiro – Deus[26].

---

24. *Summa Contra Gentiles*, II, 3.

25. Op. cit., III, 97.

26. Para a questão mais geral, cf. LADRIÈRE, Jean. *A articulação do sentido*. São Paulo: EPU/Edusp, 1977, cap. 6: "Ciência, filosofia e fé", p. 157-187.

Por isso, a teologia põe toda e qualquer forma de saber humano a serviço do fim mais elevado do ser humano, que a tradição cristã representa por meio do símbolo do Reino. "Dobramos todo o pensamento à obediência do Cristo" (2Cor 10,5).

São Boaventura se referia à "redução" de todas as ciências à teologia, no sentido de que todas podem ser a ela ordenadas, encontrando nela sua derradeira perfeição[27]. Eis a conclusão de seu tratado *Redução das artes à teologia*:

> Todos os conhecimentos servem (*famulantur*) à teologia. E esta assume os exemplos e usa os vocábulos pertencentes a todo o gênero de conhecimento.

A metáfora da espoliação dos egípcios pelos hebreus

A referência clássica da história da teologia para a utilização do saber humano a serviço da fé é o fato da espoliação dos Egípcios pelos Hebreus quando de sua saída do Egito:

> Os israelitas... pediram aos egípcios objetos de ouro e de prata e roupas... E estes lhes emprestaram os objetos. Assim espoliaram os egípcios (Ex 12,35-36; cf. 3,21-22 e 11,2).

Foi Orígenes que deu a essa metáfora foros de cidadania dentro da teologia[28]. Mas foi Agostinho que mais contribuiu para difundi-la[29].

---

27. De reductione artium ad theologiam, n. 26. In: *Obras de San Boaventura*. BAC, n. 6. Madri: Ed. Católica. Boaventura distingue aí quatro tipos de conhecimentos, que chama de "luzes": a luz *inferior*: a das artes mecânicas; a luz *exterior*: a das ciências; a luz *interior*: a da filosofia; e, por fim, a luz *superior*: a da teologia, chamada também Sagrada Escritura. Para ele, as três primeiras luzes, graças à analogia, podem e devem se referir à teologia e a ela se elevar.

28. Carta a Gregório. In: *Sources Chrétiennes*. Col. 148, p. 187-195: PG 11, 88-95. Cf. DANIÉLOU, Jean. *Origène*. Paris: La Table Ronde, 1948; · CROUZEL, Henri. *Origène et la Philosophie*. Paris, 1962; · Id. "Actualité d'Origène". *Nouvelle Revue Théologique*, 102 (1980/3), p. 386-399. Mas a primeira referência histórica se encontra em SANTO IRINEU. *Contra os heréticos*, IV, 30. Esse Padre atesta, porém, ter recebido esta interpretação de um discípulo imediato dos Apóstolos.

29. *Sobre a Doutrina Cristã*, II, 40, 60: PL 43, 63, que trazemos como *Leitura* no fim deste capítulo. Na Idade Média, relembrava o Papa Gregório IX no decreto que instituía uma comissão encarregada de examinar os *Libri Naturales* de Aristóteles: "Os hebreus devem se enriquecer com os despojos dos egípcios": apud CHENU, Marie-Dominique. *La foi dans l'intelligence*. Col. Cogitatio Fidei 10. Paris: Cerf, 1964, p. 183. Desse Papa cf. texto de advertência como *Leitura II*, no final deste capítulo.

Uma teologia que se confina a seu próprio discurso cai no "teologismo"[30]. Um teólogo que só sabe teologia não sabe o que deve saber. A teologia que não dialoga com as outras ciências, incluindo a filosofia, e que não se deixa fecundar por elas, é como uma "virgem pura, mas estéril", segundo a conhecida expressão de F. Bacon, retomada mais tarde por K. Marx[31]. Ou, pior ainda, será uma teologia onanística e não uma teologia casada com o real.

Já sentenciava Santo Alberto Magno († 1280), precursor corajoso da introdução da filosofia aristotélica na teologia:

> Quando há desacordo em matéria de fé, não sigo os filósofos mas Agostinho. Mas se se trata de medicina, fico com Hipócrates e Galeno; se de física, com Aristóteles, que é quem melhor conhece a natureza[32].

Valha aqui observar que a Igreja apresenta Alberto, o Grande, como exímio exemplo de união bem-sucedida entre saber divino e saber humano e da finalização de toda ciência no agapé, como se vê na oração litúrgica de sua festa em 15 de novembro, oração extremamente apropriada para todo teólogo:

> Ó Deus, quisestes que o bispo Santo Alberto fosse grande, porque soube conciliar a sabedoria humana e a verdadeira fé; dai-nos, na escola de tão grande mestre, conhecer-vos e amar-vos mais profundamente, na medida em que progredimos nas ciências.

COMO A TEOLOGIA SE RELACIONA COM AS OUTRAS CIÊNCIAS

A relação da teologia com a filosofia e as ciências não é puramente mecânica, mas sim *orgânica*. É orgânica neste sentido: partindo de seus princípios próprios, que são de ordem transcendente, a teologia incorpora ou faz seus os processos e resultados dos outros saberes, embora estes sejam originariamente autônomos[33]. Ela se *apropria* deles, no sentido de incorpo-

---

30. Cf. BOFF, Clodovis. *Teologia e prática*, op. cit., seção I, § 10, p. 75-78.

31. *De argumentis scientiarum*, III, 5: "Causarum finalium investigatio sterilis est et tanquam virgo Deo consecrata nihil parit". Valha apenas a metáfora, mas de modo nenhum a ideia que veicula, pois que essa define a modernidade, enquanto limitada à ciência (saber do como), à exclusão da sabedoria (saber do porquê).

32. *II Sent*, d. 13, C, art. 2.

33. "A teologia usa os argumentos dos filósofos a título de argumentos estranhos": ST I, q. 1, a. 8, ad 22. Comentando esse passo, afirma Cajetano (n. IV): "A teologia não usa somente das coisas próprias, mas também faz, das estranhas, próprias".

rá-los em seu processo próprio. Por exemplo, o platonismo foi profundamente assimilado por Agostinho e o aristotelismo por Santo Tomás.

Daí se falar não propriamente em termos de "instrumentos" ou "ferramentas", mas mais precisamente de "mediações", como a indicar que a filosofia e as ciências devem fazer parte integrante e viva do próprio discurso teológico. Há pois entre os diferentes saberes e a teologia uma relação *interior* e não meramente exterior. Certo, eles não entram na constituição da *formalidade* epistemológica da teologia, que lhe vem exclusivamente da Palavra de Deus, mas entram na constituição de sua *matéria-prima*[34].

A operação de mediação cultural é toda *comandada pela fé*, raiz transcendental da teologia. Para indicar que é em virtude da fé que a teologia lança mão das outras ciências em vista de seu fim próprio, pode-se e deve-se aqui falar de uma relação *funcional*, utilitária ou instrumental. Diante de ciência alguma a teologia pode assumir uma posição subalterna e, pior ainda, de subserviência.

A partir de São Pedro Damião, os medievais falavam do "serviço" que, a título de *ancillae theologiae*, a filosofia e as ciências prestam à teologia. Tal expressão pode ser mal-entendida, no sentido de implicar a negação da autonomia da filosofia e das ciências – perigo contra o qual advertiu o Vaticano II, evocando o "caso Galileu" (GS 36,2). Não, a relação da teologia com as outras ciências é idêntica à que mantém com a razão em geral: é de tipo *democrático*, não *ditatorial*, como dissemos (Cap. 4). Democrático, porque respeita a autonomia de cada ciência, evitando toda manipulação despótica e arbitrária.

A relação da teologia com os outros saberes é a do chefe da nação com o exército, ou a do arquiteto com o pedreiro, como lembra Tomás de Aquino[35]. Ora, tanto o presidente como o arquiteto devem respeitar a competência técnica dos respectivos comandados. Aliás, é só a essa condição que eles podem colocar a ação de seus comandados a serviço de um fim superior.

---

34. Cf. BOFF, Clodovis. *Teologia e prática*. Op. cit., seção I, § 13, p. 81-84.

35. Cf. *ST* I, q. 1, a. 5, c.

Nessa questão são instrutivas as posições distintas de São Boaventura e de Santo Tomás, embora ambas sejam paradigmáticas, se olharmos para o respectivo ponto de vista[36]. A posição, mais reservada, de São Boaventura se exprime nesta afirmação:

> Recomendar e exaltar por demais os ditos dos filósofos é... misturar o vinho da sagrada Escritura à água da filosofia... Isso seria um péssimo milagre[37].

A posição de Santo Tomás já é mais confiante:

> Aqueles que na sagrada Doutrina usam as razões filosóficas, com o respeito devido à fé, não misturam a água ao vinho, mas mudam a água em vinho[38].

O imanentismo obtuso da "razão moderna"

Nesse ponto não podemos demonstrar ingenuidade a respeito do caráter da razão moderna. Apesar de todas as suas críticas e autocríticas, a razão moderna é possuída por um demônio absolutista, como vimos no Cap. 4. Seu "monismo epistemológico" quer fazer crer que só o método experimental é o caminho da verdade e que, no fim, só existe a realidade "científica"[39].

Na verdade, o autonomismo da "razão moderna" não passa de uma expressão particular, embora poderosa, de uma tendência mais geral do espírito humano em sua condição infralapsária. De fato, desde sempre o ser humano sofre o fascínio do "mundo", entendido como realidade resistente ao apelo do Mistério. Comentando o aviso da Carta aos Colossenses contra a "sedução da filosofia... segundo os elementos do mundo" (2,8), Agostinho declara:

> Quantas pessoas... sem saber quem é Deus nem a majestade de sua natureza, que subsiste sempre igual a si mesma, pensam que fazem algo de grande se consagrando, com um ardor e curiosidade insaciáveis, ao co-

---

36. Cf. as duas *Leituras* no fim deste capítulo, representando pontos de vista distintos e, contudo, ambos verdadeiros.

37. In *Hexaëmeron*, XIX, 12, 14. Essa metáfora é repetida alhures como no texto que trazemos infra, como *Leitura* (n. 10-11) no fim do Cap. 8/1.

38. In *Boethium de Trinitate*, II, 2, 3.

39. Cf. SILVA, Sergio. "Ensayo sobre las condiciones actuales del quehacer teológico y sobre su estatuto teórico". *Teología y vida* (Santiago do Chile), 30 (2989), p. 155-173, aqui p. 158s.

nhecimento desta massa universal de matéria que chamamos mundo! Infla-os tanto essa ciência que parecem habitar no próprio céu, de que tanto disputam. [...] A alma é às vezes de tal modo seduzida que chega à ilusão de só admitir a existência dos corpos..."[40]

O teólogo tem que resistir a essa clausura imanentista da inteligência humana, especialmente presente no espírito moderno, se quer deixar espaço para o "outro discurso" – o discurso do totalmente Outro.

Ajuda que a teologia recebe dos outros saberes

Contudo, é mister colocar entre a teologia e os outros saberes uma re-lação *dialética*. Estes últimos também têm sua contribuição a dar à fé e à teologia. Podem ajudá-la a *purificar* sua representação, a *aprofundar* sua verdade e a *provocar* a descoberta de dimensões religiosas esquecidas ou negligenciadas.

Revelando a "verdade do mundo", a ciência leva o teólogo, como em negativo, à compreensão do "Deus sempre maior". Ora, ajudar a saber "o que Deus não é" constitui uma parte importante, se não a principal, do co-nhecimento sobre Deus, como vimos no Cap. 11.

Código deontológico

A relação da teologia com os outros saberes, quer filosóficos, quer cien-tíficos, se regula por uma espécie de "código deontológico". Um texto de São Paulo pode nos oferecer sua constituição essencial: "Examinai tudo e ficai com o que é bom" (1Ts 5,21). Extraímos daí os dois critérios básicos de discernimento teológico em relação à filosofia e às ciências. Ei-los em sua fórmula mais simples:

1. *Ficar com o positivo*: assumir e usar tudo o que é compatível com a substância da fé. "Tudo o que é verdadeiro, nobre, justo, puro, amável, lou-vável, virtuoso e digno de louvor – eis o que deve ocupar os vossos pensa-mentos" (Fl 4,8);

---

40. AGOSTINHO. *De moribus Ecclesiae Catholicae* (Os costumes da Igreja Católica), I, 21, 38.

2. *Rejeitar o negativo*: pôr de lado tudo o que contraria a fé, como, por exemplo, afirmações redutoras, extrapolações metafísicas, pressupostos filosóficos errôneos, etc. "Tomai cuidado para que ninguém vos escravize por vãs e enganosas especulações da 'filosofia', segundo a tradição dos homens, segundo os elementos do mundo, e não segundo Cristo" (Cl 2,8).

MEDIAÇÕES TEÓRICAS DA TEOLOGIA HOJE

A teologia recorre à ajuda da filosofia e das ciências em função do assunto de que estiver tratando. Em princípio, ela pode assumir toda e qualquer ciência a título de "ciência auxiliar". A teologia recorre a dois tipos de mediação teórica: 1) a mediação *filosófica*; 2) e a mediação das *ciências*[41]. Vejamos cada uma delas.

1. A mediação filosófica em teologia

Fundamentação da necessidade da filosofia para a teologia

A filosofia é peça orgânica do discurso teológico. Como? Eis nossa tese: *A teologia incorpora uma reflexão filosófica na exata medida em que ela reflete a resposta divina à questão humana sobre o sentido último da vida e do mundo.* Expliquemos esta pro-posição[42].

Todo o ser humano é filósofo, desde o momento que faz a pergunta do sentido da vida. Na verdade, tal pergunta corresponde a uma atitude mais vivencial que reflexa. Trata-se aí de filosofia no sentido de "postura existencial", aquém ainda de qualquer elaboração teórica. É "filosofia filosofante" ou radical, tal como se manifesta no "senso comum" em sua melhor acepção: o "bom-senso".

---

41. A instrução da Congregação da Doutrina da Fé, *Sobre a vocação eclesial do teólogo* (1990), fala de três mediações: além da clássica – a filosófica, refere-se à das *ciências históricas* e a das *ciências humanas* (n. 10). De nossa parte, colocamos essas duas últimas juntas.

42. Seguimos aqui de perto ALFARO, Juan. *Revelación cristiana, fé y teología*. Salamanca: Sigueme, 1985, p. 123-146. Cf. ainda para esta questão: RAHNER, Karl. Filosofia e Teologia. In: RAHNER, K. & DARLAP, A. (orgs.). *Sacramentum Mundi*. Brescia: Morcelliana, 1975, vol. 4, p. 1-13 [com bibliografia].

A "filosofia filosofada", que desemboca nos sistemas, representa apenas um cabide para dependurar nossa experiência vital de sentido. Cursos de filosofia têm, antes de tudo, por função potenciar e organizar nossa filosofia existencial. Sem isso, nada são, mas apenas teorias ocas e palavras ao vento.

Nesse sentido, a filosofia é uma atitude estruturalmente anterior à fé. Ela discute a pergunta sobre o sentido último da vida. Desdobrada em "filosofia filosofada", tal busca resulta na ontologia, especialmente na teodiceia – como viu Aristóteles e a grande tradição filosófica.

Contudo, essa busca humana opera existencialmente de modo *simultâneo* à fé e só se entende em tensão *permanente* com a pergunta sobre o sentido radical. Tal pergunta, com efeito, *permanece* sempre, com seu aspecto irredutível e recorrente, no fundo de toda teologia.

A recorrência irrefreável das grandes questões da vida

De fato, as grandes questões humanas, as "questões fundamentais" relativas ao sentido da vida, do ser humano, da dor e da morte (cf. GS 10,1), retornam sem cessar, não só na história das sociedades, mas também na vida de cada pessoa. Não há para elas, como se gostaria, respostas definitivas, soluções ultimativas, saídas garantidas, enfim, um *ephápax* resolutivo. Pascal escreve:

> Ardemos em desejo de encontrar um assento firme e uma última base constante, a fim de edificar aí uma torre que se eleve até o infinito; mas todo o nosso fundamento estala e a terra se abre até aos abismos[43].

Isso sucede porque as "grandes questões", vividas em outro contexto, se recolocam com novo vigor, sem nunca se aquietarem. Problemas se resolvem, não mistérios (G. Marcel). Nesses, a pergunta devora todas as respostas. Eles são maiores que o ser que interroga. Só as questões banais e corriqueiras admitem soluções "uma vez por todas", não as profundas. Diz o sentencioso Heráclito: "Não é com pressa que se há de julgar sobre as coisas mais altas" (frag. 47). Eis como o mestre Alain exprimia a experiência do recorrer das grandes questões em nossa existência:

---

43. *Pensées 84* (Ed. J. Chevalier).

Outra coisa que causa sempre um pouco de irritação. Você lê; pesa de passagem as provas socráticas; você as reúne; capta a ideia; confia-a como um tesouro ao cofre da memória. Mas o diabo espia ainda aí. Quando você vai abrir o cofre de novo, você só acha um pouco de cinzas; elementos dissolvidos e dispersos; caos. Precisa refazer tudo; precisa novamente lançar mão da arte socrática; de novo a injustiça é brilhante e forte; de novo o clamor diabólico ensurdece o pobre homem. [...] Eu vi um nobre pensador se levantar, caminhar em grandes passadas, indo e vindo, e me dizer: "A gente deveria saber uma vez por todas. E quando a gente se formou uma ideia, se deveria possuí-la. Como? Deve-se começar sempre tudo de novo?" [...] Em tudo, a gente quer um documento ou um diploma, e dormir em cima[44].

Assim é que a fé vive sob a pressão constante da pergunta pelo sentido. A fé é sempre perseguida pela dúvida. "Crer significa ser capaz de suportar dúvidas", dizia J.H. Newman[45]. Assim também a teologia é permanentemente acossada pela filosofia. Afirma M. Heidegger:

A fé (cristã), se não se expuser constantemente à possibilidade da descrença, também não será uma fé, mas uma comodidade e um ajuste consigo mesmo, no sentido de se ater sempre à doutrina, como a uma tradição qualquer. Nesse caso, já não há nem questionamento nem fé, mas tão somente indiferença. Essa poder-se-á ocupar então, talvez até com muito interesse, de tudo, tanto da fé como do questionamento[46].

Seja como for, a resposta teológica nunca conseguirá devorar a pergunta filosófica. Poderá submetê-la, mas não eliminá-la. A fé supera, sim, a razão mas não a suprime. Como a graça supõe a natureza, embora aperfeiçoando-a, assim a teologia compreende a filosofia, ainda que a transcenda. Ora, a postura filosófica (não um sistema) antecede à teológica como a natureza à graça.

44. *Propos sur le Christianisme*. Col. Christianisme 2. Paris: Rieder, 1927, p. 35s.

45. Apud GUARDINI, Romano. "Sobre la vida de la fé". *Selecciones de Teologia*, 24 (1967), p. 312.

46. *Einführung in die Metaphysik*. Tübingen, 1958, 2. Aufl., p. 5 [trad. bras. de E. Carneiro Leão].

A teologia e os sistemas filosóficos

No exercício concreto de sua tarefa, o teólogo é obrigado a se confrontar com as concepções de vida vigentes numa sociedade dada. Ele necessita refletir, pensar com rigor tais concepções, sem se contentar em opor-lhes tão somente os dados da fé, sejam eles bíblicos, ou dogmáticos, o que seria dar mostras de uma atitude positivista ou fundamentalista.

Agora, que a Mediação Filosófica em teologia deva ou não ser tematizada e sistematizada, isso depende das circunstâncias concretas e de suas exigências, tanto sociais como individuais.

A teologia não precisa incorporar um sistema filosófico determinado. Tal empresa é de resto hoje em dia impossível, devido à fragmentação das disciplinas filosóficas e, em geral, à chamada "crise da metafísica". Esta situação pluralista faz com que atualmente existam muitas filosofias, que não se mostram nem integradas e nem mesmo contrapostas, mas simplesmente coexistentes e muitas vezes estranhas umas às outras, como planetas de outros sistemas.

Essa situação pede do teólogo hoje, como dissemos, mais uma *postura* filosófica que um sistema filosófico. É nesse sentido que se há de entender a insistência do Magistério na "filosofia perene", que mais que ser a filosofia escolástica é a atitude de fundo que ela encarna. Toda teologia deve ser, a seu tempo e em benefício de seu tema, firmemente filosofante. Nesse sentido, Karl Rahner afirmava que em teologia *opportet philosophari*[47].

Seja como for, a teologia exercerá, a respeito da filosofia, o discernimento que rege sua relação com qualquer outro saber: acolhida do positivo e rejeição do negativo.

Nesse ponto, insistimos sobre a necessidade do realismo. Não se pode ignorar que as filosofias modernas são ao mesmo tempo fator e efeito do "espírito moderno", na medida em que esse vem marcado pelo império da

---

47. Cf. RAHNER, Karl. Filosofia e procedimento filosófico in teologia. In: *Nuovi Saggi*, III. Roma: Paoline, 1969, p. 73-97, aqui p. 75-93, que seguimos de perto.

subjetividade. Por isso, um sereno espírito crítico se impõe à teologia[48]. Karl Barth nos indica a atitude de fundo:

> Entre a teologia e a filosofia, que rigorosamente continua sendo filosofia, ... não só pode haver paz, mas... comunhão de trabalho... Porém guerra, e guerra inexorável, entre a teologia e toda filosofia que, sob qualquer pretexto, quisesse ser teologia[49].

Função geral da filosofia na teologia

De tudo o que vimos se deduz que a Mediação Filosófica é *intrínseca* à fé vivida. Por isso mesmo tem um lugar *estrutural* e não meramente acessório na teologia. A teologia, toda teologia, supõe uma filosofia, sem escapatória. Se não é filosofia explícita ou reflexa (*in actu signato*), será uma filosofia implícita ou operante (*in actu exercito*).

Heidegger não coloca a questão de modo diferente. Para ele, a filosofia fornece o *corretivo ontológico ou indicativo formal do conteúdo ôntico da teologia*. A filosofia oferece, pois, a base "natural" dos conceitos "sobrenaturais" da teologia. Por exemplo, o conceito teológico de "pecado" se apoia no de "falta", que à filosofia cabe explicitar[50]. Como a graça se apoia na natureza, assim também a razão teológica se apoia na filosófica.

Um exemplo simples, dado por Santo Agostinho, pode esclarecer essa ideia. Diz: "Cremos no Senhor Jesus Cristo, nascido da Virgem, que se chamava Maria. O que seja virgem, o que seja nascer e o que seja nome próprio, não cremos, antes sabemos"[51].

Existiria, pois, certa "*dependência categorial* ou conceitual da teologia em relação à filosofia"[52]. Mas isso à condição de se entender filosofia no sentido mais geral do "pensar meditante" e não no sentido de um sistema

---

48. O cristianismo é "a desonra imortal das vassouras filosóficas, impotentes para despachá-lo": BLOY, Léon. *Belluaires et Porchers*. Paris: Stock, 1946, p. 332.

49. Apud ISEDEW. *Teologia para o cristão de hoje*. Vol. 6. São Paulo: Loyola, 1979, p. 28.

50. Cf. HEIDEGGER, Martin. Phenomenologie und Theologie (1927). In: *Gesamtausgabe*, I Abt., Bd. 9, Frankfurt, 1976; trad. fr. em paralelo com orig. al. em *Archives de Philosophie*, 322 (1969), p. 356-395.

51. *De Trinitate*, VIII, 5, 7: PL 42, 952.

52. KLUXEN, Wolfgang apud SECKLER, Max. *Teologia, Scienza, Chiesa*. Brescia: Morcelliana, 1988, p. 27-32.

de pensamento. Pois em relação a esse último sentido, a teologia é naturalmente independente, como deixa entender M. Heidegger:

> Somente épocas que não creem mais na verdadeira grandeza da tarefa teológica podem nutrir a ideia ruinosa de que a teologia ganha com uma presumida renovação obtida mediante a ajuda da filosofia ou que talvez possa... tornar-se apetecível se responder às exigências dos tempos[53].

Funções concretas da filosofia na teologia hoje

Vindo agora para o concreto da prática teológica, explicitemos sinteticamente as funções concretas que a filosofia tem em relação à teologia. Portanto, a filosofia serve à teologia para:

1) Ser parceira exigente do diálogo cultural

A Igreja, como Paulo, sente-se "devedora a gregos e a bárbaros, a sábios e a simples" (Rm 1,14). Portanto, a "opção pelos pobres" permanece aberta à evangelização dos "modernos areópagos" (RMi 37c). Como, pois, evangelizar (e transformar) o mundo moderno sem dialogar com as grandes correntes de pensamento que o informam e que o condicionam? Eis a tarefa dos que são especialmente chamados a atuar na missão junto às classes ilustradas, à *intelligentia* de uma sociedade, seja ela do Primeiro ou do Terceiro Mundo. E para isso se exige seriedade, rigor e também uma clara preferência pelos últimos[54]. Tal preferência permite confrontar a filosofia dominante com a popular e abri-la à solidariedade.

2) Exercitar a "arte de pensar"

O exercício da filosofia contribui para a formação cultural de quem quer que seja. Ela favorece a "arte de pensar", de refletir, com rigor e a fundo, os problemas da existência. Com ela se adquire uma *forma mentis*, ou seja, uma postura mental que ajuda a fazer as boas perguntas, a aprofundar as respostas, a descortinar horizontes e a levantar perspectivas ulteriores.

---

53. *Introduzione alla metafisica*. Turim, 1979, p. 19.

54. Para essas vocações filosófico-teológicas vale o que disse Étienne Gilson: "Ninguém se torna teólogo de modo improvisado. [...] Cinquenta anos de metafísica não bastam nem para introduzir o aprendiz ao sentido dos rudimentos da doutrina": *Introduction à la philosophie chrétienne*. Paris, 1960, p. 224.

Assim mesmo, importa que esse filosofar se mantenha firmemente enraizado na vida e na cultura do tempo, em particular na vida do povo. Alienada da realidade viva das massas, a filosofia periga cair no especulativismo: fixa-se nas essências e perde de vista a existência; concentra-se na verdade e dá as costas à realidade. A deformação da filosofia em forma da mistificação da realidade não foi e não é tão rara para não merecer esse reparo[55].

3) Trabalhar o fundo filosófico implicado na teologia

Por fim, a própria elaboração teológica não pode de modo algum dispensar uma reflexão filosófica de rigor, pelo menos em alguns de seus níveis:

1) No nível da *teodiceia*, pressuposto da Teologia cristã e que corresponde efetivamente à filosofia teológica;

2) No nível da *epistemologia da teologia*, que é, de fato, uma autêntica filosofia do conhecimento teológico;

3) Finalmente, no nível das mesmas *disciplinas teológicas*, na medida em que pressupõem a determinação racional e rigorosa de alguns de seus conceitos-chave, como natureza, pessoa, corpo, sexualidade, mundo, história, poder, valor, consciência, e poderíamos continuar. Necessita-se aqui de uma verdadeira análise filosófica do "fundo ontológico" desses conceitos teológicos, como dissemos acima.

Cumpre, todavia, observar que esse trabalho filosófico pode muito bem ser executado no interior do próprio discurso teológico e a título de um seu "momento interno". A teologia pode perfeitamente ter uma função filosofante, como se vê de modo claro e exemplar em Santo Tomás de Aquino (cf. OT 16,3) e como fazem hoje as próprias ciências, ao radicalizarem seus resultados.

2. A mediação das demais ciências

Além da filosofia, sua antiga companheira, a teologia se articula também com as demais ciências, especialmente com as chamadas "Ciências Humanas". É nessas que agora nos deteremos.

---

55. Cf. BOFF, Clodovis. *Teologia e prática*. Op. cit., seção I, § 5: "A crítica de Marx à Teologia"; cf. tb. § 2.

Como "Ciências Humanas" compreendemos aqui o conjunto de disciplinas que tomam o ser humano por objeto de estudo, a saber: a psicologia, a linguística, a história; bem como as "ciências sociais": a economia, a sociologia, a ciência política, a antropologia.

Tais disciplinas são preciosas auxiliares da teologia no sentido de ajudá-la a inculturar a fé na atualidade histórica, ou seja, adequar a mensagem cristã à cultura moderna, como recomenda o Vaticano II na *Gaudium et Spes* (n. 62,2 e 7)[56].

Por outro lado, o bloco das chamadas "ciências sociais" merece destaque, devido à importância que a "questão social" tem para a Igreja de um século e meio para cá. Efetivamente, a libertação da fome, da opressão e da exclusão social é um dos maiores desafios para a Igreja e a sociedade hoje, especialmente na Periferia do Mundo. A justiça social é, na verdade, um dos grandes imperativos pastorais da Igreja em nosso tempo e, por consequência, um dos pontos mais importantes da atual agenda teológica.

Tal importância está registrada no corpo da "Doutrina Social da Igreja", emanada pela Santa Sé e cuja impressionante sequência de documentos escande todo o curso do último século. A esse corpo há de se acrescentar ainda a Constituição Pastoral *Gaudium et Spes* (1965), os documentos da Celam: Medellín, Puebla e Sto. Domingo, os textos sociais das diferentes Conferências Nacionais (como a CNBB) e, enfim, a própria Teologia da Libertação.

Em consequência, para a teologia, o conhecimento da sociedade, em suas estruturas e processos, torna-se um "imperativo cultural" do nosso tempo[57]. Sem ainda falar que a cultura moderna é profundamente marcada pelas ciências sociais[58].

---

56. Cf. supra *Leitura*, no fim do Cap. 10, onde citamos por extenso GS 62,2.

57. Cf. BOFF, Clodovis. *Teologia e prática*. Op. cit., seção I, § 4.

58. "As ciências sociais estão... mais profundamente implicadas na modernidade do que as ciências naturais, na medida em que a revisão crônica das práticas sociais à luz do conhecimento sobre estas práticas é parte do próprio tecido das instituições modernas": GIDDENS, Antony. *As consequências da modernidade*. São Paulo: Unesp, 1991, p. 47.

Pode-se, portanto, dizer que o pobre é o interlocutor privilegiado e o destinatário principal da teologia do Terceiro Mundo. E as ciências sociais, que deslindam sua situação oprimida, tornam-se a mediação cultural mais importante no sentido de mais urgente[59].

Eis por que, ao lado da Mediação Hermenêutica (MH), que nos põe em contato com a Palavra de Deus, temos a Mediação Socioanalítica (MSA), que nos faz aceder ao texto social, a ser confrontado com a Palavra, como nos mostra a figura seguinte:

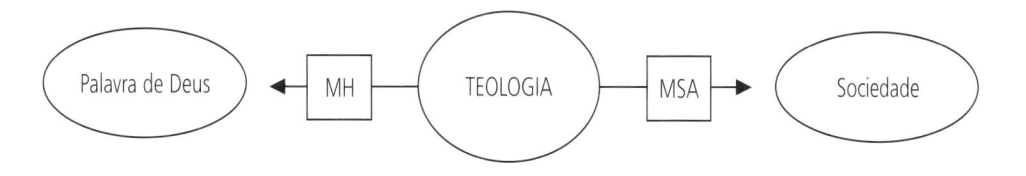

O interlocutor privilegiado da teologia hoje

No currículo canônico, o estudo orgânico da filosofia é até hoje apresentado e exigido como a grande mediação teórica da teologia e não as ciências humanas, incluindo as sociais[60].

Contudo, poder-se-ia levantar a seguinte questão: No contexto do Terceiro Mundo, será ainda a filosofia a mediação *privilegiada* da teologia?

De fato, as grandes questões que desafiam a Igreja na Periferia do Mundo não dizem diretamente respeito à ordem do *ser*, mas sim à ordem do *viver*. Não são

---

59. Cf. BOFF, Clodovis. *Teologia e prática*. Op. cit., toda a I Parte; ANDRADE, Paulo Fernando Carneiro de. *Fé e eficácia*. O uso da sociologia na Teologia da Libertação. Col. Fé e Realidade 31. São Paulo: Loyola, 1991.

60. O atual Direito Canônico (1982) exige que os seminaristas façam "dois anos completos" de filosofia (cân. 250). Trata-se da filosofia "perene" e da "atual" (cân. 251). As outras ciências são colocadas apenas como "complementares" (cân. 252, § 2), incluindo aí as que encarnam a "solicitude" "por outros problemas mais urgentes, também de caráter social" (cân. 256, § 2). Na Exortação Apostólica *Pastores dabo vobis* (1992), João Paulo II fala do papel "essencial" e "de grande importância" da filosofia para a formação presbiteral. Quanto às "ciências do homem" diz que "podem ser de grande utilidade" e podem dar ao ministério uma dimensão "mais encarnada" (n. 52). A exigência da filosofia ("biênio completo") para a teologia é feita inclusive para os leigos, como determina a *Sapientia Christiana* (1979) de João Paulo II, art. 73, § 2. No documento da Congregação para a Educação Católica, *Orientações para o estudo e o ensino da Doutrina Social da Igreja na formação sacerdotal* (1988) urge-se a formação para as questões sociais, mas o acento é mais para a *filosofia* social que para as *ciências* sociais (n. 71-77, espec. n. 74: "fundamento filosófico-teológico").

questões meta-físicas, mas cruamente questões físicas[61]. São as que se referem às chamadas "necessidades básicas" tais como: trabalho, comida, moradia, educação e saúde básicas. Daí a importância vital que adquire a "pastoral social" nas Igrejas do Sul do Mundo. Para as imensas maiorias (80%) do planeta, a questão mais premente não é a das "razões de viver". Essas estão sempre bem presentes e muito vivas nas massas pobres, por serem profundamente religiosas. A questão mais urgente é, sim, a dos "meios de viver"[62].

Ora, para enfrentar as dramáticas questões sociais das grandes massas pobres, a Igreja necessita da ajuda das ciências sociais. E é o que de fato fazem os Pastores: buscam assessores sobretudo no campo das ciências sociais e não no da filosofia. Efetivamente, as ciências, mais que a filosofia, educam para a *análise*, para além da reflexão pura; para o lado *concreto*, isto é, positivo e experimental das questões e não para o seu lado abstrato; para o aspecto *prático*, e não para as discussões puramente teóricas e, muitas vezes, inconcludentes.

Nessa linha, não deixa de ser instrutivo o fato de que a Bíblia em geral não comporta uma filosofia elaborada; Jesus, menos ainda. Aos autores bíblicos, era suficiente a saudável filosofia do bom-senso ou da sabedoria popular. Igualmente os Padres, ainda que nutridos pela cultura filosófica do tempo (o platonismo e o estoicismo), mantiveram uma distância bastante grande em relação à filosofia filosofada. Ora, desse perigo não se guardou de todo a teologia escolástica no fim da Idade Média, com grande dano para a fé[63].

Se assim é, a filosofia elaborada já não parece mais gozar do estatuto de *interlocutora principal* da teologia. Esse papel competiria hoje às ciências humanas e

---

61. Ensina Aristóteles que somente depois que os seres humanos resolveram as questões vitais (físicas), puderam se ocupar das gratuitas (metafísicas): *Metafísica*, I (A), cap. 1, 981 b 20-25; 982 b 22-24.

62. A advertência de Salústio, *Satirae*, VIII, 83-84, retomada por João Paulo II na *Veritatis Splendor* (1993), n. 94, se aplica hoje mais ao mundo dos ricos que ao dos pobres: "Considera o maior dos crimes preferir a sobrevivência à honra, e por amor da vida perder as razões de viver (*propter vitam vivendi perdere causas*)".

63. Basta verificar a reação, inversamente extremada, de Lutero contra o sequestro, na Escolástica, da teologia pela filosofia: "É um erro dizer: Sem Aristóteles ninguém se torna teólogo. Digo antes: É só sem Aristóteles que alguém pode se tornar teólogo": *Disputatio contra scholasticam theologiam* (1517), Weimar, t. I, p. 224s, prop. 43-44. Ainda: "Quem quiser filosofar com Aristóteles sem perigo, precisa se tornar antes estulto com Cristo": *Disputatio Heidelbergae habita* (1518). Citações em CONGAR, Yves. Théologie. In: *Dictionnaire de Théologie Catholique* (DTC), t. XV, vol. 1, col. 415. Lutero contrapunha à abordagem filosófica (Cristo-homem, ou então, a criatura em sua essência e operação) a "determinatio theologica" (Cristo-pedra angular, ou então a expectação da criatura). Contudo, a posição de Lutero, que tratava a razão como prostituta, implicava na simples supressão da filosofia e não na sua superação dialética: cf. CONGAR, Yves. *La foi et la Théologie*. Paris: Desclée, 1962, p. 31 e 205.

sociais. Fique, contudo, claro que não se trata aqui de substituir um interlocutor por outro. Pois, ambas, filosofia e ciências, são necessárias para a teologia. A pergunta versa apenas sobre a questão do interlocutor principal ou privilegiado, ou seja, da mediação cultural *mais urgente*.

As ciências humanas não podem substituir a filosofia

Efetivamente, devemos sustentar que a filosofia, sempre como postura intelectual, permanece necessária a toda teologia. Se não é a mediação mais urgente (para nós), continua sendo a mediação mais *importante* (em si).

Com efeito, a razão recente das ciências humanas não pode de modo nenhum substituir a razão antiga da filosofia. O que pode é se combinar com ela. Essas duas razões são diferentes e complementares. Eis como poderíamos representá-las, confrontando uma com a outra:

– A *razão filosófica* é a "razão veritativa", a razão da verdade absoluta: ela busca o universal, o meta-físico. Ela pensa a raiz das coisas. Seu campo é o indisponível: o Ser. É a teoria da Verdade: ela levanta a questão do sentido, dos valores, dos fins;

– Já a *razão das ciências humanas* é a "razão funcional", a razão instrumental e prática: busca o domínio das coisas. Pertence ao reino do disponível: os entes. É a teoria da Realidade: levanta a questão da história, da sociedade, da cultura.

Mas, de vez que a razão das ciências humanas tem caráter *hermenêutico*, ela compreende implicitamente a verdade *metafísica* e, por isso, pode ser perfeitamente compatível com a razão filosófica[64].

"Oportet philosophari"

Na verdade, observa-se hoje, na esfera do debate cultural, um movimento de encontro recíproco entre a filosofia e as ciências. Por um lado, as ciências tomam conscientemente uma postura filosofante, discutindo

---

64. Cf. COLOMBO, Giuseppe. La teologia del secolo XX. In: VALENTINI, D. (a cura di). *La teologia*. Aspetti innovatori e loro incidenza sulla ecclesiologia e sulla mariologia. Roma: LAS, 1989, p. 46s.

questões-limites, suscitadas por suas próprias investigações, tais como a origem e o sentido do universo, sem excluir a "hipótese teológica". Do outro lado, a filosofia entra no vivo do debate científico atual, levando adiante essas e outras questões-limites. Daí também o pluralismo das correntes filosóficas hoje[65]. Seja como for, declarada ou silenciosa, a filosofia é inevitável: *oportet philosophari!*

Karl Rahner sustentou a tese de que, hoje em dia, não são mais as correntes filosóficas, no sentido tradicional, que provocam com mais força a fé e a teologia, mas antes as diferentes ciências, naturais e humanas, e isso por causa do *ethos* que secretam e da visão do mundo que propõem. Para esse teólogo, as ciências hoje não querem apenas oferecer o conhecimento analítico de um fragmento do mundo, mas pretendem contribuir para formar toda uma cosmovisão. As ciências representam, em breve, as filosofias gerais "realmente existentes". Daí a conclusão epistemológica que Rahner tira dessa constatação:

> Parece que, hoje, as ciências do espírito, da sociedade e da natureza constituem para a teologia aquele interlocutor que não é mais representado pela filosofia[66].

Observemos, contudo, que aqui Rahner não toma as ciências apenas a título de mediações *analíticas* para a teologia, como proporemos logo adiante, mas muito mais a título de mediações *filosóficas*, como tipos de "filosofias de substituição". E é por isso mesmo que a teologia, para afrontar criticamente as grandes questões que as ciências modernas levantam, é obrigada a tomar uma posição nitidamente filosófica. Como se vê, a filosofia de novo se impõe como exigência inescapável para a teologia.

Nessa ordem de coisas, as *ciências naturais* em seus desenvolvimentos recentes, especialmente a física quântica, a cosmologia e ainda a ecologia, são para a teologia fonte de novas provocações, de novas inspirações e também de novos enfoques metodológicos, alguns dos quais foram ante-

---

65. Cf. JOSAPHAT, Carlos. "Originalidade evangélica da teologia e seu diálogo interdisciplinar com a filosofia e as ciências". *Espaços* (Itesp), 4 (1996), p. 5-25, aqui p. 14-19.

66. RAHNER, Karl. *Filosofia e procedimento filosofico in teologia.* In: Op. cit., p. 93-97, cit. p. 95 [em francês: *Écrits théologiques.* Paris: DDB, 1970, t. 11, p. 72-75]. Notemos que esse artigo reproduz uma conferência que Rahner proferiu em várias ocasiões em altos círculos acadêmicos da Alemanha e dos EUA. Cf. tb. MARLÉ, René. "Situation et mission du théologien". *Études*, fev. 1992, p. 249-259, que se alinha com Rahner: p. 257.

riormente referidos (Cap. 3). Nesse campo, o diálogo com a teologia apenas se inicia e promete desdobramentos bastante ricos[67].

RESUMINDO

1. A teologia representa o saber mais elevado, a ciência soberana, a sabedoria absoluta. Sua *excelência* provém do fato de que considera a Realidade absoluta que é Deus, objeto máximo do pensar humano e objetivo derradeiro do mundo.

2. O lugar da teologia entre as ciências, e por consequência na "casa das ciências", a Universidade, *se justifica* por isto: o ser parcial, que cada ciência tematiza, remete finalmente a um Fundamento e Sentido absolutos. Assim, toda ciência do condicional permanece aberta à ciência do Incondicional. Por sua parte, a teologia está aberta às demais ciências, pois precisa delas para se constituir como discurso concreto.

3. Para realizar sua tarefa, a inteligência da fé, a teologia lança mão dos vários recursos do saber humano. Todas as ciências são consideradas por ela como instrumentos, ou melhor, como *mediações* (os medievais falavam em "servas") que ajudam a compreender mais plenamente as realidades da fé.

4. A relação da teologia com as ciências não é de tipo ditatorial, mas *democrático*. Ou seja, a teologia se serve dos recursos das ciências, respeitando sempre sua autonomia específica, mas também se reservando o direito, que lhe dá a transcendência da fé sobre toda forma de razão, de criticar as pretensões pseudofilosóficas ou pseudoteológicas da chamada "razão moderna".

5. Como efeito de retorno, a razão da fé, isto é, a teologia, também recebe dos outros saberes uma válida *contribuição crítica*: eles ajudam a purificar, aprofundar e provocar a razão teológica.

6. A teologia utiliza a filosofia e as ciências seguindo dois critérios básicos:

---

67. Cf., entre nós, para a ecologia: BOFF, Leonardo. *Ecologia: grito da terra, grito dos pobres.* Rio de Janeiro: Ática, 1995; e para a nova cosmologia: BETTO, Frei. *A obra do artista.* Rio de Janeiro: Ática, 1995.

1) *assunção* do que é positivo, a saber: os elementos bons e verdadeiros, enfim, tudo o que se compatibiliza com a fé;

2) *rejeição* do que é negativo, ou seja: tudo o que é mau, falso, e que não pode se harmonizar com o conteúdo da fé revelada.

7. As duas *mediações teóricas* a que recorre a teologia são a mediação filosófica e a mediação das ciências.

8. Enquanto resposta humana à proposta divina, a fé pressupõe sempre uma filosofia, como *postura existencial* de buscar o sentido radical à vida. Nesse sentido, a filosofia é *intrínseca* à fé e tem um lugar *estrutural* na teologia.

9. A teologia não precisa necessariamente incorporar uma filosofia enquanto este ou aquele *sistema*, especialmente hoje em que a filosofia se encontra numa situação de grande pluralismo e de extrema fragmentação. Mas precisa, sim, de um *espírito* ou *postura* filosófica realmente assumida e vigorosa.

10. A função geral da filosofia na teologia é refletir o *fundo ontológico* dos conceitos teológicos. Como a graça supõe a natureza, assim a razão teológica supõe o trabalho da razão filosófica.

11. Em particular, a filosofia, enquanto atitude, serve à teologia:

1) como parceira exigente do *diálogo* cultural;

2) para adquirir a *arte de pensar*;

3) para elaborar criticamente o *fundo filosófico* implicado nas questões da teologia.

12. As ciências interessam grandemente à teologia hoje a título de *mediação cultural*. Particularmente *urgente* é o uso das *ciências sociais* pelo fato de a teologia hoje ter de se enfrentar com o drama da miséria das massas. Em função disso, talvez se possa dizer que as ciências sociais constituem hoje o interlocutor *privilegiado*, embora não exclusivo, da teologia. De todos os modos, em sua respectiva diferença, a razão filosófica e a razão científica constituem mediações reciprocamente *complementares* e, por isso, devem ser articuladas conjuntamente no seio do discurso da fé.

13. A mediação das ciências em teologia, particularmente das ciências sociais, não substitui a mediação filosófica, tanto mais que as *ciências*

modernas secretam uma determinada visão de mundo, com a qual a teologia terá que dialogar, armada para tanto de um rigoroso preparo filo-
sófico-crítico.

EXCURSO

TEOLOGIA E MARXISMO

Dentro das diferentes orientações no campo das ciências sociais encontramos o marxismo. O pensamento cristão tem empreendido batalhas colossais, nem sempre acertadas, com essa potente corrente de pensamento[68].

Por seu lado, a Teologia da Libertação, no momento de mediar a fé cristã com a realidade social (MSA) e não no momento de constituir seus princípios hermenêuticos (MH), privilegiou a tradição marxista. Tomou essa posição, quer por razões de caráter *científico* (seria a corrente que melhor consegue explicar os fenômenos ligados à pobreza), quer, mais na base ainda, por razões de tipo *ético* (ela se colocaria na perspectiva da justiça e na "ótica do oprimido")[69].

---

68. O Magistério, segundo diferentes contextos, insistiu no conhecimento crítico do marxismo para os seminaristas. Cf. o documento do SECRETARIADO PARA OS NÃO CRENTES. "Estatuto do Ateísmo" (1970). *Revista Eclesiástica Brasileira* (REB), 31 (1971), p. 170-175; sobre o marxismo: § 3: n. 9, p. 173-174, onde pede uma "informação do marxismo o mais vasta e exata possível". Cf. ainda CONGREGAÇÃO DA DOUTRINA DA FÉ. *Sobre alguns aspectos da Teologia da Libertação* (*Libertatis Nuntius*), especialmente os cap. 7-9. O documento sustenta a impossibilidade de "dissociar" no marxismo os elementos de análise social daqueles ideológicos materialistas: VII, 6; VIII, 2. Cf. porém a nota seguinte.

69. Cf. nessa área, os estudos: BOFF, Clodovis. *Teologia e prática*. Op. cit., seção I, § 21; Id. "O uso do marxismo em Teologia". *Comunicações do Iser*, 25 (1987), p. 11-16; · ROTTLÄNDER, Peter (org.). *Theologie der Befreiung und Marxismus*. Münster: Ed. Liberación, 1986; · BOFF, Leonardo. *O caminhar da Igreja com os oprimidos*. Rio de Janeiro: Codecri, 1981, p. 196-206 [nova ed. ampliada. Petrópolis: Vozes, 1989]; · COMBLIN, José. "Teologia e marxismo na América Latina". *Perspectiva Teológica*, 16 (1984)] 291-311; · BORDIN, Luigi. *Marxismo e Teologia*. Rio de Janeiro: Ed. Dois Pontos, 1987; · LÖWY, Michael. *Marxismo e Teologia da Libertação*. São Paulo: Cortez/Autores Associados, 1991; · Id. "Marxismo e Cristianismo na América Latina". *Lua Nova*, 19 (1980), p. 5-22; · McGOVERN, Arthur F. *Liberation Theology and his Critics*. Toward an Assessment. Nova York: Orbis Books, 1989, espec. cap. 7-9; · LIBÂNIO, João Batista. *Teologia da Libertação*. Col. Fé e Realidade 22. São Paulo: Loyola, 1987, cap. 10, p. 173-208; · TAMAYO-ACOSTA, Juan José. *Para comprender la Teología de la Liberación*. Estella (Navarra): Ed. Verbo Divino, 1989, cap. 6, p. 79-97; · FORNERO, Giovanni et al. La filosofia contemporanea. In: ABBAGNANO, Nicola (org.). *Storia della filosofia*. Vol. IV. Turim: UTET, 1991, cap. 7: "Marxismo, ermeneutica ed epistemologia di Moltmann a Pannenberg" (incluindo a Teologia da Libertação), p. 679-788; · ANDRADE, Paulo Fernando Carneiro de. *Fé e eficácia*. Op. cit., p. 169-200. Este último autor resume assim as várias posições que existem na Igreja Católica quanto à relação teologia e marxismo (p. 78-89 e 169-200): 1) Posição *minimalista*, que admite do marxismo apenas "elementos" isolados.

É verdade, a teoria marxista padece, nesse final de século, uma crise de plausibilidade social, devido à falência do "socialismo real". Porém, mais que de desaparecimento, trata-se provavelmente apenas de um eclipse. O fato é que não apareceu ainda uma teoria melhor, do ponto de vista dos excluídos, para analisar a sociedade em geral e em particular o sistema capitalista, ainda vigente, seja lá que forma apresente.

Os fenômenos de exploração e exclusão, os conflitos de classe e os mecanismos de mistificação ideológica estão longe de terem desaparecido, ao contrário: assumiram novas formas, tanto mais sutis quanto mais graves. Pelo que, o marxismo, por suas potencialidades teóricas, parece longe de ter-se esgotado.

Ora, quais são as precauções que usa o teólogo quando assume o marxismo como MSA? Para sermos breves e aplicando os dois critérios anteriormente colocados, devemos dizer que a teologia, em relação ao marxismo, deve tomar esta dupla posição:

1. *Acolher seu lado positivo.* Mas onde está esse "positivo"? Seguindo o Pe. Pedro Arrupe († 1993), ex-Geral dos Jesuítas, poderíamos identificar esse núcleo positivo em "certo número de pontos de vista metodológicos", resumidos em três alertas, ou "atenções":

1) "a atenção aos fatores econômicos", em especial à "exploração de classes inteiras";

2) "a atenção à luta de classes na história";

3) "a atenção às ideologias que podem servir de camuflagem aos interesses e até às injustiças", incluindo-se aí a mistificação religiosa[70].

2. *Rejeitar seu lado negativo.* Mas onde se encontra isso? Podemos identificá-lo no núcleo filosófico que o marxismo põe ou pressupõe, particularmente:

1) o materialismo metafísico;

2) o ateísmo, consequência do ponto anterior;

3) o reducionismo antropológico, ou seja, uma concepção do ser humano destituído de verdadeira transcendência.

É a posição do Card. J. Ratzinger, do Card. L. Trujillo e de G. Cottier; 2) Posição maximalista, que acolhe a doutrina marxista no seu todo. Seria a posição teórica condenada por Roma na *Libertatis Nuntius*; 3) Posição da *via média*, que admite o marxismo só enquanto o método de análise" (conjunto de princípios de interpretação social), rejeitando-o como "doutrina filosófica". É a posição dos jesuítas Y. Calvez, G. Wetter e E. Huber, sendo, os dois últimos, marxólogos do "Centro de Estudos Marxistas" da Universidade Gregoriana (Roma). E esta é também a nossa linha.

70. ARRUPE, Pedro. "Sobre a análise marxista" (Carta aos Provinciais Jesuítas da América Latina). *Revista Eclesiástica Brasileira* (*REB*), 41 (1981), p. 348-355, aqui n. 5. O mesmo documento saiu em vários outros lugares: *Convergência*, 16 (1981), p. 295-301; *Sedoc*, 14 (1981), col. 45-50; *Páginas* (Lima), n. 65, dez. 1984, p. 51.

Resumindo estas duas linhas, podemos dizer que o marxismo deve ser rejeitado como *doutrina* e pode ser aceito como *método*[71]. Método aqui deve ser entendido de forma ampla, mais precisamente como método *heurístico*, no sentido de nos sensibilizar para o lado econômico, de nos obrigar a prestar atenção às condições materiais da vida[72].

LEITURA I

SANTO AGOSTINHO:

O uso legítimo dos "despojos dos egípcios"[73]

<< As coisas verdadeiras e compatíveis com a fé, que eventualmente tiverem dito os chamados filósofos, especialmente os platônicos, não só não devem ser temidas, mas antes devem ser deles reivindicadas como de proprietários ilegítimos (*injustis possessoribus*), e colocadas ao nosso próprio uso.

Assim, pois, os egípcios não possuíam somente ídolos e fardos pesados, que o povo de Israel detestava e repelia, mas tinham também vasos, ornamentos de ouro e prata, assim como vestes, que o mesmo povo, saindo do Egito, sorrateiramente reivindicou e pôs a serviço de um uso melhor...

---

71. Afirma-o o próprio Friedrich Engels: "Toda a concepção de Marx não é uma doutrina mas um método. Não nos dá dogmas acabados, mas pontos de partida para o estudo ulterior e o método a aplicar nessa investigação": *Carta a W. Sombart*, 11/03/1895. A melhor exposição do "método" marxista, cujo estudo se recomenda aos iniciantes, nos é dada pelo próprio Karl Marx no seu *Prefácio à Contribuição à crítica da Economia Política* (1859). In: Col. Os Pensadores 25. São Paulo: Abril, 1974, p. 133-138. O núcleo essencial da teoria marxiana cabe em apenas uma página: começa com "O resultado geral a que cheguei..." até "a pré-história da sociedade humana". O que vem antes e depois são dados da biografia intelectual do próprio Marx.

72. É o que pensam filósofos não marxistas e mesmo antimarxistas, como Benedetto Croce, para o qual o marxismo é um "simples cânon de interpretação histórica", concretamente, um método de tipo heurístico, que fornece "sugestões historiográficas" importantes, relativas à importância do econômico: FORNERO, Giovanni. La filosofia contemporanea. In: ABBAGNANO, Nicola (org.). *Storia della Filosofia*. Vol. IV. Turim: UTET, 1991, p. 19-22. Igualmente, afirma Karl POPPER: "O marxismo é fundamentalmente um método", que obriga a ter os olhos abertos às condições econômicas da sociedade: Id., op. cit., p. 654-663, cit. p. 655.

73. SANTO AGOSTINHO. A doutrina cristã, II, 40, 60: PL 43, 63; BAC, n. 168. In: *Obras de San Augustín*, t. XV. Madri: Católica, 1957, p. 186-189. A tradução é própria. Há também uma trad. brasileira, feita por Nair de Assis Oliveira: *A doutrina cristã. Manual de exegese e formação cristã*. São Paulo: Paulinas, 1991, p. 149s. Digamos que o texto acima revela uma atitude confiante frente à cultura em geral; daí o título que lhe demos: "O uso legítimo...".

Desse modo, as doutrinas dos povos não contêm somente criações falsas e su-persticiosas e as cargas pesadas de um trabalho excessivo, que cada um de nós, sa-indo da sociedade dos gentios sob a conduta de Cristo, deve abominar e abandonar. Comportam também ciências liberais, aptas para o uso da verdade, preceitos éticos utilíssimos, e até certas verdades a respeito do culto do Deus único.

Tais bens, representados pelo ouro e prata dos gentios, bens que eles mesmos não criaram mas tiraram – digamos – desses metais que a Providência divina difun-diu por toda a parte, mas de que eles abusaram de modo perverso e injurioso, pon-do-os a serviço dos demônios, tais bens – digo – deve o cristão arrebatar aos gentios, do momento que se separa interiormente de sua companhia, e deve legiti-mamente usar em favor da pregação do Evangelho.

Igualmente suas vestes, isto é, as instituições humanas, na medida em que se adequam à convivência social, de que não podemos prescindir nesta vida, será líci-to assumi-las e possuí-las, depois de convertidas ao uso cristão. >>

LEITURA II

GREGÓRIO IX:

O abuso da razão filosófica na teologia[74]

<< [...] Também o intelecto teológico está em condições, como que um ho-mem, de presidir a qualquer faculdade e, como que um espírito, de exercer o domí-nio sobre a carne e dirigi-la na via da retidão, a fim de que não se desvie. [...]

Em verdade, Nós, tocados de dor no íntimo do coração (cf. Gn 6,6), estamos re-pletos da amargura do absinto (cf. Lm 3,15), porque... alguns de vós..., impelidos pelas novidades profanas, se esforçam por ultrapassar "os confins postos pelos Pais" (cf. Pr 22,28). De fato, o entendimento da celeste Página foi delimitado pelos cuidados dos santos Padres por meio dos seguros confins de suas exposições. Ora, transgredi-los não só é coisa temerária, mas profana. Esses, porém, entendem do-brar tal entendimento ao saber filosófico das coisas naturais, e isso para ostentar sa-

---

74. *Carta aos teólogos de Paris* (07/07/1228): DS 824. O contexto é o uso incipiente da filosofia aristoté-lica na teologia. Este texto se mostra desconfiado frente ao saber humano; donde o título que lhe puse-mos: "O abuso da razão filosófica...".

ber e não para o progresso dos ouvintes. E assim, se mostram não expertos de Deus ou teólogos (*theodocti seu theologi*), mas difamadores de Deus (*theophanti*).

Efetivamente, seria seu dever expor a teologia em conformidade com as tradições aprovadas pelos Santos, e isso não mediante as armas carnais, mas "mediante as armas poderosas em Deus, capazes de destruir toda altivez que se levanta contra a ciência de Deus e de reduzir, prisioneira, toda inteligência à obediência de Cristo" (2Cor 10,4-5). Em vez disso, eles, levados por doutrinas várias e peregrinas (cf. Hb 13,9), trocam a cabeça pela cauda (cf. Dt 28,13.44) e obrigam a rainha a servir à serva, isto é, colocam o que é celeste a serviço das doutrinas terrestres, atribuindo à natureza o que pertence à graça.

Em verdade, insistindo, mais que o devido, na ciência das coisas naturais, eles retornam aos débeis e miseráveis elementos do mundo..., pondo-se novamente a seu serviço (cf. Gl 4,9). Como fracos em Cristo, nutrem-se "de leite e não de alimento sólido" (Hb 5,12), e nem parecem que têm o coração firmado na graça (cf. Hb 13,9). Por isso, "despojados das realidades da graça e feridos em suas faculdades naturais" (Lombardo, *Sent. II* d. 25, c. 7), não trazem à memória a sentença do Apóstolo...: "Evita as profanas novidades dos discursos e as opiniões de uma pseudociência, por cujo desejo alguns se desviaram da fé" (1Tm 6,20-21). [...]

E enquanto procuram, para além da medida, reforçar a fé com a razão natural, não a tornam, por acaso, de certa maneira, inútil e inconsistente? Pois "a fé não tem valor nenhum quando a razão humana fornece a prova" (GREGÓRIO MAGNO. *In Ev. Hom.*, l. II, hom. 26, n. 1: PL 76, 1197C). Finalmente, a natureza crê nas coisas que se compreendem (*intellecta*), mas a fé compreende por sua própria força as coisas cridas em virtude de uma percepção gratuita (*gratuita intelligentia)*, ela que, audaz e persistente, penetra o que o intelecto natural não pode alcançar. >>

Capítulo 13

TEOLOGIA: PARA QUÊ?

Qual é a finalidade da teologia? Para que teologizar? O que está em questão nesta pergunta não é o *objeto* da teologia, mas seu *objetivo*; não sua função, mas sua missão.

Na verdade, a teologia não existe para si mesma. Ela existe para outra coisa: a fé, o amor, a prática evangélica, enfim, a vida cristã. Nas palavras de São Boaventura, a teologia existe para nos "tornarmos bons e nos salvarmos"[1]. Diz ainda:

> Não devemos desejar saber algum a não ser para nos tornarmos mais santos e para crescermos na sabedoria que leva a Deus. De outro modo, teologia é perda de tempo (*alioquin est perditio temporis in doctrina*)[2].

Digamos numa fórmula geral que a teologia é feita para a vida: é serviço à vida de fé[3].

TEOLOGIA E VIDA

Teologia e Vida: modos de relação

A relação da teologia com a vida se dá de muitos modos. São fundamentalmente três: já tratamos dos dois primeiros, faltando tratar agora do terceiro. Retomando os três modos, digamos que "vida" se reporta à teologia a três títulos:

1) Vida (de fé) como *origem* concreta do conhecimento teológico. Aí a vida aparece sob duas formas: a forma da experiência e a forma da prática. Vimos tudo isso quando tratamos precisamente da "fé-experiência" e da "fé-prática" (respectivamente Cap. 6 e 7). A vida é aí *precondição epistemológica* do saber teológico. É algo que vem *antes* da teologia, como fonte de sua constituição. É a vida vivida,

---

1. *Breviloquium*, prol., 2: "ut boni fiamus et salvemur".

2. *In Hexaëmeron*, III, 7, 4.

3. Cf. STAGLIANA, Antonio. *La teologia "che serve"*. Sul compito cientifico ecclesiale del teologo per la nuova evangelizzazione. Turim: SEI, 1996.

seja ela sofrida (na experiência) ou construída (na prática). Tudo isso se passa não na esfera da teoria (*intra animam*) mas na esfera da prática (*extra animam*).

2) Vida como polo *teórico* da razão teológica. Aí ela faz parte constitutiva do processo teórico, seja a título de matéria-prima (ver), seja a título de agir indicativo. É o que vimos quando tratamos de "o que estuda a teologia e em que perspectiva" e do "confronto com a vida" como "terceiro momento da prática teológica" (respectivamente Cap. 3 e Cap. 10). Temos então aí a vida pensada ou representada seja na forma de pergunta ou tema, seja na forma de proposta.

3) Vida como *objetivo* ou termo concreto da teologia. Esse é o terceiro modo de relação da teologia com a vida. É algo que se situa *fora* da prática teológica como tal, que está como que *diante* dela. Como a "vida vivida" era o pré-teológico, temos aqui o *pós-teológico*. A primeira é como o *input* da teologia e a segunda seu *output*. Trata-se aqui da vida real e não apenas da *ideia* de vida; e de uma vida real enquanto visada pela prática teológica.

Na verdade, é importante distinguir claramente a vida enquanto pensada e a vida enquanto vivida ou a se viver. Pois as ordens da teoria e da prática são distintas, embora idealmente unidas; são heterogêneas, ainda que combináveis. Göthe poetava: "Cinzenta é a árvore do conhecimento. Verde e luminosa é a árvore da vida". Contudo, o que é a verde árvore da vida sem a galharia cinzenta do conhecimento que lhe dá estrutura, ordem e direção?

Eis a seguir uma figura em que se mostram as três grandes articulações da teologia com a "vida":

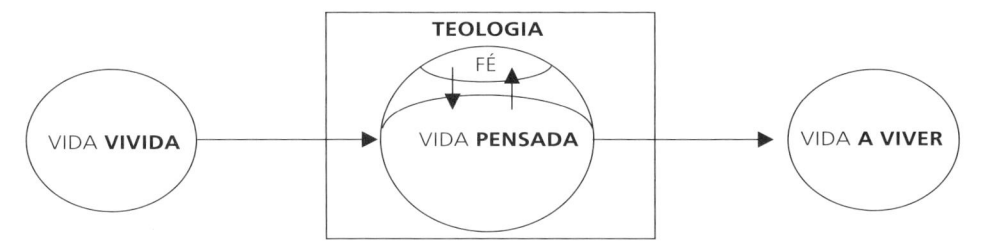

A "vida" e suas dimensões

Na linguagem corrente, fala-se, de modo um tanto descuidado, da finalidade da teologia, usando termos como "vida", "práxis", "realidade", "mundo", "sociedade", "povo", "humanidade". Esclareçamos com mais detalhe o conteúdo particular dos dois primeiros termos acima, por serem os mais importantes: vida e práxis.

Tomando o primeiro termo, perguntemo-nos o que é para nós especificamente "vida"? "Vida" toma-se às vezes simplesmente por realidade ou mundo. Mas "vida" é um termo mais rico, amplo e evocativo que esses seus equivalentes. Nele se podem distinguir três níveis, que estão muitas vezes entrelaçados:

– o nível *estrutural*, relativo à vida social, política, histórica;

– o nível do *cotidiano* referente às relações interpessoais;

– o nível *interior*, envolvendo o mundo das experiências subjetivas.

"Vida", portanto, não se reduz a história, mundo, sociedade ou práxis, ainda que as inclua. Aliás, a identificação da "vida" com a práxis é apenas questão de "ênfase epocal". Ou seja, é só uma determinada época histórica – a moderna – que faz coincidir praticamente vida e práxis, ou, por outras, realidade e sociedade[4].

Práxis: suas características

Diz-se também que a teoria teológica está finalizada na práxis (da fé, da caridade, da justiça, etc.). Mas que é práxis no sentido "moderno" do termo? Fundamentalmente, "práxis" apanha o primeiro nível de "vida", que colocamos acima, o nível "estrutural": vida social, histórica, política. Nesse sentido, "práxis" representa uma ação caracterizada por alguns traços específicos. É, pois, uma ação que:

1) Nasce de uma *intenção subjetiva*. A práxis, porque ação humana, implica numa interioridade. Não se opõe à teoria, antes a supõe. Não é, pois, uma ação puramente mecânica;

2) Resulta num efeito *objetivo externo*. Portanto, não é ação que se esgota no âmbito interno ou imanente da consciência;

3) É *coletiva* e não apenas individual. Seu sujeito é social: povo, sociedade, classes;

4) É finalmente uma ação *transformadora* e não apenas conservadora ou reprodutora do *status quo*[5].

---

4. Isso é claro, por ex., em Karl Marx, especialmente em suas *Teses sobre Feuerbach* (1845), trad. bras. in: IANNI, Octavio (org.). *Marx: sociologia*. 4. ed. São Paulo: Ática, 1884, p. 178-180, particularmente tese I: A "realidade" é "prática"; e tese VIII: "A vida social é essencialmente prática".

5. Cf. VÁZQUEZ, Adolfo Sanchez. *Filosofia da práxis*. Rio de Janeiro: Paz e Terra, 1977, espec. II Parte, cap. 1, p. 185-208: "O que é a práxis"; • TABORDA, Francisco. "Fé cristã e Práxis histórica". *Revista Eclesiástica Brasileira (REB)*, 41 (1981), p. 250-278.

Digamos ainda que a práxis, como conceito global, se decompõe numa plurali-dade de *práticas* diversificadas. São as práticas *discretas* ou particulares, que se ra-mificam por sua vez em tantas outras práticas. Assim temos:

– a prática *social*, que se desdobra nas práticas econômica, política, cultural;

– a prática *educativa*, que se pluraliza nas práticas técnica, profissional, políti-ca, religiosa;

– a prática *ética*, que pode ser privada ou pública;

– a prática *religiosa*, que se desmembra nas práticas pastoral, profética, cate-quética, homilética, litúrgica, da religião popular;

– a prática *espiritual*, que se decompõe nas práticas ascética e mística.

Consequentemente, quando se diz que a teologia é finalizada na práxis, não se deve entender práxis apenas como prática *pastoral*, como tende a pensar o agente de igreja[6]. Não. A teologia se destina também à prática ética, à prática política. Mas ainda é pouco: a teologia é ainda e em primeiríssimo lugar finalizada em nós mesmos. Ela questiona nossa própria vida pessoal: *Tua res agitur.* Ou seja, a prática em que "termina" a teologia é antes de tudo prática espiritual: ausculta da Palavra, conversão, fé, adoração[7].

Mas em vez de falar em termos de práxis, é preferível falar em "vida". Pois este último conceito é, em todos os sentidos, um conceito mais rico, em confronto com o qual a práxis aparece mais como uma função particular que como um termo cor-respondente. Digamos, pois, que toda boa teologia está destinada à vivência da fé em todos os âmbitos do viver humano: a vida social, a vida ética, a vida religiosa, a vida espiritual e assim por diante. Mas, é também verdade que se a práxis é uma dimensão da vida, essa dimensão necessita naturalmente ser posta em destaque no contexto da Periferia.

---

6. A polêmica dos anos 1950 em torno da "teologia querigmática" teve o mérito de mostrar que a teolo-gia devia sair da academia e assumir no mundo uma orientação decididamente evangelizadora. Mas isso sem esquecer que teologia não é só para se aplicar aos outros em termos de pastoral e política, mas primeiro para se viver em primeira pessoa, em termos de espiritualidade e ética, quer no cotidiano, quer no mundo.

7. "Muitas vezes sucede isto, que queremos adquirir muita ciência para ajudar aos outros e pouca para ajudar-nos a nós mesmos. [...] Alguns que não sabiam nadar entraram na água para ajudar os que se afogavam e aconteceu que se afogaram com eles": *I Fioretti: A verdadeira doutrina e ditos notáveis de Frei Egídio, c. XIII*: "Da ciência útil e inútil". In: *São Francisco de Assis*: Escritos e biografias de São Francisco de Assis; crônicas e outros testemunhos do primeiro século franciscano. Petrópolis: Vo-zes/Cefepal, 1981, p. 1.289.

OBJETIVO DA TEOLOGIA: AS DUAS POSIÇÕES CLÁSSICAS

Voltemos à questão inicial: Para que serve a teologia? Seria simplesmente para se *compreender*, o quanto possível, o Mistério de Deus, segundo a própria definição nominal de teo-logia? Ou não seria antes para se *amar* a Deus e finalmente para *fazer* sua vontade libertadora? Por outras: seria a teologia um saber *teórico*, voltado para o conhecimento de Deus; ou não é antes um saber *prático*, voltado para o amor do Senhor e a obediência aos seus planos?

Ciência teórica e ciência prática

Efetivamente, a tradição clássica distinguia dois tipos de ciências: a ciência teórica (ou especulativa) e a ciência prática. Eis um quadro de seus traços distintivos:

CIÊNCIA TEÓRICA	CIÊNCIA PRÁTICA
– Visa o conhecimento	– Visa a ação
– Lida com verdades universais	– Lida com verdades particulares
– Seu fim é intrínseco ao saber	– Seu fim é extrínseco ao saber
– Apreende as causas	– Causa a realidade
– É medida pela realidade	– É medida pela ideia

Esclareçamos ainda que ciência prática é sempre ciência, portanto conhecimento, e não ainda prática real. O conhecimento-para-a-ação, que define as ciências práticas, é um conhecimento que se aproxima da prática por três degraus:

1. Enquanto saber *especulativo-prático*, dirige a ação *de longe*, como a teologia moral ou a ciência da medicina;

2. Enquanto saber *prático-prático*, dirige a ação *de perto*, como o agir moral ou a prática médica;

3. Enquanto saber *praticíssimo*, dirige a ação *imediata*, na forma do tato, da perícia, da sabedoria prática, que os latinos chamavam de *prudentia* e os gregos *phróneesis*[8].

---

8. Cf. MARITAIN, Jacques. *Les dégrées du savoir*. 4. ed. Paris: DDB, 1946, p. 885.

Que tipo de ciência é a teologia

Ora, onde se situa a teologia nesse quadro? As várias tradições teológicas que discutiram esse ponto admitem em geral que a teologia é uma ciência *dupla*, isto é, uma ciência teórico-prática ou prático-teórica. Pois ela visa os dois objetivos conjuntamente: o conhecimento e a prática. Não há sequer uma corrente que exclusivize de modo radical um ou outro desses objetivos gerais da teologia. Assim, por exemplo, para quem analisa as várias disciplinas teológicas fica evidente que, nos tratados *dogmáticos*, a teologia objetiva o conhecimento e, nos tratados *morais*, a prática.

A diferença entre as várias escolas nesse ponto é apenas de *acento*. Assim, tomando as duas maiores, digamos que a escola tomista diz que a teologia é "mais uma ciência teórica que prática"[9]. Seria uma ciência *teórico*-prática. A escola franciscana, ao contrário, afirma que a teologia é mais prática que teórica[10]. Seria uma ciência *prático*-teórica.

Esclareçamos que por "prática" se pode entender, além do aspecto de *exercício* efetivo da fé, também seu aspecto *afetivo*. Assim, os que definem a teologia como "ciência afetiva", colocam-na finalmente do lado da "ciência prática"[11].

---

9. *ST* I, q. 1, a. 4. Observemos que quando Tomás de Aquino diz que a teologia é "mais especulativa que prática", entende "especulação" mais no sentido da *contemplação* monástica que no da teorização aristotélica, embora esta não fique supressa. Para o Doutor Angélico, a contemplação tem a *caridade* como principio e fim: cf. *ST* II-II, q. 180 toda, em 8 art. Mesmo quando a teologia toma a forma da teoria científica da fé, ela sempre guarda em seu princípio o caráter de "sabedoria", entendida como saber experiencial da fé. E é também neste sentido que se deve entender a afirmação de Santo Tomás de que a "felicidade eterna consiste no perfeito conhecimento de Deus": *ST* I, q. 1, a. 4, c.

10. Cf. KLOPPENBURG, Boaventura. "A natureza prática da teologia no pensamento teológico escotista". *REB*, 53 (1993), p. 631-639; · TRAPPÈ, Agostino. La nozione della teologia presso Scoto e la Scuola Agostiniana. In: VV.AA. *De doctrina Ioannis Duns Scoti*. Vol. IV. Roma, 1968, p. 73-82.

11. Assim, além de São Boaventura, definem a teologia como "ciência afetiva" também Alberto Magno, Ulrich de Estrasburgo, Gonsalvo Hispano, Guilherme de Ware, Egídio Romano. Para esse último, a teologia é "especulativa e prática e ainda algo mais" (*et adhuc ultra*), isto é, afetiva, enquanto ordenada ao amor, que não é nem teoria e nem prática: *I Sent.*, prol., q. 3, n. 4, e q. 10. Quanto a Duns Scotus prefere falar em "práxis", mas essa noção tem nele um evidente conteúdo afetivo: para ele práxis é concretamente o *amor de Deus*, implicando evidentemente na prática de sua vontade: cf. in: KLOPPENBURG, B. Op. cit., p. 634. Cf. no fim deste capítulo a *Leitura* de D. Scotus. Até mesmo a Santo Tomás de Aquino acontece falar em "scientia affectiva vel dilectiva" (*In Cant. exp. altera*, proem.). Para o debate medieval sobre a natureza da teologia, cf. THION, Paul. *Foi et Théologie selon Godefroid de Fontaines*. Lovaina, 1966, p. 208-211.

Contudo, às vezes se coloca o aspecto afetivo de modo *autônomo*, como uma espécie intermediária entre a teoria e a prática. Têm-se então as três posições:

1. Teologia como ciência *teórica*: serve para conhecer a Deus;

2. Teologia como ciência *afetiva*: serve para amar a Deus;

3. Teologia como ciência *prática*: serve para obedecer a Deus.

Como veremos melhor logo adiante, essas posições podem perfeitamente se conciliar: teologiza-se para conhecer, conhece-se para amar e ama-se para praticar. Assim, o *intellectus fidei* se faz *affectus fidei*, que, por sua vez, se faz *operatio fidei*.

O acento moderno na práxis

Ora, como já sabemos (cf. Cap. 7 e 10), foram as "teologias da práxis" que sublinharam esta última função da teologia, sobretudo a Teologia da Libertação. Precisemos, contudo, que para estas, como para a concepção moderna em geral, a noção de "práxis" ou de "prática" possui uma densidade histórico-social que não se encontra nos antigos e nos medievais.

Embora se fale de libertação "integral", a "práxis" libertadora está fortemente marcada por seu conteúdo *moderno*, na medida em que se identifica com a prática *social*, máxime, com a prática *política*. Na verdade, "libertação" na Teologia da Libertação é basicamente libertação social, histórica, de tal modo que se pode definir esta teologia como "a teologia da libertação histórica à luz da libertação integral", ou ainda: a "teologia da libertação integral, com ênfase na libertação histórica"[12].

Por isso se diz também que a práxis é considerada como uma instância de verificação de toda boa teologia. Essa, efetivamente, precisa passar pelo banco de prova das obras: se for árvore boa dará bons frutos (cf. Mt 7,17). Produzirá vida e vida em abundância (cf. Jo 10,10): vida eclesial e social, vida humana e de fé. A rigor, a práxis só é critério de verificação da *fecundidade* da teologia, mas não de sua *verdade*, a qual está vinculada à Palavra sempre fiel e verdadeira de Deus[13].

---

12. BOFF, Clodovis. Epistemología y método en la teología de la liberación. In: ELLACURÍA, Ignacio & SOBRINO, Jon (orgs.). *Mysterium Liberationis*. Conceptos fundamentales de la Teología de la Liberación. San Salvador/Madri: UCA/Trotta, 1990, p. 80s.

13. Para a tese da "práxis como instância de verificação da teologia", cf. BOFF, Clodovis. *Teologia e prática*. A teologia do político e suas mediações. Petrópolis: Vozes, 1978, seção III, cap. 4, p. 335-353.

DIALÉTICA ENTRE TEORIA E PRÁTICA NA TEOLOGIA

Fiquemos por ora no duplo (não tríplice) caráter da teologia, ou seja, como saber teórico e como saber prático, incluindo nesse a dimensão afetiva[14]. Ficando, portanto, nessa distinção dupla, pode-se afirmar as duas teses seguintes:

1. A teologia é *imediatamente teórica*. De fato, estuda-se em primeira instância para conhecer. Tal é o objeto próximo ou direto da teologia;

2. A teologia é *mediatamente prática*. Quer-se conhecer para em seguida amar e praticar. E é esse o objeto segundo e terminal da teologia. E é também a sua finalidade *principal e decisiva*. Embora esse não seja o primeiro objetivo da ação de teologizar, pode e deve ser o primeiro objetivo na *intenção* do teólogo.

É mister entender bem a dialética da teoria e da prática no interior mesmo da teologia. Como se articulam unitariamente essas duas finalidades[15]? Explicitemos agora a dupla posição dialética acima enunciada.

1. A teologia é um saber teórico: relação imediata

De fato, a teologia é um saber verdadeiro sobre o Deus verdadeiro. É a fé na forma de ciência e de sabedoria. É a fé elevada ao nível do conceito e da visão do mundo.

A teologia visa *prima facie* qual, como e por que é a Verdade da Fé. Ela não visa de imediato amar a Deus ou fazer sua vontade. Pois, para isso não se precisa, rigorosamente falando, fazer teologia.

É quanto ao aspecto de fecundidade de uma afirmação que se pode hermeneuticamente salvar a equivocada "tese II" de Marx sobre Feuerbach, cujo núcleo certeiro é a asserção: "É na prática que o homem deve demonstrar a verdade, isto é, a realidade e a força, o caráter terreno de seu pensamento".

14. Na verdade, a dimensão afetiva pode ser incluída quer só no lado teórico, quer no lado prático da teologia. Pois o amor pode estar aqui ou lá, como se vê em São João, que fala num amor "com palavras e com a língua", e é o "amor teórico"; e num amor "com ações e em verdade", e é o "amor prático" (1Jo 3,18). O mesmo, aliás, vale em relação à *fé* em Tiago, para quem existe a fé-com-obras (fé prática) e a fé-sem-obras (fé teórica) (2,14-25); e também em relação à *escuta da Palavra* em Jesus segundo Mateus, para quem há escuta-com-obediência e escuta-sem-obediência, isto é, meramente verbal ou teórica (7,21s; 21,28-31).

15. Cf. CONGAR, Yves. *La foi et la théologie.* Paris: Desclée, 1962, p. 185-188: II parte, cap. 6, § 3: "Unidade superior da teologia".

Na verdade, a teologia se fixa antes de tudo em Deus e em seu amor. Ela contempla em primeiro lugar a práxis de Deus. Só depois considera o ser humano e a sua práxis. Exatamente porque "não fomos nós que amamos a Deus, mas foi Ele que nos amou... por primeiro" (1Jo 4,16.19).

Ora, se a teologia arranca da visão da fé e se a fé cristã reconhece a primazia do ser-amado (por Deus) sobre o amar (a Deus), então Tomás de Aquino tem toda a razão: "A teologia é mais especulativa do que prática"[16]. Nesse sentido, é mais contemplação do que ação, é mais receber do que dar, é mais *pathos* do que práxis. Certamente, ela é também prática, mas num segundo momento e de modo derivado.

Centrar o interesse da teologia na prática é deslocar o acento de Deus para o ser humano; do Seu amor para o amor humano; de sua práxis histórico-salvífica, para a nossa práxis; do que Deus fez por nós para o que nós fazemos ou devemos fazer por Ele. Não é isso ceder ao moralismo? Não se torna então a teologia mais prescrição ética do que anúncio evangélico?

Que significa destacar o caráter teórico da teologia

Por que a primazia imediata da contemplação teórica? Qual é aqui o interesse em se afirmar a finalidade imediatamente teórica da teologia?

É, em primeiro lugar, para guardar firme a ótica *teocêntrica* radical de todo o discurso cristão, contra todo perigo de antropocentrismo. A teologia é *teônoma*, como o é toda a vida cristã. Não é Deus que deve se submeter à medida de nosso pensar e operar, mas ao contrário.

Depois, é simplesmente para se conscientizar de que a primeira preocupação de todo discurso sério é a *busca da verdade*. É fazer justiça às coisas em sua constituição essencial. É obediência ao ser. É docilidade ao real. Trata-se aqui de uma postura intelectual de base ontológica, feita de desprendimento intelectual e de gratuidade metafísica. Só depois é que vem a questão da prática. Ou seja, só depois de *conhecer* realmente a verdade, é que se pode perguntar como *fazer* a verdade. A razão é, em pri-

---

16. *ST* I, q. 1, a. 4.

meiro lugar, razão veritativa e só depois razão instrumental. De resto, se a teologia é uma questão prática, é porque é antes ainda uma questão de verdade. A teologia só é serviço libertador, na medida em que é serviço à Verdade salutar[17].

Pôr a práxis no começo é uma mania da modernidade prometeica, é uma fixação cultural: fixação na ideia do "saber-poder", quer se exprima no ativismo barato, quer no pragmatismo técnico, quer ainda no praxismo histórico. A tudo isso as teologias modernas nem sempre souberam resistir. Ora, é aí que ficou enredada a racionalidade moderna. A razão do fazer "esqueceu o ser", a razão do poder deu as costas à questão da verdade, para substituí-la pela questão da produção econômica, da eficiência política e da significação meramente cultural.

Embora sabendo que hoje a moderna razão iluminista está declinando, o certo é que o pensamento da Verdade, especialmente da Verdade revelada na Palavra, sempre representa uma eficaz contestação à concepção instrumental da razão iluminista[18].

Em terceiro lugar – e essa razão se depreende das duas anteriores –, afirmar a primazia de conhecer a verdade ajuda a evitar o *pragmatismo* no campo da fé. É a tendência do querer sem o discernimento e do fazer "sem o esclarecimento" (cf. Fl 1,9; Rm 10,2). Em verdade, é preciso cuidar para não cair no amor cego e na prática não correta. Pois o amor precisa ser *lúcido* e a prática, *verdadeira*. Se não, há o risco de se amar um ídolo qualquer em lugar do Deus vivo e verdadeiro e de se praticar uma pseudolibertação em vez da libertação segundo o Evangelho. Ora, é a tais equívocos que leva uma teologia apressada, que dribla as necessárias mediações teóricas, na ânsia de chegar quanto antes ao termo: o engajamento. É, como diz o provérbio, "ir com muita sede ao pote". Em suma, numa fórmula concisa de Duns Scotus, o estudo da teologia existe para "non errare in amando"[19].

---

17. Cf. COLOMBO, Giuseppe. *Professione "teologo"*. Milão: Glossa, 1996, p. 84, deduzindo daí a legitimidade da presença da teologia na Universidade, a morada da verdade integral.

18. Cf. COLOMBO, Giuseppe. *Perché la Teologia*. Brescia: La Scuola, 1980, p. 81-84.

19. "Não errar no amor": *Ordinatio*, prol., p. 5, q. 1-2, Ed. Vaticana I, p. 205, n. 310.

Valor autônomo da Teoria: amor e alegria

Além de tudo isso, convém observar que o próprio ato de teologizar pode valer como um *ato de amor* e uma prática de libertação. É quando a prática teológica é bem feita, isto é, quando se exerce com seriedade intelectual e com espírito evangélico. Assim, o próprio exercício da inteligência se torna, para quem a isso é chamado, um lugar de santidade e de libertação[20]. Certo, não basta teologia para o povo se libertar. Mas é preciso também que alguém no povo teologize pelo povo. Pois, se queremos libertar segundo o Plano de Deus, "teologizar é preciso". A teologia representa então, ao lado de tantas outras, uma prática necessária.

Finalmente, a razão da teologia não é de imediato uma "razão útil", funcional ou produtiva. Não é logo para fazer algo, por mais nobre que seja. A razão da teologia é em primeiro lugar uma "razão preciosa". Teologia é mais da ordem do "pensar meditante" que do "pensar calculante"[21]. O que ela pretende é *conhecer a Verdade* divina. Pois, conhecer o Mistério de Deus, melhor, receber a Revelação divina já é um fim que enche a alma de luz e de alegria. É a alegria que irradia da verdade mesma, o *gaudium de veritate*, nas palavras de Agostinho. Sobre isso voltaremos em breve.

2. A teologia é um saber prático: relação mediata

Cumpre agora acrescentar: o primeiro momento – teórico – é passagem, mediação e serviço em vista de um objetivo mais alto: o amor e sua prática (cf. 1Cor 12,31). E é só nesse horizonte que a teoria teológica se justifica. Teologia é para a fé, que deve ser verdadeira sim, mas que deve ser também e sobretudo viva, a saber, uma "fé que opera por meio da caridade" (Gl 5,6). Em breve, teologia é *serviço* à fé[22].

O Deus da teologia não é somente Verdade, mas é também (e mais ainda para nós) Vida. É a Causa do Mundo, mas também seu Sentido último. É Ser absoluto, mas igualmente (e mais ainda para nós) Sumo

---

20. Em seu precioso livrinho *Santo Tomás e a teologia*. Rio de Janeiro: Agir, 1967, Marie-Dominique Chenu destaca que "em Santo Tomás, o doutor é um santo: santo por ser doutor e doutor por ser santo" (p. 49). Quer dizer: "é santo em sua função de teólogo e por ela" (p. 47).

21. Cf. HEIDEGGER, Martin. *L'abbandono*, Il melangolo. Genova, 1983, p. 30s.

22. Cf. as belas páginas de BARTH, Karl. *Introdução à teologia evangélica*. Porto Alegre: Sinodal, 1977, p. 144-152: XVI preleção: "O trabalho teológico: serviço", de que oferecemos um excerto na *Leitura* no fim do presente capítulo.

Bem. Portanto, Deus não é só para se pensar, mas antes de tudo para se obedecer[23].

A fé "dá o que pensar", mas também "dá o que fazer". As verdades reveladas são para serem conhecidas, sim, mas para serem finalmente vividas. Esclarecem, mas também aquecem. São luz que ilumina, mas também e sobretudo força que salva. Em suma, são "verdades salutares".

Por outro lado e dialeticamente, é só fazendo que se conhece bem alguma coisa (como vimos no Cap. 7). "Nenhum bem se conhece perfeitamente se não é perfeitamente amado" – ensina Agostinho[24]. Daí sua famosa definição de teologia:

> A esta ciência (teológica) se atribui somente aquilo que contribui para gerar, nutrir, defender e fortalecer a fé salubérrima, que nos leva à verdadeira felicidade[25].

Sabemos que, para São Paulo, a "edificação" é o critério-mor de todos os carismas: do apóstolo, do profeta e também do doutor. Ora, edificar é fazer crescer, é comunicar vida, é libertar[26]. Santo Tomás sabia que, por meio da *cognitio*, a teologia visa finalmente a *constructio*[27].

Quando se mantém firme a convicção de que a teologia é finalizada ultimamente na prática amorosa e libertadora da fé, evita-se o perigo maior em que pode cair o teólogo: a "alienação", entendida como fuga da vida concreta, desengajamento da história salvífica, afastamento do compromisso do amor. Tal foi o erro fatal da teologia judaica do tempo de Jesus: ficou no livro, sem saber ler os "sinais dos tempos" (cf. Mt 16,3).

---

23. Para Platão, Deus não é só "a *causa* de todas as naturezas e a *luz* de todas as razões", mas também "o *fim* de todas as ações". Por isso n'Ele se encontra conjuntamente "a causa do existir, o sentido do entender e a ordem do viver": SANTO AGOSTINHO. *De Civitate Dei*, l. VIII, 4.

24. *De diversis quaestionibus*, 83, q. 35, n. 2.

25. *De Trinitate*, XIV, 1, 3; apud TOMÁS DE AQUINO. *ST* I, q. 1, a. 2, sed c.

26. Cf. DUPONT, Jacques. *Gnosis*. La connaissance religieuse dans les epîtres de Saint Paul. Lovaina/Paris: Nauwelaerts/Gabalda, 1949, p. 235-242.

27. Cf. Tomás de Aquino, várias cit. in: CONGAR, Y. *La foi et la Théologie*. Op. cit., p. 185, n. 1.

Sentindo dramaticamente as urgências da ação missionária, eis o que diz São Francisco Xavier, em carta escrita das Índias a Santo Inácio, a propósito dos teólogos fechados em suas academias:

> Veio-me muitas vezes ao pensamento ir pelas academias da Europa, particularmente à de Paris, e por toda a parte gritar como louco e sacudir aqueles que têm mais ciência do que caridade, clamando: "Oh! como é enorme o número dos que, excluídos do céu, por vossa culpa se precipitam nos infernos!" Quem dera que se dedicassem a esta obra com o mesmo interesse que às letras, para que pudessem prestar contas a Deus da ciência e dos talentos recebidos[28]!

Sem embargo, a urgência interpelante da prática não pode levar até à absorção e liquidação total da teoria. O "suicídio teórico" ou a supressão de todo estudo é um caso-limite, só compreensível em vocações muito especiais, portadoras de uma mensagem radical-profética[29]. Na "economia geral dos carismas" com que o Espírito provê a Igreja, a teologia tem um lugar assegurado como dom, vocação e serviço: "O Espírito dá a este uma mensagem de sabedoria e àquele, uma de ciência" (1Cor 12,8).

Assim é que as duas dimensões – teórica e prática – se combinam e se articulam de modo hierarquizado na teologia. Vemos então que uma posição de tipo

---

28. *Carta 5* (14/01/1544), in: *Liturgia das horas*, Ofício das leituras, na festa de São Francisco Xavier, 3 de dezembro.

29. No Cap. 7, subtítulo "Primado da prática: em que sentido", demos alguns exemplos, referentes a São Domingos, Orígenes, Sor Juana Inés de la Cruz e o Padre Ibiapina. Acrescentemos aqui mais estes exemplos:
– "Um irmão interrogou abba Serapião dizendo: 'Dize-me uma palavra'. O ancião lhe disse: 'Que devo dizer-te? Tu tomaste o bem das viúvas e dos órfãos e o puseste nessa estante'. Pois ele a via cheia de livros": GUY, Jean-Claude. *Paroles des anciens*. Paris: Seuil, 1976, p. 159;
– Algo de análogo ocorreu – como se conta – na vida do grande poeta sufi, o Maulana Jalal ad-Din Rumi († 1249), fundador dos derviches dançantes. Seu futuro mestre, Shams-i Tabriz, entra improvisamente na casa do discípulo, encontrando-o no meio de seus livros. Apontando para as estantes, pergunta: "Que é isso?" Responde Rumi: "Tu não sabes nada!" Ditas que foram essas palavras, os livros pegam fogo e queimam. Aí é a vez de Rumi perguntar: "Que é isso?" E de Shams responder: "Tu não sabes nada!", e sai improvisando como entrou. Esse incidente assinala o início da vocação mística de Rumi: cf. RUMI. *Poesie mistiche*. Col. BUR poesia 254. 3. ed. Milão: Rizzoli, 1988, p. 6s.;
– Lembremos também Santa Teresinha que, entrando numa biblioteca, exclama: "Como sou feliz por não ter lido esses livros". Perguntada por que, respondeu: "Eles me teriam tirado o tempo que empreguei para amar o bom Deus" (Isso vale naturalmente para ela, mas já não para Tomás de Aquino... Valha, enfim, lembrar que esse doutor, no fim da vida, considerou "palha" toda a sua teologia).

grego – ver e conhecer – pode muito bem se harmonizar com uma posição de tipo hebraico – experimentar e praticar[30].

É assim também que se articulam as várias disciplinas teológicas no interior do sistema teológico: as dogmáticas (ou teóricas) fundam as práticas (moral, espiritualidade); e as práticas cumprem e levam a termo as teóricas.

Saber, amar, agir e gozar

Resumindo tudo o que foi dito até aqui e retomando, agora, a finalidade da teologia sob a forma tríplice já enunciada, podemos afirmar: a teologia serve para *conhecer*, conhecer para *amar* e amar para *praticar*. E nessa formulação ficam sintetizadas as três correntes que discutem o objetivo da teologia: a tomista, a franciscana e a da Teologia da Libertação.

TEOLOGIA:

Conhecimento - - - - ▶ Amor - - - - ▶ Ação
(Tomismo)　　　　(Franciscanismo)　(Teol. da Libert.)

Deve-se contudo dizer, para irmos mesmo até o fim, que o termo realmente derradeiro da teologia não é nem mesmo a ação, mas a *fruição* definitiva do Mistério. Eis como São Boaventura vê o termo último da teologia, que chama de "Sagrada Escritura":

> O termo (*status*) ou o fruto da Sagrada Escritura não é uma coisa qualquer, mas é a plenitude da eterna felicidade. Pois, trata-se da Escritura na qual estão as palavras da vida eterna. Ela foi escrita não somente para que creiamos, mas também para que possuamos a vida eterna, na qual veremos, amaremos e na qual nossos desejos serão totalmente cumulados. [...] É, portanto, em vista desta finalidade, é nessa intenção que a Sagrada Escritura deve ser estudada, ensinada e escutada[31].

Mas não seria a ação o fim da teologia? Não é a ação como tal, política que seja. A ação pode ser seu fim *médio*, mas nunca seu fim *final*, que é o

---

30. Cf. *Excurso I* do Cap. 7: "A epistemologia bíblica", pelo fim.

31. *Breviloquium*, prol., 4.

gozo do Sumo Bem, aqui e depois. Eis o que diz sob esse aspecto Tomás de Aquino:

> A ação não é o fim último pretendido por esta ciência (a teologia), mas é a contemplação da Verdade Primeira na Pátria, que atingiremos preparados por nossas boas obras...[32]

A teologia possui, pois, uma intencionalidade *escatológica*, como aliás, a tem a própria fé de que é o discurso[33]. Se o símbolo da filosofia é a coruja, que reflete ao cair da tarde, ou seja, retrospectivamente, o símbolo da teologia é o galo da madrugada, que anuncia a aurora, o dia que vem. Toda teologia é possuída e impelida para frente e para cima por uma poderosa tensão escatológica. Seu *logos* é uma prolepse da *visio Dei*. Representa – no dizer de Tomás de Aquino – "certa impressão da ciência divina" e, por isso, certa "*participatio et assimilatio*" da visão beatífica[34].

Se assim é, deveríamos completar nossa representação dos fins da teologia assim:

TEOLOGIA PARA:

Conhecer - - - - ▶ Amar - - - - ▶ Servir - - - - ▶ Gozar

O conhecer é o fim *imediato*; o amar e o servir são o fim *intermediário* e o gozar é o fim *escatológico*. A teologia procura finalmente a felicidade. Por consequência, a pergunta "para que serve a teologia" corresponde, a seu modo, à pergunta maior "para que existimos" e à qual respondia o Catecismo de São Belarmino: "para conhecer, amar e servir a Deus neste mundo para depois gozá-lo para sempre no outro".

---

32. *I Sent.*, prol., q. 1, a. 3, qa. 3, sol. 1. São dignas de meditação as palavras de Santo Tomás: "Além da própria convivência social, o ser humano anseia por algo a mais (*aliquid aliud*)... Por meio da vida política buscamos a *felicidade especulativa*... para a qual toda a vida política está ordenada, na medida em que a paz, instaurada e conservada por meio da organização política, propicia às pessoas a faculdade de contemplar a verdade": *Comentário à Ética de Aristóteles*, X, 11. Cf. também *Summa Contra Gentiles*, III, 37.

33. Cf. *Excurso* do Cap. 4: "Dimensão escatológica da gnosiologia teológica".

34. A primeira expressão é da *ST* I, a. 1, a. 3, ad 2; a segunda é do *In Boetium de Trinitate*, q. 2, a. 2, ad 2. Para a dimensão escatológica da epistemologia teológica de Tomás de Aquino, cf. DUMONT, C. "La réflexion sur la méthode théologique". *Nouvelle Revue Théologique*, 84 (1962), p. 17-35, aqui, p. 33s.

O prazer de fazer teologia

A *visio beatifica*, onde ver é amar e amar é comungar, termo ultimíssimo de toda teologia, bem como do humano destino em geral, reflui antecipadamente sobre a teologia, conferindo-lhe uma felicidade particular. A contemplação teológica é também fruição do Mistério.

Pode-se dizer com Egídio Romano († 1316) que a teologia é *organum ad felicitatem*. Esse teólogo explica que a teologia gratifica espiritualmente o ser humano exatamente porque é uma ciência que trata de Deus enquanto salvador e não simplesmente de um Deus abstrato, o que levaria a conhecimentos "perigosos e curiosos"[35]. Igualmente Tomás de Aquino ensina que a doutrina da salvação não é algo de abstrato mas de existencial, pois trata "do que faz a felicidade do ser humano"[36].

O alcance supremo da teologia se situa em sua dimensão teórico-contemplativa. Ela é autofinalizada. E é alegria. É como o amante que se compraz na busca sem fim das razões de seu amor, como vimos quando analisamos a gênese do ato teológico (Cap. 2).

É verdade, sem gratificação alguma, é impossível ser bom teólogo. Faz-se teologia também porque se gosta, porque se ama. Sem isso, a teologia é corveia ou mero ato perfunctório. As "descobertas" teológicas que se fazem no reino do Mistério propiciam um enlevo espiritual e uma *sobria ebrietas* singulares. O *logos* teológico é risonho e jovial. "A verdade pode rir porque é feliz", dizia Tertuliano contra os taciturnos teólogos gnósticos[37]. Era uma ideia familiar a Santo Anselmo que a descoberta das razões da fé traz alegria e deleite ao coração[38]. Por sua parte, o frio teólogo-analista que foi Tomás de Aquino, apelando para Aristóteles, afirma na mesma linha:

> Por mais limitado que seja o nosso conhecimento acerca das realidades superiores, este pouco já é mais digno de desejo e de amor do que todo o conhecimento que se pode adquirir das coisas inferiores. [...] Ele propicia

---

35. Quodl. III, q. 2; apud THION, P. Op. cit., p. 203.

36. *ST* II-II, q. 2, a. 5, c.

37. "Congruit et veritati ridere, quia laetans": *Adv. Valentianianos*, 6, 3 [in: Col. Sources Chrétiennes 280, p. 80s.].

38. *Cur Deus homo*, Commendatio: "(As pessoas) deleitam-se com as razões da fé"; e I, 1: "Deleitam-se com o entendimento e a contemplação" dos Mistérios: *Obras completas de San Anselmo*, t. 1. BAC 82. Madri: Católica, 1982.

à alma uma alegria extremamente intensa e lhe confere uma realização altíssima[39].

Mostrando o gozo de se aprofundar nos mistérios divinos, exclama Agostinho:

> Infeliz de quem sabe tudo, mas Te ignora. Feliz, porém, aquele que Te conhece, ainda que desconheça tudo o mais[40].

Por certo, não se faz teologia "só por prazer". Seria cair no diletantismo, forma de hedonismo intelectual. O gozo teológico é, antes de tudo, fruto surpreendente do conhecimento e do amor. Ora, é o conhecimento e o amor que a teologia busca como seu fim. Igualmente, a beatitude na Pátria é mais recompensa que efeito de nossas práticas.

Daí esta representação final do "por que a teologia":

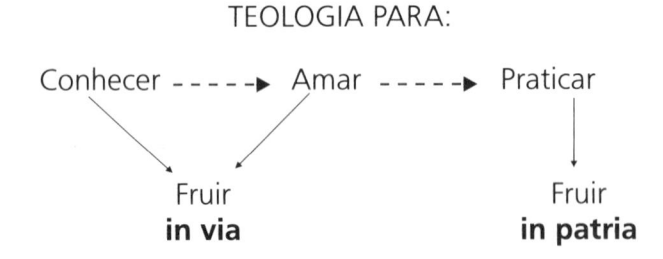

TEOLOGIA PARA:

Conhecer - - - - ▶ Amar - - - - ▶ Praticar

Fruir **in via**   Fruir **in patria**

E assim ficam sintetizados todos os aspectos da teologia no que diz respeito às suas finalidades.

NECESSIDADE E ATUALIDADE DA TEOLOGIA

É importante hoje fazer teologia? Até que ponto e em que sentido? Essa questão pode ser considerada de um tríplice ponto de vista: da Igreja como um todo, dos cristãos individuais e da sociedade.

1. Do ponto do vista da *Igreja em seu conjunto*, a teologia é necessária. Pois, não basta a Igreja anunciar a Palavra pura e simplesmente. Ela precisa também oferecer aos fiéis uma visão de fé tecnicamente elaborada, que esteja à altura das exigências culturais da época. Assim, a teolo-

39. TOMÁS DE AQUINO. *Summa contra Gentiles*, l. I, cap. 5.

40. AGOSTINHO. *Confissões*, V, 4.

gia é necessária à Igreja para esclarecer e superar dúvidas, para orientar no campo ético, para responder às objeções, para persuadir e orientar os hesitantes, etc.

Ora, é graças ao carisma-ministério do *didáskalos* (doutor) que a Comunidade cristã realiza esta tarefa. O carisma do ministério hierárquico de per si não garante essa função, tanto menos quanto mais tecnicizada se tornou hoje a teologia científica.

2. Do ponto de vista dos *cristãos em particular*, evidentemente, a teologia não representa uma necessidade absoluta. Provam-no santos, como Santo Antão e o Santo Cura d'Ars, que – podemos dizer – foram "ignorantes em teologia".

Contudo, a teologia pode ser necessária a um indivíduo particular, seja por uma questão de vocação pessoal, seja por exigência de sua missão, no sentido de que esta pode pedir dele uma fé reflexa/refletida[41].

3. Agora, se nos situarmos do ponto de vista do *mundo atual*, podemos perguntar: Até que ponto a teologia é atual? Possui ela relevância ou significação no presente momento histórico? Teria a época atual demandas teológicas[42]?

Necessidade da teologia no mundo atual

Podemos responder à questão da importância da teologia na atualidade, situando-nos em três níveis distintos.

1. *A teologia é atual em nível absoluto*. A teologia é sempre atual. Ela levanta a "questão eterna" do Sentido radical da existência e do mundo. Essa pergunta é maior que todas as épocas e por isso as atravessa todas. Pode-se apresentar mais ou menos aguda, dependendo dos tempos, mas é uma questão inelutável. O próprio nihilismo que, segundo Nietzsche, é

---

41. Cf. VAGAGGINI, Cipriano. Teologia. In: BARBAGLIO, Giuseppe & DIANICH, Severino (org.). *Nuovo Dizionario di Teologia*. 4. ed. Cinisello Balsamo (MI): Paoline, 1985, p. 1.674s.

42. Cf. DIBELIUS, Martin. *Wozu theologie?* Von Arbeit und Aufgabe theologiescher Wissenschaft. Leipzig: L. Klotz Verlag/J.C. Heinrichs Verlag, 1941 (79 p.); · NEUENZEIT, Paul (org.). *Die Funktion der Theologie in Kirche und Gesellschaft*. Beiträge zu einer notwendigen Diskussion. Munique: Kösel, 1969; · DENIS, Henri. *Teologia, ¿para que?* Los caminos de la teología en el mundo de hoy. Paris: DDB, 1981.

para o Ocidente o destino dos dois séculos próximos, se coloca sobre o fundo dessa demanda inexorável[43].

Evidentemente, a resposta ultimativa à questão do Sentido está no campo da fé. Mas que é a teologia senão precisamente a elaboração dessa resposta segundo a cultura do tempo?

2. *A teologia é atual também para a época moderna.* A modernidade é o império da razão reflexiva, representativa e instrumental. Ela passa tudo ao crivo do espírito crítico. Os modernos nada aceitam por pura autoridade: exigem argumentos e provas. Os filhos da Ilustração querem razões pessoais para crer. Ora, a teologia existe para isso. Por aí se pode notar que a teologia é um tipo de discurso que responde às exigências do espírito da época.

Contudo, a modernidade "realmente existente" é possuída por uma poderosa tendência racionalista e imanentista. Seu dogma é a intranscendência do ser humano. As "questões ulteriores" são declaradas irrelevantes e sem sentido, embora saibamos que essa mentalidade está hoje cedendo.

"Modernos" ou "pós-modernos" que sejam os tempos, a teologia mantém vigência perene. Ela é atual também "a contra-tempo", ou seja, contra seu tempo (cf. 2Tm 4,2). Ela não teme ir à contramão da cultura convencional. Ela possui um poderoso fermento contracultural. Porque fundada na Palavra soberana, a teologia sustenta sempre vigor crítico frente a qualquer momento histórico e a todo sistema social. Nada e ninguém pode escapar ao seu discernimento profético e espiritual. Pois "o espiritual julga tudo e não é julgado por ninguém" (1Cor 2,15). E isso sem presunção, mas na humildade e no espírito de serviço.

Sem dúvida, sob o regime do pluralismo moderno, a Palavra da Fé aparece ao lado de outras palavras. Mas, a partir desse lugar cultural, ela não deixa de levantar sua reivindicação própria: a de ser palavra irredutível e única, transcendente e aberta ao absoluto, palavra escatológica, suspensa sobre a história. Como a fé, de que é expressão racional, a teologia escuta os tempos, sim, mas não se deixa medir por eles.

---

43. Cf. *Vontade de potência* (1901). Esboço de um prólogo, § 2. Rio de Janeiro: Ediouro [s.d.].

3. *A teologia é relevante sobretudo para o Terceiro Mundo.* É no Sul do mundo que a teologia ganha um relevo particular sob a forma da Teologia da Libertação. Esta teologia é chamada a enfrentar não apenas os desafios *culturais* da Modernidade, mas também e sobretudo as interpelações *socioeconômicas* que surgem da própria Modernidade: a miséria dos 3/4 do planeta, a exclusão social, a morte estrutural dos pobres em massa.

O destinatário, ou melhor, o interlocutor desta teologia não é tanto o "homem moderno", mas a vítima da modernidade: o pobre[44]. E de vez que esses desafios se encontram hoje cada vez mais "globalizados", a Teologia da Libertação se torna responsabilidade da Catolicidade toda e das igrejas cristãs em geral.

O clamor por teologia no Sul do Mundo provém em primeiro lugar do coração da própria teologia, na medida em que fala de um Deus que é essencialmente Vida e Libertação. E vem também da situação social do próprio Sul, onde as massas mais pobres são ao mesmo tempo, se não as mais cristãs, pelo menos as mais religiosas do Planeta. Ora, não existe mudança ampla, eficaz e duradoura na Periferia do Mundo sem que envolva as massas religiosas.

> Cresce a convicção de que as lutas de libertação no Terceiro Mundo não podem hoje ignorar a religião. Pois esta se mostrou como um fator difuso, tenaz e crucial na vida dos povos do Terceiro Mundo[45].

APLICAÇÕES PARA A ESPIRITUALIDADE E A PASTORAL

Sem dúvida toda teologia deve levar à vida. Mas isso não impede que haja uma teologia que busque uma ligação mais direta e efetiva com a vida e que explicite mais claramente esse vínculo. De modo particular, queremos nos colocar aqui no nível de duas esferas vitais: da Espiritualidade e da Pastoral. Valham aqui apenas umas poucas e oportunas indicações.

44. Cf. GUTIÉRREZ, Gustavo. "Práxis de libertação: teologia e anúncio". *Concilium*, 96 (1974/6), p. 735-752; Id. *A força histórica dos pobres*. Petrópolis: Vozes, 1981, p. 87s. e 311s.

45. Abertura da "Declaração do Encontro da Asett (Associação Ecumênica de Teólogos do Terceiro Mundo) sobre Religião e Libertação, New Delhi, 01-05/12/1987", n. 0.1. *Voices from the Third World*, 11 (1988) 152-171, aqui p. 152.

1. Teologia e Vida espiritual

A teologia como tal, por mais dogmática que seja, já é de grande ajuda no discernimento da vida espiritual. Vimos que a experiência da fé deve ser comensurada com a verdade da fé (Cap. 5). A Palavra de Deus julga a nossa fé e não o contrário.

Santa Teresa fazia muita questão de uma direção espiritual feita por uma boa cabeça teológica. Partindo de sua experiência, sabia que a ignorância teológica produz verdadeiros desastres na vida espiritual. Eis suas palavras:

> Grandes coisas são as letras (teológicas) para dar luz em tudo. [...] A mim aconteceu-me tratar de coisas de consciência com um (confessor) que tinha ouvido todo o curso de teologia, e me fez muito dano em coisa que me dizia não serem nada, e sei que não pretendia me enganar – nem havia para quê – senão que não sabia mais. Com outros dois ou três, sem ser esse, aconteceu-me na mesma. Isso de ter verdadeira luz para guardar a lei de Deus com perfeição é todo o nosso bem. Sobre isto assenta bem a oração; sem este forte alicerce todo o edifício vai em falso...[46]

Por outro lado, como enfatizava K. Rahner, toda autêntica teologia possui constitutivamente uma "função mistagógica", no sentido de levar à fé e à oração[47]. Portanto, toda teologia deveria verdadeiramente *iniciar* à experiência espiritual, induzir à comunhão de amor com Deus.

Com efeito, como sublinhamos, o conhecimento teológico nasce do conhecimento místico de Deus e a ele leva. E no conhecimento místico se trata mais de um tocar do que de um ver; de um conhecer por comunhão mais que por intelecção. É, relembrando São Boaventura (cf. Cap. 6), uma *cognitio excellentissima*, um conhecimento *per intimam unionem*, um saber *in ecstatico amore*. "Aqui mais se sente que se conhece"[48].

---

46. *Caminho de perfeição*, V, 2-4, in: TERESA DE JESUS. *Obras completas*. Aveiro: Carmelo, 1970, p. 416s. Cf. ainda p. 416, 687, 796s., 906, 994. Fizemos na cit. pequenas modificações de estilo. Cf. ainda PITTAUD, B. Thérèse d'Avila et les vrais savants. In: DORÉ, Joseph (org.). *Introduction à la théologie*. Paris: Desclée, 1992, t. II, p. 554-557.

47. Cf. LAVALL, Luciano Campos. *O mistério santo*. "Deus Pai" na teologia de Karl Rahner. São Paulo: Loyola, 1987, cap. 2: "Deus Pai na experiência religiosa", p. 105-171, aqui p. 106-108.

48. LAVALL, L.C. Op. cit., p. 135, notas 188 e 187.

Por isso, o conceito teológico deve finalmente ser superado, sem por isso ser supresso (cf. Cap. 11/2). Mas para onde leva essa superação? Precisamente para a experiência mística, para a comunhão com o divino, portanto para a experiência da unidade total, para além da divisão sujeito-objeto. Quem enfatizou de modo extremamente enérgico esse transcender intelectual foi o conhecido místico hindu Juddi Krishnamurti (1895-). Para ele a razão deve levar para além da razão, o pensamento para além do pensamento. Daí o nome de um livro seu: "Libertar-se do conhecido"[49].

A mesma Santa Teresa ensina que, uma vez que alguém está encaminhado na via da contemplação, o "ruído do entendimento" deve cessar. Recomenda: "Quedem-se as letras a um lado". Dirige essa advertência de modo todo especial aos teólogos. Para ela, na contemplação, a teologia científica mais atrapalha que ajuda. Mais valem então alguns pensamentos simples do que elaborados raciocínios teológicos. Pois joga aí um conhecimento superior.

> Mais fazem aqui ao caso umas palhazitas postas com humildade... e mais ajudam a acender este fogo (de amor) que muita lenha junta de razões, muito doutas a nosso parecer, mas que no espaço dum Credo abafarão a centelha[50].

A palavra teológica aí recua e se recolhe no silêncio, para deixar espaço à Presença amada e adorada. Aqui a teologia se faz devota, como antes a devoção se fez teológica.

2. Teologia e Ação pastoral

Perguntemos, para começar, se é melhor se ocupar de pastoral ou do ensino da teologia. Tomás de Aquino, que abordou essa questão, responde que, "em si mesmo" (*simpliciter*), é melhor ensinar teologia. E justifica: enquanto os pastores lidam diretamente com o povo, os teólogos lidam com os pastores. Para explicar essa tese, usa a comparação da construção: os

---

49. Cf. CAPRA, Fritjof. *Sabedoria incomum*. Conversas com pessoas notáveis. São Paulo: Cultrix, 1995, p. 21-24: J. Krishnamurti. Cf. tb. KASPER, Walter. *Oltre la conoscenza*. Brescia: Queriniana, 1989.

50. *Livro da vida*, cap. XV, 7-8, in: TERESA DE JESUS. *Obras completas*. Op. cit., p. 112s.

teólogos (e, a outros títulos, também os bispos) são para os pastores o que são os arquitetos para os pedreiros: são os planejadores (diríamos hoje os "multiplicadores"). Frente à pastoral a teologia tem realmente uma função "arquitetônica". Agora, o Doutor Angélico admite que, "em caso de necessidade pastoral", o teólogo "pode pecar se em vez de cuidar da fé do povo se ocupa com teologia"[51].

Quanto às formas concretas de prática pastoral que o teólogo pode ou deve assumir, bastam as indicações que já apresentamos (Cap. 7)[52]. Enfrentemos agora uma questão mais teórica, relativa ao estatuto da chamada "teologia pastoral"[53].

Digamos logo de início que todas as disciplinas teológicas devem ter uma *dimensão pastoral*, pois, como vimos, o confronto com a vida é algo inerente a todo o processo teológico. Ora, toda teologia deveria, em maior ou menor grau, reconhecer, explicitar e elaborar essa dimensão. A dimensão pastoral da teologia não é o que vem depois dela, como corolário teórico ou simples anexo pastoral. Não: é a qualidade interna da própria teologia científica que tem que ser pastoral, na medida em que vem toda informada pelo interesse de servir ao evangelho e na medida em que tal informação se inscreve concretamente em seu discurso.

---

51. *Quodlibetum* I, a. 2 (14): "Se alguém que pode se ocupar com a cura de almas, peca caso se ocupar com os estudos".

52. Cf. DORÉ, Joseph (org.). Théologie et pratique pastorale. In: DORÉ, Joseph (org.). *Introduction à l'étude de la théologie*. Paris: Desclée, 1992, t. II, p. 575-603 [com bibliografia].

53. Cf. obras que dão uma visão completa e aberta da problemática: MIDALI, Mario. *Teologia pastorale o pratica*. Col. Biblioteca di Scienze Religiose. 2. ed. Roma: LAS, 1991; · FLORISTÁN, Cristiano. *Teología práctica*. Teoria y práxis de la acción pastoral. Salamanca: Sigueme, 1991; · AUDINET, J. *Théologies pratiques*. In: DORÉ, Joseph (org.). *Introduction à l'étude de la théologie*. Op. cit., t. II, p. 521-574 [com bibliografia]. Cf. ainda para o mundo alemão: RAHNER, Karl. *Schriften zur Theologie*. Vol. VIII. Einsiedeln/Zurique/Colônia: Benziger, 1967, p. 133-149 [trad. it. La teologia pratica nel complesso delle discipline teologiche. In: *Nuovi Saggi*, III. Roma: Paoline, 1969, p. 153-172]; Id. *Neue Ansprüche der Pastoraltheologie an die Theologie als ganze*. Ibid., vol. IX, 1970, p. 127-147. Cf. tb. o conhecido "manual" de RAHNER, Karl et al. (org.). *Handbuch der Pastoraltheologie*. Freiburg: Herder, 1964-1969, 4 vol. Cf. ainda FUCHS, Otto (org.). *Theologie und Handels*. Beiträge zur Fundierung der Praktischen Theologie als Handlungstheorie. Düsseldorf: Patmos, 1984 (espec. p. 209-244); · BERTSCH, L. (org.). *Theologie zwischen Theorie und Praxis*. Beiträge zur Grundlegung der Praktischen Theologie. Frankfurt: J. Knecht, 1975; · METTE, N. *Theorie der Praxis*. Wissenschaftsgeschichtliche und methodologische Untersuchungen zur Theorie-Praxis Problematik innerhalb der praktischen Theologie. Düsseldorf: Patmos, 1978.

Na verdade, o estatuto da "teologia pastoral" foi praticamente resolvido pela Teologia da Libertação. Com efeito, nela a tematização da dimensão prática da teologia é feita de modo normal e sistemático, enquanto esta corrente integra, num processo único e incindível, o momento teórico (explicação) e o momento prático da fé (aplicação). O estatuto da "teologia pastoral" só se mostra "problemático" para uma "teologia científica" que permanece prisioneira de seu abstracionismo e de sua alienação frente à realidade em que vive o Povo de Deus.

E assim como existem teologias que privilegiam o momento científico da fé, há outras que privilegiam o momento prático (inclusive pastoral) da mesma fé. Por isso nada impede que existam disciplinas que ponham em maior relevo a dimensão pastoral de certas verdades da fé, como precisamente a teologia pastoral e outras disciplinas afins: teologia da catequese, a homilética, a liturgia, etc.[54] Todavia, assim como a teologia teórica deve estar aberta intrinsecamente à pastoral, assim também a pastoral deve buscar, a partir de suas exigências internas, um embasamento teológico consistente[55].

Agora, no dia a dia da vida da Igreja, entre a razão teológica e a sen- satez pastoral deve prevalecer a última. Valham aqui as sábias palavras com que D. Figini, fundador da "Escola de Venegono", terminava seus cursos e que dirigia aos que estavam para se ordenar:

> A teologia não é senão o bom-senso aplicado à fé. Se um dia vocês acharem que a teologia não está de acordo com o bom-senso, duvidem da teologia, não duvidem nunca do bom-senso[56].

Teologia-para-pastores

Por fim, que dizer da proposta de uma "teologia para pastores", diferente de uma "teologia para doutores"[57]? A situação da teologia institucional hoje não é

---

54. Cf. LIBÂNIO, João Batista & MURAD, Alfonso. *Introdução à teologia*. São Paulo: Loyola, 1996, p. 206-212: Relação concreta entre Teologia e Pastoral no nível do ensino.

55. Cf. *Excurso I* no final do Cap. 10.

56. Lembrança de um seu ex-discípulo, COLOMBO, Carlo. *Il compito della teologia*. Milão: Jaca Book, 1982, p. 15.

57. Sugestão de RAHNER, Karl. *Missão e graça* – Funções e estados na vida da Igreja. Vol. 2. Petrópolis: Vozes, 1965, p. 75-102: "O teólogo" (estudo de 1953-1954), de que retomamos aqui o essencial.

clara. Nas faculdades de teologia, a tendência vai para o lado da "teologia para doutores". Já os Seminários e os Institutos de pastoral se inclinam no sentido de uma "teologia para pastores". O que dissemos acima da "teologia pastoral" a partir do método e da prática da Teologia da Libertação permite responder também a essa questão.

Com efeito, não se trata de estabelecer dois currículos paralelos, mas antes fazer com que o currículo básico de teologia, não só nos Seminários e Institutos de Pastoral, mas também nas Faculdades teológicas, corresponda, para valer, a uma "teologia para pastores", reservando a pós-graduação para a formação dos doutores. De resto, a grande maioria dos que cursam teologia frequentam o currículo básico em função de seu trabalho pastoral, máxime os seminaristas. Por isso, no currículo básico é intempestivo privilegiar o aspecto acadêmico da teologia.

Isso não significa administrar nesse currículo uma teologia menor, simples vulgarização da teologia científica. Teologia para pastores não pede menos cientificidade, mas apenas uma outra cientificidade: uma cientificidade mais voltada para a problemática vivida pela Comunidade de fé do que para as questões da Academia. Dizer que a teologia pastoral não é teologia científica é confundir ciência com erudição enciclopédica, formalística e acadêmica, sem ver que ciência é capacidade de penetrar no âmago de uma problemática concreta e viva. Efetivamente, o caráter científico de um discurso não se tira pelo tema mas pelo modo de tratar um tema. Isso é elementar em epistemologia, como vimos (Cap. 3).

De resto, dos teólogos de profissão, para abordar questões concretas de pastoral, exige-se muitas vezes uma aplicação científica muito maior e até um trabalho duplo: primeiro em nível da pesquisa e elaboração prévia, e depois em nível da comunicação dos resultados de seus estudos. Isso é tanto mais verdade, quanto mais o teólogo busca responder efetivamente às preocupações concretas (e entre nós, muitas vezes, dramáticas) da pastoral. Pois, como diz Tomás de Aquino, "uma ciência prática é tanto mais perfeita quanto mais concreta é"[58]. Qualquer assessor teológico sabe que preparar um seminário de aprofundamento engaja muito menos, existencial e também intelectualmente, que preparar uma boa palestra para uma assembleia pastoral. Pois se existe alguém que mereça o melhor da teologia, esse é certamente quem trabalha diretamente com o povo.

---

58. *ST* I, q. 22, a. 3, ad 1: *"Omnis enim scientia operativa tanto perfectior est, quanto magis particularia considerat in quibus est actus"*.

Para uma teologia de agentes, o importante não é dar tudo, mas antes *dar princípios* de intelecção e critérios de ação. Mais importante ainda é despertar o *interesse* para que, em seguida, cada agente pastoral continue por própria conta sua formação teológica. De resto, a "formação permanente" é hoje um imperativo da cambiante cultura moderna. Tanto mais quando se leva em conta diversidade de situações e as exigências de especialização hoje, também na pastoral.

Esta concepção tem incidências claras no nível do programa teológico. Uma teologia para pastores deve ter um programa:

1. *Aliviado* de questões complicadas, eruditas e inúteis do ponto de vista pastoral;

2. *Concentrado* em poucos temas, mas que sejam essenciais e vitais;

3. *Aprofundado* em pontos especificamente pastorais[59].

Em termos da metodologia da libertação, trata-se aqui de privilegiar (sem exclusivizar) o momento *prático-pastoral* do processo teológico. O privilegiamento do momento téorico-científico poderia ficar para a pós-graduação, a qual se destina especificamente à formação de doutores.

Mas é bom e mesmo necessário que também os futuros doutores passem pelo currículo ordinário organizado em termos de teologia pastoral. Pois assim saberão tratar corretamente não só os próprios pastores em suas assessorias, mas também seus futuros alunos, candidatos a pastores. O que não os impede de ajudar uns e outros a manter sempre no horizonte de sua missão a perspectiva constitutiva de toda a teologia, que é de ser "diakonia da fé".

Posto e resolvido assim o problema, supera-se o divórcio, em parte ainda existente, entre teologia e pastoral, e se obtém uma teologia aberta à pastoral e uma pastoral inspirada na teologia. E é na recuperação dessa unidade que se encontra um dos não menores méritos da Teologia da Libertação.

RESUMINDO

1. A vida é elemento integrante da teologia. Como? De três maneiras:

– como *origem* concreta de conhecimento teológico. De fato, a experiência espiritual e a prática de fé são fonte para a teologia;

---

59. RAHNER, K. *Missão e graça*. Op. cit., p. 91-93.

– como *polo teórico* da reflexão teológica. Efetivamente, a vida entra na teologia, quer como matéria-prima, quer como indicações para agir;

– enfim, como *finalidade* da prática teológica.

2. No conceito "vida" podemos distinguir vários níveis, como:

– o *estrutural*: é a vida social, histórica, política;

– o *cotidiano*: é a vida das relações interpessoais;

– o *interior*: é a vida subjetiva, seja emocional, seja espiritual.

3. "Práxis", como noção "moderna", adotada em parte pela Teologia da Libertação, designa essencialmente o primeiro nível de "vida" indicado acima: a vida social. Corresponde a uma ação dotada das seguintes qualificações:

– *subjetiva*: nasce de um propósito ou projeto;

– *objetiva*: possui um efeito externo;

– *coletiva*: é portada por sujeitos sociais;

– *transformadora*: muda as estruturas.

4. A teologia existe *direta e imediatamente* em função do *conhecimento* de Deus. Ela quer saber, de imediato, a verdade sobre Mistério. Sem respeitar esse primeiro momento, cai-se na funcionalização da teologia e da fé, e na miopia do ativismo.

5. *Indireta e mediatamente*, a teologia existe para *amar* e *servir* a Deus. Sua finalidade decisiva é: *praticar* a vontade de Deus. E esse deve ser também o primeiro objetivo intencional, o *primum intentionis*, de todo teólogo cristão.

6. Como tudo em nossa vida, a teologia visa ultimissimamente o *gozo* de Deus no Reino consumado. Em outras palavras, a teologia se destina *fine finaliter* à felicidade absoluta, a qual encontra certa antecipação no "prazer de fazer teologia".

7. A teologia é necessária:

1) para a *Igreja em seu conjunto*, a fim de se desincumbir a contento de sua missão evangelizadora frente às exigências da racionalidade moderna e pós-moderna;

2) para *alguns cristãos* individualmente, que encontram aí sua vocação de serviço e também sua autorrealização;

3) para a *sociedade*:

– em *nível absoluto*, pois esta se acha sempre às voltas com as "questões eternas", as relativas ao sentido da vida;

– para a *sociedade moderna e pós-moderna*, na medida em que esta sempre necessita do discernimento superior da Fé, enquanto teologicamente elaborado;

– para as *sociedades periféricas*, enquanto estas precisam, religiosa e culturalmente, da tematização libertadora da fé para poderem viver eficazmente esta fé em seu contexto de opressão e se libertarem na perspectiva do Evangelho.

8. A teologia deve estar *a serviço da Vida espiritual*. E isso prestando os seguintes serviços particulares:

– discernir a experiência espiritual;

– introduzir mistagogicamente à mesma experiência;

– ceder o passo à devoção e à mística, para além do *logos*.

9. A teologia é também *serviço à Pastoral*. É um serviço "arquitetônico", pois visa a construção do Corpo de Cristo em seu conjunto. Eis algumas implicações metodológicas para a teologia assim concebida:

– toda teologia deve ter assumidamente uma dimensão pastoral ou orientação evangelizadora;

– algumas disciplinas teológicas devem privilegiar temática e sistematicamente a função pastoral;

– é conveniente que o ciclo básico de teologia privilegie, em sua globalidade, uma orientação explicitamente pastoral, ou seja, que administre efetivamente uma teologia-para-pastores.

EXCURSO

TEOLOGIA E IDEOLOGIA

Para ir de encontro ao debate interminável que se costuma levar em torno do tema da ideologia, é preciso antes de tudo esclarecer o sentido desse termo.

Partindo da perspectiva da "pragmática", segundo a qual o sentido de uma palavra é dado pelo seu uso, podemos identificar nas discussões de hoje três usos de "ideologia". Chamemo-los Ideologia 0 (I 0), Ideologia 1 (I 1) e Ideologia 2 (I 2). Eis um quadro sintético desses sentidos-uso:

USOS	IDEOLOGIA 0	IDEOLOGIA 1	IDEOLOGIA 2
Conotação	Neutra	Positiva	Negativa
Designa	Superestrutura	Ideias-força	Mentira
Contrapõe-se à	Infraestrutura	Ação concreta	Verdade

Se assim é:

1. *No sentido neutro de Ideologia (= I 0)*, teologia *é ideologia*, sem dúvida alguma. Quanto à fé, esta possui inegavelmente um lado ideológico, isto é, de consciência, mas tem também e sobretudo um lado real, não ideológico. Pois a graça divina transcende não só as formas de consciência, mas até a totalidade da realidade criada.

2. *No sentido positivo de Ideologia (= I 1+)*, a teologia *é em parte ideologia*. Pois, embora entenda ser a expressão serena da verdade revelada, é inarredavelmente impulso à Caridade. E isso vale particularmente para a Teologia da Libertação, como se vê por seu discurso ético-profético e crítico-utópico. Já a parênese é plena e deliberadamente um discurso voltado para a ação e a vida, entretecido que é de ideias-força.

3. *No sentido negativo de Ideologia (= I 2-)*, a teologia não é *em princípio* ideologia. Mas pode sê-lo na prática, o que supõe um exame cuidadoso de caso por caso.

De fato, idealmente a função da teologia é desvelar a verdade da fé. Quer ser o discurso da transparência que passa pelo crivo da crítica, e não mero discurso dos interesses sociais, ocultos atrás de razões morais ou religiosas. Contudo, na prática, a teologia nem sempre consegue ser o discurso da transparência da fé. E isso não tanto por *malícia* deliberada (caso a não ser descartado), mas o mais das vezes por *ingenuidade* política ou por interesses de classe inconscientes. Daí a importância, no confronto Fé-Práxis, do "retorno dialético" Práxis-Fé, objetivando purificar e enriquecer a própria Fé. Nesse sentido, qualquer teologia de libertação precisa se transformar em "libertação da teologia"[60].

Mas aqui precisamos aprofundar a questão. Observemos que o lugar de verificação sobre se um discurso é ou não "ideologia" é precisamente o horizonte social, pois que se trata de questões da verdade e da justiça *sociais*. Ora, é inadequado medir uma teologia apenas pelo metro social. Pois se, por um lado, ela envolve o social, por outro, ela o supera de muito: para baixo, ela vai na direção do "humano" fundamental, que é sempre maior que o social; e, para cima, ela se abre ao "divino", que transcende todo o social. Ora, a essa altura, o debate sobre o quociente ideológico de uma teologia perde muito de sua pertinência e de seu interesse, pois aí os – por assim dizer – três quartos da teologia se encontram fora de pauta.

É o que explica por que certa teologia pode ser em si mesma verdadeira, mas pode ser ao mesmo tempo ideológica: verdadeira em sua *natureza* religiosa, e ideológica em sua *função* política. São os chamados "abusos da fé", de que a história dá exemplos sobejos (a propósito da "senhoria de Cristo", do "primado de Pedro", do "mandato missionário" e por aí vai).

De certo, o teólogo como tal deve, sem equívocos e sem volta, fazer sua "opção preferencial pelos pobres" e tomar, por isso, a defesa intransigente dos oprimidos. Contudo, ainda aí ele é e permanece irrenunciavelmente *crítico*. E isso *ex professo*, isto é, em força de sua profissão[61]. Ele não pode nunca se transformar em mero "funcionário do Povo" e menos ainda em ideólogo de um partido, ainda que popular. Ele é certamente parceiro dos pobres, mas um parceiro crítico. De resto, seu serviço aos pobres só é eficaz quando parte, sem concessões, da Verdade da fé em sua integralidade (cf. At 20,20.27). Ele sabe, sem dúvida, que o humilde Povo de Deus, por meio de seu "senso da fé" (cf. LG 12), é um lugar privilegiado onde se resplandece a verdade divina (cf. Mt 11,25-26). Mas sabe também que ninguém escapa do juízo soberano da Palavra.

Do mesmo modo, o teólogo é sem dúvida um "homem de igreja", mas não o "ideólogo" da instituição eclesiástica e menos ainda o serviçal da hierarquia. Aqui também, ele não pode fazer economia da criticidade, consubstancial à sua função na Comunidade eclesial. Ele não pode "entregar a cabeça" a quem quer que seja. Menos ainda pode dar seus olhos. Deve conservá-los para poder ver sempre lucidamente a fé histórica a partir da Fé evangélica; ou, por outras, ajuizar, com humildade, as realizações eclesiais em virtude do fundamento e do destino da própria Fé.

---

60. Cf. SEGUNDO, Juan Luís. *Libertação da teologia*. São Paulo: Loyola, 1978, espec. cap. 4, 5 e 6.

61. Cf. SECKLER, Max. *Teologia, Scienza, Chiesa*. Saggi di teologia fondamentale. Brescia: Morcelliana, 1988, p. 58-60.

Desta maneira, a teologia exerce a função de crítica às ideologias religiosas. Mas tal tarefa só se entende como propósito ideal, pois teologia nenhuma está a salvo de aderências ideológicas, que inevitavelmente acompanham, como ao cão a sua sombra, todo discurso da verdade, por mais puro e isento que se queira.

LEITURA I

BEATO JOÃO DUNS SCOTUS:

"A teologia enquanto ciência prática"[62]

<<Diz a Carta aos Romanos: "O fim da lei é o amor" (13,10).

Igualmente Mateus: "Nesses dois mandamentos (isto é, do amor) consiste toda a lei e os profetas" (22,40).

Do mesmo modo Agostinho: "Aquele que possui o amor nos costumes, possui o que é latente e o que patente nas palavras divinas" (*Sermo 350, De caritate* II n. 2: PL 39, 1534).

Estas autoridades provam que esta ciência não existe precisamente para teorizar, pois a ciência teórica nada busca além da teoria, como diz Avicena no comentário da *Metafísica* (de Aristóteles) (I, c. 1, 70ra).

Pergunta-se se a teologia, como ciência prática por si mesma, o é em função da práxis enquanto seu fim. [...][63].

Para isso é preciso antes examinar o que é a práxis. Digo, em primeiro lugar, que práxis, à qual o conhecimento prático se estende, é:

– o ato de uma outra faculdade que o intelecto;

– naturalmente posterior ao intelecto;

– e que é naturalmente feito conforme à intelecção reta, de modo que possa ser um ato reto.

A primeira condição (ser não um ato do intelecto) é clara, pois, ficando apenas nos atos intelectuais, não há extensão alguma da inteligência, porque esta não

---

62. *Ordinatio. Prologus*, pars 5, q. 1-2: *Opera Omnia*, Studio et Cura Commissionis Scotisticae, Typis polyglottis Vaticanis, Cidade do Vaticano, 1950, t. I, p. 151-226. A tradução é nossa. Referimos nas notas seguintes os trechos citados dessas duas "questões".

63. *Ordinatio. Prologus*, pars 5, q. 1: *Opera Omnia*. Op. cit., p. 151-153.

se estende para fora, a não ser no caso em que seu ato se relacione ao ato de uma outra faculdade.

Se se diz que um ato do intelecto se estende a um outro, dirigido por ele, nem por isso o segundo ato é práxis, como falamos aqui, nem o primeiro é conhecimento prático, pois então a lógica seria prática pelo fato de dirigir os atos do discurso.

A segunda condição (práxis como naturalmente posterior ao intelecto) é evidente, pois os atos que não estão ordenados ao intelecto, como os atos vegetativos, e os atos que naturalmente precedem o intelecto, como os sensitivos, não se denominam práxis (*praxes*), nem a eles se estende o saber prático, enquanto são anteriores à intelecção. Igualmente o ato da faculdade do apetite sensitivo enquanto precede o ato do intelecto não é práxis. Por isso mesmo tal ato é comum a nós e aos bichos. E nem a respeito desses atos existe algum conhecimento prático, a não ser porque de algum modo modera esses atos e estes seguem a intelecção moderadora para serem moderados por ela.

Dessas duas condições se segue o corolário seguinte: a práxis, a que se estende o hábito prático, nada mais é que o ato da vontade elícito (direto) ou imperado (indireto). [...] Apesar de a especulação ser uma espécie de operação e assim práxis, no sentido amplo, entretanto, de vez que práxis se diz apenas da operação à qual o intelecto se estende, nenhuma intelecção é práxis. E desse modo, tem-se práxis quando se diz que o conhecimento prático se estende à práxis. [...]

A terceira condição (ser feito conforme à intelecção reta) se prova dizendo que a eleição reta requer necessariamente uma razão reta, como diz Aristóteles na *Ética a Nicômaco* (l. VI, c. 2, 1139a 22-25). [...]

Das duas últimas condições, segue-se que o ato imperado (mediado) da vontade não é práxis em primeiro lugar, mas como que por acidente. Pois não vem em primeiro lugar logo depois da intelecção e nem é a primeira coisa a se conformar naturalmente à reta razão. É preciso, portanto, que algum outro ato seja práxis por primeiro. Ora, tal ato só pode ser a volição, pois por ela tem o ato imperado as referidas condições. Portanto, a primeira razão da práxis consiste no ato elícito (imediato) da vontade. [...] O ato da vontade, e só ele, é práxis. [...] O ato da vontade... é verdadeiramente práxis... E o é também quando só, sem o ato imperado...[64] [...] Amar e desejar o objeto conhecido é verdadeira práxis[65]. [...]

---

64. *Ordinatio, Prologus,* pars 5, q. 2: *Opera Omnia,* op. cit., p. 155-160.

65. Op. cit., p. 197.

Digo que a fé não é um hábito teórico (especulativo), nem crer é um ato teórico, nem a visão que segue à fé é teórica, mas prática. [...][66]>>

LEITURA II

KARL BARTH:

Trabalho teológico é serviço[67]

<<... Precisamos constatar, em primeiro lugar, que o trabalho teológico não poderá ser realizado em função de si mesmo, qual "arte por amor à arte". Quem seriamente se ocupa com teologia, bem sabe que tal tentação específica espreita por todos os lados e nunca deixa de ser grave. Teologia, especialmente em sua modalidade de dogmática, é ciência caracterizada por estranho fascínio, já que irresistivelmente clama por arquitetônica intelectual e, portanto, por beleza. [...] (Teologia) é um empreendimento cuja execução poderá fazer-nos esquecer com muita facilidade a pergunta: "Para que serve tudo isso?"

Tal pergunta, porém, pode ser legitimamente adiada ou posta à margem. Pois é impossível um estudo no qual, a cada passo, se pergunta com impaciência: "Para que fim me servirá isto ou aquilo? O que é que vou fazer com tal assunto? Em que sentido vai me ajudar na Comunidade e no mundo?" Quem constantemente tiver tais perguntas no coração (e nos lábios); quem nunca se deixar mover seriamente pelos problemas teológicos como tais; quem cuidar de se ocupar com eles apenas para depois poder ocupar qualquer função, recorrendo a soluções quaisquer, encontradas no estudo; – tal indivíduo não será teólogo que se poderá tomar a sério, nem em sua oração, nem em seu estudo; e ele mais tarde, por certo, não terá a dizer às pessoas nada de correto e menos ainda de essencial. Isso só o conseguirá quem, de princípio, se dedicar ao esforço de obter conhecimentos essenciais, sem olhar de esguelha para esta ou aquela aplicação prática. Portanto, dito de passagem, será contraindicado e poderia até ser perigoso se o neófito teológico, em vez de se dedicar de modo concentrado ao estudo, durante os poucos anos que passa na Universidade, anos que não voltam mais, atira-se com inquietude em um sem-número de atividades cristãs; ou se até, como é uso em certo países, já vier a ser parcialmente

66. Op. cit., p. 225s.

67. *Introdução à teologia evangélica*. São Leopoldo: Sinodal, 1977, p. 144-149: XVI preleção. Fizemos pequenas modificações de estilo para tornar o texto mais correto e mais claro.

investido de um ministério eclesiástico. Tal reserva, contudo, em nada modifica o fato de que servir a Deus e à humanidade é o sentido, o horizonte e o *telos* do trabalho teológico, que, desta forma, não será nenhuma *gnosis* a pairar no espaço, a servir unicamente ao prazer intelectual e estético do teólogo. [...]

Ademais, já que a teologia se acha encarregada de servir – de servir a Deus, em Sua Palavra, como ao Senhor do mundo e da Comunidade, e de assim servir à humanidade amada por Deus, tocada por Sua Palavra – ela não poderá ter ideia nenhuma de dominar, nem em relação a Deus, nem em relação às pessoas. Por ser chamada a servir, à teologia convém a modéstia. Mas a modéstia não exclui, antes requer, que o trabalho teológico seja feito com a tranquila consciência do seu valor. Em nenhuma parte está escrito que a estirpe dos teólogos deva entrar na longa fila dos répteis. Se o teólogo não se envergonhar do Evangelho, não precisará pedir desculpas a ninguém pela sua existência, nem precisará justificar seu trabalho pelo estabelecimento de qualquer fundamento ontológico ou por outros artifícios apologéticos e didáticos. Não o fará nem frente ao mundo e nem frente à Comunidade. O trabalho teológico, justamente por ser serviço, precisa ser feito de cabeça erguida. Se não for assim, antes que não seja feito de todo!

Mas tampouco o trabalho teológico poderá ser realizado por quem nutra o intuito de bancar o sabe-tudo, de tocar o primeiro violino, de ser o primeiro. [...] Os teólogos contam com a possibilidade de, a cada momento, suceder que qualquer pessoa modesta, a famosa "velhinha" na Comunidade ou mesmo um estranho esquisito, venha a demonstrar mais sabedoria, em questões essenciais e de importância básica, do que eles, os teólogos, com todo o seu cabedal científico, distribuído nas mais diversas disciplinas, Contam com a possibilidade de que poderão ver-se obrigados a aprenderem dessas pessoas, em vez de lhes ensinarem. Entrementes, orando e estudando, farão o melhor que puderem. Agirão de cabeça erguida, corajosos, sabendo bem que lhes é lícito serem felizes em seu trabalho, justamente por lhes ser permitido realizarem o seu labor na liberdade específica que lhes foi dada e na honra específica que compete a "diáconos", aos quais esta diaconia, modesta como todas as demais, tem sido confiada: a diaconia de sua pobre ciência teológica.

O seu serviço específico... como "serviço prestado à Palavra de Deus", será mais adequadamente descrito assim: a teologia, frente à pregação, à catequese e à pastoral..., deverá levantar a pergunta pela verdade, para assim ajudar a Comunidade a encontrar os esclarecimentos específicos de que necessita. Não está em seu poder, nem é sua tarefa manifestar a própria Palavra de Deus. Será levada, no entanto, a prestar assistência à pregação da Igreja, na medida em que essa pregação é um "testemunho de segundo grau", para que ela seja um espelho mais puro da Palavra de Deus, para que produza um eco mais claro. Tal testemunho em nenhuma parte será tão perfeito que venha a ser supérfluo e desnecessário confrontá-lo, mediante a teologia, com a pergunta pela verdade.>>

TEOLOGIA, IGREJA E MAGISTÉRIO (I):
OS VÁRIOS MAGISTÉRIOS NA IGREJA

As relações Teologia e Magistério só podem ser bem colocadas no interior da eclesiologia. Portanto, trataremos aqui em primeiro lugar da posição da teologia dentro da Igreja e em seguida da pluralidade de magistérios na Igreja. Na parte seguinte (Cap. 14/2) nos concentraremos na relação da Teologia com o Magistério pastoral.

TEOLOGIA E IGREJA

Igreja: "sujeito epistêmico" da teologia

A Igreja é sempre o sujeito *primário* e *geral* de todos os carismas, serviços e missões, inclusive da teologia. O sujeito da fé é também o sujeito da reflexão da fé – a teologia. Como toda a Igreja é "crente", assim toda ela é igualmente "teologizante". É o que defendeu R. Guardini em sua aula inaugural em Bonn[1]. Por sua parte, diz a esse propósito D. Bonhöffer:

> O conhecimento de Deus é em primeiro lugar um conhecimento da comunidade. [...] A teologia é uma função da Comunidade... A comunidade... é sujeito do conhecimento. [...] Trata-se de elaborar e de sustentar uma teoria eclesial do conhecimento. É a única maneira de escapar ao perigo do subjetivismo[2].

Em particular, como todo "o Povo santo de Deus participa do múnus profético de Cristo" (LG 12 e 35), assim também a Igreja é toda-ela-teóloga. Por isso se pode falar numa *Ecclesia quaerens intellectum fidei*[3].

---

1. Anselmo de Cantuária e a essência da teologia. In: GUARDINI, Romano. *Auf dem Wege. Versuche.* Mogúncia, 1923.

2. Cf. BONHÖFFER, Dietrich. *La nature de l'Eglise* (curso de 1932). Genebra: Labor et Fides, 1972, p. 37. Ademais, Bonhöffer acha que a teologia faz parte das funções *necessárias* da Igreja.: "Absolutamente necessária, (a teologia) é a primeira tarefa extracultual da Igreja. [...] Dar prova de presunção com relação à teologia é fora de propósito tanto quanto embaraçante" (p. 74s.).

3. *Ecclesia quaerens*: expressão de Teilhard de Chardin numa carta escrita no fronte em 27 de julho de 1917 ao P. Fontoynont, sugerindo a criação de uma "usina teológica" destinada a discutir as questões da cultura atual, a fim de impedir o "cisma entre a vida humana natural e a Igreja".

Agostinho, em sua mística da unidade Cristo – Igreja, chega a dizer que a inteligência da fé é fato do próprio Cristo, como "Cristo total":

> Entendam os membros de Cristo e, nos membros, entenda o Cristo; e os membros de Cristo entendam em Cristo, pois cabeça e membros são um só Cristo[4].

A teologia se faz "in medio ecclesiae"

Todavia, na distribuição dos carismas, correspondente à "divisão do trabalho eclesial", existem especializações. "Na Igreja, Deus estabeleceu, em primeiro lugar, os apóstolos, em segundo lugar os profetas, em terceiro lugar os doutores" (1Cor 12,28). Logo, como carisma específico, a teologia:

– é um dom ou graça;

– é um serviço ou ministério;

– dá-se em favor da Igreja toda.

Assim, Tertuliano podia constatar que na Igreja de Cristo "algum irmão é doutor, ornado com a graça da ciência"[5]. A teologia é uma atividade essencial e primariamente eclesial. Ela se faz em nome do Povo de Deus e em seu benefício.

Mas que recebe o teólogo da Igreja? Recebe:

– o *tema* próprio de seu estudo, que é Deus e toda realidade à luz de Deus;

– o *princípio* hermenêutico determinante de sua reflexão – a luz da fé ou da Revelação;

– a *fonte primeira* de seu trabalho, que é a Sagrada Escritura;

– as *outras fontes* de sua reflexão, ou seja, a grande Tradição da fé: a Liturgia, os Concílios, os Padres, os Doutores, o Magistério, etc.;

---

4. *Enarrationes in Psalmos*, 54, v. 1, n. 3: *Obras de San Agustín*. BAC 246, t. XX. Madri: Católica, 1965, p. 330.

5. *De prescriptione haereticorum*, XIV, 1; cf. III, 5.

– a *atmosfera* ou o lugar onde se elabora seu discurso, que é a própria Comunidade de fé[6];

– a *certeza* da verdade que o teólogo pesquisa e aprofunda.

Sobre o último ponto, é bom ouvir o testemunho do grande historiador eclesiástico Ignaz von Döllinger († 1890), em célebre discurso, no qual, depois de ter reivindicado à teologia a "indispensável liberdade de movimento, assim como ao corpo o ar para respirar", afirmava, em "plena harmonia" com a Igreja, o seguinte:

> A Igreja libertou (o teólogo) da escravidão da penosa incerteza, do tormento do arbítrio do pensamento e da consciência, da dúvida corrosiva, do sentimento de insegurança até nos fundamentos e nos pontos de partida da sua pesquisa. Ele se sente libertado da deprimente perspectiva que depois de dez ou vinte anos será obrigado a reconhecer como erro e a refutar o que agora lhe parece tão seguro e certo[7].

Justificação do laço Teologia-Igreja

A vinculação do teólogo à Igreja não representa, como pode parecer, um obstáculo ao desenvolvimento livre e crítico de seu discurso, mas, ao contrário, é sua condição de possibilidade. Por quê? Por causa do caráter intrinsecamente eclesial do objeto da teologia. A fé cristã é comunitária, é "popular". E de vez que o objeto decide do método, como a meta decide do caminho, assim também, para "acessar" esse objeto é preciso passar pela Igreja. Donde se vê que a eclesialidade é uma exigência lógica da teologia. É seu pressuposto epistemológico e não um preconceito. Por isso mesmo, porque constitutivo, o laço entre teologia e Igreja não amarra mas libera, não fecha mas abre[8].

---

6. Seguimos aqui SCHMAUS, Michael. *A fé da Igreja*. Vol. I. Petrópolis: Vozes, 1976, p. 180-182: "A teologia como ciência eclesial". Para esse assunto cf. ainda: KERN, Walter & NIEMANN, Franz-Josef. *Gnoseologia teologica*. Brescia: Queriniana, 1966, p. 23-39; · KASPER, Walter. *Teologia e Chiesa*. Brescia: Queriniana, 1989 [orig. al. Mainz, 1987]; · RAZINGER, Joseph. *Natura e compito della teologia*. Milão: Jaca Book, p. 45-65: "O fundamento espiritual e o lugar eclesial da teologia"; · COLOMBO, Carlo. *Il compito della teologia*. Milão: Jaca Book, 1982, cap. 4, p. 37-46.

7. *Passado e futuro da teologia*. Discurso no Congresso de Estudiosos Católicos, Munique, set. 1863, apud ACERBI, Antonio. *Il diritto nella Chiesa*. Brescia: Queriniana, 1977, p. 187. Sabe-se que Döllinger, apelando para argumentos históricos, se opôs à infalibilidade pontifícia, sendo por isso excomungado.

8. É substancialmente a argumentação de BEINERT, Wolfgang. *Introducción a la teología*. Barcelona: Herder, 1981, p. 173s.

Por consequência, teologia não é uma meramente atividade privada[9]. Por esta simples razão: teologia é teologia da fé, e fé é fé da Igreja. Ao contrário de uma "filosofia da religião", que pode muito bem ser privada, a fé é algo de coletivo e público. Assim, a Igreja é o "solo nativo e a pátria permanente da teologia"[10]. Teologia é teologia *da Igreja*. Nela a fé nasce, cresce e se mantém.

A necessária vinculação da teologia com o Povo de Deus se pode perceber também quando se analisa a finalidade da teologia (Cap. 13). De fato, a teologia existe a serviço da Palavra. Ela tem um decidido endereço evangelizador. A esse título também a teologia é feita na Igreja: a partir dela e em função dela.

O teólogo é teólogo enquanto membro da Comunidade de fé. É dela que recebeu o mandato específico de exercer o ministério teológico. Ora, esse mandato reveste normalmente a forma da *missio canonica* (CDC, cân. 812)[11]. Na verdade, o teólogo é, no fundo, um cristão que exerce um serviço específico na Igreja. Aí "cristão" é substantivo e "teólogo" é o aposto. É a título de cristão, membro da Comunidade eclesial, que ao teólogo se pede, por natureza e por direito, a "profissão de fé" (cf. CDC, cân. 833, § 6)[12].

Teologia não é "negócio privado"

Sem relação orgânica com a Comunidade de fé é impossível fazer uma boa teologia. Pois a fé, fonte de toda a teologia, se vive em igreja e na Igreja. Ora, a Igreja não é só confissão de fé; é também celebração litúrgica, é missão no mundo

---

9. Cf. CHENU, Marie-Dominique. "A teologia como ciência eclesial". *Concilium*, 21 (1967/1), p. 82-91; KÜNG, Hans. *Teologia e Chiesa*. Brescia: Queriniana, 1966, p. 11-21.

10. SECKLER, Max. *Teologia, Scienza, Chiesa*. Brescia: Morcelliana, 1988, p. 207.

11. CDC = Código de Direito Canônico. Cf. a Constituição Apostólica de João Paulo II, *Sapientia Christiana* (1979), que, em relação à Universidade e faculdades eclesiásticas, exige: 1) a "missão canônica" para os professores das disciplinas teológicas; 2) a "licença para ensinar" para os professores das disciplinas não teológicas; 3) e o "nihil obstat" da Santa Sé para todos os professores, quando candidatos à estabilidade acadêmica ou à promoção: art. 27, § 1 e 2.

12. Cf. *Acta Apostolicae Sedis*, 81 (1989) 104-106: "Profissão de fé" e "Juramento de fidelidade". Cf. NAUD, André. *Devant la nouvelle profession de foi et le serment de fidélité*. Montreal: Fides, 1989; THILS, Gustave. "La nouvelle 'Profession de foi' et Lumen Gentium 25. À propos de l'assentiment demandé". *Revue Théologique de Louvain*, 20 (1989), p. 336-343. Ambos os teólogos mostram que subjaz aí uma visão eclesiológica verticalista.

e é, de modo todo particular, uma espécie de "atmosfera de família", criada pela presença do Espírito. É necessário viver essa atmosfera para se entender adequadamente a fé da Igreja, para se captar seu "espírito" e seu "jeito" próprio de ser. É só a partir de dentro que se entende a Igreja e seus símbolos. Só pela convivência se conhece bem a "família dos cristãos".

Portanto, a ligação viva com a Comunidade confessante é necessária para o teólogo e para o bom desempenho de sua teologia[13]. Não à toa K. Barth substituiu o título primitivo de seu *opus maius* de "Dogmática cristã" (1927) pelo de "Dogmática *eclesial*" (1932-), convencido de que a dogmática não é absolutamente "livre", mas "vinculada ao âmbito da Igreja, e nela, e só nela, torna-se possível e cheia de sentido"[14].

É, pois, anômala a situação de um "teólogo avulso", separado do Povo de Deus e de sua caminhada. Sabe-se do fenômeno, presente nos países norte-atlânticos (especialmente Holanda e Alemanha), dos chamados "teólogos livres", desligados de qualquer igreja e que oferecem serviços religiosos de modo independente: batismos, exéquias e bênçãos várias. Essa situação anormal encontra, em parte, explicação no contexto, também anormal, dos "cristãos sem igreja" daqueles países[15].

Teologia confessional mas não confessionalista

Por sua vinculação à Comunidade eclesial, o teólogo está também vinculado à sua confissão de fé. Nesse sentido, toda teologia é confessional: é protestante, católica, ortodoxa ou seja lá que mais for.

Mas confessionalidade não é confessionalismo, como afirmação fechada e autossuficiente. A teologia há de permanecer aberta ao diálogo com outras confissões e, portanto, ao aprendizado e à correção. Isso não comporta a pretensão de uma confissão única, com o sacrifício das diferentes

---

13. Cf. DULLES, Avery. *La chiesa: sacramento e fondamento della fede.* In: LATOURELLE, René & O'COLLINS, G. (orgs.). *Problemi e prospettive di teologia fondamentale.* Brescia, 1980, p. 335s.

14. Cf. KÜNG, Hans. *Grandes pensadores cristianos.* Madri: Trotta, 1995, p. 190. Notar que Eusébio de Cesareia tem uma obra, entre as últimas, que trata de Deus e de Cristo e é intitulada: "Sobre a teologia eclesiástica" (*Peri tês ekkleesiastikêes theologias*).

15. Cf. MODEHN, Christian. "AAA: teologo offresi". *Adista contesti*, n. 7/70 (1996), p. 5-6 [orig. al. in *Publik-Forum*, 8-26/04/1996]. Na Holanda existe mesmo um instituto de formação para "teólogos livres", em que participam mais de cem jovens e que dispõe inclusive de uma revista própria.

identidades, mas a busca de pontos convergentes e a compreensão dos pontos irredutivelmente divergentes.

É nesse sentido que a teologia deve ser ecumênica e inter-religiosa. H. Küng foi quem mais insistiu nisso, propondo um programa de teologia, pelo qual essa fosse, entre outras coisas:

> – *católica*, em seu afã posto em toda a Igreja, na Igreja universal; e ao mesmo tempo *evangélica*, vinculada rigorosamente à Escritura, ao Evangelho [...];

> – *cristocêntrica*, decidida e diferenciadamente cristã; e contudo *ecumênica*, centrada no "ecumene", em toda a terra habitada, em todas as igrejas cristãs, em todas as regiões, em todas as religiões[16].

O fundamento do diálogo interconfessional é duplo: a *humildade* de reconhecer o *Deus sempre maior* e o respeito à liberdade de consciência do outro, ou seja, finalmente, a *caridade*.

1. O magistério de Cristo no espírito

Hierarquia de magistérios na Igreja

A teologia é um carisma articulado com outros "em vista da edificação do Corpo de Cristo" (Ef 4,12). A teologia está relacionada, em particular, com o carisma do Magistério eclesiástico, "intérprete autêntico" da Palavra de Deus (DV 10).

Contudo, no que se refere ao termo "magistério", o estudo de sua evolução histórico-teológica mostra que se trata de uma noção muito diferenciada e que sua redução à hierarquia é coisa bastante recente[17].

---

16. KÜNG, Hans. *Grandes pensadores cristianos*. Op. cit., p. 211. Cf. os trabalhos mais recentes desse autor, espec. *Teología para la posmodernidad. Fundamentación ecuménica*. Madri, 1989.

17. Cf. CONGAR, Yves. "História da palavra 'magisterium'". *Concilium*, 117 (1976/7), p. 103-114. Todo o número é dedicado à questão do magistério. Cf. ainda: SESBOÜÉ, Bernard. "La notion du magistère dans l'histoire et dans la théologie". *L'Année canonique*, 31 (1988), p. 55-94. Sobre a concentração do "magistério" no polo Roma, até o Vaticano II, cf. ALBERIGO, Giuseppe. "Du bâton à la misericorde. Le magistère catholique de 1830 à 1980". *Lumière et Vie*, n. 180, 35 (1986), p. 17-36: número monográfico sobre o magistério.

Com efeito, a hierarquia das diferentes instâncias de magistério na Igreja é a seguinte:

– o primeiro magistério é o de *Cristo*;

– o segundo, o magistério do *Povo de Deus*;

– o terceiro, o magistério *pastoral* e, dentro deste, o *papal*.

Explicitemos cada um deles, começando pelo magistério do Mestre por excelência, Jesus.

Cristo, único mestre

O magistério originário e fundante de todos os outros é o magistério de Cristo. "Não vos façais chamar de mestres, porque um só é o vosso mestre...; um só é o vosso guia, Cristo" (Mt 23,8.10). E Cristo é a "Verdade" (Jo 14,6), a Revelação escatológica de Deus.

Por outras, a grande autoridade doutrinária da Igreja é a Palavra de Deus, revelada em Cristo. Só ela é, em sua ordem, infalível e soberana. O próprio magistério hierárquico "não está acima da Palavra de Deus, mas a seu serviço" (DV 10,2). É sobre o magistério divino que se baseia e tem força toda forma de magistério eclesial. Pela promessa do Senhor, a Verdade de Deus sempre será, na Igreja, vitoriosa, por meio e apesar da própria Igreja[18].

Sob esse aspecto, toda a Igreja é *ecclesia discens*. E se torna *ecclesia docens* – toda ela – em força do aprendizado comum que recebe da boca mesmo de Deus (cf. Mt 4,4). Isso significa que antes de ser *magistra veritatis* a Igreja é *discipula veritatis*. Para ser "Igreja predicante", ela se faz primeiro "Igreja ouvinte". É anunciada, antes de ser anunciadora, como Maria de Nazaré, que primeiro ouviu a Palavra (Anunciação) e depois a proclamou nas montanhas da Judeia (Visitação)[19].

Podemos também dizer em chave pneumatológica: o grande mestre na Igreja é o Espírito Santo. João, tematizando essa ideia em seu evangelho,

---

18. Cf. RAHNER, Karl. *Curso fundamental da fé*. São Paulo: Paulus, 1989, p. 439-451.

19. Cf. CAPÍTULO GERAL DA ORDEM DOS SERVOS DE MARIA. *Fazei tudo o que ele vos disser*. São Paulo: Paulinas, 1985, n. 45, p. 54.

fala do Paráclito como do "Espírito da Verdade", que leva os discípulos à verdade completa (Jo 14,26; 16,13). Além disso, refere-se, em sua primeira Carta, à "unção" – o Espírito interiorizado – que faz "conhecer a verdade" (1Jo 2,20-21), para além de todo mestre exterior (1Jo 2,27), sendo Deus mesmo o mestre íntimo de cada um (Jo 6,45). Nem por isso João dispensa o magistério *apostólico*, representado por sua própria carta, ressituando-o, porém, em função do magistério *pneumático*.

De resto, os profetas já tinham previsto o dom de um "coração novo" ao qual Deus pessoalmente ensinaria sua verdade, sem necessidade de mediações (cf. Jr 31,33-34; Ez 36,37). A Primeira Igreja tinha consciência de estar vivendo, de modo inaugural, nesta situação.

2. O magistério comum de todo o povo de Deus

Depois do magistério de Cristo, temos o magistério da Comunidade eclesial como um todo, incluindo Pastores e simples Fiéis[20]. Todos na Igreja participam do ofício de Cristo doutor e profeta. Ensina o Vaticano II:

> Cristo... continuamente exerce seu múnus profético... não só por meio da hierarquia... mas também por meio dos Leigos (LG 35,1).

Mas como ensina o Povo de Deus no seu conjunto? Pela sua vida em geral, mais especificamente:

– pela confissão de fé;

– pelo culto;

– pelo testemunho de caridade[21].

O Magistério da Igreja em conjunto se confunde com sua *missão evangelizadora*. "Ide e fazei que todas as nações se tornem discípulos..., ensinando-as..." (Mt 28,19-20). Ora, o sujeito da evangelização, ainda que

---

20. Cf. rev. *Concilium*, 200 (1985/4): "Os fiéis também ensinam na Igreja?", especialmente estudos de: SCHILLEBEECKX, E. "Magistério de todos": p. 16-26; · SOBRINO, J. "A 'autoridade doutrinal' do Povo de Deus na América Latina": p. 60-68; · Fries, H. "Existe o magistério dos fiéis?" p. 88-98.

21. É assim que se pode entender a primeira afirmação que abre LG 12: "O Povo santo de Deus participa também do múnus profético de Cristo, pela difusão do seu testemunho vivo, sobretudo por meio de uma vida de fé e de caridade e pelo oferecimento a Deus do sacrifício de louvor...".

coletivo e articulado, é a Igreja por inteiro (cf. EN 59-60). Portanto, é o Povo de Deus como um todo que é "mestre da fé", na medida em que proclama no mundo todo as "maravilhas de Deus" (cf. EN 13).

Contudo, não é só face ao Mundo que se exerce o magistério comum, mas também no seio da própria Igreja. E na Igreja de Deus todos são "mestres", porque todos são "alunos" do Espírito. Daí que esse discipulado-magistério comum deve ser vivido na Igreja em regime de *reciprocidade*: "Com toda a sabedoria, instruí-vos uns aos outros" (Cl 3,16).

Qualquer ulterior especificação ou diferenciação descansa sobre esta igualdade básica. Se Deus/Cristo/Espírito é o "único mestre", então todos e cada um, seja leigo ou pastor, podem ser a cátedra a partir da qual o Espírito instrui a Igreja e o mundo (cf. 1Cor 14 todo).

Importância concreta da "verdade da fé"

Magistério tem a ver com a custódia e o anúncio da verdade salutar. Ora, a preocupação pela verdade da fé, assim como a luta contra a heresia, entendida como a perversão da verdade, se encontram claramente testemunhadas em todo o Novo Testamento, o que contrasta com o relativismo cultural hoje dominante. Eis alguns passos:

– Jesus fala dos "falsos profetas" (Mt 7,15-20; Mc 13,21-23);

– Paulo, em seu "testamento", chama a atenção dos "anciãos" para se precaverem contra os "discursos perversos" (At 20,30). Em suas cartas adverte contra a pregação de um "outro evangelho" (Gl 1,7-9), bem como contra a enganosa "parusia do ímpio", que buscará desviar o povo do "amor à verdade" (2Ts 2,3-12);

– João denuncia a falsa doutrina dos "anticristos" (1Jo 2,18-29; 4,1-6);

– a 2Pd dedica todo um capítulo (o 2º) ao perigo dos falsos doutores;

– a Carta de Judas igualmente insiste em que a Comunidade deve se guardar dos falsos doutores (3-16);

– o Apocalipse insiste em que a Comunidade deve se cuidar da sedução das falsas doutrinas (2,14-15.2), sobretudo do discurso enganador do Pseudoprofeta (13,11-18).

À condição de ser "esclarecida" (cf. Rm 10,3), a paixão pela verdade religiosa (ortodoxia) não é coisa de somenos importância, assim como não o é a boa conduta ética (ortopraxia)[22]. Se o que importa finalmente é a virtude, não se pode negar também que a verdade condiciona a virtude: o bem precisa ser verdadeiro. E eis-nos remetidos de novo para a questão da "verdade"[23].

Por isso, os debates dos primeiros Concílios sobre a verdade da natureza de Cristo não podem ser vistos como puramente teóricos e sem consequências. Estavam aí em questão as mesmas verdades pelas quais os mártires tinham derramado seu sangue. Por isso, a Igreja que canoniza os Mártires, canoniza também os Doutores[24].

Sabe-se que Lutero não queria saber quem era Cristo "por si mesmo", mas o que ele era "para nós"[25]. Temos aí uma preocupação pelo *sentido existencial* (não ontológico) e pela *significação espiritual* (não veritativa) dos Mistérios da fé. Assim também foi com o discutido Papa Honório I († 638) em relação à polêmica monotelista. Mas uma posição, assim pragmatizante, não é sem graves consequências no plano prático: da liturgia, da espiritualidade, da ética e da política[26].

Por outro lado, o "zelo pela verdade" pode decair para formas perversas de intolerância, fanatismo e violência, de que a história da Igreja dá fartos testemunhos. É só lembrar as cruzadas, a inquisição, as guerras de religião e o etnocídio sob o nome de missão[27]. O cuidado pela ortodoxia só é legítima no contexto do mais estrito respeito à liberdade do outro, do contrário, cai-se no fundamentalismo e no integrismo[28].

---

22. Voltaire, grande defensor da "tolerância" numa Europa intolerante, estava convencido de que o dogma separa e a moral une: "O dogma e a virtude são de uma natureza inteiramente heterogênea": *Dicionário filosófico*. Col. Os Pensadores 23. São Paulo: Abril, 1973, verbete "Justo e injusto", p. 235 (cf. tb. o interessante verbete "Dogmas": p. 161-163). E ainda: "A moral é uma, vem de Deus; os dogmas são diversos, vêm de nós": *O filósofo ignorante*, mesmas col., ed., cid. e data, aqui XLVIII: p. 332. Rousseau afirmava que a razão teórica às vezes se engana, mas a consciência moral nunca: Confession d'un vicaire savoyard. In: *Émile*, l. IV [trad. bras. São Paulo: Martins Fontes, 1995].

23. É a grande tese da encíclica de JOÃO PAULO II, *Veritatis Splendor* (1994), espec. n. 84.

24. Tomás de Aquino diz que o Doutor merece uma "auréola", ou seja, um prêmio especial, pois, como o mártir e a virgem, obteve uma vitória toda particular sobre o poder do mal, no caso, a ignorância: *ST*, suppl., q. 96, a. 7 e a. 11.

25. Cf. CONGAR, Yves. *Le Christ, Marie et l'Église*. Bruges: DDB, 1955, p. 33-38.

26. CONGAR, Y. *Le Christ...*, op. cit., p. 92s. Sabe-se que o III Concílio de Constantinopla (o VI Ecumênico) em 681 "anematizou" esse Papa (DS 552), o que foi confirmado pelo papa de então, São Leão II (DS 563).

27. Cf. João Paulo II, Carta apostólica *Tertio Millennio Adveniente* (10/11/94), n. 35, convidando a Igreja toda a reconhecer esses erros, cometidos no segundo milênio cessante, e a pedir perdão.

28. Cf. GRENIER, Jean. *Essai sur l'esprit d'orthodoxie*. Paris: Gallimard, 1938 (reed. 1967); DECONCHY, Jean-Pierre. *Orthodoxie religieuse et Sciences humaines*. Haia/Paris/Nova York: Mouton, 1980; e rev. *Concilium*, 212 (1987/4): "Ortodoxia e heterodoxia". Ensina o Aquinate que o doutor eclesial,

Contudo, o relativismo cultural dominante não parece ser resposta ao fundamentalismo das ortodoxias emergentes, ao contrário: um parece se alimentar do outro. Pode servir, nessa delicada questão, a sábia divisa agostiniana: "Nas coisas necessárias, unidade; nas duvidosas, liberdade; em tudo, caridade".

"Custódia do depósito": tarefa da Igreja toda

A defesa da fé não cabe só aos Pastores, mas à *universitas* dos fiéis. Como escreve, em 476, o Papa São Simplício ao bispo de Constantinopla, Acácio: Compete a todo o "Povo cristão estar sempre alerta na defesa da fé"[29]. Ou ainda como se exprime, em 865, o Papa Nicolau I em carta ao Imperador Miguel, pedindo-lhe para não se intrometer nas questões da Igreja, "exceto – acrescenta – quando se trata de fé, que é universal, que é comum a todos, que interessa não somente ao clero, mas também aos leigos e a todos os cristãos" (DS 639).

Mas, é claro, os pastores têm nesse campo uma responsabilidade particular, especialmente o magistério pontifical, que tem dado nisso eloquentes demonstrações na história[30].

Sentido do "sensus fidelium"

A base do magistério comum é o chamado "senso da fé". Por ele o Povo de Deus se deixa instruir pelo Espírito Santo e se torna um Povo-discípulo de Deus (*theodídaktos*: 1Ts 4,9).

---

além de brilhar pela "familiaridade celeste, pela prontidão ao martírio e pela austeridade de vida", deve resplandecer por sua "tolerância em relação aos adversários": ST I-II, q. 102, a. 4, ad 8.

29. "Christiana plebs, in defensione religionis attenta": *Epist. V*, 159, de 09/01/476, apud CONGAR, Yves. *Situação e tarefas atuais da teologia*. São Paulo: Paulinas, 1969, p. 139.

30. Ilustrativo do amor pela verdade revelada é o exemplo de Martinho I († 654), último papa mártir da história. É inacreditável o que sofreu nas mãos de Constâncio II, Imperador do Oriente, por causa da fé na dupla vontade de Cristo. Foi retirado de Roma às ocultas, quando, enfermo, se encontrava deitado diante do altar da basílica do Latrão, onde fora se refugiar. Depois de uma viagem penosíssima até Constantinopla e sofrendo de disenteria, ficou, ainda doente, três meses na prisão, onde foi obrigado a permanecer por 45 dias sem poder se lavar com água fria. Levado a juízo perante o Senado, sem possibilidade de defesa, foi humilhado, maltratado em público e condenado a mais três meses de cárcere, depois de destituído das insígnias pontificais. Foi finalmente exilado para a Crimeia, onde foi tratado com descaso por todos, inclusive pelos cristãos, que, num período de carestia, chegaram a negar-lhe o pão. Por fim, depois de uns dois anos, morreu no exílio. Tudo isso por quê? Simplesmente porque não aceitou assinar o decreto imperial "Typos" que impunha o silêncio (nada mais que isso...) acerca da questão do monotelismo. Para isso cf. BUTLER, Alban. *Vida dos Santos*. Petrópolis: Vozes, 1993, t. XI, 12 de novembro: festa de São Martinho, p. 113-115.

Na verdade, a Igreja em conjunto é "indefectível" (LG 12) e "infalível" (LG 25). É quando, mediante o "senso sobrenatural da fé", "apresenta um consenso universal sobre questões de fé e costume", e isso "desde os bispos até os últimos fiéis leigos" (LG 12).

Aqui precisamos nos deter um pouco, pois tocamos na importante questão do *sensus fidei* (séc. XIII) ou *sensus fidelium* (séc. XVI)[31]. Como entender esse "sentido da fé" ou esse "senso dos fiéis", ou seja lá que expressão se use: percepção, intuição, convicção, instinto, faro, sentimento, inclinação (G. PERRONE), conaturalidade (SANTO TOMÁS)?

O *sensus fidei* constitui um conhecimento da ordem do irreflexo, acategorial ou antepredicativo, que faculta ao Povo de Deus um juízo correto sobre as coisas da fé. É um saber sobrenatural, um conhecimento pneumático ou espiritual, no sentido de que procede do Espírito. De fato, a tradição teológica atribui ao Espírito nada menos que três dons "intelectuais" dentre os sete conhecidos: a inteligência, a ciência e a sabedoria (sem ainda incluir o dom do conselho)[32].

E frutos do *sensus fidelium* são os distintos "documentos da Tradição", não só escritos: Patrística, Concílios e Liturgias; mas também os documentos não escritos: afrescos, mosaicos, vitrais, ícones, esculturas, templos, etc. Todos eles testemunham a "fé comum do Povo de Deus". São a cristalização do *sensus fidelium* pretérito[33].

---

31. Para essa questão, cf. a tese doutoral na Gregoriana de VITALI, Dario. *Sensus fidelium. Una funzione ecclesiale di intelligenza della fede*. Brescia: Morcelliana, 1993. Cf. ainda: CONGAR, Yves. *Jalons pour une théologie du laïcat*. Paris: Cerf, 1954, p. 398-400 (do cap. 6: Função profética dos leigos, p. 367-453); TILLARD, Jean-Marie R. Le sensus fidelium, réflexion théologique. In: VV.AA. *Foi populaire et foi savante*. Col. Cogitatio Fidei 87. Paris: Cerf, 1976, p. 9-40; de maneira mais sintética, do mesmo Autor, Théologie et Vie ecclesiale. In: LAURET, Bernard & REFOULÉ, François (orgs..). *Initiation à la pratique de la théologie*. Paris: Cerf, 1982, t. I, p. 161-172; SECKLER, Max. *Glaubenssinn*. In: *Lexikon für Theologie und Kirche*. Freiburg: Herder, 1960, t. 4, col. 945-948.

32. Há quem distinga:
– "instinto da fé", como disposição ou via para a fé;
– "senso da fé", como faculdade *subjetiva* de ajuizar sobre a verdade revelada;
– e o "consenso da fé (ou dos fiéis)", como o resultado *objetivo* unitário do "senso da fé": cf. KERN, W. & NIEMANN, F.-J. *Gnoseologia teologica*, op. cit., p. 186s.

33. Cf. SULLIVAN, Francis A. *Il Magistero nella Chiesa Cattolica*. Assis: Cittadella, 1986 [orig. amer. 1983], p. 212.

Indicações das tradições bíblica e teológica

Encontramos no Novo Testamento referências consistentes sobre o *sensus fidei*. Efetivamente, fala-se aí:

– da "inteligência espiritual" (Cl 1,9);

– do "senso (*noûs*) de Cristo" (1Cor 2,16);

– dos "olhos do coração" (Ef 1,18);

– e sobretudo do "conhecimento" (*gnóosis*).

Vimos há pouco como João valoriza o conhecimento pela "unção" pneumática. Igualmente Paulo fala da sabedoria da fé comunicada pelo Espírito[34].

Quanto aos Padres, Santo Agostinho invoca frequentemente o "dogma popular", ou seja, o parecer do Povo cristão[35]. Na polêmica contra os bispos arianizantes, Santo Hilário está convencido de que, embora os bispos alimentem intenções heretizantes, os fiéis reprocessam interiormente suas formulações de maneira ortodoxa:

> São mais santos os ouvidos do povo do que o coração dos sacerdotes[36].

Ilustração histórica: a fé nicena defendida pelo Povo

Num célebre estudo[37], o Cardeal J.H. Newman chegou a esta conclusão surpreendente:

---

34. Cf. FRIES, Heinrich. "Existe o magistério dos fiéis?". *Concilium*, 200 (1985/4) 88-98, aqui p. 93, onde se lê que, em seu escrito "Que uma assembleia cristã ou comunidade tem o direito de julgar todas as doutrinas", Lutero menciona, como legitimação da tese acima, as seguintes passagens:
– Jo 10,4: "Minhas ovelhas conhecem a minha voz";
– Mt 7,14: "Cuidado com os falsos profetas";
– 1Ts 5,21: "Provai tudo e ficai com o que é bom";
– Mt 24,4: "Vede que ninguém vos seduza";
– Jo 6,45: "Todos serão ensinados por Deus".

35. Para o "sensus fidelium" nos Padres, cf. CONGAR, Y. *Jalons...*, op. cit., p. 450-453.

36. "Sanctiores aures plebis quam corda sacerdotum": *Ad Auxentium*, n. 6: PL 10, 613.

37. "Sobre a necessidade de consultar os fiéis em matéria de doutrina". *Rambler*, julho de 1859, p. 198-230; trad. fr. in: NEWMAN, John Henry. *Pensées sur l'Eglise*. Col. Unam Sanctam 30. Paris: Cerf, 1956, p. 402-439: "Sobre o 'sensus fidelium'". Cabe dizer que o revés causado por esse artigo levou Newman a se retirar à vida privada por cinco anos.

O dogma de Niceia se manteve durante a maior parte do século IV não por meio da firmeza invencível da Santa Sé, dos Concílios e dos Bispos, mas por meio do "consensus fidelium"[38].

Falando do período de pouco mais de meio século que separa Niceia (325) do Concílio de Constantinopla (381), Newman afirma:

Nesta época de grande confusão, o dogma divino da divindade de Nosso Senhor foi proclamado, imposto, mantido e (humanamente falando) preservado muito mais pela "Ecclesia discens" do que pela "Ecclesia docens". O corpo dos bispos foi infiel à sua missão, enquanto o corpo dos leigos foi fiel ao seu batismo... Eu vejo na história ariana um exemplo eminente de um estado da Igreja no qual é preciso recorrer aos fiéis para se conhecer a tradição dos Apóstolos[39].

Para provar sua tese, Newman, bem britanicamente, estabelece duas listas paralelas de fatos históricos: uma mostrando como "o conjunto dos bispos falhou na confissão da fé"[40]; e outra lista mostrando a fidelidade dos leigos e sua eficácia na defesa da divindade de Cristo, dispostos a pagar por isso com perseguições e até o martírio[41].

Na verdade, o grande teólogo reconhece que nunca faltaram bispos – poucos, na verdade – que estiveram ao lado do povo na defesa da fé nicena. Mais tarde, Newman tirou dessa história toda uma "lição moral":

É que não são os sábios e poderosos, mas os obscuros, os ignorantes e os fracos que constituem a força real da Igreja[42].

---

38. In *Rambler*, p. 214: *Pensées...*, p. 422.

39. In *Rambler*, p. 213: *Pensées...*, p. 421.

40. Por exemplo, Sínodos inteiros fazendo declarações arianizantes; a massa dos bispos cedendo ao arianismo, segundo os testemunhos de Santo Hilário e São Gregório Nazianzeno; o próprio Papa Libério, em 357, "compactuando com os arianos – segundo Baronius – e ratificando a condenação de Santo Atanásio, o campeão da fé na divindade de Cristo.

41. Coisas assim: em Roma, os fiéis evitam as termas para não se contaminarem com os partidários do Papa Libério, que fraquejara frente aos arianos; em Milão, 300 bispos, reunidos em Concílio, para se porem a salvo da ira popular, são obrigados a se retirar da Catedral para o Palácio episcopal.

42. *The Arians of the Fourth Century*. Londres, 1897, Appendix, nota V, p. 445s.

Portanto, dos testemunhos da Escritura e da tradição aparece como bem estabelecida a verdade do *sensus fidei* ou do *consensus fidelium* no discernimento da verdade cristã[43].

Critérios para estabelecer o "sensus fidei"

Evidentemente não é qualquer Comunidade cristã que testemunha de forma garantida o sentido da fé cristã. A história está cheia de exemplos das debilidades de Comunidades particulares no que tange à integridade da fé. Assim, foi no tempo da Reforma. E assim é hoje em relação ao Catolicismo popular, especialmente na sincrética América Latina.

Sabe-se outrossim da situação cultural que vive hoje o Cristianismo de massas e o quanto cedeu à atual mentalidade liberal e materialista. Com efeito, os fiéis participantes são uma minoria.

Levando em conta essa situação, podemos indicar três critérios de verificação do "senso dos fiéis":

1. É a *universalidade dos fiéis* em geral que "sente" corretamente a verdade divina, e não apenas uma ou outra comunidade cristã ou igreja local. É, pois, o conjunto das Comunidades eclesiais, o "consenso dos fiéis", que pode manifestar efetivamente o "senso da fé" comum.

2. Trata-se do "senso da fé" das *Comunidades vivas*. Referimo-nos aqui realmente aos "fiéis" e aos fiéis participantes, e não simplesmente os batizados e menos ainda ao povo em geral, no sentido da sociedade civil. É, portanto, a "parte melhor", correspondendo às Comunidades mais vivas, que faz as vezes de toda a catolicidade no que concerne à autêntica percepção da fé.

3. Por fim, é preciso um *certo tempo* para que o "consenso dos fiéis" se forme e "atine" com uma verdade revelada. Assim foi com as decisões dogmáticas de alguns Concílios, bem como com os últimos dogmas marianos[44].

---

43. Cf. a instrução da CONGREGAÇÃO DA DOUTRINA DA FÉ. *Vocação eclesial do teólogo* (*Veritatis Donum*) (1990), n. 4, 21 e 35, onde se reconhece o *sensus fidelium*, mas de modo meramente teórico, pois não vê depois como "opera" na realidade.

44. Os Concílios de Niceia e de Calcedônia precisaram de mais de meio século para serem assimilados ("recepcionados") pela Igreja inteira: in SULLIVAN, F.A. *Il magistero...*, op. cit., p. 191s. Os dogmas da Imaculada Conceição e da Assunção levaram quase dois milênios para serem "dogmatizados".

Modos de expressão do "senso da fé"

Por que vias se dá, no concreto, o exercício do "senso dos fiéis"? Por dois caminhos:

1. *Informalmente*, por meio da vivência ordinária da fé. O "senso dos fiéis" se exprime mais por um *reconhecimento* (experiencial) difuso do que por um conhecimento (conceitual) da verdade religiosa. Este último modo é antes típico do discernimento teológico.

O reconhecimento da fé se manifesta na liturgia e na conduta ética dos cristãos e ao mesmo tempo se nutre dessas fontes. Como enfatizou Newman, a *liturgia* em particular é um *locus* privilegiado do *sensus fidei*. E isso por causa do princípio: *lex orandi lex credendi*. Na oração pública e privada o Espírito Santo age com grande eficácia sobre os fiéis. É nesse útero que se gestou a consciência dos dogmas da divindade de Jesus (reconhecida posteriormente em Niceia e Constantinopla), a maternidade divina de Maria (homologada em Éfeso), a Imaculada Conceição e a Assunção de Maria[45].

Concretamente, quando os fiéis sentem como "escandalosa" ou "chocante" uma posição doutrinária; quando surda ou abertamente a ela resistem; quando tal reação provém das Comunidades vivas, recolhe a unanimidade moral e se mantém por um tempo razoável; então é sinal de que a posição doutrinária em questão se põe fora da verdade de Deus. Verifica-se aí por parte do organismo cristão uma espécie de "rejeição fisiológica" a um corpo estranho[46]. Às vezes é a simples *indiferença* que marca a irrelevância ou a impertinência de uma determinada doutrina.

Falando do discernimento cristão em referência ao processo de libertação, advertia João Paulo II em seu "Discurso Inaugural" de Puebla, a 28 de janeiro de 1979:

> Não vos enganeis: os fiéis humildes e simples, como por instinto evangélico, percebem espontaneamente quando se serve na Igreja ao

---

45. Cf. WALGRAVE, Jan. "Consultar os fiéis em questões de doutrina". *Concilium*, 200 (1985/4), p. 27-35, aqui p. 32.

46. Cf. WALGRAVE, J. Art. cit., p. 33.

Evangelho e quando ele é esvaziado e asfixiado com outros interesses (n. 3.6)[47].

Além da liturgia e da vida cotidiana, o "senso dos fiéis" se manifesta também por meio da "opinião pública" que se forma no seio da Comunidade eclesial e que, por ser *sui generis*, necessita de um discernimento correspondente. Em favor dela se pronunciou Pio XII em célebre discurso:

Ela (a Igreja) é um corpo vivo e faltaria qualquer coisa à sua vida se a opinião pública lhe faltasse (naturalmente nas matérias deixadas à livre discussão) – falta cuja condenação viria a recair sobre os Pastores e sobre os fiéis[48].

Através de todas essas manifestações de fé a Verdade de Deus faz caminho, de modo que, nessa linha, vale a expressão: *Vox Populi DEI vox Dei!*

2. *Formalmente*, por meio dos mecanismos de representação: grupos, movimentos ou assembleias. A esse nível, o *sensus fidelium* pode ser efetivamente "consultado"[49].

O "senso dos fiéis" é na Igreja algo de análogo à "opinião pública" na sociedade civil, embora não seja seu correspondente exato. Tal "senso" pode se manifestar também por meio de votações. Contudo, o "senso da fé não é, em si mesmo, coisa de estatística (questão de maiorias), mas é coisa *pneumática* (questão da verdade divina). Não que a estatística possa ser simplesmente preterida. Ela tem a vantagem de verificar as tendências religiosas do Povo de Deus e, por vezes, também "o que o Espírito tem a dizer às igrejas" (Ap 2,7.11.29; 3,6.13.22). De resto, os Papas consultaram os bispos e suas igrejas locais para a declaração dos dois últimos dogmas marianos. Todavia, a consulta meramente estatística não decide da verdade

---

47. Apud *Documentos de Puebla*, n. 489.

48. PIO XII. "A imprensa católica e a opinião pública". *Revista Eclesiástica Brasileira* (REB), 10 (1950) 499-504, aqui p. 503; tb. in: *Osservatore Romano*, 18/02/1950. Para a "opinião pública" na Igreja cf. tb. CDC, c. 212, par. 3; o Documento da SANTA SÉ, *Communio et progressio* (1971); n. 115; CNBB, *Vida e ministério do presbítero* (1981), n. 154. De resto, o Direito eclesiástico reconhece formalmente que qualquer fiel tem, na Igreja, a faculdade de manifestar *publicamente* suas ideias nos assuntos de sua competência (cf. CDC, c. 212, § 3).

49. Para esta via formal, cf. DUQUOC, Christian. "O Povo de Deus, sujeito ativo da fé na Igreja". *Concilium*, 200 (1985/4), p. 78-87, espec. p. 84s.

de fé. Ela necessita sempre de um *discernimento espiritual*. E isso por mais de uma razão.

Em primeiro lugar, porque, nos inícios, uma verdade de fé é necessariamente convicção de uma minoria, pois, como vimos, o "consenso dos fiéis" precisa de tempo para se formar e se manifestar. O dogma da Imaculada Conceição foi no começo naturalmente "opinião" minoritária. Depois porque, não raro, o "senso dos fiéis" se manifesta em poucas pessoas, que muitas vezes sofrem a oposição do meio. Isso sucedeu, por exemplo, com São Máximo, o Confessor, que recusou o monotelismo contra a aparente unanimidade episcopal[50]. O mesmo aconteceu, como vimos no caso do arianismo, com Atanásio, que contou parcos aliados, mesmo dentro do episcopado, entre eles Santo Hilário e São Gregório Nazianzeno.

Digamos ainda que o "consenso dos fiéis" e a ação do Espírito, que se manifesta por ele, valem não só para a doutrina da fé, mas também para a escolha dos ministérios. Sabemos, por exemplo, que, na Igreja antiga, os bispos e outros ministros eram eleitos pelo povo e pelo clero, o que não ocorria sem uma moção espiritual[51].

Um magistério de tipo "carismático"

O magistério comum não exclui naturalmente os Pastores, mas salienta claramente o papel dos simples Fiéis. E entre esses existem categorias particularmente credíveis, sendo, por isso, ouvidas e apreciadas de modo especial, pois, como Jesus, "falam com autoridade" (Mc 1,22.27). Dissemos, por exemplo, que os pobres e simples são os confidentes privilegiados do Espírito e por isso são também seus testemunhos especiais[52]. Como avaliar a força do "magistério" de Francisco de Assis? De resto, ele mesmo dizia: "O Espírito desce igualmente sobre o pobre e o simples"[53].

Mas existem também outras categorias. Essas exercem um "magistério" específico, não oficial, de tipo, por assim dizer, "carismático". Muitas vezes, são vozes

50. Cf. MEYENDORFF, J. "Autoridade doutrinal na tradição da Igreja Ortodoxa". *Concilium*, 117 (1976/7) 40.

51. Cf. *Concilium*, 157 (1980/7): "A participação da Igreja local na escolha dos bispos".

52. Cf. supra Cap. 7: "O privilégio epistemológico do pobre".

53. TOMÁS DE CELANO. *Vida II*, n. 193.

que soam no deserto da indiferença, incompreensão e até da perseguição. Mas, na medida em que superam a prova do tempo, acabam sendo acolhidas. Eis algumas dessas categorias:

– os *santos*, por sua profunda familiaridade com o Espírito Santo;

– os *mártires*, cujo sangue "clama ao céu" e que confere às suas palavras força especial;

– os *profetas* e os *reformadores*, portadores privilegiados da Palavra do Espírito e cuja voz irrompe livre e imprevisível;

– os *monges*, os *startsi* e outros tipos de "espirituais"[54];

– os *miraculados* e outras pessoas favorecidas com algum "dom extraordinário": revelações, estigmas, etc. (cf. LG 12,2);

– os *pequeninos*, esses humildes e simples a quem o Pai revelou seus segredos (cf. Lc 10,21), tal a *sancta vetula christiana* ou as crianças de tantas "aparições";

– os *anciãos*, pela sabedoria que lhes confere a experiência de vida;

– as *mulheres*, maltratadas até hoje de muitos modos, mas que foram as primeiras videntes e testemunhas do Ressuscitado, embora tidas por pouco fidedignas aos olhos dos "Onze", que foram por isso repreendidos por Cristo (cf. Mc 16,14);

– os *experimentados* em determinadas áreas da experiência humana: missionários, cristãos inculturados, Irmãs inseridas nos meios populares, etc. Esses podem falar "de cadeira" e serem assim testemunhas credíveis;

– os *peritos* nos vários ramos da ciência e técnica, que "têm o direito e por vezes até o dever de exprimir sua opinião sobre as coisas que se relacionam com o bem da Igreja" (LG 37,1);

– os *pobres* e *sofredores*, cujo brado Deus ouve (cf. Ex 3,7.9; Tg 5,4) e cuja dor é autêntica cátedra[55].

---

54. Cf. MEYENDORFF, J. Art. cit., p. 39-41.

55. Cf. SOBRINO, Jon. "A autoridade doutrinal do Povo de Deus na América latina". *Concilium*, 200 (1985/4), p. 60-68: Os pobres na América Latina "redescobrem o fundamental da fé", tais as verdades do Êxodo, dos Profetas, do Reino de Deus, do Evangelho dos Pobres, de Jesus profeta e libertador,

O magistério comum e suas especificações

Vimos que, em virtude do "magistério comum", a saber, o magistério de todos os fiéis, sejam eles pastores, teólogos ou leigos, a Igreja aparece como Igreja-toda-magisterial. Do ponto de vista dos portadores particulares do magistério eclesial, poderíamos traçar esta figura:

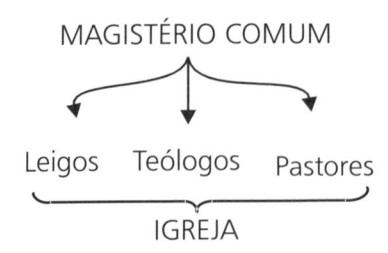

Observemos que se trata aí de três "carismas" de ensino diferenciados, enraizando-se todos na "cháris" (geral) da fé. Maior e mais importante do que o "magistério específico" dessa ou daquela figura eclesial, seja ela o próprio hierarca, é o "magistério comum" dos fiéis, que se exerce tanto na Igreja como face ao Mundo. Cada um dos magistérios particulares é uma concreção do magistério maior de toda a Comunidade eclesial. Mais: cada um tira sua força do múnus profético (ou magisterial) de Cristo (LG 12), seja o magistério pastoral (LG 25), como o laical (LG 35) e ainda o teológico.

Tomemos, em primeiro lugar, o magistério *teológico*: é uma especificação clara do magistério de todo o Povo de Deus.

Vejamos, em seguida, o magistério *pastoral*. Esse também constitui uma especificação, embora muito particular, do "magistério comum". Sua particularidade está nisto: se muitos são os magistérios, um só é o magistério "autêntico", como explicaremos logo adiante. É preciso, pois, reconhecer certa *assimetria*, de tipo funcional ou diaconal, entre o magistério pastoral e os outros.

Consideremos, por fim, o magistério *laical*. É ainda uma outra especificação do magistério comum. Ele se põe, portanto, ao lado do "magistério

---

do Deus da vida, da supremacia do amor, do serviço aos excluídos, da luta pela justiça, da disponibilidade ao martírio, da libertação histórica (p. 63). Portanto, "para conhecer a Deus deve-se conhecer os pobres" (p. 65).

pastoral" e do "magistério teológico". Mas quais são os lugares específicos do exercício desse magistério específico? São as duas esferas:

1) *A esfera do mundo*, enquanto pelo testemunho vida da fé, os leigos "ensinam" aos homens e mulheres a Verdade salvadora do Evangelho. Tal magistério coincide com a "missão profética" do laicato (LG 35);

2) *A esfera da Igreja*, por meio dos vários serviços leigos, ligados ao ensino: catequese, animação bíblica, educação sociopolítica, etc.

3. O magistério pastoral

Agora, sim, depois de termos visto o "magistério de Cristo" ou "do Espírito" e o "magistério do Povo de Deus", baseado no "senso dos fiéis", é que estamos em condições de tratar diretamente do magistério pastoral, eclesiástico ou ainda hierárquico[56].

Esse último se tornou hoje "o" magistério sem acréscimo, magistério no sentido estrito e técnico do termo. Tal sentido foi-se impondo a partir de Trento. E já no século XVIII o magistério, como ofício da *Ecclesia docens*, que antes envolvia toda a Igreja, acabou se concentrando apenas nos Pastores. Assim, quando hoje se fala em "magistério" sem mais, entende-se normalmente o magistério eclesiástico. Aqui nos conformamos com esse uso.

Bases neotestamentárias do magistério apostólico

Inegavelmente, ensinar é uma das funções dos Pastores, junto com a de santificar e a de governar, segundo a trilogia clássica (cf. LG 25,26 e 27). Jesus transmitiu aos Apóstolos a ordem terminante: "Ide..., ensinai" (Mt 28,19). Essa missão encontra sua legitimidade, não numa força humana qualquer, mas unicamente na "exousia" do Ressuscitado sobre o mundo: "Todo o poder me foi dado no céu e na terra" (Mt 28,18). Tal missão se estende "a todos os povos" (Mt 28,19).

---

56. Para a problemática geral, cf. apenas: SULLIVAN, F.A. *Il Magistero nella Chiesa Cattolica*. Op. cit.; RAHNER, Karl. *Magistero*. In: RAHNER, K. (a cura di). *Sacramentum Mundi*. Vol. V. Brescia: Morcelliana, 1976, p. 1-19 (com bibl.); ARDUSSO, Franco. *Magistero ecclesiale*. Cinisello Balsamo (MI): San Paolo, 1997 (manual atualizado).

Ora, o caráter divino e absoluto do apelo à fé exige que a Palavra seja transmitida sem falsificações. Os apóstolos são apenas "servidores de Cristo e administradores dos mistérios de Deus. Ora, o que se requer dos administradores é que cada um seja fiel" (1Cor 4,1-2). Donde a particular responsabilidade doutrinal do magistério hierárquico. A herança da fé deve ser conservada em fidelidade (cf. 2Tm 1,14) e, além disso, feita frutificar abundantemente (cf. Mt 25,14-30).

Como vimos, é toda a Comunidade cristã que tem de se preocupar com a pureza e integridade da fé (cf. 2Cor 4,7). Todavia, os Pastores possuem nisso uma obrigação particular. Se na Igreja todos são "servidores", nem todo o mundo é "administrador", a saber, aquele que o "que o Senhor constituiu sobre o seu pessoal" (Lc 12,42). Além disso só eles têm autoridade para *definir* autorizadamente o conteúdo da fé.

Assim também, se o "poder das chaves" foi confiado a toda a Igreja, "geralmente", foi por outro lado entregue aos Doze "particularmente" (cf. Mt 18,18) e a Pedro "singularmente" (cf. Mt 16,18)[57].

Os Atos fazem ver os Apóstolos exercendo concretamente o magistério eclesial (At 1, 8, etc.). As Cartas Pastorais, por sua parte, já elaboram uma doutrina da função magisterial. Nesta, os Pastores são chamados a transmitir a "sã doutrina" (1Tm 4,6; Tt 2,1), a "guardar o depósito" (1Tm 6,20; 2Tm 1,12.14) e em geral a "ensinar" (1Tm 1,3-11; 4,1-5; 2Tm 2,14-26; 3 todo; Tt 3,8-11).

Magistério "autêntico"

À diferença do magistério dos demais fiéis, o eclesiástico é o sujeito do "ensino autêntico". É "autêntico" não no sentido comum de genuíno ou confiável, pois o ensino dos leigos e dos teólogos também pode ser autêntico, mas no sentido de *proferido com autoridade* (*authentía* = autoridade)[58]. "Autêntico", portanto, significa: autoritativo, autorizado, oficial.

---

57. Para essa tríplice distribuição, cf. CONGAR, Yves. *Ministerios y comunión eclesial*. Madri: Faz, 1973, p. 199s. Cf. tb. SANTO AGOSTINHO. *Sermão 295*, 1-2.4.7.8: PL 38, 1348-1352, apud *Liturgia das horas*. Ofício das leituras, dia 29 de junho: festa de São Pedro e São Paulo.

58. Cf. SULLIVAN, F.A. *Il magistero...*, op. cit., p. 36-38.

Ora toda autoridade verdadeira – e isso vale mais ainda na Igreja – supõe uma relação de *confiança* da parte daqueles em favor dos quais se exerce. A autoridade precisa ser *fidedigna*. Não lhe basta *legitimação* jurídica; necessita de *legitimidade* moral, reconhecimento social, aceitação interior. Só assim ela cria o verdadeiro consenso.

Efetivamente, os pastores são irmãos que se dirigem a irmãos e não estranhos que tratam com estranhos. O horizonte maior do exercício do magistério pastoral é a *fraternidade* eclesial, fundada na comum dignidade batismal. Por sua parte, os fiéis leigos hão de reconhecer, na pessoa dos Pastores, uma presença particular do Espírito de verdade. Mas esses, mais que fazer valer sua autoridade formal ou canônica, farão valer a autoridade da própria verdade, deixando que esta brilhe por si mesma[59]. Ou seja, o magistério pastoral tira finalmente sua força moral do magistério de Deus, de Cristo e do Espírito. É esse que deve transparecer, em filigrana, no ensino dos Pastores[60].

Igreja discente e Igreja docente

Convém também observar que, mais que serem "mestres da verdade", os Pastores são "servidores da verdade", como enfatizou Paulo VI na *Evangelii Nuntiandi*:

> Da Palavra de Deus nós somos – insistimos – não os árbitros nem os proprietários, mas os depositários, os arautos e servidores (n. 78)[61].

É verdade: os Pastores constituem a *Ecclesia docens* e os demais Fiéis a *Ecclesia discens*[62]. Mas isso deve ser entendido e vivido sem enrijecer as categorias e sem estabelecer divisões estanques entre essas duas funções. A verdadeira relação não é de subordinação, mas de diálogo e comunhão de carismas.

---

59. Cf. KOMONCHAK, J. "Reflexões teológicas sobre a autoridade docente na Igreja". *Concilium*, 117 (1976/7), p. 795-804, aqui p. 798-803.

60. Cf. COMISSSÃO TEOLÓGICA INTERNACIONAL (= CTI). Teses sobre a mútua relação entre magistério eclesiástico e teologia (1975). *Gregorianum*, 57 (1976), p. 549-563, tese 6,1. Daremos parte desse documento como *Leitura* no final do Cap. 14/2.

61. Cf. tb. os n. 15 e 60 do mesmo documento.

62. Cf. a referência do VATICANO II. *Dignitatis Humanae*, n. 14.

Aprender e ensinar são dois momentos do mesmo processo da Revelação a que todos, Pastores e Fiéis, estão submetidos. Ensinar e aprender são duas *funções* e não duas *frações* na Igreja. Quando há dicotomia entre elas, a Igreja vive uma situação patológica. O estado sadio é de interação dialética entre as duas funções[63].

Se assim é, os pastores ensinam, mas também aprendem; e o Povo de Deus, por sua parte, aprende, mas também ensina. Como na "Pedagogia do Oprimido" de Paulo Freire[64], não existe na Igreja mestre e discípulo, um vis-à-vis do outro; mas mestre-discípulo e discípulo-mestre, um envolvido no outro, sendo que todos são discípulos do Verbo. Na vida normal da Igreja é assim que deveria ser. Em atmosfera de comunhão, opera na Comunidade dos fiéis a "lógica da reciprocidade", que se concretiza no *diálogo* fraterno.

E nos casos em que os conflitos não encontram solução no diálogo fraterno? A última palavra é atribuída hoje ao magistério pastoral. Contudo, é bom lembrar (e também recuperar) a tradição que era da Igreja neotestamentária e de toda a Igreja Antiga e que resolvia os conflitos maiores de modo *sinodal*, ou seja, por meio das assembleias conciliares. Aí o diálogo encontrava canais instituídos de "comunhão e participação"[65].

Tarefas específicas do magistério pastoral

Poderíamos detalhar as funções do magistério eclesiástico nas seguintes:

1. *Testemunhar a fé*. Trata-se do anúncio público da Verdade que salva. Esse é o exercício normal do Pastor (cf. LG 25; CD 12-14; PO 4). Tal testemunho, porém, não deve ser dado só "com a língua, mas de fato e de verdade" (1Jo 3,18).

---

63. Cf. BOFF, Leonardo. É justificada distinção entre ecclesia docens e ecclesia discens? In: BOFF, L. *Igreja, carisma e poder*. Petrópolis: Vozes, 1981, p. 213-219, publicado também em *Concilium*, 168 (1981/8), p. 69-75. Todo esse número tem por título: "Quem tem a palavra na Igreja?" Cf. tb. TAMAYO, Juan José. El Magisterio de la comunidad cristiana: hacia una superación del binomio Iglesia docente – Iglesia discente. VV.AA. *Teología y Magisterio*. Salamanca: Sígueme, 1987, p. 229-255.

64. *Pedagogia do Oprimido*. 10. ed. Rio de Janeiro: Paz e Terra, 1981, p. 78s.

65. Cf. para o NT VAN IERSEL, Bas. "Quem tem, segundo o Novo Testamento, a palavra decisiva na Igreja". *Concilium*, 168 (1981/8), p. 22-29. Para a Igreja dos Padres, cf. CONGAR, Yves. *L'Église*. De Saint Augustin à l'époque moderne. Paris: Cerf, 1970, espec. para Agostinho, p. 22. Cf. tb. CONGAR, Yves. "Estrutura ou regime conciliar da Igreja". *Concilium*, 187 (1983/7), p. 6-14.

2. *Recomendar prudência nas questões delicadas.* Trata-se de um comportamento pragmático, que objetiva não tanto a verdade, mas as condições de sua busca (*de tuto, non de vero*). Essa preocupação pode chegar ao pedido de silêncio por parte dos envolvidos. Isso se justifica por dois motivos, ligados entre si:

– porque a razão teológica corre muitas vezes o perigo de cair na intemperança frente ao Mistério, esquecendo que o pensar do divino é sempre um pensar humano;

– para não escandalizar a fé dos fracos (cf. Rm 14 e 15, especialmente 14,13). Pois a verdade cristã só se mostra tal no contexto da caridade[66].

3. *Ser o "juiz da fé".* A "função judicial", própria dos Pastores, se entende no sentido do discernimento ou apreciação, e não no de controle soberano e menos ainda de puro arbítrio. Seu discernimento não é simplesmente intuitivo (o que cabe em próprio aos fiéis leigos), nem é propriamente analítico (o que cabe em particular aos teólogos), mas é antes *sintético*: faz-se por força de um julgamento global, que avalia se a doutrina proposta se conforma ou não com a mensagem central da Escritura. É nesta ótica mais geral que os bispos são chamados "juízes da fé e da moral" (LG 25)[67]. Portanto, os Pastores não são os árbitros da doutrina da fé, mas apenas seus juízes, ou, melhor ainda, os ajuizadores, apreciadores ou discernidores de sua formulação doutrinária.

4. *Ter a coragem da "decisão dogmática".* Essa posição, assim como a declaração formal de heresia, constituem, em verdade, um "remédio extremo"[68]. Representam o exercício-limite do magistério pastoral. Se tal exercício se tornasse prática ordinária, cair-se-ia no doutrinarismo e no ju-

---

66. São Bernardo contra Abelardo: "Irridetur simplicium fides": zomba-se da fé dos humildes: *Epist. 188*: PL 182, 353.

67. Cf. SULLIVAN, F.A. *Il magistero...*, op. cit., p. 216s. A ideia dos bispos como "juízes" da correta doutrina da fé tem um lugar importante na tradição da Igreja oriental. Era também a posição defendida fortemente por teólogos do fim da Idade Média, tais como Jean Gerson e Pierre d'Ailly: in: COMBLIN, José. *História da teologia católica.* São Paulo: Herder, 1969, p. 34. Cf. nesse sentido também LUBAC, Henri de. *Pluralismo di chiese o unità della chiesa?* Brescia: Morcelliana, 1973, trazendo em apoio as posições de E. Schillebeeckx e Ch. Boyer.

68. CTI. "A unidade da fé e pluralismo teológico" (out. 1977). *SEDOC*, 6 (1973), col. 277-279, proposição n. 8.

risdicismo. Mas não há dúvida de que o magistério dos Pastores deve poder enunciar de forma clara a confissão da fé e vincular a ela a consciência de quem se entende membro da Comunidade cristã, sem excluir aí o anatematismo. Assim mesmo, para esse último caso, vale sempre o "procedimento dialógico", como delicadamente sugere um documento romano:

> Segundo as regras clássicas, o fato da "heresia" não pode ser definitivamente decretado, a menos que o teólogo acusado não tenha dado provas de "pertinácia", subtraindo-se a todo colóquio... e praticamente recusando o diálogo[69].

De fato, o vazio de referências doutrinárias e o total relativismo teológico geram uma situação caótica (*Lehrchaos*), precipitando a Comunidade na dissolução. Ora, a Igreja é *Communitas fidelium* porque é *Communitas fidei*. Ela funda sua identidade e sua unidade, entre outras, sobre a confissão de fé. Essa é o *symbolon* que, por um lado, identifica e, por outro, unifica os fiéis[70].

Equívocos do magistério pastoral

Em sua tarefa específica, o magistério pode se equivocar. Seus erros são principalmente de dois tipos:

1. *Erros de oportunidade*. É quando os Pastores se precipitam no julgamento de uma doutrina. Disso a história da Igreja oferece inúmeros exemplos: Galileu, Rosmini, Lagrange, etc. Pode acontecer também – ocorrência mais rara – de os Pastores pecarem por negligência, não intervindo a tempo, como parece ter sido o caso da Reforma protestante.

2. *Erros de doutrina*. É quando o magistério trata como verdade o que é mera opinião teológica ou até crença ideológica de uma época. Com a mudança do contexto cultural, a Igreja magisterial se vê obrigada a reconhecer verdades que no início tinha condenado, como, por exemplo, as reivindicadas pelo movimento dos

---

69. CTI. *Teses sobre a mútua relação...*, op. cit., tese 12. Santo Agostinho afirma que um simples erro em matéria de fé, "por mais falso e perverso que seja", não caracteriza de per si heresia, no caso em que a pessoa se mantenha aberta à busca da verdade, ao diálogo e à eventual correção. Heresia é contradizer a verdade da fé "cum pertinacia": *Epist. 43*, I, 1; apud *ST* II-II, q. 11, a. 2, ad 3.

70. Cf. RAHNER, Karl. *Magistero e teologia dopo il Concilio*. Brescia: Queriniana, 1967, p. 26 e 34 (também in: *Nuovi Saggi*. Roma: Pauline, 1969, p. 127-152).

direitos humanos, pelo modernismo, pelo ecumenismo, etc. A Igreja não vive fora da história e é aí que tem que escolher as saídas menos imperfeitas, e estas nem sempre são infalíveis, muito pelo contrário[71].

Em todos os casos há de se prestar sempre ao magistério pastoral o "religioso obséquio", como veremos melhor mais abaixo. Tal atitude se baseia não no fato de o magistério "ter sempre razão", mas no de ser simplesmente *confiável*. Tal confiança é semelhante à que se deposita num profissional, o qual, embora não infalível, é normalmente digno de confiança. Assim, por exemplo, um médico: de regra, ajuda ao doente, embora corra sempre o risco de se enganar[72].

O fato é que o próprio magistério, apesar da impressão de segurança, é extremamente *incerto*. Quer dizer: ele é hesitante tanto em relação ao *conteúdo* sobre o qual ele pode se exercer, quanto em relação ao *grau de certeza* a que pretende vincular seus destinatários. Por outras, apesar da tendência a majorar suas atribuições em termos de infalibilidade, o magistério deixa muitas dúvidas quanto às fronteiras de sua própria competência[73].

Mas valha esta tautologia: fora das declarações infalíveis, o magistério é falível. Isso para dizer que a Igreja pode se retratar, mesmo no campo do ensino. Se a Igreja não se corrige de modo explícito, corrige-se de fato. É só comparar a doutrina do Vaticano II com a doutrina de antes do Concílio, sobre, por exemplo, o ecumenismo, as religiões não cristãs, a sexualidade, etc. O próprio Agostinho declara que, não raro, um Concílio corrige o anterior:

> Quem não sabe que... mesmo os Concílios plenários, que se reúnem a partir de todo orbe cristão, muitas vezes são corrigidos (*emendari*) pelos Concílios posteriores em virtude da experiência das coisas, que abre o que estava fechado e faz conhecer o que estava escondido[74]?

A atitude de autocrítica, mesmo no campo doutrinário não infalível, longe de desacreditar a Igreja, lhe confere um crédito mais consistente. O mestre Confúcio ensinava que não contradizer o chefe quando labora em erro leva à destruição do

---

71. Cf. o *Excurso* no fim do Cap. 14/2.

72. Exemplo da Carta do Episcopado Alemão, *Àqueles que na Igreja têm o encargo de anunciar a fé* (23/09/1967), apud RAHNER, Karl. *Magistero*. Op. cit., p. 14s.; tb. in: KERN, W. & NEIMANN, F.-J. *Gnoseologia...*, op. cit., p. 165-167. Cf. a tese doutoral de MOSCONI, Marino. *Magistero autentico non infallibile e protezione penale*. Milão: Glossa, 1996 (572 p.).

73. Cf. o estudo do perito do Vaticano II e professor em Montreal NAUD, André. *La magistère incertain*. Col. Héritage et projet 39. Montreal: Fides, 1987.

74. *De baptismo contra Donatistas* (ca. 400), 2, 3,4: PL 43, 120; CSEL 51, 178.

Estado. "Zilu perguntou como servir seu Soberano. O Mestre respondeu: 'Não lhe escondas nada, mesmo ao risco de chocá-lo'"[75].

Magistério pastoral e *sensus fidelium*

A relação do magistério pastoral com o *sensus fidelium* se dá em dois níveis: de dependência e de autonomia:

1. *Dependência*. O magistério pastoral depende basicamente, mas não exclusivamente, do *sensus fidelium*. Encontra neste último um apoio muito forte. Pois esse é como o discipulado pneumático que funda todos os demais magistérios na Igreja. A infalibilidade compete primariamente a toda a Igreja: é o Povo de Deus que é infalível (cf. LG 25,3). O magistério pastoral diz a fé do conjunto dos fiéis. O *conteúdo* da fé já é substância possuída espiritual e vivencialmente pelo Povo de Deus. É só a *forma* explícita e pública da doutrina que é própria do magistério hierárquico, de modo que o sentir da fé vem antes do dizer dogmático. Na Igreja, o coração tem o primado sobre a boca; a vida sobre a palavra[76].

2. *Autonomia*. O magistério autêntico tira sua credibilidade específica da força do Espírito (*ex virtute Spiritus*), não *ex consensu Ecclesiae* (em virtude do consenso da Igreja) (LG 25,3). A força da verdade revelada não depende em última instância do Povo de Deus, mas de Deus mesmo. O Povo não é fonte, mas apenas testemunha da Verdade salutar. O próprio *sensus fidelium*, fundamento do magistério comum, é ele mesmo fundado no Espírito e não na maioria, por mais democrática que seja.

Assim mesmo, o Espírito que age no magistério autêntico age também no "consenso da fé". Por isso, nunca pode faltar ao magistério autêntico o apoio do Povo de Deus. Qualquer declaração infalível vem de fato sempre acompanhada do "consensus ecclesiae" (*cum consensu ecclesiae*)[77]. Mas,

---

75. Apud NAUD, André. *Devant la nouvelle profession de foi...*, op. cit., p. 54s.

76. Cf. CONGREGAÇÃO PARA A DOUTRINA DA FÉ. "Declaração sobre a doutrina católica..." (*Mysterium Ecclesiae*) (1973). *SEDOC*, 6 (1973), col. 415-424, aqui 416-418: A infalibilidade de todo o Povo de Deus.

77. Para o sentido correto da fórmula (de sabor mais jurisdicista que dogmático e moral) *ex sese non autem ex consensu ecclesiae*, cf. AUBERT, Roger. *Vatican I*. Col. Histoire des Conciles Oecuméniques 12. Paris: Orante, 1964, p. 220-235. Cf. interpretação diferente de FRIES, H. "Existe...". Art. cit., p. 97.

para isso, esse Povo precisa ser "consultado", não para constituir a verdade da fé (da qual não é fonte), mas para mostrá-la (pois dela é testemunha), como esclareceu Newman no célebre estudo de que acima falamos.

Magistério dos pastores e magistério dos fiéis

Vejamos agora a relação particular do magistério pastoral com o particular *magistério dos fiéis*. Tal relação é análoga à do "sacerdócio ministerial" com o "sacerdócio comum" dos batizados (cf. LG 10,2). São "magistérios" distintos, ainda que não de modo adequado, e ao mesmo tempo inter-relacionados.

Se entendermos o "magistério comum" como aquele *representado* pelos fiéis *leigos*, enquanto magistério distinto do dos pastores (mas não separado dele, pois no magistério comum estão incluídos os Pastores), pode-se notar entre os dois magistérios certa *reciprocidade*: o magistério eclesiástico ensina, sim, mas também é ensinado. E é ensinado também pelos simples fiéis, especialmente pelos pobres, com suas intuições, demandas e experiências. Portanto, além dos teólogos, também os "pequenos" podem instruir os Pastores. Isso é evidente nestas escolas de aprendizado colegial que são as assembleias litúrgicas e os encontros pastorais da Igreja.

Aqui tem lugar a questão da *receptio*, a saber, a acolhida que a base eclesial dá ao ensino da cúpula[78]. Não se trata antes de tudo de uma questão jurídica (validade ou não), mas de um processo vital da Igreja, enquanto faz sua uma verdade que lhe vem comunicada, reconhecendo nela a luz da Revelação. Essa assimilação, sendo viva e criativa, não exclui a seleção e mesmo a resistência interior. Mas é sempre a "verdade plena" que busca, não sem tensões, a comunhão total da Igreja[79].

Por outro lado, os dois magistérios, respectivamente da cúpula e da base, derivam ambos do mesmo Espírito. Quanto à diferença entre os dois, importa notar que a forma *normal* do "magistério comum", quando não é *sinodal*, é pu-

---

78. Cf. apenas CONGAR, Yves. "A recepção como realidade eclesiológica". *Concilium*, 77 (1972/7), p. 886-907.

79. A Encíclica *Humanae Vitae* (HV) de Paulo VI (1968) e a reação que suscitou e continua a suscitar em toda a Igreja dão muito o que pensar. "Pela primeira vez, de maneira pública, com tranquilidade de consciência, um número considerável de católicos, inclusive de sacerdotes e de teólogos (e não me atrevo a falar de bispos), tomou distância em relação ao ensino do Magistério papal": VILANOVA, Evangelista. *Para comprender la teología*. Estella (Navarra): Verbo Divino, 1995, p. 90. Para as condições de uma correta "recepção", cf. ARDUSSO, F. *Magistero ecclesiale*. Op. cit., p. 156-160, referindo-se também ao caso da HV, para cujo discernimento dá bibliografia.

ramente *carismática*, isto é, informal e não oficial, enquanto que a do "magistério pastoral" é carismático-institucional, ou seja, formal e oficial, embora esse último se situe, não fora ou acima da Comunidade dos fiéis, mas dentro dela e a seu serviço.

Poderíamos representar essa relação assim:

Magistério de varões?

O magistério eclesiástico é, como sabemos, reservado aos varões. Ele é patriarcal, como toda a hierarquia: só o varão pode ensinar "com autoridade" no Povo de Deus. Em verdade, as mulheres ensinam nas Comunidades de Base, na Catequese e em outras pastorais, mas nunca "autenticamente" no sentido estrito.

"Estejam as mulheres caladas nas assembleias... Se desejam se instruir... interroguem os maridos em casa" (1Cor 14,34-35). "Durante a instrução, a mulher conserve o silêncio. Não permito que a mulher ensine ou domine o homem. Que ela conserve, pois, o silêncio" (1Tm 9,11-1). O inegável espírito patriarcal dessas prescrições, certamente culturais do tempo de Paulo, resiste até hoje no seio da Igreja Católica aos esforços para exorcizá-lo.

As mulheres são ainda na Igreja a "maioria silenciosa" e, em parte, também "silenciada"[80]. Ora, que significa, em termos de anúncio da Revelação, o fato de que a palavra oficialmente "competente" na Igreja seja reservada *only for men*? E, em contrapartida, que poderia significar um magistério com voz e percepção fe-

---

80. Cf. rev. *Concilium*, 202 (1985/6): "A mulher, invisível na teologia e na Igreja"; SCHÜSSLER-FIORENZA, E. "Reivindicando nossa autoridade e poder: Eclesia de mulheres e patriarcado eclesiástico". *Concilium*, 200 (1985/4), p. 49-59.

minina? Ora, tal situação de bloqueio representa uma questão grave, por seu peso socioestrutural e mais ainda por sua reivindicada base dogmática[81].

O Magistério Pontifício

Vimos até agora os três níveis de magistério: o do Espírito, o de todo o Povo de Deus e o específico dos Pastores (ao lado do magistério próprio dos Leigos e o dos Teólogos). Só agora podemos falar, de modo adequado, do magistério papal. Esse constitui uma especificidade ulterior do 3º nível de magistério. Ele vem, portanto, como que em 4º lugar.

A realidade é que, hoje na Igreja, "magistério" designa antes de tudo e como que naturalmente o magistério *pontifício*. Ora, isso contrasta fortemente, seja com a Tradição da fé, seja com a teologia do magistério em geral, como acabamos de ver.

A verdade é que, assim como o magistério pastoral é a expressão concentrada e culminante do magistério comum de toda a Igreja, assim também o magistério pontifício é a expressão concentrada e culminante do magistério pastoral. Desse modo, o Papa representa simbolicamente o Episcopado, como este representa todo o Povo de Deus[82].

Ademais: se o magistério pastoral conta com a *assistência* especial do Espírito, isso vale *a fortiori* do magistério pontifício dentro do corpo episcopal. Vê-se, pois, que a presença do Espírito opera em medidas diferentes, de acordo com a responsabilidade eclesial, como mostra a figura seguinte:

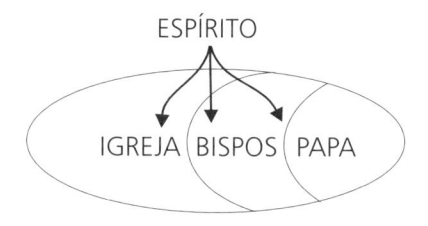

---

81. Cf. JOÃO PAULO II, Carta Apostólica *Ordinatio Sacerdotalis* (22/05/1994), onde se afirma que a exclusão das mulheres do sacerdócio "é uma questão que diz respeito à própria constituição divina da Igreja"; que portanto, "a igreja não tem em absoluto a faculdade de conferir às mulheres a ordenação sacerdotal"; e que "esta sentença deve ser adotada de modo definitivo por todos os fiéis da Igreja" (n. 4). E contudo, cf. do mesmo Papa a Encíclica "Mulieris Dignitatem" (1988). *SEDOC*, 21 (1989), p. 386-433.

82. Cf. GROOT, Jan Cornelis. Aspectos horizontais da Colegialidade. In: BARAÚNA, Guilherme (org.). *A Igreja do Vaticano II*. Petrópolis: Vozes, 1965, p. 800-820.

De modo todo particular, o magistério papal é dotado, em circunstâncias bem precisas, do carisma da infalibilidade, como enfatizou o Vaticano I (DS 3074), repetido pelo Vaticano II (LG 25). Tal infalibilidade, contudo, não está desligada da infalibilidade episcopal e nem da infalibilidade de toda a Igreja (cf. LG 25).

É útil saber que existem vários instrumentos pelos quais o magistério pontifício se comunica, cada um deles exprimindo um tipo diferenciado de autoridade. Os mais conhecidos são:

– as Declarações infalíveis;

– e as Cartas encíclicas.

Mas existem muitos outros, cujo poder vinculante nem sempre é muito definido: Cartas apostólicas, Declarações, Instruções, Exortações, Constituições Apostólicas, Decretos, Decisões, Motu proprio's, Bulas, Breves, Rescritos etc. Acrescente-se que, no exercício do seu magistério, o Papa é auxiliado pela Cúria Romana e especialmente, para a questão em foco, pela Congregação da Doutrina da fé.

Sem dúvida, o magistério pontifício tem um poder arbitral último. O que a Santa Sé decidiu está decidido. Isso vale certamente do ponto canônico e prático, mas não quer dizer que suas decisões sejam sempre acertadas e que não haja o que discutir. É num sentido jurídico-prático que vale a sentença: *Roma locuta, causa finita*[83].

HERMENÊUTICA DO MAGISTÉRIO PASTORAL

Duas ordens de questões relativas às verdades da fé

Na apreciação dos atos do magistério, bem como da doutrina cristã em geral, é preciso, antes de qualquer coisa, levar em conta duas ordens de questões:

---

83. Atribui-se a sentença a Santo Agostinho. Contudo, suas palavras exatas são: "Sobre o caso, foram mandados os resultados dos dois concílios à Sé Apostólica, de onde nos vieram os rescritos: o caso terminou; queira Deus que o erro também termine (*causa finita est; utinam aliquando finiatur error)*": *Sermo 130*, c. 10: PL 38, 734. "Com as cartas do Papa Inocêncio, de feliz memória, a dúvida sobre esta questão desapareceu (*quibus de hac re dubitatio tota sublata est)*": *Contra duas Epist. Pelag.*, l. 2, c. 3, n. 5: PL 44, 574.

1. a questão do grau de *importância* de uma verdade;

2. e a questão do grau de *certeza* dessa verdade.

Essa diferença vale para a vida cotidiana em geral. Assim, temos certeza de muitas coisas banais, como sobre a metereorologia; e, por outro lado, não temos certeza sobre coisas importantes, como sobre o amor de uma pessoa.

Na ordem da *importância*, o que conta é o *conteúdo* (*quod*) concreto de uma verdade. Aqui vale o critério da "hierarquia das verdades" (UR 11)[84]. Ora, nessa ordem, podemos distinguir:

1. *As verdades-fim*: as relacionadas diretamente ao destino último do ser humano: Trindade, Encarnação, Redenção, Graça, Caridade, Vida Eterna;

2. E as *verdades-meio*: as que estão a serviço das primeiras: sacramentos, hierarquia, infalibilidade, direito, etc.[85]

Relembremos, contudo, que, no topo axiológico da "hierarquia das verdades", como "cânon no cânon" (cf. Cap. 8/1), encontramos a fé no Cristo salvador, seja lá em que termos for expressa. O Vaticano II igualmente enucleia o centro da fé no Cristo, acrescentando a Trindade e o testemunho da caridade, inclusive social (cf. UR 12).

Agora, quanto à 2ª questão, relativa ao grau de *certeza*, considera-se uma determinada verdade da fé não mais do ponto do seu conteúdo (*quod*), mas sim do ponto de vista da *autoridade* com que é proposto aquele conteúdo (*quo*). Nesse plano, vale a afirmação: "Crê-se no mistério da Trindade com a mesma fé que ao dogma da Imaculada Conceição" (DS 3683), embora, na ordem de importância, essas duas verdades estejam claramente em planos diferentes.

---

84. Cf. HOUTEPEN, Anton. "Hierarchia Veritatum e ortodoxia". *Concilium*, 212 (1987/4), p. 44-56. Informa esse autor que foi D. André Pangrazio, arceb. de Gorizia (Itália), que propôs no Vaticano II o fecundo critério da "hierarquia das verdades".

85. Essa distinção, sugerida no Concílio pelo mesmo D. Pangrazio, vai na linha da distinção de Santo Tomás entre as verdades que se referem à salvação "directe, per se" e as que o fazem "indirecte, in ordine ad alia" (cf. ST II-II, q. 1, a. 6, ad 1; q. 11, a. 2; I, q. 32, a. 4). Para isso cf. CONGAR, Yves. *Diversités et Communion*. Paris: Cerf, 1982, p. 184-197. Mas se poderia pensar num esquema em forma de constelação, em que o núcleo seria ocupado por Jesus Cristo e, a partir dele, viriam todas as outras verdades, postas mais perto ou menos desse centro.

Em relação ao grau de certeza de uma verdade, temos a ver com a complicada questão das "notas teológicas" ou da "qualificação teológica" das proposições da fé. Essa questão ganhou grande relevo no contexto de uma teologia acentuadamente dogmatista e polêmica como foi a que vigorou de Trento ao Vaticano II, perdendo muito de sua relevância em seguida[86]. Elaborou toda uma série de categorias, chamadas "notas" e "censuras", que se mostraram tão refinadas quanto de difícil aplicação[87].

Para simplificar a emaranhada questão dos graus de certeza, em função da autoridade engajada, contentemo-nos com a seguinte distinção, que, a nosso ver, apreende a substância da coisa:

1. *Verdades da fé*: são as testemunhadas claramente pela Sagrada Escritura e as que a Igreja declara e ensina de modo *infalível*. Trata-se concretamente dos dogmas no sentido amplo, sendo que as heresias correspondem aí a seu reverso (CDC, cân. 750);

---

86. É útil saber que as primeiras listas de "censuras" surgiram apenas no século XIV, sendo Ockham o primeiro a lhes dar uma explicação. Mas foi somente a teologia pós-tridentina que se empenhou em sua estruturação e precisão. Nenhum sistema, contudo, obteve jamais a unanimidade dos teólogos. Para toda essa questão, cf. KOSER, Constantino. *De notis theologicis. Historia, notio, usus.* Petrópolis: Vozes, 1963, contendo a tese doutoral do autor (1953).

87. Cf. CONGAR, Y. *La foi et la théologie.* Paris: Desclée, 1962, p. 166-168; FINSTERHÖLZL, J. Qualificazioni teologiche. In: *Sacramentum Mundi.* Vol. VI. Brescia: Morcelliana, 1976, col. 645-659; KOLPING, A. Qualifikationentheologie. In: *Lexikon für Theologie und Kirche.* Vol. VIII. Freiburg: Herder, 1965, col. 914-919. Para uma exposição atualizada e bastante clara: THILS, Gustave. Notes théologiques. In: *Catholicisme.* Paris: Letouzey et Ané, 1982, t. IX, col. 1389-1394, distinguindo 8 notas, que aqui resumimos:
1. *Verdades de fé divina* (contrário: heresia): as formalmente reveladas na "Palavra escrita ou transmitida". São "dogmas";
2. *Verdades de fé divina e católica* (contrário: também heresia): formalmente reveladas e além disso propostas como tais pelo magistério supremo: papal ("ex catedra") ou episcopal (concilio). São também "dogmas";
3. *Verdades próximas da fé* (contrário: suspeitas de heresia): sem o caráter definitivo e supremo das anteriores, mas são verdades propostas por numerosos pastores e teólogos;
4. *Verdades de fé eclesiástica*: não formalmente reveladas, mas em conexão necessária com elas, como certas verdades filosóficas (ex.: espiritualidade do ser humano) e "fatos dogmáticos" (ex.: eleição legitima de um papa);
5. *Verdades teologicamente certas e comuns* (contrário: erros teológicos): as que o conjunto dos teólogos afirmam estarem em relação de fidelidade fundamental com a Revelação;
6. *Verdades teologicamente fundadas* (contrário: temerárias): opiniões sustentadas por tal ou tal escola, mas não partilhadas por todos;
7. *Verdades prováveis*: as motivadas seriamente, mas não decisivamente, por isso opcionais;
8. *Doutrinas seguras* (*tutae*): motivadas pela prudência, no sentido de se evitarem consequências negativas: "é mais seguro crer" (é em geral a posição das autoridades romanas).

2. *Doutrina comum*: são as verdades ensinadas de forma *autêntica* na Comunidade eclesial, mesmo se não são de per si infalíveis[88].

Documentos do magistério recente introduzem um nível médio de verdades, distinguindo não dois, mas três níveis de declarações autorizadas:

1) *Infalíveis*, exigindo "adesão de fé";

2) *Definitivas*, exigindo "aceitação firme";

3) *Auxiliares*, exigindo "religioso obséquio"[89].

Seja como for, a primeira ordem de questões, relativa à "hierarquia de verdades", é muito mais relevante que a última, referente à autoridade que propõem. Assim, por exemplo, a Ressurreição é uma verdade de fé muito mais importante que a Imaculada. E, contudo, desta e não da primeira temos uma definição infalível, apresentando, portanto, o grau máximo de certeza formal.

Regras de interpretação do magistério pastoral[90]

Eis algumas regras ou critérios a se levarem em conta na interpretação dos documentos do magistério pastoral:

---

88. No "Denzinger" encontramos as seguintes qualificações negativas ou "censuras":
– em relação às *verdades da fé*: "heréticas", "próximas à heresia", "cheirando a heresia", etc.;
– em relação às verdades da *doutrina comum*: "malsoantes", "temerárias", "escandalosas", "perigosas", "capciosas", "ofensivas aos ouvidos piedosos", "sedutoras das mentes simples" e até "novas".

89. Cf. a instrução da CONGREGAÇÃO DA DOUTRINA DA FÉ, *A vocação eclesial do teólogo* (*Veritatis Donum*) (1990), n. 15, 16, 17 e 23. A *Professio fidei*, exigida pelo CDC, c. 833, exibe a mesma tríplice divisão (AAS 81 [1989] 104-106). Cf. "Profissão de fé e juramento de fidelidade". *SEDOC*, 21 (1989), p. 673-675, seguidos das "Considerações doutrinais" do teólogo, acreditado no Vaticano, Umberto BETTI, p. 675-678. Quanto às declarações "definitivas" do magistério, seriam verdades não propriamente "contidas" no Depósito da Revelação, mas apenas "conexas" com ela, como seriam, por exemplo, as verdades da "lei natural". Só as primeiras seriam objeto de infalibilidade (*Veritatis Donum*, n. 23). As "definitivas" não são *credenda* (a serem cridas), mas apenas *tenenda* (a serem aceitas com firmeza), como se discutiu largamente no Vaticano I: cf. NICOLAU, M. & SALAVERRI, J. *Sacrae Theologiae Summa*. BAC 61. Vol. I. Madri: Católica, 1950, p. 812-814. Seja como for, é difícil definir os limites dessa esfera intermediária do ensino magisterial. Continua problemática essa ordem de verdades, em que pese as explicações de BETTI, U. "Considerações..." Art. cit. supra.

90. Para o estabelecimento desses critérios ou regras, cf. CONGREGAÇÃO DA DOUTRINA DA FÉ. *Declaração... Mysterium Ecclesiae*. Op. cit., n. 5: sobre os condicionamentos históricos do magistério; VAGAGGINI, Cipriano. Teologia. In: BARBAGLIO, Giuseppe & DIANICH, Severino (orgs.). *Nuovo Dizionario*

1. Adotar de entrada uma atitude positiva.

Deve-se ir ao magistério não armado com a "presunção de perversidade", mas, ao contrário, com um "preconceito favorável". Há de se acolher suas intervenções com respeito, comunhão, disposição à escuta e ao aprendizado, ainda que sejam falíveis e permitam legítima contestação. A boa hermenêutica é benevolente e não suspicaz.

2. Identificar o núcleo intencionado.

É preciso circunscrever o foco de significação do documento magisterial e a partir daí interpretar tudo o mais. Deve-se, portanto distinguir o núcleo e os elementos marginais, que não foram diretamente visados pelo magistério.

3. Levar em conta o contexto histórico-cultural geral.

Na ideia de contexto estão implicadas coisas como a língua (daí a necessidade da filologia) e as concepções culturais do tempo (donde a importância das ciências sociais: história, antropologia cultural, etc.). Só assim se tem condições de distinguir a substância permanente da fé de seus revestimentos culturais (cf. GS 62, 2).

4. Situar o ato magisterial na problemática doutrinária do tempo.

O contexto doutrinário frequentemente é de caráter polêmico. O magistério é obrigado a tomar posição frente a controvérsias acirradas, assumindo por vezes um estilo condenatório. Esse critério é fundamental para se entenderem: acentos parciais e ligados a pontos secundários, o caráter defensivo mais que propositivo, asserções parecendo exclusivas, negações sem anúncio positivo, os silêncios, em breve: certo unilateralismo magisterial. Verga-se a verdade na direção oposta aos erros que se condenam. Isso vale inclusive para as declarações infalíveis. Pois infalível significa apenas "imune de erro" e não completo ou perfeito. Tudo isso mostra que o magistério nem sempre diz tudo e às vezes não diz nem o mais importante, mas o que os tempos e os lugares pedem.

di Teologia. 4. ed. Cinisello Balsamo (MI): Paoline, 1985, p. 1.695-1.704; SEMERARO, Marcello. Le fonti magisteriali. In: LORIZIO, Giuseppe & GALANTINO, Nunzio (orgs.). *Metodologia teologica*. San Paolo, Cinisello Balsamo (MI): Paoline, 1994, p. 258-260; · SEMERARO, Marcello & ANCONA, Giovanni. *Studiare la teologia dogmatica*. Roma: Viver, 1994, p. 112-117.

5. Evidenciar a intencionalidade "espiritual" e portanto orante.

É mister sempre superar (não suprimir) a letra do magistério e ir na direção do espírito. Esse espírito é, em verdade, o próprio Espírito Santo. Os atos do magistério são apenas "testemunhos do Mistério". São todos relativos a algo "sempre maior". Por isso, a interpretação do magistério se ultima no nível espiritual, além do nível pastoral, como veremos logo. Sua visada derradeira é a doxologia, a adoração, o êxtase. Pois, como diz Tomás de Aquino, citando Isidoro, "o artigo de fé é a percepção da verdade divina na medida em que tende a essa mesma verdade"[91].

6. Destacar o valor soteriológico e portanto pastoral.

Toda doutrina magisterial é *propter homines*. É feita para ser vivida pelas pessoas para fazê-las crescer. Sob pena de cair no doutrinarismo ou, pior, no jurisdicismo, cumpre realizar a finalidade prática (pastoral ou ética) de toda afirmação magisterial. Essa finalidade, como aliás a anterior – a espiritual –, vale inclusive para doutrinas tão abstratas como a do "homo-oúsios" e a da "transubstanciação".

7. Situar a doutrina proposta na "hierarquia das verdades".

É preciso ver qual é o vínculo que possui tal ou tal declaração com as verdades centrais da fé. Ou seja, importa sempre aplicar o critério da "hierarquia das verdades" (UR 11), considerando qual é a posição de uma determinada doutrina no conjunto total da fé.

8. Ver o grau de autoridade engajada.

Precisa também observar o "grau de certeza" que exibe uma doutrina. Pois uma coisa é uma declaração infalível ou uma doutrina comum e outra ainda uma diretriz geral ou um juízo prudencial. No campo da qualificação teológica, deve-se preferir o critério da "interpretação estrita", no espírito da máxima canônica: "Nenhuma doutrina se considera infalivelmente definida, se isso não constar claramente" (CDC, cân. 749, § 3).

---

91. *ST* I-II, q. 1, a. 2, ad 2. Cf. ainda *ST* II-II, q. 1, a. 6, sed c.

9. Interpretar o magistério no sentido da comunhão eclesial.

Importa fazer uma leitura que favoreça relações de amor entre os cristãos e não que incite ao ressentimento e à divisão. Aqui entra também a preocupação pela unidade dos cristãos, aplicando, portanto, uma hermenêutica com sensibilidade ecumênica, sem prejuízo, porém, da obrigação pastoral de proteger a Comunidade eclesial dos erros que a ameaçam.

RESUMINDO

1. A teologia não é uma atividade puramente privada, mas uma atividade essencialmente *eclesial*: a Igreja é o sujeito primário e o espaço vital de exercício da teologia. Isso porque o objeto da teologia, a fé revelada, é uma realidade confiada a todo o Povo de Deus, sendo que só por ele se tem acesso a essa realidade. Contudo, a vinculação à fé da Igreja não tolhe a devida atenção para com outras confissões e religiões, porque é a própria fé cristã que busca dialogar com elas, com vistas a aprender e também a ensinar.

2. O primeiro e máximo magistério é o da *Palavra* de Deus. Depois, vem o magistério do *Povo* de Deus como um todo e por fim vem o magistério dos *Pastores*, no qual está incluído o do Sumo *Pontífice* (os 4 "p"s do magistério: Palavra, Povo, Pastores e Pontífice).

3. A Igreja-toda-magisterial exerce seu *magistério comum* pelo testemunho que ela dá da verdade do Evangelho por meio do conjunto de sua vida, seja face ao mundo, seja dentro da própria igreja. É, portanto, todo o Povo de Deus que ensina a Verdade salvadora, ou, em outras palavras, que evangeliza.

4. A fé, além de ser vivida na realidade, deve ser conservada em sua *verdade*, como testemunha o Novo Testamento e as lutas da Igreja na história contra as heresias. Porém, o cuidado pela verdade da fé é responsabilidade do Povo de Deus como um todo.

5. O magistério comum se funda no *sensus fidelium*, pelo qual a Igreja como um todo adere infalivelmente à Verdade da fé. Todavia, para ser autêntico, o "senso de fé" deve ser:

– testemunhado pela universalidade dos fiéis, incluindo os pastores (*consensus fidelium*);

– representado pelas Comunidades mais vivas e participantes;

– e vivido durante um tempo longo, para poder aparecer como tal.

6. O exercício concreto do sensus fidelium, que é o mesmo que dizer do "magistério comum", se dá de dois modos:

– *informalmente*, pela vivência da fé no dia a dia, pela "opinião pública" eclesial, e especialmente pela liturgia. Todas essas formas vivenciais de fé ajudam a *reconhecer* (mais que a conhecer) o que é certo e o que é errado em matéria de doutrina;

– *formalmente*, por meio de mecanismos instituídos de representação, como os sínodos e outras assembleias, e mediante consultas várias.

7. No meio dos fiéis se encontram algumas *categorias particulares* que exprimem o *sensus fidelium* de modo "carismático", ou seja, segundo a informalidade e liberdade do Espírito, e às vezes até em condições de grande solidão e incompreensão. São os santos, os profetas, os mártires, os pobres e outros confidentes especiais de Deus e de seus mistérios.

8. O magistério comum se *especifica* em magistério pastoral, magistério teológico e magistério laical. Os leigos são mestres na fé no seio do mundo, por meio da Palavra viva, e também dentro da Igreja, por meio dos vários serviços ligados ao ensino, especialmente a catequese.

9. O magistério *pastoral* (hierárquico ou eclesiástico) é chamado "magistério" no sentido estreito e técnico. Ele é, por mandato divino, o primeiro responsável pela verdade da fé. Ele administra o ensino "autêntico" ou autorizado da fé. Representa a "Igreja docente", mas pode também aprender, na medida em que escuta "o que o Espírito diz às Igrejas".

10. As *tarefas específicas* do magistério pastoral são:

– testemunhar a fé por meio do anúncio da Palavra;

– recomendar prudência devida nas questões delicadas;

– ser o "juiz da fé", ou seu intérprete autorizado;

– e ter a coragem, se necessário, de emitir uma decisão dogmática, assim como de recorrer ao anátema como remédio extremo.

11. O magistério eclesiástico pode se enganar, seja intervindo de modo *inoportuno*, seja julgando mal do *conteúdo* de certas verdades não centrais da fé. Assim mesmo, o magistério permanece confiável, continuando a merecer respeito em termos de "religioso obséquio".

12. Em relação ao *sensus fidelium*, o magistério pastoral é *dependente*, enquanto se apoia em parte nele, e é ao mesmo tempo *autônomo*, enquanto conta com um particular carisma do Espírito.

13. A relação entre o magistério pastoral e o magistério dos fiéis é *análoga* à que existe entre o sacerdócio ministerial e o comum. Ambos derivam do mesmo Espírito e se relacionam um com o outro segundo a lógica da reciprocidade.

14. O *magistério pontifício* não é, nem de longe, o magistério único na Igreja e nem lhe é exterior. Situa-se antes *dentro* do magistério pastoral como sua expressão concentrada e culminante. Todavia, conta com uma assistência especial do Espírito e é singularmente dotado do carisma da *infalibilidade*.

15. Na apreciação do valor dos pronunciamentos do magistério eclesiástico devem-se levar em conta duas ordens bem distintas de questões:

– uma é a questão do *grau de importância* de uma verdade, quando situada no seio da "hierarquia de verdades". Trata-se aqui do valor de *conteúdo* da verdade proposta;

– outra questão, menos importante que a anterior, é o *grau de certeza* que possui uma verdade, ou de sua "qualificação teológica". Trata-se aqui do grau de *autoridade* com que é investida pelo magistério.

16. Para interpretar os documentos do magistério eclesiástico devem-se aplicar algumas *regras hermenêuticas* particulares, que levem em conta sobretudo os seguintes elementos:

– o contexto histórico, cultural e polêmico do tempo;

– o núcleo intencionado, distinto dos elementos marginais;

– a intencionalidade espiritual, pastoral e ecumênica;

– o lugar na "hierarquia de verdades" e sua qualificação teológica.

EXCURSO I

NOÇÕES TÉCNICAS SOBRE O MAGISTÉRIO PASTORAL

Seguem aqui algumas informações, de caráter mais jurídico-dogmático que bíblico-teológico, sobre o magistério eclesiástico, tais como se veiculam na linguagem (e na prática) da própria hierarquia hoje. Para operarem bem e serem eventualmente superadas, essas noções devem ser naturalmente colocadas dentro da concepção ampla do magistério, como explicitamos acima.

1. Titulares ou sujeitos

1.1. Os *bispos*, singularmente ou em conjunto (em Concílio ou dispersos)[92];

1.2. O *bispo de Roma*, quando se dirige à Igreja Universal.

2. Modos

2.1. *Ordinário*: o que se exerce no cotidiano da Igreja (sermões, catequese, etc.);

2.2. *Solene* ou extraordinário: nos Concílios e nas declarações "ex cathedra" do Papa (CD, 4; CDC, cân. 337).

3. Formas

3.1. *Infalível*: quando os Bispos ensinam unanimemente algo sobre a fé e a moral, e o Papa nas definições "ex cathedra"[93]. Esse ensino tem a garantia da assistência do Espírito Santo, garantia essa que tem um caráter negativo, no sentido de preservar o magistério do erro em relação à substância da fé;

3.2. *Autêntico*: no sentido de autorizado e por isso confiável. É o caso das encíclicas e de todos os outros documentos não infalíveis da Igreja. Por comportarem possibilidade de erro, tais doutrinas são reformáveis. Daí a legitimidade da crítica teológica e também da retratação por parte do magistério.

---

92. As Conferências Episcopais, em suas Assembleias, representam o exercício "colegial" do magistério, pelo menos em sentido amplo. Assim, os Documentos de Medellín, de Puebla e de Santo Domingo são considerados como a voz do magistério latino-americano. Mas a que título o são? Um título próprio ou derivado? Aqui se discute. Seja como for, são documentos revistos e autorizados pelo Magistério Pontifício.

93. Cf. THILS, Gustave. *L'infallibilité pontificale*. Sources, conditions, limites, Recherches et Synthèses. Gembloux: Duculot, 1968. Aí mostra que só há magistério infalível no quadro da Revelação. Esta é ao mesmo tempo o objeto, a norma e o princípio limitativo da infalibilidade.

4. Objeto do magistério infalível

4.1. *Primário e direto*: o "depósito da fé", como afirma explicitamente o Vaticano I (DS 3070 e 3074). O Vaticano II fala da "fé a ser crida e aplicada aos costumes" (LG 25,1);

4.2. *Secundário e indireto*: o objeto que está *em conexão* íntima e necessária com a Revelação. Aqui se arrolam:

– os "preâmbulos da fé": Deus existe; Deus é justo e bom, etc.;

– as conclusões teológicas: Cristo, por ser homem, tinha uma alma racional, etc.;

– os "fatos dogmáticos": caráter ecumênico de um Concílio, legitimidade de um Pontífice, etc.;

– e as canonizações dos santos.

EXCURSO II

PARA O BOM USO DO "DENZINGER"

Todo teólogo possui seu "Denzinger", instrumento indispensável de trabalho. A ele deve ser iniciado o estudante de teologia. Aliás, o "Denzinger" nasceu, nos meados do século passado, como livro didático, com objetivo de oferecer aos estudantes de teologia os principais documentos da tradição da fé[94].

Sua virtude principal é obrigar o teólogo a este primeiro e fundamental momento de seu trabalho: o *auditus fidei*. A fé não se cria a partir do próprio espírito especulante. Ela possui a sua "positividade" (Cap. 8). Como "herança de família", ela é recebida, vivida, enriquecida e passada adiante. O "Denzinger" vale, e muito, como fonte da fé positiva. Seu uso livra o teólogo, seja da ignorância em relação à tradição da fé, seja da tentação de criar teologias puramente fantasiosas.

Mas para ser bem usado, além dos critérios comuns, válidos para o magistério em geral, especialmente a contextualização histórica e a finalização prática (mística, ética e pastoral), o "Denzinger" necessita de alguns critérios *específicos*, ou seja, de particulares cautelas hermenêuticas:

1. *Saber que se trata de uma seleta unilateral de textos do magistério*. A seleção dos textos se fez a partir de critérios relativos e problemáticos, como:

---

94. Para sua história e evolução assim como para os critérios de uso, cf. CONGAR, Yves. Do bom uso do "Denzinger". In: CONGAR, Y. *Situação e tarefas...*, op. cit., p. 131-158; • SCHUMACHER, J. *Der "Denzinger"*. Freiburg, 1974.

– privilegiar o magistério papal em detrimento do magistério local, quer episcopal, quer sinodal;

– direcionar os textos no sentido de majorar o poder pontifício;

– escolher textos doutrinários, deixando de lado os litúrgicos e éticos, inclusive ético-sociais;

– referir parcialmente os testemunhos das autoridades, chegando a truncar as citações.

Portanto, o caráter seletivo do "Denzinger" obriga, em positivo, a completá-lo com outros documentos magisteriais, muitos deles importantes, inclusive no campo do magistério local. Nesse sentido, é perfeitamente pensável um "Denzinger" latino-americano que incluísse os documentos de Medellín, Puebla e Santo Domingo. Ademais, o "Denzinger" se limita a poucos "lugares teológicos": só refere os Símbolos, os Concílios e a Igreja de Roma. E os outros?

2. *Cuidar-se de interpretar o "Denzinger" de modo unívoco, ou seja, dogmaticamente*. O próprio título oficial do Denzinger constitui já uma advertência: distingue entre "definições", que são uma coisa, e "declarações", que são outra. É preciso, portanto, observar os diversos gêneros de ensino. Isso parece óbvio, mas não é inútil lembrá-lo, dado que existe certa tendência jurisdicizante, que leva inconsciente ou semiconscientemente a interpretar tudo como "definição" dogmática, como na apelação não infrequente: "Está no Denzinger!"

Além disso, as qualificações teológicas ou "censuras" no Denzinger são postas muitas vezes em série, de modo indiferenciado, no fim de uma lista de opiniões reprovadas. Da mesma forma, os "anathema sit" nem sempre constituem condenações de heresia. Às vezes se referem a assuntos meramente disciplinares. Portanto, a qualificação teológica deve ser aplicada caso por caso e com extremo cuidado.

LEITURA

ERASMO DE ROTERDÃ:

Sobriedade nas definições dogmáticas[95]

<<Os antigos escritores da Igreja não filosofavam sobre as coisas divinas senão com uma extrema sobriedade. Não ousavam afirmar nada que não estivesse claramente afirmado nas Escrituras, cuja autoridade é para nós sacrossanta... Per-

---

95. *Carta a Carondelet*, 05/01/1523, apud MARGOLIN, J.-C. *Érasme par lui-même*. Paris: Seuil, 1965, p. 166s.

doemos aos Antigos, que não propuseram suas definições senão contra vontade. Mas nós outros, não somos escusados por levantar tantas questões curiosas e por definir tantas coisas inúteis para a salvação...

É, em verdade, impossível estar unido à Trindade, sem ser capaz de explicar a distinção que separa o Pai do Filho, ou o Espírito das duas outras pessoas? O que mais importa, aquilo a que temos que aplicar todas as nossas energias é curar nossa alma das paixões: inveja, ódio, orgulho, avareza, concupiscência. Se não tenho o coração puro, não verei a Deus. Se não perdoo a meu irmão, Deus não me perdoará... Ninguém será condenado por ignorar se o princípio do Espírito Santo é único ou duplo. Mas não evitaremos a condenação se não nos esforçarmos por possuir os frutos do Espírito, que são amor, alegria, paciência, bondade, doçura, fé, modéstia, continência...

A essência da nossa religião é a paz e a concórdia – o que só se pode manter à condição de não definir senão um pequeno número de pontos dogmáticos e deixar a cada um a liberdade de ter sua própria opinião sobre a maioria dos problemas... A verdadeira ciência teológica consiste em não definir nada que não esteja indicado nas Escrituras. E mesmo essas indicações convém ensiná-las com simplicidade e de boa fé. Apela-se hoje ao Concílio Ecumênico para decidir sobre muitos problemas. Mas seria melhor remetê-los para o dia em que veremos a Deus face a face...

Outrora, a fé consistia mais na vida do que na profissão dos artigos de fé. Pouco a pouco se tornou necessário impor dogmas. Mas eram pouco numerosos e de uma simplicidade toda apostólica. Em seguida, por causa da deslealdade dos heréticos, submeteu-se a Escritura a uma investigação rigorosa. A obstinação dos heréticos obrigou a Igreja a definir alguns dogmas nos Concílios. Finalmente, o símbolo da fé passou a se expressar mais nos escritos do que nos corações. Houve quase tantos credos quantas pessoas. Os artigos se multiplicaram; a sinceridade diminuiu. A doutrina do Cristo, que no começo refugava toda logomaquia, passou a pedir proteção às escolas dos filósofos. Foi o primeiro passo para a decadência da Igreja. Depois, as riquezas aumentaram; a violência se intrometeu. A intrusão da autoridade imperial nos negócios eclesiásticos prejudicou a sinceridade da fé. A religião se tornou mera argumentação sofística. E a Igreja foi inundada de uma miríade de artigos. De lá se passou ao terror e às ameaças...

Pela força e o medo, obrigamos as pessoas a crer o que não creem; a amar o que não amam, a compreender o que não compreendem. A coação não pode ir junto com a sinceridade. O Cristo só aceita o dom voluntário de nossas almas.>>

TEOLOGIA, IGREJA E MAGISTÉRIO (II): RELAÇÃO TEOLOGIA-MAGISTÉRIO PASTORAL

As duas cátedras: pastoral e doutoral

Ainda na Idade Média, Santo Tomás se referia a um duplo magistério:

– o "magistério da cátedra pastoral" ou magistério apostólico;

– e o "magistério da cátedra doutoral" ou magistério teológico.

E explicava suas diferenças: o primeiro é conferido, o segundo, conquistado; o primeiro vale para os outros, o segundo vale por si mesmo; o primeiro tem sua idoneidade fundada na caridade e o segundo, no saber adquirido[1].

Isso quer dizer que o Bispo é mestre na esfera da *praedicatio fidei*, enquanto o Teólogo é mestre na esfera do *intellectus fidei*. O primeiro tem por base a própria autoridade ministerial, e o segundo, a competência científica. O Bispo vale *ex autoritate*, por sua autoridade e ofício (*authentice*); o Teólogo se impõe exclusivamente por suas razões (*tantum valet quantum probat*). O Bispo tem a razão da autoridade, e o Teólogo, a autoridade da razão. Aos Pastores compete garantir, antes de tudo, o *an ita sit* (conteúdo) da fé, enquanto aos Teólogos, o *quomodo ita sit* (razões)[2].

O Magistério dos Pastores se refere ao grande "Ensino" da fé; o dos teólogos aos diferentes "ensinos" pelos quais o grande Ensino é como que trocado em miúdos. Por isso também, a linguagem dos Pastores é a do anúncio (querigmático) e da confissão de fé (dogmática): *credimus*. A linguagem dos teólogos é a da análise e da explicação: *scimus*.

---

1. *Quodlibetum* III, a. 9. Cf. tb. *Contra Impugnantes*, c. II.

2. TOMÁS DE AQUINO. *Quodlibetum* IV, a. 18 (3), c.: A *determinatio* via autoridade pertence também à teologia, mas na "disputa magistral feita nas escolas", devem-se usar além disso "razões científicas". Esse texto é reportado como *Leitura I* no fim do Cap. 9.

POSIÇÃO DE PRINCÍPIO

O terceiro polo: Povo de Deus

Para relacionar Magistério e Teologia importa colocar sempre pelo menos um terceiro polo ativo – o Povo de Deus. Não é possível articular corretamente a relação Bispos-Teólogos prescindindo da Comunidade eclesial. Esta representa precisamente o pivô da dita relação. Frente ao Povo de Deus, Pastores e Teólogos aparecem em igualdade básica. Nem o Bispo está acima do Teólogo e nem este acima daquele. Os dois estão juntos, servindo o Povo, cada um a seu modo. Portanto, nada de subordinação, mas sim colaboração ou "conspiração" entre os dois, a serviço da mesma causa[3].

Pastores, Teólogos e Fiéis leigos formam uma só comunidade de fé, trabalham juntos, colegialmente. Suas funções específicas se interseccionam: o Bispo *também* aprofunda criticamente a fé; o Teólogo *também* faz a defesa do "depósito"; e o Leigo, por sua parte, faz uma coisa e outra[4]. É a *natureza mesma da fé e da Igreja* que exige uma relação comunional entre essas três instâncias.

Deve, portanto, haver uma pericórese funcional e operativa entre esses três polos. Importa que o Bispo, além de anunciar e julgar, também argumente e que o Teólogo, além de argumentar, também proclame. O Magistério precisa ser, à sua medida, teológico, e a Teologia, magisterial.

---

3. Cf. PAULO VI. "À Comissão Teológica Internacional". I Reunião Plenária (06/10/1969). *Revista Eclesiástica Brasileira*, 29 (1969), p. 945s.; JOÃO PAULO II. "Discurso a teólogos alemães" (Altöttingen, 18/12/1980). *Osservatore Romano* (ed. semanal em port.), 07/12/1980, p. 745, espec. n. 3.; · KÜNG, Hans. *Teologo e Chiesa*. Brescia: Queriniana, 1966; TILLARD, Jean-Marie R. Théologie et vie ecclésiale. In: LAURET, Bernard & REFOULÉ, François (orgs.). *Initiation à la pratique de la théologie*. Paris: Cerf, 1982, t. I, p. 173-182. Para a problemática geral: ALFARO, Juan. La teología di fronte al Magistero. In: LATOURELLE, René & O'COLLINS, G. (orgs.). *Problemi e prospettive di teologia fondamentale*. Brescia, 1980, p. 413-432; rev. *Lumière et Vie*, n. 180, t. 35 (1986): "Função de um Magistério na Igreja"; · COLOMBO, Giuseppe. *La ragione teologica*. Milão: Glossa, 1995, p. 159-174: "Magistério e Teologia"; · CONGAR, Yves et alii. *Les théologies et l'Église*. Cahiers "Les quatre fleuves" 12. Paris: Beauchesne, 1980.

4. Cf. RAHNER, Karl. *Magistero e Teologia dopo il Concilio*. Brescia: Queriniana, 1967, p. 63s.

Todo "magistério paralelo" em relação ao grande Magistério de Deus é ilegítimo. Para não cair nessa presunção, não só os Teólogos e os Leigos, mas os próprios Pastores precisam estar extremamente vigilantes.

Esquema tripolar de relação

Vejamos agora, por meio de um esquema triangular e sua subsequente explicação, como se relacionam os três polos: Pastores, Teólogos e Povo de Deus em relação à Palavra de Deus ou à Verdade da fé. Eis como pode se apresentar esse relacionamento:

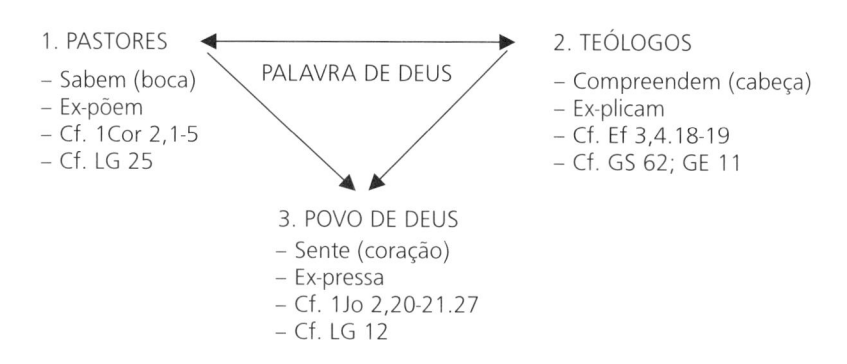

1. PASTORES — PALAVRA DE DEUS — 2. TEÓLOGOS
- Sabem (boca)
- Ex-põem
- Cf. 1Cor 2,1-5
- Cf. LG 25

- Compreendem (cabeça)
- Ex-plicam
- Cf. Ef 3,4.18-19
- Cf. GS 62; GE 11

3. POVO DE DEUS
- Sente (coração)
- Ex-pressa
- Cf. 1Jo 2,20-21.27
- Cf. LG 12

Explicação

1. OS PASTORES. É o *Magistério*. Sua função própria é a *testificatio* (o anúncio) e a *determinatio* da fé ou a *definitio*, ou seja, o estabelecimento imperativo de seu conteúdo. O Pastor é o "administrador dos Mistérios de Deus" (1Cor 4,1) e também seu custódio, isto é, defensor e vigia. Os bispos, "por sua pregação, conservam fielmente a Palavra de Deus, a expõem e difundem" (DV 9; cf. LG 25; PO 4)[5].

---

5. O Código de Direito Canônico (= CDC) prescreve que o Bispo tem o dever de pregar (cân. 386, § 1) e de defender a integridade e unidade da fé, mas que deve também "reconhecer a justa liberdade" do teólogo (§ 2). Em particular, ao Bispo compete conceder o "imprimatur" (cân. 823, § 1). Quanto às versões pastorais da Bíblia, cabe à Conferência dos Bispos decidir (cân. 825). Essa inclusive deve ter sua "Comissão Episcopal de Doutrina" (cân. 830).

Por isso, frente à Teologia, o Bispo:

– anima a atividade teológica e

– adverte e corrige os teólogos quando se afastam da fé.

2. OS TEÓLOGOS. Sua função própria é a reflexão crítica em termos de: pesquisa, análise (*inquirere*) e argumentação (*probare*), sem excluir a criação.

Por isso, em relação ao Magistério, o teólogo:

– "vai atrás": acolhe suas declarações com "religioso obséquio";

– "vai ao lado": assessora o Magistério;

– "vai à frente": abre novas perspectivas à doutrina da fé[6].

3. O POVO DE DEUS. Trata-se da Comunidade eclesial como um todo, enquanto distinta (não separada) de seus Pastores, como quando se diz "povo" enquanto contradistinto de seus governantes. Pois é evidente que não existe Igreja sem que seja hierarquicamente organizada. Neste sentido, enquanto distinto dos Pastores, o Povo de Deus é representado pelos Fiéis leigos. O Povo de Deus é o grande sujeito do *sensus fidei*, cuja sede é o coração.

Esquema complexo: em cinco polos

Para articular, de modo mais rico, as relações Magistério e Teologia, traçamos abaixo um quadro mais amplo que o anterior, acrescentando aos três polos mais dois: a *Palavra da fé*, pressuposta no outro esquema, e o *Mundo*, distinto aqui do Povo de Deus e visto como destinatário do anúncio da Igreja.

---

6. Tríplice papel, expresso por João Paulo II quando concedeu o prêmio teológico "Paulo VI" a Urs von Balthasar em julho de 1984. Quanto ao "ir à frente", no citado *Discurso aos teólogos alemães*, João Paulo II fala da tarefa dos teólogos de elaborar "novas propostas para a compreensão da fé", que representam de fato "ofertas" a toda a Igreja (p. 745). O Vaticano II fala em particular do papel inovador do exegeta, "preparatório... ao julgamento da Igreja" (DV 12,3).

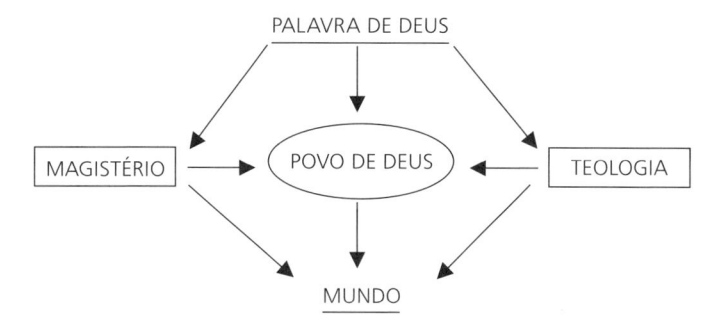

Como se vê, as relações Magistério – Teologia são mediadas e dinamicamente polarizadas por três termos decisivos: a *Palavra da Fé*, que ambos devem ouvir; o *Povo de Deus*, que ambos devem servir; e o *Mundo*, frente ao qual os dois, Pastores e Teólogos, junto com todo o Povo de Deus, são chamados a dar testemunho da Palavra.

MODELOS HISTÓRICO-ESTRUTURAIS[7]

A partir do processo histórico, delineiam-se dois grandes modelos de relação Teologia-Magistério: modelos simétricos e modelos assimétricos, subdividindo-se cada um deles em dois modelos menores, resultando em quatro modelos. Trabalhemos agora, para sermos breves, com alguns esquemas, que nos parecem suficientemente claros para dispensar maiores explicações.

---

7. Elaboramos esses modelos a partir de SECKLER, Max. *Teologia, Scienza, Chiesa*. Brescia: Morcelliana, 1988, p. 237-279; SULLIVAN, Francis A. *Il magistero nella Chiesa Cattolica*. Assis: Cittadella, 1986, p. 205-209; CONGAR, Yves. "Bref historique des formes du 'Magistère' et de ses rélations avec les docteurs". *Revue des Sciences Philosophiques et Théologiques*, 60 (1976), p. 99-112; e rev. *Chicago Studies*, 17 (1978).

1. Modelos simétricos

1.1. Modelo de circumincessão

1.2. Modelo de colaboração

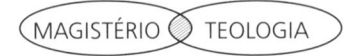

1.1.
– Vivido pelos Padres

– Primeiro milênio
– Anúncio / Reflexão sapiencial
– Bispos também refletem;
Teólogos também ensinam[9].
– Mesmos sujeitos,
com diferentes funções[10]
– Unidade indistinta
– Última instância:
de tipo conciliar.

1.2.
– Defendido por Santo Tomás,
atuado em Trento, Vaticano I
e Vaticano II[8].
– Idade Média (s. XII-XIII)
– Definição / Argumentação
– Bispos anunciam e guardam;
Teólogos refletem cientificam/
– Sujeitos distintos:
"dois magistérios"
– Unidade articulada
– Última instância:
"Igreja romana" (submissão)[11].

---

8. João Paulo II também defendeu, em princípio, esse modelo em seu já citado discurso de Altöttingen: cf. SECKLER, M. *Teologia...*, op. cit., p. 261-263.

9. Na Igreja Antiga há teólogos que são leigos e que exercem o "magistério": Justino, Tertuliano, Clemente de Alexandria e, num primeiro tempo, Orígenes.

10. Os Padres são ao mesmo tempo Pastores e Teólogos.

11. Era comum na Idade Média os teólogos, inclusive Santo Tomás, fazerem, no fim da vida, ato de submissão à Santa Sé quanto à ortodoxia de seus escritos. Isso é sinal de que subsiste sempre certa assimetria entre Pastores e Teólogos.

2. Modelos assimétricos

2.1. Modelo de absorção

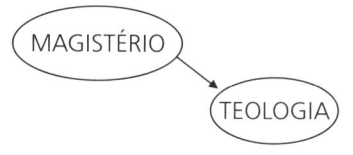

– "Igreja de Professores":
atuado nos Conc. de Constança
e de Basileia[12].
– Baixa Idade Média
(s. XIV-XV)
– Hegemonia da Teologia,
absorvendo função do Magistério
– Teologia: corporação autônoma
(Studium, Facultates)

2.2. Modelo de subordinação

– "Modelo Romano": defendido
por Pio IX, Pio XII e Paulo VI[13].

– De Basileia a Lutero e no
período pós-Trento[14].
– Monopólio do Magistério,
submetendo a Teologia
– Teólogo: serviçal da hier.
("delegado", "ideólogo").

---

12. É claro que a "absorção" pelos teólogos da função do ensino autêntico representou uma usurpação objetiva, que resultou em sérios abusos. Congregados em instituição sinodal, os teólogos foram os principais responsáveis pela condenação de outros teólogos, assim como de João Hus, Wyclif, Ockham, Lutero, os Mestres Templários, Joana D'Arc e inclusive de João XXII. Na sua 43ª Sessão (25/06/1439), o Concílio de Basileia contava com apenas 7 Bispos, 13 Padres e... 300 teólogos: cf. VILANOVA, Evangelista. *El ejercicio del poder doctrinal en los siglos XII y XIII*. In: VV.AA. *Teología y Magisterio*. Salamanca: Sígueme, 1987, p. 115-138, aqui p. 117. Ignaz von Döllinger († 1890), no discurso já cit. (Cap. 14/1) "Passado e presente da teologia", adota uma posição semelhante ao modelo em questão. Para ele os teólogos são "formadores de opinião pública", à qual todo o poder, também eclesial, acaba se dobrando. Eles possuem uma autoridade pública, como a dos Profetas do AT ao lado do poder dos Sacerdotes. Pio IX não deixou de responder ao discurso do historiador na carta *Tuas Libenter* ao arceb. de Munique em 21/01/1863: cf. ACERBI, Antonio. *Il diritto nella Chiesa*. Brescia: Queriniana, 1977, p. 186s. Para o "modelo" de Döllinger, cf. SECKLER, M. *Teologia...* Op. cit., p. 254-257. Por outro lado, Seckler não é convincente quando coloca Lutero dentro do modelo da "Igreja de Professores": op. cit., p. 250-253. Na verdade, Lutero reivindicava o Magistério Supremo não em favor da Teologia contra o Magistério, mas em favor da Palavra divina sobre ambos.

13. Esse modelo foi bem caracterizado por SECKLER, M. *Teologia...*, op. cit., p. 207-235: "A teologia como ciência eclesial: um modelo romano". O autor não hesita em colocar aí o Papa Paulo VI como defensor desse modelo. Estes seriam os traços do modelo romano: só a hierarquia tem o poder de ensinar; sua palavra é, como a Palavra de Deus, fonte de verdade; ela tem direito de inquisição ou controle sobre os teólogos; seu magistério é normativo em termos de "norma próxima universal" (*Humani Generis*, AAS 42 [1950], p. 567); a função magisterial é delegada aos teólogos via *missio canonica*; só o magistério hierárquico é público, todos os outros são privados.

14. É quando o poder papal retomou a dianteira, depois da controvérsia conciliarista.

Note-se que por detrás dos grandes modelos (simétrico e assimétrico) existe e opera um determinado *modelo de igreja*: se esse é *piramidal*, surge uma relação vertical entre bispos e teólogos; se é *comunional*, a relação tende a ser horizontal.

Redução a dois modelos[15]

Por motivos didáticos, reduzamos a dois apenas os quatro modelos acima. Eis, pois, como podem ser esquematizados:

I. Modelo assimétrico, de subordinação (ou "piano")[16]

ESPÍRITO SANTO

↓

MAGISTÉRIO: Só ele tem poder próprio para ensinar.

↓

TEÓLOGO: Recebe uma parti-cipação do poder. magisterial via mandato: *missio canonica*. É um serviçal do Bispo: só tem autoridade derivada, delegada por ele.

---

15. Baseamo-nos aqui em SULLIVAN, F.A. *Il magistero...*, op. cit., p. 208 e 224-229.

16. "Piano": relativo à concepção de Pio XII, espec. in *Si diligis* (1945) e *Humani Generis* (1950). Cf. a ilusão, sempre renascente, de reduzir a teologia à "teologia do magistério", lançada por primeiro pelo historiador de Lovaina DRAGUET, R. "Méthodes théologiques d'hier et d'aujourd'hui". *Revue Catholique des Idées et des Faits*, 15 (1935). Digamos também que não existe a rigor uma "teologia do Concilio". O que há é, por um lado, um magistério, que se deve levar em conta na teologia; e, por outro, indicações desse magistério em relação ao método teológico. O que pode existir, sim, é uma "teologia conciliar" em sentido amplo: cf. CONGAR, Yves. *Situation et tâches présentes de la théologie*. Col. Cogitatio Fidei 27. Paris: Cerf, 1967, p. 41-56 [trad. bras. São Paulo: Paulinas, 1969]: "O 'teologizar' do Concílio"; PHILIPS, Gérard . *Los métodos teológicos del Vaticano II*. In: VV.AA. *Al servicio teológico de la Iglesia*. Miscelanea dedicada a Yves Congar com motivo de su 70º aniversario. Santander: Sal Terrae, 1975, p. 13-35; · KASPER, Walter. *La prassi scientifica della teologia*. In: KERN, Walter; · POTTMEYER, Hermann J. & SECKLER, M. (orgs.). *Trattato di gnoseologia teologica*. Corso di Teologia Fondamentale 4. Brescia: Queriniana, 1990, p. 298-302.

II. *Modelo simétrico*, de colaboração (do Vaticano II)

ESPÍRITO SANTO

MAGISTÉRIO

Tem o carisma
do ensino **autêntico**.

TEOLOGIA

Tem o carisma
do ensino **científico**.

Note-se que, enquanto no modelo de subordinação o teólogo é, por meio da "missão canônica", mero "delegado do Magistério" (Pio XII), já para o modelo de cooperação o teólogo é "delegado da *Comunidade eclesial*". Aqui a "missão canônica" permanece (CDC, cân. 812), mas já com outro sentido: é mais eclesial do que eclesiástica[17]. É o que sugere a função de *assessoria* do teólogo.

CONFLITOS ENTRE MAGISTÉRIO E TEOLOGIA

As divergências entre o Magistério e a Teologia são um fato comum na vida da Igreja. Como tratar tais divergências? Podemos apontar aqui duas atitudes decisivas para a correta solução dessas divergências:

1. A *iniciativa do diálogo da parte do Magistério*. Quando o Magistério julga uma teologia em contraste com a doutrina da Igreja, cabe naturalmente a ele tomar a iniciativa do diálogo.

Não é inútil lembrar que o contexto fundamental do diálogo na Igreja é a caridade. Ora, a caridade está sempre pronta a tomar a dianteira e dar a primazia ao outro. "A caridade não busca seu interesse". Além disso, a caridade "se alegra com a verdade", "tudo desculpa, tudo crê, tudo espera, tudo suporta" (1Cor 13,5-7).

Nesse diálogo é de se levar muito em conta as referências objetivas, de certa forma externas aos interlocutores, que são a Palavra e o Povo, que ambos, Pastores e Teólogos, são chamados a servir (cf. esquema acima em

---

17. Para esta problemática, cf. o estudo sobre o "modelo romano" de SECKLER, M. *Teologia...*, op. cit., p. 207-235, espec. p. 223-225.

cinco polos). Esses são os dois critérios principais pelos quais Magistério e Teologia devem-se medir.

2. A *aceitação final da parte dos teólogos*. Sem dúvida, a "última palavra", e não logo a primeira (cf. Tt 3,10), compete a quem de direito: os Pastores. Fala-se aqui do ponto de vista disciplinar ou jurídico, ou seja, de quem tem responsabilidade de governo, e não necessariamente do ponto de vista de quem está com a razão[18]. É à hierarquia que cabe ex *officio* dirimir finalmente as controvérsias. E aos teólogos cabe a obrigação da obediência. Trata-se aí de uma submissão prática, canônica e ao mesmo tempo espiritual em relação aos Pastores da Igreja.

Isso pressupõe que entre o Magistério e os Teólogos exista certo desnível. As armas são ímpares: um tem o *poder* (de definir de modo decisório); e outros têm o *saber* (de argumentar de modo racional). Por outro lado, o abuso do poder magisterial, de que a história está cheia, não dispensa os teólogos do dever de obediência à autoridade da Igreja. Nessa linha, é acertada a sentença: É melhor caminhar com a Igreja que com uma teologia particular. Outra coisa não diz o Doutor Angélico:

> É melhor ficar com a autoridade da Igreja do que com a autoridade de qualquer doutor, ainda que se trate de Agostinho ou de Jerônimo[19].

Este foi, aliás, um dos erros dos jansenistas: acreditar que Santo Agostinho valia mais que a Igreja (DS 2320).

Liberdade teológica

O Vaticano II reconhece a "devida liberdade..., até mesmo na elaboração teológica da verdade revelada". Coloca apenas as seguintes condições:

– que se salvaguarde a "unidade nas coisas necessárias";

– que se "cultive a caridade" (UR 4,7).

---

18. Certo, o Magistério é também um *locus theologicus*. Mas seria esse tão importante a ponto de constituir a "norma próxima universal" da fé, como queria Pio XII na *Humani Generis*? Essa é uma posição com a qual o Vaticano II deliberadamente não quis se alinhar.

19. *ST* II-II, q. 10, a. 12, c.

Portanto, à condição de não colocar a *substância* da fé em causa e de observar a *caridade*, o teólogo goza da mais ampla liberdade. Aqui também se abre o campo do pluralismo teológico, de que trataremos logo mais (Cap. 15). Quando estão em jogo apenas opiniões teológicas, não há por que o Magistério intervir. "Nas coisas duvidosas, liberdade". E se estão em questão opiniões contestáveis, devem ser combatidas, antes de tudo, com armas parelhas, isto é, no nível da argumentação e não logo com censuras eclesiásticas[20]. Teologia se combate com teologia, como sabia Tomás de Aquino:

> A verdade nunca é melhor esclarecida e protegida contra o erro do que por meio do enfrentamento das objeções, segundo o dito: "O ferro se aguça com o ferro" (Pr 27,17)[21].

Defendendo em pleno Concílio a liberdade dos teólogos, o grande teólogo, Agostinho Bonuccio, Geral dos Servitas, advertiu os bispos presentes com estas palavras:

> Não vos arrisqueis, querendo controlar tudo, de votar tudo a uma controvérsia perpétua, pois tereis impedido a discussão, que faz a consolação, as delícias e a liberdade dos espíritos[22].

O dissenso teológico visto pelo Magistério recente

A instrução da Congregação da Doutrina da Fé, "Vocação eclesial do teólogo" (*Veritatis Donum*, 1990), tratando dos conflitos entre Teologia e Magistério, distingue entre:

– um dissenso *tópico* e *pessoal*, que o documento qualifica de "tensão" (n. 24-31);

– e um dissenso "sistemático" e mesmo "organizado" (n. 32-41 = 1/3 do documento).

Quanto ao primeiro ponto, o documento recomenda:

– evitar a exposição da questão na mídia;

---

20. Era também a opinião de DÖLLINGER, I. von. *Kleine Schriften*, 1980, p. 184, na já referida conferência de 1863, tida por alguns (como G. Goyau) como a "declaração dos direitos da teologia".

21. *A perfeição da doutrina cristã*, no fim.

22. Sermão em 08/04/1546, in: *Concilium Tridentinum*, ed. Görresgesellschaft, t. V (*Acta*), p. 99.

– dialogar a sós com a autoridade magisterial;

– submeter-se de todos os modos ao Magistério, mesmo quando não convence, e isso em atitude de "silêncio e oração" (silêncio obsequioso) (n. 31).

Pode-se, assim mesmo, perguntar se essas recomendações não são por demais restritivas dos direitos do teólogo e da própria Comunidade eclesial, para a qual, como vimos, a "opinião pública" constitui algo de vital (Cap. anterior).

Quanto ao segundo, o "dissenso organizado", o documento não o admite em absoluto, entre outros, porque a Igreja não seria uma democracia (n. 39). Contudo, pode-se duvidar se certo dissenso "organizado", mas não sistemático, isto é, visando pontos específicos do ensino magisterial, pode de fato ser evitado em nossa "sociedade de organizações", tanto mais que as relações entre o *Studium theologicum* e o *Gubernium ecclesiasticum* são de tipo *institucional* e não meramente pessoal[23].

"Religiosum obsequium"

Para as questões não "infalíveis" e não "definitivas", o Magistério exige uma "submissão religiosa" (LG 25; CDC, cân. 218, 752 e 753). Em que consiste esse *religiosum obsequium*? É, como o Vaticano II explica, a "religiosa submissão da vontade e da inteligência" (LG 25). Vale, como vimos, para o ensino "não definitivo". Mas o *religiosum obsequium* não é simplesmente no sentido de que o teólogo deve deixar de lado suas opiniões e se alinhar, como um autômato (*perinde ac cadaver theologicum!*), com a doutrina magisterial. Tal atitude não se adequa a quem é chamado na Igreja pelo Espírito a exercer ex *professo* uma função de esclarecimento crítico.

O "religioso obséquio" significa, antes, que o teólogo deve estar aberto à instrução dos Pastores e que, por isso, deve se pôr humildemente a si próprio e à sua teologia sob exame crítico do que diz o ensino magisterial. Depois de qualquer pronunciamento do Magistério, a atitude teológica correta, se não é, evidentemente, a de aderir acriticamente e fazer, *ato continuo*, a defesa incondicional das posições da hierarquia, também não é a de fazer oposição sistemática. É antes a de se pôr na atitude de quem considera seriamente e examina docilmente o ensino proposto pela hie-

---

23. Cf. rev. *Concilium*, 178 (1982/8), número monográfico sobre "O direto de discordar dentro da Igreja".

rarquia. E isso vale mesmo se, ao termo da ponderação crítica, o teólogo conclui com um *non possumus*[24]. Portanto: acatamento inicial e de princípio, mas que não exclui uma liberdade última no foro privado, guardado, porém, sempre o respeito público pelo Magistério da Igreja, também por amor do Povo de Deus.

Todavia, deve-se reconhecer que o necessário diálogo entre Magistério e Teologia nem sempre resolve tudo. Esse diálogo pode chegar às raias do clássico "drama de consciência", em que se enfrentam duas convicções igualmente sinceras. Nesse caso, há de se proceder com delicadeza e paciência a fim de não ferir as pessoas, como também não impedir a fecundidade que essa tensão pode produzir. Efetivamente, se na Igreja ninguém se levanta para questionar certas verdades reformáveis, rompendo um pseudoconsenso que se criou em torno delas, então não se dá avanço algum de consciência. Em todo o progresso doutrinário, o choque é praticamente inevitável, como mostra a história e ensina a psicologia[25].

Existe de fato uma tensão insuprimível entre Magistério e Teologia. Tal tensão deriva de uma outra tensão mais profunda, que é a "antinomia constitutiva" que reina entre a Fé, que o Magistério testemunha e guarda, e o Saber crítico, que o Teólogo leva adiante[26]. Por isso, os conflitos entre essas duas instâncias não podem ser eliminados de todo e para sempre, mas apenas prevenidos e, quando surgem, tratados com serenidade.

Para o teólogo pode-se apresentar, no limite, o "dever do dissenso" (K. RAHNER) frente à doutrina oficial. Mesmo assim, o princípio da comunhão com a Igreja e seus pastores deve ficar sempre fora de discussão. O teólogo verdadeiramente eclesial está convencido disto: pode ser "pioneiro" sim, mas não separado; vanguarda sim, mas não *free rider*; à frente da Igreja oficial sim, mas não longe dela; criativo sim, heterodoxo talvez, mas não herético; pode ser até genial, mas nunca genioso.

---

24. Seguimos aqui SULLIVAN, F.A. *Il magistero...*, op. cit., p. 186s.

25. Cf. RAHNER, Karl. Discussioni attorno il Magistero ecclesiastico. In: *Nuovi Saggi*, V, p. 405-422 [orig. al. "Disput um das kirchliche Lehramt". *Stimmen der Zeit*, n. 185 (1970), p. 73-81].

26. Cf. SECKLER, M. *Teologia...*, op. cit., p. 48s. e p. 265.

RESUMINDO

1. Magistério e Teologia não estão, por princípio, em relação de subordinação, mas fundamentalmente de *colaboração*. Ambos estão subordinados à Palavra e estão a serviço do Povo de Deus.

2. Frente à Doutrina da Fé, o Magistério e a Teologia têm funções distintas e complementares. Cabe especificamente ao *Magistério* anunciar a Palavra e velar pela sua integridade. Cabe especificamente à *Teologia* aprofundar racionalmente essa mesma Palavra. Os Pastores são como a boca que ex-põem a Verdade salutar; os Teólogos são como a cabeça que a ex-plicam.

3. A contribuição que o *Pastor* dá ao Teólogo é:

– estimulá-lo em seu trabalho;

– adverti-lo quanto aos desvios em relação à fé.

A contribuição do *Teólogo* ao Pastor é:

– caminhar ao seu lado, como assessor;

– ir à frente, como batedor de novas perspectivas para a fé.

4. O verdadeiro sentido da *missio canonica* é que o teólogo é um "delegado" não do Magistério, mas sim da Comunidade eclesial, com a missão de aprofundar e de transmitir a fé de que esta Comunidade é depositária. Contudo, a determinação jurídica desta delegação passa certamente pela hierarquia.

5. O Teólogo guarda sempre *liberdade* de pesquisa, liberdade consubstancial à teologia enquanto saber crítico. Entretanto, a livre discussão teológica deve sempre pôr a salvo duas coisas essenciais: a *verdade* essencial da fé e a *caridade* eclesial, seja em relação ao Povo de Deus, seja em relação aos seus Pastores.

6. Nos casos de *conflito* entre Magistério e Teologia, a regra é o *diálogo*, cuja iniciativa é dever do Magistério e que deve ser exercido na caridade cristã. Guia objetivo desse diálogo são as grandes referências comuns ao Pastor e ao Teólogo: a verdade da Palavra e o serviço ao Povo. Todavia, cabe ex *professo* ao Magistério a decisão final, e ao Teólogo sua acolhida respeitosa nos termos do "religioso obséquio".

EXCURSO I

DIÁLOGO INSTITUCIONALIZADO

O diálogo Teologia e Magistério, além de ser institucional, pode e deve ser *institucionalizado*, no sentido de seguir procedimentos formais, inclusive jurídicos, de modo que se evite, quanto possível, qualquer arbitrariedade dos Pastores (mas não evidentemente sua arbitragem).

Apresentamos aqui uma proposta, feita pela Conferência Nacional dos Bispos Católicos dos EUA (NCCB), no documento "Responsabilidades doutrinais"[27]. Foi a Igreja de uma região que, por estar inserida numa sociedade de tradição democrático-liberal, mais avançou nesse campo. Em caso de conflito entre um teólogo e um bispo, o documento sugere três caminhos distintos:

1. *Diálogo informal* entre teólogo e bispo. Ainda que informal, tal diálogo pode ser estruturado, por exemplo, da seguinte maneira:

– haja uma pessoa ou uma comissão para avaliar em primeira instância se a queixa procede ou não;

– haja uma comissão de consultores teológicos à disposição de ambos os contendores.

2. *Diálogo formal*. Para tal diálogo, observem-se as seguintes condições prévias:

a) solicitação formal do diálogo e resposta à mesma;

b) determinação dos pontos a discutir.

Durante o próprio diálogo, no que tange à doutrina teológica em questão, cuide-se:

– do *status quaestionis* (os dados em questão);

– dos esclarecimentos que o teólogo em questão pode trazer;

– da determinação de qual seja a relação do "caso" com a doutrina da fé;

– das implicações desse caso para a vida da Igreja.

Tudo isso pode-se *concluir* com uma destas alternativas:

1) Acordo da parte do teólogo;

2) Reconhecimento do magistério de que nada há a censurar (a teologia estaria dentro do legítimo pluralismo);

---

27. Publicado em *ADISTA*, n. 43-44, 08-14/06/1989; trad. bras. em *SEDOC*, 24 (1991-1992), p. 558-582.

3) Decisão magisterial consistindo:

– seja na vontade de continuar o estudo ou o diálogo (já em outro nível);

– seja na advertência do perigo de sustentar aquela posição;

– seja na declaração pública de erro;

– seja na declaração de que se trata de opinião privada.

3. *Ação administrativa ou processo judicial*. Caso as divergências permaneçam e gerem disputas, o diálogo formal pode desembocar numa ação administrativa e mesmo num processo judicial. Com isso, contudo, não se visa tanto dirimir questões doutrinárias quanto remediar situações pastorais ocasionadas por aquelas questões[28].

EXCURSO II

EQUÍVOCOS DO MAGISTÉRIO NA HISTÓRIA

As listas que daremos a seguir, relativas aos "erros" objetivos da Igreja na área do ensino, mostram quanto é estreita, embora determinante, a área de infalibilidade e, correlativamente, quanto é larga a margem de falibilidade doutrinária. O realismo eclesiológico dos medievais tinha uma expressão muito apropriada para os casos em que a hierarquia se equivocava: *Clavis errat*. Efetivamente, os equívocos que apontaremos se referem todos ao magistério *não infalível* da Igreja.

Limitamo-nos aqui ao Magistério geral da Igreja e ao Magistério pontifício. Em relação a este deixamos de lado os casos complexos e delicados dos Papas: Libério (352-366), com suas concessões aos arianos; do inconstante Vigílio (540-555), na penosíssima questão dos "Três Capítulos" de tendência nestoriana; e de Honório (625-638), com seu descuido doutrinário frente ao monotelismo; sem falar ainda de João XXII (1316-1334), com sua concepção heterodoxa da visão beatífica, de que teve de se retratar no leito de morte.

E nem queremos também colocar aqui mentalidades, práticas e estruturas de caráter disciplinar, por não se tratar de doutrina, se bem que muitas vezes tudo isso seja justificado doutrinariamente. Assim, por exemplo, o *autoritarismo* hierárquico, que limita a

---

28. Levar em conta as observações da Congregação para a doutrina da fé a este documento em carta de 08/11/1988, em *ADISTA*, n. cit., p. 22s.: 1) Não se deve pôr bispo e teólogo no mesmo plano em relação à doutrina da fé, pois existe entre ambos uma assimetria teológica em favor do primeiro; 2) Cuidar, sim, dos direitos humanos (subjetivos), mas sem esquecer dos direitos da "verdade da fé" (direitos objetivos); 3) As leis não podem pôr limites ao bispo em sua responsabilidade pastoral, mas somente auxiliá-lo a evitar a arbitrariedade. Resta dizer que os Bispos norte-americanos, na Assembleia geral de 16 a 19 de junho de 1991, aprovaram o texto definitivo do doc. "Responsabilidades doutrinais".

participação do Povo de Deus nas decisões; o *centralismo* romano, que restringe o espaço das igrejas locais e das Conferências episcopais, especialmente no campo da inculturação; e a limitação da missão *mulher* na igreja em relação aos sacramentos e ao poder de decisão[29].

Na questão dos enganos doutrinais do Magistério, devem-se evidentemente aplicar as regras gerais da hermenêutica relativa a esse campo, especialmente o princípio da contextualização. Não que a verdade mude com o tempo, mas muda certamente sua percepção e sua formulação. E isso vale também para o Magistério[30].

Por outro lado, as diversas condenações do Magistério, hoje sentidas como equivocadas, são suscetíveis de certo "resgate hermenêutico", na medida em que podem ser interpretadas como condenando apenas o aspecto negativo ou redutor da proposição em jogo e como deixando ao mesmo tempo a salvo (o que nem sempre é evidente) o aspecto positivo da proposição condenada.

I. No campo da exegese

Só em nosso século, o Magistério *defendeu* as seguintes "verdades", hoje comumente consideradas equívocos:

– a maioria dos salmos são de Davi;

– não existem cartas dêutero-paulinas;

– os discursos de Jesus em João não são composições teológicas;

– os evangelhos foram compostos na ordem que têm hoje;

– não existe uma fonte Q;

– não existe um Dêutero-Isaías;

– a Carta aos Hebreus é de Paulo;

– o Pentateuco é de Moisés;

– a fórmula do batismo de Mt 28 é de Jesus mesmo;

– o Evangelho de Lucas foi escrito antes da destruição de Jerusalém[31].

---

29. Cf. o dossiê *Sacerdócio de mulheres?* Col. Documentos Pontifícios 268. Petrópolis: Vozes, 1996. Sobre a infalibilidade da decisão pontifícia, cf. apenas o CDC, cân. 749, § 3.

30. O próprio Magistério cresce hoje na consciência crítica quanto à sua "falibilidade" efetiva: CONGREGAÇÃO PARA A DOUTRINA DA FÉ. *Instrução sobre a vocação eclesial do teólogo* (1990), n. 24,3.

31. Lista de RAHNER, Karl. In: *Nuovi Saggi*, V, p. 416.

II. A "Unigenitus" de Clemente XI

Nesta Constituição Dogmática (de 1713), o Papa *condenou*, não sem pressões de Luís XIV, as seguintes proposições do jansenista Pasquier Quesnel († 1719), sacerdote do Oratório, proposições essas que o Magistério hoje, depois do Vaticano II, não hesitaria em subscrever quase na íntegra:

– "É útil e necessário em todo o tempo, em todo o lugar e para todas as pessoas estudar e conhecer o espírito, a piedade e os mistérios da Sagrada Escritura" (DS 2479);

– "A leitura da sagrada Escritura é para todos" (DS 2480);

– "É ilusão se persuadir de que o conhecimento dos mistérios da religião não deve ser comunicado às mulheres por meio da leitura dos livros sagrados. Não foi da simplicidade das mulheres, mas sim da arrogância do saber dos varões que veio o abuso das Escrituras e nasceram as heresias" (DS 2483);

– "Arrebatar das mãos dos cristãos o Novo Testamento ou mantê-lo fechado, tolhendo-lhes a possibilidade de compreendê-lo, é tapar a boca a Cristo" (DS 2484);

– "Proibir aos cristãos a leitura da sagrada Escritura, especialmente do Evangelho, é proibir o uso da luz aos filhos da luz e fazer com que sofram uma espécie de excomunhão" (DS 2485)[32];

– "Privar o povo simples do consolo de unir sua voz à voz de toda a Igreja é uso contrário à prática apostólica e à intenção de Deus" (DS 2486);

– "As verdades (da fé) acabaram sendo, para a maioria dos cristãos, como uma língua estranha, e o modo de pregá-las como um idioma desconhecido, tanto esse modo se encontra afastado da simplicidade dos Apóstolos e acima da comum capacidade dos fiéis. E não se adverte bastante que esta falha é um dos sinais mais claros da senilidade da Igreja e da ira de Deus sobre seus filhos" (DS 2495).

III. A "Mirari vos" de Gregório XVI

Nessa encíclica (de 1832), o Papa, que diz dever abandonar a "indulgência e a doçura" devidas para "pegar no bastão" (e se refere a 1Cor 4,21), faz várias condenações, que soam pelo menos estranhas à consciência da Igreja hoje. São as *condenações:*

– da reforma da Igreja nestes termos: "É por demais absurdo e altamente injurioso dizer que se faz necessária uma certa restauração ou regeneração (da Igreja)... Como se

---

32. O Vaticano II resgata essa reivindicação nestes termos: "É necessário que os fiéis tenham largo acesso à Sagrada Escritura" (DV 2).

fosse de crer que a Igreja seja passível de defeito, ignorância ou outra qualquer das imperfeições humanas" (n. 6);

– da liberdade de consciência, afirmando que a tese da "liberdade de consciência" constitui uma "sentença absurda e errônea, digo melhor, um disparate" (n. 10);

– da "liberdade de imprensa", a qual "nunca (será) condenada suficientemente" (n. 11);

– de toda revolução política, defendendo, ao contrário, a "inquebrantável sujeição aos príncipes" (n. 15);

– da separação Igreja – Estado (n. 16).

IV. O "Syllabus" de Pio IX

Esse documento (de 1864) levanta uma lista do que considera como os *erros* do tempo, os quais seriam:

– a liberdade religiosa, segundo a qual "é livre a qualquer um abraçar e professar a religião que ele, guiado pela luz da razão, julgar verdadeira" (n. 15);

– "o Socialismo, as sociedades secretas, as sociedades bíblicas, as sociedades clérico-liberais", consideradas todas, indistintamente, como "pestes" (§ IV);

– a separação Igreja – Estado (n. 55), sendo que a Religião Católica deveria ser considerada a "única Religião do Estado, com exclusão de quaisquer outros cultos" (n. 77);

– o direito à revolução (n. 63);

– o questionamento sobre a "compatibilidade da realeza temporal com o poder espiritual" (n. 75);

– a tese de que "o Pontífice Romano pode e deve se conciliar e transigir com o progresso, com o liberalismo e com a Civilização moderna" (n. 80).

V. O "Dictatus Papae" de Gregório VII[33]

O documento a "ditadura do Papa" (1075) consta de uma série de sentenças lapidares pelas quais, no contexto da "luta das investiduras", o Papado quis firmar seu poder contra os Príncipes e os Bispos a eles aliados. Eis algumas dessas sentenças:

---

33. PL 148, 407-408; ou *Monumenta Germaniae Historica*, Epist. Selectae 2, p. 201-208.

"1. A Igreja Romana foi fundada só pelo Senhor.

2. Só o Romano Pontífice tem direito de ser chamado universal.

7. Só ele... tem o direito de baixar novas leis, fundar comunidades...

8. Só ele tem o direito de usar as insígnias imperiais.

9. Só ele oferece a todos os príncipes o pé para beijar.

11. Seu título (de Papa) fica reservado só para ele no mundo inteiro.

12. Ele tem o direito de depor imperadores.

18. Ninguém pode revogar sua palavra; mas ele sozinho pode revogar a de todos.

22. A Igreja Romana nunca errou e nunca errará, como o comprova a sagrada Escritura.

23. O Romano Pontífice, quando canonicamente eleito, torna-se, sem dúvida alguma, santo em virtude dos méritos de Pedro...

26. Ninguém pode ser tido por católico se não estiver de acordo com a Igreja Romana.

27. O Papa tem poder de dispensar qualquer súdito do juramento de fidelidade para com os iníquos".

VI. Outros equívocos doutrinários

– Bonifácio VIII, na bula *Unam Sanctam* (1302), defende a teoria das duas espadas, a espiritual e a temporal, sendo que ambas estariam sob o poder da Igreja (DS 873). E nessa base sustenta que "para toda humana criatura é absolutamente necessário em vista da salvação estar submetido ao Romano Pontífice" (DS 875).

– Vários Papas reivindicaram, em base a princípios teológicos, o direito sobre os reinos temporais, inclusive o de depor os reis. Assim os conhecidos Gregório VII, Inocêncio III, Inocêncio IV e Bonifácio VIII; mas também Pio IV (*Cum ex apostolatus officio*, de 1559) e São Pio V, com sua desastrada bula *Regnans in excelsis*, de 1570, contra Elisabeth da Inglaterra[34].

– O "extra ecclesiam nulla salus" do passado contrasta fortemente com a doutrina do Vaticano II (cf. LG 16,1; GS 22,5; AG 7,1). Esse "dogma" recebeu no Concílio de Florença (1442) uma versão particularmente dura: "A Igreja crê firmemente, confessa e anuncia que nenhum dos que estão fora da Igreja Católica, não só pagãos, mas também

---

34. Apud CONGAR, Yves. *Situação e tarefas atuais da teologia*. São Paulo: Paulinas, 1969, p. 141, nota 7.

judeus, heréticos e cismáticos, poderão alcançar a vida eterna, mas irão para o fogo eterno... [...] Pessoa alguma poderá se salvar a não ser que permaneça no seio e na unidade da Igreja Católica, por mais que faça esmolas e mesmo se derramar o sangue pelo nome de Cristo" (DS 1351).

– Na bula de excomunhão de Lutero, *Exsurge Domine* (150), Leão X condena várias proposições do Reformador, entre as quais a que rezava: "Queimar os heréticos é contrário à vontade do Espírito" (DS 1483).

– No breve *Quod Aliquantum* (10/03/1791) Pio VI condena praticamente os direitos humanos.

– Pio X considerava coisa de "modernista" pedir a reforma do Santo Ofício, a abolição do "Índice dos livros proibidos" e a participação dos leigos na direção da igreja[35].

– Pio XI, na Encíclica *Mortalium Animos* (06/01/1928), se pronuncia contra o movimento ecumênico nascente.

– Pio XII, na Encíclica *Humani Generis* (1950), condenou o poligenismo como incompatível com o dogma do Pecado Original (DS 3897).

VII. Equívocos doutrinários na esfera da moral

O Magistério se enganou igualmente em muitas decisões de caráter moral, decisões essas justificadas a partir de princípios doutrinários. Não falamos aqui dos "pecados" da Igreja ou de suas fraquezas, reconhecidas como tais (simonia, nepotismo, concubinato, luxo, etc.), mas precisamente de "erros históricos", enquanto praticados com reta intenção e apoiados em "boas razões", erros que a Igreja hoje sinceramente reconhece:

– As *cruzadas* e outras guerras de religião contra os infiéis (especialmente muçulmanos) e heréticos (por ex., os valdenses e albigenses). O Papa Inocêncio XI mandou cunhar uma moeda em comemoração do massacre dos huguenotes na "noite de São Bartolomeu". Xisto V deu a bênção à "Invencível Armada" de Filipe II, em guerra contra a Inglaterra;

– A *inquisição*, junto com o uso teologicamente justificado da tortura e com a queima legitimada dos heréticos, dos judeus e das "bruxas"[36]. São conhecidos os casos Galileo (condenado por Urbano VIII), Giordano Bruno, Joana d'Arc, Savonarola. Na bula *Summis desiderantes* (1484), o Papa Inocêncio VIII († 1492) inicia violento ataque às bruxas por meio dos inquisidores alemães Heinrich Krämer e Jakob Spranger, autores do

---

35. Apud RAHNER, K. *Discussioni...*, op. cit., p. 416.

36. Cf. EMERICH, Nicolau. *Manual dos Inquisidores* (1376), revisto e ampliado por Francisco de La Peña (1578). Rio de Janeiro/Brasília: Ed. Rosa dos Tempos/Edunb, 1993.

famoso manual da inquisição *Malleus maleficarum* (1487), livro esse declarado pelos teólogos da prestigiosa Universidade de Colônia como estando "em absoluto acordo com os ensinamentos das Sagradas Escrituras" (sic)[37];

– A *conquista* do "Novo Mundo" pelos europeus e a subsequente empresa *colonial* encontraram forte legitimação teológica por parte de muitos pastores da Igreja[38];

– Igualmente a *escravidão*, perpetrada na África, nas Índias e nas Américas pelos Europeus, recebeu autorizadas justificativas doutrinárias[39]. O Santo Ofício em 20 de junho de 1866, respondendo à pergunta do P. Guglielmo Massaia, vigário apostólico na África junto aos povos Galla e Sidana, se era possível vender, comprar e trocar escravos, respondeu: "A escravidão, de per si, não repugna nem ao direito natural nem ao direito divino"[40];

– No campo da *sexualidade*, a Igreja ensinou por longo tempo, como doutrina corrente, que todos os pecados contra a castidade constituíam sempre matéria grave e que a relação conjugal, não objetivando a procriação, constituía, no mínimo, pecado leve, coisa essa que só foi definitivamente superada com o Vaticano II (GS 49).

E nem falemos dos equívocos na ordem da *disciplina*, que não envolvem diretamente a doutrina, mas que, mesmo assim, não deixam de impressionar hoje, como, por exemplo:

– Contra os "utraquistas" (hussitas, etc.), o Concílio de Constança, em 1415, proibiu aos leigos a comunhão sob as duas espécies (DS 1198-1200; cf. DS 1258);

– O Concílio de Trento se opôs, por inoportuna, a missa em língua vulgar (DS 1749 e 1759);

– Alguns Papas se opuseram à ampla divulgação da Bíblia em língua vernácula: Pio VII em 1816 (DS 2710-2712); Leão XII em 1824 (Denzinger, 31. ed.; 1607-1608).

---

37. Trad. bras. *O martelo das feiticeiras*. 4. ed. Rio de Janeiro: Ed. Rosa dos Tempos, 1991. A cit. do parecer dos teólogos de Colônia está na p. 518-524, aqui p. 521.

38. Com a carta *Inter coetera* (04/05/1493), que criou o "Tratado das Tordesilhas", Alexandre VI autorizava a Espanha a conquistar e explorar em proveito próprio as terras do Novo Mundo.

39. Nicolau V, com a bula *Romanus Pontifex* de 1454 entrega a África à escravidão nas mãos dos portugueses, concedendo ao rei de Portugal, "por autoridade apostólica", a "plena e livre faculdade de... reduzir à perpétua escravidão" os domínios dos infiéis. Leão X no breve *Dudum pro parte* (1516) e Paulo III na bula *Aequum reputamus* (1534) reiteram essa doação: in: FLICHE-MARTIN. *Histoire de l'Eglise*. Vol. XV, Paris, 1951, p. 125. Para essa problemática, cf. a tese de doutorado de VENDRAME, Calisto. *A Escravidão na Bíblia*. São Paulo: Ática, 1981, p. 64-87: A posição dos cristãos.

40. Apud JACOBELLI, Maria C. *ADISTA*, 18/06/1994, p. 6.

LEITURA

COMISSÃO TEOLÓGICA INTERNACIONAL:

"Teses sobre as relações mútuas entre o Magistério eclesiástico e a teologia"[41]

<<**Tese 3**. No serviço comum prestado à verdade, tanto o Magistério como os Teólogos se acham igualmente vinculados: 1) pela Palavra de Deus...; 2) pelo *sensus fidei*...; 3) pelos documentos da Tradição...; 4) pelo cuidado pastoral e missionário...

Tese 6. Diverso é o tipo de autoridade em virtude da qual o Magistério e os Teólogos exercem o seu ofício:

1) O Magistério recebe a própria autoridade da ordenação sacramental... Esta "autoridade formal"... é ao mesmo tempo carismática e jurídica... É mister cuidar para que a autoridade ministerial seja praticamente exercida junto com a autoridade que promana da pessoa e da própria coisa proposta;

2) Os Teólogos possuem uma autoridade própria especificamente teológica, que deriva de sua qualificação científica, a qual, todavia, não pode ser separada do caráter próprio de tal ciência, que é ciência da fé, e que não pode ser exercida sem uma viva experiência e prática da fé. Por isso, a teologia, na Igreja, goza não só de uma autoridade profano-científica, mas também de uma autoridade deveras eclesial, inserida na escala das autoridades que promanam da Palavra de Deus e são confirmadas por uma missão canônica.

Tese 8. Um caráter particular assume a diferença entre o Magistério e a Teologia, quando se consideram a liberdade que lhes é própria e a função crítica que daí deriva...:

1) O Magistério, por sua natureza e instituição, é naturalmente livre no exercício do próprio múnus. [...] É muitas vezes difícil, embora necessário, empregar a autoridade magisterial de tal sorte que não pareça... arbitrária ou demasiadamente extensa. Entre os próprios teólogos existem alguns que exaltam indebitamente a liberdade científica, não percebendo... que o respeito ao Magistério também pertence aos elementos científicos da ciência teológica. [...]

---

41. *Revista Eclesiástica Brasileira*, 36 (1976) 947-953 (com comentários de O. Semmelroth e K. Lehmann: p. 953-959). Introduzimos, como de costume, pequenas modificações estilísticas.

2) [...] A liberdade dos Teólogos é oriunda de uma verdadeira responsabilidade científica. Liberdade não ilimitada, pois, além de seus deveres em face da verdade, vale também para ela o princípio: "No uso de todas as liberdades há de se salvaguardar o princípio moral da responsabilidade pessoal e social" (*Dign. Hum.*, 7). O encargo dos Teólogos... comporta uma função de certo modo crítica, mas positiva, não destrutiva.

Tese 9. No exercício dos ofícios do Magistério e dos Teólogos muitas vezes ocorre alguma tensão. [...] Onde há verdadeira vida, ali sempre se encontra alguma tensão. Essa não é inimizade nem verdadeira oposição, mas antes força vital e estímulo para se desenvolver comunitariamente e de forma dialógica o ofício próprio de cada um.

Tese 10. [...] O diálogo constitui um excelente auxílio recíproco: o Magistério pode conseguir maior compreensão das verdades de fé e de moral que devem ser pregadas e defendidas; a compreensão, pelos teólogos, da fé e dos costumes, fortalecida pelo Magistério, ganha em certeza.

Tese 11. [...] O diálogo tem seus limites ali onde se tocam os limites da verdade de fé. Este fim do diálogo – estar a serviço da verdade – não poucas vezes é posto em perigo pelas seguintes atitudes: quando o diálogo é instrumentalizado..., por meio de pressões; quando se ocupa "unilateralmente" o terreno do diálogo...; sobretudo... quando se abandona antes do tempo o plano da discussão e se empregam logo meios coercitivos, ameaças e punições; quando... a discussão... é levada a cabo recorrendo a uma publicidade não suficientemente informada... com pressões externas de notável influência (*mass-media*).

Tese 12. Antes de formalmente abrir um processo doutrinal, a autoridade competente deve esgotar todos os recursos correntes para conseguir um consenso por via do diálogo... (colóquio pessoal, correspondência epistolar...). Se com essas formas de diálogo não se consegue nenhum verdadeiro entendimento, o Magistério deve empregar um amplo e flexível aparelho de réplica, a começar pelas diversas formas de admoestação, de "sanções verbais", etc. Em caso muito grave, o Magistério... deve por seu turno defender a verdade ferida e a fé do Povo fiel. [...]>>

Capítulo 15

PLURALISMO TEOLÓGICO

Trataremos da questão do pluralismo em teologia em dois momentos. No primeiro abordaremos a questão vertente em seus *princípios* gerais e no segundo em termos do *conflito* entre linhas teológicas divergentes.

O PLURALISMO TEOLÓGICO EM GERAL[1]

1. As bases do pluralismo teológico

Esclareçamos, antes de tudo, o termo "pluralismo". Entendemo-lo aqui no sentido corrente de *diversidade legítima*. Não se trata, pois, aqui da tendência a acolher tudo sem discriminação, chame-se isso sincretismo, ecletismo ou irenismo[2].

Digamos, em seguida, que o pluralismo é um traço comum de todo o saber. A razão é simples: a realidade desborda toda teoria. Aquela é sempre plural, multipolar, múltipla em suas determinações, enquanto a teoria é sempre particular e perspectivista. Ora, se isso vale para as realidades criadas, vale *a fortiori* para a Realidade incriada[3].

---

1. Cf. COMISSÃO TEOLÓGICA INTERNACIONAL (= CTI). "Unidade da fé e pluralismo teológico" (out. de 1972). *SEDOC*, 6 (1973), col. 277-279 (com uma "introdução" de Jorge Medina Estévez, col. 279-285); CTI. *El pluralismo teológico*. BAC 387. Madri: Católica, 1976 (I parte: As 15 teses comentadas por J. Ratzinger, P. Nemeshegyi e Ph. Delhaye; II parte: Estudos particulares). Damos no final deste capítulo parte desse documento como *Leitura*. Cf. ainda: GEFFRÉ, Claude. Pluralité des théologies et unité de la foi. In: LAURET, Bernard & REFOULÉ, François (orgs.). *Initiation à la pratique de la théologie*. Paris: Cerf, 1982, t. I, p. 117-142; · EICHER, Peter. *La théologie comme science pratique*. Col. Cogitatio Fidei 115. Paris: Cerf, 1982, cap. 13, p. 201-250; rev. *Concilium*, 191 (1984/1): número monográfico dedicado à questão: "Teologia: unidade ou pluralidade"; · PHILIPS, Gérard. "À propos du pluralisme en théologie". *Ephemerides Theologicae Lovanienses*, 46 (1970) 149-169; · TRACY, David. *Bressed Rage for Order*. New Pluralism in Theologie. Nova York: The Seabury Press, 1975; · CAPRIOLI, Adriano & VACCARO, Luciano (orgs.). *Pluralismo nella chiesa*. Brescia: Morcelliana, 1982.

2. Donde as reservas de alguns teólogos em relação ao termo "pluralismo" e sua preferência pelo de "pluralidade" ou "pluriformidade". Assim J. Ratzinger e H. de Lubac. Cf. desse último: *Pluralismo di chiese o unità della Chiesa?* Brescia: Morcelliana, 1973, cap. 3, p. 53-64, aqui p. 57 e nota 18.

3. Cf. VAGAGGINI, Cipriano. Pluralismo teologico. In: BARBAGLIO, Giuseppe & DIANICH, Severino (orgs.). Nuovo *Dizionario di teologia*. 4. ed. Milão: Paoline, 1985, p. 1.150-1.166, aqui p. 1.158-1.161.

Por que a teologia é necessariamente pluralista? É precisamente por dois motivos conexos:

– primeiro e mais radicalmente, porque o Mistério da fé é *transcendente*, superando infinitamente todo entendimento e não se esgotando jamais numa única interpretação;

– e, depois, porque esse mesmo entendimento teológico é sempre *contextual*: está situado sem escapatória dentro de uma cultura determinada, sendo que o campo cultural é justamente o campo das *variedades*[4].

Expliquemos essas duas razões.

1) Razões que vêm da própria fé: sua transcendência

A fé é maior que toda teologia. A realidade divina transcende toda razão (cf. Ex 33,20; Jo 1,18; 1Tm 6,16). O Mistério de Deus supera todo entendimento. O Mistério de Cristo possui "riquezas insondáveis" (Ef 3,8; cf. 2,11-22; Rm 11,33).

Seja como for, o Mistério não é absolutamente inefável. Ele "vem à palavra" por meio de testemunhas privilegiadas, cuja plenitude é o Verbo encarnado.

Contudo, existe um hiato nítido entre o Mistério e sua expressão, como vimos na teoria da analogia (Cap. 11). Ora, se afinamos nossa análise, podemos perceber dois níveis nesse hiato:

– um 1º nível se situa entre o *Mistério* e sua expressão *normativa*, seja ela bíblica, seja dogmática;

– um 2º nível se coloca entre essa expressão normativa ou vinculante e a *teologia*, embora ambas estejam entrelaçadas[5].

Por conseguinte, emerge claramente que o discurso teológico só pode apreender e mostrar um aspecto muito limitado do Mistério. Para dizer algo dele a teologia é obrigada a adotar uma postura perspectivista ou as-

---

4. Duplo nível proposto igualmente pela CTI. *Unidade da fé...*, op. cit., teses 1, 3 e 5.

5. Cf. RAHNER, Karl. "O pluralismo teológico e a unidade da profissão de fé na Igreja". *Concilium*, 6 (1969), enfatizando fortemente o entrelaçamento entre dogma e teologia.

pectual. Cada cultura é chamada a pôr em luz um ou mais aspectos do Mistério absoluto. Toda e qualquer teologia já é inculturação da fé e por isso discurso particular. É por isso que pluralismo é um dado congênito e irredutível de toda teologia. Daí a figura:

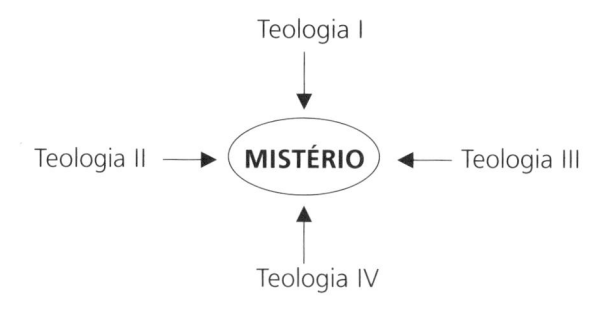

Pluralismo na Bíblia

O desnível primário, referido há pouco, entre Mistério e enunciado bíblico-canônico faz ver que o pluralismo se encontra no seio das próprias Escrituras canônicas. Eis aqui algumas ilustrações:

– É sabido que o Pentateuco contém pelo menos quatro grandes tradições: a Javista (J), a Eloísta (E), a Sacerdotal (P) e a Deuteronomista (D);

– Já nas primeiras páginas da Bíblia, temos dois relatos da criação do mundo e do ser humano, coexistindo um ao lado do outro, sem problema algum (Gn 1 e 2);

– O mesmo Evangelho de Cristo foi chamado por Santo Irineu de "quadriforme", justamente por se apresentar em quatro versões distintas (cf. DV 18);

– Há múltiplas cristologias dentro do Novo Testamento. João e Paulo não interpretam da mesma maneira a ideia central de salvação: para o primeiro ela é vista em termos de elevação, enquanto que para o segundo como restauração, como se vê mais tarde nas soteriologias do Oriente e do Ocidente, respectivamente;

– Mais largamente, não há coisa mais pluralista no Novo Testamento do que a coexistência, por um lado, de Marcos e João postos juntos e, por outro, de Paulo e Pedro lado a lado[6].

---

6. Asserção do Card. J. Ratzinger, citada pelo discutido Dom Jacques Gaillot, já bispo de Evreux, *ADISTA*, 11/11/1995, p. 4.

Tem mais: nem todas as teologias dentro da Bíblia são harmônicas ou consonantes entre si. Por isso mesmo, o trabalho de síntese teológica, em termos de "teologia bíblica", torna-se problemática. Mas não é impossível, à condição de o discurso se elevar ao nível da "analogia da fé", cujo horizonte unitário é a História da Salvação, cujo eixo é a fé cristológica e cujo "sujeito englobante" é a própria Igreja[7].

Tudo isso mostra que o pluralismo bíblico tem um caráter dialético, no sentido de contrastante ou paradoxal. Nele não se dão apenas *diferenças* teológicas, finalmente complementares ou compatíveis, mas ainda *diversidades*, difíceis de harmonizar, mas não impossíveis de todo. Um exemplo clássico nesse campo são as teologias da fé respectivamente de Paulo e de Tiago. Mas no fundo vigora sempre uma harmonia secreta, que provém da unidade do Plano de salvação em Jesus Cristo. Ouvimos Heráclito: "É dos contrários que nasce a mais bela harmonia"; mas a harmonia mais bela e mais forte é a "harmonia invisível"[8].

2) Razões que vêm da teologia: contextos de produção

Como a própria Revelação, mas em outro nível, toda teologia é contextual e histórica: está marcada pelo seu lugar espaço-temporal. Às vezes os teólogos se esquecem de que são seres *humanos*, não deuses, que falam de Deus[9]. D'Ele falamos sempre a partir de algum lugar. Esses lugares ou contextos podem ser múltiplos:

1. *Contexto cultural*. A mesma fé pode dar origem a diferentes teologias em função dos diferentes contextos culturais. Por isso, cada cultura tem ou pode ter sua teologia própria, como evidencia o conhecido pluralismo de teologias entre o Oriente e o Ocidente. A inculturação supõe a pluralidade de teologias de acordo com a pluralidade das culturas;

2. *Contexto histórico*. O que vale para a cultura, vale para a história: cada época tem sua visão de fé. Por isso, uma é a teologia do Mundo Antigo (a Patrística), outra da Idade Média (a Escolástica) e outra do Mundo Moderno (tal, por exemplo, a Teologia da Libertação) (cf. Cap. 22). De resto, toda razão,

---

7. Cf. CTI. *Unidade da fé...*, op. cit., tese 6.

8. Fragmentos 8 e 54.

9. "E os que buscam nem se dão conta de que não passam de seres humanos": *nec qui quaerunt se attendunt esse homines*: SANTO AGOSTINHO. *De Spiritu et littera*, 36, 66: BAC, *Obras*, t. VI, p. 802.

inclusive a teológica, se dá na história. E a razão precisa de tempo para amadurecer e vir à verdade mais plena (cf. Jo 14,26; 16,12-15)[10];

3. *Contexto da missão*. Também as exigências da *missão* obrigam a teologia a ser pluralista. Como os Apóstolos em Pentecostes (At 2), ela é obrigada a falar a linguagem de seus destinatários. Com efeito, a Palavra da fé tem que ser audível segundo as diferentes culturas[11];

4. *Contexto dos novos enfoques*. O fato de se adotar uma "perspectiva segunda" na teologia, acrescentada à "perspectiva primeira" – a da fé – contribui igualmente para a pluralização da teologia. Relembrando as principais abordagens em curso, já referidas (Cap. 3), podemos dizer: uma é a teologia sociolibertadora, outra a feminista, outra ainda a étnica, outra a inter-religiosa e outra enfim a ecológica[12];

5. *Contexto das singularidades individuais*. O pluralismo vai tão longe que atinge mesmo os teólogos em sua individualidade. Embora reflitam dentro da mesma cultura e vivam na mesma época, possuem gostos e tendências diferentes (idiossincrasias). É o que afirma a Comissão Teológica Internacional: "A unidade da fé e da comunhão não impede a diversidade de vocações e preferências pessoais no modo de se aproximar do Mistério de Cristo e de vivê-lo"[13].

Se consideramos essas várias determinações como diferentes contextos, poderíamos tirar esse esquema geral:

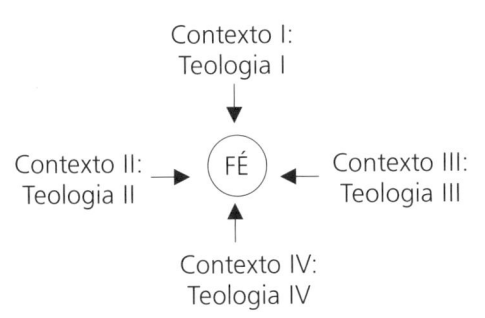

Contexto I:
Teologia I

Contexto II: FÉ   Contexto III:
Teologia II   Teologia III

Contexto IV:
Teologia IV

---

10. Cf. CTI. *Unidade da fé...*, op. cit., teses 4 e 5.

11. Cf. CTI. Op. cit., teses 3 e 9.

12. Cf. LIBÂNIO, João Batista & MURAD, Afonso. *Introdução à teologia*. Perfil, enfoques, tarefas. São Paulo: Loyola, 1996, p. 245-284, cap. 6: "Da teologia às teologias", onde aborda a questão do pluralismo teológico apenas pelo lado dos "enfoques".

13. CTI. *Unidade da fé...*, op. cit., tese 15.

O pluralismo teológico segundo o Vaticano II

O Concílio Vaticano II foi muito sensível ao pluralismo teológico enquanto baseado em razões histórico-culturais. Funda na "catolicidade" da Igreja as "legítimas variedades" – outro nome do pluralismo. Para o Concílio, o pluralismo surge pelo fato de a Igreja assumir os "costumes dos povos", ou seja, suas culturas (LG 13), e nessa assunção está incluída naturalmente a teologia[14].

Referindo-se de modo particular às grandes teologias respectivamente das Igrejas do Oriente e do Ocidente, afirma o Concílio:

> O que acima foi dito acerca da legítima diversidade (litúrgica, espiritual e disciplinar), é-nos grato declará-lo também em relação à diversidade de enunciação teológica das doutrinas. Pois no estudo da verdade revelada, o Oriente e o Ocidente se serviram de métodos e modos diferentes para conhecer e exprimir os mistérios divinos. Não admira por isso que alguns aspectos do mistério revelado sejam às vezes captados mais congruamente e postos em melhor luz por um que por outro. Nesses casos se deve dizer que aquelas várias fórmulas teológicas, em vez de se oporem, antes não raras vezes mutuamente se completam (UR 17,1)[15].

O Vaticano II pede também que "se estimule em cada grande território sociocultural a pesquisa teológica", "submetendo-se à nova investigação" o conteúdo da Revelação (AG 22,2; cf. 16,4).

Afirma que "problemas novos" de hoje pedem dos teólogos "novas investigações" (GS 62,2) e exigem um "modo mais adaptado" de teologia (GS 62,7; cf. 44,2);

Manda examinar os "Sinais dos Tempos" (GS 4,1; 11,1; 44,2), conferindo à teologia a dinamicidade e a pluralidade da própria história.

---

14. Cf. o importante n. 44 da GS, onde se diz que é "lei de toda a evangelização" a "adaptação" (hoje, inculturação) da "mensagem de Cristo" às "várias formas da cultura humana" ou às "linguagens dos diversos povos". Também sobre a "variedade" ou pluralismo de "tradições" em geral nas várias "Igrejas *particulares*" cf. o decreto conciliar *Orientalium Ecclesiarum*, 2; e sobre o pluralismo no campo *litúrgico* em particular, cf. SC 37-40 e também UR 14-16.

15. Cf. tb. a bela Carta apostólica de João Paulo II, *Orientale Lumen* (1995), que no n. 5 se refere a esse passo da UR 17. A *Lumen Gentium* reconhece outrossim o "patrimônio teológico próprio" (além do litúrgico, espiritual e canônico: UR 14-16) das Igrejas de fundação antiga, espec. as Patriarcais (LG 23,4).

2. Pluralismo irredutível: como vivê-lo

Pluralismo legítimo, necessário e inevitável

Como se vê, o pluralismo teológico não é só legítimo e necessário mas é mesmo inevitável. "Por que surgem tantas novidades na Igreja de Deus?" – perguntava-se Anselmo de Havelberg (1145). E respondia: Porque, se uma é a fé, muitas são as vivências da mesma[16].

Portanto, *há uma só fé, mas muitas teologias*. Existe uma só Revelação, mas diferentes formulações da mesma. "Uma coisa é o próprio depósito da Fé ou as verdades, e outra é o modo de enunciá-las..." (GS 62,2). Podemos igualmente dizer: iguais Sacramentos, mas vários ritos; mesmos pastores, mas diferentes disciplinas[17].

Uma teologia "católica" não é uma teologia totalitária, mas uma teologia *aberta* às outras, em pericórese com elas. Paulo VI chegou a lançar a expressão "pluralista porque católico"[18]. A teologia "católica" é a teologia da *unidade na diversidade* e da *diversidade na unidade*. A unidade contudo é o pivô sobre o qual se movem as diferenças. A unidade é sempre mais preciosa e mais forte que a diversidade. Por isso também o pecado contra a unidade (cisma, heresia) é mais grave que o pecado contra a diversidade (uniformidade)[19].

Podemos aqui sugerir duas comparações para o pluralismo teológico:

– a *polifonia*, especialmente na forma da sinfonia. É a figura da multiplicidade das vozes culturais, como em Pentecostes, onde "cada um ouvia os Apóstolos falar em sua própria língua" (At 2,6)[20];

– a *policromia*, particularmente no modo da pintura, onde a grande diversidade de cores e tons busca retratar algo do Mistério da Beleza, como nos imensos

---

16. *Dialogi* I: PL 188, 1141C.

17. Cf. UR 6 e 17.

18. Audiência geral de 14/05/1969, em *Documentation Catholique*, 01/06/1969, n. 1541.

19. Cf. CONGAR, Yves. *Diversités et communion*. Col. Cogitatio Fidei 112. Paris: Cerf, 1982, espec. p. 64; · DELHAYE, Philippe. "Unité de foi et pluralisme des théologies dans les récents documents pontificaux". *Esprit et Vie*, vol. 82 (1972), p. 561-569 e (1972), p. 593-600.

20. BALTHASAR, Hans Urs von. *La verità è sinfonica*. Aspetti del pluralismo cristiano. 3. ed. Milão: Jaca Book, 1991.

painéis do Apocalipse. Assim é a teologia: nenhuma delas esgota as cores da paleta do Espírito, porque essas são infinitas.

Juntando estas duas comparações, assim se exprime, no século XVIII, o místico popular alemão Jacob Böhme († 1624):

> Flores de toda espécie crescem e convivem sobre a terra. Não existem disputas entre elas a propósito das cores, do perfume e do gosto... Assim deve ser com os filhos de Deus... Quem pensaria jamais julgar os pássaros dos bosques, que louvam o Senhor de toda a criação, por causa da diversidade de seus cantos? O Espírito de Deus os pune talvez porque suas vozes não formam juntas uma harmonia perfeita? Cantam, em vez disso, a voz solta e brincam na sua presença[21].

Virtudes teológicas ligadas ao pluralismo

Para o pluralismo teológico são necessárias algumas virtudes, especialmente: a *humildade* e a *liberdade*.

A *humildade* é consubstancial a toda boa teologia. O reconhecimento de seus próprios limites é ao mesmo tempo fruto e condição do pluralismo teológico. Somente uma teologia obsessiva até a paranoia pode achar que coincide com o Mistério de Deus e assim recusar outras interpretações que não a própria[22].

Mas, acompanhando a humildade, vem também a *liberdade* da teologia. Uma liberdade cujo pluralismo de expressão é determinado pelo quadro mesmo da Revelação. Desse modo, a liberdade teológica não é de modo algum soberana frente à Palavra. Ao contrário, ela arranca e vive de sua soberania. Se ela critica a Igreja é a partir da fé, *ab intrinseco*, e não de fora da fé, *ab extrinseco*[23].

---

21. *Werke*, ed. Schieter, 7 vol., Leipzig, 1831-1847: I, p. 124s.

22. Vale aqui lembrar a historieta, representada, aliás, em célebres pinturas, que se conta de Santo Agostinho, que, meditando, ao longo da praia, sobre o mistério da SS. Trindade, viu uma criança que tentava, com uma conchinha, pôr a água do mar num buraco feito na areia. Querendo o santo lhe fazer ver o absurdo daquele empreendimento, recebeu em troco a resposta de que era exatamente isso que ele próprio estava tentando, isto é, querendo pôr o mar da Realidade divina no pequeno côncavo de sua razão humana.

23. Cf. COLOMBO, Giuseppe. *La ragione teologica*. Milão: Glossa, 1995, p. 17.

A liberdade teológica é, portanto, liberdade de aprofundar a verdade da fé comum, e não liberdade de opinar de modo arbitrário sobre essa mesma fé; liberdade de pensar a verdade da fé, e não liberdade de pensar o que bem entender; liberdade que parte da fé e não liberdade que enfrenta e desafia a fé, liberdade que serve à fé, e não que a golpeia[24].

Em particular, *quanto ao Credo*, pode haver pluralismo de confissões de fé? Sim, se considerarmos a história e a praxe da Igreja. Contudo, aqui o leque do pluralismo é extremamente estreito e só pode ser obra da suprema autoridade da Igreja, ou seja, o Concílio ou o Papa[25].

3. Critérios para o pluralismo legítimo

O extremismo da rigidez teológica não pode ser vencido por um outro extremismo: o falso irenismo ou o sincretismo do vale-tudo teológico. Devemos, pois, procurar os critérios de um sadio ou legítimo pluralismo teológico. Para isso podemos colocar dois critérios: um central e outro auxiliar.

1) Critério central: acordo com a "doutrina da fé"

Uma teologia é legítima se está em consonância com o conteúdo essencial da Revelação (cf. DV 2-6). Ora, a expressão nuclear da Revelação é o Credo. E o núcleo desse núcleo é a fé cristológica. Aí está a "regra da fé", o "cânon do cânon" para toda teologia. É a partir daí que a Escritura encontra a sua unidade[26].

A "doutrina da fé" encontra sua expressão normativa na *Sagrada Escritura* cujo coração é o Evangelho de Jesus, o Cristo. Mas ela só pode ser bem entendida quando situada dentro da grande *Tradição* da fé e guiada pelo

---

24. Cf. ANGELINI, Giuseppe. La crisi d'identità istituzionale della teologia. In: COLOMBO, Giuseppe (a cura di). *Il teologo*. Milão: Glossa, 1989, p. 36.

25. Cf. *ST* I, q. 36, a. 2, ad 2 (Concílios); II-II, q. 1, a. 10 todo (Papa só ou com Concílio); q. 11, a. 2, ad 3 (Papa).

26. É conhecida a posição de Ernest Käsemann, para o qual não existe unidade de "fé dogmática" no NT, mas apenas uma unidade existencial, a da fé fiducial: "Diversidade e unidade no Novo Testamento". *Concilium*, 191 (1984/1), p. 80-90. Contudo deve-se afirmar a possibilidade de estabelecer a unidade dogmática do NT a partir do querigma cristológico, assim como a complementaridade entre as diferentes cristologias, como faz VAGAGGINI, C. *Teologia*. Op. cit., p. 1.153-1.158.

Magistério apostólico, enquanto testemunha privilegiada da fé de toda a Igreja[27]. Trata-se, pois, aí não de um critério estático, mas dinâmico.

Portanto, é sempre em base à norma da fé que os fatos e ditos da Revelação devem ser "repensados, reformulados e novamente vividos dentro de cada cultura humana"[28]. Assim, uma teologia que bata de frente com a Escritura ou com uma definição dogmática deve ser inapelavelmente descartada do campo do pluralismo para o da heresia[29]. O Novo Testamento insiste muito nessa unidade de fé. Basta citar Paulo: "Sede unânimes no falar e não haja entre vós divisões, antes sede concordes no mesmo pensar e no mesmo sentir" (Fl 2,2).

Isso leva a postular que, apesar do pluralismo e da complexidade das culturas, são possíveis e necessárias "fórmulas universais" da fé que sirvam de "padrão de medição" da unidade eclesial, que se constrói sempre em torno da verdade. É o caso do Credo. E é mais ainda o caso do "grande relato da fé" que é a Sagrada Escritura. Se não fosse assim, não se vê em torno do que se construiria a unidade da Igreja e como a verdade da fé poderia ainda ser comunicada, ou melhor, anunciada[30].

Por isso, se a "unidade linguística" já é uma exigência da unidade biológica e racional do gênero humano, é-o muito mais da comunhão espiritual da Comunidade de fé. Sem enunciados, a Revelação não existe[31]. Assim, a unidade é sempre mais forte que toda a diversidade e tem sobre essa a primazia[32].

---

27. Cf. CONFERÊNCIA NACIONAL DOS BISPOS DO BRASIL (= CNBB). *Unidade e pluralismo na Igreja* (fev. 1972), n. 24-28. Petrópolis: Vozes, 1972, p. 16s.

28. CTI. *Unidade da fé...*, op. cit., tese 9.

29. Cf. CTI. Op. cit., tese 7.

30. Cf. CTI. Op. cit., tese 8.

31. Cf. CTI. Op. cit., tese 12b.

32. LASH, N. "Teologias a serviço...", art. cit., duvida da legitimidade de "fórmulas universais" (p. 116s.), apesar de reconhecer a unidade biológica e espiritual do ser humano (p. 110s.). Semelhantemente, Jean-Marie R. Tillard situa a unidade nas "razões do coração", ou seja, nos sentimentos e intuições da fé, e a diversidade nas fórmulas doutrinárias: "Pluralismo teológico e mistério da Igreja". *Concilium*, 191 (1984/1), p. 91-105, aqui p. 100-105. Contudo, é preciso dizer que a fé comum não pode existir sem fórmulas comuns. Sem "comunidade de linguagem" não há comunidade alguma e nem ação comum. É a Torre de Babel (cf. Gn 11,1-9).

Quanto à chamada "doutrina comum" da Igreja, a harmonia das diversas teologias em relação a ela já não precisa ser tão plena. É possível, nesse campo, um maior ou menor distanciamento, sempre contudo em base à argumentação teológica e ao senso da responsabilidade profissional do teólogo em relação ao Povo de Deus.

2) Critério auxiliar: a complementaridade com as teologias aceitas

Esse critério decorre do anterior. Pois, se duas ou mais teologias estão de acordo com o conteúdo essencial da fé, devem estar, no fundo, de acordo entre si. Portanto, uma teologia está dentro do legítimo pluralismo se ela é complementar em relação às outras, enquanto aceitas na Igreja. Uma teologia determinada pode ser diferente das outras (e é seu direito); só não pode é ser absolutamente contraditória em relação a elas.

Contudo, essa complementaridade é muito relativa. Deve ser entendida de modo *dialético* e não de modo estático e superficial. Trata-se de uma complementaridade capaz de suportar e integrar contradições parciais (não frontais) e secundárias (não centrais) em base à heraclitiana "harmonia invisível". Assim, por exemplo, se apresenta a célebre contraposição entre as teologias da graça de Molina e de Bañez.

Eis como, relativamente aos dois critérios do legítimo pluralismo, pode se apresentar uma figura-resumo:

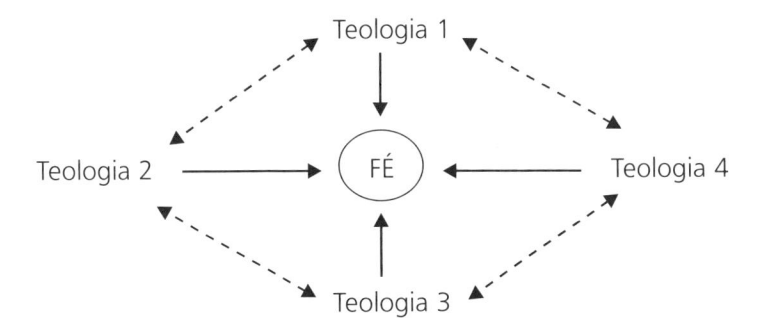

No discernimento do pluralismo teológico, importa adotar uma atitude dupla:

– *firmeza* quanto ao núcleo *essencial* da fé, em harmonia com o qual deve estar toda teologia;

– e *abertura* de mente e generosidade de coração quanto ao *resto*, à exclusão, portanto, de toda postura estreita e suspicaz.

Quanto a este último ponto, ou seja, tratando-se de ajuizar a "teologia do outro", Santo Inácio dava a sábia recomendação seguinte:

> Todo o bom cristão deve estar mais pronto a salvar a proposição do próximo que a condená-la. Se a não pode salvar, inquira como a entende. E se a entende mal, corrija-o com amor. E se não basta, busque todos os meios convenientes, para que, entendendo-a bem, se salve[33].

Uma "crítica não inocente", a saber, uma crítica que seja verdadeiramente crítica, que se queira responsável e construtiva, há de se fazer sob duas condições essenciais:

1. Salvar o *grão de verdade* que existe na teoria do outro;

2. Controlar os *efeitos sociais* da própria crítica à teoria do outro[34].

No que se refere a este último ponto, importa sublinhar que não basta verificar se uma teologia é "orto-doxa". É preciso ver ainda se é "orto-prática", por outras, que frutos dá em termos eclesiais e sociais. É o que diz a "Instrução" romana sobre "alguns aspectos da "Teologia da Libertação":

> A preocupação pela pureza da fé não subsiste sem a preocupação de dar a resposta de um testemunho eficaz de serviço ao próximo e, em especial, ao pobre e ao oprimido, por meio de uma vida teologal integral[35].

TEOLOGIAS EM CONFLITO, ESPECIALMENTE NO CAMPO SOCIAL

Por que surgem na Igreja conflitos entre diversas teologias?

Por causa de muitos fatores: insuficiente penetração intelectual, formação ou educação passada, perspectiva cultural distinta, vontade de poder, opostas opções sociais, etc.

---

33. *Exercícios espirituais*, n. 22.

34. São as duas condições da "crítica não inocente" ou da "negação dialética" da chamada "teologia crítica" (teologia-irmã da Teologia da Libertação) de BAUM, Gregory. "La théologie critique et la fin de la critique innocente". *Laval théologique et philosophique*, 52 (1996), p. 7-19: número monográfico sobre "Gregory Baum e a teologia crítica".

35. CONGREGAÇÃO DA DOUTRINA DA FÉ. *Libertatis Nuntius* (1984), XI, 18.

Princípios da fé e suas implicações práticas

A análise das controvérsias da Igreja antiga pode lançar muita luz sobre o "conflito de interpretações" no campo da teologia. Vejamos, por exemplo, algumas controvérsias daquela Igreja:

– a controvérsia dos "quartodecimanos", sobre a data da Páscoa, que envolveu Polícrates, representante dos bispos da Ásia, e o Papa Vítor, pacificada pela intervenção de Santo Irineu[36];

– a disputa batismal entre o Papa Estêvão (254-257) e São Cipriano, representando a Igreja africana;

– ou ainda os conflitos entre a Escola de Alexandria e a de Antioquia.

Que vemos aí? Que, no fundo, o que "fazia diferença" nas controvérsias não era propriamente o "texto" doutrinal, mas o *contexto sociocultural*, com a sensibilidade que lhe era própria[37]. Ou seja, muitas vezes as querelas teológicas não se dão propriamente no nível da fé, mas das suas implicações ou consequências *práticas*.

Isso vale *a fortiori* a respeito da Teologia da Libertação, de vez que se trata de um pensamento profundamente marcado pelo social[38]. Nesse movimento teológico o que está em questão não é propriamente a fé, mas *seu impacto na sociedade*. Por isso mesmo, ao contrário de algumas vozes intransigentes ou alarmistas, tal conflito não é *radical*, por não tocar nas raízes da fé.

Pode acontecer, sim, que a projeção social da fé acabe subvertendo o estatuto transcendente da própria fé, reduzindo-a a mera função social. Então surge uma teologia globalmente deformada[39]. Mas não é aí dentro

---

36. Cf. EUSÉBIO. *Hist. Eccles.*, V, 23-25.

37. Cf. TILLARD, J.-M.R. Art. cit., p. 92-100.

38. Cf. o balanço atual dessa teologia: BOFF, Leonardo; REGIDOR, José Ramos & BOFF, Clodovis. *A teologia da libertação*. Balanço e perspectivas. São Paulo: Ática, 1996.

39. É nessa linha que vão as críticas da Instrução romana *Libertatis Nuntius* (1984). Num artigo teológico, Joseph Ratzinger afirma que "a teologia da libertação... não se encaixa em nenhum esquema de heresia até hoje existente": in: RATZINGER, J. & MESSORI, Vittorio. *A fé em crise? O Cardeal Ratzinger se interroga*. São Paulo: EPU, 1985, p. 135-145, aqui p. 137; artigo publicado também em *REB*, 44 (1984) 108-115, aqui p. 110.

que a Teologia da Libertação, em suas vozes mais representativas, quer se situar, mas sim no seio da ortodoxia católica[40].

Na Igreja, a união no Credo pode coexistir com opções sociais distintas e mesmo opostas. O princípio do legítimo pluralismo no campo político se aplica também à teologia em suas implicações sociais. Uma mesma fé pode levar a diferentes "aplicações" sociais (cf. GS 43,3; 75,5; MM 234; OA 50). Nessa linha, como hipótese mínima, pode-se reivindicar à Teologia da Libertação isto: que ela representa um caso particular, no campo da "teologia social", do pluralismo de opções sociopolíticas dos cristãos.

Em particular, a "opção preferencial pelos pobres", enquanto imperativo comum de toda Comunidade cristã e também de toda teologia, é suscetível de pelo menos duas aplicações fundamentais: uma mais *assistencial* e outra mais *estrutural*. A primeira tende a julgar a segunda como subversiva das estruturas sociais, que, a seu ver, devem ser mantidas; e, ao contrário, a segunda considera a primeira perpetuadora do *status quo*, que julga dever ser transformado. Aparecem então duas posições pastorais, que frequentemente se opõem de modo irredutível do ponto de vista social e político, não porém sempre do ponto de vista da fé, pois que as duas podem legitimamente remeter ao mesmo princípio evangélico fundamental.

Importância do "lugar social"

Mas de onde vem o fato de que a mesma fé produza diferentes e até mesmo divergentes posições políticas (conservadora, reformista ou transformadora), inclusive sob forma teológica?

Não vem diretamente da consciência "pística", mas sim do que a media no campo social: a consciência *social*. E esta, como dissemos, é profundamente condicionada pelo "lugar social".

---

40. Cf. três estudos de Leonardo e Clodovis Boff: "Cinco observações de fundo à intervenção do Cardeal Ratzinger acerca da Teologia da Libertação de corte marxista". *REB*, 44 (1984), p. 115-120; *Teologia da libertação no debate atual*. Petrópolis: Vozes, 1985 (com comentários à *Libertatis Nuntius*); e "Convocatória geral em prol da libertação (Carta aberta ao Cardeal Ratzinger)". *REB*, 46 (1986), p. 251-262. Para o debate em geral cf. *ADISTA dossier*, n. 8 (1984).

Na verdade, a partir de um "lugar social" diferente se tem geralmente uma interpretação da fé diferente. Tomamos "lugar social" como síntese de dois elementos: o elemento *objetivo*, chamado "condições", "contexto" ou "situação" social e o elemento *subjetivo*, chamado "opção", "posição" ou "prática" social. Ora, esse último elemento é o mais decisivo, pois o que mais importa não é "onde se está", mas "de que lado se luta".

Pois bem, sem cair no determinismo, pode-se sustentar que diferentes "lugares sociais" dão ocasião a diferentes teologias. A existência social influi profundamente na consciência social em geral, inclusive na teológica. Tal influência é tanto mais forte quanto menos consciente.

Paulo VI, na *Octogesima Adveniens*, reconheceu que muitas pessoas são "determinadas" em suas escolhas sociais pelos "condicionamentos modernos", embora reivindique também a possibilidade de uma "liberdade verdadeira" "no seio mesmo dos condicionalismos mais particulares" (**OA 50,2-3**).

Uma teologia feita a partir do "lugar social" das classes dominantes, ou seja, na perspectiva do mundo dos opressores, aparece geralmente sob duas formas distintas: uma forte (*hard*) e outra fraca (*soft*). A forma forte ou rígida reveste um caráter reacionário, agressivo e polêmico. Trata-se então de uma teologia positivamente *alienante* e até maldosa. A forma fraca ou branda é de tipo idealista e especulativo. Exprime-se numa teologia apenas *alienada*, reformista e não raro ingênua.

Eis como se pode figurar o condicionamento referido:

TEOLOGIA DETERMINADA

↑

"LUGAR SOCIAL" DETERMINADO

Se quiséssemos ser completos, deveríamos figurar também, entre uma teologia determinada e seu "lugar social", as mediações da consciência social e da opção social. Teríamos assim uma figura com a seguinte sequência:

"Abalo existencial"

Contudo, essa dialética é ainda mais complexa. Pois o "lugar social" não é estático. É construído conjuntamente pelo indivíduo e pela história. No caso preciso da Teologia da Libertação, coloca-se a questão concreta de como uma pessoa pode despertar para uma opção de libertação, ou seja, como pode *passar*, de uma origem e situação de classe de tipo alienado e ou opressor, para uma consciência e opção sociais de tipo libertador.

Na origem da passagem se encontra normalmente um "choque moral", um "abalo existencial", a "experiência do novo" ou do "diferente", provocada pelo contato vivo e mesmo pelo encontro doloroso com o universo do oprimido. Isso gera indignação e rebeldia e impele à ruptura com a própria condição de privilégio, ou seja, à conversão de "lugar social". Em outras palavras, temos, na base de tudo, uma "experiência fontal", uma percepção matricial, uma intuição de raiz, uma "emoção significante" (**P. Ricoeur**) ou ainda um "estado nascente" (**F. Alberoni**).

Estamos aqui na ordem do *evento*. Pois se trata, de fato, de um acontecimento irrompente, uma "descoberta", um "momento de graça", por vezes fulminante. Ora, essa experiência da opressão só é *completa* quando assimilada por meio de uma tomada de *consciência* e de uma *interpretação* determinada.

Diga-se outrossim que a experiência e a mudança referidas exigem, como precondição mínima, certa *abertura de espírito*, ou seja, uma determinada capacidade de ouvir e se deixar questionar, predisposição à mudança, inquietação pela verdade e busca de justiça, numa palavra simples: boa vontade. Isso implica, em negativo, ausência de autossuficiência e rigidez mental, de arrogância e dogmatismo.

Daí que o esquema completo do caminho dialético em direção a uma teologia de libertação seria o seguinte:

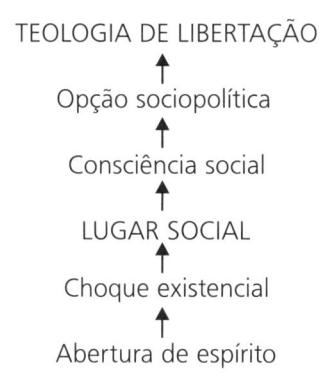

TEOLOGIA DE LIBERTAÇÃO
↑
Opção sociopolítica
↑
Consciência social
↑
LUGAR SOCIAL
↑
Choque existencial
↑
Abertura de espírito

Percebe-se aí que os fatores objetivos e subjetivos estão profunda e reciprocamente *enlaçados*: uns são condições dos outros, condições necessárias mas insuficientes. Opera aí uma dialética delicada: as condições sociais são, no plano social, o "determinante em última instância", mas são, em si mesmas, insuficientes sem o aporte da liberdade individual; e ao contrário: a liberdade é, no plano individual, o "determinante em última instância", mas é, em si mesma, insuficiente sem determinadas condições sociais.

Expliquemos. Sem uma *liberdade* pessoal que assuma e sintetize os vários condicionamentos sociais e lhes dê um significado determinado, condição social nenhuma ou choque existencial nenhum poderá fazer mudar um indivíduo, se, no fundo dele mesmo, ele não quiser, se ele resistir e se opor. Isso explica por que os mesmos indivíduos, vivendo nas mesmas condições sociais, façam opções sociais distintas.

Por outro lado, sem *condições sociais* favoráveis não existe liberdade neste mundo que produza, por si mesma, uma opção social determinada ou que arranque de si a força capaz por uma mudança radical, a menos que intervenham outros fatores, como, por exemplo, o magistério da própria Igreja. Isso explica por que muitas vezes indivíduos defendam, com toda a boa vontade, fé e generosidade, posições sociopolíticas profundamente equivocadas e frontalmente contrárias às de outros, igualmente bem-intencionados.

Como trabalhar os conflitos entre teologias?

Que fazer quando duas teologias se confrontam de modo antagônico? Eis algumas indicações:

1) Tolerância

Tolerância aqui significa, mais positivamente, *respeito* em relação àquelas diferenças que não atingem as fontes da fé, mas que continuam, apesar de tudo, teologicamente irreconciliáveis, ou seja, irredutíveis a um princípio superior de unidade. A *Gaudium et Spes* assim se expressa:

> Todos os cristãos... reconheçam as opiniões legítimas, mas discordantes entre si, sobre a organização da realidade temporal. Respeitem os cidadãos, também associados, que as defendem honestamente (GS 75,5).

Nesse caso, há de se evitar a tentação de diminuir ou desqualificar o adversário. Não se há de romper a comunhão de fé com o antagonista, o que equivaleria concretamente a uma "excomunhão prática". Sucede, às vezes, que o próprio Magistério se equivoque e condene partidários de uma opção sociopolítica como incompatível com os imperativos da fé, como foi o caso do "Avenir" (de Lamennais, † 1854) e do "Sillon" (de M. Sangnier, †1950). Mesmo assim, uma excomunhão canônica, quando objetivamente injusta, não tem a virtude de romper a verdadeira e profunda comunhão de fé. Nesse sentido vale a pena ouvir mais detidamente o Doutor de Hipona:

> Muitas vezes a Providência divina permite que homens justos sejam expulsos da Comunidade cristã por força das maquinações extremamente turbulentas de homens carnais. Se as vítimas suportarem com paciência tal ofensa ou injustiça, sem fomentar novidades cismáticas ou heréticas, ensinarão aos demais com que verdadeiro afeto e sincera caridade se há de servir a Deus. O desejo de tais homens é o regresso, tão logo a tempestade tiver cessado. Mas, embora não possam voltar, seja porque o

temporal continua, seja porque esse, com o retorno deles, pode se enfurecer mais ainda, e se, contudo, se mantêm na firme vontade de fazer o bem, inclusive aos mesmos agitadores, a cuja sedição e turbulência sucumbiram, defendendo até a morte, sem provocar divisões, aquela fé que sabem ser anunciada na Igreja Católica e a sustentando por meio de seu testemunho, a estes o Pai coroa em segredo, Ele que vê o que está no oculto. Essa classe de gente parece rara, porém dela não faltam exemplos. É até mais do que se pode imaginar. Assim, a Providência divina se vale de todo o gênero de pessoas e exemplos para curar as almas e formar o Povo do Espírito[41].

2) Diálogo

É a troca sincera e ao mesmo tempo respeitosa dos respectivos pontos de vista, mesmo se contrários. Nesses casos, a *Octogesima Adveniens* pede aos cristãos um "esforço de compreensão recíproca das posições e das motivações uns dos outros" (OA 50,1). Do mesmo modo, a *Gaudium et Spes* recomenda que os antagonistas

> "procurem, em diálogo sincero, se esclarecer reciprocamente, conservando a caridade mútua e preocupados em primeiro lugar com o bem comum", e isso "sem reivindicar exclusivamente para si a autoridade da Igreja" (GS 43,3).

Como acaba de ser lembrado, o diálogo supõe caridade e estima recíprocas. O caminho real da comunhão passa sempre pelo coração. Para o bom diálogo, nada substitui a cordialidade verdadeira. Diálogo supõe debate fraterno. Outra coisa é a discussão polêmica ou a disputa. Essa é confronto e só tende a agravar as diferenças[42]. Sob esse aspecto, vale a distinção que fazia Platão entre discussão (diálogo) e disputa (polêmica):

> Discutir é o que fazem, por benevolência, os amigos com os amigos, enquanto a disputa é coisa de pessoas que têm discordâncias e mesmo hostilidade umas com as outras[43].

---

41. *De vera religione*, VI, 11.

42. Cf. CNBB. *Unidade e pluralismo na Igreja*. Op. cit., n. 30 e 40.

43. PLATÃO. *Protágoras*, 337 b, pondo esta recomendação na boca de Pródicos, dirigindo-se a Protágoras e a Sócrates.

Uma teologia mostra que é verdadeiramente "católica" quando, nas palavras de J. Maritain,

> busca em toda a parte as concordâncias antes que as diferenças, os fragmentos de verdade antes que as falhas e desvios, salvar e assumir antes que derrubar, edificar antes que dispersar[44].

3) Partilha da vida

É a condivisão, na medida do possível, de experiências e iniciativas concretas. Isso é mais radical que o diálogo. Vimos que o "lugar social" constitui o solo existencial pré-teológico que condiciona fortemente as divergências em questão e a partir do qual se podem entender melhor as mesmas divergências. É a esse nível que se situa um "choque existencial", que permita uma eventual mudança de opção social a serviço da justiça e da libertação.

RESUMINDO

1. O pluralismo cultural tem duas bases de legitimidade:

1) a *transcendência* da fé, de que teologia alguma, por ser humana, consegue dar totalmente conta. Daí a necessidade de várias teologias para enriquecer com novas perspectivas o mistério "sempre maior";

2) o *contexto* cultural limitado em que toda teologia opera e pelo qual é sempre condicionada.

2. A própria *Bíblia* é um exemplo de pluralismo teológico. Nela se encontram lado a lado distintas visões da mesma verdade. O exemplo maior é o Evangelho de Cristo, que é teologizado "segundo" quatro "cristologias" diferentes.

3. Os documentos do *Vaticano II* reconhecem o legítimo pluralismo na teologia não só em termos das grandes teologias já existentes: a do Oriente e a do Ocidente (UR 17,1), mas também em termos de novas teologias a criar, segundo os "grandes territórios socioculturais" (AG 22,2), os "sinais dos tempos" (GS 4,1) e os "problemas novos" (GS 62,2).

---

44. MARITAIN, Jacques. *Le docteur angélique.* Rio de Janeiro: Atlântica Ed., 1945, p. 5 (prefácio).

4. A fórmula do pluralismo teológico é: *uma fé – muitas teologias*. Portanto: unidade de fé na pluralidade teológica. E vice-versa: pluralidade teológica na unidade da fé. Contudo, a *unidade* da fé é a riqueza mais preciosa e que necessita sempre dos maiores cuidados.

5. O pluralismo teológico pede algumas virtudes:

– *humildade* em reconhecer que a própria teologia é limitada, porque perspectivista;

– *liberdade* e *coragem* para avançar novos pontos de vista, salvas restando sempre a essência da fé (ortodoxia) e a comunhão eclesial (caridade);

– *firmeza* na custódia do núcleo essencial da fé;

– *generosidade* em julgar a teologia dos outros, especialmente se for inovadora;

– *compromisso* com os irmãos, especialmente com os *pobres*, avaliando não só a correção de uma teologia mas também seus efeitos na vida concreta. Pois nenhuma teologia, que não produzir bons frutos, pode reivindicar um lugar no "concerto teológico".

6. Está dentro do legítimo pluralismo teológico a teologia que respeitar a "*regra da fé*", interpretada segundo a grande Tradição e o Magistério. Esse é o critério central, sendo critério auxiliar a compatibilidade dialética, não rígida, da teologia em questão com as outras teologias, aceitas na Igreja. Além disso, observe-se, como critério indireto, a "prova dos frutos", como se aludiu acima.

7. Muitas vezes o ponto de fricção entre teologias não provém do dado da fé em si, mas das *implicações sociais* da mesma fé. Essas, contudo, não decorrem diretamente da fé, mas passam pela mediação da consciência social, a qual é profundamente condicionada pelas condições sociais. Ora, um "choque existencial" pode fazer a pessoa rever e mudar sua opção sociopolítica.

8. No caso das projeções sociais de uma teologia, o pluralismo teológico pode ser considerado como uma forma de pluralismo *político* dentro da Igreja. Ou seja, a diversidade de teologias pode ser vista como um caso particular da diversidade de opções sociopolíticas entre os cristãos. Nesse

caso, a discordância entre teologias deve ser tratada segundo as seguintes orientações:

– respeito pela posição do outro,

– diálogo entre os antagonistas,

– partilha da vida.

EXCURSO I

BREVE VISÃO HISTÓRICA DO PLURALISMO TEOLÓGICO

1. Da Antiguidade ao Concílio de Trento

Até Trento, a partir de quando a Igreja começou a se fechar institucionalmente sobre si mesma, por causa dos ataques, primeiro, dos Reformadores e, depois, do Iluminismo, reinava na Igreja um amplo pluralismo teológico.

Na Antiguidade, no seio da Patrística, conhecemos as duas grandes teologias: a do Oriente e a da Ocidente, que, aliás, permanecem até hoje (cf. UR 17,1). Viviam numa situação de coexistência mais ou menos pacífica. E cada uma delas compreendia escolas distintas. No Oriente, conhecemos a Escola de Alexandria, de linha mais joanina e por isso mais simbólica, e a Escola de Antioquia, de tendência mais "sinótica" e por isso mais positiva.

Na Idade Média, no interior da Escolástica, temos a Escola Tomista e a Franciscana. Mais tarde, depois do século XVI, veio se ajuntar a Escola Suareziana, ligada à Companhia de Jesus.

Eis como essa pluralidade de teologia pode ser representada:

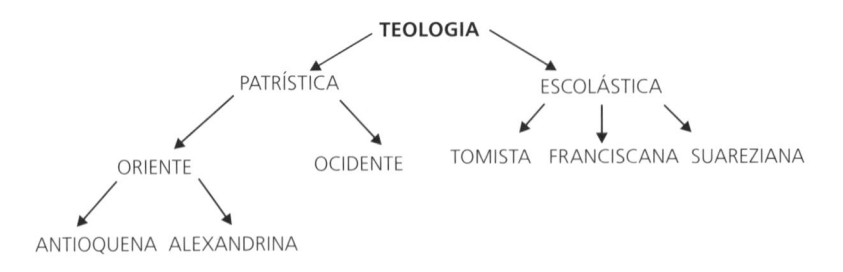

2. De Trento ao Vaticano II

Com Trento, começou na Igreja uma era de "monolitismo doutrinário" (K. Rahner). Não se exigia apenas dos teólogos *unidade de fé*, mas também *uniformidade teológica*, ou seja, unanimismo de pensamento.

A razão do medo frente à diversidade era a psicologia da "fortaleza sitiada" ou "estado de sítio", que naquele momento vivia a Igreja, atacada por todos os lados, primeiro pelo racionalismo, depois pelo liberalismo e enfim pelo socialismo e correntes afins.

Contudo, o pluralismo não se apagou de todo: permaneceram na Igreja, embora em relação polêmica, as teologias do Oriente e do Ocidente e, dentro da Escolástica, as teologias tomista e franciscana.

3. Com o Vaticano II

O Vaticano II conectou a Igreja com o "mundo moderno". Ora, a cultura do mundo moderno é extremamente heterogênea e pluralista, ao contrário do mundo tradicional, que tinha justamente na religião seu fator mais forte de identificação e coesão sociais.

Ora, o "diálogo com o mundo moderno", aberto pelo Vaticano II, especialmente por meio da *Gaudium et Spes* e da *Dignitatis Humanae*, fez saltar o monolitismo doutrinário existente no interno da Igreja. Com o Concílio se dá, inicialmente, uma espécie de "explosão cultural" do discurso cristão.

Com o legítimo pluralismo, subentra, num primeiro momento, a desorientação teológica e até certo caos doutrinário em amplos círculos eclesiais, inclusive teológicos.

Assim, o resultado da abertura da Igreja à modernidade, em relação à doutrina da fé, foi duplo: um *positivo*, que foi a recuperação do legítimo pluralismo, que sempre pertenceu à grande tradição teológica; outro *negativo*, que foi a parcial perda de identidade do discurso cristão no interior do debate cultural.

Ora, essa situação levou a administração central da Igreja, nesse final de século, a lançar o projeto de "restauração", com o objetivo de definir melhor as fronteiras doutrinárias e disciplinares da Comunidade católica, o que não se fez sem atingir seriamente o pluralismo teológico[45].

---

45. Cf. BOFF, Clodovis. "Uma análise de conjuntura da Igreja Católica no final do milênio". *Revista Eclesiástica Brasileira* (**REB**), 56 (1996) 125-149; saiu também em LESBAUPIN, Ivo; STEIL, Carlos & BOFF, Clodovis. *Para entender a conjuntura atual*. Petrópolis: Iser-Assessoria/Vozes, 1996, p. 51-81.

Do que se viu, se depreende que a evolução da teologia, no que diz respeito ao pluralismo, se processou em termos de sístole (contração) e de diástole (dilatação). Eis esquematicamente como se apresenta a evolução acima descrita:

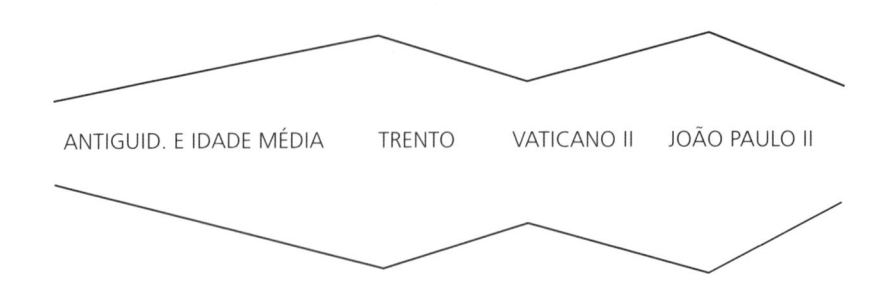

ANTIGUID. E IDADE MÉDIA   TRENTO   VATICANO II   JOÃO PAULO II

EXCURSO II

ATUAL SITUAÇÃO CULTURAL

Tendo em vista o pluralismo teológico, como se apresenta o mundo moderno? Vemos aí várias linhas de força:

1. Globalização

Existe uma "cultura moderna" que atravessa e cobre as diferentes culturas regionais. É mais uma "transcultura" que propriamente uma cultura. Poderíamos muito bem chamá-la de "civilização", entendida como "comunidade de meios ou técnicas", para distingui-la de "cultura", enquanto "comunidade de valores e sentidos"[46]. Caracteriza-se pela racionalização geral dos processos sociais (M. Weber). Tal racionalização se faz hoje por meio da ciência e da técnica, especificamente a tecnologia, em particular a que tem sua base na eletrônica (informatização, automação, mídia).

Além disso, existem também valores "modernos" que se tornaram universais: os que estão consubstanciados na "Carta dos Direitos Humanos". Contudo, a "autonomia funcional", típica da sociedade moderna, deixou a ética e mais ainda a religião relegadas à esfera privada e portanto entregues a um pluralismo extremo, que acaba, aliás, no relativismo, como veremos logo adiante.

Porque esse processo se originou no Ocidente e graças ao "gênio" ocidental, muitos o chamam hoje de "ocidentalização" do mundo. Representa a unificação ético-jurídi-

---

46. A distinção "civilização" e "cultura" é corrente nos mundos germânico e russo. Para esses dois conceitos, cf. RICOEUR, Paul. "Civilisation universelle et cultures nationales". *Esprit*, 29 (1961), p. 439-453; e Id. "Tâches de l'éducateur politique". *Esprit*, 33 (1965), p. 78-93.

ca e sobretudo tecnológica do planeta. Esta última tem hoje no mercado seu instrumento mais dinâmico. Trata-se, na verdade, do que vem se chamando o processo da "globalização".

Que implicações tem isso para o discurso teológico? Sem dúvida, implicações que vão no sentido de uma "globalização" da própria teologia. Certamente, o nível macro da teologia não pode suprimir mas antes envolver o nível micro, o das teologias locais. Mas não resta dúvida que um mundo unificado pede uma teologia unificada. Só uma teologia "católica" *de facto* pode responder à nova "ecumene" planetária. Isso obriga às teologias de hoje a um intercâmbio mais intenso que em qualquer outra época do passado[47].

2. Regionalização

Ao lado do processo *civilizatório* que chamamos "globalização" (ou "mundialização" ou ainda "planetarização"), emergem com força processos *culturais* que lutam pelas identidades regionais. Isso se manifesta em todos os continentes do mundo: povos tradicionais nas Américas, África e Oceania; antigas etnias na Europa: bascos, bretões, tiroleses, bósnios, croatas, sérvios; povos islâmicos e hindus na Ásia, etc. A afirmação das identidades regionais (étnicas e especialmente religiosas) chega frequentemente aos extremismos do fundamentalismo e da xenofobia.

O que isso quer dizer para a teologia? Que ela também se vê impulsionada à valorização do local por meio da pluralidade de formas teológicas na atualidade (cf. Cap. 22). Aliás, o próprio Vaticano II enfatizou a importância da "igreja local" (LG 23,4; 26,1; 28,4; CD 11) e por isso também do pluralismo teológico.

Tomando a figura da "rosa das culturas", poderíamos adjudicar aos "quatro pontos cardeais" da cultura hoje a forma particular a que está chamada cada teologia:

– ao Norte (Europa) cabe uma teologia mais racional;

– ao Oriente (Ásia), uma mais contemplativa;

– ao Ocidente (América do Norte), uma mais pragmática;

– ao Sul (África e América Latina) uma teologia mais simbólica e política[48].

---

47. Cf. RAHNER, Karl. "Theologische Gundinterpretation des II. Vatikanischen Konzils". *Schriften zur Theologie*, XIV, Zurique, 1980, p. 294s. onde afirma que o Vaticano II significou a "deseuropeização" da Igreja em benefício de sua universalização histórica. Tal ruptura só teria como paralelo a "ida aos pagãos" da Igreja primitiva.

48. Partimos de uma sugestão de ELIZONDO, Virgil. "Condições e critérios para um autêntico diálogo teológico intercultural". *Concilium*, 191 (1984/1), p. 32-42, aqui p. 40.

O que se chama hoje "ocidentalização" do mundo já se tinha antecipado na esfera da Igreja e da teologia. Por isso, hoje, se impõe um processo inverso: a "desocidentalização" da teologia. De fato, a exigência histórica é de passar de uma "igreja monocêntrica" em termos culturais para uma "igreja policêntrica"[49].

Para ser realmente "católica", ou seja, universal, uma teologia determinada deve ser, saber-se e declarar-se paradoxalmente particular. Como parte, não pode se tomar pelo todo. Desse modo, a teologia eurocêntrica necessita "desuniversalizar-se", relativizar-se e considerar-se uma teologia entre outras, e não "a" teologia universal. Difícil conversão para as teologias metropolitanas, acostumadas que foram a ditar ordens e sempre tentadas de imperialismo[50].

3. Relativismo cultural

A modernidade, como vimos, não é só civilização (ordem das técnicas), mas também cultura (ordem dos valores). Como cultura, a modernidade sustenta, por um lado, um núcleo definido de valores (liberdade, igualdade, etc.) mas, por outro, ela se apresenta como pluralista. Dá-se nela uma espécie de "liberalismo" ético e religioso, que chega aos limites extremos do relativismo.

Ora, contra o subjetivismo relativizador da cultura moderna se levantou a "profecia cultural" de João Paulo II em sua Encíclica *Veritatis Splendor* (1993)[51]. Efetivamente, a Comunidade de fé não pode se reduzir à forma de um "interminável seminário acadêmico" no qual a fé aparece meramente como fruto da livre pesquisa individual ou de um simples consenso social. Não pode também se transformar num organismo puramente pragmático. A Comunidade eclesial é antes uma "comunidade na verdade"[52].

Por outro lado, a extrema especialização da teologia atual faz com que nenhum teólogo tenha hoje condições de controlar toda a área de produção teológica. Isso leva inevi-

49. Cf. METZ, Johann Baptist. "Teologia em face e antes do fim da Idade Moderna". *Concilium*, 191 (1984/1), p. 24-31, aqui p. 29; TRACY, David. "Dar nome ao presente". *Concilium*, 227 (1990/1), p. 66-87, aqui p. 67s. e 84-87. Walbert Bühlmann propõe a reformulação da antiga pentarquia na forma de cinco patriarcados modernos, um por continente: "Largo alla speranza". *ADISTA contesti 3*, n. 22 (1997), p. 12-15, aqui, p. 14. Cf. do mesmo autor, *Anno 2001. Modelli per una chiesa universale*, Nápoles, 1991.

50. Cf. TRACY, David. "Para além do fundamentalismo e do relativismo. A hermenêutica e o novo ecumenismo". *Concilium*, 240 (1992/2), p. 114-123.

51. Cf. BOFF, Cl. "A Igreja católica e o Mundo moderno: luta de gigantes no campo da moral". *Revista Eclesiástica Brasileira*, 53 (1993), p. 935-937.

52. Cf. CTI. *Unidade da fé...*, op. cit., tese 8. Cf. LASH, Nicholas. "Teologias a serviço duma tradição comum". *Concilium*, 191 (1984/1), p. 106-120, de que tomamos a expressão "interminável seminário acadêmico" (p. 109).

tavelmente à fragmentação da teologia e a um estado de pluralismo *insuperável* de pontos de vista[53].

Mas independente dessa situação cultural e mais na raiz da mesma, devemos considerar a condição humana, enquanto ferida pelo pecado. Aí a razão aparece afetada por uma "concupiscência gnosiológica", que faz com que todo o esforço intelectual, sempre necessário, para se chegar a uma visão totalmente integrada da fé, não consiga satisfatoriamente seu objetivo, estabelecendo-se assim um estado de dispersão ou pluralismo interno em relação à visão teológica da fé[54].

LEITURA I

EGÍDIO DE ROMA:

Defesa do pluralismo teológico[55]

<<Pessoas há que se comprazem em denunciar como errôneas as opiniões de seus colegas teólogos que elaboram nossa fé e esclarecem a Igreja. Precipitação esta que não deixa de oferecer perigo para a fé. O trabalho dos teólogos, graças ao qual avançamos nos caminhos da verdade, requer um crítico bem intencionado e livre e não um detrator venenoso.

Não se deve, por outra parte, impor uniformidade de opiniões a todos os nossos discípulos, pois nossa inteligência não tem por que ser dócil à tutela de um homem, senão somente a Cristo. Declarar que se contam entre os erros as proposições desses teólogos (NB: entre os quais, Tomás de Aquino) é pôr a fé em perigo, ligando-a à debilidade de nossa inteligência. [...]

---

53. Cf. RAHNER, Karl. "O pluralismo na teologia e a unidade da fé da Igreja". *Concilium*, 6 (1969), p. 87-105; Id. Sull'odierna formazione teoretica dei futuri sacerdoti. In: *Nuovi Saggi*, I. Roma: Paoline, 1968, p. 199-235 (*Schriften zur Theologie*, VI. Einsiedeln: Benziger, 1965, p. 129-167). Aí ele propõe o que mais tarde veio realizar: um *Curso fundamental da fé*. São Paulo: Paulus, 1989 [orig. al. Freiburg in Breisgau: Herder, 1977].

54. Cf. RAHNER, Karl. *Nuovi Saggi*, III. Roma: Paoline, 1969, p. 81, 83 e 768: sobre o conceito de "concupiscência gnosiológica". Sobre a concepção de K. Rahner da "dimensão noética da concupiscência" cf. GEFFRÉ, Cl. *Pluralité des théologies...* Op. cit., p. 125s.

55. Apud CHENU, Marie-Dominique. *Santo Tomás de Aquino e a Teologia*. Rio de Janeiro: Agir, 1967, p. 174. Trata-se de um trecho da defesa que Egídio de Roma (1243-1316) faz de seu antigo mestre Tomás de Aquino contra a condenação do bispo de Paris, Estêvão Tempier, em 7 de março de 1277. Pagou com a perda da cátedra em Paris, para onde voltou somente após retratação (1285). Foi Geral dos Eremitas de Santo Agostinho (1289) e depois Arcebispo de Burges (1295). Defendeu Bonifácio VIII (influiu na redação da *Unam Sanctam*) contra Filipe o Belo, para cuja educação tinha escrito sua obra mais notória: o tratado teológico-político *O regime dos Príncipes*.

Calem-se, pois, tais censores. Se querem sustentar opinião contrária, podem fazê-lo, porém não julguem errônea a outra. Isso é, a um tempo, precipitação de juízo e debilidade de espírito, porquanto, em seu orgulho, mostram não saber discernir os argumentos decisivos das razões débeis.>>

LEITURA II

COMISSÃO TEOLÓGICA INTERNACIONAL:

Unidade da fé e pluralismo teológico[56]

<<1. A unidade e a pluralidade na expressão da fé possuem seu fundamento último no próprio Mistério de Cristo que, embora sendo mistério de recapitulação e de reconciliação universal (cf. Ef 2,11-22), ultrapassa as possibilidades de expressão de qualquer época da história, subtraindo-se deste modo a qualquer sistematização exaustiva (cf. Ef 3,8-10). [...]

7. O critério que permite distinguir entre o verdadeiro e o falso pluralismo é a fé da Igreja, expressa no conjunto orgânico de seus enunciados normativos: o critério fundamental é a Escritura em relação à confissão da Igreja que crê e reza; entre as fórmulas dogmáticas, a dos antigos Concílios possuem a prioridade; as fórmulas que exprimem uma reflexão do pensamento cristão estão subordinadas às que exprimem os próprios fatos da fé.

8. Mesmo se, na situação atual da Igreja, o pluralismo aumenta, a pluralidade encontra seu limite no fato de que a fé cria a comunhão das pessoas na verdade a que temos acesso por Cristo. Isso torna inadmissível qualquer concepção da fé que a reduzisse a uma cooperação puramente pragmática, sem comunidade na verdade. Esta verdade não está vinculada a um sistema teológico, mas se exprime nos enunciados normativos da fé. Diante de apresentações gravemente ambíguas da doutrina, diretamente incompatíveis com a fé da Igreja, esta possui a faculdade de individuar o erro e a obrigação de removê-lo, até com a rejeição formal da heresia, como remédio extremo para tutelar a fé do Povo de Deus.

9. Por causa do caráter universal missionário da fé cristã, os eventos e as palavras reveladas por Deus devem ser cada vez repensados, reformulados e novamente vividos dentro de cada cultura humana, caso se queira que forneçam uma

---

56. *SEDOC*, n. 64, t. 6 (1973), col. 277-279.

verdadeira resposta aos problemas radicais do coração de cada ser humano e inspirem a oração, o culto e a vida cotidiana do Povo de Deus. O Evangelho de Cristo leva, deste modo, cada cultura à sua plenitude e, ao mesmo tempo, a submete a uma crítica criadora. [...]

15. A necessária unidade da fé e da comunhão não impede a diversidade de vocações e de preferências pessoais no modo de se aproximar do Mistério de Cristo e de vivê-lo. A liberdade do cristão (cf. Gl 5,1.13), longe de implicar num pluralismo ilimitado, exige um esforço para a verdade objetiva total, bem como paciência diante das consciências fracas (cf. Rm 14,15; 1Cor 8). O respeito à autonomia dos valores humanos e às legítimas responsabilidades neste campo implica na possibilidade de uma diversidade de análise e de opções temporais por parte dos cristãos. Tais diversidades podem ser assumidas numa mesma obediência à fé e na caridade (cf. GS 43).>>

II PARTE

QUESTÕES COMPLEMENTARES

Capítulo 16

DISPOSIÇÕES BÁSICAS PARA O ESTUDO DA TEOLOGIA

Quem vai estudar teologia deverá assumir algumas atitudes fundamentais. É a natureza mesma da teologia que determina tais atitudes. A teologia, enquanto reflexão da fé a serviço do povo, exige as seguintes disposições básicas:

– amor ao estudo da fé;

– senso do mistério;

– e compromisso com o povo.

Em cada um desses pontos, indicaremos também os erros que se opõem à atitude em questão e daremos finalmente um ou outro exemplo ilustrativo da respectiva atitude.

AMOR AO ESTUDO DA REVELAÇÃO

Teologia como ato amoroso

Na raiz da teologia se encontra o interesse, o gosto e mesmo a paixão pelo seu assunto: Deus e seu plano. Estudar teologia por qualquer outra finalidade, como somente para o ministério, pior ainda, para fazer carreira, degrada a atividade teológica. O estudo da teologia se coloca em linha direta com a fé. Sem amor pelas coisas da fé, a teologia não passa de trabalho forçado. E leva necessariamente ao enfado.

Mas como tomar gosto ou, pelo menos, como aumentar o gosto pela teologia?

1. Antes de tudo, *aprofundando a própria fé*. O gosto pelo estudo da teologia faz parte da própria fé. Como vimos, quem crê, ama saber as razões por que crê. A fé não é no fundo outra coisa senão o gosto pelas coisas divinas. Com a fé, temos a sabedoria, como dom do Espírito, que nos dá a faculdade de saborear as coisas de Deus. "Onde está o teu tesouro, lá também estará teu coração" (Mt 6,21).

2. Depois, *buscando ver a relevância da fé para a vida*. Trata-se de perceber a importância da fé no assumir e transformar a existência segundo o Reino de Deus. Em particular, quando alguém se dá conta de quanto a teologia pode ajudar o povo oprimido a se libertar, então o interesse por ela também cresce. Tudo isso vale mais ainda para quem se sente especialmente chamado ao trabalho apostólico. Esse naturalmente ama entender a Palavra que vai anunciar.

3. Por fim, *por meio do próprio estudo da teologia*. "O apetite vem comendo". Quer dizer: a prática da teologia pode ser inicialmente trabalhosa, mas com o tempo se torna menos difícil e chega mesmo a ser gratificante.

Portanto, o teólogo é no fundo o "filó-logo" por excelência, ou seja, o amante do *logos* divino. O ato teológico é um ato amoroso. E isso no duplo sentido da palavra "amor": *eros* e *agapé*.

É ato com dimensão *erótica*, porque supõe um amor-interesse, no sentido de desejo, ambição ou paixão. Sob esse aspecto, a teologia é um amor de procura *interesseira*, que em algumas vocações chega ser quase uma compulsão. Interessa-nos, em verdade, saber qual é o sentido da fé para nós pessoalmente e para nossa realização plena.

Mas teologia é também contemplação e ato *agápico*, porque implica num amor-entrega ao Mistério, num amor feito de escuta, de obediência e serviço à Palavra. No sentido de agapé, teologia é amor de procura *gratuita*, desinteressada e livre da realidade divina.

Síntese de *eros* e *agapé*, o ato teológico é um ato sobretudo agápico. Nele o *eros* é assumido, animado e dirigido pelo *agapé*, na medida em que este é docilidade ao objeto-sujeito da teologia, que é Deus mesmo[1].

Em seu poema "Epitalâmio místico do teólogo e da teologia sob a figura de Jacó e Raquel", João Gerson, o prestigioso representante da Universidade de Paris no Concílio de Constança (1414-1418), faz a teologia se dirigir assim ao teólogo:

---

1. Cf. BARTH, Karl. *Introdução à teologia evangélica*. São Leopoldo: Sinodal, 1977, p. 153-160: últimas páginas.

Eu te esconjuro pelos cervos e cabras dos campos,
Te esconjuro pelos fogos santos do amor,
Pela fidelidade santa, pela beleza e pela honra:
Jacó, tu me amas[2]?

Teologia como *studium*

O amor à inteligência da fé leva naturalmente à *aplicação*, isto é, à busca, à pesquisa, em breve, ao "studium". Este consiste no esforço para conhecer a fundo a Palavra de Deus.

O esforço do "estudo" representa, na verdade, uma postura permanente: teólogo é sempre um estudioso, também depois de supostamente "formado". Evidentemente, nos chamados "anos de formação", o "estudo" assume uma forma particularmente concentrada e de tipo assimilativo e, em seguida, uma forma mais solta e criativa.

Já que a "vontade de conhecimento" compreende tendências contraditórias: impetuosidade espiritual e indolência corporal, o estudo deve ser bem disciplinado:

– por um lado, implica em *moderar* as potências do *espírito*, em seu desejo de saber tudo e de qualquer forma;

– e, por outro, em *estimular* as energias físicas, sempre tentadas pelo comodismo e pela preguiça[3].

Em relação ao estudo, vale a pena ouvir a milenar sabedoria do Oriente. Eis o que se lê nas *Sentenças cingalesas*:

> Os cinco meios *externos* para progredir no estudo são: mestre, livro, casa, condiscípulos e orelhas. Os cinco meios *internos* para um estudante ter sucesso são: saúde, mente desperta, boa conduta, aplicação e gosto pelos livros[4].

---

2. "Oro per cervos capreasque campi, / Oro santos per amoris ignes, / Per fidem sanctam, decus et honorem, / Jacob, amas me": apud *Dictionnaire de Théologie Catholique*, t. VI/1, col. 1325.

3. Cf. TOMÁS DE AQUINO. *ST* II-II, q. 166, a. 1 e 2: sobre *studiositas*, parte da virtude da "temperança".

4. *Subhâshitarnava* (séc. XVII), 99: apud SEMERARO, Marcelo & ANCONA, Giovanni. *Studiare la teologia dogmatica*. Roma: Vivere, 1994, p. 5 (moto).

Dois exemplos: São Beda e Vitoria

Ninguém talvez exprimiu com mais singeleza a dedicação e o contentamento sereno em fazer teologia do que o venerável Beda († 735), o maior teólogo de seu tempo:

> Entreguei-me totalmente à meditação das Escrituras, e, no meio da observância da disciplina regular e da tarefa cotidiana de cantar na igreja, *sempre tive por sumamente agradável o fato de aprender, de ensinar ou de escrever*[5].

Valha aqui o testemunho de outro luminar de sua época, Francisco de Vitoria († 1546), mestre de toda uma série de teólogos da idade de ouro da teologia espanhola. Eis como ele exprime o empenho estrênuo de teólogo em sua tarefa própria:

> Desfrutam os lavradores de seus ócios. Desfrutam-no todos os artesãos e operários. E ao ocupar sua vida nos dias de labor, esperam o repouso das festas, nas quais afrouxam à vontade as rédeas do trabalho, recreiam seu espírito e dão alívio ao coração, esquecidos dos cansaços. A nós, teólogos, nem nas festas nem nas vésperas se nos consentem esses ócios. Para os estudiosos, não se conhecem tempos livres. Para os exercícios literários não existem férias[6].

Mas, todo esse labor, o teólogo o sustenta com uma feliz disposição de ânimo, porque a matéria vale a pena, vale toda pena:

> A sagrada Teologia não conhece termo nem meta em suas aspirações. E isso de tal maneira que, se alguém passasse toda a vida em seu estudo assíduo, não avançaria tanto quanto reclama a matéria. Eu, durante vinte anos e mais, me consagrei com todas as forças ao estudo da teologia e me parece que ainda não passei das portas. Se alcançasse viver cem anos, passá-los-ia agradavelmente nesses estudos[7].

---

5. BEDA. *Historia Ecclesiastica Gentis Anglorum*, V, 24: apud CONGAR, Yves. *La foi et la théologie*. Paris: Desclée, 1962, p. 219: "Omnem meditandis Scripturis operam dedi, atque inter observantiam disciplinae regularis et quotidianam cantandi in ecclesia curam, semper aut discere, aut docere, aut scribere dulce habui".

6. Cf. VITORIA, Francisco de. *Relecciones sobre les Indios y el derecho de guerra*. 3. ed. Madri: Espasa-Calpe, 1975, p. 13, cit. na *Introdução*.

7. VITORIA, F. de. Op. cit., p. 12.

O DESAMOR AO ESTUDO DA TEOLOGIA

Cultura pragmatista

Vejamos agora o que se opõe ao amor do estudo da teologia. Se examinarmos o ambiente cultural de hoje, vemos muitos fatores negativos:

– a *cultura de massa*, baseada na comunicação audiovisual e que envolve toda a sociedade, sem excetuar os jovens teólogos. Em que pese suas virtudes, ela tem um lado apassivador e sensacionalista, pelo que não favorece certamente a reflexão pessoal, a pesquisa e o estudo em geral;

– o *ativismo*, pastoral ou não, que dispersa a mente e dispensa o aprofundamento dos problemas;

– um clima de *materialismo* e *hedonismo*, que dificulta à mente ascender às realidades mais puras e elevadas, como são as da fé[8].

O que diz F. Hegel da filosofia, no Prefácio de sua *Fenomenologia do Espírito*, vale perfeitamente também para a teologia:

> Parece particularmente necessário fazer de novo da filosofia uma coisa séria. Para todas as ciências, as artes, os talentos, as técnicas, prevalece a convicção de que não se pode possuí-las sem se dar o trabalho e sem fazer o esforço de aprendê-las e de praticá-las. Se alguém que tem olhos e dedos, e a quem se fornece couro e um instrumento, não está, só por isso, em condições de fazer sapatos, hoje em dia domina o preconceito segundo o qual cada um sabe imediatamente filosofar e apreciar a filosofia, só pelo fato de possuir a unidade de medida necessária em sua ra-

---

8. Cf. TOMÁS DE AQUINO. *ST* II-II, q. 15, a. 3, c: "A abstinência no comer assim como a castidade dispõem maximamente a pessoa à perfeição da operação intelectual". E traz o exemplo de Daniel e seus companheiros, aos quais, abstinentes que eram, "Deus deu a ciência e os instruiu em toda literatura e sabedoria" (Dn 1,17). Cf. tb. II-II, 1, q. 46, a. 3, todo; q. 148, a. 6, c; q. 180, a. 2, ad 3. Diga-se que essa era a concepção corrente entre os grandes filósofos antigos, para os quais não se chega às verdades mais elevadas sem uma rigorosa disciplina moral e ascética. Assim, Platão, *Carta VII*, 326 b5-d5, onde diz que a "moda itálica e siracusana" da corte de Dionísio, com sua "vida entregue aos banquetes" e à "satisfação ardorosa das paixões eróticas", não podia convir de modo algum à sua proposta de uma vida e de uma política pautadas pelos altos ideais da sabedoria filosófica. No início de nosso século, Miguel de Unamuno tinha desfechado um virulento ataque contra a luxúria, a pornografia e o don-juanismo, como causas de desfibramento intelectual e espiritual de uma cultura: *Ensayos*. Madri: Aguilar, 1970, t. II, p. 457-478.

zão, como se cada um não possuísse também em seu pé a medida do sapato. Parece que se faz consistir propriamente a posse da filosofia na falta de conhecimentos e de estudos, e que esses acabam quando a filosofia começa[9].

Anti-intelectualismo

A preguiça mental ou a negligência intelectual muitas vezes se exprime na alergia ou aversão à reflexão e mesmo no ódio ao estudo, que Platão chamou de "misologia". Adverte Santo Anselmo:

> Como a reta ordem nos impõe crer nos profundos ensinamentos da fé cristã antes ainda de ousar submetê-los a um exame racional, assim, parece-me, há negligência de nossa parte, se, depois de nossa confirmação na fé, não nos aplicarmos a compreender o que cremos (*non studemus quod credimus intelligere*)[10].

Não raro essa tendência toma a forma de uma ideologia sustentada: o anti-intelectualismo. O nome mais conhecido de anti-intelectualismo teológico é "fideísmo". E esse é de dois tipos:

1) O fideísmo vulgar ou forte

Este se encontra mais frequentemente nos meios *populares*. Trata-se de uma atitude mais vivida que elaborada. Consiste em crer de modo espontâneo, sem reflexão nem exame. A pessoa se contenta com a força da autoridade religiosa, seja bíblica, eclesiástica ou da tradição. O fideísmo pode ser de corte fundamentalista ou relativista. Exprime-se em frases como: "De religião não se discute", "Cada um tem sua crença", "Isso é mistério: não adianta explicar".

Contudo, esse comportamento não se sustenta hoje num mundo marcado pelo espírito crítico, que submete tudo à discussão e questionamento[11]. É verdade, a crítica racionalista não atinge o núcleo mais profundo da

---

9. HEGEL, Friedrich. *La phénoménologie de l'Esprit*. Paris: Aubier/Montaigne, 1941, Prefácio, p. 57s.

10. *Cur Deus homo*, I, 1: in: Col. Sources Chrétiennes 91. Paris: Cerf, 1963, p. 212s.

11. Cf. INSTITUTO DIOCESANO DE ENSINO SUPERIOR DE WÜRZBURG. *Teologia para o cristão de hoje*. Vol. 6. São Paulo: Loyola, 1979, p. 12-21.

fé, que é de natureza transracional. E isso se torna hoje particularmente claro na medida em que está emergindo, do seio mesmo da cultura moderna, a tendência "pós-moderna" de revalorizar a dimensão subjetiva, sensível e experiencial da religião, longe de todo o doutrinarismo.

Todavia, uma fé a-teológica, que se contenta apenas com a experiência subjetiva do sentido e afasta toda racionalidade, permanece submetida a muitas armadilhas, como o sincretismo espúrio, a manipulação psicológica e a instrumentalização política.

2) O fideísmo erudito ou brando

É a tendência intelectual dos que admitem a reflexão da fé, sim, mas manifestam pouca confiança na força da razão. Têm receios de que a razão invada arbitrariamente o campo da fé.

Essa é uma orientação do espírito bastante recorrente na história do pensamento. Ela é representada, em primeiro lugar, pelo relativismo religioso, cuja expressão extrema se encontra no *agnosticismo*. Este afirma: Sobre a questão do Mistério nada sabemos e nada podemos saber; sobre isso é melhor se calar. Por questão de pragmatismo religioso, consta que tanto para Buda como para Confúcio a reflexão sobre a divindade não tinha particular relevância.

Entre os gregos, é conhecido o ceticismo dos sofistas. Um deles, Protágoras († ca. 408 aC), em seu tratado "Sobre os deuses" (pelo qual foi acusado de impiedade e obrigado a deixar Atenas, e do qual teve um exemplar publicamente queimado), afirma:

> Sobre os deuses, não posso dizer nada, nem que existem, nem que não existem (nem que forma têm). Muitas coisas nos impedem de sabê-lo; antes de tudo, a obscuridade da questão; em seguida, a brevidade da vida humana[12].

---

12. Apud JÄGER, Werner. À *la naissance de la théologie*. Essai sur les présocratiques. Col. Cogitatio Fidei 19. Paris: Cerf, 1966, p. 202. O parênteses "nem que forma têm" falta em alguns autores que citam a declaração.

Aristóteles reporta a opinião

> de um certo Simônides, que queria convencer as pessoas a renunciar ao conhecimento de Deus e a dirigir a seu estudo para as realidades humanas, afirmando que o ser humano deve degustar as coisas humanas, e o ser mortal desfrutar as coisas mortais[13].

Naturalmente, Aristóteles, naquele mesmo passo, se opõe a essa substituição da teologia racional pelas ciências humanas, dizendo que, ao contrário,

> nós devemos fazer de tudo para viver conformemente à parte mais excelente de nós mesmos – o princípio divino[14].

Na história da teologia, o fideísmo brando teve grandes representantes. São os teólogos das escolas monástica, agostiniana e franciscana[15]. Eis aqui algumas afirmações na linha dessa posição:

– "Deve-se deixar fora os argumentos, quando se busca a fé": Santo Ambrósio[16];

– "Não tem mérito a fé cuja prova pode ser exibida pela razão humana": São Gregório Magno[17];

– "A fé dos piedosos diz sim, sem discutir": São Bernardo[18].

Karl Barth se situa no seio do fideísmo moderado[19]. Ele afirma, com a mais extrema energia, a soberania da Palavra de Deus. Absolutiza-a de tal maneira que a razão parece privada de sua autonomia, para se reduzir a simples obediência. Diz Barth:

---

13. Apud TOMÁS DE AQUINO. *Summa contra gentiles*, l. I, c. 5, referindo-se a ARISTÓTELES. *Ética a Nicômaco*, l. X, c. 7, 8 [trad. bras. Col. Os Pensadores. 2. ed. São Paulo: Abril, 1979, p. 64].

14. Apud TOMÁS DE AQUINO. Op. cit., ibid.

15. Cf. CHENU, Marie-Dominique. *La théologie comme science au XIIIe. siècle*. 3. ed. Paris: Vrin, 1969, espec. p. 26-32: resistências de teólogos à introdução da racionalidade aristotélica na teologia.

16. *De fide*, l. I, c. 5: apud TOMÁS DE AQUINO. *ST*, I, q. 1, a. 8, praet. 1.

17. *Homilia XXVI sobre o Ev.*: apud TOMÁS DE AQUINO. *ST*, I, q. 1, a. 8, praet. 2.

18. Apud INSTITUTO DIOCESANO..., *Teologia...*, op. cit., p. 22.

19. Cf. PANNENBERG, Wolfhart. *Epistemologia e teologia*. Brescia: Queriniana, 1975, p. 252-262.

O teólogo não dispõe de nenhuma prova graças à qual possa demonstrar a si mesmo ou a outros que não vai à caça de grilos. Ele apenas apreende a Palavra de Deus e sobre ela reflete. Ele pode ser consciente disso somente de fato[20].

Não se incide aqui numa espécie de positivismo teológico? Efetivamente, a teologia aparece então como algo de puramente "posicional" ou tético, dispensando o controle de seus princípios e uma justificação racional.

Por outro lado, esse "objetivismo absoluto" já não é uma posição subjetiva e mesmo arbitrária? Devemos, sim, adjudicar a centralidade da teologia à Palavra de Deus, mas fica sempre a pergunta, inescapavelmente teológica: Qual Palavra? Onde e como ela se exprime? É verdade, como afirma Barth, que a teologia tem que se medir pelo seu Objeto próprio (*Gegenstandsgemaessheit*). Mas nem por isso ela deixa de ser racional ou racionalizável, pois a teologia nunca pode preterir de uma regulação lógica qualquer. Vale relembrar aqui a consigna de Agostinho: *Intellectum valde ama*[21].

Um ícone do teólogo: Maria de Nazaré

Podemos apresentar aqui a figura da Virgem Maria como o tipo exemplar do espírito que ama o conhecimento da fé. Isso pode parecer surpreendente. Sabemos, contudo, que Lucas traça o perfil de Maria como o da mulher de fé, e de uma fé que tem os "olhos abertos", portanto, de uma fé que se faz teologia.

Tomemos como quadro exemplar a Anunciação. Vemos aí uma figura reflexiva: "Ela se pôs a pensar qual seria o significado da saudação" (Lc 1,29). Vemos, em seguida, que sua pergunta ao anjo tem a forma de uma questão: "Como se fará isso, se eu não conheço varão?" (Lc 1,34). É a fé buscando luz, a *fides quaerens intellectum*. Efetivamente, o anjo esclarece teologicamente a "dúvida metódica" de Maria. Fala da ação do Espírito e oferece, por acréscimo, o sinal da concepção da parenta, estéril (Lc 1,35-36). Maria então acolhe a Palavra com o mesmo espírito lúcido e responsável: "Eis aqui a serva do Senhor" (Lc 1,38).

---

20. W. PANNENBERG. Op. cit., p. 259.

21. "Ama intensamente o entendimento": *Carta 120*, 13 e 14, citada como *Leitura* no fim do Cap. 4.

Assim, apoiada em razões e sinais, Maria se entrega à vontade do céu: "Feliz aquela que acreditou" (Lc 1,45).

Como contratipo dessa atitude autenticamente teológica é-nos apresentado Zacarias. Sua pergunta não nasce da "fé que busca entender", mas sim da dúvida, da incredulidade: "Como saberei?" (Lc 1,18). Ademais, Zacarias exige um sinal, bem ao contrário da pessoa de fé, que foi Maria e, antes dela ainda, Abraão (cf. Gn 15,8).

De resto, há outros passos em que Maria aparece nessa atitude tipicamente teológica de interrogação e abertura diante dos caminhos de Deus. Assim, nos eventos que rodearam o nascimento do filho: "Maria conservava todas aquelas coisas, meditando-as em seu coração" (Lc 2,19; também 2,51). É, aliás, a postura típica do sábio bíblico, que recorda e murmura em seu coração a Palavra do Senhor (Eclo 50,27-29; cf. Sl 107,43)[22].

Podemos concluir dizendo que a Mãe de Jesus, "Sede da Sabedoria", é a figura viva da *cogitatio fidei* que palpita no coração de toda teologia.

SENSO DO MISTÉRIO

A humildade intelectual

"O ato supremo da razão é se curvar diante das coisas que superam a razão" – disse Pascal. O reconhecimento pela razão dos seus próprios limites é um ato de humildade e é por isso mesmo um ato de verdade. A realidade transborda todo conceito, como, em seu realismo, costumavam afirmar os Escolásticos. Já antes, os gregos sabiam disso quando prescreviam que se devia "pensar nas coisas mortais (*thneetà phroneîn*)" e fugir à desmedida da razão (*hybris*). A conhecida frase de Shakespeare, no *Hamlet* (I, 5), vale sobretudo para a teologia: "Há entre o céu e a terra muito mais coisas que a tua vã filosofia pode imaginar".

A Bíblia não cansa de lembrar que a razão humana é impotente para perscrutar, não só as realidades divinas, mas também as deste mundo. Diz Jesus a Nicodemos, mestre em Israel: "Se vos tenho falado das coisas terrenas e não me credes, como crereis se vos falar das celestes?" (Jo 3,12). Mas isso aparece especialmente nos livros sapienciais:

---

22. Cf. SERRA, Aristide. *Maria secondo il Vangelho*. Brescia: Queriniana, 1987, cap. 11, p. 120-132.

– No livro de Jó, Deus se manifesta no fim, mostrando que, se já o ser humano não pode penetrar as maravilhas de sua Criação, como poderá compreender os mistérios de seus planos (cap. 38 a 41)?

– No livro da Sabedoria lemos: "Mal podemos compreender o que está sobre a terra, dificilmente encontramos o que temos ao alcance da mão. Quem, pois, pode descobrir o que se passa no céu?" (Sb 9,16).

– E Judite, no livro do mesmo nome, afirma : "Se não descobris o íntimo do coração do homem e não entendeis as razões do seu pensamento, como então penetrareis o Deus que fez essas coisas? Como conhecereis seu pensamento? Como compreendereis o seu desígnio?" (Jt 8,14; cf. tb. Jr 12,1-6).

A humildade teológica

A modéstia intelectual vale em tudo e para todos mas vale mais ainda para o teólogo. Ele há de ter o pudor da fé. E isso por duas razões principais:

1) Por causa da *desproporção infinita* entre nossa razão e o Mistério divino. Daí o sentido do primeiro mandamento do Decálogo bíblico: a proibição de imagens (cf. Ex 20,4). Daí também a linguagem analógica e em particular metafórica para se falar das realidades divinas. E daí finalmente também a "teologia negativa" (feita de negações) e o apofatismo (o silêncio de toda linguagem) frente ao Mistério absoluto;

2) E também por causa do *objeto-sujeito* da teologia: Deus. Ele é pessoa soberana e indisponível, que se comunica apenas por Revelação gratuita (cf. Mt 11,27; 1Cor 2,10).

Newman afirmou que a teologia era *no devotional*. Isso vale do ponto de vista formal, mas não radicalmente. Pois a piedade e a devoção são qualidades que estão na raiz de toda teologia verdadeira: *piedade* (ou reverência), porque reconhece que seu tema lhe é "semper maior"; *devoção* (ou fervor), porque o teologizar deve representar a consagração da inteligência por meio de um ato de entrega ao Mistério, um "rationabile obsequium" (cf. Rm 12,1).

QUANDO FALTA O SENSO DO MISTÉRIO

Falemos agora do que contradiz o senso do mistério. Na verdade, perdendo-se o sentido dos limites da razão, cai-se em muitos erros, entre os quais: a arrogância intelectual, o objetivismo e a tagarelice.

1) A arrogância intelectual

É quando pretendemos compreender a Deus de maneira perfeita[23]. Mas temos que reaprender sempre com Santo Hilário: "Compreende que Deus é incompreensível". No campo da teologia subsiste sempre a tentação do racionalismo, que busca em tudo "ideias claras e julgamento seguro" (M. Merleau-Ponty).

São Paulo enfrentou a tendência gnóstica, viva até hoje – "gnose eterna" – que ambicionava aprisionar o sentido do Mistério e se apoiar nessa conquista em vista da salvação. O Apóstolo lhe contrapõe a "linguagem da cruz", que é "escândalo" e "loucura" para a inteligência humana (1Cor 1 e 2). E emenda:

> A ciência incha, o agapé constrói. Se alguém pensa que sabe alguma coisa, ainda não conhece como convém conhecer. Mas se alguém ama a Deus, esse é conhecido por Ele (1Cor 8,1-3).

O Apóstolo ataca a ambição, sempre renascente na comunidade, de querer saber mais do que os outros. Manda que não se tenham "pretensões além do razoável", mas que "se busque saber de modo sóbrio", isto é, com medida: "a medida da fé, que Deus concede a cada um" (Rm 12,3)[24].

Com efeito, a arrogância se manifesta muitas vezes na *presunção*. É quando alguém, incônscio dos próprios limites, se deixa ir para além da própria medida. É a falta de modéstia teológica, daquele que "se intromete para além de sua capacidade de perscrutar as realidades divinas"[25].

---

23. Cf. TOMÁS DE AQUINO. *In Boetium de Trinitate*, q. II, a. 1, c.: "como se as coisas divinas fossem perfeitamente compreensíveis".

24. A tradução é difícil. Retenha-se a frase: *phronein eis to soophronein*, que a Vulgata traduziu epigraficamente: *sapere ad sobrietatem*.

25. TOMÁS DE AQUINO. *In Boetium...*, op. cit., ibid.

Ao contrário, os platônicos falavam da *sobria ebrietas* – do entregar-se, sim, mas com discernimento, como numa espécie de "paixão lúcida", de entusiasmo domado, de ardor contido[26]. Contra o delírio do transe pseudo-profético, que tolhe o uso da razão, Paulo ensina: "O profeta é senhor do espírito profético que o anima" (1Cor 14,33).

A Escritura conhece e ensina essa postura de contenção intelectual. O livro dos Provérbios recomenda: "Não imagines ser sábio" (Pr 3,7). E Jesus Ben Siraq:

> Não procures o que é elevado demais para ti, não procures penetrar o que está acima de ti. Mas pensa sempre no que Deus te ordenou. Não tenhas a curiosidade de conhecer um número elevado demais de suas obras. Pois não é preciso que vejas com teus olhos os seus segredos. Acautela-te de uma busca exagerada de coisas inúteis e de uma curiosidade excessiva nas numerosas obras de Deus (Ecl 3,22-24).

E nem se fale de outros vícios, próximos da arrogância, como a inveja e a vaidade. São tentações conhecidas entre intelectuais. Da primeira se fala correntemente em termos de *invidia clericorum*. Quanto à segunda, Santo Tomás lembra que o Diabo "engana a muitos, inflando-lhes o coração com o prestígio que confere o fato de ensinar"[27].

2) O objetivismo

Desse assunto já falamos quando, ao tratarmos da analogia, nos referimos às "armadilhas da linguagem e da imaginação" (Cap. 11/1). Trata-se da tendência, o mais das vezes inconsciente, de reificar os conceitos referentes a Deus, dando-os distraidamente por adequados à Realidade que entendem manifestar. Existe uma inclinação quase natural de nossa inteligência para a "idolatria conceitual". Deus e seu mundo passam a ser tratados como coisas que se examinam e se podem manipular. Então falamos de Deus como se fosse um objeto qualquer

---

26. Como se sabe, o velho Platão dedica todo o final do livro I (637 b 8s) e todo o livro II das *Leis* à questão da disciplina da ebriedade.

27. *ST*, suppl., q. 96, a. 7, obj. 3, citando a "Glossa ordinária": "(Diabolus) multos decipit honore magisterii inflatos". Contudo, Santo Tomás replica (ad 3) que o prestígio do saber (*exaltatio*) pode ser "convertido em favor da utilidade dos outros", na medida em que "não se busca a própria glória".

que estivesse diante de nós. Analisamos o Mistério como se estivéssemos desenvolvendo um tratado de anatomia ou fisiologia, por vezes na mais absoluta falta de recato teológico.

No trato do Mistério o "espírito de geometria" é totalmente fora de lugar. O que vale aí é o "espírito de *finesse*", no rico sentido que tem a ideia de fineza ou delicadeza: respeito, apuro, elegância. Não se pode banalizar o discurso sobre Deus com a sem-cerimônia com que se fala das coisas corriqueiras[28].

Sabemos que, no fim de sua vida, depois de uma violenta crise existencial, Tomás de Aquino qualificou sua teologia de "pouca coisa" e, segundo outros testemunhos, de "palha". Sim, palha, se comparada com o "grão" sólido e precioso que lhe parecia ser a experiência mística que acabara de ter. Na verdade, toda teologia não passa disso – palha: palha que finalmente vai para o fogo, mas que, entretanto, serve provisória e humildemente para proteger o grão[29].

3) A tagarelice

Falamos aqui no perigo de intemperança discursiva em relação à teologia. O segundo mandamento "não tomar Seu santo nome em vão" vale especialmente para o teólogo, o especialista da fala sobre Deus. Ele será bem atento à prescrição de M. Heidegger: "rigor de pensamento e economia de palavras". Nada mais fora de lugar que um teólogo atacado de incontinência verbal. Nada mais repugna ao Mistério que a tagarelice. Segundo K. Barth, "é mais fácil falar de Deus do que calar diante d'Ele"[30].

Contudo, a parcimônia das palavras não deve ser entendida em termos de quantidade, mas de qualidade. Pois não há talvez outro tema que mereceu mais falas do que o de "Deus". Mas sabemos quanto foi maltratado e trivializado! Em relação a Deus, muitos falam muito mas não dizem nada.

---

28. Como ilustração, cf. ALVES, Rubem. "Sobre deuses e caquis". *Comunicações do ISER*, 32 (1988), p. 9-31.

29. Segundo o historiador Henri-Irénée Marrou, o testemunho mais seguro traz não *paleae videntur* (parecia-lhe palha), mas *modica videntur* (parecia-lhe pouca coisa): in: *Théologie de l'histoire*. Paris: Seuil, 1968, p. 144.

30. Apud MANCINI, Italo. *Teologia, ideologia, utopia*. Brescia: Queriniana, 1974, p. 101.

A esses Agostinho chama de "tagarelas mudos"[31]. O que importa no discurso da teologia é antes o *modo* de falar de Deus, o *espírito* com que se fala dele. É um modo contido, comedido, repassado de humildade e de sentido do limite. A linguagem religiosa deve mais "dizer", indicar ou revelar, do que "falar" ou discorrer.

Pode-se falar muito de Deus, mas na consciência de que toda palavra é imediatamente reabsorvida na sua infinitude e, de certa forma, consumada e consumida em sua insondabilidade. "Que pode dizer alguém que quer falar de Ti? – pergunta-se Agostinho, e continua: E contudo, ai dos que se calam a teu respeito!"[32]

Exemplo de humildade teológica: Agostinho

Esse homem, dos maiores gênios da Igreja e de toda a humanidade, não se envergonhou, no fim de sua vida (427/8), de rever criticamente seus 232 livros. São as *Retractationes* (Revisões). Declara no Prólogo que deseja corrigir coisas que "não deveria ter dito", para que assim também o leitor possa ver "como, escrevendo, tenha feito progressos"[33].

Alhures igualmente, convida o leitor a segui-lo somente na parte de verdade, assinalando com toda a honestidade: "Nem eu segui sempre a mim mesmo!"[34] E ainda: "Eu sou dos que escrevem progredindo, e progridem escrevendo"[35]. No livro *Sobre os casamentos adulterinos* declara:

> Depois de ter examinado e discutido a fundo estes problemas segundo as minhas capacidades, reconheço entretanto que a questão do matrimônio é obscuríssima e intrincadíssima. Nem ouso sustentar que expliquei todas as suas reentrâncias..., ou que posso explicá-las nesse momento se alguém me perguntasse[36].

31. *Confissões*, I, 4, 4 : "loquaces muti".

32. Ibid.

33. *Retract.*, prol., 1.

34. *De dono perseverantiae*, 21, 55.

35. *Carta 143*, do ano 412.

36. *De Conjugiis Adulterinis*, 1, 25, 32.

Revendo mais tarde um outro escrito sobre o mesmo tema, torna a confessar:

> Escrevi dois livros... sobre essa dificílima questão. [...] Sinto não ter chegado à solução plena da questão, por mais que possa ter esclarecido muitas questões complicadas[37].

Mas nada mais proveitoso que ler a correspondência entre Santo Agostinho e São Jerônimo para perceber, não só o que é fazer uma teologia livre e criativa, mas também a persistência desses gigantes na busca da verdade. Eis como o bispo de Hipona se dirige ao presbítero:

> Estou longe de me considerar ofendido se queres e podes demonstrar com razões sólidas que entendeste melhor do que eu... essa ou aquela passagem das Sagradas Escrituras. Ao contrário, longe de mim não me mostrar agradecido e enriquecido se tuas lições me instruem e tuas correções me emendam[38].

Em seu grande tratado sobre a *Trindade*, diz abertamente:

> Quanto a mim, não me envergonharei de aprender se me acho no erro...
> Por isso,
> prossiga comigo quem comigo está certo,
> procure comigo quem condivide minha dúvida,
> volte a mim quem reconhece seu erro,
> advirta-me quem descobre o meu[39].

E respondendo a um jovem, Vicente Vítor, que o censurara por suas hesitações teológicas, adverte:

> Não desprezes um homem que, para compreender realmente o que não compreende, compreende que não compreende... Portanto, filho, não desagrade à tua juvenil presunção o meu temor de ancião[40].

---

37. *Retract.*, 2, 57.

38. AGOSTINHO. *Carta 73*, c. I, 1. Para a correspondência completa entre os dois doutores (uma dúzia de Cartas) cf. BAC. *Obras de San Agustín*: Cartas. Madri: Católica, 1951 e 1953, t. VIII e XI.

39. *De Trinitate*, 1,2,4-3,5.

40. *De anima et eius origine*, IV, 11, 15-16; do ano ca. 420.

COMPROMISSO COM O POVO

Teologia em função da Vida

Todo saber humano é serviço à Vida[41]. Eis um texto expressivo de São Bernardo onde enumera e qualifica os vários tipos de saber:

> Há os que querem saber só para saber
> – e isso é torpe curiosidade.
> Há os que querem saber para aparecer
> – e isso é torpe vaidade...
> Há ainda os que querem saber para vender sua ciência, por exemplo, em troca de dinheiro e de honras,
> – e isso é um torpe ganho;
> Mas há também os que querem saber para edificar
> – e isso é caridade.
> Há ainda os que querem saber para se edificarem a si mesmos
> – e isso é prudência[42].

A prática teológica, com mais forte razão, não termina e nem pode terminar no puro saber, mas no compromisso da fé e da caridade, no ministério da Palavra, na diaconia da libertação, enfim na *praxis vitae*, como já insistimos (Cap. 13). O saber teológico é sempre um saber-para. Não basta, portanto, saber "o que", mas é preciso ainda saber o "para que" e "como". Tomás de Aquino diz: "Só sabe bem uma ciência aquele que sabe também como usá-la"[43].

A teologia mantém suas janelas bem abertas sobre o vasto mundo. Ela há de ter continuamente a realidade do povo sob as suas vistas, especialmente suas dores e suas lutas, suas "alegrias e suas esperanças" (cf. GS 1,1).

---

41. Cf. WHITEHEAD, Alfred North. *The function of Reason*. Boston: Beacon Press, 1959, p. 5 e 8: "A função da razão é promover a arte da vida. [...] É a direção do ataque ao ambiente num tríplice impulso: de viver, de viver bem, de viver melhor". Este sentido "vitalista" da razão foi frisado, a seu modo, por F. Nietzsche. Para isso, cf. BROWN, W. *Vida contra a morte*. Petrópolis: Vozes, 1959, espec. p. 368-372, tendendo contudo para certo sensualismo. Mas o mais belo elogio da vida se encontra na Encíclica *Evangelium Vitae* (1995), de João Paulo, espec. a citação do Pseudo-Dionísio Areopagita, no início do n. 84.

42. *Sermo 36 in Cant.*: PL 183, 968.

43. *Catena aurea*, 1Cor 8,1-2.

Para a teologia, é decisiva a pergunta: *Cui prodest?* A quem interessa? Para que serve? Evidentemente, a resposta a tal pergunta não pode ser dada de modo precipitado ou imediatista. Há que resistir ao mero pragmatismo, especialmente nos anos de *formação básica*, em que deve haver, como dissemos, uma intensa concentração no estudo de assimilação. Mas, dito e reconhecido isso, deve-se acrescentar com não menos força: toda verdade teológica deve ser fecunda e produzir vida.

A teologia é, portanto, um "ministério" e o teólogo, um servidor: servidor da Palavra em favor do Povo. Ele não é senhor da Palavra ou do Povo. Mas também não é escravo. É, sim, livre servidor do Evangelho da liberdade e da humanidade a ser libertada.

ALIENAÇÃO TEOLÓGICA

Vamos agora ao que se contrapõe a uma teologia "comprometida". Chamamos de teologia "alienada" uma teologia desligada da realidade que deve iluminar. É a teologia que se tornou um mero passatempo. Essa é uma teologia irresponsável, porque não assume suas tarefas próprias perante Deus e o Povo.

A alienação da teologia pode-se dar de duas formas: seja quanto ao modo, seja quanto ao conteúdo.

1) Alienação quanto ao modo: teologia pela teologia

É o caso de uma teologia autofinalizada: uma teologia puramente especulativa, no sentido negativo de meramente especular. Novo Narciso, o teólogo acaba se retratando a si mesmo.

Essa tendência se exprime particularmente na chamada "tentação arquitetônica". Consiste no prazer de construir sistemas por sua mera beleza ideal. Constrói-se uma gnose abstrata e ebúrnea. Tem-se então uma teologia brilhante, mas não iluminadora; inteligente, mas não verdadeira; uma teologia científica, mas não sábia. Exibe-se um belo desempenho teórico, mas nenhum empenho prático. Essa é uma teologia estéril e, por isso mesmo, inútil.

Isso acontece quando a teologia perde sua orientação vital, inclusive pastoral. Torna-se então uma teoria de tipo geométrico: pode ser lógica mas é irreal. É um discurso balofo, não construtivo: incha sem edificar (cf. 1Cor 8,1). Essa é uma teologia fundamentalmente cínica, porque privada de sensibilidade frente ao drama humano: a fome de pão e a fome de Deus. Em vez de enfrentar as contradições da existência, refugia-se no esteticismo trivial. Ouçamos de novo Hegel:

> A vida de Deus e o conhecimento divino podem, sem dúvida, ser descritos como um jogo de amor consigo mesmo. Mas essa ideia cai no nível do edificante e mesmo do insosso, quando lhe falta a seriedade, a dor, a paciência e o trabalho do negativo[44].

2) Alienação quanto ao conteúdo: teologia inútil

É a teologia das questões ociosas, das insignificâncias, do que é irre- levante. Forma de "cultura inútil", passa a se ocupar com ninharias, "secundariedades" de terceira, quarta e quinta categoria. O teólogo se torna então, para falar como G. Papini, o "comissário do centro para a difusão dos conhecimentos inúteis". Estamos aqui no baixo plano do diletantismo teológico, a mania de se envolver com "questões fúteis e inúteis", que os antigos incluíam no vício da *curiositas*[45].

As Cartas Pastorais estão cheias de admoestações contra:

– os "discursos vãos" (1Tm 1,6);

– os "mitos e contos de comadre" (1Tm 4,7);

– as "conversas frívolas de coisas vãs" (1Tm 6,20);

– as "discussões vãs que de nada servem" (2Tm 2,14);

– as "conversas vãs e profanas" (2Tm 2,16);

– as "especulações tolas e desmedidas, que geram polêmicas" (2Tm 2,23);

– as "questões tolas..., inúteis e vãs" (Tt 3,9).

---

44. HEGEL, F. *Phénoménologie de l'Esprit*. Op. cit., Prefácio, p. 18.

45. Cf. AGOSTINHO. *Confissões*, l. X, c. 35; · TOMÁS DE AQUINO. *ST* II-II, 167, a. 1 e 2: sobre a *curiositas*, o contrário da virtude da *studiositas*.

Portanto, a teologia, ou é comprometida com a Vida, ou não merece o nome que tem; ou produz frutos ou será "cortada e lançada ao fogo" (Mt 3,10; 7,19; cf. Jo 15,6).

Exemplos de teologia comprometida

Ilustrações de teologia comprometida são sem dúvida os chamados "teólogos da libertação". Foram eles que levaram mais longe, na teoria e na prática, a questão da vinculação da teologia e do teólogo com o Povo e sua caminhada libertadora. Há deles que trabalham no meio dos indígenas, outros dos favelados, outros ainda dos lavradores e operários. Alguns deles vivem mesmo nos próprios meios populares.

Mas outros teólogos também foram nisso exemplares. Aliás, se analisarmos bem, foram experiências concretas junto ao Povo que propiciaram as grandes viradas na vida de teólogos conhecidos. Poderíamos dizer que, por trás de uma grande mudança teológica, existe uma grande mudança prática. Ficando em algumas das grandes figuras do século XX, assim aconteceu:

– com K. Rahner († 1984), com seu trabalho no Instituto Pastoral de Viena;

– com M.-D. Chenu († 1991), com sua "descoberta do mundo", de volta a Paris, depois de seu exílio na Bélgica;

– com K. Barth († 1968), com sua experiência decisiva de pastor por dez anos em Genebra;

– com D. Bonhöffer († 1945), com suas experiências pastorais na Espanha, Estados Unidos e na periferia de Berlim, nas quais sempre uniu as tarefas de teólogo e de pastor;

– com Reinhold Niebhur († 1971), com seu trabalho pastoral entre operários de fábrica, nos Estados Unidos[46].

Seja-nos permitido dar aqui também o exemplo de Agostinho. Ele mesmo confessa ao "Doutor Máximo", São Jerônimo, entre invejoso a humilde:

> Pois não tenho e nem poderei ter a ciência das divinas Escrituras que vejo em ti. Tudo o que possuo dessa ciência tenho que empregá-lo, tão bem que mal, em proveito do Povo de Deus. As ocupações pastorais me

---

46. Para a vida desses teólogos e de outros, cf. a bibliografia que daremos mais à frente, no início do Cap. 23.

impedem em absoluto de me entregar ao estudo com maior diligência do que a que requer a pregação ao povo[47].

Contudo, o conhecido historiador H.-I. Marrou mostrou que, se Agostinho, "letrado da decadência", tivesse "perdido, em seus refinamentos, o contato com a vida"; se não tivesse, como pastor, "descoberto o povo cristão, suas necessidades e seus problemas", não seria o teólogo poderoso e fecundo que é e que foi em toda a história da Igreja[48]. Não seria de se dizer que foi o povo que salvou Agostinho e seu gênio para a Igreja e a humanidade?

Quando fazer teologia é pecado

Pelo que vimos, podemos afirmar que a prática teológica não é incondicionalmente uma atividade santa. Pode antes ser também um campo de pecado. Lutero o tinha afirmado com toda clareza. Mas isso não era estranho aos grandes teólogos. Assim, Tomás de Aquino afirma em todas as letras: "Apesar de tudo, alguém pode pecar ao fazer teologia"[49]. E São Boaventura: "Essa ciência, se não houver cumprimento por obras, não é útil, mas danosa"[50]. Igualmente Duns Scotus: Sem favorecer a caridade, "uma teologia não só é inútil, mas perniciosa"[51]. K. Barth é igualmente atento à "tentação" que assalta o teólogo[52].

Poderíamos, portanto, dizer que o teólogo peca:

– quando fala ou escreve somente por vaidade, em busca de fama, carreira e promoção pessoal;

– quando desenvolve assuntos por mera curiosidade, assuntos ociosos, sem relevância para a vida eclesial;

– quando não estuda com seriedade, não tem profissionalismo, mas faz uma teologia apressada e sem consistência teórica;

47. AGOSTINHO. *Carta 73*, c. II, 5: BAC. *Obras de San Agustín*: Cartas. Madri: Católica, 1951, t. VIII, p. 421.

48. MARROU, Henri-Irénée. *Saint Augustin et la fin de la culture antique*. Paris: Boccard, 1938, p. 336-339.

49. *In Boetium de Trinitate*, q. 2, a. 1: "Tamen potest in hoc peccare".

50. BOAVENTURA. *De donis Spiritus Sancti*, 4,19: apud KLOPPENBURG, Boaventura. "A natureza da prática teológica no pensamento teológico escotista". *Revista Eclesiástica Brasileira*, 53 (1993), p. 631-639, aqui p. 638.

51. Apud KLOPPENBURG, B. Art. cit., p. 637.

52. Cf. BARTH, K. *Introdução...*, op. cit., p. 104-113: 12ª preleção.

– quando, sem se importar com o destinatário, usa uma linguagem abstrusa, que não "comunica", inutilmente preciosa;

– quando apresenta uma fé desencarnada, "alienada", sem relação com a pessoa, a vida, a história;

– quando em seu discurso deixa de levar em conta o pobre e sua libertação;

– quando teologiza intempestivamente, a saber: fora de tempo e de lugar;

– quando não é honrado com sua consciência profissional, forjando artificiosamente razões, com o objetivo de evitar incompreensões e críticas do *establishment*;

– quando fala demais ou cai nas banalidades acerca das realidades divinas;

– quando assume uma postura arrogante do sabe-tudo em relação aos grandes Mistérios da salvação;

– quando não escuta o outro: seja ele o Magistério, a Tradição, os colegas teólogos, o Povo fiel ou os Pobres, em particular.

RESUMINDO

Podem-se resumir as atitudes básicas para o estudo da teologia no esquema seguinte:

DISPOSIÇÕES PARA O ESTUDO DA TEOLOGIA

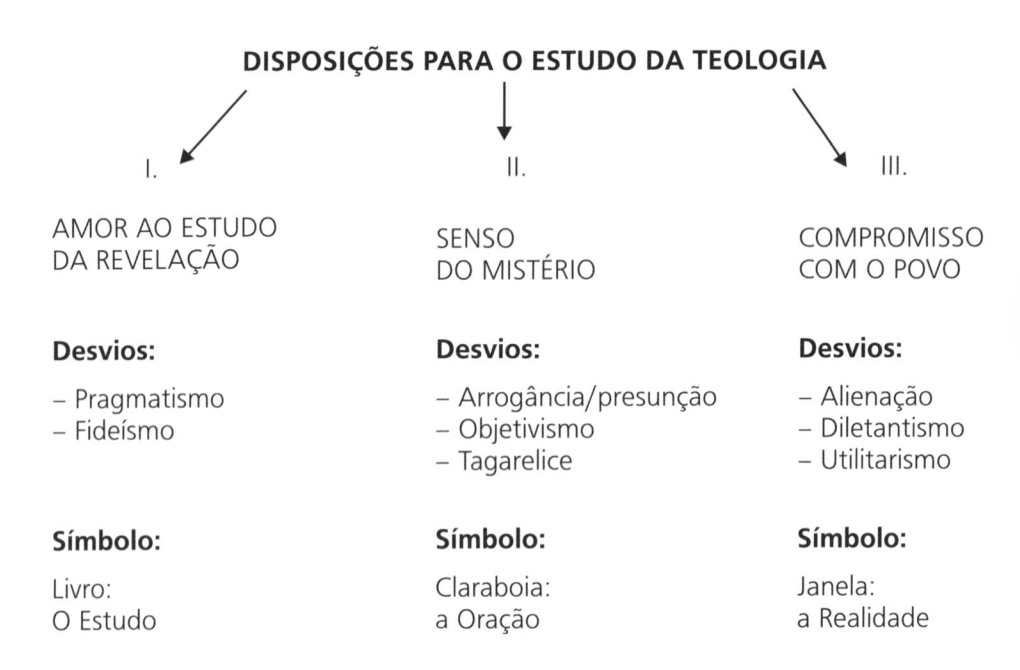

I.	II.	III.
AMOR AO ESTUDO DA REVELAÇÃO	SENSO DO MISTÉRIO	COMPROMISSO COM O POVO
Desvios:	**Desvios:**	**Desvios:**
– Pragmatismo – Fideísmo	– Arrogância/presunção – Objetivismo – Tagarelice	– Alienação – Diletantismo – Utilitarismo
Símbolo:	**Símbolo:**	**Símbolo:**
Livro: O Estudo	Claraboia: a Oração	Janela: a Realidade

LEITURA

SÃO GREGÓRIO NAZIANZENO:

Condições pessoais para o exercício da teologia[53]

<<Nem todos, ó ouvintes, estão em condições de filosofar sobre Deus, nem todos! Pois não se trata de empresa fácil, nem própria a quem se arrasta pelo chão. Digo mais: não é empresa de toda hora, nem para todos, nem a respeito de tudo. Deve, antes, restringir-se a determinado tempo, a determinadas pessoas e a uma determinada medida.

Não compete a todos, mas somente aos escolhidos e versados na contemplação (*theoria*) e aos que foram purificados de alma e corpo, ou, pelo menos, aos que estão em vias de sê-lo. Pois há perigo em, sendo impuro, se tocar o puro. Aliás, um olho doente é incapaz de fitar a luz do sol.

Quando se há de fazê-lo? Quando nos encontramos desembaraçados do lodo e do tumulto exterior, e a parte que em nós comanda (razão) não estiver sendo turbada por devaneios e imagens indignas. Pois do contrário estaríamos misturando letras formosas com letras disformes, e o odor dos perfumes com a imundície. A pessoa precisa de lazer para conhecer a Deus e ajuizar em boa hora do rumo a seguir na teologia.

Diante de quem fazê-lo? Diante dos que se ocupam seriamente com a referida tarefa e não diante dos que a tratam como uma coisa qualquer, como se fosse assunto, ela também, de uma conversa agradável, como por exemplo depois dos páreos, das representações teatrais, dos concertos, das satisfações do ventre e do que está abaixo do ventre. A teologia é uma ocupação imprópria para quem vê nela apenas uma forma de diversão, por uma parolice leviana e pela habilidade das controvérsias acerca de tais coisas.

A respeito de quê e em que medida se há de teologizar? Só a respeito do que estiver ao nosso alcance e na medida em que a disposição e a capacidade do ouvinte puder alcançar, para que não suceda que, assim como o ouvido e o corpo sofrem com o excesso da voz e o abuso da alimentação; ou, se preferires, assim como os carregadores se veem tolhidos por um fardo exagerado e a terra sofre com as chuvas por demais fortes, assim também os ouvintes se sintam como que oprimidos e embaraçados pelo peso dos discursos e percam o ardor inicial.>>

---

53. *Discursos teológicos*, 27, 3: PG 36, 13-16; e também Col. Sources Chrétiennes 250. Paris: Cerf, 1978, p. 76s.-78s.

Capítulo 17

HISTÓRIA DO TERMO "TEOLOGIA" E SUAS LIÇÕES

NA ANTIGUIDADE GRECO-ROMANA

1. No grego antigo

Em sua origem histórico-filológica, a palavra grega "teologia" era o que significa literalmente: uma palavra (*logos*) divina (*theos*). Continha uma conotação de proclamação: era anúncio sobre Deus ou sobre os deuses. Primitivamente, eram chamados "teólogos" os poetas religiosos, os sacerdotes de Delfos ou os ministros do culto do Imperador[1]. Portanto, mais que um conteúdo doutrinário, "teologia" tinha um conteúdo homológico (confissão de fé) e profético (proclamação).

Em particular, "theologia" significava hino de glorificação a Deus. Seria uma espécie de *Magnificat*, *Benedictus* ou *Te Deum*. O poeta religioso Orfeu era um "teólogo". A palavra "teologia" tinha, pois, originariamente um sentido doxológico ou hínico[2]. Portanto, mais que reflexão, "teologia" significava oração, louvor.

Mesmo em certos Padres, "teólogos" são: Moisés (como em Clemente de Alexandria), Jesus (em Orígenes e Atanásio), Paulo, João[3]. Para o Pseudo-Dionísio Areopagita, teologia era também a Sagrada Escritura como um todo, assim como a Divindade e tudo o que lhe diz respeito[4]. Tal era, pois, o uso paleocristão do termo.

---

1. Cf. SECKLER, Max. *Teologia, Scienza, Chiesa*. Brescia: Morcelliana, 1988, p. 22s.

2. Cf. BOUYER, Louis. Théologie. In: *Dictionnaire théologique*. Tournai: Desclée et Cie., 1963, p. 621-623; retomado em BOUYER, L. *Le métier de théologien*. Entretiens avec Georges Daix. Paris: Ed. France-Empire, 1979, p. 247s.; cf. tb. p. 209s.

3. Cf. SECKLER, M. *Teologia...*, op. cit., p. 22s.

4. Cf. GHELLINCK, J. de. À propos des sens du mot "Théologie". In: *Le mouvement théologique du XIIe. siècle*. 2. ed. Bruges/Bruxelas/Paris: De Tempel/Universelle/DDB, 1948, p. 91-93. Até hoje *divinity* em inglês, por exemplo, na expressão técnica *divinity school*, é sinônimo de teologia.

Lições para hoje

Aqui já emerge uma lição importante para a prática teológica de todas as épocas: a teologia nasce de uma experiência *espiritual*. Ela começa concretamente com a oração e se desdobra em seguida em proclamação. É, radicalmente, uma teologia orante, uma "teologia genuflexa" e, por consequência, é uma teologia querigmática, pastoral, profética.

Tal é a forma primária da teologia do ponto de vista da história. Mas isso vale também do ponto de vista estrutural. De fato, a "teologia" da Bíblia é desse tipo: uma teologia homológica ou proclamativa. Daí sua linguagem evocativa e performativa. É "teologia em ponto zero", teologia *in statu nascendi*. Assim, é também a "teologia" de Jesus, feita de narrativas (parabólicas) e de falas (pedagógicas)[5].

Esse caráter existencial e prático da teologia nunca se perdeu na tradição cristã. A Patrística ainda mantém, em boa parte, tal caráter místico e anunciador. Pois, ao lado da função reflexiva, conserva ainda fortemente a espiritual e pastoral[6].

Já na Escolástica, temos uma reflexão pura de Deus, sem mais a dimensão pastoral. Como ciência, poder-se-ia dizer que a teologia "fala de Deus sem Deus"[7]. Nela a confissão da fé permanece fundamentalmente inexpressa, embora absolutamente pressuposta: opera entre parênteses.

2. Em Platão

Platão (427-347 aC) conferiu à palavra teologia um conteúdo preciso: consistia no estudo crítico da mitologia. Teologia seria, pois, uma mito-logia rigorosamente racional, uma hermenêutica filosófica dos mitos. Nesse sentido, Platão não forjou a *palavra* "teologia", mas foi certamente o criador do *conceito* racional de teologia, conceito esse que continua válido até hoje[8]. Agostinho não esconde sua admiração por Platão, afirmando que é o pensamento filosófico-teológico que mais se aproxima do Cristianismo[9].

---

5. SECKLER, M. *Teologia...*, op. cit., p. 22-25.

6. Id. Op. cit., p. 14 e 241.

7. Id. Op. cit., p. 50.

8. Cf. JAEGER, Werner. *À la naissance de la théologie*. Essai sur les présocratiques. Col. Cogitatio Fidei 19. Paris: Cerf, 1966, p. 10s.; · Id. *Umanesimo e teologia*. Milão: Ed. Corsia dei Servi, 1958, p. 48.

9. Cf. *De Civitate Dei*, l. VIII, c. 5.

Em seu livro *República*, Platão estabelece os "modelos relativos ao estudo dos deuses"[10]. Tais modelos são na verdade critérios ou regras que permitem falar do mundo divino de modo correto, ou seja, segundo a verdade racional-teológica. Esses critérios ou regras se reduzem praticamente a dois:

1. A *bondade* de Deus. Deus é bom e é causa unicamente do bem, nunca do mal. Daí que se devem criticar os vícios dos deuses da mitologia, tais como reportados pelos poetas Homero e Hesíodo: adultérios, mentiras, roubos e assassinatos;

2. A *simplicidade* de Deus. Deus é simples e, por isso, imutável. Na prática, isso significa que Deus é sempre veraz: ele não mente, não muda de forma e nem assume formas aparentes para enganar os mortais, como fazem os mágicos ou os bruxos.

Segundo o Platão das *Politeia*, tais princípios oferecem um modelo crítico para se interpretar e usar os mitos segundo a verdade racional. A esse modelo devem se conformar os poetas e os educadores da nova *pólis*.

Para educar os cidadãos da cidade ideal, especialmente os dirigentes políticos, Platão ensina ainda que não se deve pregar o inferno, pois isso gera medo e covardia. Também não se devem mostrar os heróis gemendo e se lamentando, pois – diz ele – "as lamentações deixemo-las às mulheres e ainda às mulheres ordinárias e aos homens covardes"[11]. Igualmente, nada de mostrar os heróis rindo, pois o riso não convém aos governantes: política é coisa de gente séria[12]. E assim por diante. Como se vê, a teologia passa a ser um excelente meio político a serviço da cidade ideal.

Lições para hoje

O conceito de teologia de Platão contém para nós três lições importantes, de acordo com a tríplice função desse saber em Platão:

---

10. *Republica*, II, 379a: *oi typoi peri theologías*.

11. *Rep*. III, 387c-388a.

12. Cf. *Rep*. III, 387e e seg.

1. A teologia é um saber *crítico*. Ela tem uma intrínseca postura interrogativa e perscrutadora frente a todas a manifestações religiosas;

2. A teologia tem uma função *pedagógica*. A teologia serve para formar o caráter das pessoas, torná-las melhores mediante a descoberta da verdade;

3. Finalmente, a teologia tem uma função *política*. Ela entende formar o cidadão e assim conformar toda a *pólis*. Como se vê por Platão, a teologia nasceu política e possui uma dimensão política irrenunciável, ainda que não se possa reduzi-la a mero instrumento do poder.

3. Em Aristóteles

O Estagirita (384-322 aC) também usa o termo "teologia", pois este já estava em curso na Academia por ele frequentada. Mas ele o aplica à sua "filosofia primeira", a "ciência dos primeiros princípios", conhecida hoje como metafísica ou ontologia. Chama, pois, esta ciência de "filosofia teológica" (*theologikée*)[13]. Esse é o sentido forte de "teologia" no Estagirita.

Isso porque, segundo Aristóteles, uma reflexão consequente que parte do ser chega logicamente à ideia do "ser supremo", que seria Deus: "A ciência suprema deve ter por objeto o gênero supremo" (*timióotaton*)[14]. A filosofia se consuma, pois, na teologia. Mais: a teologia (natural) culmina na ideia de Deus como *nóeesis nóeeseoos:* pensamento de pensamento[15]. Portanto, Deus não é só o "Objeto imenso" da teologia, mas também seu Sujeito máximo. O Deus aristotélico é um Deus-teólogo[16].

---

13. *Metafísica*, livros VI, XI e espec. XII.

14. *Metafísica*, VI (E), c. 1, 1026 a 19.

15. *Metafísica*, XII (Lambda), c. 9, 1074 b 34. Cf. infra *Leitura II.*

16. "Em Aristóteles, só existe um teólogo: Deus. E a teologia é a maneira pela qual Deus se possui a si mesmo (*noéesis noéeseoos*). Na Idade Média, a graça abre a todos a teologia que só Deus possuía segundo Aristóteles": LÉVINAS, Emmanuel. *Dieu, la mort et le temps*. Paris, 1993, p. 155. Vem ao caso lembrar a distinção de Duns Scotus entre a "teologia em si" (ou "teologia de Deus", ou ainda "teologia divina") e a "teologia em nós" (ou "teologia nossa" ou ainda a "teologia humana"). A primeira é a teologia absoluta, proporcional ao objeto, e essa só Deus pode ter, pois só em Deus cognoscente e conhecido se correspondem perfeitamente. Já a segunda teologia é a teologia relativa, a teologia possível à limitada capacidade humana: in: *Ordinatio*, prol., pars 3, q. 3, in: *Opera Omnia*. Cidade do Vaticano: Typis Polyglottis Vaticanis, 1950, t. I, p. 95-102.

Por outro lado, Aristóteles continua usando "teologia" no sentido fraco, correspondendo à mitologia dos poetas, ao contrário de Platão, que contrapõe as duas coisas. Mas aquela acepção, em Aristóteles, traduziria a ideia de teologia como saber meramente pré-filosófico? Não parece. Parece antes que ele continua aplicando teologia à mitologia, porque intui talvez que o mito já contém em si um núcleo de verdade teológico-racional[17].

Lições para hoje

Aristóteles estabelece com força que Deus pertence ao domínio da racionalidade humana autônoma. A reflexão sobre o ser, em seu termo, seria obrigada a colocar inevitavelmente a ideia do *Ens a se*, o Ser-em-si, o Absoluto. Que tal Ser apareça como o "Super-ser", tronejando no topo da pirâmide dos entes, concepção esta que Heidegger criticou, chamando-a de "onto-teologia", essa já é outra questão.

Evidentemente, em Aristóteles, Deus não aparece (e nem podia) como Salvador, pois que se trata apenas de uma teologia puramente filosófica. Contudo, já é uma conquista imensa afirmar a realidade de Deus como uma possibilidade, ainda que extrema, da razão humana, apesar dos limites desta visão em confronto com a luz meridiana da Revelação.

4. Nos estoicos

Os filósofos da Estoa distinguem três gêneros de teologia. Isso está claro em Panécio de Rodes e especialmente no cultíssimo teólogo pagão, o romano Varrão († 27 aC). Esses três gêneros são:

1. A teologia *mitológica* (ou fabulosa). É a que se encontra nos poetas e no povo em geral. Se, como vimos, Aristóteles ainda admitia uma terminologia nesses termos, já Platão contrapunha mitologia e teologia;

2. A teologia *física* (ou natural). É a teologia crítica dos filósofos. Esse é o sentido que mais se aproxima do da teologia sem adjetivo de Platão. Dará nascimento ao que se chamou, mais tarde, de teologia filosófica ou teodiceia;

---

17. É a hipótese de JAEGER, W. *À la naissance...*, op. cit., p. 12.

3. A teologia *política* (ou civil). É a dos agentes do Estado: os legisladores e os sacerdotes do culto oficial. E aqui surge um conceito novo, uma categoria original dos estoicos. A teologia política trata não da divindade "natural", mas da divindade "artificial", isto é, enquanto criada pela sociedade e administrada pelo Estado. Sabemos que o Apocalipse mais tarde atacará frontalmente tal "teologia", representada pela Segunda Besta (Ap 13,11-18) ou Pseudoprofeta (Ap 16,13; 19,20; 20,10). Diferente é a teologia política de Platão. Essa não parte de uma teologia justificadora dos deuses do Estado, teologia que chamaríamos hoje de "ideológica", enquanto mistificadora. Parte, sim, de uma teologia verdadeira ou "física", podendo, por isso, regular a política[18].

Lições para hoje

Mais uma vez aparece a dimensão política da teologia. Os estoicos têm o mérito de ter cunhado e difundido a expressão "teologia política". Note-se, porém, que se trata aí de uma teologia *ideológica*, isto é, legitimadora do Poder vigente, ao contrário do sentido platônico de teologia, segundo o qual a teologia, porque verdadeira, é sempre *crítica* das pseudoverdades religiosas e políticas.

A mais recente "teologia política" (J.B. Metz, J. Moltmann) se afasta da noção estoica, portanto do sentido ideológico-legitimador daquela designação. É uma *nova* "teologia política", porque nitidamente *crítico*-política. Não parte da realidade social para inventar uma verdade divina que lhe seja funcional, quer no sentido de conservá-la, quer no de mudá-la. Ao contrário, ao modo de Platão, parte da realidade divina para ajuizar a realidade social e levar à sua mudança.

NA ERA CRISTÃ

Por causa de seu uso pagão, a palavra "teologia" teve dificuldade de se aclimatar em ambiente cristão[19]. Foi só a partir da Idade Média, quando se

---

18. Santo Agostinho *em A Cidade de Deus* discute esses diferentes gêneros de teologia: no livro VI, a teologia mitológica e política; no VII, os principais deuses da política e no VIII a teologia natural.

19. Cf. breve visão geral em: PANNEMBERG, Worfahrt. *Epistemologia e Teologia*. Brescia: Queriniana, 1975, p. 12-19; e em ROCHETTA, G.; FISICHELLA, R. & POZZO, G. *La teologia tra rivelazione e storia*. Bolonha: Dehoniane, 1985.

discutiu o caráter científico da reflexão da fé, que o termo "teologia" acabou sendo aceito sem mais resistências[20].

1. No Oriente

A primeira escola de teologia da Igreja, a de Alexandria, tinha naturalmente que se enfrentar com essa noção, corrente no mundo do paganismo clássico. De fato, Clemente de Alexandria († 215) foi o primeiro a usar a palavra teologia já no sentido da doutrina cristã, em oposição à mitologia dos poetas. Depois dele, Orígenes († 253) usa esse termo como sinônimo do conhecimento cristão de Deus.

Mas a partir do século IV, especialmente com Eusébio de Cesareia († 340), começa-se a fazer a seguinte distinção:

1. *Teologia*, como conhecimento de Deus *ad intra*, em suas relações trinitárias. Nesse sentido, João evangelista é chamado "o teólogo" por excelência. Note-se que se fala também em "teologia" para se referir ao conhecimento místico de Deus, como no tratado *Teologia mística* do Pseudo-Dionísio (séc. V-VI);

2. *Economia*, que é o conhecimento de Deus operando *ad extra*, isto é, na história da salvação. Ainda hoje na Igreja do Oriente se usa "economia" nessa acepção.

Por sua parte, Teodoreto de Ciro, o maior teólogo antioqueno do séc. V, usa "teologia" nos dois sentidos acima, ou seja, tanto quando fala de Deus uno e trino (teologia especulativa), como quando trata da economia salvífica (teologia econômica).

2. No Ocidente

Para falar do estudo e exposição do conteúdo da fé, Agostinho usa normalmente a expressão *Doctrina Christiana*. Quanto à palavra "teologia", ele começa por achá-la um barbarismo. Diz: "Teologia é um vocábulo grego que

---

20. Nesse processo de recepção, exerceu grande influência a aparição, na época, da tradução dos *Elementos de Teologia* do neoplatônico Proclo († 485), feita por Guilherme de Moerbeke: MATHON, G. Théologie. In: *Catholicisme*. Paris: Latouzey et Ané, 1996, t. XIV, col. 1012.

significa discurso ou tratado sobre a divindade"[21]. Mas existe nele uma tentativa polêmica de resgatar a palavra em favor do cristianismo, falando em "verdadeira teologia" como sendo a que traduz a verdade da fé[22].

Um passo importante se dá com Abelardo († 1142). Esse usa "teologia", de modo bastante normal, no sentido da Escola de Alexandria, o de conhecimento cristão de Deus, mas lhe conferindo agora a ideia de ciência, portanto, o de um conhecimento distinto do puro comentário bíblico. Esse sentido, que perduraria até hoje, se difunde por obra de Gilberto Porretano († 1154).

Essa acepção se impõe como uso corrente durante o séc. XIII no contexto dos estudos universitários, onde então se fala da *facultas theologica*, existindo ao lado das outras *facultates*: das Artes (filosofia), da Jurisprudência e da Medicina.

Mesmo assim, Tomás de Aquino usa pouco esse termo. Prefere o termo agostiniano de *Sacra Doctrina*. Assim, na questão I da *Summa Theologica* usa só três vezes o termo "teologia" e 80 vezes a expressão "Doutrina Sagrada".

Mas é preciso dizer que até o séc. XIII "Doutrina Sagrada" ou "Sagrada Escritura" significava tanto a Teologia, como a Doutrina da fé e mesmo a Bíblia. Por isso, no século seguinte, o teólogo e reformador inglês John Wycliff († 1384) se levanta contra a ambiguidade de tal designação, pois, para ele, é só abusivamente que se pode compreender sob a mesma expressão a Bíblia e seus comentários teológicos[23].

Ainda no século XIII, o teólogo não se chamava "teólogo" ou "doutor em teologia", mas sim "Mestre na Sagrada (ou Divina) Página". Pois, então, ser teólogo era saber compreender e expor o sentido da Escritura. E era principalmente nisso que consistiam as aulas magistrais de teologia[24].

---

21. "De divinitate rationem sive sermonem": *De Civitate Dei*, VIII, 1.

22. Cf. Op. cit., VI, 8.

23. Embora os medievais usem *sacra Scriptura* no sentido amplo, não confundiam pura e simplesmente Bíblia e Teologia. São Boaventura, por exemplo, distingue formalmente as duas: para ele a Escritura-Bíblia considera o "credível enquanto credível", e a Teologia o "credível enquanto inteligível".

24. Cf. GHELLINCK, J. de. "Pagina" et "Sacra Pagina". Histoire d'un mot et transformation de l'objet primitivemente désigné. In: *Mélanges A. Pelzer*. Lovaina, 1947, p. 23-59; · BATIFFOL, P. "Theologia, theologi". *Ephemerides Theologicae Lovanienses*, 5 (1928), p. 205-220.

Finalmente, o uso do termo "teologia" vai se tornando geral, com o sentido que tem hoje, desde o séc. XIV, a partir do teólogo franciscano, o beato João Duns Scotus († 1308).

Lições para hoje

Essa breve história da palavra "teologia" no campo cristão mostra, entre outras, duas coisas importantes:

1. Que os antigos teologizavam sem precisar usar tal nome. Teologia é, de fato, uma prática objetiva, antes de ser uma teoria consciente de si. É um pouco como Heidegger disse dos pré-socráticos: eles filosofavam sem dizer "filosofia";

2. Que o termo "teologia" guarda em si a marca das duas fontes que entraram na sua determinação conceitual, a saber:

– da fonte *cristã*, a teologia recebe seu tema: o *Theos* bíblico, ou seja, o Deus da fé. E esse é seu lado material ou conteudístico;

– da fonte *grega*, ela conserva o caráter de *logia*, isto é, de estudo crítico ou busca racional do Divino. E esse é seu lado formal ou sua postura mental própria.

Assim, o conceito moderno de "teologia" junta, numa síntese original, Igreja e Grécia, Fé e Razão[25].

RESUMINDO

NA ANTIGUIDADE GRECO-ROMANA

1. NO GREGO ANTIGO:

– Teologia = hino de louvor aos deuses, ou proclamação do divino em geral.

– *Lição*: A teologia está ligada em suas raízes à oração e ao anúncio.

2. EM PLATÃO:

– Teologia = estudo crítico-racional dos deuses da mitologia, com o objetivo de criar bons cidadãos e bons dirigentes;

---

25. Cf. TERTULIANO. *De praescriptione haereticorum*, 7, 9: "Que há de comum entre Atenas e Jerusalém, entre a Academia e a Igreja?" Poderíamos responder: A Teologia!

– Dois critérios de interpretação dos mitos: bondade e veracidade.

– *Lição*: a teologia é crítica, pedagógica e política.

3. EM ARISTÓTELES:

– Teologia = estudo do Ser mais excelente ou supremo. É o cume da filosofia.

– *Lição*: Deus é uma questão (também) racional, filosófica.

4. NOS ESTOICOS:

– Distinguem 3 gêneros de teologia:

1) a *mitológica*: dos poetas e da plebe (criticada por Platão),

2) a *política*: dos agentes do Estado (criticada mais tarde pelo Apocalipse),

3) a *física*: dos filósofos; é a teologia racional.

– *Lição*: Ainda hoje a teologia possui essas três funções ou usos, embora sob nomes modificados.

NA ERA CRISTÃ

1. NO ORIENTE:

– Na Escola de Alexandria (Clemente e Orígenes) desponta o uso de "teologia" para o conhecimento cristão de Deus.

– Desde o século IV até hoje se distinguem:

1) "Teologia": estudo de Deus para dentro (Trindade),

2) "Economia": estudo de Deus para fora (História da Salvação).

2. NO OCIDENTE:

– Até a Idade Média pouco se fala em "teologia". Faz-se teologia sob o nome agostiniano de "Doutrina Sagrada".

– Com Abelardo (séc. XII) se começa o usar o termo para o estudo científico da fé. Mas Santo Tomás prefere ainda "Doutrina Sagrada".

– O uso de "teologia" só se generaliza a partir de Scotus (séc. XIV).

CONCLUSÃO GERAL

A teologia carrega as marcas de suas fontes:

1. Da fonte *cristã* lhe veio o conteúdo: o Deus da fé (*teo*-logia);

2. Da fonte *grega*, veio-lhe a forma: o estudo racional de Deus (teo-*logia*).

LEITURA I

PLATÃO:

Teologia: como falar corretamente da divindade[26]

<<Sócrates: Ó Adimanto, nem tu nem eu somos poetas neste momento, mas fundadores de um Estado. E os fundadores não têm obrigação de compor mitos, mas sim de conhecer os modelos (*typoi*) segundo os quais os poetas devem compor seus mitos, sem lhes permitir que se afastem deles.

Adimanto: É justo, mas eu gostaria de saber precisamente quais são os modelos que precisa seguir para falar dos deuses (*oì typoi perì theologías*). [...]

Sócrates: Esta será a primeira das leis (*nómoon*) e o primeiro dos princípios (*typoon*) relativos aos deuses, aos quais devem se conformar os narradores e poetas: que a divindade não é causa de tudo, mas unicamente do bem. [...]

O segundo princípio (*typon*) que deve regular os discursos ordinários e as composições poéticas relativas aos deuses, é que eles não são mágicos que mudam de forma e que eles não nos enganam com mentiras por palavras ou por ações. [...]

Adimanto: Dou inteira adesão a essas regras (*typous*) e estou pronto a tomá-las por leis (*nómois*).>>

---

26. *República*, II, 378e-383c. A palavra "teologia" aparece em 379a. Prossegue no livro III o discurso "teológico", agora diretamente voltado para a educação política.

LEITURA II

ARISTÓTELES:

Teologia: o saber mais excelente

<<Se existe um*ia realidade eterna, imóvel e separada, é evidente que compete a uma ciência teórica conhecê-la. Mas não compete à Física, que considera entes móveis, nem à Matemática, mas a uma disciplina anterior a uma e a outra. De fato, a Física verte sobre coisas separadas, mas não imóveis; algumas partes da Matemática tratam das coisas imóveis, mas talvez não separadas, antes incorporadas à matéria. Ao contrário, a Ciência Primeira verte sobre as coisas separadas e imóveis. [...]*

Por isso, serão três as ciências teóricas (*philosophíai theooreetikái*): a Matemática, a Física e a Teologia (*theologikée*). Pois é evidente que, se em alguma parte existe algo de Divino, é numa natureza imutável e independente que é preciso buscá-lo. E é necessário que a ciência mais nobre (*timiootáteen*) seja a que tenha por objeto o gênero de realidade mais nobre. Assim, pois, há que antepor as ciências teóricas às demais ciências (*episteemóon*), e esta (a Teologia) a todas as outras ciências teóricas[27]."

"O intelecto (*noûs*) parece ser a mais divina das realidades que se nos manifestam. Mas dizer como essa possa ser, isso comporta algumas dificuldades. De fato, se não pensa nada, que teria de sagrado? Seria como alguém que dormisse. [...] É claro que pensa aquilo que é o mais divino, o que vale mais que tudo e que não muda. [...] Mas se ele próprio é a coisa melhor, então ele se pensa a si mesmo. E seu pensamento é pensamento de pensamento (*kaì éstin 'e nóeesis noéeseoos nóeess*)[28].>>

---

27. *Metafísica*, VI (E), c. 1: 1026 a 10-23. Cf. tb. XI (K), c. 7: 1064b 1-6, quanto às três classes de "ciências teóricas" (*theooreetikóon episteemóon*) e à excelência (*béltiston ghénos*) da ciência "teológica" (*theologikée*).

28. *Metafísica*, XII (Lambda), c. 9: 1074 b 15-34.

LEITURA III

MARCOS VARRÃO:

Os três gêneros de teologia[29]

<<(Os três gêneros de teologia) chamam-se: o *mítico*, porque usado principalmente pelos poetas; o *físico*, porque o usam os filósofos; e o *civil*, porque o emprega o povo. No primeiro que mencionei (teologia *mítica* ou fabulosa), há muitas ficções contra a dignidade e natureza dos imortais. Nele se conta ter este deus procedido da cabeça, aquele, da coxa, outro de gotas de sangue. Nele se lê que os deuses roubaram, cometeram adultério e serviram o homem. Finalmente, nele se atribuem aos deuses todas as desordens que podem acontecer não somente ao homem, mas ao homem mais desprezível.

O segundo gênero (teologia *natural* ou física) que assinalei é aquele de que os filósofos nos legaram muitos livros. Neles se fala sobre a essência, o lugar, o gênero, as qualidades dos deuses, se surgiram no tempo ou se são eternos, se constam de fogo, como acreditou Heráclito, se de números, como Pitágoras, ou de átomos, como diz Epicuro. E assim outras coisas que os ouvidos podem suportar melhor entre as paredes da escola, que fora, na praça.

O terceiro gênero (teologia *política* ou civil) é o que os cidadãos e de modo especial os sacerdotes devem conhecer e pôr em prática nas cidades. Nele se ensina a que deuses se há de render culto público e a que ritos e sacrifícios está cada qual obrigado.

A primeira teologia se adapta melhor ao teatro, a segunda ao mundo e a terceira à cidade.>>

---

29. Apud SANTO AGOSTINHO. *A cidade de Deus*, VI, 5: PL 41, 180-182. Retomamos as citações literais que faz Agostinho da obra enciclopédica em 41 livros (hoje só temos 3) *De Antiquitatibus*, de Varrão († 27 aC), deixando de lado as críticas interpoladas de recensor. A tradução é nossa [há uma trad. bras. *A Cidade de Deus*. Petrópolis/São Paulo: Vozes/Federação Agostiniana Brasileira, 1990, 2 partes, aqui Parte I, p. 241s.].

Capítulo 18:

O QUE HÁ DE TEOLOGIA NA BÍBLIA

Perguntemo-nos, em primeiro lugar, se existe teologia na Bíblia, quanto de teologia e que tipo de teologia. E depois, estimula a Bíblia a reflexão teológica? Eis as duas preocupações deste capítulo.

TEOLOGIA GERAL, FONTAL E IMPLÍCITA

Na Sagrada Escritura não temos naturalmente teologia em forma científica. O que temos é uma teologia ao mesmo tempo geral, fontal e implícita. Expliquemos.

1. Teologia geral

No sentido mais simples, amplo e originário (também do ponto de vista etimológico) de teologia como "fala sobre Deus", a Bíblia é verdadeiramente teo-logia. É por excelência a "logia" (palavra) sobre o "Theos" (Deus).

As teologias dos hagiógrafos da Bíblia, especialmente do Novo Testamento, não são teologias quaisquer: são teologias "originárias, constituintes e normativas"[1].

Do ponto de vista literário, que tipo de discurso é este? Trata-se de um gênero de teologia de tipo histórico-descritivo, ético-prescritivo e doxológico-profético. É uma teologia homológica mais que lógica, prática mais que teórica.

Assim é a teologia de Paulo, de João, de Pedro e mesmo de Jesus. Esse é eminentemente teólogo enquanto *rabbi*, mestre, profeta e sobretudo como o grande Revelador (cf. Jo 1,18).

---

1. BOUILLARD, Henri. *Comprendre ce que l'on croit*. Paris: Aubier/Montaigne, 1971, p. 104. Para a problemática geral, cf. RAHNER, Karl. Teología en el Nuevo Testamento. In: *Escritos de Teología*. Madri: Taurus, 1964, t. V, p. 33-53; · SCHLIER, Henrich. Kerygma e Sophia: il fondamento neotestamentario del dogma. In: *Il tempo della chiesa*. Bolonha: EDB, 1981, p. 330-372.

2. Teologia fontal

Como fonte de toda a teologia cristã, a Palavra de Deus, testemunhada na Bíblia, encerra toda a teologia em forma elementar, nuclear e primária. Assim, na Bíblia encontramos uma teologia concentrada, potencial e eminente.

Portanto, como *princípio* de toda a teologia, a Palavra bíblica contém *in nuce*, seminalmente, toda a teologia cristã (cf. Cap. 8/1).

3. Teologia implícita

A Bíblia não é a *nuda Dei vox*, a voz nua de Deus. É antes Palavra recebida, compreendida, crida e testemunhada. A Revelação não é positividade bruta (positivismo), mas precisamente tradição enquanto doação e recepção. Nela o que é "posto" é também acolhido; o dado é sempre entregue. Pois a Palavra de Deus vem sempre envolvida numa palavra humana. Ora, a palavra humana supõe uma teologia, por mais elementar e germinal que seja. A Palavra se faz palavras.

No conjunto, a Bíblia refoge às grandes especulações teológicas, ao contrário do que aconteceu, por exemplo, no Bramanismo, com os *Upanishades*. Na Bíblia não temos uma teologia metodicamente elaborada. Ela não criou nenhum sistema teológico definido. O ideal do homem bíblico nunca foi o estudo ou a chamada "vida intelectual" – o *bios theorétikos* de Aristóteles.

A religião bíblica não é especulativa (e nem propriamente mística), mas existencial e prática. Ela se baseia nas intervenções de Deus na história e, por parte do ser humano, nos mandamentos. É uma história, não uma ideologia. É ética religiosa mais que doutrina metafísica; é vida mais que culto[2].

Embora existam na Bíblia teologias extremamente refinadas, como as das grandes tradições J, D, E, P, essas teologias são, por assim dizer, implícitas: não são elaboradas tematicamente na forma de um discurso crítico-metódico.

---

2. Cf. neste livro Cap. 7, *Excurso I*: "Epistemologia bíblica".

Já os livros *sapienciais*, como o Qoélet, o Sirácida e a Sabedoria, representam teologias mais pensadas. São livros de reflexão, que se colocam ao lado dos livros de leis, de histórias, de profecias e de hinos. Refletem a partir dos fenômenos da natureza, da experiência cotidiana e da história da salvação. Buscam a "sabedoria", como o plano de Deus sobre o mundo. O "sábio" aqui é como o verdadeiro teólogo.

No Novo Testamento, igualmente temos teologias um tanto trabalhadas, como se vê em João, "o teólogo", e mais ainda em Paulo, o fundador da soteriologia cristã.

Todavia, todos esses "discursos" mais elaborados aparecem antes como ilhas, umas visíveis e as mais, imersas, dentro do imenso oceano da "Palavra" da Revelação, do "grande relato" histórico-salvífico.

Tudo isso não impede a legitimidade de uma "teologia bíblica" definida como o esforço de sistematizar os conhecimentos bíblicos, que a exegese põe à luz, no horizonte unitário da História da Salvação em Cristo[3].

CONVITES À REFLEXÃO DA FÉ

Na Escritura não há somente uma teologia seminal, mas também a exigência de se fazer teologia, ou seja, de aprofundar o conteúdo da fé. Vamos rastrear algumas referências maiores nesse sentido.

Para o Antigo Testamento, temos o texto conhecido de Is 7,9, assim citado pela tradição teológica: "Se não crerdes, não compreendereis" (*nisi credideritis non intelligetis*). É uma referência transmitida por Santo Agostinho a toda a Idade Média ocidental e que é considerada a "carta do *intellectus fidei*"[4].

Além disso, em todo o AT ressoa a ordem *shema*: a de ouvir a voz de YHWH, o legislador e mestre supremo (cf. Sl 119,97-104). O Sirácida faz o elogio do escriba sábio, que se dedica ao estudo da Lei, o que vale para todo verdadeiro teólogo (Eclo 39,1-11).

---

3. Cf. BAUCHAMP, Paul. Théologie biblique. In: LAURET, Bernard & REFOULÉ, François (orgs.). *Initiation à la pratique de la théologie*. Paris: Cerf, 1982, t. I, p. 185-232, espec. p. 188: "Estatuto da teologia bíblica".

4. Cf. CONGAR, Yves. *La foi et la théologie*. Paris: Desclée, 1962, p. 75, n. 3 e p. 215s.

Mas não podemos aqui nos delongar. Fixemo-nos no Novo Testamento. Que induções encontramos aí para o estudo da teologia? Eis a seguir uma dezena de textos expressivos.

1. "Deus estabeleceu na Igreja... em terceiro lugar os doutores": 1Cor 12,28

Os doutores (*didáskaloi*) vêm, em geral, colocados ao lado dos profetas[5]. Qual era sua tarefa? Uma tarefa dupla:

1) *A exposição doutrinária das Escrituras.* Tal era a exigência do fato cristão. Os doutores se desincumbiam desse trabalho mostrando como as profecias veterotestamentárias encontravam sua realização em Jesus e na Igreja. Essa função supõe e aprofunda o conteúdo do querigma (cf. At 5,42; 28.31; Gl 1,12);

2) *O ensino da moral cristã.* É a "regra do ensino" (Rm 6,17), a doutrina comum. Os doutores "admoestam" (Cl 1,28; 3,16), "advertem" (1Tm 4,11), "exortam" (1Tm 6,2). São atividades que vêm unidas às de "ensinar". Nesse ponto, o doutor cristão sucede ao rabino judeu, tido como o "didáskalos dos simples" (Rm 2,21), do qual o escriba Esdras, "perito na Lei" (Esd 7,6; cf. Ne 8,7-9), representa o tipo mais alto[6].

Ser doutor, portanto, ser teólogo, é um carisma na Igreja (Rm 12,7). É uma diaconia ou ministério para a "edificação do Corpo de Cristo" (Ef 4,12). É um dom do Cristo da glória, feito à humanidade (cf. Ef 4,8).

2. "Lendo-me podereis entender a compreensão que me foi concedida do Mistério de Cristo": Ef 3,4

Depois de ter feito a afirmação acima, o autor da Carta pede que os Efésios participem de sua experiência: "Assim podereis compreender a largueza, o comprimento, a altura e a profundidade e conhecer o amor de Cristo que supera todo o conhecimento" (*gnóoseoos*) (v. 18-19).

---

5. Cf. At 13,1; 1Cor 12,28; 14,6; Rm 12,7. Já em Ef 4,11 eles não aparecem mais ao lado dos profetas, mas sim postos em quinto e último lugar.

6. Cf. DUPONT, Jacques. *Gnosis.* La connaissance religieuse dans les epîtres de Saint Paul. Lovaina/Paris, 1949, p. 214-220: "O ensino do didáscalos".

Pouco antes, o mesmo autor tinha pedido algo de parecido: "Rogo a Deus... que vos dê um espírito de sabedoria, que vos revele o conhecimento (*epignóosei*) e ilumine os olhos de vosso coração para que possais compreender qual a esperança a que fostes chamados..." (Ef 1,17-18).

Como vimos anteriormente (Cap. 4), o "ideal gnóstico", como a busca de um conhecimento superior, carismático, experiencial e prático, nunca se perdeu na Igreja, especialmente na teologia grega, em particular na Escola de Alexandria. Aí se chama de "gnóstico" o teólogo que tem um conhecimento aprofundado da fé, especialmente por via da intuição e da sabedoria[7]. Mas, mesmo na teologia latina, o "ideal gnóstico" continuou com Santo Agostinho, por meio da ideia de "sabedoria", como conhecimento afetivo e fruitivo de Deus[8].

Evidentemente, a gnose cristã teve de tomar as devidas distâncias da gnose helenística e, posteriormente, do sistema sincrético do agnosticismo, caracterizado pela arte da especulação desabrida e por uma visão cosmológica delirante[9]. Aí o conhecimento especulativo toma a dianteira sobre o evento Cristo e mais ainda sobre o imperativo prático da caridade.

Ora, importa notar que, para Paulo, no termo de todo conhecimento, seja ele comum, seja carismático, deve estar o amor. O importante não é conhecer a Deus, mas amá-lo; e, mais que amá-lo, ser amado por ele (cf. 1Cor 8,1-3). O amor é a consumação da gnose (cf. Ef 3,19). Teologia é, pois, entender e tematizar antes de tudo o amor de Deus por nós, a saber, a experiência de sermos amados por Deus.

3. "Nós falamos da sabedoria de Deus em mistério... que a nós Deus revelou pelo Espírito": 1Cor 2,7.10

É todo o longo trecho 1Cor 1,1-3,4 que mereceria ser analisado em detalhe, se quiséssemos entender em profundidade a natureza própria do conhecimento da fé e, portanto, da teologia cristã.

---

7. Cf. CONGAR, Y. *La foi...*, op. cit., p. 90-92.

8. Cf. VAGAGGINI, Cipriano. *Il senso teologico della liturgia*. 4. ed. Roma: Paoline, 1965, p. 585-588.

9. Cf. CONGAR, Y. *La foi...*, op. cit., p. 213-215.

Digamos apenas que aí a mensagem cristã aparece como uma sabedoria superior, de origem divina. A sabedoria do alto se choca com a sabedoria humana, fechada, carnal, a ponto de parecer "loucura" aos olhos desta última (1,18.21).

Na verdade, Cristianismo não é sistema teórico, mas história d'Aquele que foi Crucificado "por nossos pecados" (cf. 1Cor 15,3). Sua verdade é o sentido soteriológico do evento Jesus Cristo.

4. "Dobramos todo pensamento à obediência de Cristo": 2Cor 10,5

Paulo se vê obrigado a teologizar para estabelecer a supremacia prática de Cristo e não apenas sua excelência teórica. O contexto é a polêmica contra os judaizantes.

No mesmo versículo, imediatamente antes, o Apóstolo declara: "Nós destruímos os sofismas e todo poder altivo que se levanta contra o conhecimento (*gnóoseoos*) de Deus".

Ora, o "conhecimento de Deus", como vimos há pouco, traz uma forte marca de experiência e de prática: é sentir Deus, é lhe obedecer. Por isso, o labor teológico não versa aqui em torno de um pensamento puramente especulativo, mas em torno da adesão concreta da fé.

5. "Estai sempre prontos para responder a quem pedir razões de vossa esperança": 1Pd 3,15

Essa é uma referência clássica nos Padres e nos Escolásticos quando entendem fundar o discurso da "apologia" da fé face aos pagãos. Contudo, segundo a 1Pd, essa teologia apologética, para ser autêntica, deve estar duplamente calçada: de um lado, pela "mansidão e o respeito" e, de outro, pela "boa conduta" (v. 16).

Mesmo assim, a vida cristã não dispensa a produção de razões, ou seja, o trabalho argumentativo. A fé é urgida à responsabilidade cultural frente ao mundo e à sua demanda de sentido.

6. "(O epíscopo) seja firmemente empenhado no ensino fiel da doutrina, de sorte que seja capaz de exortar com sã doutrina e refutar os contraditores": Tt 1,9

Estamos aqui no campo pastoral da teologia, campo onde a fé deve ser anunciada e guardada. Lemos na mesma linha: "Guarda o depósito que te foi confiado" (1Tm 6,2). Mas para isso a fé precisa ser teoricamente possuída na forma de um discurso convincente: é a teologia. Essa disciplina torna o pastor capaz de "exortar com sã doutrina", para que "exponha corretamente a palavra da verdade" (2Tm 2,15).

Mas o pastor deve também "refutar os contraditores". Pois os "falsos doutores" estão bem presentes (cf. 1Tm 6,3-10; 2Tm 3,1-9, etc.). Além disso, o pastor-doutor da Comunidade há de evitar as questões puramente ociosas (cf. 1Tm 1,3-7, etc.).

7. "A sabedoria do alto é primeiro pura, depois pacífica, condescendente, conciliadora, misericordiosa, frutuosa, imparcial e sem fingimento": Tg 3,17

Tiago, "irmão do Senhor", contrapõe a "sabedoria do alto" à outra, a sabedoria "terrena, humana e diabólica" (v. 15). Esta vem marcada por "ciúme e ambição" (v. 14 e 16) e por "toda espécie de obras más" (v. 16).

O hagiógrafo tem em vista os "intelectuais" da Comunidade. O que vale hoje naturalmente também para os teólogos. Vê-se, novamente aqui, a concepção ético-prática que tem a Bíblia da sabedoria e em geral do conhecimento das coisas divinas.

8. "A vós é dado conhecer os mistérios do Reino de Deus, não a eles": Mc 4,11

A contraposição "vós" e "eles" se refere respectivamente aos que creem, os discípulos, e aos incrédulos. A fé é, portanto, uma inteligência particular dos "mistérios do Reino". Ora a teologia é precisamente a explicitação discursiva dessa inteligência. Mas, para Jesus, o acesso a essa compreensão única dos Mistérios é uma graça: "a vós é dado".

9. "Escondeste estas coisas aos sábios e prudentes e as revelaste aos pequeninos": Lc 10,21

Novamente surge aqui uma contraposição: a dos "pequeninos", que entendem os segredos divinos, e os "sábios e prudentes", para os quais Deus e seus desígnios permanecem selados.

De novo igualmente se salienta que a entrada nesse conhecimento superior é um dom gratuito do bem-querer do Pai.

10. "Maria conservava todas aquelas coisas, repassando-as em seu coração": Lc 2,19

Maria não é somente a fé, mas também a fé que se faz teologia, a fé cogitante, interrogativa e inquieta. Tal é a atitude habitual daquela que é chamada "Sede da Sabedoria" (cf. Lc 1,29; 2,51).

Maria emerge, pois, como a teóloga prototípica, que, em atitude sapiencial, medita a Palavra, que ressoa nos acontecimentos da história, como já dissemos (Cap. 16).

11. "O Espírito da Verdade... vos ensinará toda a verdade": Jo 16,13

A teologia é o desdobrar em palavras humanas da revelação contínua que faz o Pneuma na Igreja, como sempre pensou a tradição do Oriente. O teólogo é um discípulo do Espírito. Ora, "O Paráclito.. vos ensinará tudo e vos lembrará quanto vos disse" (Jo 14,26).

De fato, o texto-base do ensino do Pneuma é o evento Cristo. "A verdade nos veio por Jesus Cristo", o qual "nos deu a conhecer o Pai" (Jo 1,17 e 18). Efetivamente o Logos é o Sentido do Mundo (Jo 1 todo).

Mas esse saber profundo só se abre para aquele que ama: "Quem não ama não conhece a Deus" (1Jo 4,7). E amar é fazer a vontade do Pai. Daí, "quem guarda meus mandamentos... eu me manifestarei a ele" (Jo 14,21). "Se alguém quiser cumprir a vontade do Pai, reconhecerá a minha doutrina" (Jo 7,17). Pois, a Luz surge do "fazer a verdade" (Jo 3,21).

RESUMINDO

1. A Bíblia não é teologia, no sentido rigoroso do termo. Mas é teologia nestes três sentidos:

– no sentido *amplo* de "fala sobre Deus";

– no sentido *fontal*, enquanto nascente e norma de toda teologia;

– e finalmente no sentido de teologia *implícita*, em sua máxima parte.

2. A Bíblia contém várias *chamadas* no sentido de desenvolver um discurso teológico. É quando ela fala:

– do serviço dos "doutores" na Igreja (1Cor 12,28);

– do conhecimento pneumático dos Mistérios (Ef 3,4);

– da Sabedoria divina comunicada pelo Espírito (1Cor 2,7.10);

– da submissão de todo pensamento a Cristo (2Cor 10,5);

– da necessidade de exibir as razões da própria fé (1Pd 3,15);

– da importância de ensinar de modo convincente Tt 1,9);

– da sabedoria do alto, pura e frutuosa (Tg 3,17);

– da Revelação concedida aos humildes (Mc 4,11; Lc 10,21);

– do repassar no coração, como Maria, os sinais de Deus (Lc 2,19);

– da Verdade revelada pelo Espírito ao longo da história (Jo 16,13).

LEITURA

(Sb 9,13-18):

A *sabedoria necessária aos humanos*

<< Qual ser humano poderia conhecer a vontade de Deus?

Quem poderia fazer ideia das intenções do Senhor?

 Os pensamentos dos mortais são hesitantes,

precárias, nossas reflexões.

 O corpo, submetido à corrupção, entorpece a alma;

o invólucro de terra é um fardo para o espírito solicitado em todos os sentidos.

 Já temos dificuldade em nos representar as realidades terrestres,

mesmo o que está a nosso alcance, descobrimo-lo com esforço.

E as realidades celestes, quem as explorou?

Quem teria conhecido tua vontade, se tu mesmo não concedesses a Sabedoria

e das alturas não enviasses teu santo Espírito?

Assim se endireitaram as veredas dos habitantes da terra,

os humanos foram instruídos no que te agrada

e pela Sabedoria foram salvos.>>

Capítulo 19

OS TRÊS CAMINHOS PARA DEUS, COM DESTAQUE PARA A TEOLOGIA NATURAL

Para se conhecer a Deus, há três caminhos:

– o caminho da Razão pura;
– o caminho da Religião;
– e o caminho da Revelação.

Falamos aqui das vias do *conhecimento* de Deus, não das vias da *comunhão* com Deus. Pois para ter acesso à *realidade* mesma de Deus, e não apenas à sua *ideia*, só há um caminho: o Amor. Portanto, aqui nos limitamos ao acesso *cognitivo* de Deus[1].

Normalmente se fala num duplo caminho de conhecimento de Deus: o da Razão e o da Fé[2]. Isso vale em princípio. Mas, partindo da prática, temos que incluir o caminho da *Religião*, ou melhor, das Religiões, que é o caminho mais comum de as pessoas conhecerem a Deus. É, porém, verdade que o caminho da religião não constitui em si um caminho à parte, pois comporta verdades dos dois caminhos básicos, tais como são comumente referidos.

Nesse capítulo concentraremos nossa atenção no conhecimento filosófico de Deus (1ª via), confrontando-o com o teológico, enquanto baseado na Fé (2ª via), e também com o conhecimento religioso em geral (3ª via).

O CAMINHO DA RAZÃO PURA

É bem conhecida a via da fé (com suas razões teológicas) para chegarmos a Deus. Mas existe também o caminho da razão pura ou filosófica.

---

1. Para a problemática geral, cf. LIBÂNIO, João Batista. *Deus e os homens*: os seus caminhos. Col. Religião e Saber 1. Petrópolis: Vozes, 1989 [1996, 3. ed.].

2. É a posição clássica, que fala na dupla: Razão – Revelação, assim: SANTO TOMÁS DE AQUINO. *ST* I, q. I, a. 1; *Suma contra os Gentios*, I, 3 e 9 ("dupla verdade das coisas divinas"); · VATICANO I. *Dei Filius*, c. IV: "A fé e a razão" (= DS 3015-3020), que reportamos por inteiro na *Leitura I* do Cap. 4; · BOFF, Leonardo. *O caminhar da Igreja com os oprimidos*. 3. ed. Petrópolis: Vozes, 1988, p. 170s.: "Dois caminhos para aceder a Deus".

O espírito humano busca sempre razões para as coisas. É possuído por um dinamismo incoercível em direção da verdade, como afirma Aristóteles[3]. O espírito tende a pôr a questão do mundo como um todo e dar um sentido último à vida. Ora, esta já é uma postura de tipo religioso, como viu L. Wittgenstein:

> O sentido da vida, isto é, o sentido do mundo, podemos lhe dar o nome de Deus. E lhe associar a metáfora de um Deus Pai. Crer em um Deus significa ver que os fatos do mundo não resolvem tudo. Crer em Deus significa que a vida tem um sentido[4].

A reflexão desta busca radical, com as respostas que suscita, pertence ao campo da Teodiceia, que se prefere chamar hoje de Teologia filosófica. Tal razão é anterior à razão teológica da fé. Anterior do ponto de vista estrutural. Pois, na prática, ela acompanha existencialmente a razão da fé. Ela se dá como que no interior da própria fé. E isso é mais claro hoje, com o crescimento do caráter crítico-reflexivo da cultura moderna.

Na verdade, como repetia Miguel de Unamuno, uma fé que não é superação permanente da dúvida é uma fé morta. Crer é o mesmo que nadar: para se manter emerso, é preciso se mover continuamente. A vitória da fé sobre a incredulidade, conatural ao ser humano, nunca é garantida uma vez por todas. Jamais é uma *pacifica possessio*. Será sempre uma luta permanente, uma vitória precária, como dissemos ao falarmos da Mediação filosófica para a teologia (cf. Cap. 12).

"De teólogo e de louco..."

Se, num momento ou no outro, toda a pessoa põe a questão radical da existência, então pode-se dizer que a teologia toca a todos. Sempre que alguém põe a questão do derradeiro sentido da vida, está fazendo teologia no sentido amplo

---

3. *Metafísica*, I (A), 1, 980 a: É a primeira afirmação, em verdade positiva, da obra. Ao contrário de toda uma tradição que dizia que a "realidade ama se esconder" (Heráclito, frag. 123), que "a verdade mora no abismo" (Demócrito, frag. 117), Aristóteles tem uma visão otimista da relação: Pessoa-Verdade. Verdade é evidência, é luz que envolve toda a realidade. Se há falha é da parte de nossos olhos, nem sempre ajustados para apreendê-la, como se dirá logo adiante.

4. *Carnets*. Paris: Gallimard, 1971, p. 139 (dia 16/06/1916) e p. 141 (dia 08/07/1916).

do termo[5]. É claro, trata-se aqui da Teologia filosófica e não necessariamente da Teologia da fé.

Assim, parafraseando um dito popular, podemos dizer: "De teólogo e de louco todos temos um pouco". De fato, toda pessoa confere um determinado sentido à sua vida, seja de forma explícita, seja implícita, quer esse sentido seja consciente, ou não, quer se refira ao Deus vivo e verdadeiro ou a um ídolo. Pois a questão do "incondicional" ou a "preocupação última" é inescapável, como insistia P. Tillich[6]. Por isso, a questão teológica também é existencialmente inarredável.

Portanto, todo homem tem seu absoluto, seja tal absoluto o Deus verdadeiro ou um pseudodeus. O ateísmo pode ser uma postura *teórica*, mas é *existencialmente* insustentável[7]. O ateu confesso não deixa de ser, ele também, um "religioso anônimo", quer adore o Deus incógnito ou um ídolo qualquer[8].

Alcance teológico da razão filosófica

Frente ao problema de Deus, a razão filosófica pode muito. É certo que a filosofia do nosso século, em geral, é antes gnóstica, quando não ateia. Com o recente "retorno ao sagrado", volta também a filosofia a se ocupar de Deus[9]. Seja como for, de acordo com a grande tradição clássica, a filosofia pode estabelecer três coisas:

5. Cf. BARTH, Karl. *Introdução à teologia evangélica*. São Leopoldo: Sinodal, 1977 [orig. 1962], p. 5.

6. Cf. TILLICH, Paul. *Teologia sistemática*. São Leopoldo/São Paulo: Sinodal/Paulinas, 1984, p. 20-22.

7. Tese de Maritain: JACQUES. *Humanisme intégral*. Paris: Aubier/Montaigne, 1947 [orig. 1936], p. 67-69 [trad. bras. São Paulo: Ed. Dominus, 1962].

8. Como ilustração, cf. COX, Harvey. *The seduction of spirit* [trad. it. Brescia: Queriniana, 1974], onde fala da "religião da mídia", que tem por pecados o mau hálito, o carro ultrapassado, os sovacos suados; por santos os indivíduos felizes, ousados, competentes, fascinantes; e por sacramentos salvadores os sabonetes, perfumes, vestidos, pílulas, automóveis. Nessa mesma linha, existe na América Latina uma reflexão teológica que aprofunda o dilema fé versus idolatria. Tal dilema é diferente do clássico: religião versus ateísmo. Aquele é mais próximo da Bíblia, este é mais "moderno"; aquele tem claras conotações ético-políticas, enquanto este se dá no nível das posições abstratas, permanecendo na prática ambíguo (pois, como há religiões idolátricas, há ateísmos sadios). Cf. VV.AA. *La lucha de los dioses*. Los ídolos de la opresión y la búsqueda del Dios liberador. San José de Costa Rica/Nicarágua: DEI/CAV, 1980; · HINKELAMMERT, Franz. *As armas ideológicas da morte*. São Paulo: Paulinas, 1983; · ASSMANN, Hugo & HINKELAMMERT, Franz. *A idolatria do mercado*. Ensaio sobre Economia e Teologia. Col. Teologia e Libertação 5. Petrópolis: Vozes, 1989.

9. Para a discussão contraditória do tema na atualidade cf. WEISSMAHR, B. *Teologia natural*. Barcelona, 1986. A favor, cf. por ex. RUGGENNI, Mario. *Il Dio assente*. La filosofia e l'esperienza del Divino. Milão: Mondadori, 1997.

1. A *existência de Deus*. A razão filosófica pode fundar a existência de Deus. "Deus eu não creio, mas sei" – afirmou, para surpresa de muitos, C.G. Jung em sua última entrevista na BBC. Por sua parte, o poeta português Bocage († 1805) recita num soneto:

> E para crer num braço autor de tudo,
> [...]
> Não só da fé, mas da razão me ajudo[10].

Se negarmos que a razão natural ou filosófica consiga realizar esta operação, então é toda a teologia da fé que periga, pois se vê assim privada de seu fundamento material – Deus, como viu Tomás de Aquino:

> Sem a admissão prévia da existência de Deus, toda dissertação sobre as coisas divinas se torna inútil[11].

Privada de seu objeto concreto, a teologia se torna uma "ciência sem objeto". Seria na verdade "fanta-ciência": o saber de uma realidade fantástica[12].

2. Os *atributos* essenciais de Deus. Tais atributos são, nas palavras de São Paulo, "seu eterno poder e sua divindade" (Rm 1,20). São as qualidades exigidas pelo conceito mesmo de Deus: unidade, bondade, sabedoria, justiça, eternidade.

3. Por fim, a *possibilidade* de uma Revelação e portanto da fé. Esse é o último passo da razão filosófica: afirmar que Deus pode sair de seu silêncio, "tomar a palavra" e se comunicar com os humanos.

Ademais, a filosofia, como "amor à sabedoria", pode ajudar ao acesso da fé, removendo os obstáculos a tudo o que impede a manifestação da Sabedoria e predispondo a pessoa à acolhida de uma eventual Palavra livre e gratuita de alto. "Platão para propender ao cristianismo", dizia Pascal. De resto, Agostinho experimentou a verdade desta afirmação: os

---

10. Apud BARRETO, Francisco & DE LAET, Carlos. *Antologia nacional*. 40. ed. São Paulo/Rio de Janeiro: Francisco Alves, 1964, p. 504.

11. TOMÁS DE AQUINO. *Suma contra os Gentios*, l. 1, c. 9.

12. O escritor argentino Jorge Luís Borges, embora incrédulo, dizia apreciar a teologia, mas a título de um "ramo fundamental da literatura fantástica". Louis Althusser, retomando uma expressão de Kant, chamou a teologia de "ciência sem objeto".

platônicos o ajudaram a elevar-se ao amor das realidades inteligíveis e Cícero despertou nele o amor pela sabedoria. Ambos foram etapas de seu caminho para a fé[13].

Testemunhos da própria Escritura

Na própria Palavra da Revelação encontramos a afirmação da possibilidade de encontrarmos a Deus pela via da razão. Eis os textos principais:

1. *Sb 13,1-9*. É uma passagem típica do discurso que os judeus da diáspora faziam para convencer os pagãos a aceitarem o Deus único – passo prévio para a confissão de fé israelita;

2. *Rm 1,18-23*. Paulo aqui se inspira na argumentação dos judeus helenistas. Ele afirma com toda clareza: "Sua (de Deus) realidade invisível – seu eterno poder e divindade – tornou-se inteligível, desde a criação do mundo, por meio das criaturas, de sorte que (os pagãos) não têm desculpa" (v. 20);

3. *At 14,15-17*. Falando ao povo de Listra, Paulo parte dos benefícios da Criação para anunciar o "Deus vivo", criador de tudo;

4. *At 17,24-29*. Já aqui o discurso se dirige à intelectualidade de Atenas. Sob a pena de Lucas, a teologia filosófica do Apóstolo se dota de certo grau de elaboração. Trata-se sempre de mostrar a existência e os atributos essenciais do Deus único e verdadeiro, e de abrir os ouvintes à possibilidade de uma revelação desse Deus – as três funções da Teodiceia, como vimos acima.

Posição do Magistério quanto ao alcance da razão

A grande afirmação é do Concílio Vaticano I, na *Dei Filius*, cap. 2[14]. Ela foi repetida pelo Vaticano II na *Dei Verbum* nestes termos:

> Professa o sagrado Sínodo que "Deus, princípio e fim de todas as coisas, pode ser conhecido com certeza pela luz natural da razão humana partindo das coisas criadas" (cf. Rm 1,20). Mas ensina que se deve atribuir à

---

13. Para a questão da "teologia filosófica", cf. na área alemã os trabalhos fundamentais de: KLUXEN, W. *Voraussetzungen einer philosophischen Theologik*. In: PAPENFUSS, D. & SÖRING, J. (orgs.). *Transcendenz und Immanenz*. Philosophie und Theologie in der veränderten Welt. Stuttgart, 1977, p. 29-46; e WEISCHEDEL, W. *Der Gott der Philosophen*. Vol. I: Wessen, Aufstieg und Verfall der philosophischen Theologie. Darmstadt, 1975.

14. Cf. DS 3004 e 3005. Essa tese é recolocada, com outras palavras e alguns matizes, na Encíclica *Humani Generis* (1950) de Pio XII (DS 3875-3876).

> Sua revelação o fato de "mesmo na presente condição do gênero humano poderem ser conhecidas por todos facilmente com sólida certeza e sem mistura de nenhum erro aquelas coisas que em matéria divina não são de per si inacessíveis à razão humana" (DV 6,2).

Retornando ao Vaticano I, vemos que esse resumiu a declaração acima no anátema seguinte:

> Se alguém disser que o Deus vivo e verdadeiro, Criador e Senhor nosso, não pode ser conhecido com certeza pela luz natural da razão humana por meio das coisas que foram feitas, seja anátema (DS 3026).

Comentários

Notar na declaração do Vaticano I os seguintes pontos:

1. Afirma-se apenas a *possibilidade* do conhecimento de Deus por via da razão, não a sua realização atual. A questão é *de jure*, não *de facto*. Na realidade, poucos palmilham esse caminho, embora ele seja, de princípio, aberto a todos e tenha sido, de fato, percorrido por alguns grandes pensadores.

2. Notar também sob que *perspectiva* (ou formalidade) a razão humana pode apreender a realidade divina: "Deus como *princípio* e *fim* de todas as coisas". Não se trata, portanto, ainda do "Pai de Jesus Cristo", do Deus revelado, amante dos humanos.

3. O texto distingue, entre as verdades reveladas: as *sobrenaturais*, inacessíveis por definição à razão humana mas acessíveis aos seres humanos mediante Revelação; e as *naturais*, que são – é claro – "de per si acessíveis à razão", mas que *podem* ser e são *de fato* reveladas.

O exemplo mais claro, na Bíblia, são os Dez Mandamentos. Embora reflitam as eternas exigências éticas da razão moral, fazem parte da chamada "Revelação do Sinai", sendo, de resto, celebrados, no Judaísmo, como uma graça – o "Dom da Lei" – na festa de Pentecostes[15].

Essas verdades naturais ou racionais são de fato reveladas em força de uma "necessidade moral", a saber: de certa conveniência antropológico-histórica, e não em base a uma necessidade estrita. Efetivamente, a razão, que o documento em análise dá para a revelação de verdades naturais, parte da análise da "condição

---

15. Cf. JOÃO PAULO II. *Veritatis Splendor* (1993), n. 11, 12 e 44.

presente do gênero humano". Esta se encontra, em verdade, marcada pelo pecado original, que, embora não anulando a força da razão, sem dúvida a enfraqueceu. Desta forma, a razão tem dificuldade de se elevar às verdades transcendentes, seja por estar presa ao sensível, seja pelas exigências morais que a verdade implica, como explica a *Humani Generis* (DS 3875-3876).

Assim também, para R. Guardini († 1968), entre a esfera das verdades racionais e a das verdades de fé, existe uma esfera *intermediária*, que compreende verdades que são a rigor racionais, mas que só são bem entendidas à luz da fé[16]. Assim, o valor da pessoa humana, a dignidade do pobre, a inviolabilidade da vida, etc.

4. A declaração do Vaticano I explicita os *obstáculos* da via racional para o conhecimento de Deus:

– não é de todos: é uma via de poucos;

– percorre-se com dificuldade: é uma via penosa;

– sua certeza é hesitante: é uma via insegura, incerta;

– e vem misturada de erros: é uma via ambígua[17].

Ora, esses quatro obstáculos inexistem no outro caminho – o da Revelação ou Fé, mesmo no que tange – repitamos – aos conhecimentos naturais de Deus: existência, unicidade, bondade, etc.

Acrescentemos também o seguinte. A ótica do Vaticano a respeito da Revelação é um tanto intelectualista: consiste basicamente na transmissão de verdades. Ora, tal perspectiva precisa ser integrada dentro de uma visão mais vasta e mais rica da Revelação, como é a bíblica, tal como fez o Vaticano II na *Dei Verbum*. Segundo esta visão, a Revelação é manifestação de uma pessoa e de seus desígnios de amor. É autocomunicação do Mistério divino.

Mas qual era o contexto cultural em que se situava o Vaticano I? Esse visava em primeiro lugar o racionalismo e em seguida o tradicionalismo. Eram duas posições extremas de que o Concílio se distanciava. Pois enquanto o tradicionalismo rebaixava por demais a razão em sua capacidade para atingir a verdade divina, o racionalismo a exaltava em excesso. Vejamos rapidamente essas duas posições extremadas.

---

16. GUARDINI, Romano. *La fine dell'epoca moderna*. Brescia: Morcelliana, 1987 [orig. 1950], p. 99-101.

17. Tal é fundamentalmente a tese de Tomás de Aquino em seu primeiro artigo da *Suma Teológica*. Cf. tb. *Suma contra os Gentios*, l. I, cap. 3-5.

Crítica ao racionalismo

De fato, contra todo racionalismo, a Igreja ensina a tomar consciência da debilidade da razão humana, consequência do pecado original, em relação às questões de Deus. Já afirmava Platão:

> É uma tarefa árdua (*érgon*) encontrar o Criador e Pai deste mundo; e é difícil (*adynaton*), uma vez encontrado, comunicá-lo a todos[18].

Por sua parte, Aristóteles, apesar de seu otimismo fundamental na capacidade humana de descobrir a verdade, é obrigado a constatar, numa célebre metáfora, que somos, perante as verdades mais evidentes em si mesmas, como a coruja diante do sol[19]. Ora, isso vale mais que tudo em teologia.

Na verdade, a fraqueza da razão no que concerne às coisas divinas não toca só as verdades sobrenaturais (isso é claro), mas também as verdades religiosas naturais. Agostinho tinha plena consciência disso. Eis o modo comovido com que descreve a posição da razão frente ao Mistério:

> Mas quando (a razão) atinge o Divino, desvia sua vista, não consegue fixá-lo. Palpita, freme, abre-se em amor, deslumbra-se com a luz da verdade. E volta-se à familiaridade de suas trevas, mais por cansaço do que por opção[20].

Daí por que – diz ele – a Providência divina nos envia o socorro dos Livros Santos, que são, para a razão, como uma sombra que protege do excesso da luz. Por isso Agostinho convida a pessoa a se abrir à Revelação:

> Por isso, de agora em diante, ninguém me pergunte qual é a minha sentença, mas ouçamos antes os oráculos (divinos), e submetamos as nossas pequenas razões (*ratiunculas*) às Palavras divinas[21].

---

18. *Timeu*, 28 c 4-6, que é citado também por GREGÓRIO NAZIANZENO. *Discursos* 28, 4; 32, 14, como informa a Col. Sources Chrétiennes 250, p. 108s., acrescentando se tratar de referência corrente na literatura cristã antiga. Cf. ainda no *Timeu*, 87 c 10-11: "Frente às proporções que têm importância suprema e que são imensas a nossa razão é muda".

19. Cf. *Metafísica*, II (A), l. 1, 993 b 9-11.

20. *Sobre os costumes da Igreja*, l. I, c. 7, n. 11.

21. Op. cit., l. I, c. 7, n. 12.

Paulo já havia marcado fortemente o hiato existente entre a *sabedoria humana*, capaz em princípio de conhecer a Deus (cf. Rm 1,21), mas falindo de fato em seu intento e caindo assim na "loucura" (cf. 1Cor 1,18–2,6), e a *sabedoria divina*, "misteriosa" (1Cor 2,7), mas "revelada no Espírito" (1Cor 2,10).

De resto, a existência do abismo entre o humano e o divino é um tema bíblico recorrente[22]. Esse abismo só pode ser devidamente preenchido pela intervenção de Deus por meio de sua Revelação. A razão não tem força moral para tanto: ela precisa ser "iluminada pela fé", como diz o Vaticano I (DS 3016), ou ser por ela "conduzida pela mão" (*manuducta*), na feliz expressão do Aquinate[23].

Os riscos da razão, deixada só na busca de Deus, são confessados com força pelo fundador da fenomenologia moderna:

> Quis chegar a Deus sem Deus. Fui obrigado a eliminar... aquela segura via da fé que passa pela Igreja... Dou-me conta do perigo que comporta tal procedimento e do risco corrido por mim mesmo, se não me tivesse sentido profundamente ligado a Deus e cristão no íntimo do coração...[24].

A "religião filosófica"

A razão filosófica só chega, quando chega, à compreensão do chamado "Deus dos filósofos e dos sábios", não ao "Deus de Jesus Cristo", nas conhecidas expressões de Pascal[25]. Para os filósofos, Deus não é o Pai que ama suas criaturas, o Libertador que entra na história da humanidade, mas o princípio e fim do mundo. É o que vemos nos grandes filósofos e sábios, como Platão, Aristóteles, Cícero, Spinoza, Einstein[26]. Como afirmava Duns Scotus: a metafísica vê Deus apenas como ser, enquanto a teologia o vê como "este Deus" (*ut hic*)[27]. Trata-se, portanto, de uma

---

22. Cf. Sl 92, 6; Is 40,28; Jó 11,6-8; Mt 16,23, etc. Cf. a *Leitura* (bíblica) no fim do capítulo anterior.

23. In *I Sent.*, prol., q. 1, a. 3, sol. 3.

24. HUSSERL, Edmund. *Carta a Edith Stein* (1936). Apud MILITELLO, Cettina. *Il volto femminile della storia*. Casale Monferrato (AL): Piemme, 1995, p. 354. Husserl († 1938) era judeu, foi batizado na Igreja luterana e nutria simpatias pela Igreja Católica.

25. Cf. no fim deste capítulo a *Leitura*: "Testamento de Pascal".

26. Cf. ESTRADA, Juan Antonio. *Dios en las tradiciones filosóficas*. Madri: Trotta, 1994-1996, 2 tomos.

27. Cf. GILSON, Étienne. *Jean Duns Scotus*. Paris: Vrin, 1952, p. 49 e 77-84.

realidade concreta e singular que fez aliança com suas criaturas. Cristo mesmo, para a razão filosófica, é apenas um sábio, um profeta, um revolucionário[28].

Sabemos que o maior intento histórico de se construir uma "religião da razão pura" foi aquele representado pela Revolução Francesa. Esta partiu do deísmo dos enciclopedistas, particularmente da ideia de "religião civil" descrita por Locke e Rousseau. Robespierre foi quem levou mais longe tal empresa[29].

O projeto deísta não deixa de comover por sua grandeza. Todavia faliu e só podia falir. Uma religião puramente racional quando muito só pode ser vivida por uma elite intelectual e filosófica. Esse também foi o destino da "religião positivista" de Comte[30]. Toda religião puramente racional é abstrata e, por isso, não popular. "A religião nos limites da razão pura", como intentou Kant, é algo de absolutamente artificioso, que só pode ser vivido por "minorias cognitivas", como foram todas as religiões filosóficas, tais o Pitagorismo e o Platonismo. A razão principal disso é que o ser humano não é só racionalidade, mas muito mais: ele é também "coração" no sentido de Pascal (que é inclusive o da Bíblia em geral)[31].

A partir de tudo isso fica mais ainda confirmada a teologia de São Paulo exposta na 1Cor, cap. 1 e 2, e que vimos há pouco, onde mostra que o caminho histórico concreto da sabedoria humana ou filosófica só redundou em confusão e falência, enquanto que o caminho da Sabedoria divina, ou da Revelação, que passou pela Cruz, representou a força de Deus para a salvação de todos[32].

---

28. Cf. EICHER, Peter. "Le Christ selon les penseurs de la société civile bourgoise". *Revue des Sciences Philosophiques et Théologiques*, 66 (1982) 199-223, passando em revista Spinoza, Hobbes, Locke, Rousseau, Voltaire, Saint-Simon, Weitling, Proudhon e Engels; PRÖPPER, Th. *Jésus: raison et foi.* Paris: Desclée, 1978: tratando de Jaspers, Bloch, Kolakowski, Gardavski, Machovec, Fromm e Ben-Chorin; ROLFES, H. *Jesus und das Proletariat.* Düsseldorf, 1982; SESBOÜÉ, Bernard. *Jésus-Crist à l'image des hommes.* Parais: DDB/Bellarmin, 1978; TILLIETTE, Xavier de. *Filosofi davanti a Cristo.* Brescia: Queriniana, 1989. Cf. ainda: IMBACH, J. *Gesù nella letteratura contemporanea.* Roma: Città Nuova, 1983; CASTELLI, F. *Volti di Gesù nella letteratura moderna.* 2. ed. Cinisello Balsamo (MI): San Paolo, 1995, 3 vol.

29. Cf. RIVIÈRE, Claude. *As liturgias políticas.* Rio de Janeiro: Imago, 1989, p. 53-67: "A festa sob a Revolução Francesa".

30. Cf. MARITAIN, Jacques. *A filosofia moral.* 2. ed. Rio de Janeiro: Agir, 1973, p. 342-358.

31. "É o coração que sente a Deus, e não a razão. Eis aí o que é a fé: Deus sensível ao coração, e não à razão." "Conhecemos a verdade não apenas pela razão, mas também pelo coração. [...] E é sobre esse conhecimento do coração e do instinto que a razão tem de se apoiar...": *Pensamentos.* Porto Alegre: Globo/MEC, 1973, n. 254 e 257, p. 92 [ed. Brunschvicg, n. 278 e 282].

32. Cf. SCHLIER, Heinrich. *Il tempo della chiesa.* Bolonha: EDB, 1981 [orig. al. 1955], cap. 15, p. 330-372: "Kerygma e Sophia: o fundamento neotestamentário do dogma". O essencial desse estudo (p. 367-372) corresponde ao que estamos explicando: 1) O ser humano está originariamente dotado de "sabedoria": está aberto à Verdade. Mas ele de fato, por seu orgulho, fracassa: é o pecado; 2) Vem

Assim mesmo, permanece verdade que a "questão de Deus", testemunhada pela universalidade do fenômeno religioso[33], não é de entrada uma "questão de fé". É sim uma "questão de razão": Deus pertence ao horizonte da racionalidade. Deus é (também) uma grandeza humana. A religião pertence à estrutura natural do ser humano, de modo que, sem religião, esse aparece como que mutilado. Outra coisa já é a fé cristã, enquanto "religião revelada". Essa, sim, é uma "questão de graça", embora tal graça seja sempre algo de vital e de paradoxalmente imprescindível para a realização da vocação humana, tal como se dá hoje.

Daí por que o projeto de um humanismo ateu, mais do que um drama, é uma "tragédia". Donde emerge a proposta, plenamente racional, de um "humanismo total", integral ou pleno, que fazia Paulo VI na *Populorum Progressio*[34]. Por isso também, Tomás de Aquino colocou no campo maior da justiça o tratado da "religião", como sua "parte potencial ou anexa". Aí aparece a religião como tributo de justiça ao Criador[35]. Portanto, uma pessoa que não adora a Deus não seria "justa" no sentido pleno, ou seja, no sentido que tem "justiça" na Bíblia e nos Padres[36]. Mas os autores da Antiguidade clássica não pensavam o mesmo? Cícero, por exemplo, declara: "A justiça para com os deuses se chama piedade"[37].

Crítica ao tradicionalismo

As asserções do Vaticano I visavam, além do racionalismo, também o tradicionalismo, pelo menos em sua forma rígida[38]. Essa corrente afirmava a necessidade *absoluta* (e neste adjetivo está seu radicalismo condenável) de uma revelação para

---

o Kerygma e introduz o ser humano a uma nova situação espiritual: a Revelação, que supõe, porém, a obediência da fé; 3) Então a "sabedoria" humana pode se relançar novamente, mas agora sem autossegurança e obedecendo ao Kerygma: é a teologia.

33. Célebre a afirmação de Plutarco († 120) de que se conhecem povos sem tribunais, sem escolas, nem exércitos, mas não se conhecem povos sem altares.

34. Cf. PAULO VI. *Populorum Progressio* (1967), n. 42. Refere-se em nota aos livros, significativamente intitulados, *Humanismo integral* (1936), de J. Maritain, e *O drama do humanismo ateu* (1945, 3. ed.), de H. de Lubac.

35. Cf. *ST* II-II, q. 81.

36. Cf. PERETTO, Elio. *La giustizia*. Ricerca su gli autori cristiani del II secolo. Roma: Marianum, 1977, espec. p. 278-287.

37. "Est enim pietas justitia adversum deos": *De natura deorum*, I, 41.

38. Cf. BASADONNA, E. Tradicionalismo. In: *Enciclopedia Cattolica*. Cidade do Vaticano, 1954, vol. XII, col. 395-397.

o conhecimento das verdades suprassensíveis, ou seja, das verdades de ordem metafísica, moral e religiosa[39].

O mérito dessa escola foi ter criticado o racionalismo iluminista do século XVIII, chamando a razão ao respeito pelas tradições de uma sociedade. Contribuiu para colocar a razão no seu ambiente concreto – o contexto social. De fato, a razão, do ponto de vista histórico, ou seja, em seu uso, depende da sociedade quanto à educação, a linguagem e à socialização religiosa.

Contudo, no tradicionalismo o censurável é a negação de princípio, isto é, a priori e em absoluto, do poder da razão em conhecer a Deus. A tese da impotência radical da razão encontrava precedentes em Taciano, Tertuliano, em certas correntes protestantes e em personalidades católicas como Pascal e P.D. Huet. O erro do tradicionalismo foi não ter diferenciado, na faculdade racional, seu estatuto ontológico, com todas as suas potencialidades, e seu uso concreto, na ordem fenomenológica ou histórica.

Entretanto, dessa corrente devemos resgatar seu núcleo racional: a dimensão *coletiva* da verdade e em particular da religião, como veremos quando falarmos da Via Religiosa do conhecimento divino.

O "Deus filosófico"

Quando falamos na via da Razão, falamos da razão enquanto deixada a si mesma, com sua força natural, com sua luz própria. Essa via pode se expressar na forma filosófica rigorosa, mas pode ser vivida também pelo cientista, na medida em que radicaliza sua reflexão própria, e pelas pessoas comuns quando pensam no mistério da vida e da morte.

Dissemos: a razão natural só chega ao "Deus dos filósofos e dos sábios". É um caminho árduo, como mostra toda a tradição filosófica e como deixa entender a afirmação já referida do Vaticano I, nas pegadas de Tomás de Aquino.

De fato, o Deus da teologia filosófica é uma divindade fria. É um Deus lógico, abstrato, sem rosto nem coração, seja lá que nome metafísico tiver: Motor imóvel, Razão suprema, Absoluto, Ser máximo, Ente concretíssimo, Grande Arquiteto, Chave do mistério do cosmos. Esse Deus está mais para

---

39. Representantes dessa doutrina filosófico-religiosa do séc. XIX: A. Bonnety, F. de Lamennais, L.E. Bautain, A. Tits e G.C. Ubags, os dois últimos da escola lovaniense.

equação e teorema que para pessoa. É enfim um Deus-que-se-sabe, mais do que um Deus-que-se-sente ou um Deus-que-se-crê[40]. Confessa, por exemplo, Heidegger:

> O ser humano não pode nem orar a esse Deus, nem lhe oferecer sacrifícios. Diante da *causa sui*, o ser humano não pode cair de joelhos por temor, como também não pode diante dele cantar ou dançar[41].

Agostinho, nas *Confissões*[42], descreve a diferença de sentimentos que lhe provocava a leitura dos filósofos (neoplatônicos) e a da Sagrada Escritura. A diferença básica era esta: os platônicos ensinam o "aonde", isto é, o termo da vida, que é a "pátria da paz", mas não ensinam o "como", ou seja, o caminho para chegar lá, que é precisamente a humildade, de que dá exemplo Jesus com sua encarnação, paixão e morte. Falando dos escritos dos filósofos neoplatônicos, escreve:

> Aí ninguém canta: "Acaso minha alma não estará sujeita a Deus? Porque dele me vem a salvação. Pois ele é meu Deus e meu Salvador, e meu amparo, do qual não me apartarei jamais". Ninguém aí ouve aquele que chama: "Vinde a mim os que estais cansados". Eles não se dignam aprender dele, "porque sou manso e humilde de coração. Pois escondeste estas coisas aos sábios e prudentes e as revelaste aos pequeninos"[43].

Teodiceia, Apologética e Teologia

Entre a Teologia filosófica e a Teologia da Revelação existe uma diferença qualitativa. Elas pertencem a duas ordens epistemológicas radicalmente distintas por terem princípios de conhecimento distintos: a Razão e a Revelação respectivamente.

Mas se pode passar diretamente, como saltando com os pés juntos, da Teodiceia para a Teologia da fé? Não, do ponto de vista lógico-racional. Entre o Deus dos filósofos e o Deus de Jesus Cristo há sim um abismo, mas so-

---

40. Cf. UNAMUNO, Miguel de. Del sentimiento trágico de la vida (1912). In: *Ensayos*. Madri: Aguilar, 1970, t. II, cap. 8: "De Deus para Deus", p. 870-896.

41. HEIDEGGER, Martin. *Identität und Differenz*. Pfullingen, 1957, p. 70.

42. Livro VII, cap. 9-21.

43. *Confissões*, l. VII, cap. 22, 27.

bre esse abismo passa uma espécie de ponte pênsil. Trata-se precisamente da Teologia fundamental ou da Apologética, designações que aqui tomamos como equivalentes, embora não desconheçamos as diferentes problemáticas que levaram à diferenciação nominal, mas que aqui não vem ao caso[44]. A Teologia fundamental é, pois, a mediação lógica entre a Teologia filosófica e a Teologia "teológica" ou da fé.

Com efeito, a Apologética arranca atualmente do dado da Revelação enquanto já presente. A partir daí, procura as razões de credibilidade: se é razoável acreditar nas pretensões que avança a fé revelada; se a proposta cristã é racionalmente plausível. Na verdade, a Apologética é uma espécie de filosofia da fé: usa a razão filosófica, mas em cima do dado da Revelação. Usa a luz da razão, precisamente da razão *histórica*, relativa ao evento-Jesus e ao fato-Igreja. É, pois, uma razão *hermenêutica*, que busca captar o sentido presente na história[45].

Se existe, portanto, uma razão que segue à fé (= Teologia dogmática), existe também uma razão que antecede à fé (= Apologética). Tomás de Aquino fala a propósito em termos de "razão antecedente" e de "razão consequente"[46]. E diz que "a fé não pode preceder de todo (*universaliter*) a inteligência". E explica: "Para alguém poder crer, é preciso que tenha alguma (*aliqualiter*) compreensão do que lhe é proposto[47].

---

44. O estatuto da Teologia Fundamental é hoje problemático, como dissemos já no Cap. 1. Além das indicações dadas aí, cf. LIBÂNIO, João Batista. *Teologia da Revelação a partir da modernidade*. São Paulo: Loyola, 1992, cap. 3, p. 29-50: Apologética; e cap. 4, p. 51-75, espec. p. 63-65: Fundamentos da Teologia fundamental, argumentação, a nosso ver, pouco satisfatória. Cf. ainda BOUILLARD, Henri. *A lógica da fé*. São Paulo: Herder, 1968; LATOURELLE, René & O'COLLINS, Gerald (orgs.). *Problemas e perspectivas de Teologia fundamental*. São Paulo: Loyola, 1993, espec. parte I [orig. it. Brescia: Queriniana, 1980]; SEQUERI, Pierangelo. *Il Dio affidabile*. Saggio di teologia fondamentale. Col. Biblioteca di Teologia Contemporanea 85. Brescia: Queriniana, 1996 (827 p.), que entende inovar, partindo da história de Jesus, passando para o ato de fé e desembocando na consciência crítica da fé. Para a relação, igualmente problemática, da Filosofia da religião com a Teologia fundamental, a "Filosofia cristã" e a Teologia dogmática, cf. o conhecido trabalho de RAHNER, Karl & METZ, João Batista. *L'homme à l'écoute du Verbe*. Fondements d'une Philosophie de la Religion. Tours: Mame, 1968, espec. p. 44-66 [orig. al. Munique: Kösel, 1963].

45. Cf. síntese do percurso da teologia fundamental: FROSINI: Giordano. *Teologia oggi*. 2. ed. Bolonha: EDB, 1997, p. 20-26.

46. *ST* II-II, q. 2, a. 10.

47. *ST* II-II, q. 8, a. 8, ad 2.

Como vimos (Cap. 2), para fundar a Teologia da fé, Agostinho insistiu muito na prioridade da fé sobre a razão. Querendo-se inspirado nesse mestre, Santo Anselmo em seu *Proslogion* (cap. 1) cunhou a famosa epígrafe: "Não quero compreender para crer, mas creio para entender". Contudo, Agostinho não ficou no movimento unidirecional que vai da fé para a razão. Ele realizou a "volta dialética" da razão para a fé, fundando assim a Apologética como Teologia fundamental. Agostinho afirmou num mesmo movimento: "Entende para crer e crê para entender"[48]. Na famosa Carta 120 escreve: "A mesma razão que estabelece a precedência da fé sobre a razão... deve ela própria preceder a fé" (I,3)[49]. Eis como Agostinho vê a dialética fé-razão:

> A não ser que entenda algo, ninguém pode crer em Deus. Entretanto, a própria fé pela qual se crê é sanada para que entenda ainda mais. Algumas coisas só se creem entendendo, e outras só se entendem crendo. Pois, de vez que a fé vem pelo ouvido..., como pode crer a quem lhe prega a fé aquele que, por exemplo, não entende a própria língua em que se lhe fala? [...] Cresce portanto a nossa inteligência quando entende o que crê, e cresce a fé quando crê o que entende[50].

Valha por fim o passo seguinte, em que o acento é posto sobre o polo razão:

> Primeiro vem o pensar, depois o crer. Ninguém, efetivamente, crê em algo se antes não pensa que aquilo deve ser crido. [...] É preciso que tudo o que se crê, se creia depois de tê-lo pensado. [...] Nem todo o que pensa crê..., mas todo o que crê pensa: pensa crendo e crê pensando[51].

Contudo, para crer não basta entender. A fé é um "ato total": é autoentrega. Por isso, ao entendimento se há de acrescentar a livre decisão da vontade. A razão mesma mostra que a fé precisa mais que razões: precisa de decisão. Sua evidência própria surge no seio

---

48. *Sermão 43, 7, 9: PL 38, 258: Intellige ut credas, crede ut intelligas.* Agostinho explicita: "Entende, para creres a minha palavra; crê, para entenderes a Palavra de Deus" (ibid.).

49. Reportamos parte da Carta 120 na *Leitura II* do Cap. 4.

50. *Enarrationes in Ps. 118, Sermo 18,* n. 3: PL 37, 1552.

51. *Sobre a predestinação dos santos,* II, 5: PL 44, 936.

mesmo de seu ato livre. Ela tem, portanto, uma luz que lhe é intrínseca[52]. Por conseguinte, a passagem da razão para a fé e a passagem da fé para a razão são de natureza distinta: da razão para a fé há descontinuidade e da fé para a razão há continuidade.

A fé se situa entre dois momentos distintos da razão: a "razão antecedente" da Apologética e a "razão consequente" da Teologia (dogmática). Poderíamos representar essa dupla relação da fé com a razão assim:

RAZÃO - - - / / - - ► **FÉ** - - - - - - - - ► RAZÃO

apologética   teológica

(ruptura)   (continuidade)

Na verdade, para convencer um incrédulo à fé, não bastam argumentos racionais. Muito raramente ocorrem mudanças de vida ao termo de uma discussão. Existem casos, mas são antes raros[53]. A "nova apologética" pós-Vaticano II não privilegia a dimensão doutrinária da fé mas sim seu aspecto experiencial. Assim, a preocupação pastoral não é tanto com razões, mas com testemunhos[54]. A fé se mostra mais que se demonstra. E hoje tem particular força de convencimento o testemunho da Igreja em favor da libertação dos pobres e da justiça em geral. É o que dizem os Padres do Sínodo extraordinário de 1971:

---

52. Cf. COLOMBO, Giuseppe (a cura di). *L'evidenza e la fede*. Milão: Glossa, 1988.

53. Exemplos: em 404, Agostinho disputa com um filósofo maniqueu, Félix, que acaba abjurando e assinando as atas da discussão, que se conservam até hoje: *De actibus cum Felice manicheo*: PL 42, 519-552. Em 517, num Sínodo, São Remígio converte, graças a um diálogo, um bispo ariano: BUTLER, Alban. *Vida dos Santos*. Petrópolis: Vozes, 1992, t. X, p. 17 (1º de out.). Em 662, São Máximo, o Confessor († 662) engaja um debate público com Pirro, já bispo-patriarca de Constantinopla, então exilado, e obtém como resultado a ida de Pirro a Roma para abjurar da heresia monotelista: BUTLER, A. op. cit., t. VIII, p. 118 (13 de agosto). Nas vésperas do Natal de 1265, Tomás de Aquino converte, em discussão amigável, a dois judeus, doutos e ricos: RAMIREZ, Santiago. *Síntesis biográfica de Santo Tomás*. Col. BAC: *Suma Teológica*, t. I. Madri: Católica, 1947, p. 32*-33*.

54. Cf. a tese doutoral de LUCA, G. de. *Dalla carità alla fede. La nuova via per la giustificazione dell'ateo*. Roma: Gregoriana, 1990, mimeo.

Se, efetivamente, a mensagem cristã sobre o amor e a justiça não mostra a sua eficácia na ação pela justiça no mundo, muito dificilmente ela será aceitável para as pessoas de nosso tempo[55].

De todos os modos, o trabalho da razão é apenas subsidiário e preparatório à decisão de fé. Como dizia S. Kierkegaard: A razão nos leva até à porta do santuário, mas é a fé que nos introduz nele. Nas palavras de P. Ricoeur, a razão filosófica se situa na esfera do *desejo*, enquanto que a razão teológica se coloca na do *testemunho*[56].

Retomando agora o conjunto do processo racional em que a "questão de Deus" está implicada, poderíamos traçar o seguinte quadro:

Aí aparece a Teodiceia como um saber situado numa outra ordem que a Teologia, como discurso da fé. Por sua parte, a Apologética representa um saber-ponte que vai da Teodiceia para a Apologética. Como se vê, trata-se de uma diferença de nível, exigida pelo evento da Revelação graciosa de Deus, mas que é vencida por uma passagem em rampa, como para mostrar que a razão apologética tem por função ajudar essa passagem de nível, abrindo para a fé e ao mesmo tempo a confirmando.

Assim, podemos dizer que existem duas "razões antecedentes" à razão (teológica) da fé: uma é a razão filosófica e outra a razão apologética. Entre ambas e a fé existe sempre uma ruptura. Mas não uma ruptura por igual. Pois entre a razão filosófica (Teodiceia) e a fé existe uma *ruptura absoluta*, enquanto que entre a razão teológico-fundamental (Apologética) e a fé se dá apenas uma *ruptura relativa*.

---

55. SÍNODO DOS BISPOS. *A justiça no mundo* (1971), n. 35, na Col. Documentos Pontifícios 184. 2. ed. Petrópolis: Vozes, 1978, p. 13. O mesmo pensamento em PAULO VI. *Octogesima Adveniens* (1971), n. 51,1, na Col. Doc. Pontifícios 180, p. 39. Cf. tb. a tese doutoral na Univ. de Münster sob a direção de J.B. Metz, deslocando a apologética do terreno da teoria para o da práxis: MATE, Reyes. *El ateismo, un problema político*. El fenómeno del ateismo en el contexto teológico del Concilio Vaticano I. Salamanca: Sígueme, 1973.

56. *Le conflit des interprétations*. Paris: Seuil, 1969, p. 338 [trad. bras. Rio de Janeiro: Imago, 1978].

O CAMINHO DAS RELIGIÕES

Além da razão e da Revelação existe outra via para se conhecer a Deus. É o caminho das Religiões. Essa via tem algo da via da Razão e algo da via da Revelação. Da primeira possui o esforço da inteligência humana, com todos os seus limites, para aceder ao conhecimento divino. Da segunda, possui os "lampejos" da Revelação divina.

Na verdade, a *condição atual* do ser humano não é só de pecado, mas também de destinação positiva à graça. Esta se encontra ativa no mundo. Nenhum ser humano está fora de seu alcance. Todos os povos são de Deus, ao menos por vocação. Confessa Agostinho: "Não se deve duvidar que também os Gentios têm seus profetas"[57].

Por consequência essa via pode-se chamar em parte natural e em parte sobrenatural. E este é o caminho sociologicamente mais largo para Deus: é a via das grandes *multidões*, "o caminho dos povos"[58].

A "revelação" das Religiões

A revelação de Deus, sua comunicação aos humanos, é a grande experiência das Religiões. Nelas se testemunha e se sente Deus como vindo ao encontro do ser humano, para se dar a ele e lhe contar seus segredos. Tal é a convicção de toda religião. É a sua "verdade subjetiva" (Hegel). O próprio Platão invocava a via da revelação. Falando da doutrina do uno e do múltiplo, diz ele:

> É dos deuses que veio aos homens este presente..., lançado que foi do alto das regiões divinas por algum Prometeu... E os antigos, que eram

---

57. *Contra Faustum*, l. 19, c. 2: PL 42, 347-348.

58. O chamado *Catecismo holandês*. São Paulo: Herder, 1969, tem uma estrutura que corresponde basicamente aos nossos três caminhos. Abre com "a existência é um mistério" (parte I), que corresponde ao nosso "caminho da razão". Prossegue com "o caminho para Cristo" (parte II), compreendendo as Religiões, chamadas "caminho dos povos", e o "caminho de Israel". Isso corresponde ao nosso "caminho da Religião". Enfim, partindo do "Filho do homem" (parte III), desemboca no "caminho de Cristo" (parte IV), que é o nosso "caminho da Revelação". Para sermos completos, digamos que o catecismo termina com o "caminho até o fim" (parte V), tratando dos Novíssimos, incluindo, como fecho, a questão de "Deus".

melhores do que nós e que viviam mais próximos dos deuses, nos transmitiram esta revelação...[59].

Poder-se-ia falar aqui numa "revelação primordial"[60]. É lícito ver uma evocação da mesma na Constituição Dogmática *Dei Verbum* quando diz:

> (Deus) manifestou-se a Si mesmo desde os primórdios a nossos primeiros pais... E os alentou a esperar a salvação e velou permanentemente pelo gênero humano a fim de dar a vida eterna a todos aqueles que, pela perseverança na prática do bem, procuram a salvação (cf. Rm 2,6-7) (n. 3).

Por sua parte, a declaração conciliar *Nostra Aetate* se refere aos "lampejos" da verdade religiosa encontráveis nas religiões (n. 2,2). Não deve passar desapercebida a importância desta noção: "lampejos" ou "clarões". Poderíamos falar das "luzes" das Religiões, distintas da "Luz" que é Cristo[61]. Ora, afirmações desse gênero abrem espaço para se estabelecer uma terceira via de acesso a Deus: o caminho das Religiões[62].

Sem dúvida, o Cristianismo reivindica ser a Fé revelada ou, na expressão de Hegel, a "religião manifesta". Contudo, é toda religião que tem essa convicção. Isso é particularmente evidente nas chamadas "religiões do livro": o Bramanismo, o Zoroastrismo, o Islamismo e o Judeu-Cristianismo. Estas se entendem a si próprias como "religiões reveladas". Suas escrituras, respectivamente os Vedas, o Zend-Avesta, o Corão e a Bíblia, são consideradas como manifestos de uma "revelação divina". Por isso essas religiões seriam diferentes das "Religiões sapienciais"

---

59. *Filebo*, 16c. Cf. tb. *Leis*, 715. Mesmo em Aristóteles essa noção-limite não se perdeu: "Pelos antepassados e homens antiquíssimos foi transmitido, em forma de mito, aos pósteros que... o divino circunda toda a natureza": *Metafísica*, XII (Lambda), c. 8: 1074 b 1-3. Segundo Werner Jäger, o Estagirita conhece duas fontes de conhecimento de Deus: a razão e a intuição religiosa: *À la naissance de la théologie*. Col. Cogitatio Fidei 19. Paris: Cerf, 1966, p. 96 e 238, nota 51. Nessa linha vão os testemunhos doxográficos de Sexto Empírico e de Sinésio: cf. ARISTÓTELES. *Il problema religioso*: libro XII della Metafisica e frammenti. Bari: Laterza, 1949, p. 85s.

60. Dizia João XXIII em Discurso de 2 de fev. de 1963: "Os grandes povos da Ásia Central e do Extremo Oriente, cujas luzes de civilização conservam indubitáveis pegadas da *revelação divina primitiva*, serão chamados um dia, pela Providência, a se deixar penetrar pela luz do Evangelho": AAS 55 (1963) 166s. aqui p. 167.

61. Por questão de precisão técnica, conviria distinguir a Revelação (por Cristo) das outras revelações (pelas Religiões), seja pondo estas últimas no plural, ou então falando em "manifestação", como parece entender a DV 3, quando fala em "manifestou-se".

62. Cf. LIBÂNIO, J.B. *Teologia da Revelação*. Op. cit., cap. 9, p. 249-282: Revelação na Criação e nas Religiões.

(Budismo, Confucionismo e o Universismo chinês de Lao-Tsé), como também das "Religiões cósmicas", ditas também dos povos tradicionais[63].

Fixemo-nos, por exemplo, no caso do Bramanismo. Seus escritos mais veneráveis, dos mais antigos da humanidade, redigidos em sânscrito a partir do século XII até o séc. V aC, são considerados *Chruti*, ou seja, revelação divina, comunicada a videntes privilegiados. Aí se incluem os quatro *Vedas*, os *Bramanas* (suas Interpretações) e os *Grandes Upanixades* (Aproximações ou Especulações)[64]. Tem-se igualmente por revelado o livro mais popular do hinduísmo, o *Bhagavad-Gita* (séc. II aC – II dC).

Como dissemos, o caminho das Religiões é um caminho misto: é em parte um caminho racional e em parte sobrenatural. Nele, o "ser humano busca a Deus". São os "braços erguidos para o céu" (EN 53). Mas, além de constituírem iniciativas humanas, as Religiões representam também "ações do Espírito" (RMi 29)[65]. Nelas, portanto, pode-se perceber também *a mão* de Deus estendida para suas criaturas a fim de atraí-las a si. Assim, as religiões constituem um caminho ascendente, mas também um caminho descendente.

O CAMINHO DA REVELAÇÃO EM CRISTO

Esse é o caminho que Deus mesmo abriu em direção ao mundo. Nele o ser humano continua, sim, a buscar a Deus, mas é mais Deus que busca o ser humano. É um caminho ascendente, mas mais ainda descendente. Na Revelação Deus estende suas *duas mãos* à humanidade: as mãos do Verbo e do Pneuma, nas palavras de Irineu[66].

63. Cf. CINTRA, Raimundo. Breves anotações sobre a Religiosidade Popular no Brasil. In: SANTOS, B. Beni dos & ROXO, Roberto M. (orgs.). *A religião do Povo*. São Paulo: Paulinas, 1978, p. 117-119, aqui p. 117. Cf. BACCARI, Luciano. *La rivelazione nelle religioni*. Roma: Borla, 1996. Na verdade, o Cristianismo não é a religião do Livro, mas da Palavra, mais ainda, do Evento salvador: ARDUSSO, Franco. *Magistero ecclesiale*. Cinisello Balsamo (AL): San Paolo, 1997, p. 37s.

64. Cf. RENOU, Louis. *L'hinduisme*. Col. Que sais-je? 475. 6. ed. Paris: PUF, 1974, p. 7.

65. Cf. MÜLLER, Karl. *Teologia da missão*. Petrópolis: Vozes, 1995. Referindo-se à ideia da RMi de que as Religiões são como tais lugares e meios da ação do Espírito, o autor diz que "até hoje ainda não se havia falado sobre as religiões de forma tão teologicamente positiva em nenhum outro documento oficial da Igreja": p. 208.

66. *Contra os hereges*, V, 6, 1 [Col. Patrística. São Paulo: Paulus].

Retomando as asserções do Vaticano II, podemos dizer que, à diferença do caminho da Razão pura, o caminho da Fé revelada é: 1) acessível a todos, 2) fácil, 3) seguro e 4) puro. Esse caminho não dispensa a razão, mas a ultrapassa por meio da intuição, da experiência e do amor. Aí Deus se sabe, mas sobretudo Deus se crê e mais ainda Deus se acolhe no Amor.

O Deus que a via da Fé atinge é "meu Deus", um Deus pessoal, comprometido na história e amante dos mortais. É um "Deus de ternura e de piedade, lento para a cólera e cheio de amor e de fidelidade" (Ex 34,6). É enfim o "Deus de Jesus Cristo", o Deus do "Pai-Nosso", que, sem deixar de ser pessoal, é ao mesmo tempo de todos.

Esse é um Deus que se revela, não apenas na natureza, mas na história humana, especialmente na história dos pobres e vencidos, nos quais, de modo privilegiado, continua se manifestando[67].

Frente às diferentes "revelações", a Revelação cristã levanta a pretensão de ser a Revelação "escatológica", isto é, insuperável, definitiva. A fé da Igreja confessa e anuncia que a autocomunicação de Deus se deu, em plenitude e ultimidade, na pessoa de Jesus Cristo, mediador entre o Pai e os homens. Se nas religiões encontramos "lampejos" da luz divina (NA 2), no Cristianismo temos a luz resplandecendo em toda a sua *plenitude*[68].

Mas, existe uma diferença *qualitativa* entre a fé cristã e as outras religiões? Ou a diferença é apenas de grau? A convicção da Igreja cristã é de uma diferença de qualidade. Contudo, tal convicção só pode se sustentar em atitude de humildade e na abertura à verdade das outras religiões. Pedro recomendava "dar razão de nossa esperança", sim, mas "com humildade e mansidão" (1Pd 3,15).

---

67. Cf. a tese doutoral de FELLER, Victor G. *O Deus da revelação*. A dialética entre Revelação e Libertação na teologia latino-americana, da EN à LC. São Paulo: Loyola, 1988; do mesmo autor, *A Revelação de Deus a partir dos excluídos*. São Paulo: Paulus, 1995; e ainda LIBÂNIO, J.B. *Teologia da Revelação*. Op. cit., cap. 15, p. 431-458: "Revelação na perspectiva latino-americana".

68. A "diferença" do Cristianismo em relação às outras religiões pode ser definida com a ideia de "plenitude", como faz a RMi, n. 5 ("plenitude da verdade"), n. 15 ("salvação em toda a sua plenitude"), n. 31 ("salvação em sua total plenitude" e "plenitude de vida") e n. 55 ("plenitude de Sua revelação e do Seu amor").

RESUMINDO

Para resumir esse capítulo, valha a figura abaixo, seguida de alguns comentários:

OS TRÊS CAMINHOS CONCRETOS PARA SUBIR A MONTANHA DO MISTÉRIO

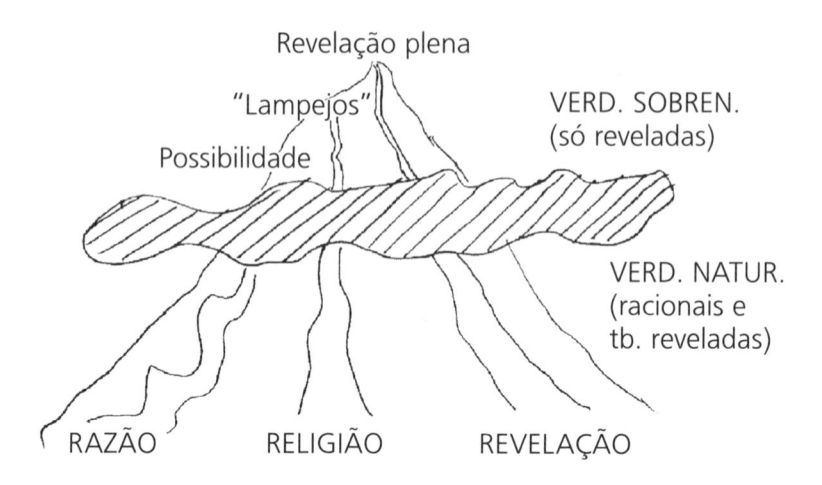

Comentários explicativos

1. O mistério de Deus é como uma *montanha* fascinante, cujo cume mergulha na nuvem luminosa e cuja invisibilidade se tornou visível a nossos olhos no Verbo Encarnado[69].

2. Uma *nuvem* divide o divino em duas áreas: a) a das realidades acessíveis à Razão (verdades naturais ou racionais), mas que se atingem também pela via da Revelação; b) e as realidades acessíveis apenas à Revelação, não podendo de modo algum serem alcançadas por via da Razão natural (verdades sobrenaturais ou re-

---

69. Segundo palavras de João Paulo II "À universidade católica de Louvain-la-Neuve", 21/15/1985. *Revue Théologique de Louvain*, n. 3 (1985), p. 397-399.

veladas). Portanto, entre as verdades religiosas reveladas há as naturais ou racionais e as sobrenaturais ou transracionais[70].

3. Para subir a montanha do conhecimento de Deus há concretamente três caminhos: a Razão, a Religião e a Revelação (os 3 "r"s).

4. O *caminho da Razão*, que toma uma forma elaborada na filosofia, pode chegar até o nível da nuvem, isto é, só pode levar a conhecer as verdade naturais em relação a Deus, em concreto: sua existência e seus atributos essenciais. Quanto às verdades sobrenaturais ou reveladas, a razão natural só pode, ao máximo, colocar sua "possibilidade": é possível que o Mistério "tome a palavra", que Deus venha até nós. A razão nada mais pode dizer.

5. Já o *caminho da Religião*, ou melhor, das Religiões, pode, até certo ponto, passar a nuvem e "vislumbrar" o cume da Montanha sagrada. O próprio Magistério eclesial admite nas Religiões a presença de "lampejos" ou "clarões" da Revelação sagrada (NA 2,2), que nelas também se dá a "ação do Espírito" (RMi 29,3). Mas nelas ainda não resplandece a "plenitude" da Revelação divina.

6. Por fim, temos o *caminho da Revelação* mesma. É o próprio Mistério se abrindo aos humanos e se dando a eles. E esses respondem pela Fé, pelo que se pode falar também do *caminho da Fé*. Aqui temos a autocomunicação culminante, a revelação plena de Deus. É a via aberta a todos, desembaraçada, segura e pura.

7. A distinção entre os caminhos da Razão, da Religião e da Revelação não significa necessariamente *separação*. Do ponto de vista da Fé revelada, uma síntese é não só possível mas necessária. A Fé cristã pressupõe, quer a Razão, como o cepo onde se enxerta, quer a Religião, como o solo onde se desenvolve. A fé assume criticamente a verdade interior dessas últimas vias, elevando-as ao nível superior do Reino.

---

70. Notemos que a distinção natural – sobrenatural, problemática em nível existencial, vale plenamente do ponto de vista lógico ou epistemológico, isto é, do conhecimento da verdade.

LEITURA I

PASCAL:

Testamento[71]

<<Ano de graça de 1654. Segunda-feira, 23 de novembro, dia de São Clemente, papa e mártir e de outros do martirológio. Véspera de São Crisógono, mártir e outros. Desde cerca das 10 horas da noite até cerca da meia-noite e meia.

FOGO

Deus de Abraão, Deus de Isaac, Deus de Jacó,
não dos Filósofos e dos Sábios.
Certeza, convicção, sentimento, alegria, paz.
Deus de Jesus Cristo.
Deum meum et Deum vestrum.
O teu Deus será o meu Deus.
Esquecimento do mundo e de tudo, salvo de Deus.
Ele não se encontra fora dos caminhos ensinados pelo Evangelho.
Grandeza da alma humana.
Pai justo, o mundo não te conheceu, mas eu te conheci.
Alegria, alegria, alegria, lágrimas de alegria.
Eu me separei dele.
Derelinquerunt me fontem aquae vivae.
Meu Deus, deixar-me-ás?
Que eu não seja separado de ti para sempre.
Esta é a vida eterna,
que te conheçam a ti somente, Deus verdadeiro
e àquele que tu enviaste, Jesus Cristo.
Jesus Cristo.
Jesus Cristo.
Eu me separei dele.

---

71. O texto pode ser encontrado em *Revista Eclesiástica Brasileira*, 29 (†1969) 540. O escrito foi achado por um criado após a morte de Pascal († 1662). Estava costurado dentro do forro de seu paletó e em duas cópias, uma em papel, a original, com sinais de muito uso, e outra em pergaminho, cópia da primeira, ambas da mão de Pascal. A tradução das frases em latim é respectivamente: "Meu Deus e vosso Deus"; "Abandonaram-me a mim, fonte de água viva"; e "Que eu não me esqueça de tuas palavras".

Fugi-lhe, reneguei-o, crucifiquei-o.

Que nunca mais seja dele separado.

Submissão total a Jesus Cristo e a meu Diretor.

Eternamente em júbilo por um dia de trabalho sobre a terra.

Non obliviscar sermones tuos. Amém.>>

LEITURA II

MAX HORKHEIMER:

Teologia: "nostalgia do totalmente outro"[72]

<<... Por detrás de cada ação humana está a teologia. [...] Uma política que não conserve em si, embora sob forma extremamente irreflexa, uma teologia, permanece em última análise, por mais hábil que seja, mero negócio. [...]

Teologia significa a consciência de que o mundo é aparência, de que não é a verdade absoluta e definitiva. A teologia é – e aqui devo me exprimir com toda a cautela – a esperança de que a injustiça, que caracteriza o mundo, não prevaleça para sempre, de que a injustiça não venha a ter a última palavra. Melhor: é a expressão de uma nostalgia, de um anelo de que o assassino não possa triunfar sobre a vítima inocente. [...]

No conceito de Deus foi conservada por séculos a representação de que existem outras medidas além daquelas que a natureza e a sociedade exprimem em sua atividade. O reconhecimento de um ser transcendente haure sua força maior da insatisfação sobre o destino humano. Na religião estão depositados os desejos, as nostalgias e as acusações de inumeráveis gerações. [...]

Não se pode secularizar a religião, sob pena de renunciar a ela. É uma vã esperança querer manter viva a religião, como era em seu início, com as atuais discus-

---

72. *Die Sehnsucht nach dem ganz Anderen*. Ein Interview mit Kommentar von Helmut Gumnior. Hamburg: Furche-Verlag H. Rennebach KG, 1970 [trad. it. *Nostalgia del totalmente altro*. Col. Giornale di Teologia 63. Brescia: Queriniana, 1972]. O livro retoma o texto de uma entrevista dada à revista alemã *Der Spiegel*, 1-2/1970, p. 79-84. Horkheimmer († 1973) foi, com Theodor W. Adorno († 1969), um dos fundadores e dos principais exponentes da "Escola de Frankfurt" e de sua "Teoria crítica". Escreveu entre outras obras: *Dialética do Iluminismo* (1948), com Adorno, e *Por uma crítica da razão instrumental* (1967). O texto acima representa o último Horkheimer, que percebe os limites do messianismo marxista, enraizando a alienação não apenas na sociedade, mas na existência humana, e considerando a transcendência como um desejo da própria imanência humana, em particular, da liberdade.

sões na Igreja sobre a boa vontade, a solidariedade em relação à miséria, a aspiração por um mundo melhor... Resta para a religião tão somente... a nostalgia de uma justiça perfeita e consumada. Esta não pode jamais ser realizada na história. De fato, ainda quando uma sociedade melhor viesse a substituir a atual desordem social, não estará reparada a injustiça passada e não será eliminada a miséria da natureza circundante. [...]

A lógica imanente da história, assim como posso compreendê-la hoje, leva na realidade a um mundo administrado. [...] A total administração do mundo... tornará o mundo terrivelmente aborrecido. [...] Talvez a nostalgia do absoluto permanecerá num mundo administrado. De fato, também lá onde as necessidades materiais tiverem sido satisfeitas, permanecerá o fato de que o ser humano deve morrer. Nesse momento, ele será talvez consciente deste fato de modo particularmente agudo, justamente porque todas as suas necessidades materiais estarão satisfeitas. Talvez surja então uma genuína solidariedade entre as pessoas humanas, não só a solidariedade de uma determinada classe, mas de todos os seres humanos, a solidariedade que resulta do fato de que todos os humanos devem sofrer, devem morrer e que são seres finitos... [...]

Suprima-se a dimensão teológica, e desaparecerá do mundo o que chamamos de 'sentido'. Certamente, num mundo administrado, ferverá uma atividade intensa, mas no fundo será uma atividade destituída de sentido e, portanto, portadora de tédio. [...]>>

Capítulo 20

AS FORMAS DO DISCURSO TEOLÓGICO

Ordinariamente se considera teologia o que fazem os chamados teólogos. E tal é o sentido comum e estrito ou técnico de "teologia". Todavia,
também os pastores assim como os simples fiéis pensam a seu modo a fé.
E na medida em que o fazem eles também fazem teologia.

Daí, surgem três formas fundamentais de teologia: teologia *profissional*, teologia *pastoral* e teologia *popular*. São três *linguagens* teológicas distintas. Chamemo-las os três "p"s da teologia[1].

DESCRIÇÃO DAS TRÊS FORMAS

1. Teologia profissional

Essa forma adota em geral o caminho da *ciência*. Procura ser crítico-metódica, sistemática e auto-amplificativa, ou seja, aberta a ulteriores desenvolvimentos.

O teólogo profissional tem uma dupla inserção: ele tem um pé na Comunidade eclesial e um pé na Academia. Mas seja lá como aqui, ele exerce
seu trabalho tendo sempre em vista o Povo de Deus. Vejamos.

1) *Trabalho de assessoria*. O teólogo está presente na caminhada do
Povo, preferentemente junto às comunidades pobres. Aí dentro, no cotidiano da vida de fé, ele exerce seu ministério de iluminação teológica, de
discernimento crítico da fé, confrontando-a com as situações concretas.

Mas é especialmente nos encontros de formação e reflexão da Comunidade que ele está presente: avaliação das atividades, programação pastoral, estudo bíblico, curso sistemático, retiro espiritual, debates vários.

---

1. Retomo aqui, em relação à teologia em geral, o que escrevi no livrinho (em colabor. com Leonardo
Boff), *Como fazer teologia da libertação*. Col. Fazer 17-18. Petrópolis: Vozes, 1986, p. 23-36, cap. 2: "Os
três 'pês' da Teologia da libertação". Retomei essa parte, numa nova versão, em Epistemología y método de la teología de la liberación. In: ELLACURÍA, Ignacio & SOBRINO, Jon (orgs.). *Mysterium Liberationis.*
El Salvador/Madri: UCA/Trotta, 1990, p. 79-113, aqui, p. 91-98.

Tal reflexão busca recolher as questões e intuições da própria Comunidade. Parte, pois, de uma teologia primeira, que é a teologia "popular" ou a "pastoral", como veremos mais adiante. Em seguida, aprofunda, critica, confronta a problemática em questão com a Revelação, a grande Tradição e o Magistério.

2) *Trabalho de estudo*. O teólogo necessita também trabalhar as questões em profundidade. Por isso damos com ele em seu gabinete de trabalho e na biblioteca. Está lendo, pesquisando, preparando aulas, seminários, conferências, cursos, elaborando artigos, eventualmente escrevendo livros.

É seu momento teórico, feito no espaço da Academia. É aí, como num laboratório, que a experiência de base, a prática dos agentes e suas grandes questões são criticamente retomadas, refletidas e trabalhadas na forma do conceito e do sistema.

Mas, por seu caráter especialístico, a atividade teológica hoje exige um trabalho em mutirão e um intercâmbio interdisciplinar contínuo. Isso é mais ainda verdade para um teólogo que quer manter uma vinculação orgânico-prática com sua Igreja e seu povo.

Onde estaria o povo neste momento acadêmico do teólogo? Está nas próprias questões que está tratando. Se na assessoria o teólogo faz teologia *com o povo*, no estudo e no magistério, ele faz teologia *a partir do povo*.

2. Teologia pastoral

Esta é a forma de teologia voltada para a evangelização e para a animação da fé. Trata-se aqui de uma teologia próxima do gênero *sabedoria*, como compreensão concreta, vital e totalizante da fé, sabedoria que incorpora naturalmente juízos *prudenciais*.

Essa é uma forma específica de teologia. Tem seus procedimentos próprios, sua linguagem definida, seus destinatários.

Isso não quer dizer que ela seja totalmente autônoma em relação à teologia profissional. Ao contrário, entre as duas há uma vinculação vital e um mútuo enriquecimento: por um lado, os pastores incorporam os resultados mais seguros e fecundos dos teólogos profissionais; e estes acolhem o testemunho da Fé, dado pelos Pastores e aprofundam suas indicações práticas.

3. Teologia popular[2]

Essa é um modo de teologizar que corresponde ao "senso comum" e tem a forma da linguagem ordinária. É a teologia do *sensus fidelium*. Ela é guiada, no fundo, pelo Espírito da Verdade (cf. Jo 16,13). A teologia popular é tão teologia como a medicina caseira é, a seu modo, verdadeira medicina.

Como se processa? É, em primeiro lugar, uma teologia *oral* ou falada. Os escritos aí têm um caráter prevalentemente funcional: ou são instrumentos para a fala (roteiros) ou são resíduos das falas feitas (relatórios).

Além disso, é uma teologia que passa por mediações como: a poesia, o canto, o desenho, o gesto, o símbolo, a dramatização. Esses são, aliás, os caminhos pelos quais a cultura popular exprime a sua visão das coisas, e isso também no campo da fé.

Seria essa uma teologia *crítica*? Sim, a seu modo. Pois a criticidade não é apanágio da ciência. Esta possui uma criticidade *reflexiva*. Mas essa é apenas uma espécie de criticidade. Também a teologia popular pode ser crítica, não no sentido da "ciência crítica" mas da "consciência crítica". Ela pode muito bem ser lúcida, consciente das causas fundamentais dos problemas e sabedora dos meios de superá-los. A denúncia profética, o julgamento ético, a proposta utópica são tantas figuras que toma a criticidade própria da teologia popular.

É forçoso reconhecer que, nas coisas que lhe dizem respeito, o povo, muitíssimas vezes, revela um senso crítico muito mais agudo e certeiro

---

2. Cf. BOFF, Clodovis. Pode o povo fazer teologia? In: VV.AA. *Pode o povo fazer teologia?* São Paulo: Paulinas, 1984, p. 43-50. Em minha tese doutoral *Teologia e prática*, seção II, § 10: "A diferença teológica", p. 201-203, me opus a que se conferisse a designação "teologia" a toda e qualquer linguagem da fé, distinguindo "discurso teológico" e "discurso religioso", e reservando o termo "teologia" ao discurso *científico* da fé. Mas no "Prefácio autocrítico" que escrevi à 3. ed. da mesma obra, p. VIII-IX, fiz uma revisão dessa distinção, por achá-la rígida demais, e propus o alargamento da noção "teologia" que incluísse também o "discurso religioso", seja lá de que espécie fosse.

que muitos pretensos doutores[3]. Sucede que estes sabem muitas vezes contar todos os pelos da cauda do monstro, mas não sabem dizer como é a sua cara, para usar uma expressão de M. de Unamuno.

Apresentamos a seguir um esquema para visualizar as três formas de elaboração da teologia[4]:

	TEOL. PROFISS.	TEOL. PASTORAL	TEOL. POPULAR
DESCRIÇÃO	Mais elaborada e rigorosa	Mais orgânica, ligada ao povo	Mais espontânea e difusa
LÓGICA	Da ciência	Da ação e vida	Da vida cotidiana
MÉTODO	Mediações: Analítica, Herm. e Prática	Ver, Julgar e Agir	Confronto: Evangelho e Vida
LUGAR	Institutos teológicos	Centros pastorais	CEBs, grupos, movimentos
MOMENTOS ALTOS	Congressos teológicos	Assembleias pastorais	Encontros de base
PRODUTORES	Teólogos de profissão	Pastores e agentes pastor.	Animadores e leigos em geral
PRODUÇÃO ORAL	Cursos, assessorias	Palestras, relatórios	Testemunhos, celebrações
PRODUÇÃO ESCRITA	Livros, artigos	Pregação, docum. pastor.	Roteiros, cartas, etc.

---

3. Cf. JOHNSON, Paulo. *Gli intellettuali.* TEA 142. Milão: TEADUE, 1993 [orig. ingl. 1988]. Esse escritor e jornalista estuda a importância social dos intelectuais desde Rousseau. Sua conclusão é: A dominação das ideias é a pior de todas. Por isso, cuidado com os intelectuais! Eles costumam levar as sociedades para becos sem saída, desafiando todo o bom-senso. Se se vai à rua – conclui Johnson – e se pega meia dúzia de passantes para saber sua opinião sobre os grandes problemas sociais, dirão provavelmente coisas muito mais sensatas que os intelectuais.

4. Cf. para esse esquema, aplicado à Teologia da Libertação: BOFF, L. & Cl. *Como fazer Teologia da Libertação.* Op. cit., p. 26s.; e BOFF, Cl. *Epistemología y método...*, op. cit., p. 93.

CONFRONTO ENTRE AS TRÊS FORMAS DE TEOLOGIA

Quanto ao grau de elaboração

Se examinarmos essas três formas de teologia do ponto de vista da *elaboração teórica*, fica evidente que a teologia profissional é a teologia mais desenvolvida. Mas esse é justamente o ponto de vista desta última, ou seja, o ponto de vista científico, que se põe no termo do processo e vê as outras duas formas como etapas anteriores de uma elaboração progressiva.

Tal interpretação tem sua legitimidade em termos de uma visão diacrônica e teleológica. Nesse caso, a Palavra de Deus constituiria, em princípio, uma teologia "em grau 0" (zero). Ela é fonte de toda e qualquer forma de elaboração da fé. Isso tomando a Palavra de Deus em seu conteúdo religioso, não em sua forma cultural, pois, quanto a esta, vimos que ela se apresenta sempre teologizada, em maior ou menor grau (Cap. 8/1 e 18).

Ora, quanto à elaboração teórica, a *Teologia Popular* representa o "grau 1" de. De fato, é uma teologia ainda muito espontânea, próxima do conhecimento cotidiano, mas não privada de certa formalização teórica.

A *Teologia Pastoral* é já "de grau 2". Usa conceitos mais definidos com o objetivo de esclarecer a ação concreta. É um discurso intermédio entre o espontâneo e o científico.

Por fim, temos a *Teologia Profissional*, que se situa no "grau 3" de elaboração teórica, pois procura ser um discurso o mais disciplinado possível.

Repetimos: essa hierarquia põe a teologia profissional no ápice do processo. Por isso é uma hierarquia *relativa*, justamente relativa a este critério: o grau de elaboração teórica da fé. Pois se tomássemos outro critério, como a da fecundidade pastoral, então é evidente que a Teologia Pastoral teria a dianteira. Nesse caso, a Teologia acadêmica apareceria com um estatuto muito mais modesto, ou seja, com uma função subsidiária, mas nem por isso dispensável. Pois, mesmo do ponto de vista pastoral, ela possui a virtude concreta de integrar os outros discursos, muitas vezes particulares, na memória total da fé, contrapondo-se à fragmentação e ao sectarismo[5].

Comparação entre Teologia Popular e Teologia Profissional

Essas duas formas representam os dois extremos da elaboração teológica. Confrontando-as, percebemos mais claramente, como por contraste, as diferenças entre as duas.

Na verdade, trata-se mais de traços *característicos* (acentos) que propriamente de propriedades *exclusivas*. Por isso falamos aqui em "mais" isso ou "mais" aquilo.

TEOLOGIA POPULAR	TEOLOGIA PROFISSIONAL
– Mais simples	– Mais complexa
– Mais espontânea	– Mais disciplinada
– Mais experiencial	– Mais conceitual
– Mais subjetiva e quente	– Mais objetiva e fria
– Mais evocativa e alusiva	– Mais indicativa e direta

Fixando-nos na Teologia Popular, podemos caracterizar melhor sua especificidade recorrendo a certos desenvolvimentos da linguística moderna[6]. Esta evidencia que a linguagem religiosa (que denominamos aqui "teologia popular") compreende, entre outras, as seguintes dimensões:

1. *Autoimplicativa*. Este traço diz respeito ao *sujeito* da fala. Indica que a linguagem religiosa envolve a própria pessoa no que essa está afirmando. Ela compromete quem a emprega. Dizer "creio em Deus" implica em adorá-lo e em obedecer-lhe[7]. "'Eu creio' é da ordem do 'eu existo' muito mais que a de 'eu penso'" – dizia G. Marcel[8]. Portanto, o discurso religioso questiona quem o profere. Por

---

5. Cf. METZ, Johann Baptist. Um novo modo de hacer teología. Tres tesis. In: VV.AA. *Vida y Reflexión*. Lima: CEP, 1983, p. 45-56, aqui p. 55s.

6. Cf. LADRIÈRE, Jean. *A articulação do sentido*. São Paulo: EPU/Edusp, 1977, p. 85-136, cap. 4.

7. KOLAKOWSKI, Leszlek. *Le Religioni*. Su Dio, il Demonio, il Male e altri problemi della cosiddetta Filosofia della Religione. Milão: Sugarco, 1983, cap. 5: "Falar do inexprimível...", p. 141-180: espec. p. 153s.

8. Cf. *Journal Métaphysique*.

isso, não dá para fazer uma teologia qualquer sendo ateu, a não ser de modo anômalo. Daí também o sentimento de mal-estar e mesmo indignação que suscita um pregador que não pratica o que prega.

2. *Ilocucionária*. Essa dimensão da linguagem religiosa se refere à própria *fala*. Significa que o discurso religioso vem carregado de uma energia particular: uma força de promessa, de boa-nova, de ameaça, de pedido, de intercessão, de amor.

3. *Performativa*. Estamos agora no plano dos *efeitos* da linguagem religiosa. Esta, em analogia com a dos sacramentos, "realiza o que diz". Seu objetivo não é apenas informar, mas sobretudo potenciar. Pois, mais que representação, a religião é ação. Daí sua "virtude dinamogênica", na expressão de E. Durkheim[9]. A linguagem faz parte orgânica do ato religioso (L. Wittgenstein). Assim, quando o salmista diz: "A vós, Senhor, elevo minha alma" (Sl 25,1), o que ele diz já está acontecendo.

Ora, é justamente a Teologia *Popular* que dá realce aos traços acima apontados. Quanto à Teologia *Profissional*, ela põe as referidas funções entre parênteses. Não as elimina, mas também não as leva em conta. A Teologia científica prefere se fixar no aspecto *conteudístico* da linguagem religiosa. Ela se interessa pelo que essa diz, pela verdade que ela aponta ou supõe, e não tanto pelo sujeito, pela fala ou pelos efeitos dessa linguagem.

Por sua parte, a Teologia *Pastoral* se situa numa lógica intermédia. Por ser a *mediação* entre a teoria e a prática, ela joga de modo combinado com os dois registros: o mais subjetivo da Teologia popular e o mais objetivo da Teologia científica.

UNIDADE E INTEGRAÇÃO DAS TRÊS FORMAS

A unidade dos diferentes discursos teológicos se faz em torno de um eixo duplo:

1) em torno da *Palavra de Deus*, que é a fonte de todos eles e de que todos são expressão;

2) em torno do *serviço à fé*, que é a finalidade de todas as formas de discurso teológico.

Daí o quadro seguinte:

---

9. Cf. DURKHEIM, Émil. "O problema religioso e a dualidade da natureza humana" (1913). *Religião e Sociedade*, n. 2 (1977), p. 1-27, aqui p. 4.

Integração prática das três formas de teologia

Na prática, essas três formas de teologia precisam trabalhar de modo integrado. Poderíamos dizer que o forte da teologia popular é o "ver"; o da teologia profissional, o "julgar"; e o da teologia pastoral, o "agir". Ora, é isso o que se passa normalmente na Assembleia pastoral de uma Igreja participativa.

De fato, no momento do "ver", é o povo que leva a dianteira, expondo os problemas concretos. Evidentemente, os pastores e os teólogos também participam, mas numa posição mais recuada.

No momento do "julgar", quem tem maiormente a palavra é o teólogo profissional, dando uma iluminação crítica e inspiradora a partir da Palavra de Deus.

Por fim, na hora do "agir", são os agentes de pastoral, especialmente os pastores, que mais concorrem na indicação de pistas de ação.

Em cada momento, todos participam de tudo, mas segundo a ordem de precedência mencionada.

Como se vê, entre as três teologias opera uma integração orgânica. Existe entre elas um enlace dinâmico ou pericórese (circumincessão). Leigos, pastores e teólogos refletem juntos a caminhada vida da fé.

Eis uma figura simples desse enlace:

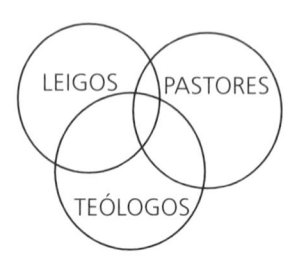

Uma situação anômala

Quando a unidade viva entre as três formas de teologia e seus portadores se desintegra, cada uma delas se degrada. Eis então os nefastos resultados:

1) A *teologia popular*, privada da teologia profissional, cai facilmente no sincretismo e no fundamentalismo. E sem uma teologia pastoral, torna-se espiritualista.

2) A *teologia pastoral*, sem a contribuição crítica da teologia profissional se torna rotineira e ativista; e separada da teologia popular, cai no discurso conservador e autoritário.

3) Quanto à teologia *profissional*: longe da vida do povo e da comunidade eclesial, torna-se uma teologia "alienada" em relação à história e à fé viva da Comunidade.

RELAÇÃO DO TEÓLOGO COM O SIMPLES FIEL

No nível da compreensão da fé, existem por certo níveis diferenciados. Já Paulo falava dos "perfeitos" (1Cor 2,6), dos "espirituais", que ele distinguia dos "carnais" ou "crianças em Cristo" (1Cor 3,1). Igualmente, a Carta aos Hebreus fala dos "adultos" e das "crianças" (5,12-14).

Não se trata em verdade aí de estabelecer duas classes de cristãos, como tendia a fazer a Escola de Alexandria. Pois na Igreja de Cristo não existem duas doutrinas: uma esotérica ou oculta e outra exotérica ou pública[10]. Cristianismo é uma religião decididamente popular. Existe uma só doutrina para todos. E essa doutrina se identifica com o próprio Cristo. E este é frequentemente melhor entendido pelos simples que pelos doutos[11].

Contudo, tal doutrina é leite para uns e alimento sólido para outros (cf. 1Cor 3,1). Quer dizer: a distinção está nos *sujeitos* e não no *objeto* dogmático. Surge de uma maior ou menor apropriação *teórica* da doutrina da fé.

---

10. Há quem defenda a recuperação de alguma forma de esoterismo cristão, como: NEEDLEMAN, Jacob. *Lost Christianity*. Nova York: A Bantam New Age Book, 1980; VANNUCCI, Giovanni. *La ricerca della parola perduta*. Milão: CENS, 1986; COLLEMAN, John. "O significado religioso dos novos movimentos religiosos". *Concilium*, 181 (1983/1), p. 21-32.

11. Cf. RATZINGER, Joseph. *Natura e compito della teologia*. Milão: Jaca Book, 1993, p. 58 e 62s.

Uns se contentam com uma fé simples, enquanto que outros buscam uma inteligência mais robusta da fé, inclusive de tipo teológico[12].

Assim, os teólogos não são cristãos de classe superior. Eles têm a mesma fé que os simples. Eles não sabem outras coisas que os demais fiéis. Sabem a mesma coisa, só que de outro modo, isto é, cientificamente. O que têm a mais não é a substância da fé, mas apenas uma forma de compreensão mais elaborada da mesma. A teologia não representa uma fé superior, mas somente uma fé mais desdobrada, justamente na forma do discurso.

Certamente, o teólogo é distinto do cristão comum. Na história, os teólogos foram às vezes vistos como constituindo uma espécie de "aristocracia intelectual", distinta dos *simplices* ou *rudes*[13]. Mas essa distinção não pode, segundo o espírito do Evangelho, se transformar em separação e distância. Não pode constituir título de superioridade e dominação, mas é antes tão somente meio de serviço.

Mas como se dá a *diaconia* teológica em relação aos "simples"? Dá-se em três linhas:

1) O teólogo sabe *com* os outros. Ele deve se pôr à escola do humilde Povo de Deus, que é portador do *sensus fidei*. É a esse Povo que foi confiada a verdade da fé, e ele a guarda "sem defecção" (LG 12). No nível da vivência e experiência da fé, uma velhinha pode "saber" mais que o maior teólogo, como vimos (Cap. 6). Teologizar, portanto, a partir da vida do povo e de sua linguagem.

2. O teólogo sabe *para* os outros. Quanto mais sabe mais deve ensinar, socializando com o povo seus conhecimentos na fé. Essa socialização se dá, seja transmitindo resultados das pesquisas feitas (teologias), seja também repassando certos procedimentos metodológicos, com o objetivo de o povo poder produzir um saber religioso próprio (teologizar). Aliás, não é assim que hoje a ciência pode ser "democratizada"? Realmente, que cada cristão seja capaz de "dar razão de sua esperança" (cf. 1Pd 3,15) aparece

---

12. Cf. CAPÁNAGA, Victorino. *Introducción general*, in *Obras de San Agostin*. BAC. Milão: Católica, 1946, t. I, p. 136-138: "Leite e Pão" em Santo Agostinho.

13. Cf. GILSON, Étienne. *Introduction à la théologie de Saint Augustin*. Paris: Vrin, 1949, p. 40, nota.

como uma exigência cada vez maior da sociedade moderna, crítica e pluralista.

3. Enfim, o teólogo sabe *pelos* outros. "Os que sabem" exercem na Igreja, mas também na sociedade, uma espécie de papel vicário: eles sabem *por* todos. Afinal são poucos os cristãos, sobretudo no mundo dos pobres, que têm condições de garantir a *justificação racional* das verdades da fé. A esses importa sobretudo saber que existe na Igreja um corpo de especialistas que garante a referida função e nos quais eles podem "fazer fé". Ora, esse também é um serviço efetivo, que, aliás, funda a autoridade intelectual de que gozam os teólogos nas Igrejas[14].

RESUMINDO

1. Se a teologia é o pensar da fé, então há muitas formas ou linguagens teológicas, segundo as respectivas funções na Igreja. Nessa linha podemos distinguir três tipos: a teologia *profissional*, a teologia *pastoral* e a teologia *popular*. São os três "p"s da teologia.

2. As diferenças mais importantes na forma de teologia se situam na *lógica* de cada uma:

– a *profissional* segue a lógica *científica*. Por isso é mais elaborada e rigorosa;

– a *pastoral* segue a lógica da *ação*. É um discurso ligado organicamente ao trabalho de evangelização e de animação comunitária;

– e a *popular* se faz segundo a lógica da *vida*. É o discurso espontâneo e imediato da fé.

3. A *diferença* entre as duas teologias extremas, a profissional e a popular, está nisto: que a primeira é mais sofisticada, conceitual e fria, enquanto que a segunda é mais simples, concreta e calorosa.

4. Contudo essas três formas possuem uma *unidade*:

– quanto à *origem*, as três têm sua fonte na Palavra de Deus;

---

14. Para isso cf. SECKLER, Max. *Teologia, Scienza, Chiesa*. Brescia: Morcelliana, 1988, p. 131s., nota 55. Toda essa questão foi também tratada supra, Cap. 9.

– e quanto ao *fim*, as três se destinam ao serviço do Povo fiel. Essa unidade pode ser constatada numa Assembleia pastoral: vê-se que existe aí uma integração viva entre os leigos (fortes no discurso do "ver"), os teólogos (fortes no discurso do "julgar") e os pastores (fortes no discurso do "agir").

5. Quando essa unidade orgânica *se desintegra* então:

– a teologia popular cai no sincretismo, fundamentalismo e espiritualismo;

– a pastoral deriva para a rotina e o autoritarismo;

– e a profissional se torna alienada e alienante.

6. As função do teólogo profissional frente ao povo é servi-lo: refletindo *por* ele (função vicária), *para* ele (função de ensino) e sobretudo *com* ele (função pastoral).

LEITURA

KARL RAHNER:

Relação entre realidade e conceito na esfera da fé[15]

<<Nem todos podem ser teólogos especializados *stricto sensu*. Não obstante, o cristianismo deve ser algo que pode ser apreendido pessoalmente por todos. Deve, pois, haver, em princípio, uma introdução ao cristianismo a um primeiro nível de reflexão. [...] Pois a reflexão... não é mero luxo suplementar para o trato de especialistas.

Existe no ser humano inevitável unidade na diferença entre autopossessão originária e reflexão. [...] Não existe isoladamente o "em si" puramente objetivo de uma realidade, por um lado, e o conceito claro e "distinto" dessa realidade, por outro. [...] Quando amo..., quando tenho saudades, essa realidade humano-existencial é uma unidade originária... que não é mediada *adequadamente* por meio do

---

15. *Curso fundamental da fé*. Introdução ao conceito de cristianismo. São Paulo: Paulus, 1989, p. 26-29. Alteramos ligeiramente a tradução para torná-la didática e teoricamente mais clara. O texto mostra a diferença e também a relação entre a fé e a reflexão da fé, assim como a importância de todos, também os leigos, refletirem a fé, embora o autor não explicite, como fizemos, as formas específicas dessa reflexão "teológica".

conceito cientificamente objetivante que se faz sobre ela. Todavia, devemos acrescentar que neste saber originário mesmo entra um momento de reflexão e, em sendo assim, de generalidade e de comunicabilidade espiritual...

A tensão entre saber originário e seu conceito... não é algo de estático. Tem uma história em duas direções:

1. A original autopresença a si do sujeito [...] busca sempre mais se traduzir no conceito, no objetivado, na linguagem, na comunicação com outrem. Toda pessoa busca dizer a outrem, sobretudo à pessoa amada, o que ela está sofrendo. E assim, nessa relação tensa entre saber originário e seu conceito,... existe a tendência para uma maior conceitualização, para a linguagem, para a comunicação e, portanto, também para o saber teórico sobre si mesmo.

2. Mas existe também o movimento em direção oposta... Uma pessoa que foi formada por uma língua comum e que foi instruída e doutrinada desde fora, talvez faça somente pouco a pouco a experiência clara do que está falando há bastante tempo. Somos precisamente nós, os teólogos, que sempre estamos expostos ao perigo de falar sobre céus e terra... mediante um arsenal quase ilimitado de conceitos... e talvez nem tenhamos realmente entendido desde a profundidade de nossa existência aquilo de que realmente estamos falando. Neste caso, a reflexão, o conceito e a linguagem retêm uma essencial orientação para aquele saber original, para aquela experiência originária em que significado e experiência são ainda uma unidade.

[...] Existe também no seio da teologia, em unidade e diferença indissolúveis, esse duplo movimento. [...] Deveríamos adquirir um saber conceitual cada vez melhor sobre o que experimentamos e vivemos antes de toda conceitualização, ainda que não inteiramente sem ela. E, em direção contrária, deveríamos sempre de novo mostrar que todos os conceitos teológicos não tornam a realidade presente à pessoa desde fora, mas antes são a expressão daquilo de que a pessoa já fez experiência e por que já passou nas profundezas de sua existência.>>

Capítulo 21

AS DIVISÕES DA TEOLOGIA E SUA ARTICULAÇÃO

Vamos aqui discutir o sistema das disciplinas teológicas e sua articulação interna. Para isso é preciso apreender a unidade superior da teologia e ao mesmo tempo sua diversidade. Sim, a teologia possui uma *unidade orgânica* de princípio, que, por ser a unidade de um organismo vivo, se articula em muitas funções, como veremos logo a seguir.

BREVE PERCURSO HISTÓRICO

1. Na *era dos Padres*, a teologia possuía uma *unidade simples*, por assim dizer indiferenciada. Desenvolvia os vários temas dentro de sua fundamental unidade. Não à toa a atividade teológica tinha o nome de *Doctrina Christiana*. Essa constituía a "visão cristã do mundo". Efetivamente, a teologia patrística é uma teologia profundamente unitária.

2. Na *Escolástica*, mantém-se a unidade fundamental. Mas dentro dela já se desenvolve certa divisão interna. Esta não rompe por certo a unidade originária da teologia. Torna-a somente mais complexa e diferenciada. É uma unidade teoricamente articulada.

De fato, nos inícios do século XII, a teologia se apresenta dividida em duas grandes disciplinas:

– a Sagrada Escritura, chamada *Sacra Pagina*, comentada na chamada *lectio*;

– e o Direito Canônico: comentário dos cânones e decretais, reunidos por Graciano (ca. 1140).

Ao lado dessa divisão surgem as primeiras expressões de uma teologia "sistemática": era a coleta e a sistematização das *quaestiones* teóricas que a *lectio* bíblica ia levantando. Abelardo († 1142) foi o primeiro a praticar esse procedimento em seu famoso *Sim e Não*, onde dirimia as *questiones* contraditórias das Escrituras por meio do duplo recurso: a *auctoritas* e a *ratio*.

Desse modo, surgiu o texto-base de toda a teologia medieval: os *Quatro livros das sentenças* de Pedro Lombardo, "o Mestre" († 1159). Veio em seguida toda a série das *Sumas teológicas*, das quais a de Santo Tomás é a mais conhecida[1].

---

1. Cf. VAGAGGINI, Cipriano. Teologia. In: BARBAGLIO, Giuseppe & DIANICH, Stefano (orgs.). *Nuovo Dizionario di Teologia*. 4. ed. Cinisello Balsamo (MI): Paoline, 1985, p. 1.705.

3. Nos *Tempos Modernos*, mais precisamente desde os fins do século XIV, há um processo de explosão da unidade teológica. A teologia vai se fragmentando em muitas disciplinas. Com o tempo, essas acabam se apresentando como paralelas ou justapostas umas às outras. Assim, a teologia já não possui mais uma unidade orgânica mas apenas formal. As rupturas se dão em vários níveis:

– Em relação à *Bíblia*, a teologia perde sua referência vital à Palavra de Deus, derivando cada vez mais para a especulação abstrata. Toma, ademais, um viés prevalentemente polêmico, como na grande obra de Belarmino († 1621) *Sobre as controvérsias*. A Bíblia termina no campo da chamada "teologia positiva", fazendo figura de disciplina meramente funcional em relação à "teologia especulativa";

– Em relação à *Espiritualidade*, a teologia já não mais consegue alimentar a vida espiritual da Comunidade cristã. O vazio assim criado leva ao nascimento da "teologia ascética e mística". Nesse campo brilham os nomes de Eckhart, Ruysbroeck, Tauler, Suso, Tomás de Kempis, Inácio de Loyola, Teresa d'Ávila, João da Cruz, etc.[2];

– Em relação à *Pastoral*, a teologia deixa de formar apóstolos, para fabricar doutores. Privada de bases teológicas consistentes, a ação pastoral vai tomando um perfil pragmatista, sacramentalista e jurisdicista. Dá finalmente origem à "teologia pastoral"[3]. No mesmo movimento nasce mais tarde, já em nosso século, a "teologia querigmática" com J.A. Jungmann, H. Rahner, Fr. Lakner, Fr. Dander, etc., assim como a "teologia prática".

Essas são as principais rupturas e as disciplinas autônomas que ensejaram. Mas existem outras rupturas com o consequente surgimento de disciplinas à parte:

– a *Teologia Moral*, que, destituída de sua base dogmática, se inclina para o moralismo;

– a *Apologética* (séc. XVIII), que se converte depois em *Teologia Fundamental*[4];

– a *História da Igreja*, e assim por diante.

---

2. Contudo, foi só em 1917 que apareceu a primeira cátedra de "espiritualidade", junto aos Dominicanos de Roma.

3. O primeiro uso desta expressão se deve a São Pedro Canísio, em 1556, tendo sido transformada em disciplina universitária em 1777 na Áustria de Maria Teresa e de José II: CONGAR, Yves. *La foi et la théologie*. Paris: Desclée, 1962, p. 182.

4. Cf. CONGAR, Y. Op. cit., p. 180-185; · SCHMAUS, Michael. *A fé da Igreja*. Vol. I. Petrópolis: Vozes, 1976, p. 188s.

Eis como se pode visualizar, segundo as várias épocas, o aparecimento das novas disciplinas a partir do desenvolvimento fragmentário da teologia:

Antiguidade	Idade Média	Reforma	Séc. XVIII	Séc. XIX
	Ciência bíbl. (*Sacra Pag.*)	Teol. posit.		
Teologia (ciênc. una)	Teol. Sistem. (*Sumas*)	Teol. polêm.	Apologét. Teol. past.	Teol. fund.
	Direito Can.			

4. *Atualmente*, a unidade da teologia é de tipo *fraco*. É uma "unidade enciclopédica"[5]. As várias disciplinas gozam de tal autonomia que acabam mantendo com as outras laços quase só referenciais.

Mas a partir de que princípios poderia se dar uma verdadeira unidade do universo teológico? Sobre isso voltaremos mais à frente.

Razões da fragmentação da unidade teológica

A razão mais geral da especialização da teologia é a dinâmica do próprio saber que vai naturalmente no sentido de uma *complexificação* crescente. Mas é preciso também dizer que a dinâmica do saber está embreada na dinâmica maior da história. De fato, as circunstâncias da vida e as necessidades concretas impulsionam poderosamente a teoria na direção de estudos analíticos cada vez mais específicos.

Mesmo assim, a teologia podia ter mantido sua unidade básica, embora mais complexa. Se tal unidade se perdeu é que deve existir uma razão própria para isso. Esta parece ter sido a *separação da teologia em relação à vida*.

---

5. A ideia de "unidade enciclopédica" é de COLOMBO, Giuseppe. *La ragione teologica*. Milão: Glossa 1995, p. 698, remetendo a K. Rahner.

De fato, vista em seu conjunto, a ruptura da unidade teológica se deu *entre a teoria (da fé) e a prática (da Comunidade)*: de um lado ficou a teologia especulativa e do outro se colocaram as várias teologias práticas, restando a Escritura relegada a um plano secundário.

Na verdade, o surgimento de "teologias especializadas" na Época Moderna se operou segundo as distinções:

– teologia especulativa versus teologia positiva;

– teologia dogmática versus teologia moral;

– teologia escolástica versus teologia espiritual[6].

As funções que tinham sido abandonadas pela Teologia escolástica acabaram com o tempo sendo preenchidas pela produção de teologias especiais, feitas sob medida e como que de encomenda: teologia espiritual, teologia pastoral, etc. Assim, essas novas teologias nasceram separadas do tecido orgânico da grande tradição teológica. Como se vê, jogam aí dois processos:

– o da *especialização* interna do próprio saber teológico, que levou ao desenvolvimento de tratados em forma de disciplinas autônomas;

– o da *dissociação da teologia em relação à vida*, que provocou, em reação, o surgimento de discursos teológicos novos, independentes da teologia profissional.

Isso já sugere, como veremos logo em seguida, quais as verdadeiras bases em que se fundamenta a unidade da teologia: de um lado, seu próprio tema; e, do outro, seu serviço à vida de fé.

Por que a teologia se separou da vida

Agora, se dermos um passo em frente e examinarmos os *motivos* que levaram a teologia a se afastar da vida, podemos descobrir vários:

1. O mais fundamental foi certamente a *aliança da Igreja com o Poder*. Isso não podia não levar a certa aristocratização da reflexão, fazendo perder de vista os

---

6. Cf. MARLÉ, René. Théologie pratique et spirituelle. In: LAURET, Bernard & REFOULÉ, François. *Initiation à la pratique de la théologie*. Paris: Cerf, 1982, t. I, p. 291; · COMBLIN, José. *História da teologia católica*. São Paulo: Herder, 1969, espec. p. 59-64: separação entre teologia e mística.

problemas mais pungentes da vida, particularmente dos pobres, em benefício de um refinamento especulativo[7].

2. Depois, para a cesura em discussão, contribuiu também a *incorporação da matriz cultural grega*, que, em geral, privilegia a atividade intelectual sobre a prática[8].

3. Enfim, temos, em consequência de tudo isso, a *entrada e o aninhamento da teologia no mundo da universidade*, que naturalmente permanece uma instituição afastada da prática direta e voltada mais para a pesquisa teórica[9].

Significativo é o fato de que as novas disciplinas teológicas que surgiram da Época Moderna para cá nasceram fora do ambiente universitário. A própria Doutrina Social da Igreja, pela qual o pensamento cristão finalmente enfrentou a candente "questão social", não foi criação de teólogos mas de homens de ação: leigos e pastores. O mesmo ocorreu com a Teologia da Libertação, que é filha da Pastoral e não da Academia.

Foi só com o Vaticano II que a vinculação positiva fé-vida, ou seja, a ideia de compromisso social voltou a fazer parte da agenda teológica. Mas já agora em termos realmente modernos, isto é, na ótica de uma "sociedade", entendida em sua autonomia própria, coisa que era impossível na "teologia política" antiga.

Tal assunção fora preparada já antes do Vaticano II pela "teologia da secularização", do lado germânico, e pela "teologia das realidades terrestres", do lado francófono. No pós-Vaticano II, com o impulso da legitimação conciliar, surgiram as várias teologias "sociais": do progresso, do desenvolvimento, da paz, da revolução, da violência, da política, da esperança e, por fim, a Teologia da Libertação.

---

7. Segundo J.H. Newman e J. Lebreton, foi cedo, já na época dos Padres, que se criou uma "fratura" ou "desacordo" entre a teologia dos bispos, provenientes dos grupos sociais privilegiados ou para aí elevados, e a fé vivida do povo – os "rudes": RUGGIERI, Giuseppe. *Il Regno Attualità*, 8, 15/04/1987, p. 214.

8. Cf. o brilhante ensaio "O ideal filosófico da vida" de JÄGER, Werner. *Aristotele*. Florença: La Nuova Italia, 1935 [orig. al. 1923], apêndice, p. 557-617, mostrando que não era estranho à filosofia grega o ideal prático, como se vê pelas vidas de Anaximandro, Parmênides, Zenão, Melissos, Empédocles e, segundo certa tradição, também Tales de Mileto e Pitágoras, ideal esse que Dicearco defendeu com energia contra Aristóteles.

9. Cf. ALBERIGO, Giuseppe. "Sviluppo e caratteri della teologia come scienza". *Cristianesimo nella storia*, 11 (1990), p. 257-274, mostrando que, tornando-se escolástica, a teologia, se ganhou em liberdade, perdeu em vinculação com a vida da Igreja e da Sociedade. E esse é também o perigo da teologia "escolástica" de hoje, ou seja, da teologia universitária.

PRINCÍPIOS DA UNIDADE TEOLÓGICA

Sobre o que se funda a unidade da teologia em suas diferentes disciplinas e em seus múltiplos tratados? Falamos aqui de uma *unidade complexa*. De fato, depois de dois mil anos de desenvolvimento, a teologia se complexificou enormemente. Isso pertence, aliás, à evolução de todo organismo superior, que vai especializando suas funções, sem com isso perder sua unidade orgânica. A teologia se tornou um só corpo, mas com muitos membros.

Ora, para os teólogos a complexidade da teologia pede, em termos institucionais, uma verdadeira "divisão *orgânica* do trabalho teológico". É uma unidade sempre possível, mas que não é dada de fato, precisando ser efetivamente construída. Depois da "unidade indiferenciada" dos Padres e da "unidade orgânica" dos Escolásticos, estaríamos fadados hoje a mera "unidade enciclopédica"[10]?

Aqui não nos deteremos sobre os mecanismos concretos pelos quais se pode construir essa unidade, como, por exemplo, nos termos de uma *Ratio Studiorum* ou mais simplesmente nos das regras regimentais de um currículo teológico integrado. Antes, nos limitaremos a fundar a unidade interna da teologia em bases estritamente teóricas.

Inspirando-nos nas indicações do Vaticano II, propomos dois princípios básicos:

1. A *Sagrada Escritura*, como "alma de toda a teologia";

2. A *Vida cristã*, como finalidade de todo saber teológico[11].

São os dois referenciais que propusemos também para a unidade das formas de teologia (Cap. 20, o anterior). Eis, pois, como poderia se figurar a unidade da teologia:

---

10. Cf. COLOMBO, G. Op. cit., toda a III Parte: "As disciplinas teológicas e o ensino da teologia": p. 627-801.

11. Cf. OT 16,1-2. Por sua parte, a Constituição Apostólica *Sapientia Christiana* de João Paulo II (1979) vai na mesma direção. Ela afirma que a unidade de todo ensinamento teológico se funda nas "razões intrínsecas dos próprios objetos". Especificando, refere-se ao "mistério de Cristo" e ao "anunciar" eficaz desse mesmo Mistério (art. 67, § 2). Joseph Doré põe dois eixos afins: o Mistério e a Cultura: *Pour l'unité de la théologie*. In: DORÉ J. (org.). *Introduction à l'étude de la théologie*. Paris: Desclée, 1992, t. II, p. 548-555. O mesmo autor havia discutido antes *Les facteurs de la diversité em théologie*: op. cit., p. 487-521 [onde apresenta também, de modo matizado, a "Teologia da Libertação": p. 500-508].

SAGRADA ESCRITURA

↑

AS VÁRIAS DISCIPLINAS TEOLÓGICAS

↓

VIDA CRISTÃ

Esses dois vetores básicos, que estruturam a unidade da teologia, são, por assim dizer, seu alfa e seu ômega. Ou seja: quanto mais a teologia arranca da Escritura, enquanto História da Salvação, e quanto mais deságua na vida de fé tanto mais unificada internamente se faz.

O primeiro princípio de unificação: a Palavra

O primeiro vetor, a *base bíblica*, ou por outras, a Revelação, possui sua unidade fundamental a partir da ideia de "analogia da fé". Esta, com efeito, quer evidenciar a homogeneidade profunda de todas as verdades teológicas. São verdades sinfônicas. Em teologia, tudo está ligado a tudo.

E é isso que permite superar o fragmentarismo analítico, a pulverização especialística dos ensaios ou o mero acúmulo enciclopédico do saber, enquanto busca, ao mesmo tempo, sínteses orgânicas, ainda que sempre abertas e plurais. Cada disciplina há de se situar dentro da *Doctrina Christiana*, como os instrumentos no seio de uma orquestra para a execução da mesma peça. Donde o princípio hermenêutico, avançado por Leão XIII na Encíclica *Providentissimus Deus* (1893):

> Deve-se tomar como norma suprema a doutrina católica... Donde há de se rejeitar por inepta e falsa aquela interpretação que, ou faz os autores inspirados se contradizerem de algum modo entre si, ou se opõe ela mesma à doutrina da Igreja[12].

---

12. Cf. DS 3283. Cf. tb. o "juramento antimodernista" (1910), contra a dissociação exegese – doutrina da fé: DS 3542.

O segundo princípio de unificação: a Vida

Quanto ao segundo vetor da unidade teológica: a *destinação vital ou prática* da teologia, deduz-se do primeiro como seu desdobramento. De fato, a verdade de fé é sempre *salutar*. Se o primeiro critério pode se dizer teológico, já o segundo é antropológico. Tais são, portanto, os dois nós que amarram as matérias teológicas mantendo-as em sua unidade respectivamente originária e teleológica[13].

Instrutivo é o caso da Teologia da Libertação. Esta conseguiu reencontrar a organicidade fundamental da teologia graças a seu horizonte específico – a libertação, que é ao mesmo tempo profundamente *bíblico* e decididamente *vital*. A partir daí se desdobrou em múltiplas achegas próprias: liturgia da libertação, ética da libertação, espiritualidade da libertação, cristologia da libertação, sem com isso perder a unidade de fundo. Articulam-se nessa teologia os dois enfoques que vimos (Cap. 3): o enfoque *originário* da fé, firmemente ancorado na Escritura, e o enfoque *secundo*, o da libertação, olhando decidido para a prática.

Os dois princípios unificadores aqui explicados, mostrarão mais claramente sua força integradora e sua eficácia quando, logo mais, expusermos, na linha do Vaticano II, a articulação interna das disciplinas teológicas.

COMO PODEM SE ARTICULAR AS DISCIPLINAS TEOLÓGICAS

Vejamos primeiro quais são essas disciplinas. Qualquer anuário acadêmico exibe a lista das mesmas. Um documento da Santa Sé enumera as que considera como obrigatórias[14]. No primeiro ciclo, seriam as seguintes disciplinas:

- Escritura: introdução e exegese;
- Teologia fundamental, incluindo Ecumenismo, Religiões não cristãs e Ateísmo;
- Teologia dogmática;
- Teologia moral e espiritual;

---

13. SCHLEIERMACHER, Friedrich D.E. em sua *Curta exposição do estudo teológico* de 1811, em que dividia o campo teológico em: "teologia filosófica" (dogmática), "teologia histórica" (positiva) e "teologia prática" (pastoral), sustentava que o princípio de unificação da teologia era o *objetivo* (pastoral) e não o *objeto* (teórico). Por sua parte, Wolfhart Pannemberg pensa o contrário: para ele é sobre seu objeto próprio que a teologia constrói sua unidade: in: *Epistemologia e Teologia*. Brescia: Queriniana, 1975, p. 237-242. Para nós, tais critérios não só não se opõem, mas se combinam, e isso por razões intrínsecas, como dissemos.

14. CONGREGAÇÃO PARA A EDUCAÇÃO CATÓLICA. *Sabedoria cristã*. Constituição Apostólica (1979), *Disposições para a aplicação da "Sapientia Christiana"* (1979), art. 51. São Paulo: Paulinas, 1981.

– Teologia Pastoral;

– Liturgia[15];

– História da Igreja, Patrologia e Arqueologia;

– Direito Canônico;

– Mais as disciplinas auxiliares e línguas bíblicas, além do latim.

Mas como se articula logicamente essa lista? Sigamos aqui as indicações do Vaticano II[16]. Neste, o sistema das matérias teológicas se organiza em três grandes partes: a *Sagrada Escritura*, que é como o tronco de toda a teologia; e depois seus dois grandes ramos: a *Parte teórica* da teologia e a *Parte prática*[17]. Expliquemos essas três partes.

1. *Sagrada Escritura*. É a "alma de toda a teologia" (OT 16,2). Diz alhures o Vaticano II que, da Escritura, deve estar toda impregnada a cultura de um Pastor (cf. PO 19,1). Já Trento afirmara, logo no início de seus trabalhos, que o Evangelho era "a fonte de toda verdade salutar e de toda disciplina dos costumes" (DS 1501).

Na área da "Sagrada Escritura" devemos colocar todas as disciplinas bíblicas, que constituem a base "positiva" primária da teologia:

– a Introdução à Sagrada Escritura;

– e a Exegese dos vários livros.

A Exegese, porém, como vimos no Cap. 8/1, só é completa se visa alcançar o sentido do texto para nós hoje. Como tal, ela não necessita desenvolver esse sentido, mas deve apontar para ele, abrir-se em sua direção, deixando-o para ser desdobrado, a seu tempo, por outras disciplinas. Volta-se, assim, a perceber que a unidade da teologia se constitui e se mantém em base à verdade bíblica, como fonte, e à finalização na vida, como fim.

---

15. Informemos que o primeiro a postular a inserção da liturgia entre as disciplinas teológicas foi o jesuíta português E. Azevedo em 1748: LIBÂNIO, João Batista & MURAD, Afonso. *Introdução à Teologia*. Perfil, enfoques, tarefas. São Paulo: Loyola, 1966, p. 231.

16. Cf. OT n. 13-21, espec. n. 16.

17. COLOMBO, G. *La ragione teologica*. Op. cit., p. 798-801, propõe a divisão das disciplinas teológicas em "sintéticas", que seriam a dogmática e a moral, e "analíticas", que seriam todas as outras. Embora não concordemos com esse sistema, podemos integrar em nossa proposta o positivo da distinção sugerida, dizendo que cada parte em que dividimos aqui o sistema da teologia possui a sua disciplina "sintética": a "teórica" tem o dogma e a "prática", a moral.

2. *Teologia dogmática*[18]. Poderíamos chamá-la "teologia teórica", pois sua finalidade principal e direta é o entendimento e a sistematização da fé. Foi outrora chamada, junto com a moral, de "teologia especulativa". E é, por vezes, designada hoje como "teologia sistemática", por oferecer uma visão sintética e orgânica das verdades teológicas[19].

O Vaticano II (OT 16,3) indica o método a se adotar no campo da teologia dogmática quando aborda uma verdade qualquer da fé:

1. Base bíblica;

2. Padres e História do dogma em questão;

3. Reflexão teórica ou especulação, "sob a guia de Santo Tomás"[20];

4. Análise de sua vivência na liturgia e na vida da Igreja;

5. Aplicações concretas.

Ora, a esse método corresponde basicamente o que expusemos aqui (Cap. 8, 9 e 10), em seus três momentos: positivo (Bíblia, Padres e História), construtivo (especulação) e prático (liturgia, vida da Igreja e aplicações). Note-se também aqui, como fizemos com a Escritura, que, embora vise direta e imediatamente o conhecimento, a dogmática deve apontar e se abrir, ela também, para a prática cristã e a vida em geral.

A "dogmática" ou "teórica" se ramifica em vários tratados: cristologia, trindade, pneumatologia, graça, escatologia, protologia (criação), eclesiologia, mariologia, etc.[21]

---

18. O primeiro que usou essa designação foi o teólogo protestante REINHART, L.F. *Theologia christiana dogmatica*, em 1661.

19. O vocabulário é hoje oscilante: "sistemática" para uns (G. Colombo, etc.) se identifica com a dogmática (seria um nome mais simpático); para outros (W. Beinert, etc.), além da dogmática, a sistemática inclui a moral, a teologia fundamental e ainda uma ou outra disciplina. Conclusão: o sentido é dado pelo uso (convencional), não pelo sentido do conceito (teórico).

20. Para o lugar de Tomás de Aquino na teologia segundo o Vaticano II, cf. *Excurso II*, no fim deste capítulo.

21. Chamamos de "disciplinas" as subdivisões *fundamentais* da teologia, como exegese, dogma, moral, liturgia, mística, etc.; e "tratados", as ulteriores subdivisões dentro daquelas subdivisões, como, por ex. no dogma, os tratados de cristologia, de eclesiologia, etc.

3. *"Outras disciplinas teológicas"*. O Vaticano II coloca aí todas as outras disciplinas, que não cabem nas duas categorias anteriores. É possível,
porém, falar aqui de "teologia prática". Efetivamente o ponto comum de
todas essas disciplinas é seu caráter prático, seja em termos de sua *finalidade* direta (a prática), ou de seu *conteúdo* (prático). Nessa categoria, encontramos as seguintes disciplinas:

- a Moral;
- a Liturgia;
- a História da Igreja;
- a Doutrina Social da Igreja[22];
- o Direito Canônico;
- o Ecumenismo;
- o Estudo das Religiões;
- a Pastoral;
- a Catequese;
- a Homilética, etc.[23]

Existe, por fim, toda uma série de *ciências auxiliares*, que não são teológicas, mas que a teologia utiliza como *mediações* a serviço de seu objeto
próprio:

- primeiro, a Filosofia;

- depois as Ciências humanas e sociais;

- em seguida, qualquer outro saber de que esta ou aquela disciplina
teológica precise, como, por exemplo, para a exegese, línguas antigas, filologia, arqueologia, etc.[24]

---

22. Cf. CONGREGAÇÃO PARA A EDUCAÇÃO CATÓLICA. *A Doutrina Social da Igreja na formação sacerdotal* (1988). Col. Documentos Pontifícios 229. Petrópolis: Vozes, 1989. A Doutrina Social da Igreja é ai proposta (n. 4) como "disciplina particular e autônoma", embora "em estreita relação com a Moral social"
via tratado da justiça, na linha da *Solicitudo Rei Socialis* (1987), n. 41. Quanto à relação entre a *Doutrina
Social da Igreja e Teologia da Libertação*, cf. livro com esse nome de IVERN, Francisco & BINGEMER, Maria Clara L. (orgs.). São Paulo: Loyola, 1994. É ocioso dizer que a *Teologia da Libertação* não consta entre
as disciplinas teológicas, precisamente porque constitui um *enfoque* (segundo, em verdade) que atravessa toda e qualquer teologia, e não tanto uma teologia à parte, com seu tema específico.

23. Para breve explicação dessas disciplinas cf. LIBÂNIO, J.B. & MURAD, A. *Introdução à teologia*. Op. cit.,
p. 212-237; · BEINERT, Wolfgang. *Introducción a la teología*. Barcelona: Herder, 1981, p. 166-170.

24. Cf. OT 15,1. O atual *Código de Direito Canônico*, cân. 252 segue a tríplice repartição sugerida pela
OT 16: Escritura, Dogmática (que definimos como o ramo "teórico") e "outras" (que nós situamos

Poderíamos representar a articulação das disciplinas teológicas sob a figura de uma árvore, assim:

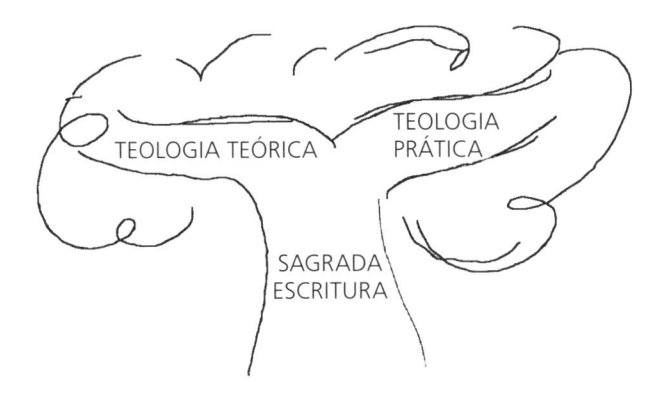

RESUMINDO

1. A unidade da teologia apresentou ao longo da *história* várias formas:

– na era dos Padres, era uma unidade *simples*;

– na Escolástica, uma unidade *complexa*;

– nos Tempos modernos, uma unidade *formal*, porque de fato fragmentada;

– e hoje, uma unidade *enciclopédica*.

2. A fragmentação da teologia em disciplinas mais ou menos autônomas se deve a várias causas, entre as quais:

– a especialização interna dos vários tratados;

– e mais ainda a dissociação da teologia em relação à vida da Comunidade.

3. A unidade da teologia se constrói a partir destes dois *princípios*:

– da Escritura, em sua base;

– da Vida cristã, em sua finalidade.

no ramo "prático"), entre as quais o Código elenca cinco indispensáveis: moral, pastoral, direito canônico, liturgia, e história eclesiástica; e ainda outras, ditas "complementares e especiais", que podem variar segundo o tempo e o lugar.

4. Seguindo o Vaticano II, temos concretamente, *três grandes divisões* da teologia:

1) a Escritura, como "alma de toda a teologia": sua raiz e seu tronco;

2) a Teologia dogmática, como "ramo teórico" da teologia;

3) e as outras disciplinas, como "ramo prático".

EXCURSO

"TENDO SANTO TOMÁS COMO MESTRE"

Essa é a expressão que usa o Vaticano II no Decreto *Optatam Totius* (16,2), referin-do-se ao estudo da teologia dogmática. Essa recomendação volta no *Código de Direito Canônico*, com uma atenuante: "tendo por mestre *principalmente (praesertim)* Santo Tomás" (cân. 252, § 3). Outra referência se encontra na declaração sobre a Educação, quando fala da unidade entre fé e razão: "Sigam as pegadas dos Doutores da Igreja, es-pecialmente (*praesertim*) de Santo Tomás de Aquino" (GE 10,1).

Mostra-se nessas três citações como Santo Tomás deve ser seguido não à letra, mas segundo seu espírito; não o repetindo, mas nos inspirando em seus princípios. Ele mes-mo tinha um pensamento aberto, móvel, laborioso, e mesmo hesitante e autocorretivo, como mostram os manuscritos autógrafos e como se vê quando se situa Santo Tomás no seu tempo. Tudo isso mostra o dinamismo do pensar do Aquinate, com seus limites e sua grandeza[25]. Seu pensamento não é a-histórico, como dava a entender o "tomismo", na medida em que transformou o pensamento do Doutor Angélico num sistema fechado e intocável. Na verdade, importa distinguir claramente Tomás e Tomismo, entre o que é "tomasiano" e o que é "tomista"[26].

---

25. Cf. PESCH, Hermann. *Tomás de Aquino*. Limite y grandeza de una teologia medieval. Barcelona: Her-der, 1992 [trad. it. Brescia: Queriniana, 1994]. Situando Santo Tomás em seu tempo, pode-se apreender sua atualidade em termos de libertação, como mostraram: THAI-HOP, Pablo. *Tomás de Aquino*: teólogo militante. Chimbote (Peru): IPEP, 1988; e BOFF, Clodovis. "Santo Tomás de Aquino e a Teologia da Liber-tação". *Revista Eclesiástica Brasileira*, 41 (1981), p. 426-442 [trad. cast. como separata de *Páginas* (Lima), n. 42 (1981); e trad. al. em *Wort und Antwort*, 26 (1985) 33-40 e 65-71].

26. Para uma introdução a Santo Tomás, além das obras aqui citadas, cf. CHENU, Marie-Dominique. *Introduction à l'étude de saint Thomas d'Aquin*. 3. ed. Paris: Vrin, 1974 [trad. it. Turim: Gribaudi, 1977]; RAMIREZ: Santiago. *Introdución a Tomás de Aquino*. BAC. Madri: Católica, 1975; · WEISHEIPL, J.A. *Tom-maso d'Aquino*. Vita, pensiero, opere. 2. ed. Milão: Jaca Book, 1994; · TORREL, J.P. *Tommaso d'Aquino*. L'uomo e il teologo. Casale Monferrato (AL): Piemme, 1994; · BIFFI, Inos. *La teologia e un teologo*. Casale Monferrato (AL): San Tommaso d'Aquino, 1984.

Santo Tomás se recomenda de modo todo particular ao teólogo devido às seguintes virtudes:

– *Clareza intelectual*. "Fala sempre *formalmente*" (Cajetano, † 1534), buscando o elemento próprio ou distinto das coisas;

– *Simplicidade de linguagem*. Nada tem de retórico e empolado;

– *Honradez de pensamento*. É sempre honesto com a verdade;

– *Respeito à tradição*. Faz jus aos Padres, especialmente a Agostinho e a todo grão de verdade que vê brilhar;

– *Sistematicidade*. De que é exemplo inexcedível a Suma Teológica;

– *Redução* das questões particulares a princípios primeiros;

– *Unidade e distinção* entre as várias dualidades: razão e revelação, natureza e graça, Aristóteles e Evangelho[27];

– *Senso do mistério*, junto com a coragem do conceito[28].

Para se dar conta disso, nada melhor que a frequentação de Santo Tomás, especialmente da sua obra-prima: a *Suma Teológica*[29].

LEITURA

VATICANO II:

O sistema teológico segundo o "Optatam Totius"[30]

<<16. As disciplinas teológicas devem ser ensinadas à luz da fé e sob a direção do Magistério da Igreja. Assim os estudantes podem acuradamente haurir da

---

27. Para a capacidade sintética de Santo Tomás, cf. ECO, Umberto. Elogio de Santo Tomás de Aquino. In: ECO, U. *Viagem na irrealidade cotidiana*. Rio de Janeiro: Nova Fronteira, 1984, p. 331-342 [escrito em 1974 por ocasião do VII centenário da morte de Santo Tomás].

28. Seguimos aqui RAHNER, Karl. Tomismo. In: RAHNER, Karl & VORGRIMLER, Herbert. *Diccionario Teológico*. 2. ed. Barcelona: Herder, 1970, col. 738-739. Cf. também RAHNER, K. Significado actual de Santo Tomás de Aquino. In: VV.AA. *Teología y mundo contemporaneo*. Homenaje a K. Rahner. Madri: Cristiandad, 1975, p. 34-38.

29. Cf. a edição bilingue português/latim da *Suma*, trad. de Alexandre Corrêa, Ed. Escola Superior de Teologia S. Lourenço de Brindes/Universidade Caxias do Sul/Sulina, Caxias do Sul/Porto Alegre, 1980, com a competente *Introdução* de Martin Grabmann, p. XIX-LXVI. A *Opera omnia*, dita "leonina", começada em 1822, em Roma, chegou, em 1992, ao vol. 50.

30. As notas de rodapé foram aqui omitidas.

Revelação divina a doutrina católica, nela penetrar profundamente, torná-la alimento da própria vida espiritual, anunciá-la, expô-la e defendê-la no ministério sacerdotal.

Com particular diligência se formem os estudantes no estudo da *Sagrada Escritura*, que deve ser como que a alma de toda a teologia. Após conveniente introdução, sejam iniciados cuidadosamente no método exegético, conheçam os temas principais da Revelação divina, recebam incentivo e alimento na leitura e meditação diárias dos Livros sagrados.

Disponha-se a *Teologia Dogmática* de tal modo que sejam propostos em primeiro lugar os próprios temas bíblicos. Levem-se então ao conhecimento dos estudantes as contribuições que os *Padres* da Igreja do Oriente e do Ocidente deram para a fiel transmissão e desenvolvimento de cada verdade da Revelação e também para a ulterior História do dogma, considerando-se outrossim sua relação com a História geral da Igreja.

Em seguida, para ilustrar quanto possível integralmente os Mistérios da salvação, aprendam os estudantes a penetrá-los com mais profundeza e a lhes perceber o nexo mediante a *especulação*, tendo Santo Tomás como mestre. Aprendam a reconhecê-los sempre presentes e operantes nos atos litúrgicos e em toda a vida da Igreja; a procurar as soluções dos problemas humanos sob a luz da Revelação; a aplicar suas verdades eternas à mutável condição das realidades humanas; e a comunicá-las de modo adaptado às pessoas de hoje.

As outras disciplinas teológicas sejam igualmente restauradas por um contato mais vivo com o Mistério de Cristo e a História da Salvação. Consagre-se cuidado especial ao aperfeiçoamento da *Teologia Moral*, cuja exposição científica, mais alimentada pela doutrina da Sagrada Escritura, evidencie a sublimidade da vocação dos fiéis em Cristo e sua obrigação de produzir frutos na caridade, para a vida do mundo. Na exposição do *Direito Canônico* e no ensino da *História Eclesiástica* se atenda igualmente para o Mistério da Igreja, segundo a Constituição Dogmática *De Ecclesia*, promulgada por esse Santo Sínodo. A *Sagrada Liturgia*, que deve ser tida como a primeira e necessária fonte do espírito autenticamente cristão, seja ensinada a teor dos artigos 15 e 16 da Constituição sobre a Sagrada Liturgia.

Tomando-se convenientemente em consideração as situações das várias regiões, sintam-se os estudantes levados a conhecer mais completamente as *Igrejas e Comunidades eclesiais separadas* da Sé Apostólica Romana, para poderem contribuir na restauração da unidade de todos os cristãos, segundo as normas deste Santo Sínodo.

Sejam iniciados também no conhecimento das outras Religiões mais espalhadas na respectiva região, para distinguirem melhor o que, por disposição divina, têm de bom e de verdadeiro, para aprenderem a refutar os erros e a comunicar a plena luz da verdade aos que não a possuem.>>

Capítulo 22

MODELOS HISTÓRICOS DE PRÁTICA TEOLÓGICA

Interessa-nos aqui saber como foi praticada a teologia durante a história. Nossa tarefa não é fazer a história da teologia em relação aos seus conteúdos, mas descrever os *modelos* de seu exercício em termos de sua metodologia.

Os modelos serão apresentados na forma de "tipos ideais", construídos que são – como se sabe – a partir de seus traços mais marcantes, ou seja, de suas características[1]. Vale também dizer que o objetivo deste trabalho é mais didático do que teórico.

Vamos logo abaixo colocar o quadro sinótico desses modelos, montados segundo alguns parâmetros, de sorte que possamos ter o perfil de cada modelo, sempre de acordo com o critério que aqui temos em vista: o *modo* de fazer teologia.

---

[1]. Preferimos o conceito "modelo", mais corrente e menos de moda que o de "paradigma". Este último foi lançado por Th. Kuhn e é entendido como esquema ou padrão geral que permite solucionar os problemas de uma ciência. Esse conceito foi usado também por Hans Küng em *Une théologie pour le 3e. millénaire. Pour un nouveau départ oecuménique*. Paris: Seuil, 1989; e igualmente em *Christianity. The Religious Situation of Our Time*. Londres: SCM Press Ldt, 1995. Para o confronto da teologia no Brasil com o conceito de "paradigma" cf. DOS ANJOS, Márcio Fabri (org.). *Teologia e novos paradigmas*. São Paulo: Soter/Loyola, 1996, espec. LIBÂNIO, João Batista. *Diferentes paradigmas na história da teologia*, p. 35-48, retomado em LIBÂNIO, J.B. & MURAD, A. *Introdução à Teologia*. São Paulo: Loyola, 1996, p. 285-333. Aí se oscila entre o sentido (mais formal), próximo a "modelo", e outro (mais conteudístico), correspondente a "perspectivas", como as relativas a gênero, etnia, ecologia, etc. O trabalho de Libânio mescla os dois sentidos.

Esquema dos modelos históricos

1. CORRENTES	2. GÊNERO	3. PROBLEMÁTICA	4. DESTINATÁRIOS	5. OBJETIVO	6. MEDIAÇ. CULT.	7. TIPO DE TEOL.	8. REPRESENTANTES
I. PATRÍSTICA	*INTELLECTUS, COGITATIO, GNOSIS-SAPIENTIA*	SOTERIOLOGIA CRISTOLOGIA TRINDADE	POVO DE DEUS	EDUCAÇÃO DA FÉ	HELENISMO: PLATONISMO ESTOICISMO	PASTOR	ORÍGENES AGOSTINHO
Monástica	*Meditatio*	Espiritualidade	Monges e clero	Edificação espiritual	Neoplatonismo	Monge	Bernardo Os Vitorinos
Bizantina	Coment. dos Padres	Encarnação Divinização	Povo cristão	*Gnósis*	Alegorismo	Contemplativo	Pálamas Cabasilas
II. ESCOLÁSTICA	*RATIO, SCIENTIA, QUAESTIO*	CONJUNTO DA *DOCTRINA CHR.*	CRISTANDADE ESTUDANTES	SISTEMA DOUTRINÁRIO: SUMA	*RATIO* METOD.: ARISTOTÉLICA, PLATON.-AGOST.	DOUTOR	TOMÁS DE AQUINO BOAVENTURA DUNS SCOTUS
Escolástica posterior	*Disputatio* Manuais (teses)	Tratadística: Assuntos isol.	Seminários Clero	Defesa da fé	Filos. escol. + ciênc. posit.	Polemista	Belarmino Esc. Salamanca
Teologia da Reforma	*Disputatio*	Sagr. Escrit. espec. Paulo	Cristandade	Reforma ecles.	Ciênc. posit.	Reformador	Lutero Calvino
III. TEOLOGIA MODERNA	REFLEXÃO ENSAIOS	ANTROPOLOGIA	HOMEM MODERNO	INCULTURAÇÃO NA MODERNIDADE	CULT. MODERNA	PENSADOR	SCHLEIERMACHER BARTH RAHNER
TEOL. DA LIB.	CRÍTICA E PRÁTICA	FÉ LIBERTADORA	PREFER. POBRES	COMPROMISSO	CIÊNCIAS SOC.	INT. ORGÂNICO	GUTIÉRREZ

EXPLICAÇÃO DOS MODELOS[2]

Identificamos três *modelos maiores* de fazer teologia: a Patrística, a Escolástica e a Teologia atual. Quando confrontados, deixam emergir claramente seus traços distintivos. Cada um revela a maneira de teologizar correspondente à sua época. Poderíamos, grosso modo, dizer que a Patrística é a teologia do primeiro milênio; a Escolástica, do segundo milênio e a Teologia atual, do terceiro milênio.

Importa também notar que os dois primeiros modelos maiores possuem duas variantes ou "modulações". A Patrística se desdobra em Grega e Latina e a Escolástica em Tomista e Franciscana (só mais tarde entra a Suareziana).

Acrescentemos ainda que entre um modelo maior e outro aparecem *modelos menores*, os quais também vão por pares. Assim, entre a Patrística e a Escolástica, temos a Teologia Monástica e a Bizantina; entre a Escolástica e a Atual, temos a Escolástica Posterior e a Teologia da Reforma.

Para uma leitura mais proveitosa do esquema acima, vão, logo a seguir, algumas explicações. Limitamo-nos aos modelos maiores, bastando para os modelos menores as indicações do esquema.

1. Modelo patrístico

Corresponde à Antiguidade, mais precisamente ao primeiro milênio. Foi a primeira grande teologia, a da "Igreja una", antes do cisma do Oriente (1054). Sua idade de ouro é o século IV.

A primeira escola de teologia sistemática foi o "Didaskaleion" de Alexandria, fundado no fim do século II. Orígenes, seu maior representante, nos dá a primeira síntese dogmática, em *Dos Princípios*.

---

2. Para elaborar esses modelos nos servimos espec. de: CONGAR, Yves. *La foi et la Théologie*. Paris: Desclée, 1962, III Parte: "Breve história da teologia": p. 207-272; · ROVIRA BELLOSO, José María. *Introducción a la Teología*. Col. BAC/Manuales 1. Madri: [s.e.], 1996, p. 58-70; · BEINERT, Wolfgang. *Introducción a la teología*. Barcelona: Herder, 1981, 25-45 e 196-203; · COMBLIN, José. *História da teologia católica*. São Paulo: Herder, 1969, p. 5-136; · VAGAGGINI, Cipriano. Teologia. In: BARBAGLIO, Giuseppe & DIANICH, Severino (orgs.). *Nuovo Dizionario di Teologia*. Milão: Paoline, 1985, p. 1.607-1.655; · MATHON, G. & DUQUOC, Ch. Théologie. In: MATHON, G. & BAUDRY, G.H. (orgs.). *Catholicisme*. Paris: Letouzey et Ané, 1996, t. XIV, col. 1009-1099. Cf. ainda LAFONT, Ghislain. *Histoire théologique de l'Église catholique. Itinéraire et formes de la théologie*. Col. Cogitatio fidei 179. Paris: Cerf, 1994.

O modo de fazer teologia dos Padres se prolongou na chamada Teologia Monástica e, mais tarde, na Escola Franciscana. É, na verdade, um modo permanente de fazer teologia. Ainda hoje há teólogos que teologizam ao modo sapiencial dos Padres, como J.H. Newman, R. Guardini, K. Barth e D. Bonhöffer.

Gênero

A teologia é aqui concebida como *cogitatio fidei* no sentido da "ruminação" dos Mistérios da fé. Não é ainda reflexão sistemática, a não ser num ou noutro tratado (Trindade, Divindade de Cristo, Espírito Santo, etc.).

A *sapientia* ou, se quisermos, a *gnôosis*, como compreensão globalizante, saborosa, íntima e intuitiva da fé, é o modelo da "razão" dos Padres. Mais do que de *ratio* (*logos*), trata-se aqui do *intellectus* (*noûs*). Trata-se de uma espécie de "contemplação intelectual" (*theoria*), onde um pensamento autoimplicativo esposa a quentura do seu tema.

Problemática

É o tempo dos quatro ou, melhor, dos sete primeiros grandes Concílios, onde se discutem sobretudo questões cristológicas e em geral as trinitárias, vistas em relação à salvação. Contudo, os Padres abordam também outros problemas teológicos que a vida concreta das igrejas vai suscitando. Em geral, escrevem impelidos pelas heresias que aparecem. Daí o tom por vezes polêmico de seus escritos.

Destinatários

É em geral o Povo de Deus, de que os Padres são responsáveis. Mas pode acontecer que os destinatários sejam outros pastores, simples amigos ou monges, como se vê pela correspondência epistolar.

Objetivo

Os Padres, porque verdadeiros "pais na fé", são os "educadores" da Igreja (Y. Congar). Escreveram para fazer a consciência da fé crescer, até adquirir a estrutura interior que hoje tem. Foi em seu tempo e por obra deles que se estabeleceram as quatro instituições básicas da Igreja: o cânon das Escrituras, a regra da fé (Credo), o quadro estrutural da liturgia e a forma fundamental da teologia cristã[3].

Mediações culturais

Apesar de suas reservas evidentes e até explícita rejeição em relação às filosofias antigas, os Padres são filhos da cultura do tempo. Ora, esta era profundamente impregnada do helenismo do tempo, com seu duplo corte: platônico e estoico. Em alguns há influências claras de aristotelismo, como em Cirilo de Alexandria († 444), Leôncio de Bizâncio († 534), João de Damasco († 749) e Fócio († 892).

Tipo de teólogo

Os Padres são em sua grande maioria bispos. São, portanto, Pastores e como tais é que teologizam. Sua preocupação central é a construção da Comunidade e sua missão no mundo.

Representantes

As duas maiores inteligências da Patrística são, sem dúvida alguma, Orígenes, para o Oriente, e Agostinho, para o Ocidente. Esses dois merecem, sem contestação, o título de "gênios".

2. Modelo escolástico[4]

Corresponde à Idade Média. Seu apogeu se situa no século XIII. Foi quando a teologia entrou na universidade e se fez disciplina escolar ao lado de outras disciplinas: as artes (a filosofia), a medicina e o direito. Era, aliás, considerada a "rainha" de todas elas.

---

3. Cf. RATZINGER, Joseph. *Natura e compito della teologia*. Milão: Jaca Book, 1973, p. 157-160.

4. Cf. GRABMANN, Martin. *Die Geschichte der scholastichen Methode*. Freiburg in Breisgau: Herder, 1909; nova ed. Berlim, 1957 [trad. it. *Storia del metodo scolastico*. Florença: La Nuova Italia, 1980].

Gênero

A teologia desenvolve a inteligência da fé na forma das *rationes*. Arranca das *auctoritates*, especialmente dos *articuli fidei*, e se constrói como o sistema de uma *scientia*. Vem travejada pelas *quaestiones*, que nascem nos interstícios da *lectio* da Sagrada Escritura e se prolongam nas *disputationes*.

Problemática

Sendo ciência, a teologia busca a sistematicidade. Daí por que sua temática entende cobrir toda a área da fé, ou seja, a *Doctrina Christiana* por inteiro. O ambiente acadêmico em que se desenvolve, fora da vida normal, favorece uma visão teórica da fé, visão de conjunto e bem equilibrada, mas perdendo em fecundidade pastoral e histórica.

Destinatários

Os Doutores escolásticos têm diante dos olhos a *societas christiana*, integrando, na confissão cristã, Igreja, Estado e sociedade civil. Nesse sentido, a Escolástica não era sem significação política, e nem sempre de modo indireto. Os destinatários imediatos, contudo, eram os *estudantes*, que na verdade representavam a elite da época, seja clerical, seja leiga, constituindo esta de fato a burguesia ascendente.

Objetivo

O que queria a Escolástica era dar racionalmente conta da fé, chegar ao sistema teórico da *Doctrina christiana*. Essa intenção tomou forma nas famosas *Sumas* que produziu.

Mediações

O instrumento orgânico da Escolástica foi a "dialética", entendida como o uso metódico da razão. A forma concreta dessa razão era no tempo o Aristotelismo, primeiro em seus tratados lógicos e depois nos conteudísticos: metafísica, ética, política e cosmologia.

Contudo, Platão permaneceu como a referência principal de algumas correntes, como a dos Vitorinos e a dos Franciscanos. Era, porém, um Platonismo moldado por Agostinho, a grande autoridade patrística de toda a Idade Média.

Tipo de teólogo

É o tipo adequado ao seu lugar de produção, a escola, a academia. É, pois, o Doutor, ou, como se dizia então, o *Magister in Sacra Pagina*. É uma figura muito diferente da dos Padres, ainda que não excluísse de todo o ofício da pregação.

Representantes

Santo Tomás († 1274) é o doutor escolástico mais influente na história. Todavia, a Escola Franciscana possui grandes figuras: além do Mestre Alexandre de Hales († 1245), sobressaem São Boaventura († 1274) e o Beato João Duns Scotus († 1308).

Nota sobre a Escolástica Posterior[5]

Essa corrente (séc. XVI) tomou duas orientações:

– uma mais *especulativa*, seguida pelos grandes tomistas: Capréolo († 1444) e João de Santo Tomás (português, † 1644), ambos dominicanos, e que decaiu na chamada "teologia das conclusões";

– e uma mais *positiva*, animada por um claro interesse apologético, de que o jesuíta Petávio ou Petau († 1652) é o representante mais qualificado.

Melchior Cano († 1560) realizou a síntese de duas orientações. Mas seu método em seguida se degradou na forma de uma teologia que via a Escritura e as outras autoridades da fé, não como princípios para construir a teologia, mas como materiais para calçar teses preconstituídas. É a chamada teologia da *thesis probatur*, que depois foi acrescida compensatoriamente, em alguns autores como Contenson († 1674), do *scholion pietatis* (apêndice da piedade).

---

5. Cf. VAGAGGINI, C. *Teologia*. Op. cit., p. 1.628-1.632.

Cumpre dizer que no século passado surgiu a Neo-escolástica, nascida em Lovaina (Bélgica) e homologada por Leão XIII com a Encíclica *Aeterni Patris* (1879) e que teve em Billot, SJ, e Garrigou-Lagrange, OP, os maiores expoentes. Mas é evidente que a esta altura a teologia já está vivendo num autêntico *apartheid* cultural.

3. Modelo da teologia moderna

Dizemos teologia "moderna", não simplesmente por se tratar de uma corrente atual, mas porque tal teologia se quer contemporânea dos desafios, seja pessoais, seja sociais, que a modernidade coloca à fé[6]. Efetivamente, há teologias "atuais" que não são "modernas", mas apenas repristinações de teologias culturalmente peremptas, como a Neo-escolástica ou a Apologética, tais como são ainda administradas hoje em alguns institutos de formação.

Gênero

A Modernidade, especialmente em seu apogeu iluminista, se caracteriza pelo culto da razão emancipadora, ligada às ideias da ciência e do progresso. Pensando na atual cultura moderna, podemos falar mais largamente de *reflexividade* como tipo de sua racionalidade. Trata-se de um saber crítico e autocrítico. Aplicando-se inicialmente também ao campo da ética e da religião (e nem sempre em sentido negativo), a *ratio* moderna acabou reduzida a um saber "instrumental", sobretudo "tecno-econômico"[7]. Sendo no fundo uma "razão de poder", necessita ela mesma de crítica e de superação, partindo da interrogação metafísica sobre a essência da verdade[8].

---

6. Falamos aqui em "modernidade" no sentido largo, compreendendo inclusive o que hoje se chama de "pós-moderno", que pode ser compreendido como forma de "alta modernidade", "modernidade radicalizada", "avançada" ou "tardia", segundo concepção de GIDDENS, Antony. *As consequências da modernidade*. São Paulo: Ed. Unesp, 1991, p. 51-58, espec. o interessante quadro comparativo "pós-modernidade" e "modernidade radicalizada", p. 150.

7. Cf. TRACY, David. "Dar nome ao presente". *Concilium*, 227 (1994/1), p. 66-87, aqui p. 70-74.

8. Cf. COLOMBO, Giuseppe. *Perché la teologia*. Brescia: La Scuola, 1980, p. 81-84: Modernidade como "cultura do poder". FABER, R. *Abendland. Ein Kampfbegriff.* Hildesheim, 1979, mostrou que o "Ocidente" é também uma ideologia de luta, de *hybris*, domínio e expansão. Deve-se referir aqui também M. Heidegger e toda sua crítica ao *Vernunft* (razão) como inimigo do *Denken* (pensar).

O gênero "ensaio", que a teologia moderna prefere adotar, se presta melhor ao esforço trabalhoso e ingente (porque urgido pelo atraso histórico) de confrontar a *ratio fide illustrata* com a racionalidade moderna. Nesta teologia, raras são as sínteses fortes, mas essas ainda podem-se ver em K. Barth, P. Tillich e H.U. von Balthasar.

Problemática

As teologias modernas apresentam grandíssima variedade. Por isso, é mister aqui falar no plural. Contudo, na medida em que levam realmente a sério a problemática moderna, têm como referência comum a atenção, não mais ao polo *ontológico* ou objetivo da fé (doutrina), mas sim ao seu polo *antropológico*, ou seja, à sua dimensão humana, pessoal, subjetiva, imanente, vivencial, experiencial ou prática. Fala-se nesse sentido da "virada antropológica" da teologia[9].

Contudo, tal preocupação pelo "antropológico" se dá em dois níveis: no nível *individual*, preferido pelas teologias de corte "liberal"; e no nível *social*, privilegiado pelas "teologias sociais". O que as teologias modernas

---

9. Nisso, a teologia protestante, com F. Schleiermacher († 1734), se antecipou, na passagem do séc. XVIII-XIX, à católica, a qual, só enfrentou o diálogo teológico com a razão moderna no séc. XX, após a restauração da escolástica no fim do séc. XIX. Karl Rahner é o teólogo católico mais significativo da "virada antropológica", e isso desde 1937, com seu *Ouvinte da Palavra*, publicado em 1941, onde funda o método teológico-transcendental, segundo o qual toda afirmação sobre Deus implica uma afirmação sobre o ser humano. Mas a data formal da "virada antropológica" de Rahner pode ser fixada em 1966, quando de sua conferência em Chicago sob o título "Teologia e Antropologia", que se pode encontrar em RAHNER, K. *Teologia e Antropologia*. São Paulo: Paulinas, 1969, cap. 1, p. 13-42 [trad. it. in: *Nuovi Saggi*, III. Roma: Paoline, 1969, p. 45-72]. Cf. mais amplamente: VV.AA. *Dimensione antropologica della teologia*. Atti del IV Congresso ATI, Milão, 1991; SPLETT, J. "Anthropo-Theologie". *Theologie und Philosophie*, 48 (1973), p. 351-370. É conhecida a reação de K. Barth e de seus seguidores ao antropologismo moderno. A conversão redutora e sem resto da teologia em antropologia já fora o programa de L. Feuerbach, para quem "o segredo da teologia é a antropologia", e foi também a herança assumida alegre e apressadamente por K. Marx e Cia. Confessa Feuerbach: "A finalidade de meus trabalhos é fazer dos homens não mais teólogos mas antropólogos, levá-los do amor de Deus ao amor dos seres humanos, das esperanças do além ao estudo das coisas do aquém": apud KLOPPENBURG, Boaventura. *O cristão secularizado*. Petrópolis: Vozes, 1971, p. 58. Em carta ao pai em 22 de março de 1825, quando tinha 21 anos, falando da teologia que tinha feito, escreve: "É uma bela flor murcha..., uma etapa hoje superada de minha formação, uma determinação de meu ser já desaparecida... Ela não me entrega mais meu pão cotidiano, o alimento necessário para meu espírito... A Palestina é por demais estreita para mim": apud XAUFFLAIRE, Marcel. *Feuerbach et la théologie de la sécularisation*. Col. Cogitatio Fidei 45. Paris: Cerf, 1970, p. 31. Cf. tb. aí as respostas de S. Kierkegaard e K. Barth ao redutivismo feuerbachiano (p. 307-318).

querem saber agora é o que vale, significa ou implica a verdade da fé *para mim*, ou então *para nós*[10].

O Vaticano II, com sua intenção declaradamente "pastoral", quis responder a essa preocupação da cultura moderna. Não se trata, segundo o Concílio, de *renunciar* à fé objetiva, mas antes de *re-anunciá-la* aos homens e mulheres de hoje. Por isso, o Concílio não se centrou na *doutrina*, mas na *vida* de fé. Sua grande divisa foi o *aggiornamento*, a renovação.

E é nessa linha que se situa a proposta teológico-metodológica sugerida pelo Vaticano II, que põe em jogo três momentos fundamentais, que já mencionamos (Cap. 21), o 3º dos quais é precisamente a atualização vivencial da fé[11]. Neste sentido, a "teologia moderna" se reaproxima do "modelo gnóstico-sapencial" dos Padres, que foi, aliás, também o modelo do Novo Testamento, da Primeira Idade Média e inclusive da Idade Média "monástica"[12].

À diferença da Teologia antiga, a atual tem naturalmente sua *particular sensibilidade histórica*, marcada justamente pela cultura moderna. Por isso põe em destaque:

– o *sujeito* como ponto de partida de sua reflexão e não apenas como ponto de chegada, como era no modelo patrístico;

– a dimensão *secular* das "realidades terrestres" ou a autonomia das "causas segundas";

– o senso de *historicidade* nas várias formas da fé;

– a sensibilidade *social*;

– a atenção às questões da *linguagem* e da *interpretação* (hermenêutica);

– a intenção *prática*[13].

---

10. Para caracterizar a dimensão antropológica da teologia moderna, cf. VAGAGGINI, G. *Teologia*. Op. cit., p. 1.632-1.650, aqui p. 1.647. Para uma visão sintética da teologia hoje, cf. ARDUSSO, Franco. Teologia contemporanea. In: BARBAGLIO, Giuseppe & DIANICH, Severino (orgs.). *Nuovo Dizionario di Teologia*. 4. ed. Milão: Paoline, 1985, Supplemento 1, 1982, p. 2.051-2.067. Afirma que as teologias modernas têm duas preocupações: retomar a Palavra de Deus e se confrontar com a Cultura moderna.

11. Segundo VAGAGGINI, C. Op. cit., p. 1.645, em base a OT 16,3. Sintomático é o fato de que Y. Congar se sentiu na obrigação de, após o Vaticano II, inserir um folheto em seu livro *La foi et la théologie*, editado em 1962, para dizer que hoje, além de se rever a ideia de Revelação, se deveria também rever a teologia da fé, pensando-a "em sua relação com o homem".

12. Cf. VAGAGGINI, C. Op. cit., p. 1.607-1.620.

13. Cf. INSTITUTO DIOCESANO DE ENSINO SUPERIOR DE WÜRTZBURG. Vol. VI. *Teologia para o cristão de hoje*. São Paulo: Loyola, 1979: "Problemas fundamentais e temas centrais da teologia moderna", aqui p. 91-140.

Destinatário

É o "mundo moderno", enquanto secularizado e pluralista. Trata-se então de uma teologia *ad gentes, ad neopaganos*. Ela visa a evangelização, mais propriamente, a "Nova Evangelização"[14].

Uma linha da teologia moderna, da "primeira ilustração", dirige-se ao "homem moderno" como tal, enquanto outra, a da "segunda ilustração", volta-se para as vítimas da modernidade: os excluídos. Assim, entre outras, a Teologia da Libertação[15].

Objetivo

A teologia moderna busca "inculturar" a fé no universo da modernidade, que nasceu de matrizes cristãs, mas que delas se "emancipou" parcial ou totalmente.

Mediações culturais

A teologia moderna entende assumir o *logos* da modernidade enquanto *logos* "positivo", isto é, na medida em que "põe adiante" o peso próprio das realidades naturais e humanas. Busca, contudo, superar seus limites em direção de um pensar aberto ao transcendente, embora esse intento nem sempre tenha tido êxito (teologia liberal, teologias da práxis redutoras).

A nível da *Mediação Filosófica*, a teologia moderna tem com a filosofia uma relação tópica, fragmentada, inclinando-se para o ecletismo. O próprio Vaticano II, nesse campo, mostrou-se pouco definido, ainda que, ao mesmo tempo, aberto (cf. **OT 15**).

---

14. "Nova Evangelização" é o grande lema do pontificado de João Paulo II: *Redemptoris Missio*, n. 33-34 e *Chistifideles Laici*, n. 34. Foi também um dos grandes temas da IV Celam (1992): *Documento de Santo Domingo*, n. 23-30, 97 e 129-131. Mas a problemática já tinha sido muito bem captada por Paulo VI na *Evangelii Nuntiandi*, n. 52, 55-56.

15. Diferença de destinatários ressaltada por Gustavo GUTIÉRREZ, como notamos no Cap. 13. Para isso cf. tb. VIDALES, Raúl. El sujeto histórico de la teología de la liberación. In: PIXLEY, Jorge V. & BASTIAN, Jean-Pierre (orgs.). *Praxis cristiana y producción teológica*. Salamanca: Sigueme, 1979, p. 17-30. A "primeira Ilustração" ficou no esclarecimento racional; a "segunda Ilustração" quis passar para o plano da realização histórica da razão: cf. TABORDA, Francisco. "Fé cristã e Práxis histórica". *Revista Eclesiástica Brasileira*, 41 (1981), p. 250-278, aqui p. 251s.

Tipo de teólogo

O teólogo moderno pode ser qualificado como "pensador" religioso. Não é o doutor antigo, dono de uma sólida cultura sintética. Longe dele a ideia de um pensamento desligado da problemática cultural do tempo. Seu lado forte é exatamente o *propter homines* da fé. Nesse sentido, além de pensador ou, melhor, como pensador, o teólogo moderno é visto como um guia das consciências ou um mestre do pensar, mas sempre no contexto do diálogo cultural.

Representantes

Podemos aqui indicar, em primeiro lugar, o chamado "pai da teologia liberal": F. Schleiermacher, e ainda dois dos maiores teólogos das igrejas evangélica e católica: respectivamente Karl Barth e Karl Rahner.

O MODELO PARTICULAR DA TEOLOGIA DA LIBERTAÇÃO

A corrente da teologia moderna que resultou num modelo mais definido de teologizar parece ser a Teologia da Libertação, a qual é inclusive articulada em nível mundial[16]. Não que seja um modelo maduro, mas seu perfil epistemológico já se encontra suficientemente caracterizado para merecer a atenção de quantos estudam os "modos de fazer teologia" na história.

Acresce que muitas teologias que refletem os desafios sociais do mundo de hoje, como as teologias feminista, negra, indígena, contextual, política e ecológica, sentem-se afinadas com a Teologia da Libertação e algumas se colocam mesmo no seu interior: teologia negra da libertação, teologia da libertação da mulher, etc. Desta sorte, essa teologia acaba representando uma constelação de teologias diversificadas, constituindo umas o núcleo mesmo dessa teologia e outras gravitando ao redor dela, segundo órbitas distintas.

No concreto, a Teologia da Libertação é a teologia que se propôs a enfrentar uma das maiores questões colocadas à fé na atualidade: a "questão social", mais precisamente, a libertação das massas em relação a suas maiores opressões sociais. Essa é uma questão pela qual a teologia foi desafiada, com toda a força, prati-

---

16. É pela linha da Teologia da Libertação que se pauta a Associação Ecumênica dos Teólogos do Terceiro Mundo (Asett; em inglês Eatwot).

camente nas vésperas do terceiro milênio, e que a ocupará provavelmente (e infelizmente) ainda bastante tempo.

Vale lembrar que a originalidade da Teologia da Libertação é "radical", no sentido de residir na raiz de seu método: o compromisso concreto com o pobre real, compromisso esse vivido espiritualmente como um ver a Deus no pobre e ao pobre em Deus. A partir daí, desse "ponto zero da teologia" (cf. Cap. 7), todos os outros traços dessa corrente adquirem uma cor e um sentido bem caracterizados.

Mas fique bem claro: assim como os grandes modelos anteriores constituem, do ponto de vista da substância, teologias *totais*, embora com acentos distintos em função do contexto histórico, assim também a Teologia da Libertação: é uma teologia *integral*, ainda que dê uma ênfase particular à dimensão *social* da fé. Ora, na medida em que essa dimensão é *integrante* da fé, toda teologia cristã há de necessariamente contemplá-la.

Mas se a Teologia da Libertação se mantém ainda como teologia *distinta*, isso se justifica tão somente enquanto *memória*, na Igreja e na esfera teológica em particular, dessa exigência constitutiva do Cristianismo, que é a evangélica preferência pelos pobres, e enquanto realça essa exigência em contextos sociais e históricos específicos, como na Periferia da sociedade e do mundo.

Por todas essas razões, sobretudo por sua inegável originalidade e ainda por sua função universalizante, achamos conveniente dar a seguir um destaque particular ao modelo de prática teológica da Teologia da Libertação, explicitando seus traços típicos (que, como se pode constatar, pusemos no esquema inicial em maiúsculo).

Gênero

É a reflexão *crítica* da práxis à luz da fé. É crítica também no sentido de *profética*, enquanto denunciadora das injustiças e anunciadora do Reino a se realizar também na história.

Como para toda teologia moderna, o gênero literário da Teologia da Libertação privilegia a forma do "ensaio". Trata-se de tentativas de lançar luzes nos caminhos e descaminhos da história, longe de toda ambição por sistemas rígidos e autossuficientes.

Problemática

A Teologia da Libertação ataca a questão específica da opressão-libertação em suas dimensões concretas. Coloca-as, porém, sempre dentro do horizonte maior da fé, que visa ultimamente a "libertação soteriológica". Por isso, a Teologia da Libertação é, por um lado, uma teologia *específica*, pela dimensão que privilegia, e, por outro, uma teologia *integral*, pela sua referência ao Plano total da salvação.

Por tudo isso, ela pode tanto tratar de questões diretamente *teológicas* (Cristo, Igreja, Maria, etc.), procurando explicitar seu potencial libertador, como de questões diretamente *sociais* (justiça, exclusão, poder, etc.), colocando-as sempre sob a ótica estimuladora e crítica da fé.

Destinatários

A Teologia da Libertação convoca todos à tarefa libertadora. Contudo, aplicando em seu próprio campo a "opção pelos pobres", ela privilegia estes últimos como seus interlocutores e destinatários especiais, na medida em que são sujeitos protagônicos de sua própria libertação.

Objetivo

Como teologia *específica*, que visa finalmente a Teologia da Libertação? É despertar as Comunidades cristãs para o compromisso de justiça e acompanhá-las de modo estimulante e crítico ao mesmo tempo. Portanto, ela aponta para o agir em termos da caridade libertadora (práxis da fé).

Mediações culturais

A Teologia da Libertação usa de todas as ciências que podem auxiliá-la na compreensão da sociedade, sem excluir a contribuição crítica do marxismo, submetendo-as, porém, à fé como à sua instância judicial mais elevada.

Tipo de teólogo

À diferença do Pastor, modelo dos Padres, e do Doutor, modelo dos Escolásticos, o Teólogo da Libertação é um "intelectual orgânico", talvez militante, de todos os modos, um teórico comprometido e solidário com a caminhada dos pobres, aos quais procura servir na ótica do Reino. Portanto, o lugar de sua reflexão, além de ser a Academia, é a Comunidade a caminho.

Representantes

G. Gutiérrez é reconhecidamente o nome mais representativo da Teologia da Libertação. Para a Europa, poderíamos citar J.B. Metz e J. Moltmann como representantes respectivamente da Teologia Política e da Teologia da Esperança, teologias-irmãs da Teologia da Libertação.

DIALÉTICA DO DESENVOLVIMENTO HISTÓRICO DA TEOLOGIA

A teologia se move e evolui. É um processo complexo que põe em movimento vários polos. Só o Mistério de Deus é uno, simples e sempre igual a si mesmo, também em seu infinito dinamismo. Quanto à teologia, ela resulta fundamentalmente do diálogo destes dois polos básicos: objeto e sujeito, fé e tempo, ontologia e história, conceito e vida[17].

Ora, a dinâmica da multipolaridade pertence ao ser e ao agir humanos. A teologia vive na história um movimento pendular, pelo qual acentua ora um polo, ora outro, não sem suscitar certa reação dos oponentes. Vale para a teologia a dialética de Calcedônia: "união sem confusão e distinção sem separação", respeitando-se sempre a fé como polo dominante, mas podendo-se privilegiar, em certo momento, um polo determinado, desde que sem exclusivismo e sob a regência da fé. Os erros aqui são:

– o *monismo* ou a redução a um polo, com a consequente negação do polo contrastante;

– o *dualismo* ou a dicotomia, que justapõe ou, pior, que contrapõe os polos em presença;

– a *inversão da hierarquia*, quando o polo da fé é suplantado pelo da realidade histórica.

Queremos aqui colocar os dois polos principais da "oscilação pendular" da teologia ao longo da história: a fé originária e o contexto histórico, acrescentando um terceiro polo: o confronto de uma teologia determinada com as teologias passadas.

1. *A fé originária.* A mensagem fundadora ou a Revelação bíblica, especialmente o Novo Testamento, é a base perene de toda a teologia. Esta parte e re-parte sempre daí, numa incessante *volta às fontes*. A referência à origem cons-

---

17. Para a ideia do equilíbrio dialético dos polos, seguimos aqui VAGAGGINI, C. *Teologia*. Op. cit., p. 1.650-1.669.

titutiva é também o princípio de *identidade* e ao mesmo tempo de *ortodoxia* de todo e qualquer pensamento teológico.

Poderíamos falar aqui mais largamente da "positividade da fé" ou da doutrina objetiva da Revelação: a *fides quae*. Esse foi, aliás, o polo *objetivo* que a Teologia Escolástica privilegiou.

2. *Contexto histórico.* Toda teologia, quer o saiba ou não, é teologia *de seu tempo*, ainda quando atrasada. A historicidade e, por isso, a relatividade marcam toda teologia. E é preciso que assim seja. Pois, que é uma teologia que não busque atualizar no tempo a Palavra eterna de Deus? Uma teologia anacrônica se torna facilmente uma teologia falsa. Assim, os "sinais dos tempos", os desafios de uma época, as necessidades pastorais da Igreja condicionam fortemente o discurso teológico.

Por exemplo, devido ao contexto cultural do tempo, os Padres da Igreja, diferentemente dos Escolásticos, deram particular realce ao polo *subjetivo*, ou seja, experiencial e prático da fé. A isso precisamos acrescentar a subjetividade do teólogo individual, que tem sua psicologia e seus gostos, pelo que prefere se fixar mais num polo que em outro.

Ora, esse é o princípio da *diferença* e do *pluralismo* entre as várias teologias. A fonte delas é uma só, mas suas derivações são múltiplas; sua substância é a mesma, mas suas formas são diversas.

3. *Integração das correntes anteriores.* Cada teologia se constitui numa estação de uma caminhada maior e sempre inconclusa. Situa-se dentro de uma tradição, que ela precisa integrar de modo crítico, num processo de continuidade e de ruptura simultaneamente.

Assim, a Teologia da Libertação, na fala de João Paulo II, é uma "nova etapa" do processo teológico, mas "em estreita conexão com as anteriores"[18].

Eis, numa representação sintética, como se poderia visualizar a evolução da teologia segundo os três polos evidenciados:

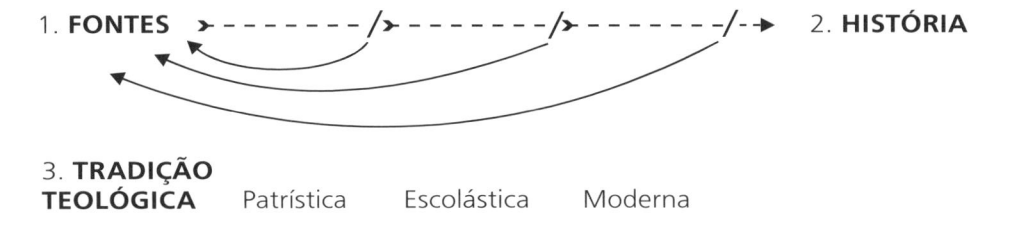

1. **FONTES** ➤- - - - - - -/➤- - - - - - - -/➤- - - - - - -/-➤   2. **HISTÓRIA**

3. **TRADIÇÃO TEOLÓGICA**   Patrística   Escolástica   Moderna

---

18. Cf. *Leitura* no fim deste capítulo: JOÃO PAULO II. *Carta ao Episcopado Brasileiro*, abril de 1984, n. 5.

EXCURSO I

PANORAMA DA TEOLOGIA ATUAL

Visão geral

No presente momento, a teologia parece se desenvolver sob a tensão dos dois polos de toda grande religião: a mística e a profecia:

– Teologias privilegiando a *mística*, enquanto se esforçam por retornar às raízes interiores da fé a fim de responder à questão do sentido e ao anseio por experiência religiosa que lateja no coração do mundo atual;

– Teologias destacando a *profecia*, enquanto procuram se interrogar sobre a projeção concreta da fé cristã sobre a cultura, a sociedade e o processo histórico em geral[19].

O detalhamento concreto dessas duas tendências de fundo depende do critério de classificação. Poderíamos tomar o critério dos *novos enfoques* ou perspectivas transversais que informam várias correntes da teologia atual, como vimos (Cap. 3). Mas preferimos tomar outros recortes, segundo três critérios que em parte se recobrem: o critério da *problemática* abordada, o critério *confessional* e o critério *regional* (reduzido à Periferia do Mundo).

1. TEOLOGIAS SEGUNDO A PROBLEMÁTICA ABORDADA[20]

1. Teologia *"de Deus"*, enquanto centrada em seu tema primário e nuclear, e afrontando, a partir daí, todos os outros temas. É a "teologia dialética" de K. Barth e as atuais teologias, de cunho bíblico, preocupadas com a Palavra;

2. Teologia *antropológica*, que arranca do *homem*, tal a "teologia existencial" de R. Bultmann, a "teologia hermenêutica" de E. Fuchs e G. Ebeling, e ainda a "teologia transcendental" de K. Rahner;

---

19. Para essa dupla corrente, cf. KÜNG, Hans. "Redescobrir Deus". *Concilium*, 227 (1990/1), p. 88-107, aqui p. 94s.; · ASETT. *Declaração do Encontro de New Delhi*, 1-5/12/1987, n. 1.31, em *Voices from the Third World*, 11 (1988/1), p. 152-171, aqui p. 156, onde se distinguem, sem enrijecer, "religiões da gnose" que insistem na libertação pessoal via conhecimento (Hinduísmo, Budismo, Taoísmo), e "religiões do agapé", mais abertas à prática libertadora (Judaísmo, Cristianismo e Islã).

20. Cf. GIBELLINI, R. *Teologia del XX secolo*. Op. cit., especialmente sua conclusão: "Quatro movimentos teológicos", p. 559-560. · MOLTMANN, Jürgen. *Che cos'è oggi la teologia?* Brescia: Queriniana, 1991, p. 67-118, segue o mesmo critério, chegando a uma classificação próxima: teologia existencial e histórica: R. Bultmann; teologia transcendental: K. Rahner; teologia da cultura e secular: P. Tillich; teologia política e moderna: J.B. Metz e ele próprio, J. Moltmann. É de se notar que aí a "Teologia da Libertação" comparece apenas em nota de pé de página. MONDIN, B. *As teologias do nosso tempo*. Op. cit., dá uma classificação semelhante.

3. Teologia *política*, que se concentra na práxis histórica, como as "teologias da secularização" de D. Bonhöffer e F. Gogarten, a "teologia política" de J.B. Metz, a "teologia da esperança" de J. Moltmann, a "teologia negra" nos EUA (J. Cone), a "teologia contextual" na África do Sul e finalmente a "Teologia da Libertação" na América Latina;

4. Teologia *cultural*, que privilegia os temas da cultura, como a de P. Tillich, as teologias da inculturação na África, Ásia, Ameríndia e Afro-América;

5. *Outras teologias*: feminista, ecumênica, planetária, ecológica, do processo, da criação, etc.

2. TEOLOGIAS SEGUNDO AS CONFISSÕES CRISTÃS

1. Teologia católica

Até o Vaticano II, a teologia católica tateou entre a volta ao passado (Neo-escolástica) e a busca do diálogo com a cultura presente. Concentrando nossa atenção nesse último polo, observamos as seguintes correntes:

1. Em primeiro lugar, o *modernismo* (A. Loisy, G. Tyrrel, E. Le Roy), no começo do século, com sua sensibilidade à experiência subjetiva e à historicidade da fé;

2. Depois, logo após a I Guerra, na Alemanha, a *teologia querigmática* dos teólogos de Innsbruck (J.A. Jungmann, F. Lakner) e a teologia de cunho *existencial* de R. Guardini, K. Adam, E. Przywara;

3. Em seguida, antes e depois da II Guerra, as *novas aproximações*, tentadas pelos teólogos de língua francesa: o grupo dominicano de "Le Saulchoir", presidido por D. Chenu; os estudos da relação natureza-sobrenatural de H. de Lubac e J. Maritain; as teologias das realidades terrestres de P. Teilhard de Chardin, G. Thils e D. Chenu; a "nouvelle théologie" dos Jesuítas de Lyon, com sua revalorização dos Padres (H. Daniélou, H. De Lubac, G. Fessard, H. Bouillard); a teologia da "volta às fontes" bíblicas (M.-J. Lagrange); a teologia do ecumenismo e da reforma da Igreja (Y. Congar);

4. Por fim os avanços vários no campo do *diálogo crítico com a cultura atual*, desenvolvido por teólogos de fala alemã ou próxima: K. Rahner, com seu "método transcendental", H.U. von Balthasar, com sua teologia da glória/beleza, e o belga E. Schillebeekcx[21].

---

21. Cf. para essa visão ARDUSSO, F. *Teologia contemporanea*. Op. cit., passim; GIBELLINI, Rossino. *Teologia del XX secolo*. Biblioteca di Teologia Contemporanea 69. Brescia: Queriniana, 1992, cap. 7, p. 161-270; CONNOLY, James M. *Le renouveau théologique dans la France contemporaine*. Ed. Saint- Paul/Fribourg, 1966; MONDIN, Battista. *Os grandes teólogos do século XX*. São Paulo: Paulinas, 1979, vol. I:

2. Teologia protestante

Esta procurou manter, em geral e praticamente desde as origens, um contato mais ou menos estreito com o pensamento moderno. Restringindo-nos ao século XX, temos as duas maiores tendências:

1. A *teologia liberal*, com R. Harnack, E. Tröltsch, que, na linha aberta por F. Schleiermacher e A. Ritschl, assumia em cheio e de modo perigoso as interpelações da modernidade;

2. A *teologia dialética* de K. Barth, que, firmado no primado absoluto da Palavra, opôs um "não" frontal ao liberalismo teológico.

Surgiram depois:

3. As várias correntes que nasceram por ou contra o *barthismo*, representadas por nomes prestigiosos como R. Bultmann, E. Brunner, P. Tillich, F. Gogarten, D. Bonhöffer, os dois últimos ligados à "teologia da secularização", correntes essas que deram posteriormente nascimento, especialmente nos EUA, às várias "teologias da morte de Deus" e às "teologias da linguagem";

4. A *teologia hermenêutica* de E. Fuchs, G. Ebeling;

5. As pesquisas *epistemológicas* de G. Sauter e de W. Pannenberg[22];

6. Por fim, sobretudo nos meios protestantes dos EUA, a *Teologia do Processo*, inspirada na filosofia de A.N. Whitehead e Ch. Hartshorne e cujos representantes maiores são J.B. Cobb, D.R. Griffin, S.H. Ogden, B.M. Meland, J. Van der Veken; e ainda a "Teologia da Criação" de Matthew Fox.

3. Teologia ortodoxa

Essa teologia ficou inegavelmente marcada por S. Bulgakov († 1944) e sua "sofiologia", sistema filosófico-teológico que tem na ideia de "Sofia" sua viga-mestra.

Teólogos católicos. Este último autor em *As teologias do nosso tempo*. São Paulo: Paulinas, 1978, distingue dois períodos no século XX: 1) A primeira metade do séc. XX: *renascer* da teologia, desde sua crise no séc. XVI. Aqui ele distingue três correntes que perpassam as três igrejas e das quais dá respectivamente o nome mais representativo: a) teologia "tradicional", prolongando a teologia anterior: R. Garrigou-Lagrange, R. Harnack e Macário Bulgakov; b) teologia do "regresso às fontes" da Bíblia, dos Padres e dos Reformadores: H. de Lubac, K. Barth e V. Lossky; c) teologia "moderna": K. Rahner, R. Bultmann e Serghiei Bulgakov. 2) Depois dos anos 1950: *reflorescer* contraditório da teologia, onde elenca: a) a teologia radical ou da "morte de Deus"; b) a teologia da esperança (J. Moltmann); c) a teologia da práxis (política e da libertação); d) a teologia da cruz (J. Moltmann).

22. Cf. ARDUSSO, F. Op. cit., passim; ZAHRNT, Heinz. *Alle prese con Dio. La teologia protestante nel 20° secolo. Una storia.* Brescia: Queriniana, 1969 [orig. al. Munique, 1966]; MONDIN, Battista. *Os grandes teólogos do século XX.* Vol. II: Teólogos protestantes e ortodoxos. São Paulo: Paulinas, 1980.

Prosseguindo, por outro lado, na linha mística e patrística da tradição ortodoxa, surgiram as figuras de N. Berdiaev († 1948), G. Florosvsky (* 1893), V. Lossky († 1958), P. Evdokimov, o grego A. Nissiotis (* 1925) e outros mais.

Esses desenvolvimentos recentes se mantêm, contudo, vinculados à grande tradição da teologia ortodoxa, cujas características vale aqui reportar de modo sintético. Trata-se, pois, sempre de uma teologia:

– *gnóstico-sapiencial* em sua concepção do conhecimento teológico, sem maior interesse pela sistematização científica da fé. Temos aqui a ver com um pensamento profundamente contemplativo, místico e experiencial;

– *tradicional*, no sentido de fazer uma leitura da Sagrada Escritura sempre dentro da Tradição, nunca independente dela; de considerar os Sete primeiros Concílios, os da "Igreja una", como a tradição constitutiva, sendo os seguintes válidos sim, porém reformáveis; e de terem os Padres não só como fonte de doutrina mas também de vida espiritual;

– *comunional*, na linha do "sobornost", a *communio* eclesial de todo o Povo de Deus, expressa sobretudo na Eucaristia, sendo que o "magistério" desse Povo é a base do Magistério do Colégio episcopal, tendo o Papa aí dentro apenas precedência de honra;

– *litúrgica*, sendo a celebração dos sacramentos, especialmente da Eucaristia, a Igreja em ação e como que a teologia feita visível[23].

3. TEOLOGIAS SEGUNDO A REGIÃO: PERIFERIA DO MUNDO

No cenário do Hemisfério Sul, se desenvolvem hoje as seguintes correntes, ou melhor, tendências teológicas:

1. Na Ásia, uma teologia do *diálogo com as grandes religiões*;

2. Na África, a teologia da *inculturação* nas culturas e religiões "tradicionais";

3. Na América Latina, a conhecida Teologia da Libertação[24].

---

23. Cf. para esta síntese HALLEUX, André de. "Teologia ortodoxa". *Mysterium Salutis*, I/4. Petrópolis: Vozes, 1972, p. 179-185 (com bibliografia). Cf. tb. EVDOKIMOV, Paul. *La connaissance de Dieu selon la tradition orientale*. Lyon: Xavier Mapus, 1967; NISSIOTIS, N.A. "La théologie comme science et comme doxologie". *Irénikon*, 33 (1960). Para os grandes nomes da teologia ortodoxa, cf. MONDIN, B. Op. cit. supra. Cf. tb. o que dissemos da teologia oriental no Cap. 6.

24. Eis um panorama da *teologia brasileira*, estabelecido pelo critério do *interesse predominante*: 1) *Polêmica*: rev. *Trinta Dias* do movimento "Comunhão e Libertação"; 2) *Apologética*: rev. *Pergunte e Responderemos* de E. Bettencourt; 3) *Pastoral*: J. Comblin, A.J. de Almeida, F.L.C. Teixeira, M. França Miranda; 4) *Sociopolítica*: H. Assmann, J.L. Segundo; 5) *Sociocultural*: indígena: P. Suess; negra: A.A.

Esta, em particular, apresenta duas tendências de fundo, que poderíamos, de modo simplificado, definir respectivamente como histórico-social e histórico-cultural:

– A *primeira*, chamada também "liberacionista", é a tendência mais influente, e é personificada por G. Gutiérrez. Acentua a problemática social, especialmente (mas não exclusivamente) no nível econômico e político; e entende o sujeito social "povo" como "Povo dos pobres". No interior dessa subcorrente existem diferenças de acento, mas não um real antagonismo;

– A *segunda*, às vezes qualificada de "*populista*, é representada por teólogos argentinos, como L. Gera e J. Scannone. Privilegia a esfera cultural da sociedade, entendendo "povo" como "Povo-nação"[25]. Tem uma produção teórica relativa e limitado impacto eclesial e social.

EXCURSO II

PRINCIPAIS CENTROS DE FORMAÇÃO TEOLÓGICA

Damos a seguir uma breve lista das principais Instituições Teológicas, do Brasil e do Mundo, que têm pós-graduação ou só graduação.

---

da Silva; feminista: I. Gebara; da modernidade: L.C. Susin; da religião popular; 6) *Epistemológica*: P.F.C. de Andrade, Cl. Boff; 7) *Bíblica*: C. Mesters, M. Schwantes, Tereza M. Cavalcanti, M. Barros, CEBI; 8) *Dogmática*: J.B. Libânio, F. Taborda, C. Palacio; 9) *Moral*: M.F. dos Anjos, A. Moser, N. Agostini; 10) *Espiritual*: Maria C. Bingemer, Bárbara P. Bucker; 11) *Ecológica*: L. Boff. Essa lista representa a reelaboração dos modelos propostos por ANTONIAZZI, Alberto. Enfoques teológicos e pastorais no Brasil de hoje. In: LIBÂNIO, L.B. & ANTONIAZZI, A. Op. cit., p. 97-160, espec. p. 107-140: "Os modelos", com bom quadro sinótico na p. 140. Estão aí referidos apenas alguns nomes representativos. Cf. ainda LIBÂNIO, João Batista. "Teologia no Brasil. Reflexões crítico-metodológicas". *Perspectiva Teológica*, 9 (1977), p. 27-79; · FRANÇA MIRANDA, Mário. "A situação da teologia no Brasil". *Perspectiva Teológica*, 19 (1987), p. 367-376. Para o aspecto histórico, cf. AZZI, Riolando. A teologia no Brasil. Considerações históricas. VV.AA. *História da Teologia na América Latina*. São Paulo: Paulinas, 1981.

25. Cf. SCANNONE, Juan Carlos. "Fare teologia in America Latina. Il problema del metodo". *Speciale SIAL*, junho de 1977, p. 21-28 [orig. em *Medellín*, junho de 1994]; Id. Teología de la liberación. In: FLORISTÁN, Cristiano & TAMAYO, Juan José (orgs.). *Conceptos fundamentales de pastoral*. Madri: Cristiandad, 1983, p. 569-572; LIBÂNIO, João Batista. *Teologia da Libertação*. São Paulo: Loyola, 1987, p. 253-268, cap. 13: "Diversas tendências da Teologia da Libertação"; Id. Panorama da Teologia da América Latina nos últimos vinte anos. In: LIBÂNIO, João Batista & ANTONIAZZI, Alberto. *Vinte anos de teologia na América Latina e no Brasil*. Petrópolis: Vozes, 1994, p. 9-96; · TABORDA, Francisco. "Métodos teológicos na América Latina". *Perspectiva Teológica*, 19 (1987), p. 293-319; · MIDALI, Mario. *Teologia pastorale o pratica*. Cammino storico di una riflessione fondante e scientifica. Col. Biblioteca di Scienze Religiose 91. 2. ed. Roma: LAS, 1991, p. 380-385.

I. NO BRASIL

A. Pós-graduação

1) Na área católica

Há quatro Faculdades Católicas de Teologia que dão título de pós-graduação:

1. *N. Sra. da Assunção* de São Paulo (SP). Fundada em 1950. Dá títulos em Liturgia (desde 1985), Teologia dogmática, História da Igreja, Missiologia, Bíblia, Teologia Pastoral e Moral (em convênio com o Instituto de Teologia Moral *Alphonsianum* da CSSR, funcionando desde 1987).

2. *Faculdade Teológica da PUC do Rio de Janeiro* (RJ). Existe desde 1941. Dá título de Mestrado (desde 1972) e de Doutorado (desde 1979) em Sistemática-Pastoral e Bíblia.

3. *ISI* (Instituto Santo Inácio) dos Jesuítas em Belo Horizonte. Sua sede já foi São Leopoldo. É aberto a toda a América Latina. A pós-graduação começou em 1986.

4. *Faculdade Teológica da PUC de Porto Alegre* (RS). Dá títulos em Mestrado (desde 1992) em Sistemática e Bíblia.

2) Na área protestante

1. Escola Superior de Teologia (EST) de São Leopoldo, da Igreja Evangélica Cristã Luterana do Brasil (IECLB). Dá título de Mestrado (desde 1983) e de Doutorado (desde 1990).

2. Curso ecumênico em Ciências da Religião da Univ. Metodista, em Rudge Ramos, São Bernardo do Campo (SP). Confere Mestrado (desde 1979) e Doutorado (desde 1990).

3) Outras pós-graduações

1. *IDE* (Instituto de Evangelização), dos Frades Menores de Petrópolis e em função da Família Franciscana. Ligado de fato ao ITF (Instituto Teológico Franciscano). Busca vinculação legal com o *Antonianum* de Roma.

2. *Departamento em Ciência da Religião* da Universidade Federal de Juiz de Fora. Dá título de mestrado em Ciências da Religião (desde 1993).

3. *Programa de Estudos pós-graduados em Ciências da Religião* da PUC de São Paulo (SP). Dá título de mestrado (desde 1978).

4. *Educação para a missão*. Pós-graduação em teologia e ministérios, promovida pelo Koinonia – Presença Ecumênica e Serviço, do Rio de Janeiro. O título é oferecido pelo McCormick Theological Seminary (EUA).

Todas as pós-graduações citadas são coordenadas e representadas pela ANPTER (Associação Nacional de Pós-graduação em Teologia e Estudos da Religião).

B. Graduação

Além dos cursos de graduação das quatro faculdades católicas e da EST, citadas acima, temos:

1) Institutos religiosos

1. *ITF* (Instituto Teológico Franciscano) de Petrópolis. Funciona desde 1896. Aberto também a não franciscanos.

2. *Itesp* (Instituto Teológico de São Paulo). Fundado em 1973, sustentado por um *pool* de Institutos Religiosos e dirigido pelos Redentoristas.

3. *"Studium Theologicum"* de Curitiba, apoiado por um conjunto de Congregações e dirigido pelos Claretianos.

4. *IT/SCJ* (Instituto Teológico Sagrado Coração de Jesus) de Taubaté. Chamado "Conventinho". Dos Padres Dehonianos (SCJ).

5. *Instituto Teológico Pio XI*. Dos Padres Salesianos. Funciona desde 1931. Ligado à Faculdade de Teologia da Pontifícia Universidade Salesiana de Roma. Além do currículo normal de teologia, oferece ao clero e leigos cursos vários: catequese, pastoral da juventude, etc.

6. *Ista* (Instituto Santo Tomás de Aquino) de Belo Horizonte. Serve à formação dos seminaristas de várias famílias religiosas.

7. Três *Mosteiros Beneditinos* do Brasil: do Rio, Salvador e Recife, mantêm Curso de Teologia para jovens monges, mas é aberto a gente de fora.

2) Dioceses

1. *Itesc* (Instituto Teológico de Santa Catarina) de Florianópolis. Para a formação dos seminaristas de várias dioceses do Estado.

2. *Cenesc* (Centro de Estudos do Comportamento Humano) de Manaus. Para a formação dos seminaristas e dos agentes de pastoral do regional Norte I da CNBB.

3. *Ipar* (Instituto de Pastoral Regional), de Belém. Para a formação de agentes de pastoral do Regional Norte II da CNBB.

4. *Instituto de Teologia da Ucsal* (Universidade Católica de Salvador). Serve aos seminaristas do Regional ND III da CNBB.

5. *Itel* (Instituto Teológico de Lins). Serve aos seminaristas e agentes de pastoral de Lins (SP) e região vizinha.

6. *Centro de Estudos Teológicos de São Luís*. Em função dos seminaristas e agentes de pastoral dos Regionais ND IV e V da CNBB.

7. *Irpamat* (Instituto Regional de Pastoral do Mato Grosso do Sul), em Campo Grande. A serviço sobretudo do Regional Oeste I e Oeste II da CNBB.

8. *Faculdade de Teologia da UCMG* (Universidade Católica de Minas Gerais), servindo sobretudo ao Seminário Arquidiocesano de Belo Horizonte "Coração Eucarístico de Jesus".

9. Há muitos *Seminários Maiores*, alguns prestigiosos, que mantêm Cursos de Teologia, servindo em geral à formação dos seminaristas de toda uma região e oferecendo não raro cursos de Pastoral variados. Já referimos a alguns sob algumas siglas. Acrescentemos os seminários: de Viamão (RS), de João Pessoa (PB), de Fortaleza (CE) ou "Seminário do Prainha", do Rio de Janeiro (RJ), de Mariana (MG), de Aparecida (SP), de Campinas (SP), de Ribeirão Preto (SP), de Passo Fundo (RS), de Londrina (PR), de Ponta Grossa (PR), etc.

10. Há também os *Departamentos de Teologia* que fornecem cursos para leigos nas 6 PUCs do Brasil: Rio, São Paulo, Belo Horizonte, Campinas, Curitiba e Porto Alegre. Acrescentemos o Departamento de Teologia do Ifiteg (Instituto de Filosofia e Teologia de Goiânia), ligado à Universidade Federal de Goiás, e o Curso de Ciências Religiosas, ligado ao ITF de Petrópolis.

3) Institutos Evangélicos

1. *Departamento de Teologia da Universidade Metodista de Piracicaba* (SP).

2. *Imes* (Instituto Metodista de Escritura Sagrada), de São Bernardo (SP).

3. *Cursos de Teologia do Colégio Bennett* (Rio de Janeiro).

4) Centros de Formação Teológico-Pastoral.

1. *INP* (Instituto Nacional de Pastoral), de Brasília. Trabalha com documentação, faz pesquisa e promove a formação por meio de encontros vários.

2. *Ibrades* (Instituto Brasileiro de Desenvolvimento), de Brasília. A serviço da CNBB. Oferece curso de um semestre para agentes qualificados de pastoral social.

3. *Cesep* (Centro Ecumênico de Serviços à Evangelização e Educação Popular), de São Paulo. Oferece ainda:

– o Curso Latino-Americano de Formação Pastoral (de julho a novembro de cada ano). Para agentes populares qualificados;

– o Curso de Verão, para agentes pastorais de base, 2 semanas de janeiro, em São Paulo;

– outros cursos: o Curso para Militantes Cristãos (3 semanas), o Curso de Ecumenismo (1 mês), o Curso de Pastoral e Relações de Gênero (2 semanas).

4. *Cetesp* (Centro de Teologia e Espiritualidade), levado em frente pela CRB nacional. Destina-se a Religiosos com cargo de responsabilidade. Funciona no 2º semestre, no Rio de Janeiro. A CRB organiza também cursos de um mês (Cern) e seminários diversos em vários lugares do Brasil.

5. *Outros organismos* promovem as mais diversas atividades de formação (conferências, cursos, encontros, etc.) nas áreas de sua competência:

– os CEBIs (Centro de Estudos Bíblicos), espalhados pelo Brasil e cujo centro coordenador é Angra dos Reis (RJ);

– o Cepami (Centro de Estudos dos Pais e Mães da Igreja) de Goiás Velho (GO);

– o Iser-Assessoria, do Rio de Janeiro, principal responsável pelo "Curso do Rio", encontro ecumênico e de massa, em julho de cada ano (10 dias inteiros; 300 pessoas);

– Mater ecclesiae da Arquidiocese do Rio de Janeiro (RJ), sobretudo para catequistas;

– Caall (Centro Alceu Amoroso Lima pela Liberdade), de Petrópolis;

– "Projeto Loyola Fé e Cultura", do Rio de Janeiro, animado pela família jesuíta, etc.

6. *Cursos de formação* vários, seja intensivos (por ex. nas férias) seja extensivos (ao longo do ano), são oferecidos por Institutos *de Teologia*, quer religiosos, quer diocesanos, para atualização de leigos e outros agentes pastorais.

II. NA AMÉRICA LATINA

1. *Faculdade de Teologia da Universidade Católica do Chile*. Tem como anexo o Instituto Catequético Latino-Americano. Dirigida pelos Jesuítas.

2. *Instituto Teológico San Miguel de Buenos Aires* (Argentina). Sob a direção dos Jesuítas.

3. *Faculdade de Teologia da UCA* (Universidade Centro-Americana), em San Salvador, dirigida pelos Jesuítas.

4. *Ipla* (Instituto Pastoral Latino-Americano), de Bogotá. Órgão da Celam. Tem vários departamentos: Catequese, Planejamento Pastoral, Teologia Bíblica, Espiritualidade.

5. *DEI* (Departamento Ecuménico de Investigaciones), de São José da Costa Rica (A.C.). Fundado em 1977. Cursos vários, em nível de especialização.

III. INSTITUTOS TEOLÓGICOS FORA DA AL

Área italiana: Roma em particular

1. *Gregoriana* (Pontifícia Universidade Gregoriana). Fundada por Santo Inácio e São Francisco de Bórgia em 1553. Oferece títulos de pós-graduação nos vários campos da teologia: História, Direito Canônico, Dogma, Missiologia, Espiritualidade, etc. É uma das mais prestigiosas instituições teológicas do mundo.

2. *Biblicum* (Pontifício Instituto Bíblico). Funciona desde 1909, sob a direção dos Jesuítas. É uma escola de formação bíblica mundialmente famosa.

3. *Augustinianum* (Instituto Patrístico Augustinianum). Especializado nos estudos de Patrologia. Suas atividades remontam a 1300.

4. *Lateranum* (Pontifícia Universidade Lateranense). Concede títulos de pós-graduação em Moral, Pastoral, Direito Canônico, Dogma. A ele está ligado o Instituto para Matrimônio e Família.

5. *Angelicum* (Pontifícia Universidade Santo Tomás de Aquino). Dirigido pelos Dominicanos. Títulos em Teologia, Direito Canônico, Espiritualidade.

6. *Urbaniana* (Pontifícia Universidade Urbaniana), de Roma. Aprovada por Urbano VIII em 1626. Inclui o Pontifício Colégio Urbaniano da "Propaganda Fide". Especializada em Missiologia e Catequese missionária.

7. *Anselmianum* (Pontifício Ateneu Santo Anselmo), de Roma. Sob a direção dos Beneditinos. Fundado em 1886. Especializado em Liturgia e Sacramentos.

8. *Alphonsianum* (Pontifícia Academia Alfonsiana) de Roma. Sob a responsabilidade dos Redentoristas. Especializado em Moral.

9. *Antonianum* (Pontifícia Academia Antoniana). Sob a direção dos Frades Menores. Especializada em Teologia escotista. Dá títulos em Espiritualidade, História, Dogma, Direito Canônico. Tem como anexo a Academia Mariana Internacional para formação mariológica.

10. *Seraphicum* (Pontifícia Faculdade Teológica São Boaventura). Fundado em 1883. Dos Frades Menores Conventuais. Especializada em Teologia franciscana.

11. *Teresianum* (Pontifício Instituto Teresiano). Sob a responsabilidade dos Frades Carmelitas Descalços. Especializada em Espiritualidade.

12. *Salesiana* (Pontifícia Universidade Salesiana). Especializada em Educação. Dá títulos em Pedagogia, Teologia, Direito Canônico e em Letras cristãs e clássicas.

13. *Marianum* (Pontifícia Faculdade Teológica Mariana). Erigido em 1955. Sob a responsabilidade da Ordem dos Servos de Maria. Especializado em Mariologia.

14. *Claretianum* (Instituto Claretiano). Sob a orientação dos Padres do mesmo nome. Especializado em Vida Religiosa.

15. *Pontifício Instituto Oriental*. Fundado em 1918. Sob a responsabilidade dos Jesuítas. Especializado em Teologia oriental.

16. *Instituto Pontifício de Estudos Árabes*. Funciona em Roma desde 1964. Sob a responsabilidade dos Padres Brancos.

Deve-se notar que, para acolher os estudantes que vão frequentar esses e outros institutos de formação, existem em Roma os mais variados *Colégios Nacionais*: o Pio Brasileiro, o Pio Latino-Americano, o Belga, o Canadense, o de São Jerônimo (para os Croatas), de São Pedro Apóstolo (para o clero nativo dos Verbitas), o Escocês, o Espanhol, o Etíope, o Filipino, o Germânico-Húngaro, o Grego, o Holandês, o Inglês, o Irlandês, o Maronita (para os Libaneses), o Mexicano, o Nepomuceno (para a Rep. Tcheca, a Eslováquia, a Boêmia, a Morávia, a Silésia), o Norte-Americano, o Romeno, o Polonês, o Português, o Russo, o Ruteno, o Teutônico, etc.

Área italiana: fora de Roma

1. *Faculdade Teológica da Itália Setentrional*, em Milão. Conhecida por sua preocupação pela questão do método teológico.

2. *Faculdade Teológica da Itália Meridional*, em Nápoles. Aberta ao debate com a filosofia e cultura moderna em geral.

Área de língua francesa (Hemisfério Norte)

1. *Instituto Católico de Paris*, com sua Faculdade de Teologia e ainda com o Instituto Superior de Pastoral Catequética e Comunicação. Funciona desde 1875-1876. Famosa escola de formação teológica.

2. *Faculdade de Teologia da Universidade Católica de Lovaina* (Bélgica). Dupla secção: flamenga em Leuven (com ala em língua inglesa) e de língua francesa em Louvain-la-Neuve (Ottignies). A universidade remonta a 1428. Exerceu grande influência no Vaticano II e tem renome internacional.

3. *Faculdade de Teologia da Universidade de Strasbourg*, com uma secção católica e outra protestante.

4. *Faculdade de Teologia da Universidade de Friburgo* (na Suíça), em francês e em alemão. Funciona desde 1890.

5. *Outras Faculdades de Teologia Católica* na França: de Angers, de Lille, de Lyon, de Toulouse, e ainda o *Centre-Sèvres* de Paris, sob a responsabilidade dos Jesuítas.

6. *Faculdade de Teologia da Universidade St. Paul*, de Montreal, com ênfase nos estudos bíblicos.

7. *Faculdade de Teologia da Universidade de Laval*, de Québec, com acento nas questões teológicas atuais.

8. *Lumen Vitae*, de Bruxelas. É um centro internacional de formação em pastoral e catequese, sob a direção dos Jesuítas. Ligado à Universidade de Lovaina.

9. *Faculdades de Teologia Protestante*: de Paris e de Montpellier na França; de Genebra, de Lousana e de Neuchâtel na Suíça.

10. *Instituto Ecumênico de Bossey*, a 20 km de Genebra. De língua francesa. Criado em 1946 e ligado ao Conselho Mundial das Igrejas. Especializado em Ecumenismo.

Área de língua alemã

A *Alemanha* possui famosas escolas de teologia, em geral dentro das universidades do Estado e normalmente com as duas secções: católica e protestante. Eis algumas Faculdades com as áreas em que primam:

– Heidelberg (só protestante), nas relações Filosofia – Teologia;

– Würzburg, na Exegese;

– Hamburg (só protestante), na área da Ética;

– Trier, em Liturgia;

– Tübingen, na área de teologia sistemática;

– Munique, para a História dos dogmas, Exegese do AT e pesquisa em História;

– Münster, em Teologia Fundamental e Doutrina Social da Igreja;

– Freiburg in Breisgau (só católica), na área neoescolástica;

– Erlangen, na área da Teologia luterana;

– Temos ainda as Faculdades de teologia de Bonn, de Regensburg, de Bochum e outras mais.

Na *Áustria*, famosa é a *Faculdade de Teologia de Innsbruck*, sob a responsabilidade dos Jesuítas, especializada em Dogmática, Teologia moral e Pastoral. A faculdade de teologia de Viena é boa também em Teologia Pastoral.

Na *Suíça*, temos a universidade protestante de Basileia, que põe em destaque a Teologia Sistemática.

Área de língua inglesa (Hemisfério Norte)

Na *Grã-Bretanha* temos prestigiosas Faculdades de Teologia de Oxford e de Cambridge, anglicanas. Mas temos também as de Glasgow e de Edimbourg.

Os *Estados Unidos da América* contam com Faculdades de Teologia em várias universidades. Os Jesuítas dirigem vários centros teológicos, como o de Notre-Dame, em Nova York; o da Universidade Católica da América, em Washington; o Departamento de Teologia do Boston College, em Boston; o da Universidade "Loyola" em Chicago; o de Woodstock, etc. Existem outros institutos teológicos: a Faculdade de Teologia Católica, em Berkeley, levada adiante por um *pool* de Congregações religiosas; a de Notre-Dame, em Indiana; a de Harvard (protestante); a de Princeton (protestante), etc.

Merece menção o *Macc* (Centro Cultural Mexicano-Americano) de San Antonio no Texas: instituto de formação em favor de agentes de pastoral hispânicos (para os EUA) e de missionários americanos (para a América Latina).

Espanha e Portugal

– *Pontifícia Universidade de Salamanca*. Fundada em 1219 pelo rei Afonso IX, teve grande influência no Concílio de Trento. À Faculdade de Teologia da Universidade está integrado o Instituto de Teologia San Estevan, levado em frente pelos Mercedários e outras Congregações religiosas.

– Faculdade de Teologia da Universidade Pontifícia de Comillas, dos Jesuítas, perto de Madri.

– Faculdade de Teologia da Universidade de Navarra.

– Existem ainda Institutos teológicos em Madri (San Dámaso), em Barcelona (San Cugat), em Granada, em Santiago de Compostela e em outras cidades.

– Faculdade de Teologia de Braga, da Universidade Católica Portuguesa.

África

– Sobressai o *Lovanium*, Faculdade Teológica de Kinshasa, pioneira na discussão em torno da "teologia africana".

– Outros institutos teológicos em várias capitais: Yaoundé (Camarões), Dar Es Salaam (Tanzânia), Lagos (Nigéria), Nairobi (Quênia), Johannesbourg (África do Sul).

Oriente

– *Escola Bíblica de Jerusalém*, levada à frente pelos dominicanos franceses. Goza de grande prestígio.

– Institutos de formação teológica em Madras, Índia; em Bangalore, Índia (Pontifício Instituto de Teología "São Pedro"); em Manilla, Filipinas (Faculdades Eclesiásticas da Universidade de Santo Tomás); em Colombo (Sri Lanka), sob a responsabilidade dos Jesuítas; em Seul (Coreia do Sul), etc.

No mundo ortodoxo

– Faculdade de Teologia de Atenas.

– Na Rússia, três Academias Teológicas Ortodoxas: em Moscou, em Zagorsk e em São Petersburgo.

Conclusão

Esse quadro mostra que a maioria dos centros de formação teológica se encontram no Primeiro Mundo, especialmente na Europa. Uma boa metade dos teólogos brasileiros se formaram lá[26].

Contrastando com esta situação está o fato de que o epicentro da Igreja, tanto em número como em vitalidade, se deslocou para o Hemisfério Sul.

E em função mesmo desse deslocamento, estão surgindo nesse Hemisfério (nos três "A"s: América Latina, África e Ásia) focos de produção e difusão teológicas autônomos e dotados de certo poder de inovação.

---

26. Cf. ANTONIAZZI, Alberto. O corpo docente dos cursos de filosofia e teologia no Brasil. In: PALACIO, Carlos (org.). *Cristianismo e História*. São Paulo: Loyola, 1982, p. 401-414. As estatísticas da Osib/INP de 1980-1981 davam que 3/4 dos Professores de filosofia, teologia e áreas afins tinham sido formados fora do Brasil, nesta ordem: Roma (espec. Gregoriana e Instituto Bíblico), Lovaina, Paris, Alemanha, Jerusalém, EUA e AL. Mas o quociente acima tende a baixar.

LEITURA

JOÃO PAULO II:

Carta ao Episcopado Brasileiro sobre a Teologia da Libertação[27]

<<5. [...] Na medida em que se empenha por encontrar aquelas *respostas justas – penetradas de compreensão* para com a rica experiência da Igreja neste País, tão *eficazes e construtivas* quanto possível e ao mesmo tempo *consonantes e coerentes* com os ensinamentos do Evangelho, da Tradição divina e do perene Magistério da Igreja – estamos convencidos, nós e os Senhores, de que a **Teologia da Libertação é não só oportuna mas útil e necessária. Ela deve constituir uma nova etapa – em estreita conexão com as anteriores – daquela reflexão teológica iniciada com a tradição apostólica e continuada com os grandes padres e doutores, com o magistério ordinário e extraordinário e, na época mais recente, com o rico patrimônio da doutrina social da Igreja**, expressa em documentos que vão da *Rerum novarum à Laborem exercens*.

Penso que, neste campo, a Igreja no Brasil possa desempenhar um papel importante e delicado ao mesmo tempo: o de criar espaço e condições para que se desenvolva, em perfeita sintonia com a fecunda doutrina contida nas duas citadas *Instruções* (*Libertatis nuntius* e *Libertatis conscientiae*), uma reflexão teológica plenamente aderente ao constante ensinamento da Igreja em matéria social e, ao mesmo tempo, apta a inspirar uma práxis eficaz em favor da justiça social e da equidade, da salvaguarda dos direitos humanos, da construção de uma sociedade humana, baseada na fraternidade e na concórdia, na verdade e na caridade. Deste modo se poderia romper a pretensa fatalidade dos sistemas – incapazes, um e outro, de assegurar a libertação trazida por Jesus Cristo – o capitalismo desenfreado e o coletivismo ou capitalismo de Estado. Tal papel, se cumprido, será certamente um serviço que a Igreja pode prestar ao País e ao quase-Continente latino-americano, como também a muitas outras regiões do mundo onde os mesmos *desafios* se apresentam com análoga gravidade.

---

27. A Carta é datada em 9 de abril de 1986 e foi publicada em *Revista Eclesiástica Brasileira*, 46 (1986), p. 396-402, aqui, p. 400. Tanto as Paulinas como a Vozes publicaram a Carta em anexo à *Instrução sobre a liberdade cristã e a libertação*. O texto em itálico é do Papa e o em negrito é nosso.

Para cumprir esse papel é insubstituível a ação sábia e corajosa dos Pastores, isto é, dos Senhores. Deus os ajude a velar incessantemente para que aquela correta e necessária teologia da libertação se desenvolva no Brasil e na América Latina *de modo homogêneo e não heterogêneo* com relação à teologia de todos os tempos, em plena fidelidade à doutrina da Igreja, atenta a um amor preferencial, não excludente nem exclusivo, para com os pobres.>>

Capítulo 23

CRONOLOGIA DA PRODUÇÃO TEOLÓGICA: NOMES E OBRAS MAIS IMPORTANTES

Damos a seguir um esboço do caminho da teologia na história, onde são referidos os autores, as obras e os eventos mais importantes que marcaram a caminhada do pensamento cristão. Referimos também algumas obras e eventos não teológicos, na medida em que tiveram particular influência sobre a teologia[1].

Obedecendo à perspectiva própria de nosso trabalho, quisemos dar a esta cronologia quatro destaques: 1) para a produção em *metodologia* teológica; 2) para a implicância *prática* (pastoral e social) da teologia; 3) para a contribuição teológica das *igrejas do Sul* do Mundo; 4) e enfim para o lugar da *mulher* na história da teologia[2].

Ademais, colocaremos em destaque 50 teólogos, individuais ou em grupo, dentre os mais significativos, para nós hoje, nas várias áreas e lugares.

---

1. Além dos grandes dicionários teológicos, úteis para informação de autores, correntes e eventos, cf. VILANOVA, Evangelista. *Historia de la teologia cristiana*. Barcelona: Herder, 1987-1992, 3 vol.; · ILLANES, José Luís & SARANYANA, Josep Ignasi. *Historia de la teología*. BAC. Madri: Católica, 1995; · GRABMANN, Martin. *Die Geschichte der Katholischen Theologie seit dem Ausgang der Väterzeit*. Darmstadt, 1961, 2. ed. [trad. it. *Storia de la teologia cattolica*. Milão: Vita e pensiero, 1939]; · C.E.R.I.T. *I cristiani e le loro dottrine*. Brescia: Queriniana, 1990; · ROCHETTA, C. La teologia tra rivelazione e storia. In: ROCHETTA, C.; FISICHELLA, R. & POZZO, G. *La teologia tra rivelazione e storia*. Bolonha, 1985, p. 13-162; · MONDIN, Battista. *Storia della teologia*. Bolonha: ESD, 1996-1997, 4 vol.; Id. *Dizionario dei Teologi*. Bolonha: ESD, 1992; BOF, Gianpiero. *Teologia cattolica*. Duemila anni di storia, di idee, di personaggi. Roma: San Paolo, 1995; VV.AA. *Storia della teologia*. Roma/Bolonha: Ed. Dehoniane, 1995-1996, 3 t.; · ISTITUTO PATRISTICO AUGUSTINIANUM. *Storia della teologia*. Casale Monferrato (AL): Piemme, 1993–, 4 t.; · BOWDEN, John. *Teologi*. Trad. it., integr. e adatt. a cura di Antonio FONTANA; Casale Monferrato (AL): Piemme, 1994. Para uma visão sintética: CONGAR, Y. *La foi et la théologie*. Paris: Desclée, 1962. III parte: "Breve história da teologia": p. 209-272; · BROSSE, O. de la; · HENRY, A.-M. & ROUILLARD, Ph. *Nuovo Dizionario del Cristianesimo*. Brescia: Queriniana, 1971, vol. II, p. 9-57; · HÄRLE, W. & WAGNER, H. (org.). *Lessico dei Padri della Chiesa ai nostri giorni*. Brescia: Queriniana, 1991; · BEINERT, Wolfgang (a cura di). *Lessico di teologia sistematica*. Brescia: Queriniana, 1990, p. 689-695: Esquema da história da teologia.

2. Para as mulheres teólogas, cf. BOERRESEN, Kari. *Le Madri della Chiesa*. Nápoles: D'Auria, 1993; · MILITELLO, Cettina. *Il volto femminile della storia*. Casale Monferrato (AL): Piemme, 1995.

ÉPOCA PATRÍSTICA

90-150 (ca.)

Época dos Padres *Apostólicos*: São Clemente com a *Carta aos Coríntios* (98); Santo Inácio de Antioquia e suas *Cartas* (110), Policarpo († 156), amigo do último e mestre de Irineu; a *Didaqué* (1ª parte do séc. II); Pápias (135), dos primeiros exegetas; o *Pastor*, de Hermas (140-154); a *Carta de Barnabé* (1ª metade do séc. II).

138

Chega do Ponto em Roma Marcião († 160), "pai do procedimento sistemático em exege-se" (A. Faivre). Por suas tendências gnósticas e rigoristas, foi expulso da Igreja (144), fundando, contudo, sua própria igreja. Marcião opunha o Deus do Antigo Testamento ao do Novo e só reconhecia o Evangelho de Lucas e algumas cartas de Paulo.

150-250

Época dos Padres *Apologetas*: São Justino († 165), com duas *Apologias* († ca. 150); Taciano († 175), discípulo do último, com seu *Diatésseron*, versão fundida dos quatro evangelhos; Santo Hipólito († 235), Atenágoras, o Autor da *Carta a Diogneto* (ambos da 2ª metade do séc. II), Novaciano (ca. 250).

180-190

Santo Irineu († 220) elabora seu *Contra as Heresias*, para refutar os gnósticos. É o primeiro esboço de teologia sistemática (Y. Congar).

188

Em Alexandria se faz sentir a ascendência cultural dos gnósticos (Basílides, Valentino e discípulos), com sua reivindicação por um conhecimento superior (gnose). No entanto, sob o episcopado de Demétrio, floresce o "Didaskaléion", centro de estudos superiores para o conhecimento metódico da Revelação, fazendo assim recuar o predomínio cultural dos gnósticos, e origem da chamada "Escola de Alexandria". Já em torno de 180 Clemente de Alexandria († ca. 212) assumia a direção da escola. Para ele, a Filosofia é para os Gregos caminho para a fé, como era o Antigo Testamento para os Hebreus.

197

Começa em Cartago a atividade literária de Tertuliano († 220), primeiro escritor latino cristão, que muito contribuiu para a formação da linguagem teológica. A partir de 213 se torna abertamente montanista. O frígio Montano († 212) se entendia como o órgão do Paráclito, pregava extremo rigorismo e era acompanhado por duas mulheres: Priscila e Maximila, que profetizavam em estado extático e prediziam a volta iminente de Cristo. Encontra-se nesse círculo as "coliridianas", que cultuam Maria com pães rituais, e os seguidores da profetisa QUINTILA, que admitem mulheres na hierarquia.

220-230

O grande Orígenes († ca. 253-4) escreve *Dos Princípios*, primeiro tratado sistemático de dogma, onde a teologia é compreendida como expressão da gnose ideal. Quando assume a direção do "Didaskaléion" divide os alunos em dois graus: inferior, para os principiantes; e superior, para os perfeitos. Seu livro *Contra Celso* (ca. 246) é a maior apologia antiga do Cristianismo. Foi o teólogo mais controvertido da história, tendo sido destruída, em consequência disso, a maior parte de sua obra imensa.

250 (depois de)

Surge a "Escola de Antioquia", na verdade mais uma corrente que uma instituição, firmando-se apenas no fim do séc. IV. Dá preferência a uma exegese literal e histórica, distinguido-se nisso da "Escola de Alexandria" e de seu método alegorizante. Suas maiores figuras foram Teodoro de Mopsuéstia († 428) e seu discípulo Teodoreto de Cir († 466), que enfatizaram o lado humano e histórico de Jesus, opondo-se com vigor a toda tendência monofisita, especialmente ao teopasquismo, doutrina do sofrimento de Deus.

325

Concílio de Niceia, que define a divindade de Jesus e que tem como grandes propagadores Santo Atanásio († 373) e Santo Hilário de Poitiers († 367).

339 (ca.)

Morre Eusébio de Cesareia, "pai da história eclesiástica" e "teólogo político". Viveu nos círculos da corte de Constantino.

370

São Basílio († 379) se torna bispo de Cesareia. É um dos três Padres Capadócios, junto com seu amigo São Gregório Nazianzeno, "o teólogo" († ca. 390) e seu irmão São Gregório de Nissa († 394), este casado com Teosébia. A teologia desses Padres ressalta a importância do Espírito Santo e o apofatismo em teologia. Com o Nazianzeno, Basílio redige a *Filocalia*, seleta de textos de Orígenes.

374

Santo Ambrósio († 397) é aclamado bispo de Milão. Sua teologia está centrada nas questões pastorais. Compôs hinos religiosos populares, até hoje usados na liturgia da Igreja. Enfrentou Teodósio, por causa de um massacre, por suas tropas, em Tessalônica, submetendo-se o imperador à penitência.

381

Concílio de Éfeso, presidido por São Cirilo de Alexandria († 444), "o maior dogmático dos padres" (Y. Congar). Combateu com extrema veemência a Nestório, patriarca de Constantinopla († 428). Sob seu patriarcado, em 415, morre a filósofa neoplatônica Hipácia, linchada, num tumulto, por cristãos e da qual a figura lendária de Santa Catarina de Alexandria († 305 ou 307) seria o correspondente cristão. Hipácia tinha como discípulo e amigo o bispo Sinésio de Cirene, casado com Prisca.

382

São Jerônimo († 420), grande teólogo "positivo" e biblista exímio, empreende a tradução da Bíblia *Vulgata*. É mestre de um círculo de estudos no Aventino (Roma), primeiro cenáculo feminino a buscar rigorosa reflexão teológica a partir da Bíblia. Participavam dele grandes figuras da aristocracia cristã romana, como Marcela, Paula, Eustáquia, Fabíola, Melânia, a velha, que foi amiga de Rufino de Aquileia († 411), e outras mais.

386

Santo Agostinho († 430) chega à conversão, cujas vicissitudes narra nas célebres *Confissões* (ca. 400). Sua grande obra, de teologia da história, é *A cidade de Deus* (413-427) e sua obra mais reflexiva é *A Trindade* (400-416). Foi o teólogo que, por sua genialidade e fecundidade, mais influiu em toda a teologia do Ocidente. Sua obra é riquíssima e extremamente vasta (PL 32-47: 16 vol.).

398

São João Crisóstomo († 407) é sagrado bispo de Constantinopla. Foi grande pregador, de rica base bíblica, denunciador dos ricos e poderosos, e defensor dos pobres. Teve como colaboradora e amiga a diaconisa Olímpia († 410).

400 (ca.)

Egéria (ou Etéria), provavelmente monja galega, faz sua peregrinação à Terra Santa, deixando seu *Itinerarium*, onde registra a vida e a liturgia de Jerusalém da época.

430 (ca.)

São Vicente de Lérins elabora o *Commonitorium*, onde coloca a Tradição como regra de fé. Essa obra obteve grande sucesso no séc. XVI e seguintes no contexto da teologia controversística.

440

Começa o papado de São Leão Magno († 461), cuja intervenção no Concílio de Calcedônia (451) foi decisiva. Sua teologia da "plenitude do poder" em Pedro constitui um passo importante rumo ao centralismo de Roma.

400 (fins)

Dionísio Areopagita, pseudônimo de um teólogo desconhecido, redige seus quatro tratados, entre os quais *A teologia mística*, de linha neoplatônica, e *A hierarquia eclesiástica*, que tiveram imensa influência na vida e no pensamento da Igreja.

525

Boécio escreve no cárcere *Consolação da filosofia*, antes de ser torturado e executado, um ano depois, em Pavia, sob ordens do rei Teodorico, por suspeita de traição. Intenta nesse livro resolver o problema do mal. Por ter elaborado definições lapidares e aberto o método de discutir tematicamente questões teológicas, como no livro *Sobre a Trindade*, é considerado um dos pais da civilização medieval e da Escolástica.

587

Falece Radegunda, esposa do rei franco Clotário, conhecedora de toda a cultura antiga, tanto secular como cristã. Feita monja, mantém independência em relação à hierarquia e se torna amicíssima do maior poeta do tempo, Venâncio Fortunato († 600), de quem ficaram, na liturgia, os hinos: *Pange lingua gloriosi* e *Vexilla regis prodeunt*.

590

São Gregório Magno († 604) é elevado à Sé de Pedro: um dos maiores e melhores papas da história. É teólogo pastoralista e moralista. Sua obra principal é a *Regra pastoral*, que se tornou na Idade Média a norma de vida de bispos e padres.

600

Santo Isidoro († 636) se torna bispo de Sevilha. É autor da obra antológica e enciclopédica chamada *Etimologias*, em 20 livros.

653

É preso pelas autoridades imperiais São Máximo, o Confessor, dos maiores autores espirituais do Oriente: o da mística da unificação no Logos encarnado. Antes de se fazer monge (613-614), tinha sido secretário do Imperador. Por ter atacado o monotelismo desse último e ter participado do Concílio de Latrão em 649, foi detido, torturado, tendo a língua e a mão direita amputadas e por fim mandado para o exílio, onde morreu († 662).

735

Morte de São Beda, o Venerável, escritor positivo e enciclopédico. Foi a ponte entre os Padres e os Doutores escolásticos.

726

Abre-se a luta contra os iconoclastas (até 787), onde se destaca São João Damasceno († 749). Na obra dogmática *A fonte do conhecimento* (escrita depois de 742) mostra-se um teólogo sistemático poderoso. Foi para o Oriente a ponte que Beda foi para o Ocidente.

786

Alcuíno († 804), britânico, é convidado por Carlos Magno para ser o diretor da "Escola Palatina". Grande organizador da cultura, seja por ter erigido, a partir da proposta de Boécio, o sistema das "sete artes liberais" (constando do *Trívio*: Gramática, Retórica e Dialética; e do *Quadrívio*: Geometria, Aritmética, Música e Astrologia), seja por ter promovido a restauração do laço entre a fé e a cultura clássica. Ora, tudo isso influiu de modo decisivo sobre a metodologia teológica em geral.

841-843

Duoda, condessa da Septimânia e de Barcelona, escreve para o filho, refém do rei da França, um livro de formação: o *Liber manualis*, dos poucos escritos que deixaram as mulheres do 1º milênio.

845

O rei da França Carlos o Calvo († 877) chama para a direção da "Escola Palatina" João Scotus Erígena, irlandês, o teólogo mais original e importante do século IX ("píncaro majestoso sobressaindo aos outeiros de uma planície": Böhner-Gilson). Sua obra *A divisão da natureza*, em 5 vol., é um grande sistema filosófico-teológico, de linha neoplatônica, inspirado no Pseudo-Dionísio.

856

Morre um discípulo alemão de Alcuíno, o monge e depois arcebispo de Mogúncia Rabano Mauro, o *Praeceptor Germaniae*, dos maiores eruditos enciclopédicos do tempo.

973 (depois de)

Morre a cônega-poetisa Rosvita, a mais destacada figura do Mosteiro de Gandersheim, raro centro de cultura feminina da época, no qual se educaram também as duas filhas do Imperador Otão II.

IDADE MÉDIA

1022

Morte de São Simeão, "o novo teólogo", poeta, dos maiores místicos bizantinos. Esse autor, de pensamento teológico fortemente pneumatocêntrico, é o autor preferido até hoje no Monte Atos.

1054

Miguel Cerulário († 1058), teólogo potente, consuma o cisma com o Ocidente.

1078

Santo Anselmo († 1109), "pai da escolástica", escreve o *Proslogion: fides quaerens intellectum*, onde retoma o tema do *Monologion* de dois anos antes. Com aquela obra franqueia à razão argumentativa o campo da inteligência da fé. Expõe também aí o famoso "argumento ontológico". Seu *Por que Deus se fez homem* (1098) é uma soteriologia jurisdicista, centrada na ideia de "satisfação" e que deixou profundas marcas no pensamento e na espiritualidade cristã.

1109

Começa a "Escola de São Vítor", em Paris, de tradição agostiniana, cujos maiores expoentes são: Hugo de São Vítor († 1141), grande educador com seu *Didascalicon*, manual de estudo para todo aluno na Idade Média, e teólogo simbolista em *Os sacramentos da fé cristã*; e Ricardo de São Vítor († 1173), teólogo dogmático, como se vê no seu *A Trindade*, e mestre em mística, campo em que deixou diversas obras.

1118

Abelardo († 1142) inicia sua *Theologia scholarium*, primeira "suma teológica". Seu principal mérito é que, com sua dialética, evidente no *Sim e Não*, coletânea de textos contraditórios da Escritura e dos Padres sobre 158 questões, impulsiona a teologia rumo a um discurso de rigor. Foi condenado pelo Concílio de Soissons (1121), por causa de seu *A unidade e trindade divina*, livro que teve de queimar publicamente, com suas próprias mãos. São conhecidas suas aventuras e desventuras com Heloísa († 1164), narradas na *História de mi-*

nhas calamidades. Esta mulher, culta e livre, foi, no campo teológico, interlocutora exigente do amigo, como mostra a *Correspondência* entre ambos.

1140 (ca.)

Graciano redige o chamado *Decreto*, coletânea de leis eclesiásticas, verdadeira "Suma Canônica".

1150-52

Pedro Lombardo († 1160) redige *Os quatro livros das Sentenças*, que todo mestre medieval tinha obrigação de comentar e que constituiu até o séc. XVI o grande manual de teologia nas escolas.

1153

Morre São Bernardo, grande representante da epistemologia monástica, caracterizadamente religiosa, e acérrimo adversário de Abelardo e de sua dialética. Sua obra principal é o *Comentário ao Cântico dos cânticos* (1153-). Nesse mesmo campo e na mesma época, vivem Guilherme de Saint-Thierry († 1148), abade beneditino, e Elredo († 1166), abade cisterciense de Rievaulx (Inglaterra), que escreveu *A amizade espiritual*, em que discorre como ninguém sobre o tema.

1179

Mais que octogenária, expira uma mulher extraordinária Santa Hildegarde de Bingen, a "Sibila do Reno". Foi grande visionária, além de poetisa, musicista e herborista. Para promover a reforma da Igreja, pregou em Capítulos e Catedrais da Europa. Manteve correspondência com o Imperador Barba-Roxa, com papas, bispos, abades e nobres. Escreveu, entre outras obras, *Scivias* (Conheça os caminhos), onde expõe sua visão teológico-cósmica. Contemporânea sua foi outra mística, igualmente visionária, profetisa e reformadora: Santa Elisabet de Schönau († 1164), que viveu apenas 35 anos e foi autora das Visões e do Livro das vias de Deus.

1190

O rabino cordobês Moisés Maimônides († 1204), o maior teólogo hebreu da Idade Média, de linha aristotélica, publica *O guia dos perplexos*, verdadeira "Suma Teológica Judaica" (E. Gilson), que inspirou muitos escolásticos cristãos. Foi médico do sultão Saladino († 1193).

1200 (ca.)

Surgem as 1as Universidades: Bolonha, Paris, Oxford, com as *Facultates* de *Artes* (ensino profano do trívio e do quadrívio) e de *Teologia*, agregando-se em seguida as de Direito e de Medicina.

1202

Morre Joaquim de Flore, místico e teólogo visionário, autor da *Exposição do Apocalipse*. Esse abade defendeu uma ideia evolutiva da história, profetizando a "terceira idade" – a do Espírito –, visão que exerceu enorme influência sobre a concepção da história em todo o Ocidente.

1248

Santo Alberto Magno († 1280) começa a dirigir o *Studium* de Colônia e abre a teologia à incorporação da filosofia de Aristóteles.

1259

Em Monte Alverne, São Boaventura (morto em 1274, durante o Concílio de Lião), teólogo franciscano, escreve seu livro mais conhecido: *Itinerário da mente para Deus*. Tinha sido professor em Paris (desde 1247) e era de linha agostiniana. No tratado *A recondução das artes à teologia* (entre 1255-1257) mostra que todos os saberes culminam na teologia, ciência suprema.

1267

Santo Tomás de Aquino († 1274) redige a *Summa Theologiae* (o título mais provável), que deixa incompleta (1273). Com Orígenes e Agostinho, e depois deles, compõe a tríade intelectual mais alta da Igreja. Além de professor em Paris e em Nápoles, foi teólogo na corte papal por dez anos (1259-1269). Sem ter completado 50 anos, deixou uma obra imensa (mais de 50 vol.) e é apresentado como "o mestre" por excelência em teologia, e é assim recomendado pelo Vaticano II (OT 16,3).

1298

O Beato J. Duns Scotus, franciscano, começa seu ensino em Oxford. Ensina depois em Cambridge, em seguida em Paris e enfim, por ter-se desentendido com Filipe IV, em Colônia, onde veio a falecer († 1308). Apesar de ter vivido só 43 anos deixou uma obra imensa (26 vol. *in folio*), destacando-se a *Ordinatio* ou *Opus oxoniense*. Teólogo original, fortemente cristocêntrico e "Doutor mariano", defendeu com grande eficácia o dogma da Imaculada Conceição.

1301 (ou 1302)

Apaga-se Santa Gertrudes, A Grande, possuidora de altos dons místicos e conselheira muito procurada. Dela temos os cinco livros do *Mensageiro da Bondade amorosa de Deus*. Viveu no célebre mosteiro cisterciense de Hefta, possuidor de uma excelente escola, dirigida então por Matilde de Hackeborn. Esta foi mestra e companheira de Gertrudes no campo das experiências místicas, tendo redigido seus ensinos no Livro da graça especial. Quanto a Gertrudes, o centro de sua doutrina mística, altamente afetiva, é o Coração de Jesus. Essa devoção já era de outra mística, Santa Matilde de Magdeburg († 1282), quando beguina, mas que se tornou também companheira de Gertrudes em Hefta e que escreveu A luz fluente da divindade, em 7 livros.

1322

Começam os conflitos que envolveram pelo resto da vida Guilherme de Ockham, ofm († 1349), principalmente contra João XXII. Foi chamado "Venerabilis Inceptor" por ter iniciado a "via moderna" da teologia, submetendo os teólogos anteriores a uma rigorosa análise lógico-formal, método que levou em seguida a teologia para um especulativismo deletério. Foi nominalista ou conceitualista, teólogo do voluntarismo divino e crítico do poder papal, defendendo a separação Igreja – Estado.

1347

São Gregório Pálamas († 1359), teólogo bizantino, é feito bispo de Tessalônica, depois de ter sido monge no Monte Atos (1331). Foi defensor do hesicasmo, escola mística centrada na pacificação interior por meio da oração monológica do nome de Jesus. Sua obra principal é *Tríade de defesa dos santos hesicastas*, "suma de teologia mística" oriental, onde distingue a essência de Deus (inatingível) e suas energias (que nos atingem). Próximo a Pálamas temos Nicolau Cabasilas († ca. 1398), leigo e possuidor de uma teologia profundamente litúrgica e espiritual, dirigida às "pessoas do mundo".

1300 (2ª metade)

Época de grandes místicos: J. Eckhart († 1349-50), J. Tauler († 1361), J. Ruysbroeck († 1381). Entre as mulheres contam-se: as reformadoras Santa Catarina de Sena († 1380), de que conhecemos os *Diálogos*, declarada "Doutora da Igreja" por Paulo VI em 1970; assim como Santa Brígida da Suécia († 1373), dotada de visões e revelações extraordinárias. Nesse período viveu também a mística Juliana de Norwich († 1416), primeira mulher de letras inglesa, que deixou suas 16 visões em *Revelações do amor divino*.

1300 (fins)

Atividades dos Pré-reformadores: J. Wyclif († 1384), J. Hus († 1414), esse julgado e queimado vivo durante o Concílio de Constança (1414-1418).

1395

J. Gérson († 1429) torna-se grão-chanceler da Universidade de Paris. Seu maior empenho foi pôr fim ao Grande Cisma do Ocidente (1378-1449). Como seu antecessor no cargo, Pedro D'Ailly, para resolver o cisma, tomou parte ativa no Concílio de Constança (1414-1418) e propugnou por uma "concepção conciliar" de Igreja, como no livro *A revocabilidade do Papa pela Igreja* (1409). Por ter-se oposto à tese do "tiranicídio", não pôde voltar à França, escrevendo então *A consolação da teologia* (1418). Defendeu uma forma de teologia afastada de disputas estéreis e de conteúdo místico e pastoral.

1420

Sai a *Imitação de Cristo*, obra de Tomás de Kempis († 1471).

1440

Vem a público o livro *Douta ignorância* do Cardeal Nicolau de Cusa († 1464), grande defensor do apofatismo e fundador da Academia Platônica de Florença. Espírito universalista, propôs a união de todas as religiões no livro *A Paz da fé* (1453).

1477

Gabriel Biel († 1495), sacerdote reformista, assume, com 60 anos, a cátedra de teologia na recém-fundada Universidade de Tübingen. Foi o último dos "sentenciários" medievais. Influenciado por Ockham, exerceu por sua vez grande influência na reforma dos estudos teológicos da época e também sobre Lutero.

ÉPOCA MODERNA (ATÉ 1900)

1515-1516

M. Lutero († 1546), redige o *Comentário à Carta aos Romanos*. Pouco depois (1517), afixa – como se conta – nas portas da igreja de Wittenberg suas famosas "teses".

1520

Começa a pregação profética de T. Münzer contra o latifúndio, desembocando na "guerra dos camponeses" (1523-1525). Lutero se opôs furiosamente a Münzer, que acaba por ser decapitado († 1525).

1522

T. Cajetano († 1534), dominicano, termina seu célebre *Comentário à Suma Teológica*. Foi interlocutor oficial de Lutero, mas sem sucesso.

1530

F. Melanchton († 1534) redige a *Confissão Augustana*. Foi dos primeiros a falar em "lugares teológicos", no sentido de *temas* fundamentais da teologia (numa obra com aquele nome, de 1521 e 1559).

1536

Calvino publica sua primeira versão da *Instituição da Religião Cristã*, revista em seguida.

1539

F. de Vitoria († 1546) questiona os direitos dos espanhóis à conquista do Novo Mundo nas conferências: *Das Índias* e *Do direito de guerra*. Foi um dos pais do "direito internacional". Inova o método do ensino teológico, substituindo as *Sentenças* de Pedro Lombardo pela *Suma Teológica* de Santo Tomás.

1549

Chega ao Brasil o Pe. Manuel da Nóbrega († 1570), jesuíta, que no *Diálogo sobre a conversão do gentio* (1556-57) se mostra arguto missiólogo, embora admita uma "suave coação". É secundado por outro jesuíta, o Pe. J. Anchieta († 1597), o qual busca caminhos de encontro da fé com as culturas indígenas e é autor do longo *Poema da Virgem*, escrito quando refém, por cinco meses, dos índios Tamoios de Iperuí, atual Ubatuba (1563).

1550-1551

B. de las Casas enfrenta, em Valladolid, em alta disputa teológica, diante de teólogos de Salamanca e da corte, a J. Ginés de Sepúlveda, defendendo os indígenas da América contra os pretensos "direitos de conquista" dos Espanhóis. Escreveu ainda obras de não escasso interesse teológico, como a *História das Índias* e a famosa *Brevíssima relação da destruição das Índias*.

1558

O franciscano B. de Sahagún († 1590) começa a redação de sua grande obra missiológica e etnográfica sobre as culturas autóctones do México, *História Geral das coisas de Nova Espanha*, na qual trabalhou quase 40 anos. Composta de 12 livros, saiu bilíngue, em náuatl e em castelhano, mas acabou proibida por Filipe II em 1577 sob a alegação de que contribuía para difundir os costumes dos indígenas.

1563

Publicação póstuma de *Os lugares teológicos* de M. Cano († 1560), no sentido de *fontes* do conhecimento teológico.

1567

Roma condena a teologia do louvanista M. Baio († 1589), por afirmar, de um lado, a impotência da natureza frente à força da graça (pré-jansenismo) e, do outro, o direito à graça da natureza original. Abjurou de seus erros antes de morrer.

1574

O maior teólogo jesuíta e dos maiores da Reforma católica, F. Suárez († 1617), inicia seu magistério em Valladolid, Segóvia e Ávila, depois em Roma, Alcalá, Salamanca e Coimbra, onde morre. Sua produção teológica cobre 23 vol. *in folio*. Escreveu o primeiro tratado sistemático de Mariologia (1592).

1572

J. de Acosta, SJ († 1600) faz-se missionário no Peru. É teólogo assessor de São Toríbio de Lima. Com seu *Sobre o modo de obter a salvação dos índios* (1588), tratado missiológico muito difundido na época, justifica um relativo uso da espada na evangelização, contrapondo-se à missiologia pacifista radical de Las Casas, tal como se exprime em seu *O único modo de atrair os gentios*.

1576-1581

O dominicano Diego Durán († 1588) escreve sua obra etnológico-missionária *História das Índias de Nova Espanha e Ilhas da Terra Firme*, que permanece inédita por trezentos anos. No interesse da missão, procura aí explorar as possíveis aproximações entre a cultura asteca e a fé cristã.

1500 (fins)

Terminam seus dias dois gigantes da mística ocidental: Santa Teresa D'Ávila († 1582) e São João da Cruz († 1591), ambos carmelitas e declarados Doutores da Igreja. No mesmo período vive outra mística, Santa Maria Madalena de Pazzi († 1607), sem esquecer, quase um século antes, mais uma mística, Santa Catarina de Gênova († 1510), leiga, cujo Tratado sobre o Purgatório é de extrema originalidade.

1586

São Roberto Belarmino, SJ († 1621), escreve as *Disputationes* em três vol. (até 1593), a obra mais representativa da teologia controversística. Condicionou fortemente a eclesiologia posterior com seu conceito institucional e piramidal de Igreja.

1598-1607

Termina sem solução uma das maiores controvérsias da história da teologia, a "De auxiliis", opondo a teologia de L. de Molina, SJ († 1600), à de D. Bañez, OP († 1604), enfatizando, o primeiro, o papel da liberdade; e o último, o da graça.

1604

Nasce Arcângela Tarabotti († 1652), veneziana, teóloga panfletista, defensora dos direitos das mulheres. Vítima do costume de o pai constranger a filha a entrar no mosteiro, escreveu *Inferno monacal* e *Tirania paterna*.

1612

J. Böhme († 1624), místico sapateiro, redige sua primeira obra *Aurora ou o rouxinol da manhã em ascensão*. Perseguido em vida por sua igreja, a luterana, foi posteriormente bastante apreciado na Alemanha por autores românticos e filósofos.

1630

O teólogo português João de S. Tomás († 1644) começa a ensinar em Alcalá (Espanha).

1640

Aparece, postumamente, o *Augustinus* do bispo Jansênio († 1638), enfatizando a força "irresistível" da graça. O jansenismo é assumido pela Abadia de Port-Royal, inclusive pelo autor dos *Pensamentos*, Pascal († 1622), mas é atacado pelos Jesuítas. Port-Royal, coração do jansenismo, teve como abadessa reformadora, desde a idade de 11 anos, Maria Angélica Arnaud († 1661), ganha ao jansenismo pelo Abade de Saint-Cyran, que foi mais tarde posto por Richelieu († 1642) na prisão, de onde escreveu para a discípula as Cartas cristãs e espirituais.

1644

Denys Petau, SJ († 1652), publica sua *Dogmática Católica*, em 4 vol., obra que lhe custou 20 anos de trabalho.

1652

Começa no Maranhão a atividade missionária do máximo orador da língua portuguesa, o Pe. Antônio Vieira († 1697). Seus *Sermões* compreendem 15 vol. Foi perseguido por ter tomado a defesa da causa dos índios (mas não com a mesma radicalidade a dos escravos). Por avançar uma visão messiânico-apocalíptica da missão de Portugal, especialmente na *Clavis Prophetarum* (obra póstuma), foi condenado pela Inquisição (1667), tendo sido levantadas as penas no ano seguinte.

1669

Entra no mosteiro jeronimiano da cidade do México a jovem e genial mestiça Juana Inés de la Cruz (1651-1695), tida como a maior poetisa barroca de língua espanhola e a primeira grande literata da América hispânica. Foi chamada "a décima musa do México" e a "Fênix americana". Precursora do feminismo nas Américas, defendeu, em sua *Carta a Sor Filotea de la Cruz*, o direito das mulheres à cultura; e, em *Redondillas en defensa de las mujeres*, satirizou os preconceitos machistas. Possuía bons conhecimentos em teologia patrística e escolástica, como demonstrou em sua *Carta Atenagórica*, polemizando contra o Pe. Vieira. No fim da vida, depois de assinar com seu sangue uma declaração de fé, vendeu sua biblioteca e seus instrumentos de arte, a fim de ajudar as vítimas de uma epidemia, às quais passou a se dedicar totalmente, vindo a morrer vítima do contágio.

1678

Richard Simon († 1712) publica *História crítica do Antigo Testamento*, seguida de outras, na linha da crítica bíblica, de que foi um pioneiro incompreendido. Pouco antes, o filósofo judeu Baruch Spinoza († 1677), no *Tratado teológico-político* (1670), tinha feito o primeiro ensaio de crítica textual da Bíblia, tendo sido excomungado da sinagoga.

1678

Helena Lucrécia Cornaro Piscoia († 1684) obtém, depois de forte polêmica que envolveu igreja, povo e várias universidades, diploma de doutorado pela Universidade de Pádua, não porém em teologia, como queria e para o que tinha estudado, mas só em filosofia (por ser mulher! Foi só em 1963 que a 1ª mulher recebeu o doutorado em teologia pela Universidade de Salzburg).

1687

Roma condena a doutrina de Miguel de Molinos († 1696) por levar a uma espiritualidade "quietista".

1710

Sai a *Teodiceia* de G.W. Leibnitz († 1716), grande propugnador da união das igrejas cristãs.

1713

A Constituição *Unigenitus* de Inocêncio XI (DS 2400-2502) condena P. Quesnel († 1719), por defender, como se dizia dos jansenistas, que a graça é invencível frente à natureza.

1748

Sai a *Teologia Moral* de Santo Afonso de Liguori († 1787), o qual depois a amplia para 3 tomos, de que faz versões para o uso dos confessores. Foi teólogo prolífico. Conhecidas foram suas *Máximas eternas* (1728) e *As glórias de Maria Santíssima* (1750).

1750-1800

Vêm a lume várias obras de teor racionalista sobre a fé e a religião, como: *O cristianismo da razão* de G. Lessing (1753), *Diálogos sobre a religião natural* de D. Hume (1779), *A religião no interior dos limites da simples razão* de I. Kant (1793), *Do Evangelho como princípio da filosofia* de F. Schelling. A Revolução Francesa em 1794 se encarrega de organizar o culto cívico do "Ser Supremo".

1772

Graças à "reforma do ensino" de Pombal, entra no Brasil o galicanismo antirromano e regalista com a colaboração dos Padres do Oratório, como se pode constatar pelo livro *Tentativa teológica* do português Pe. Antônio Pereira de Figueiredo.

1778

É publicado *A meta de Jesus e de seus discípulos* de Hermann Samuel Reimarus († 1768), iniciador da crítica bíblica e da pesquisa sobre o "Jesus da história". Discípulo do filósofo Christian Wolff († 1754), o grande representante da filosofia iluminística alemã, Reimarus quis mostrar que Jesus foi um revolucionário apocalíptico fracassado. Iniciou assim a corrente do "Jesus revolucionário", na qual se destacaram mais tarde R. Eisler, com seu livro *Jesus, o rei que não reinou* (1929-30) e S.G.F. Brandon, com *Jesus e os Zelotas* (1967).

1810

F. Schleiermacher († 1834) começa seu magistério filosófico e teológico na recém-criada Universidade de Berlim. É o maior teólogo protestante do século XVIII e quiçá de toda a época contemporânea (K. Barth). É considerado "o pai do protestantismo liberal" pela guinada antropológica que introduziu na teologia. Foi autor do *Discurso sobre a religião: aos espíritos cultos que a desprezam* (1799) e de uma obra metodológica, *O estudo da Teologia: Breve apresentação* (1811).

1825

É executado em Recife Frei Caneca, "teólogo político" de linha liberal-republicana, após o fracasso do movimento revolucionário "Confederação do Equador" (1824). Já havia tomado parte na "Revolução dos padres" (1817), liderada pelo Pe. João Ribeiro.

1832

Roma condena a revista *L'Avenir* e seu movimento, protagonizado por F. Lamennais († 1854), o Pe. Lacordaire († 1861) e o conde de Montalembert († 1870), movimento que visava reconciliar a Igreja com a democracia liberal.

1832

J.A. Möhler († 1838) publica a *Symbolik*, visão da Igreja como organismo vivo, cheio do Espírito e vivendo na história concreta. É o maior expoente da renovadora "Escola de Tübingen", onde se destacam também J.S. Drey († 1853) e J.Ev. Kuhn († 1887).

1835-1836

D.F. Strauss († 1874), teólogo protestante, discípulo de Hegel, escreve sua *Vida de Jesus*, que reescreve para o povo em 1864. Para essa leitura radicalmente racionalista, Jesus, seus milagres e todo o Evangelho se entendem por meio da categoria do "mito". Põe uma ruptura radical entre *O Cristo da Fé* e *o Jesus da História*, como intitula um livro de 1865.

1841

Dom P. Guéranger († 1875), abade de Solesmes, inicia a obra, em vários volumes, *Ano litúrgico* (até 1866), que marcou o início inaugural da renovação litúrgica no século XIX.

1841

L. Feuerbach († 1872) publica *A essência do Cristianismo*, importante pela influência que exerceu sobre a crítica da religião de K. Marx († 1883).

1845

Sai o *Ensaio sobre o desenvolvimento do dogma* do grande J.H. Newman († 1890). Convertido ao catolicismo (1845), escreverá mais tarde (1870) a *Gramática do Assenso*.

1848

A. Rosmini († 1855) publica *As cinco chagas da Igreja*, programa de reforma eclesial, condenado no momento, mas resgatado mais tarde no contexto do Vaticano II.

1848

É criado o Conselho Ecumênico das Igrejas (CEI) em Amsterdam, a partir da ação missionária e da corrente "cristianismo prático".

1800 (meados)

A "Escola Romana" restaura a teologia escolástica, especialmente por obra de G. Perrone († 1876), cujas *Preleções teológicas*, em 9 vol., tiveram ampla repercussão (34 ed. de 1835 a 1842 e muitas trad.). Um de seus maiores discípulos foi C. Passaglia, SJ († 1887). Teólogo "genial" (W. Kasper), professor de dogma no Colégio Romano, abandonou em seguida a Vida Religiosa, o ensino da teologia (para ser professor de filosofia) e por fim o Ministério sacerdotal (para entrar na política). Mas acabou seus dias reconciliado com a Igreja. Outro discípulo foi J.-B. Franzelin († 1886), jesuíta austríaco, restaurador da teologia positiva e teólogo de Pio IX no Vaticano I (1869-1870).

1855

K.J. Hefele († 1893) começa a publicação de sua famosa *História dos Concílios*, em vários volumes. Havia se oposto à doutrina da infalibilidade mas terminou por se submeter ao dogma.

1859

A. Ritschl († 1889), teólogo protestante "liberal", se transfere a Göttingen. Surge aí, a seu redor, uma escola com seu nome, que teve grande influência em toda a teologia alemã e que contou com a adesão de teólogos do porte de E. Troeltsch e A. Harnack. Seu "ideal de vita", no qual se põe "com os dois pés" (K. Barth), era conciliar a fé e a razão iluminista. Recuperou a ideia de "Reino de Deus" como vida moral e cultural, ideia posteriormente desenvolvida pela teologia alemã e pelo movimento norte-americano do *Social Gospel*.

1860

Morre o grande teólogo ortodoxo leigo A.S. Khomiakov, que muito insistiu na *sobornost* (colegialidade), como instância última da unidade e da infalibilidade da Igreja. Essa concepção, apesar de condenada pela hierarquia ortodoxa, exerceu grande influência na teologia daquela Igreja. A ideia católica de "recepção" tem grande afinidade com aquela, ortodoxa.

1863

Aparece, em ótica racionalista, a *Vida de Jesus* de E. Renan († 1893).

1864

Sai o *Syllabus* de Pio IX, condenando, em 80 proposições, os "erros da época": o racionalismo, o liberalismo, o socialismo e outros mais.

1872-1875

No contexto da "romanização" que se seguiu ao Vaticano I, pela qual se recentraliza toda a vida eclesial no clero e nos sacramentos, estoura a "questão religiosa" no Brasil com a condenação, pelo governo imperial, dos bispos D. Antônio de Macedo Costa, de Belém (PA), e de D. Vital de Oliveira, de Olinda (PE).

1873

M.J. Scheeben († 1888) inicia (até 1877) a publicação da monumental *Dogmática* (mais de 3.000 p.), centrada na ideia da vida sobrenatural. Em seu livro *Os mistérios do Cristianismo*, "Suma de Dogmática Católica" e que teve enorme influência na Alemanha, mostra um profundo senso do mistério como fonte de saber teológico.

1881

Vladimir Soloviev († 1900), teólogo ortodoxo, além de filósofo e poeta, mestre de Dostoievsky e de Tolstoi, perde a cátedra por defender, após o assassinato de Alexandre II, a abolição da pena de morte. Seu pensamento, que põe a Encarnação (teandria) no centro de toda a realidade, influenciou enormemente toda teologia russa.

1885

L. Billot, SJ († 1931), dos maiores teólogos neoescolásticos, começa seu ensino na Universidade Gregoriana de Roma, onde foi professor, de resto célebre, até 1911. Sua eclesiologia, em termos de "societas perfecta", tendia para o jurisdicismo e reduzia ao mundo privado a dimensão eclesial da comunhão. Destituído do Cardinalato em 1927 por sua simpatia com as ideias políticas da *Action Française*, retirou-se à vida privada.

1890

Morre J.I. von Döllinger, grande historiador da Igreja, professor em Munique (desde 1826), que se recusou a aceitar o dogma da infalibilidade, por achá-lo destituído de bases históricas, sendo por isso excomungado (1871).

1890

M.-J. Lagrange († 1938) funda a Escola bíblica de Jerusalém, onde trabalhará até 1935, a *Revue Biblique* (1892) e enfim os *Études Bibliques* (1900). Com suas obras sobre os Evangelhos (de Marcos, 1911; de Lucas, 1921; e de João, 1925), renovou o método da exegese nos meios católicos.

1891

Leão XIII lança a *Rerum Novarum*, início do "corpus" da Doutrina Social da Igreja. Esse Papa já havia sancionado a retomada neoescolástica com a Enc. *Aeterni Patris* (1879).

1896

O filósofo católico Maurice Blondel († 1949) lança sua famosa *Carta sobre as exigências do pensamento contemporâneo em matéria de apologética*, criando, com o Pe. L. Laberthonière († 1932), toda uma escola que abria a teologia católica às correntes modernas. Sua obra mais importante é sua tese de doutorado, na Sorbonne, *L'action* (1893), colocando a ação como lugar de integração do querer, do conhecer e do ser, e como exigência de transcendência.

1898

O Pe. Júlio Maria († 1916) escreve *A Igreja e o Povo* e dois anos depois *Memória sobre a religião*, onde lança a proposta de "unir a Igreja e o Povo", desatrelando aquela do Poder – projeto que só amadureceria após a segunda metade do nosso século.

1899

A. von Harnack († 1930) começa em Berlim suas conferências sobre *A essência do Cristianismo*, publicadas em 1990. É dos maiores historiadores da Igreja Antiga. Sua grande obra é o *Manual da história dos dogmas*, em 3 vol. (1886-1889). Harnack defendia não apenas o confronto mas a harmonização ("liberal") da fé com a cultura do tempo, como se vê pela obra *A tarefa socioevangélica à luz da história da Igreja* (1894), numa linha, porém, bastante conservadora.

SÉCULO XX[3]

1902

A. Loisy († 1940) publica *O evangelho e a Igreja*, livro polêmico, condenado como modernista e ocasionando a excomunhão do autor (1908). Outros fautores do "modernismo", movimento teológico do início do século, que punha em relevo a subjetividade e a historicidade da fé, foram o escocês G. Tyrrell († 1909), o mais culto dos modernistas, E. Le roy, sucessor de H. Bergson († 1954), e o historiador e teólogo italiano E. Bonaiuti († 1946). Este, depois de ter sido excomungado (1926), foi ainda obrigado a abandonar a cátedra por ter-se oposto ao fascismo (1931).

1906

Albert Schweitzer († 1965) publica sua *História da pesquisa sobre a vida de Jesus*, situando Cristo no contexto da iminência escatológica daquele tempo e traduzindo sua mensagem hoje em forma de empenho ético. De modo consequente, terminou seus dias como médico em Lambarene (Gabão), tendo recebido em 1952 o Prêmio Nobel da Paz.

1907

Sai com grande sucesso, e destinado a ter enorme influência em todo o protestantismo americano, o livro de W. Rauschenbusch († 1918), *Cristianismo e Evangelho Social*. Em 1912 é publicado seu *Cristianizar a ordem social*. A "teologia política" desse teólogo americano, centrada na ideia de "Reino de Deus", nasceu da experiência pastoral que fez o teólogo, por mais de dez anos, num bairro miserável de Nova York, a que chamou de "cozinha do inferno".

1907

Vem a lume a encíclica *Pascendi* de Pio X, com o decreto *Lamentabili*, condenando 65 proposições do "modernismo".

---

3. Para a teologia contemporânea, cf. em particular: VANZAN, Piersandro & SCHULTZ, Jürgen (a cura di). *Lessico dei teologi del secolo XX*. Supplemento a Mysterium Salutis, t. 12. Brescia: Queriniana, 1978; VAN DER GUCHT, Robert & VORGRIMLER, Herbert (orgs.). *Bilan de la théologie du XX siècle*. Casterman-Paris, 1970, 2 t.; · GIBELLINI, Rossino. *La teologia del XX secolo*. Brescia: Queriniana, 1992; · MARRANZINI, A. (a cura di). *Correnti teologiche postconciliari*. Roma: Città Nuova, 1974; · DENIS, Henri. *Teología, ¿para que?* Los caminhos de la teología en el mundo de hoy. Bilbao: DDB, 1981.

1909

R. Garrigou-Lagrange, op († 1964), tomista especulativo, começa o ensino de dogma no "Angelicum". Consultor do Santo Ofício, foi o teólogo mais influente nos meios oficiais até à metade do século.

1909

Sai *A essência e origem do Catolicismo*, de Rudolf Sohm († 1917), professor de Direito Canônico em Freiburg in Breisgau (desde 1870) e um dos redatores do Código civil alemão. Sustentou a tese radical de que a igreja primitiva tinha uma ordenação puramente carismático-sacramental e que a organização canônica, surgida depois, era um desvio.

1915

A. Gardeil, op († 1931), lança *O dado revelado e a teologia*, onde resgata da primazia da Palavra na construção da teologia, renovando assim o método teológico nos meios tomistas.

1915

D. Sebastião Leme († 1942) se torna arcebispo de Olinda e, em 1921, do Rio de Janeiro. Toma parte ativa nas vicissitudes políticas do tempo, procurando reconquistar a força da Igreja no espaço público e na esfera cultural, fundando para isso o "Centro D. Vital", com sua revista "A Ordem". Aí brilharam as figuras do Pe. Leonel Franca, sj, fundador da Pontifícia Universidade Católica do Rio, e de Alceu Amoroso Lima († 1983). Grande influência exerceu em toda a Igreja do Brasil sua *Carta Pastoral* de 1916, onde ataca a "ignorância religiosa" como o grande mal do catolicismo brasileiro.

1917

Rudolf Otto (1937), filósofo e teólogo protestante, depois de longa estadia no Oriente, publica seu celebérrimo *Das Heilige* (O Sagrado).

1918

Odo Casel, da abadia beneditina de Maria Laach († 1948), inicia a elaboração de sua teologia litúrgica, cujo núcleo é a ideia de "Mistério" a ser celebrado.

1919-1922

K. Barth († 1968) lança seu *Römerbrief* (Carta aos Romanos), abrindo espaço para a "teologia dialética", em oposição à "liberal". Por sua *Dogmática Eclesial* (1932-1964: 12 vol.) é considerado o teólogo sistemático protestante mais importante do século.

1921

R. Bultmann († 1976) publica *A história da tradição sinótica*. Foi o exegeta mais influente do tempo. Com o artigo *Novo Testamento e mitologia* (1941), propõe o programa de "desmitologização" do cristianismo, cujo desenvolvimento extremo, aliás efêmero, foi a "teologia da morte de Deus" dos anos 1960 nos Estados Unidos. Com M. Dibelius e K.L. Schmidt, é um dos grandes fundadores, nos anos 1920, do método da *Formgeschichte*.

1921

Leonhard Ragaz († 1945), dos mais estimulantes teólogos suíços, deixa a cátedra de teologia para trabalhar num bairro operário e se dedicar ao movimento do "socialismo religioso". Sua teologia arranca da ideia de "Reino de Deus", que ele identifica historicamente com o Socialismo.

1922

Carl Schmitt († 1985), grande jurista alemão, julgado (e absolvido) em Nuremberg por envolvimento com o regime nazista, lança *Teologia Política*, publicando em 1970 um segundo volume. Sustenta a tese de que os grandes conceitos da política são ideias teológicas secularizadas. Defensor do "decisionismo" em teoria política, mostrou, em *Catolicismo Romano e forma política* (1923), como a Igreja de Roma é modelo exemplar de solução dos conflitos por invocar uma instância última, sem apelo.

1923

Começa sua docência na Universidade de Berlim o teólogo ítalo-alemão Romano Guardini († 1968) na cadeira *Katholische Weltanschauung*, supressa pelas autoridades nazistas em 1939, mas que ele retoma depois da guerra, sucessivamente em Tübingen e Munique. A epistemologia desse teólogo se baseia no princípio da "oposição polar". Em 1937 sai seu conhecido livro *O Senhor*, que busca dar à teologia um conteúdo e uma forma marcadamente existenciais.

1924

Karl Adam († 1966) publica *A essência do Catolicismo*, que "revoluciona" a eclesiologia católica posterior (R. Aubert). Para ele a complexidade católica se unifica no Cristo enquanto prolongado na Igreja. Durante o nazismo defendeu a posição ambígua de submissão ao regime.

1924

Emil Brunner († 1966), teólogo protestante suíço, lança seu livro *A Mística e a Palavra*, atacando a ideia de religião entendida como "sentimento de dependência", segundo Schleiermacher. Foi, em companhia e abaixo de Barth, o maior propulsor da teologia protestante do século XX.

1925

Serghiei Bulgakov († 1944), maior teólogo ortodoxo dos tempos modernos, leigo, é convidado pelo metropolita Eulóguio a lecionar no Instituto Ordoxo S. Sérgio em Paris, fundado por este último. Desenvolve de modo sistemático uma nova perspectiva teológica: a *Sofiologia*, que teve forte penetração em toda Teologia ortodoxa.

1928

G.V. Florovsky (* 1893) começa e ensinar patrologia no Instituto S. Sérgio. Com Bulgakov, contribuiu muito para divulgar e fazer respeitar no Ocidente a teologia ortodoxa.

1930

Reinhold Niebuhr († 1971), luterano, o mais influente teólogo dos Estados Unidos, inclusive nos círculos políticos, começa a ensinar, em Nova York, "Teologia aplicada". A partir de sua experiência pastoral e das crises sociais do tempo, passa de uma teologia liberal a uma mais comprometida, de tipo socialista. Entre suas obras, distinguem-se: *Homem moral e sociedade imoral* (1932), *Fé e História* (1943) e *Realismo cristão e problemas políticos* (1953).

1932

E. Przywara, SJ († 1972), nascido na Polônia e grande mestre de Urs von Balthasar, publica o livro *Analogia entis*, tema que retoma em *Todo-Ritmo* (1962). Articula aí magistralmente transcendência e imanência, levantando na época muita discussão e inclusive o rechaço frontal de Barth, opondo-se-lhe com a ideia de "analogia fidei", oposição posteriormente superada.

1936

J.A. Jungmann lança a "teologia querigmática", apoiada pelos seus colegas de Innsbruck, F. Lakner e H. Rahner, proposta muito discutida na época. Em 1948 publica seu monumental *Missarum Sollemnia*.

1936

Jacques Maritain († 1973), maior representante do neotomismo, lança *Humanismo Integral*, que inspirou várias tentativas de "Democracia cristã" na América Latina. De sua obra imensa, destaca-se *Distinguir para unir, ou os graus do saber* (1932), bem articulado tratado filosófico de epistemologia. Raïssa Maritain († 1960), sua esposa e companheira intelectual, foi filósofa, poetisa e ensaísta religiosa.

1937

M.-D. Chenu († 1991) lança um programa de renovação da teologia em *Le Saulchoir, uma escola de teologia*. Foi dos teólogos mais comprometidos com a problemática do mundo atual, especialmente em relação às questões do trabalho, da economia e das massas.

1937

Richard Niebuhr († 1962), irmão menor de Reinhold, publica *O Reino de Deus na América* na linha do "Evangelho Social", mas numa ótica nova: a da relação fé cristã e cultura moderna. Nessa linha escreveu também *Cristo e Cultura* (1951) e *Monoteísmo radical e cultura ocidental* (1960).

1940

Converte-se ao catolicismo Adrienne von Speyr († 1967), leiga suíça, casada duas vezes, visionária, que teve uma inteligência sapiencial da fé e que pôs no centro de seu pensamento a mística da fé-obediência, como se vê em sua obra *A Serva do Senhor* ou no *Livro da obediência*. Esteve estreitamente ligada a von Balthasar, cuja teologia inspirou e com quem fundou um instituto secular, a "Comunidade de João".

1942

Sai o volume I da grande obra eclesiológica *A igreja do Verbo Encarnado* de Ch. Journet († 1975); o volume II sai em 1951 e o III em 1969. É a "obra dogmática mais profunda que se escreveu sobre a Igreja em nosso século" (Y. Congar).

1943

Pio XII lança duas encíclicas que tiveram um efeito liberador sobre o pensamento respectivamente eclesiológico e exegético: *Mystici Corporis* e *Divino Aflante Spiritu*.

1943

D. Bonhöffer († 1945), que entrara na resistência ao nazismo desde 1940, é posto na prisão, onde escreve *Resistência e submissão* (publicado em 1951). Aí enfrenta a questão da secularização, levantando a ideia de um cristianismo "arreligioso". Tinha sido um dos principais expoentes da "Igreja Confessante", cujo manifesto, a "Confissão da fé Barmen" (1934), deslegitimava sem meias medidas as pretensões totalitárias de Hitler. Morreu enforcado em abril de 1945.

1943

Morre tuberculosa, com 34 anos, a filósofa judia Simone Weil. Viveu no limiar da Igreja. Militante política, entrou no trabalho de fábrica para viver a *Condição operária*, nome de uma obra sua. É autora, entre outras obras, de *A gravidade e a graça* (1948).

1946

Abre-se a polêmica sobre a "théologie nouvelle", capitaneada pelos jesuítas de Lião, sobressaindo-se H. de Lubac († 1991). Este publica *Sobrenatural* (1946), em seguida condenado. Em 1937 tinha lançado *Catolicismo: aspectos sociais do dogma*, e em 1944 *O drama do humanismo ateu*. A "nova teologia" é condenada por Pio XII por meio da *Humani Generis* (1950). Entre os outros jesuítas envolvidos na polêmica (H. Bouillard, H. Rondet), distingue-se J. Daniélou († 1974) por meio de seus trabalhos teológicos sobre os Padres.

1946

O. Cullmann (* 1902), teólogo protestante suíço, publica *Cristo e o tempo*, sublinhando que a Revelação se dá na história, cujo centro é Cristo, o qual funda, pela sua Ressurreição, a dialética do "já" e do "ainda não".

1947

M. Schmaus (* 1897) publica sua *Dogmática Católica* em 5 vol., ampliada a partir dos 3 vol. iniciais de 1938. Era a primeira grande síntese renovadora da teologia católica. Baseando-a na Escritura e nos Padres, punha-a em confronto com os problemas vitais do ser humano. Em 1969 sai o manual de dogmática *A fé da Igreja*, em 6 volumes.

1947

Sai o vol. I de *Teologia das realidades terrestres* de G. Thils (* 1909), professor da Universidade Católica de Lovaina (Bélgica). O vol. II sairá dois anos depois. Assim, com outros teólogos daquela universidade, abria à teologia a nova problemática dos valores terrestres, que iria se refletir no Vaticano II, particularmente na *Gaudium et Spes*.

1948

O teólogo ortodoxo N. Berdiaev († 1948) é expulso da União Soviética, por lutar pela liberdade de pensamento. Ele mesmo propugnava a compatibilização entre Cristianismo e Marxismo.

1950

Y. Congar († 1995) publica *Verdadeira e falsa reforma da Igreja*, livro condenado por Roma e reabilitado depois do Concílio. Pioneiro do ecumenismo católico, escreveu já em 1937 *Chrétiens désunis* como 1º vol. da "Unam Sanctam" (77 vol. até 1970), coleção que fundou e dirigiu. Em 1954 lhe foram infligidas sanções canônicas, sendo afastado do ensino até 1968. Sua obra eclesiológica de maior peso é *A Igreja: de Santo Agostinho à época moderna* (1970). É considerado um dos maiores artífices do Vaticano II. Foi feito Cardeal em 1994.

1950

Começam a ser publicadas as *Obras* de Edith Stein († 1942), filósofa judia convertida (1921), feita carmelita (1933) e por fim cremada em Auschwitz pelos nazistas. Escreveu no Carmelo *Ser finito e ser eterno* e *A ciência da cruz*. Foi beatificada em 1987.

1950

O filósofo protestante P. Ricoeur (* 1913) publica o 1º vol. da *Filosofia da vontade*. Sua produção subsequente no campo da hermenêutica interessa no mais alto ponto à teologia.

1953

P. Evdokimov († 1970), teólogo russo, começa seu magistério teológico no Instituto S. Sérgio de Paris. Foi grande propagador da espiritualidade ortodoxa no Ocidente. Sua obra *Ortodoxia* (1959) constitui hoje um clássico.

1954

É fundada a *Conferência dos Religiosos do Brasil* (CRB), que, por meio de sua produtiva "Equipe de Reflexão Teológica", muito contribuiu para a renovação da teologia da Vida Consagrada. O órgão correspondente para a América Latina e Caribe, a Clar, foi fundada em 1958.

1954

B. Häring (* 1912-† 1998) publica o primeiro dos três volumes de *A lei de Cristo*, traduzida em 14 línguas. Retomou 25 anos depois (a partir de 1979) o tratamento sistemático da moral em outros três volumes: *Livres e fiéis em Cristo*.

1957

Gerhardt Von Rad († 1971) publica o primeiro dos seus dois renovadores volumes *A Teologia do Antigo Testamento*, saindo o segundo em 1960. Põe aí em relação a história como categoria essencial da religião de Israel.

1958

J. Comblin (* 1923), teólogo belga, se estabelece na América Latina (Brasil, Chile, Equador), exercendo grande influência sobre a pastoral da igreja do Continente e enriquecendo criticamente a reflexão da Teologia da Libertação.

1960

Primeiro debate público no "Lovanium" de Kinshasa sobre "teologia africana", abrindo a problemática do que se chamaria depois a "inculturação". Essa corrente cresce fortemente a partir dos anos 1970, fazendo aparecer novos nomes de teólogos como E. Mveng († 1995), J.-M. Ela, M. Hebga (os três dos Camarões), A.N. Mushete (Zaire), J.S. Mbiti (Quênia), J.S. Ukpong (Nigéria), Ch. Nyamiti (Tanzânia), S. Maimela (África do Sul), M. Kebga, O. Bimweny, incluindo mulheres como Mercy Amba Oduyoye (Gana).

1961

W. Pannenberg (* 1928) edita *Revelação como História*, obra do "Círculo de Heidelberg". Em 1973 publica sua *Epistemologia e Teologia*, reivindicando para a teologia, em confronto com o debate epistemológico moderno, o estatuto de ciência.

1961

H. Urs von Balthasar († 1988) inicia a redação da trilogia *Glória*, *Teodramática* e *Teo-Lógica*, espécie de "Suma Teológica", em 10 grossos vol. em alemão, mais o *Epílogo*. *Glória*, em 7 tomos, está centrada na ideia de beleza. Antes do Concílio, em 1952, escreve *Abater os bastiões*, instando a Igreja a sair de sua situação de gueto. Depois do Concílio se mostrou mais reservado, fundando em 1971, com J. Ratzinger, a revista *Communio* como alternativa à *Concilium*.

1962

O Santo Ofício lança um *Monitum* contra os escritos de P. Teilhard de Chardin, SJ, cujas *Obras completas* tinham começado a ser publicadas no ano de sua morte († 1955). Teilhard elaborara uma grandiosa concepção religiosa da evolução, expressa, sob forma mística, em *O meio divino* (1926) e, sob forma filosófico-científica, em *O fenômeno humano* (1948).

1962

A Conferência Nacional dos Bispos do Brasil (CNBB), fundada em 1952, publica, a pedido de João XXIII, o *Plano de Emergência*, que determinará toda a pastoral de conjunto no país, com reflexos na teologia. Em 1965 sai o 1º *Plano de Pastoral de Conjunto* (PPC).

1962

E. Fuchs († 1983) e G. Ebeling (* 1912), discípulos de Bultmann, começam a dirigir *Pesquisas hermenêuticas de Teologia*. Em seus trabalhos, a teologia, arrancando da exegese crítica, mas atravessando-a e indo além, se mostra como o equivalente de uma hermenêutica da fé para hoje. Fuchs, em particular, obstaculado pelos nazistas em seu trabalho acadêmico, havia-se entregado até 1949 à atividade pastoral, o que foi determinante para a orientação prático-existencial de sua hermenêutica.

1963

Sai nos EUA o vol. III e último da *Teologia Sistemática* do teólogo protestante P. Tillich († 1965), obra iniciada em 1951. Ele dá muita importância ao "princípio protestante" como dispositivo crítico de tudo o que se afasta do Evangelho.

1964

J. Moltmann (* 1926), dos teólogos protestantes atuais mais expressivos, publica *Teologia da Esperança*, desenvolvendo a dimensão política da fé a partir da escatologia. Em 1972 dá a lume *O Deus Crucificado* e em 1975 *A Igreja na força do Espírito*.

1965

Termina o Concílio Vaticano II, iniciado em 1962, que renovou toda a vida da Igreja Católica, inclusive a teologia, tanto em seus temas quanto em seu método. No mesmo ano E. Schillebeeckx, K. Rahner, Y. Congar e H. Küng fundam a revista internacional *Concilium*.

1966

É publicado o *Catecismo Holandês*, cujas linhas fundamentais saíram das mãos de E. Schillebeeckx (* 1914) e P. Schoonenberg (* 1911) e que tem uma grande difusão pelo mundo. Roma intervém pedindo modificações.

1967

Paulo VI cria a *Comissão Teológica Internacional* (CTI), reunindo teólogos de todo o mundo católico e colocada sob a direção da Congregação da Doutrina da Fé.

1968

Sai *A teologia do mundo* de J.B. Metz (* 1928), prócer da "teologia política" europeia. Representante feminina dessa corrente é Dorothee Sölle (* 1929), autora de *Paciência revolucionária* (1974) e *Amar e trabalhar* (1985).

1968

Saem os *Documentos de Medellín*, da II Conferência Episcopal Latino-Americana (Celam), que impulsionaram decisivamente a pastoral e a teologia no Continente e mais além. Esse órgão tinha sido fundado em 1955, em sua 1ª Conferência, no Rio de Janeiro.

1960 (fins de)

Crescem, principalmente nos países anglo-saxões, as publicações de "teologia feminista" por obra M. Daly, R. Ruether, L. Russel, E. Schüssler-Fiorenza, C. Halkes, E. Moltmann-Wendel, K. Boerresen, mas também de C. Militello, A. Valerio (Itália), assim como de E. Tamez, M.P. Aquino (América Latina), M.C. Bingemer, I. Gebara (Brasil).

1970

J. Cone publica a representativa obra *Teologia negra da libertação*, que estimula, nos EUA e na África, a elaboração de toda uma série de obras nessa linha.

1970

O filósofo de Lovaina (Bélgica) Jean Ladrière (* 1921) publica *A articulação do sentido*, que discute as relações entre filosofia, ciência e palavra da fé. Em 1977 vem a lume seu livro *Os desafios da racionalidade*, obra original sobre o drama atual da cultura a partir de um colóquio organizado pela Unesco. Toda a produção desse filósofo tem um grande interesse para o teólogo.

1971

G. Gutiérrez, peruano, sai com *Teologia da Libertação*, marca do importante movimento teológico, hoje internacional, que tomou esse nome. No mesmo ano e numa linha semelhante, H. Assmann publica *Opressão e Libertação* e, dois anos mais tarde, *Teologia desde a prática de libertação*.

1971

Carlos Mesters (* 1931), o representante mais conhecido da "nova maneira de ler a Bíblia" (na ótica dos pobres), publica o primeiro curso bíblico nessa perspectiva: *Deus, onde* *estás?* Em 1973 é publicada a coleção *Círculos bíblicos*, com mais de 40 fascículos. Em 1978 Mesters funda, com uma equipe ecumênica, o Centro de Estudos Bíblicos (Cebi) para difundir o novo método. É o principal animador do projeto "Palavra é Vida", lançado em 1988 pela *Conferência Latino-Americana dos Religiosos* (Clar) e consubstanciado em 7 fascículos, cobrindo toda a Bíblia.

1972

B. Lonergan (1984), jesuíta canadense, dá a lume *O método em teologia*, onde coloca a conversão como o princípio fundante e qualificante da teologia, e considera suas operações metodológicas (pesquisa, interpretação, etc.) como comuns a toda ciência. Sua influência se reduziu praticamente à nova geração de teólogos norte-americanos.

1974

Aparece a obra coletiva *O desafio da teologia na África do Sul*, que põe no cenário teológico uma nova linha de reflexão, também denominada "teologia contextual", forma de "teologia negra", representada por D. Tutu (Nobel da Paz em 1984), St. Biko, A. Boesak, S. Maimela, A. Nolan e outros.

1976

Nasce a *Associação Ecumênica dos Teólogos do Terceiro Mundo* (Asett), fundada, num 1º Encontro, em Dar es Salaam (Tanzânia). Desde então as teologias africana, asiática e latino-americana obtêm direito de cidadania na Igreja e se afirmam maiormente no cenário mundial.

1976

J. Sobrino (* 1938), maior cristólogo da Teologia da Libertação, lança *Cristologia a partir da América Latina*, ao qual segue *Jesus na América Latina* (1987) e enfim *Cristologia da libertação* (1994), retomando os anteriores.

1976

K. Rahner, SJ († 1984), publica a síntese de seu pensamento teológico em *Curso fundamental da fé*. As ed. Benziger e Herder estão publicando sua obra integral: *Sämtliche Werke*, prevista em 32 vol. É considerado entre os maiores teólogos católicos do século. Dirigiu com A. Darlapp a enciclopédia teológica *Sacramentum Mundi*, 4 vol. (1967-1969) e com J. Höfer o *Lexikon für Theologie und Kirche*, 11 vol. (1957-1967).

1979

H. Küng (* 1928) é privado da *missio canonica* em Tübingen por causa do livro *Infalível? Uma pergunta* (1970). Continua autor extremamente prolífico.

1981

Bruno Forte (* 1949), o mais prestigioso teólogo italiano, publica *Jesus de Nazaré*, de ampla repercussão (7 ed. até 1994). O eixo teológico principal de sua teologia é a perspectiva trinitária, que aplica a Maria e à Igreja, como se vê respectivamente em *Maria, mulher ícone do Mistério* (1989) e *A Igreja da Trindade* (1995).

1981

O Cardeal Joseph Ratzinger (* 1927) é chamado por João Paulo II para ser Prefeito da Congregação da Doutrina da Fé. Inicia-se um período de rigoroso controle da produção teológica. É autor da bem-sucedida *Introdução ao cristianismo* (1968) e no ano seguinte de *O Novo Povo de Deus* (1969).

1982

Vem a lume em Paris a obra coletiva *Deus na Ásia*, mostrando a emergência de uma nova problemática teológica: o diálogo cristianismo e grandes religiões orientais, incluindo seu potencial de libertação. Além dos nomes já conhecidos, como H. Le Saux e R. Panikkar, novos nomes tomam assento no cenáculo teológico, como os filipinos C. Abesamis, C. Arevalo, F. Claver e C.R. ÁVila; os cingaleses A. Pieris, T. Balasuriya; os indianos M. Amaladoss, D. Amalorpavadass, G. Soares-Prabhu, A. Rayan, A.P. Nirmal, representante da teologia "dalit" (dos oprimidos), e outros. Na Coreia do Sul surge a teologia do "minjung", com nomes como Ahn Byung-Mu, com ramificações em Singapura, China e Vietnã; e sai a obra *Teologia do terceiro olho* (1979) do pastor chinês Choan-Sen Song. No Japão aparecem os nomes: do luterano K. Kitamori que, em sua *Teologia do sofrimento de Deus* (1964), teologiza a partir de concepções budistas e próprias do Japão; e de Kosuko Koyama, que ensina também na Tailândia e Birmânia.

1983

Mircea Eliade (* 1907), rumeno, completa sua "suma": *História das crenças e das ideias religiosas*, em 4 vol., iniciada em 1976.

1984

Leonardo Boff (* 1938) é convocado a Roma para um colóquio com o Card. Ratzinger, Prefeito da Congregação da Doutrina da Fé, a propósito do polêmico *Igreja, Carisma e Poder* (1981). O desfecho foi a pena de um ano de "silêncio obsequioso", e o resultado foi ter tornado mundialmente conhecida a Teologia da Libertação. A produção de L. Boff se aproxima de meia centena de obras, muitas das quais traduzidas em vários idiomas.

1984

É publicada a *Libertatis Nuntius*, instrução romana de crítica à Teologia da Libertação. Dois anos depois (1986) sai outra instrução, mais construtiva, *Libertatis Conscientiae*.

1985

Fundação da Sociedade de Teologia e Ciências da Religião (Soter), reunindo centenas de teólogos e estudiosos da religião brasileiros.

1989

Durante a "Intifada", surgem os primeiros ensaios de "teologia da libertação palestina" por obra de Namim S. Ateek e de Geries Saied.

1989

E. Schillebeeckx (* 1914) termina sua grande obra cristológica com o III vol., intitulado *Humanidade, a história de Deus*. Os dois anteriores eram *Jesus, a história de um vivente* (1974) e *O Cristo, a história de uma nova práxis* (1977).

1990

A Congregação da Doutrina da Fé publica a Instrução *Veritatis Donum*, "sobre a vocação eclesial do teólogo", suscitando a reação crítica de diferentes círculos teológicos no mundo.

Capítulo 24

COMO ESTUDAR TEOLOGIA

Daremos aqui algumas indicações para o estudo concreto da teologia. Essas indicações devem ser tomadas de modo flexível, a título de simples sugestões[1].

Valemo-nos aqui de algumas regras importantes de todo trabalho científico, regras que são explicitadas por uma disciplina particular: a metodologia do trabalho científico, mas que aqui são apresentadas no interesse do estudo teológico[2].

Abordaremos a seguir quatro processos de aprendizado:

– a aula magistral;

– o estudo privado;

– o trabalho de grupo, especialmente o seminário;

– e a pesquisa.

AULA MAGISTRAL

Sua importância

Nada, nem o estudo particular, nem o computador e nem o vídeo podem substituir uma aula magistral desenvolvida ao vivo. E isso por muitos motivos:

---

1. Para o aprendizado da teologia em geral cf. INSTITUTO TEOLÓGICO SÃO PAULO. *Aprenda a aprender.* Introdução à metodologia da aprendizagem. São Paulo: Itesp/Loyola, 1995 [com bibliografia]; · ALSZEGHY, Zoltan & FLICK, Maurizio. *Como se faz teologia.* São Paulo: Paulinas, 1979, cap. 7, o último: "O estudo da teologia", talvez a parte melhor e mais útil do livro; MURA, Gaspare & DI IANNI, Mario. *Metodologia.* Con una guida bibliografica per lo studio della filosofia e della teologia. Roma: Urbaniana University Press, 1995, espec. cap. 2 (aulas) e cap. 4 (seminários).

2. Cf. FRAGATA, Júlio. *Noções de metodologia.* Col. Educ-ação 1. São Paulo: Loyola, 1981 [1. ed. Porto : Tavares Martins, 1967]; · SEVERINO, Antonio J. *Metodologia do trabalho científico.* 13. ed. São Paulo: Cortez, 1986; · BASTOS, Cleverson & KELLER, Vicente. *Aprendendo a aprender.* Introdução à metodologia científica. 3. ed. Petrópolis: Vozes, 1992; · FARINA, Rafaello. *Metodologia.* Avviamento alla tecnica del lavoro scientifico. 3. ed. Roma: LAS, 1978.

1. A aula magistral oferece um *conhecimento orgânico* de um tema. O autodidata, privado de mestre, contrai este defeito: adquire apenas um conhecimento fragmentário, pouco harmônico, sem ver a relação entre o importante e o secundário. Um aluno que se inicia numa ciência qualquer é como alguém que penetra pela primeira vez numa floresta: precisa de um guia. E isso vale especialmente para a teologia, que tem quase dois mil anos de produção, e mais ainda para o estudo da religião em geral, que é um dos saberes mais antigos e complexos da humanidade.

2. A aula magistral mostra também ao vivo *como se aborda concretamente um tema*, como se desenvolve e como se encontram soluções. Nisso joga muito a personalidade do professor. Quando esse é um verdadeiro mestre, deixa marcas no aluno, como as de um pai sobre o filho. O professor mexe com moventes profundos, de tipo afetivo e existencial, presentes na alma do aluno, moventes pré-intelectuais, que condicionam toda a sua ulterior orientação intelectual.

3. Uma aula magistral tem maior *eficácia*, isto é, ela grava os conhecimentos de maneira mais forte que quaisquer outros recursos pedagógicos. Isso porque ela mobiliza várias faculdades ao mesmo tempo: não só o pensar (como faz um livro), nem só o ouvir (como um rádio) e nem só o ver (como um vídeo ou a TV). Na aula as três coisas operam. E se a aula é dinâmica e participada, entra um quarto elemento: a ação. Aí então se vê, se ouve, se pensa e se trabalha. É notável a diferença que existe entre uma aula viva e sua mera transcrição, sua gravação ou mesmo sua filmagem.

Participação na classe

É importante que a aula magistral seja *participativa*. A tradição pedagógica latino-americana marcada pelo "método Paulo Freire" e pela metodologia do trabalho de base em geral é extremamente sensível à ideia de participação.

A participação em aula não é algo de exterior ao próprio ato do conhecimento. Não é mero expediente didático ou simples concessão pedagógica. A participação faz parte intrínseca de todo o conhecer. Saber é construir. E isso vale mais ainda do conhecer teológico, que se faz no contexto do *dialogus salutis* e que solicita, por isso, a reação ativa do ouvinte, considerado sempre sujeito e parceiro da Palavra[3].

---

3. Cf. METTE, Norbert. "Aprender teologia. O estudo da teologia em visão didática". *Concilium*, 256 (1994/6), p. 142-157.

Certo, o noviço em teologia precisa "receber", antes de se pôr a investigar e a criar. Mas receptividade não é passividade. É também certo tipo de atividade, ainda que mais fino e profundo. Pois o "recipiente humano" sempre recebe assimilando, reprocessando, recriando. E fá-lo a partir de sua personalidade, de suas matrizes culturais próprias e inclusive de sua "teologia espontânea". Ele precisa reconhecer, confrontar e mesmo enriquecer tudo o que ouve e integra, partindo de suas interrogações e experiências. Todo processo de aprendizado é de certo modo seletivo, crítico e criativo. Um professor que não leva em conta isso não é verdadeiro mestre.

Portanto, o professor deve equilibrar bem os dois momentos:

1. O momento da *socialização do saber* teológico, no qual o aluno ouve e assimila o conteúdo central da matéria, as chaves interpretativas e a síntese dos dados. Note-se, como dissemos, que nisso já se dá uma participação ativa do aluno, segundo a máxima latina: "Tudo o que se recebe, é recebido ao modo do recipiente";

2. O momento da *construção do saber* teológico, quando o estudante não só assimila e reelabora os dados, mas os enriquece com sua leitura pessoal e com a discussão de grupo, e confronta esses dados com sua prática[4].

Ademais, o objetivo principal da aula magistral não é a "aprendizagem acumulativa", mas a "aprendizagem exemplar". Por outras palavras, não se trata de encher a cabeça do aluno de *dados*, mas sim de fazê-lo assimilar *regras*. O importante não é tanto aprender teologias quanto aprender a teologizar. O problema não é a quantidade, mas a qualidade. É aqui, em particular, que se situa a pertinência do curso de Metodologia teológica.

Sem dúvida, é indispensável possuir pessoalmente um mínimo de dados – os elementos básicos, como diremos logo à frente. No mais, o que mais importa é despertar no estudante o gosto e mais ainda o hábito do estudo, para que ele, depois, por própria conta, busque as informações de

---

4. Cf. LIBÂNIO, João Batista & MURAD, Afonso. *Introdução à teologia*. Perfil, enfoques, tarefas. São Paulo: Loyola, 1996, p. 237s.

que precisa. É por isso que se insiste hoje na "formação permanente"[5]. E é também para isso que existem os cursos de "atualização".

Anotações de aula

Na medida do possível, é recomendável seguir um texto-base para as aulas. Contudo, nenhum manual dispensa o trabalho pessoal do aluno por meio de anotações pessoais, leituras complementares, pesquisas, etc.

O que anotar? Não tudo o que se ensina em classe, mas as coisas *importantes*, assim como as *interessantes* (uma comparação, um exemplo ou uma citação).

Como anotar? Eis algumas sugestões:

– resumir as ideias expostas, usando um código próprio de abreviação;

– conservar o quanto possível a ordem da exposição, para o que ajuda muito numerar: 1, 2, 3...; ou a, b, c...;

– destacar, sublinhando, os termos ou as frases mais importantes;

– anotar também as questões ou as observações pessoais que surgem na cabeça durante a exposição do professor.

Dinâmicas de uma aula participativa

Há dinâmicas mais informais e outras mais formais. Durante a aula convém que o professor proponha dinâmicas *informais* ou leves que envolvam os alunos: um depoimento, um caso ou uma pergunta.

Sobre as perguntas, convém distinguir as *de esclarecimento* ou de compreensão em torno do tema que está sendo exposto; e as perguntas *críticas*, que visam aprofundar o assunto.

Mas há dinâmicas *formais*, mais arrumadas, como:

– O *cochicho*. É um zunzum que se cria em grupinhos de 2 ou de 3, para discutir uma pergunta precisa por 2 ou 3 minutos. Existe também a técnica chamada 6/6: grupos de 6 discutindo 6 minutos. O tempo e o modo depen-

---

5. Nisso insiste inclusive o Vaticano II: PO 19, PC 11, AA 29.

dem sempre da natureza da questão a se discutir. Terminado o tempo, põe-se no quadro-negro o resultado do cochicho, abre-se a discussão e por fim o professor faz a chamada "amarração";

– O *grupo de estudo* ou círculo de debate. É a dinâmica mais comum. Um grupo de umas 6 a 7 pessoas discutem uma pergunta, um tema, um caso, ou um problema concreto. Depois, em plenário, apresentam as conclusões possivelmente de modo criativo por meio de encenações, poesias, cartazes, etc. Segue-se o debate aberto e – como sempre – a "amarração" do animador;

– O *painel* ou simpósio. 4 ou 5 pessoas expõem seu pensamento sobre um tema a partir de ângulos distintos. Seguem-se perguntas de esclarecimento ou de aprofundamento da parte da classe. O professor fecha, comentando o dito e explicitando as conclusões. A *mesa-redonda* é uma espécie de painel, mas onde um tema é debatido inicialmente entre os membros de um grupo, entrando os presentes num segundo momento;

– O *congresso*. Consiste em reservar um tempo intensivo (um dia inteiro, um fim de semana ou uma semana toda) ao estudo de uma temática teológica específica. Aí entram conferências, grupos de estudo e plenárias.

ESTUDO INDIVIDUAL

Todo estudo supõe duas fases: a primeira, a aprendizagem; e a segunda, a pesquisa. A aprendizagem vale especialmente para o estudo fundamental; e a pesquisa, para o estudo especializado.

A *aprendizagem* consiste em assimilar e mesmo memorizar as informações de base ou os dados elementares de uma disciplina, como, por ex., datas, eventos e personagens históricos ou regras técnicas. Esse é o momento *receptivo* de um saber, embora – insistimos – não passivo, porque sempre re-criativo em nível pessoal.

Já o momento da *pesquisa* implica em, a partir dos dados fundamentais de uma ciência, investigar outros dados, fazer-lhes a crítica e criar novas propostas explicativas. Esse é o papel da pesquisa, dos seminários e das teses. É o momento *criativo*.

Nada mais deslocado, para quem se inicia numa disciplina, do que a pretensão de se arvorar em crítico e criador. Precisa antes, com toda a humildade, apreender os fundamentos da nova disciplina. Só depois é que poderá criticar com base e criar sem arbitrariedade.

Analisemos agora concretamente como se dá o estudo pessoal *fundamental*, isto é, aquele relativo ao aprendizado dos fundamentos e dos resultados seguros de um saber. Mais à frente trataremos do estudo especializado, quando falarmos da pesquisa.

Pois bem, em que consiste o estudo fundamental? Consiste em leituras, apontamentos e memorização.

1. Leitura

Nesse ponto, o importante não é ler muito mas selecionar: ler poucos livros mas bons. Os franceses recomendam: *Non pas lire, mais élire* (não ler, mas escolher).

Como saber se um livro vale a pena? Por recomendação de um entendido, que pode ser o professor mesmo, pela leitura de uma recensão ou pela indicação de um entendido. Mas existe também um caminho pessoal: folheando o livro. É a leitura de reconhecimento ou pré-leitura.

Leitura de reconhecimento

Embora possa ser um *hobby* (era o preferido de Marx), folhear um livro supõe certa técnica. Como folhear com proveito um livro e saber se vale a pena lê-lo e eventualmente comprá-lo? Valham aqui as seguintes sugestões:

a) Dar uma olhada no *frontispício* – a página interna onde estão registrados os dados indicativos do livro: título, subtítulo, autor, edições, editora, cidade, data. Já por aí se pode ter alguma ideia do livro. Assim:

– pelo nome do autor, pode-se ter alguma ideia do "peso" da obra;

– pelo subtítulo, de que tema trata de modo mais explícito;

– pelas edições, se o livro foi muito lido;

– pela editora, se é "de nível", recomendando o livro, ou ao contrário; e assim por diante;

b) Passar para o *índice*. Ver como a matéria é detalhada e como é estruturada. Por aí já se tem uma síntese, ainda que extremamente condensada, do conteúdo.

Poder-se-á sentir se são levantados os principais problemas; se o tratamento é concreto ou prático; se é bem ordenado, etc.;

c) Ir para a *introdução* e depois para a *conclusão*, lendo pelo menos alguns de seus parágrafos, para perceber como o autor aborda o assunto, seu estilo, seu vigor;

d) Enfim, se houver tempo, dar uma *folheada à toa* no livro, parando num ou noutro parágrafo. Às vezes se acham assim algumas ideias que despertam a curiosidade e levam a ler o livro. Não desprezar esse método intuitivo, pois a intuição por vezes é mais certeira que a razão.

Não precisa dizer ainda que a *biblioteca* deve ir-se tornando, para o aluno que quer realmente progredir, um lugar familiar. Depois de uma visita introdutória, guiada pelo bibliotecário ou por um professor, o estudante deve ir-se habituando a se situar dentro da biblioteca: como consultar os fichários, qual o lugar das grandes enciclopédias, das principais coleções, das revistas e assim por diante.

Dois tipos de leitura

Existem basicamente dois tipos de leitura: a interpretativa e a crítica.

A *leitura interpretativa* busca saber apenas o que o autor disse ou quis dizer, sem tomar posição pessoal frente ao texto e ao mérito de suas afirmações. Trata-se aqui na verdade de um exercício de *hermenêutica* textual. É chamada também "leitura de compreensão". Ela é decisiva para a teologia, máxime para a Escritura, mas também para as autoridades teológicas em geral: os Padres, os Escolásticos, o Magistério, a Liturgia.

Para este tipo de leitura em geral, valem as regras hermenêuticas como:

– esclarecer as palavras ou conceitos difíceis;

– explicitar os pressupostos ou os subentendidos do autor;

– pôr o texto no seu contexto social e cultural;

– identificar a ideia central e a partir dela outras, a começar pelas mais importantes.

Já a *leitura crítica* examina a solidez das ideias expostas, pronunciando-se sobre elas, pondo-as sob o juízo da verdade. Isso não é pura hermenêutica, mas sim reflexão crítico-analítica. Como se percebe, esta leitura supõe a leitura interpretativa. Pois não se pode legitimamente criticar um autor sem antes tê-lo compreendido bem. E isso é lógico, além de ser justo, embora muitos se esqueçam disso.

A leitura crítica não se dobra facilmente a regras preestabelecidas. E é natural. Todavia, na análise crítica de um texto, são de valia indicações como as seguintes:

– julgar os pressupostos de um texto, ou seja, captar o que está nas entrelinhas;

– provar a consistência da argumentação, sua coerência, seu rigor lógico;

– relacionar o texto com seu contexto cultural, para descobrir suas influências ou então sua originalidade;

– confrontar as teorias do autor em análise com as de outros autores;

– discutir as consequências concretas de uma teoria no campo pastoral ou social (em relação ao poder, aos pobres, etc.).

2. Apontamentos de leitura

"Lectionem sine calamo temporis perditionem puta": leitura sem caneta repute perda de tempo. Quer dizer: é preciso tomar nota do que se lê; fazer uma leitura por assim dizer "armada".

Se o livro é pessoal, podem-se fazer anotações e sinais no próprio livro; ou então far-se-ão anotações à parte: em caderno, em folhas soltas ou em fichas.

O que anotar?

– Resumos de ideias importantes, interessantes ou úteis;

– Frases expressivas, a citar literalmente e com precisão;

– Ideias pessoais que a leitura do livro suscitou: críticas, comentários ou ideias novas.

Como devem ser as anotações? Devem ter, o quanto possível, as qualidades indicadas nestes quatro "c"s: curtas, claras, corretas e completas.

Toda anotação deve registrar corretamente a *fonte*, isto é, a publicação de onde proveio. Não é este o lugar de entrar nos inúmeros detalhes de como referir uma citação, tanto mais que existe mais de um *sistema de ci-tação*[6]. A regra geral é guardar a *homogeneidade*: citar sempre da mesma forma, sem variações.

Indiquemos, aqui, por grosso, como se podem fazer as citações mais comuns, que são respectivamente as de um livro e as de um artigo de revista.

Para um *livro*, põem-se em geral as seguintes referências:

1) o nome do autor (o sobrenome em geral em maiúscula e o nome abreviado);

2) o nome do livro em negrito, ou ainda em itálico;

3) o subtítulo, sem negrito nem itálico;

4) a coleção onde saiu (mas não é indispensável);

5) o lugar (traduzindo o nome das cidades que têm tradução em português);

6) a editora (podendo deixar fora a palavra "editora" ou "edições" ou abreviar por Ed.);

7) a data;

8) o número de edições;

9) lugar do livro onde se encontra a referência (páginas ou colunas).

Para *artigo de revista*, dão-se as indicações seguintes:

1) nome do autor;

2) nome do artigo, entre aspas;

3) número do volume (ou da revista);

4) ano;

5) páginas onde se encontra o artigo ou a citação.

Digamos também algo sobre o *resumo* de uma leitura. Essa é uma tarefa elementar em qualquer estudo. O chamado "fichamento" é uma técnica específica de resumo. Já a "esquematização" é um resumo digamos "esquelético" de um texto, ou seja, sua representação gráfica e visual.

---

6. Cf. para isso em particular, as publicações da ABNT (Associação Brasileira de Normas Técnicas).

Como resumir?

a) Captar a tese central do texto;

b) Identificar os pontos mais importantes, dando-lhes uma ordem lógica, possivelmente numerando-os: 1, 2, 3...

3. Memorização

Essa atividade, central no passado, hoje perdeu muito de sua importância, pois estão à mão bons substitutos da memória humana: a "memória de papel", contida nos livros, especialmente nas enciclopédias; e a "memória eletrônica", a do computador, que pode armazenar uma infinidade de dados e restituí-los com facilidade. Isso faz com que a "decoreba" de uma vez, particularmente para os exames, perca muito de sua importância hoje.

Mas a memória humana é ainda necessária, especialmente para reter as informações de base ou vitais, como indicamos. Por isso mesmo, certa memorização é indispensável sobretudo nos primeiros anos do estudo de uma disciplina.

Aqui vão algumas indicações para o *método de memorizar*:

1) Compreender o texto que se quer memorizar;

2) Resumi-lo ou esquematizá-lo;

3) Dividi-lo em partes;

4) Memorizá-lo a partir de unidades menores e crescendo até às maiores.

Mas nada ajuda melhor a memorizar do que a *repetição* e mais ainda a *familiarização*. Além disso, saiba-se que quanto mais faculdades se usam, mais a coisa se grava na memória: visualizar, ouvir, dizer, cantar, fazer, dançar, etc.

TRABALHO DE GRUPO, ESPECIALMENTE O SEMINÁRIO

Abordamos agora o estudo de uma questão em regime de "mutirão". Deve-se evitar aqui dois erros: seja concentrar a tarefa numa só pessoa ou em poucas, seja trabalhar o tema de forma independente, justapondo em seguida as partes. Antes, nesse ponto, convém seguir a dinâmica: "separa-do-junto/separado-junto". Expliquemos:

– *separado*: cada um deve se inteirar da totalidade do tema, lendo, antes, todo o texto a ser trabalhado;

– *junto*: reúne-se o grupo para discutir a divisão das tarefas, se por partes, por perspectivas ou de outro modo;

– *separado*: cada um trabalha a parte que lhe toca;

– *junto*: põe-se em comum a parte trabalhada, esclarecendo algum ponto ainda obscuro e discutindo a harmonização entre as várias partes.

Feito isso, confia-se a alguém a tarefa da redação final. Se o trabalho tiver de ser apresentado, é preciso ainda preparar juntos o modo da apresentação.

Quanto ao *seminário* propriamente dito, esse objetiva o aprofundamento de um tema, seja por obra de uma pessoa ou de um grupo. Supõe o conhecimento prévio das bases do assunto em discussão. Por isso mesmo, um seminário nunca pode se limitar às generalidades ou aos lugares-comuns.

O seminário consta de dois momentos: o estudo propriamente dito e a apresentação.

Quanto ao *estudo*, pode-se usar, de modo flexível, a dinâmica da pesquisa, de que falaremos logo abaixo. Além disso, se o seminário couber a um grupo, este deve observar a dinâmica do trabalho em grupo exposta acima.

Quanto à *apresentação*, consiste na exposição oral do tema estudado. Damos, agora, algumas indicações úteis para ser bem sucedida.

Apresentação de um tema

Para a exposição de um seminário (mas isso vale para qualquer exposição: aula, conferência, palestra, discurso ou homilia), convém levar em conta os seguintes momentos:

1. *Introdução.* Essa deve motivar os ouvintes. Para isso, recorrer a uma citação, a um fato, a uma tese problemática, enfim, a algo que chame a atenção;

2. *Tese central*. Enuncia-se o que se tem realmente a dizer, sem maiores rodeios;

3. *Desenvolvimento*. Expõem-se sucessivamente as partes da tese ou as subteses, seguindo uma ordem lógica, se possível numerando: 1, 2, 3... Cuide-se em "calçar" as próprias ideias com algum exemplo, imagem ou citação;

4. *Conclusão*. Fecha-se normalmente o discurso com uma síntese, com uma interrogação ou mesmo com uma frase de efeito.

No caso do seminário, à explanação se segue o debate aberto e por fim a conclusão (pelo professor ou pelo responsável do seminário).

Sugestões para uma apresentação

Eis algumas indicações úteis para uma exposição qualquer:

– no caso de se dispor do texto por extenso, não ficar só lendo, mas explicá-lo de modo mais solto;

– usar recursos didáticos: quadro-negro, esquemas, cartazes, faixas, projeções, etc.;

– explicar as palavras difíceis e os termos técnicos mais raros;

– cuidar também do tom da voz: que essa seja audível e expressiva.

Papel do animador

O coordenador do seminário, normalmente o professor (mas pode ser também o responsável do seminário), deve atuar como um *animador*, estimulando a participação, fazendo oportunamente resumos, relançando o debate, passando a palavra e assim por diante. Ele deve se manter na média áurea entre o "moderador", que determina a direção da discussão, condicionando todo o processo de discussão, e o "assessor técnico", que só intervém quando solicitado.

Essas observações valem para qualquer responsável de um trabalho em grupo ou de uma assembleia.

PESQUISA E DISSERTAÇÃO[7]

O trabalho de pesquisa ou investigação, que pode ser mais ou menos extensa, tem geralmente duas fases: a da investigação propriamente dita e a da elaboração (à qual segue às vezes a apresentação).

A pesquisa pode ser feita em cima de livros: é a pesquisa *teórica*; ou em cima da realidade: é a pesquisa *de campo*. Mas pode também haver pesquisa que combina as duas coisas.

1. Fase de investigação

Para essa fase, é bom levar em conta o seguinte percurso:

1. *Escolher o assunto*. Este deve ter pelo menos duas qualidades: ser importante e ser interessante: *importante*, porque a transcendência da teologia e a urgência pastoral do povo o exigem; *interessante* porque aquele que vai pesquisar deve se sentir envolvido, como que "mordido" por seu tema, caso contrário, não levará a efeito o trabalho ou não o fará de modo satisfatório[8].

O assunto a se escolher pode ser de tipo *positivo*, como estudar um autor (o que é sempre mais fácil); ou de tipo *teórico*, como abordar uma problemática específica (e isso é mais desafiador).

É preciso, em seguida, *delimitar* bem o assunto a investigar. Do ponto de vista *material* (ou do conteúdo), o assunto não pode ser nem por demais estreito e nem por demais largo. A medida dependerá do porte da tarefa a se realizar: conferência, artigo, monografia, tese de mestrado ou de doutorado. Agora, do ponto de vista *formal* (ou da perspectiva), é preciso que o tema seja circunscrito do modo menos genérico possível.

---

7. Aproveitamos, alargando, as sugestões para dissertação de SEMERARO, Marcello & ANCONA, Giovanni. *Studiare la teologia dogmatica*. Roma: Vivere, 1994, p. 149-167, mais a bibliografia na p. 152, nota 6. Para monografia, cf. SALOMON, Délcio Vieira. *Como fazer uma monografia*. Belo Horizonte: Interlivros. 1978. Para tese de doutorado, cf. ECO, Umberto. *Como se faz uma tese em ciências humanas*. Lisboa: Presença, 1982; Id. *Come si fa una tesi di laurea*. Milão: Bompianti, 1985.

8. Dizia ARISTÓTELES. *Ética a Nicômaco*, l. X, c. 5, n. 2: 1175 a 30, apud *ST* II-II, q. 15, a. 3, c: "Unusquisque ea in quibus delectatur optime operatur: contraria vera nequaquam vel debiliter (Cada um trabalha bem quando se deleita no que faz. Do contrário, trabalha mal ou de modo relaxado)".

Se os contornos, quer materiais, quer formais, são por demais vaporosos, corre-se o risco de ler, no curso da pesquisa, uma infinidade de coisas inúteis, porque periféricas e impertinentes. Ao contrário, apertando ao máximo o tema, não há maiores problemas se, em seguida, for preciso ampliá-lo. Mas haverá certamente problemas quando se abriu demais o leque temático e não se sabe como centrá-lo. Esse cuidado é importante, sobretudo para os que devem apresentar um projeto de trabalho, seja ele uma tese ou não.

2. *Colher o material bibliográfico.* Para isso pode-se começar por consultar um manual, um dicionário ou um estudo especializado, que sempre dão alguma bibliografia básica[9].

3. *Fazer a leitura, acompanhada da fichagem.* Para uma *primeira abordagem* do tema, é bom proceder a alguns estudos exploratórios a partir de obras gerais: um dicionário, uma enciclopédia ou uma obra geral sobre o assunto. O que aí se aprende se pode logo anotar por meio de resumos e esquemas.

A partir dessa primeira visão geral, elaborar um *esquema provisório*, em que se ordenem, de forma mais ou menos lógica, os primeiros conhecimentos obtidos. O esquema deve ser flexível, de modo que possa mudar em função do desenvolvimento da própria pesquisa. Nessa linha, o esquema do "ver, julgar e agir" tem-se mostrado bastante prático.

Em seguida, abordar os *estudos específicos*, constantes da bibliografia, isto é, as obras de aprofundamento, fazendo sempre anotações.

2. Fase de elaboração

Quando a pesquisa pessoal, em seu todo ou em parte, tiver atingido um bom nível de acumulação e de amadurecimento (e isso se sente inclusive psicologicamente), então está na hora de passar à elaboração.

Esta pode se socorrer do seguinte processo:

---

9. Cf. SALOMON, Délcio Vieira. *Métodos e técnicas de pesquisa bibliográfica.* Porto Alegre: Sulina, 1977.

1. *Organizar o material coletado*. Como primeiro momento, *juntar* de modo sumário as ideias, sem ainda se obrigar a ordená-las de forma precisa, mas procedendo como quem ajunta material para fazer uma casa. Depois, analisar estas ideias por meio do confronto recíproco e eventualmente complementá-las por meio de uma pesquisa ulterior. É aqui que o sistema de fichas revela sua funcionalidade, pois permite ordenar e reordenar sucessivamente as fichas em função de uma estrutura lógica que vai se delineando.

Da análise do material recolhido, surgirá o esquema definitivo, com sua lógica própria. Este deverá ter:

– um começo: a parte *introdutória*;

– um meio: a parte *central*, o corpo do trabalho, subdividido em partes menores;

– e um fim: a parte *conclusiva*.

2. *Desenvolver* as ideias numa primeira redação e assim sucessivamente, até se chegar à redação definitiva. Não é necessário começar a elaboração pelo começo lógico. Pode-se iniciar pela parte em que a pessoa se sente mais segura, ou seja, mais amadurecida intelectualmente ou mais sintonizada psicologicamente.

Na redação, cuidar particularmente do seguinte: valer-se de distinções para desembaraçar problemáticas confusas e para esclarecer conceitos centrais, pois "sapienti est distinguere" (é próprio do sábio distinguir); qualificar as próprias opiniões, usando precisões tais como: provavelmente, talvez, parece, é evidente, diz-se, etc.; estar atento à complementaridade dos pontos de vista ("de um lado..., do outro...") e ao balanceamento dos juízos ("apesar de ..., contudo...").

3. Enfim, *fazer as complementações*: escrever a Conclusão, a Introdução, colocar a bibliografia, os eventuais apêndices e os índices.

Sugestões para a redação[10]

Eis aqui algumas "dicas" para o momento redacional:

– Dar aos capítulos títulos expressivos, além de precisos;

– Apor vários subtítulos no interior de cada capítulo;

– Evitar parágrafos demasiadamente longos;

– Usar frases breves, com, no máximo, duas subordinadas;

– Assinalar as devidas ênfases, por sublinhamentos, com letras em itálico ou em negrito;

– Explicar os termos técnicos e as palavras difíceis;

– Usar uma linguagem simples e clara, evitando o pedantismo e a afetação;

– Não ter medo de usar esquemas explicativos;

– Evitar afirmações banais e lugares-comuns;

– Colocar no rodapé tudo o que pesa no corpo do texto, mas que se mostra útil ou interessante para compreender uma afirmação ou situá-la;

– Evitar, no corpo do texto, digressões que afastem do tema;

– Usar ganchos literários que manifestem as conexões lógicas: porque, efetivamente, assim, então, além disso, ora, etc.;

– Não abusar dos seguintes recursos literários: maiúsculas, abreviações, três pontos, ponto de exclamação, estrangeirismos e o preguiçoso "etc."

LEITURA

SANTO TOMÁS DE AQUINO:

Como estudar[11]

<<Caríssimo João, meu amigo em Cristo.

Já que me pediste de que modo te convém estudar a fim de conquistar o tesouro da ciência, dou-te os seguintes conselhos:

---

10. Cf. apenas CAMARA JÚNIOR, Joaquim Mattoso. *Manual de expressão oral e escrita*. 9. ed. Petrópolis: Vozes, 1986 [orig. 1977].

11. *Epistola (ad fratrem Joannem) de modo studendi*: apud SEMERARO, Marcello & ANCONA, Giovanni. *Studiare la teologia dogmatica*. Vivere, 1994, p. 168s. Trata-se de um opúsculo de autenticidade muito provável.

– Procura não entrar imediatamente no mar, mas através dos riachos, pois é preciso progredir das coisas mais fáceis para as mais difíceis. Eis, pois, minha advertência e eis tua norma;

– Exorto-te a seres tardo no falar e avesso a frequentar os salões;

– Mantém pura a tua consciência;

– Não deixes de te entregar à oração;

– Prefere ficar quieto em teu quarto, se desejas ser introduzido no quarto dos vinhos (da Sabedoria);

– Sê amável para com todos;

– Não te perguntes em verdade o que fazem os outros;

– Não tenhas excessiva familiaridade com ninguém, pois isso gera desprezo e fornece ocasião para te afastares do estudo;

– Não te intrometas nas questões mundanas;

– Foge sobretudo de vaguear para cá e para lá (*discursus*);

– Não deixes de seguir os exemplos dos santos e das pessoas boas;

– Não olhes quem te fala, mas tudo o que ouves de bom, confia-o à memória;

– Procura compreender o que lês e ouves;

– Esclarece as dúvidas;

– Como alguém que deseja encher seu recipiente, também tu esforça-te por guardar, no escrínio de tua mente, o máximo de coisas que puderes;

– Não busques o que supera as tuas capacidades (cf. Eclo 3,2).

Seguindo essas pegadas, emitirás e produzirás folhas e frutos úteis na Vinha do Senhor dos exércitos durante todo o curso de tua vida. Caminhando por essa via, poderás chegar ao termo a que aspiras.>>

Capítulo 25

HEURÍSTICA TEOLÓGICA: INSTRUMENTOS DE TRABALHO

Indicaremos aqui, na intenção dos iniciantes, as principais referências bibliográficas em teologia[1]. Para isso, adotamos um duplo critério: que as obras sejam *fundamentais* e, o quanto possível, *acessíveis*. Das obras em língua estrangeira só referiremos as mais relevantes, aquelas cuja existência e uso eventual não podem ser ignorados por quem estuda teologia.

OBRAS GERAIS PARA FORMAÇÃO INTELECTUAL

– SERTILLANGES, A.D. *A vida intelectual.* Espírito, condições, métodos. Col. Studium. São Paulo: Saraiva, 1940; também Coimbra: A. Amador, 1957 [do francês: *La vie intellectuelle.* Nouvelle édition revue et augmentée. Paris: Ed. de la Revue des Jeunes/Desclée, 1934].

– GUITTON, J. *Nova arte de pensar.* São Paulo: Paulinas, 1962.

– BACHELARD, G. *La formation de l'esprit scentifique.* 8. ed. Paris: Vrin, 1972 [trad. bras. Rio de Janeiro: Ed. Contraponto, 1998].

BIBLIOGRAFIAS TEOLÓGICAS

– *Revista Eclesiástica Brasileira* (desde 1941), apreciações de livros e seleção de artigos.

– ANTONIAZZI, A. (org.). *Bibliografia teológica brasileira.* Atualização (Belo Horizonte), n. 105-106 (1978), vol. I: 1977; n. 123-126 (1980), vol. II: 1978; n. 141-144 (1981), vol. III: 1979-1980; n. 173-174 (1984), vol. IV: 1981.

– ISEDET. *Bibliografia Teológica Comentada del área Iberoamericana.* Buenos Aires, 1973-1988, 16 vol.

– *Ephemerides Theologicae Lovanienses* (desde 1924), com bibliografias anuais (desde 1964).

– *Nouvelle Revue Théologique* (desde 1869, Lovaina, Belgica; pertencente à SJ).

---

1. Cf. CHAPPIN, Marcel. *Strumenti di lavoro per la teologia.* 2. ed. Roma: PUG, 1996 [com bibliografia]; DORÉ, Joseph (org.). *Introduction à l'étude de la théologie.* Paris: Desclée, 1992, t. III, cap. 3: "Les instruments bibliografiques", p. 150-438; WALDENFELS, Hans. *Manuel de théologie fondamentale.* Col. Cogitatio Fidei 159. Paris: Cerf, 1990, p. 793-836.

BÍBLIA

Instrumentos indispensáveis a ter à mão

– Uma boa tradução da *BÍBLIA* [como a da TEB (Tradução Ecumênica da Bíblia), a de Jerusalém, a da Vozes. Esta última, como a primeira, encontram-se também em CD-ROM].

– Uma *CONCORDÂNCIA* bíblica, como a de PARKER, J.P. *Léxico-concordancia del Nuevo Testamento en Griego y Español.* Edimburg/Texas: Ed. Mundo Hispano/Rio Grande Bible Institute, 1982.

– Uma *SINOPSE* dos evangelhos, como:

DATTLER, F. *Sinopse dos quatro evangelhos.* São Paulo: Paulus, 1986.

BOISMARD, M.-É. & LAMOUILLE, A. *Sinopsis Graeca Quattuor Evangeliorum.* Leuven/Paris: Peeters, 1986.

– Um *NOVO TESTAMENTO EM GREGO*, como:

MERK, A. *Novum Testamentum graece et latine.* Roma: PIB, 1965.

NESTLE, E. & ALAND, K. *Novum Testamentum graece.* 26. ed. Stuttgart: Deutsche Bibelgeselschaft, 1979.

– Um *ATLAS BÍBLICO*, como:

PACOMIO, L. & VANETTI, P. (orgs.). *Pequeno Atlas Bíblico.* Aparecida: Santuário, 1996 (67 p.).

GALBIATI, E.R. & ALETTI, A. *Atlas histórico da Bíblia e do Antigo Oriente.* Petrópolis: Vozes, 1991 (272 p.).

RHYMER, J. *Atlas ilustrado do mundo da Bíblia.* São Paulo: Melhoramentos, 1988 (128 p.).

Instrumentos úteis

– ZERWICK, M. *Analysis philologica Novi Testamenti graeci.* 3. ed. Roma: Pontifício Instituto Bíblico, 1966.

– *Dicionário hebraico – português.* Petrópolis/São Leopoldo: Vozes/Sinodal, 1993.

– Alguma boa *INTRODUÇÃO AO ANTIGO E AO NOVO TESTAMENTO*, como:

Para o AT: Robert & Feuillet, O. Eissfeldt, A.L. Laffey, G. Fohrer, etc.;

Para o NT: G. Auzou, M.-J. Lagrange, G. Kümmel, P. Grelot, A. Wikenhauser, etc.

– Um *DICIONÁRIO BÍBLICO*, como:

VV.AA. *Dicionário Bíblico*. Petrópolis/Porto/Lisboa: Vozes/Perpétuo Socorro/Difusora Bíblica, 1983.

MACKENZIE, J.L. *Dicionário Bíblico*. São Paulo: Paulus, 1983.

VINCENT, A. *Dicionário bíblico*. São Paulo: Paulinas, 1969.

VAN DEN BORN, A. (org.). *Dicionário enciclopédico da Bíblia*. Petrópolis: Vozes, 1971.

VON ALLMEN, J.-J. *Vocabulário Bíblico*. São Paulo: ASTE, 1972.

LÉON-DUFOUR, X. (org.). *Vocabulário de teologia bíblica*. Petrópolis: Vozes, 1972.

BAUER, J.B. *Dicionário de teologia bíblica*. São Paulo: Loyola, 1983-1984, 2 vol.

BROWN, C. *O novo Dicionário de Teologia do Novo Testamento*. São Paulo: Vida Nova, 1982-1983, 3 vol.

LURKER, M. (org.). *Dicionário das imagens e dos símbolos bíblicos*. São Paulo: Paulus, 1993.

– Alguma obra sobre o *AMBIENTE BÍBLICO*, como:

JEREMIAS, J. *Jerusalém no tempo de Jesus*. São Paulo: Paulinas, 1983.

BONSIRVEN, J. *Le judaïsme palestinien au temps de Jésus-Christ. Sa théologie*. Paris: Beauchesne, 1934-1935, 2 vol.

– Algum *COMENTÁRIO SISTEMÁTICO*, como:

BALLARINI, T. (org.). *Introdução à Bíblia*. Petrópolis: Vozes, 1968-1974, 5 tomos [com vários vol. para cada t.].

TRILLING, W. (org.). *Comentário ao Novo Testamento para leitura espiritual*. Col. Novo Testamento: comentário e mensagem. Petrópolis: Vozes, 1966-1980, 23 vol.

BROWN, R.E.; FITZMYER, J.A. & MURPHY, R.E. *The Jerome biblical commentary*. London e Dublin: Geoffrey Chapman, 1968, 2 vol., 889 p. [trad. ital. *Grande Comentario Biblico*. Brescia: Queriniana, 1973; trad. cast. *Comentario bíblico "San Jerónimo"*. Madri: Cristiandad, 1971-1972, 5 vol.].

CHAMPLIN, R.N. *O Novo Testamento interpretado versículo por versículo*. São Paulo: Milenium, 1979, 6 vol.

Col. *Cadernos bíblicos*. São Paulo: Paulinas, 1980-1995, já com 68 vol.

Col. *Pequeno comentário bíblico AT*. São Paulo: Paulinas, 1987-, 17 vol.

Col. *Pequeno comentário bíblico NT*. São Paulo: Paulinas, 1984-, 6 vol.

Col. *Comentário bíblico AT*. Petrópolis: Vozes, 1985-1994, 7 vol.

Col. *Comentário bíblico NT*. Petrópolis: Vozes, 1980-1992, 9 vol.

Col. *Tua palavra é vida*. São Paulo: CRB/Loyola, 1990-1996, 7 vol.

Dicionários clássicos para consulta

– KITTEL, G. (Hg.). *Theologisches Wörterbuch zum Neuen Testament*. Stuttgart: Kohlhammer, 1933-78, 10 vol. [trad. it. *Grande Lessico del Nuovo Testamento*. Brescia: Paideia, 1965-92, 16 vol. Há também trad. em inglês].

– BOTTERWECK, G.J. & RINGGREEN, H. (orgs.). *Theologisches Wörterbuch zum Alten Testament*. Stuttgart: Kohlhammer, 1973- [trad. it. em curso *Grande Lessico dell'Antico Testamento*. Brescia: Paideia, 1988-; trad. cast. *Dicionario Teológico del Antiguo Testamento*. Madri: Cristiandad, 1973-, 1 vol., em curso].

– JENNI, E. & WESTERMANN, C. (orgs.). *Dicionario Teológico del Antiguo Testamento*. Madri: Cristiandad, 1978, 2 vol. [trad. it. *Dizionario teologico dell'Antico testamento*. Casale Monferrato (AL): Marietti, 1978-1982].

– COENEN, L.; BEYREUTER, E. & BIETENHARD, H. *Dizionario dei concetti biblici del Nuovo Testamento*. Bolonha: Dehoniane, 1976 [trad. do alemão; segue a linha do "Kittel"].

– VIGOUROUX, F. (org.). *Dictionnaire de la Bible*. Paris, 1895-1912. A completar com PIROT, L.; ROBERT, A.; CAZELLES, H. & FEUILLET, A. (orgs.). *Supplément*. Paris, 1928- (em curso).

Coleções de estudos bíblicos

– *Analecta Biblica* (do Pontifício Instituto Bíblico). Roma, desde 1952, com 131 vol. em 1992.

– *Lectio Divina*. Paris: Cerf, desde 1946, com 152 vol. em 1993.

– *Studi biblici*. Brescia: Paideia, desde 1968, com 93 vol. em 1990.

– *Études bibliques*. Paris: Gabalda, desde 1947, já mais de 45 vol.

Revistas bíblicas

– *Estudos Bíblicos*. Petrópolis/São Leopoldo: Vozes/Sinodal, (desde 1984, 50 núm. até 1996).

– *Revista de Interpretação Bíblica Latino-Americana* (= Ribla). Petrópolis: Vozes, desde 1988.

– *Revista de Cultura Bíblica* (São Paulo, desde 1957).

– *New Testament Abstracts* (Cambridge – USA, desde 1956; além dos livros, acompanha regularmente, com resumos, mais de 300 rev. bíblicas).

– *Old Testament Abstracts* (Chicago, desde 1978).

– *The Catholic Biblical Quarterly* (da Associação Bíblica Católica dos EUA, Washington, desde 1939).

– *Revue Biblique* (Jerusalém/Paris, desde 1891).

– *Biblica* (do Pontifício Instituto Biblico, Roma, desde 1920).

– *Rivista Biblica* (Brescia, desde 1953).

– *Theologische Quartalschrift* (Tübingen, desde 1821).

– *Biblische Zeitschrift* (Padeborn, desde 1957).

– *Zeitschrift für die altestamentliche Wissenschaft* (Berlim).

– *Zeitschrift für die neutestamentlische Wissenschaft und altes Christentums* (Berlim, desde 1900).

– *Le Monde de la Bible* (para a história e a arqueologia bíblicas; Paris, desde 1978).

MAGISTÉRIO

Livros a se ter à mão

– DENZINGER & SCHÖNMETZER (= DS). *Enchiridion symbolorum, definitionum et declarationum de rebus fidei et morum.* 36. ed. Barcelona: Herder, 1976. Há uma antiga trad. esp.: *El magisterio de la Iglesia.* Barcelona: Herder, 1959. Há edições bilíngues em várias línguas a partir da edição alemã aos cuidados de HÜNERMANN, Peter. Freiburg in Breisgau: Herder, 1991.

– *Compêndio do Vaticano II.* Petrópolis: Vozes, 1968. Para aprofundar, cf. os 48 tomos das atas do Vaticano II: as 2 séries das *Acta et documenta concilio Vaticano II apparando.* Cidade do Vaticano, 1960-1969; e as *Acta synodalia sacrosancti concilii oecumenici Vaticani II* (= Ascov). Cidade do Vaticano, 1970-1978.

– *Catecismo da Igreja Católica.* Petrópolis/São Paulo: Vozes/Paulinas/Loyola/Ave Maria, 1993.

– *Os documentos mais importantes da Santa Sé* (Papas, Sínodos e Dicastérios romanos). Paulinas e Vozes possuem coleções desses doc. As ed. Dehoniane, de Bolonha, desde 1984 iniciaram uma coleta das *encíclicas* (a partir de 1740). Ter especialmente os seguintes:

Documentos da Doutrina Social da Igreja.

Documentos da Celam: Medellín, Puebla e Santo Domingo.

Documentos da CNBB (os principais).

Rev. *Comunicado mensal da CNBB* (Brasília, desde 1957).

Grandes obras para consulta

– INSTITUTO PER LE SCIENZE RELIGIOSE (org.). *Conciliorum Oecumenicorum Decreta* (= COD). Bolonha: EDB, 1991, ed. bilíngue (há também ed. bilíngues em esp., ingl., fr., al. e port. pela Vozes).

– COLLANTES, J. (org.). *La fede della Chiesa Cattolica* (= FCC). Le Idee e gli uomini nei documenti dottrinali del magistero. Vaticano: Libreria Editrice Vaticana, 1993.

– ALBERIGO, G. (org.). *História do Vaticano II*. Vol. I. Petrópolis: Vozes, 1998 (5 vol. previstos).

– MANSI, J.B. (= MANSI). *Sacrorum Conciliorum nova et amplissima collectio* (1759-). 53 vol. na reimpressão anastática, Graz, 1960-1961.

– *Acta Santae Sedis* (= ASS). Roma, 1865-1908; e *Acta Apostolicae Sedis* (= AAS). Roma, desde 1909.

– *Discorsi, messaggi, colloqui del Santo Padre Giovanni XXIII*. Cidade do Vaticano, 1958-1964, 5 vol.

– *Insegnamenti di Paolo VI*. Cidade do Vaticano, 1965-1979, 16 vol.

– *Insegnamenti di Giovanni Paolo II*. Cidade do Vaticano, desde 1979.

TEOLOGIA SISTEMÁTICA

Por este título entendemos toda apresentação *orgânica* da teologia em seu conjunto. Aqui nos limitamos à teologia sistemática *em geral*. Deixamos, portanto, de lado a bibliografia específica dos diferentes tratados de teologia dogmática: Cristologia, Pneumatologia, Eclesiologia, Mariologia, etc.

Obras básicas

– SANTO TOMÁS DE AQUINO. *Summa Theologica*. Edição bilíngue português-latim, pela Escola superior de Teologia S. Lourenço de Brindes. Caxias, 1980, em 10 vol. in quarto.

– FEINER, J. & LÖHRER, M. (orgs.). *Mysterium Salutis*. Petrópolis: Vozes, 1971-1985, 25 vol. em 5 t.

– SCHMAUS, J. *A fé da Igreja*. Petrópolis: Vozes, 1976-1981, 6 vol.

– Coleção *"Teologia e Libertação"*, desde 1985 (previstos mais de 50 vol.; em 1998 passou dos 25 vol.).

– L. BOFF publicou vários tratados sistemáticos pela Vozes, Petrópolis: *Jesus Cristo Libertador*, 1972; *Vida para além da morte*, 1973; *Os sacramentos da vida e a vida dos sacramentos*, 1975; *A graça libertadora no mundo*, 1976; *O rosto materno de Deus*, 1979; *A Trindade, a Sociedade e a Libertação*, 1986.

– LAURET, B. & REFOULÉ, R. (orgs.). *Initiation à la pratique de la théologie*. Paris: Cerf, 1982-1983, 5 vol.

Obras enciclopédicas para consulta

– Col. *Biblioteca de Autores Cristianos* (= BAC). Madri: Editorial Católica (com 544 vol. em 1994). Existe também a "BAC maior", que já se aproxima dos 50 vol.

– Col. *Cogitatio Fidei*. Paris: Cerf (quase 200 vol. até 1997).

– Col. *Unam Sanctam*. Paris: Cerf, desde 1937, com mais de 70 vol., incluindo os de Comentários aos vários doc. do Vat. II.

– Col. *Théologie* (da SJ de Lyon-Fourvière). Paris: Aubier/Montaigne, desde 1941, com 86 vol. em 1983 (incluindo a obra de H.U. von Balthasar, *La gloire et la croix*).

– Col. *Théologie Historique* (fundada por J. Daniélou). Paris: Beauchesne, desde 1963, já passando dos 100 vol.

– Col. *Biblioteca di Teologia Contemporanea*. Brescia: Ed. Queriniana, desde 1969, com mais de 81 vol. em 1995.

– Col. *Giornale di Teologia*. Brescia: Ed. Queriniana, desde 1966, com mais de 220 vol. em 1994.

– Col. *Testi e ricerche di Scienze Religiose*, a cura dell'Instituto per le Scienze Religiose di Bologna. Roma/Brescia: Herder/Paideia, desde 1964, com 24 vol. em 1989.

– *Biblioteca di Scienze Religiose*. Roma/Zurique: PAS Verlag/Città Nuova, desde 1971, com 115 vol. em 1994.

Sínteses acessíveis da fé cristã

– *O Novo Catecismo* (Catecismo Holandês). São Paulo: Herder, 1979.

– J. RATZINGER *Introdução ao Cristianismo*. São Paulo: Herder, 1970.

– KÜNG, H. *Ser cristão*. Rio de Janeiro: Imago, 1976.

– SEGUNDO, J.L. *Fé cristã para o leigo adulto*. São Paulo: Loyola, 1977-, 5 vol.

– INSTITUTO DIOCESANO DE ENSINO SUPERIOR DE WÜRZBURG. *Teologia para o cristão de hoje*. 2. ed. São Paulo: Loyola, 1975, 7 vol.

– Coleção *"Iniciação Teológica"*. São Paulo: Paulinas, desde 1979, 1ª série: 18 vol.; 2ª série: 15 vol.

Dicionários de teologia

1) *Dicionários de pequeno porte (ter algum à mão):*

– ELLACURÍA, I. & SOBRINO, J. (orgs.). *Mysterium Liberationis*. Madri/El Salvador: Trotta/UCA, 1970, 2 vol.

– LATOURELLE, R. & FISICHELLA, R. (orgs.). *Dicionário de teologia fundamental*. Petrópolis/Aparecida: Vozes/Santuário, 1994.

– EICHER, P. *Dicionário de conceitos fundamentais de teologia*. São Paulo: Paulus, 1993.

– IDÍGORAS, J.L. *Vocabulário teológico para a América Latina*. São Paulo: Paulinas, 1983.

– RAHNER, K. & VORGRIMLER, H. *Diccionario teológico*. Barcelona: Herder, 1970.

– BEINERT, W. (org.) *Lessico di teologia sistematica*. Brescia: Queriniana, 1990 [trad. do al. de 1987].

– BARBAGLIO, G. & DIANICH, S. (orgs.). *Nuevo Diccionario de Teología*. Madri: Cristiandad, 1982, 2 vol.

– DE FIORES, S. & MEO, S. (orgs.). *Dicionário de Mariologia*. São Paulo: Paulus, 1995.

2) Dicionários de porte médio:

– FRIES, H. (org.). *Dicionário de Teologia*. Conceitos fundamentais de teologia atual. São Paulo: Loyola, 1970-1971, 5 vol.

– PACOMIO, L. (org.). *Diccionario Teológico Interdisciplinar*. Salamanca: Sígueme, 1983.

– RAHNER, K. (org.). *Sacramentum Mundi*. Enciclopedia Teologica. Brescia: Morcelliana, 1974-77, 8 vol. [existe trad. cast.].

3) Dicionários de grande porte (clássicos):

– *Dictionnaire de Théologie Catholique* (= DTC). Paris: Latouzey et Ané, 1903-1972, 16 vol.

– HÖFER, J. & RAHNER, K. (orgs.). *Lexikon für Theologie und Kirche* (= LThK). 2. ed. Herder/Freiburg in Breisgau, 1957-1967, 11 vol., mais 3 vol. sobre o Vat. II.

– *Enciclopedia Catholica*. Cidade do Vaticano, 1945-1954, 12 vol.

– JACQUEMENT, G. & CENTRE INTERDISCIPLINAIRE DES FACULTÉS CATHOLIQUES DE LILLE (orgs.). *Catholicisme*. Paris: Latouzey et Ané, desde 1948, 13 vol., em 1996 até a letra T inclusive.

– KLAUSER, Th. (org.). *Reallexikon für Antike und Christentum*. Sachwörterbuch zur Auseinandersetzung des Christentums mit der Antiken Welt. Stuttgart: Hiersemann, desde 1950, em curso.

OBRAS ESPECIALIZADAS EM DISCIPLINAS IMPORTANTES

1. Patrologia

– HAMMAN, A. *Os Padres da Igreja*. São Paulo: Paulinas, 1980.

– GOMES, C.F. *Antologia dos Santos Padres*. 3. ed. rev. São Paulo: Paulinas, 1979.

– FIGUEIREDO, F. *Curso de Teologia Patrística*. Petrópolis: Vozes, 1990, 3 vol.

– Col. *"Fontes da Catequese"*. Petrópolis: Vozes, desde 1970, 14 vol.

– Col. *"Os Padres da Igreja"*. Petrópolis: Vozes, desde 1979, 6 vol. em 1986.

– Col. *"Patrologia"*. São Paulo: Paulinas, desde 1979, 8 vol. em 1996.

– Col. *"Patrística"*. São Paulo: Paulus, desde 1995, 8 vol. em 1996.

– Col. "Pais e Mães da Igreja". Petrópolis: Vozes, desde 1994, 3 vol. em 1998.

– QUASTEN, J. *Patrología*. Col. BAC. 2. ed. Madri: Católica, 1968-1986, 3 vol.

– ALTANER, B. & STUIBER, A. *Patrologia*. 2. ed. São Paulo: Paulinas, 1988 (1. ed. al. 1938).

– Rev. *Augustinianum* (Roma, desde 1961).

Obras monumentais para consulta

– MIGNE, J.-P. (= MIGNE). *Patrologia graeca* (= PG). Paris, 1857-66, 161 vol.; *Patrologia Latina* (= PL). Paris, 1844-64, 221 vol.

– *Corpus Christianorum Ecclesiasticorum Latinorum* (CSEL). Pela Academia de Ciências de Viena, desde 1866.

– *Corpus Christianorum* (CChr). Turnholt: Brepols, desde 1953, incluindo 4 coleções: a *Series Latina* (= CChr.SL), a *Series Graeca* (= CChr.SG), a *Series Apocryphorum* (= CChr.SAp) e a *Continuatio Mediaevalis* (= CChr.CM).

– *Monumenta Germaniae Historica* (= MGH) (de 500 a 1500). Hannover/Lipsia/Berlim: Impensis Bibliopolii Hahniani, desde 1826.

– Col. *Sources Chrétiennes* (= Sch). Paris: Cerf, desde 1941, mais de 400 vol. até 1994, bilíngue.

– QUACQUARELLI, A. (org.). *Collana di testi patristici*. Roma: Città Nuova, desde 1976, com 177 vol. até 1994.

2. História da Igreja

– ROGIER, L.; AUBERT, R. & KNOWLES, M.D. (orgs.). *Nova História da Igreja*. Petrópolis: Vozes, 1973-1976, 5 tomos.

– BIHLMEYER, C. & TÜCHLE, H. *Historia da Igreja*. São Paulo: Paulinas, 1964-1965, 3 t. (com apêndice sobre o Brasil).

– DUSSEL, E. *Historia de la iglesia en América Latina*. 3. ed. Barcelona: Nova Terra, 1974.

– RICHARD, P. (org.). *História da teologia na América Latina*. São Paulo: Paulinas, 1981.

_____. *Raízes da teologia latino-americana*. São Paulo: Paulinas, 1987.

– CEHILA. *História da Igreja no Brasil*. Petrópolis: Vozes, 1977-1980, 2 vol.

– SERVUS MARIAE. *Para entender a Igreja no Brasil*. A caminhada que culminou no Vaticano II (1930-1968). Col. Igreja do Brasil. Petrópolis: Vozes, 1994.

– BEOZZO, J.O. *A Igreja do Brasil*. De João XXIII a João Paulo II, de Medellín a Santo Domingo. Col. Igreja do Brasil. Petrópolis: Vozes, 1994.

– INSTITUTO NACIONAL DE PASTORAL (org.). *A pastoral da Igreja no Brasil nos anos 1970*. Caminhos, experiências e dimensões. Col. Igreja do Brasil. Petrópolis: Vozes, 1994.

Grandes obras para consulta

– *Dictionnaire d'histoire et de géographie ecclésiastique* (= DHGE). Paris: Latouzey et Ané, desde 1912, em curso.

– *Dictionnaire d'Archéologie chrétienne et de liturgie* (= DACL). Paris: Latouzey et Ané, 1903-53, 15 vol.

– FLICHE, A. & MARTIN, V. (orgs.). *Historia de la Iglesia*. Valência: Edicep, 1978-1982, 32 vol.

– JEDIN, H. *Storia della chiesa*. Milão: Jaca Book, 1976-1980, 10 vol.

– *Enciclopedia cattolica*. Cidade do Vaticano, 1945-1954, 12 vol.

– ISTITUTO GIOVANNI XXIII & PONTIFICIA UNIVERSITÀ LATERANENSE. *Biblioteca Sanctorum*. Roma: Società Grafica Romana, 1961-1970, 13 vol.

– PELLECHIA, G. & ROCCA, G. (orgs.). *Dizionario degli Istituti di Perfezione*. Roma: Paoline, desde 1974-1988, 8 vol. até a letra S, em curso.

– PASTOR, L. von. *Storia dei papi dalla fine del Medioevo*. Roma: Desclée, 17 vol.

Revistas

– *Revue d'histoire ecclésiastique* (Lovaina, desde 1900).

– *Church History* (Chicago, desde 1932).

– *Zeitschrift für Kirchengeschichte* (Gotha, desde 1877, e Stuttgart desde 1933).

3. Teologia moral

– HÄRING, B. *A lei de Cristo*. São Paulo: Herder, 1964-1968, 3 vol.

– VIDAL, M. *Moral de atitudes*. Aparecida: Santuário, 1978-1980, 3 vol. (em cast. nova ed. rev. e ampl.).

– RINCÓN ORDUÑA, R. et al. *Práxis cristã*. São Paulo: Paulinas, 1983-1988, 3 vol.

– VIDAL, M. *Dicionário de moral*. Aparecida/Porto: Santuário/Perpétuo Socorro, [s.d.].

– ÁVILA, F.B. *Pequena Enciclopédia da Doutrina Social da Igreja*. São Paulo: Loyola, 1991.

Obras de consulta

– COMPAGNONI et al. (orgs.). *Nuovo dizionario di teologia moral*. 2. ed. Cinisello Balsamo (MI): Paoline, 1990.

– ROSSI, I. & VALSECCHI, A. *Dizionario enciclopedico di teologia morale*. 3. ed. Roma: Paoline, 1978 (há trad. esp.).

Revistas

– *Studia Moralia* (do "Alphonsianum" de Roma, desde 1963).

– *Rivista di Teologia Morale* (Bolonha, desde 1969).

– *Le Supplément* (de *Vie Spirituelle*) (Paris, desde 1949).

4. Liturgia

– MARTIMORT, A.G. (org.). *A Igreja em oração*. Introdução à liturgia. Ed. Ora et Labora. Tournai: Mosteiro de Singeverga/Desclée, 1965 (1073 p.).

– SARTORE, D. & TRIACCA, A. (orgs.). *Dicionário de Liturgia*. Lisboa/São Paulo: Paulistas/Paulinas, 1992.

– Col. *Subsidia* (Biblioteca "Ephemerides Liturgicae"). Roma, desde 1975, com 93 vol. em 1977.

– LODI, E. *Enchiridion euchologicum fontium liturgicorum*. Roma: CLV, 1979.

Revistas

– *Revista de Liturgia* (São Paulo, desde 1973).

– *La Maison Dieu* (Paris, desde 1945).

– *Ephemerides Liturgicae* (Roma, desde 1887).

– *Studia Liturgica* (Rotterdam, desde 1962, interconfessional).

– *Liturgisches Jahrbuch*, da faculdade de liturgia de Trier (Münster, desde 1951).

– *Notitiae* (da Congr. pelos Sacramentos e o culto divino, Vaticano, Roma, desde 1965).

5. Espiritualidade

– Livros em geral de S. Galilea, de A. Paoli, de A. De Mello, de Thomas Merton.

– Col. *"A oração dos pobres"*. São Paulo: Paulinas, desde 1984, com mais de 20 vol.

– BUTLER, A. *Vida dos santos*. Petrópolis: Vozes, 1984-1993, 12 vol.

– DE FIORES, S. & GOFFI, T. (orgs.). *Dicionário de espiritualidade*. São Paulo: Paulus, 1989.

– ANCILLI, E. (a cura di). *Dizionario enciclopedico di spiritualitá*. Roma: Città Nuova, 1990, 3 tomos.

– ANCILLI, E. (a cura di). *Dizionario di spiritualità dei laici*. Milão: OR, 1981, 2 vol.

– TRUHLAR, C. *Lessico di spiritualità*. Brescia: Morcellina, 1973.

– VILLER, M. (org.). *Dictionnaire de spiritualité* (= Dsp). Paris: Beauchesne, 1937-1991, 15 vol., até letra T inclusive.

– "TERESIANUM". *Bibliographia Internationalis Spiritualitatis* (= BIS). Roma, desde 1969 (remetendo a trabalhos desde 1966).

– Col. *La spiritualità cristiana*. Storia e testi. Roma: Ed. Studium, desde 1987, com 20 vol. em 1992; seguida da Col. *La spiritualitá non cristiana*, desde 1986, com 5 vol.

Revistas

– *Vie Spirituelle* (Paris, desde 1916).

– *Servitium* (Sotto il Monte, desde 1967).

– *Geist und Leben* (Würtzburg, desde 1957).

– *Christus* (Paris, desde 1957).

6. Direito Canônico

– *Código de Direito Canônico*. São Paulo: Loyola, 1983.

– SALVADOR, C.C. (org.). *Dicionário de Direito Canônico*. São Paulo: Loyola, 1993.

– NAZ, R. (org.). *Dictionnaire de Droit Canonique* (= DDCan.). Paris: Latouzey et Ané, 1935-1965, 7 t.

– Rev. *Ius Canonicum* (Navarra, desde 1921).

7. Ecumenismo e Religiões

– SANTA ANA, J.H. de. *Ecumenismo e Libertação*. Col. Teologia e Libertação 14. Petrópolis: Vozes, 1991.

– HORTAL, J. *E haverá um só rebanho*. História, doutrina e prática católica do Ecumenismo. São Paulo: Loyola, 1989.

– CNBB. *Guia Ecumênico*. Col. Estudos da CNBB 21. São Paulo: Paulinas, 1984.

– CERETTI, G. *Molte Chiese cristiane, unica Chiesa di Cristo*. Corso di ecumenismo. Brescia: Queriniana, 1992.

– LOSSKY, N. et al. (org.). *Dictionary of the Ecumenical Movement*. Genebra: World Council of Churches, 1991 (trad. it. Bolonha: EDB, 1994).

– VV.AA. *As grandes religiões*. São Paulo: Abril, 1973, 6 vol.

– SCHLESINGER, H. & PORTO, H. *Dicionário Enciclopédico das Religiões*. Petrópolis: Vozes, 1995, 2 vol.

– BRANDON, S.G.F. *Diccionario de Religiones Comparadas*. Madri: Cristiandad, 1975, 2 vol.

– WALDENFELS, H. (a cura di). *Nuovo dizionario delle religioni*. Cinisello Balsamo (MI): San Paolo, 1993.

Revistas

– Rev. *Oikomenikon* (Roma, desde 1961).

– *Revue de l'histoire des Religions* (Paris, desde 1880).

– Rev. *Archives de Sciences sociales des Religions* (Paris, desde 1956).

– Rev. *Social Compass* (Lovaina, desde 1954).

– Rev. *Religião e Sociedade* (São Paulo/Rio de Janeiro).

REVISTAS EM GERAL (além das já indicadas)[2]

Repertórios bibliográficos

– *Revue des Sciences Philosophiques et Théologiques*: faz recensão regular das principais revistas (uma centena).

– *Repertoire bibliographique des Institutions chrétiennes* (RIC), do Cerdic (Strasbourg): publica um índex em 5 línguas uma vez por ano.

Revistas teológicas e afins, do Brasil

– *Revista Eclesiástica Brasileira* (= REB) (Petrópolis, desde 1941).

---

2. Cf. siglas de muitas revistas importantes em *Revista Eclesiástica Brasileira*, 53 (1993) 1009-1012.

– *Concilium* (rev. intern., desde 1965, pela Ed. Moraes, Lisboa, até 1969, e pela Vozes, Petrópolis, desde 1970).

– *Perspectiva Teológica* (do Centro de Estudos Superiores da SJ, São Leopoldo/Belo Horizonte, desde 1968).

– *Serviço de Documentação* (= *Sedoc*) (Petrópolis, desde 1968).

– *Convergência* (rev. para a Vida Religiosa, Rio de Janeiro, desde 1967).

– *Communio* (rev. intern., desde 1972; ed. bras. Rio de Janeiro, desde 1982).

– *Estudos teológicos* (da fac. de teol. da IECL do Brasil, São Leopoldo, desde 1971).

– *Revista de Cultura Teológica* (da Pont. Fac. de Teol. N.S. da Assunção – SP, desde 1993).

– *Espaços* (do Itesp, São Paulo, desde 1993).

– *Encontros teológicos* (do Itesc, Florianópolis, desde 1986).

– *Teocomunicação* (Porto Alegre: PUC, desde 1971).

– *Atualidade teológica* (Rio de Janeiro: Dep. Teol. PUC, desde 1997).

– *Atualização* (Belo Horizonte, desde 1969).

– *Vida Pastoral* (São Paulo, desde 1959).

– *Cultura e Fé* (Porto Alegre, desde 1978).

– *Fragmentos de Cultura* (Ifiteg: Inst. de Fil. e Teol. de Goiás, desde 1990).

– *Síntese* (da SJ, Belo Horizonte, desde 1974).

– *Cadernos do Ceas* (Salvador, da SJ, desde 1969).

Revistas teológicas hispano-americanas

– *Medellín* (Medellín, Colômbia: Inst. Teológico-Pastoral do Celam, desde 1975).

– *Revista Latinoamericana de Teología* (El Salvador, desde 1984).

– *Páginas* (Lima, Peru, desde 1976).

– *Pasos* (S. José da Costa Rica, do DEI, desde 1985).

– *Tierra Nueva* (Colombia, desde 1972).

– *Phronesis* (do Centro Antonio de Montesinos, AC/México, desde 1995).

Revistas teológicas em outras línguas

1) Em italiano:

– *Gregorianum* (da Univ. Gregoriana, de Roma, em várias línguas, desde 1920).

– *Rassegna di Teologia* (Nápoles, desde 1960).

– *La Scuola Cattolica* (da Fac. Teol. de Milão, desde 1949).

– *Asprenas* (Nápoles, desde 1953).

– *Teologia* (Milão, desde 1976).

– *Il Regno* (Bolonha, desde 1956).

– *Civiltà Cattolica* (da SJ, oficiosa do Vaticano, desde 1850).

2) Em francês:

– *Revue des Sciences Philosophiques et Théologiques* (Paris, desde 1917).

– *Lumière et Vie* (Lyon, desde 1950).

– *Lumen Vitae* (Bruxelas, desde 1946).

– *Revue Théologique de Louvain* (desde 1970).

– *Recherches de science religieuse* (Paris, desde 1913).

– *Documentation Catholique* (Paris, desde 1904).

– *Irénikon* (Chevetogne, Bélgica, desde 1928).

– *Istina* (Paris, desde 1956).

– *Église et Théologie* (Ottawa, desde 1970).

– *Laval Théologique et Philosophique* (Québec, desde 1944).

– *Spiritus* (Paris, desde 1959; sob respons. de dez Institutos missioná-rios).

– Revue *Africaine de Théologie* (Kinshasa, desde 1977).

3) *Em alemão:*

– *Theologische Quartalschrift* (Tübingen-Munique, desde 1848).

– *Catholica* (Münster, desde 1952).

– *Münchener theologische Zeitschrift* (Munique, desde 1950).

– *Theologische Zeitschrift* (da fac. protest. de Basileia, desde 1945).

– *Theologie und Philosophie* (Freiburg in Breisgau, desde 1966; ex-*Scholastik*, desde 1926).

– *Neue Zeitschrift für Missionswissenschaft* (Beckeureid, Suíça, desde 1945).

– *Evangelische Theologie* (Munique, desde 1934; protestante).

– *Zeitschrift für katholische Theologie* (da fac. de Innsbruck; ed. em Viena, desde 1876).

– *Herder Korrespondenz* (Freiburg in Breisgau, desde 1946).

4) *Em inglês:*

– *New Catholic Rewiew* (da União Teol. Catól., Chicago, desde 1988).

– *Journal of Theological Studies* (Londres, desde 1899; e Oxford, desde 1905).

– *Theological Studies* (das fac. SJ dos EUA, Baltimore, desde 1940).

5) *Em flamengo:*

– *Tijdschrift voor Theologie* (Nimega, desde 1961).

Bibliografia essencial e acessível[3]

AGOSTINHO, Santo. Carta 120. *Patrologia Latina* (Migne), t. 33, col. 452-462.

ALSZEGHY, Zoltan & FLICK, Maurizio. *Como se faz teologia*. São Paulo: Paulinas, 1979 [orig. it. Alba: Paoline, 1974].

BARTH, Karl. *Introdução à teologia evangélica*. SãoLeopoldo: Sinodal, 1977 [orig. al. *Enführung in die evangelische Theologie*. Zurique: Verlag, 1962].

BEINERT, Wolfgang. *Introducción a la teología*. Barcelona: Herder, 1981 [orig. al. *Wenn Gott zu Wort kommt*. Friburgo/Basileia/Viena: Herder, 1978].

BOAVENTURA, São. Tria Opuscula (Breviloquium, Itinerarium, De Reductione artium ad Theologiam). In: *Opera Theologica Selecta*. Florença: Quaracchi, 1964.

BOFF, Clodovis. *Teologia e prática*. Teologia do político e suas mediações. 3. ed. Petrópolis: Vozes, 1993, com prefácio autocrítico.

BOFF, Leonardo & Clodovis. *Como fazer Teologia da Libertação*. 6. ed. Petrópolis: Vozes, 1993.

CHENU, Marie-Dominique. *Santo Tomás de Aquino e a Teologia*. Col. Mestres Espirituais 9. Rio de Janeiro: Agir, 1967.

_____. *La foi dans l'intelligence*. Cogitatio Fidei 10. Paris: Cerf, 1964.

_____. *La théologie est-elle une science?* Col. Je sais – je crois 2. Paris: Fayard, 1957.

---

3. Indicamos aqui apenas a bibliografia relativa ao método teológico em geral, não às questões particulares desse método. Por questões de realismo didático, citamos apenas os livros relativamente acessíveis à maioria dos estudantes brasileiros, portanto, os que se encontram em português ou em alguma língua neolatina, com as devidaas exceções.

COLOMBO, Carlo. *Il compito della teologia*. Milão: Jaca Book, 1982.

COLOMBO, Giuseppe. *La ragione teologica*. Milão: Glossa, 1995 (814 p.).

_____. *Perché la teologia*. Brescia: La Scuola, 1980.

CONGAR, Yves. *La foi et la théologie*. Le Mystère chrétien 1. Paris: Desclée, 1962 [trad. it. Roma: Desclée & Cia., 1967].

_____. Théologie. In: VACANT, A.; MANGENOT, E. & AMANN, É. (orgs.). *Dictionnaire de Théologie Catholique*. Paris: Latouzey et Ané, 1946, t. 15, col. 342-502.

DORÉ, Joseph (org.). *Introduction à l'étude de la théologie*. Col. Le Christianisme et la foi chrétienne: Manuel de théologie, n. 0. Paris: Desclée, 1991-1992, 3 t., espec. IV e V partes.

EICHER, Peter. *La théologie comme science pratique*. Cogitatio Fidei 115. Paris: Cerf, 1982 [orig. al. *Theologie*: eine Einführung in das Studium. Munique: Kösel, 1980].

FORTE, Bruno. *A teologia como companhia, memória e profecia*. Introdução ao sentido e ao método da teologia como historia. São Paulo: Paulinas, 1991 [orig. it. Cinisello Balsamo [MI]: Paoline, 1987].

JOURNET, Charles. *Introduction à la théologie*. Paris: DDB, 1947.

KASPER, Walter. *Per il rinovamento del metodo teologico*. Giornale di Teologia 33. Brescia: Queriniana, 1969; trad. fr. *Renouveau de la méthode théologique*. Paris: Cerf, 1968 [orig. al. *Die Method in Dogmatik*. Einheit und Vielheit. Munique: Kösel, 1967].

KERN, Walter & NIEMANN, Franz-Josef. *Gnoseologia teologica*. Giornale di teologia 151. Brescia: Queriniana, 1984 [orig. al. *Theologische Erkenntnislehre*. Düsseldorf: Patmos, 1981].

KERN, Walter; POTTMEYER, Hermann J. & SECKLER, Max (orgs.). *Tratatto di gnoseologia teologica*. Corso di Teologia Fondamentale 4. Brescia: Queriniana, 1990 [orig. al. *Traktat theologischer Erkenntnislehre*. Handbuch der Fundamentaltheologie 4. Freiburg in Breisgau: Herder, 1985- 1988].

LATOURELLE, René. *Teologia, ciência da salvação*. São Paulo: Paulinas, 1971 [orig. fr. Paris/Montreal: DDB/Bellarmin, 1968].

LAURET, Bernard & REFOULÉ, François (orgs.). *Initiation à la pratique de la théologie*. Paris: Cerf, 1982, t. I: Introdução [trad. esp. Madri, 1984].

LIBÂNIO, João Batista & MURAD, Afonso. *Introdução à teologia*. Perfil, enfoques, tarefas. São Paulo: Loyola, 1996.

LONERGAN, Bernard. *Método en teología*. Salamanca: Sígueme, 1978; trad. fr. *Pour une méthode en théologie*. Col. Cogitatio Fidei 93. Paris: Cerf, 1978; trad. it. *Il metodo in teologia*. Biblioteca di Teologia Contemporanea 24. 2. ed. Brescia: Queriniana, 1985 [orig. ingl. *Method in Theology*. Londres: Darton, Longman & Todd, 1972; e Nova York: Herder and Herder, 1972].

LORIZIO, Giuseppe & GALANTINO, Nunzio (orgs.). *Metodologia teologia*. Avviamento allo studio e alla ricerca pluridisciplinari. Cinisello Balsamo (MI): San Paolo, 1994.

MONDIN, Battista. *Introduzione alla teologia*. Milão: Massimo, 1983 (1991, 2. ed. renovada).

PANNENBERG, Wolfhart. *Epistemologia e teologia*. Col. Biblioteca di Teologia Contemporanea 21. Brescia: Queriniana, 1975 [orig. al. *Wissenschaftstheorie und Theologie*. Frankfurt: Surhkamp, 1973].

RATZINGER, Joseph. *Natura e compito della teologia*. Il teologo nella disputa contemporanea: storia e dogma. Milão: Jaca Book, 1993.

ROVIRA BELLOSO, José María. *Introducción a la Teología*. Col. BAC/Manuales 1. Madri: [s.e.], 1996.

SANNA, Ignazio (org.). *Il sapere teologico e il suo metodo*. Bolonha: EDB, 1993.

SCHILLEBEECKX, Edward. *Revelação e teologia*. São Paulo: Paulinas, 1968 [orig. hol., versão do it. Roma: Paoline, 1966].

SECKLER, Max. *Teologia, Scienza, Chiesa*. Saggi di teologia fondamentale. Brescia: Morcelliana, 1988 [trad. do al.].

SEMERARO, Marcello & ANCONA, Giovanni. *Studiare la teologia dogmatica*. Col. Intellectus fidei 7. Roma: Vivere, 1994.

SÖHNGEN, Gottlieb. "Sabedoria da teologia adquirida através do caminho da ciência". In: FEINER, Johannes & LÖHER, Magnus (orgs.). *Mysterium Salutis*, I/4. Petrópolis: Vozes, 1972, p. 111-178 [com bibliografia].

TOMÁS DE AQUINO. *In Boetium de Trinitate*. Todo.

_____. *Suma Teológica*, I, questão 1ª toda, com seus 10 artigos, ed. bilíngue port./lat., trad. bras. Alexandre Corrêa, Edit. Escola Superior de Teologia S. Lourenço de Brindes/Universidade Caxias do Sul/Sulina, Caxias do Sul/Porto Alegre, 1980, vol. I.

VAGAGGINI, Cipriano. Teologia. In: BARBAGLIO, Giuseppe & DIANICH, Severino (orgs.). *Nuovo Dizionário di Teologia*. 4. ed. Cinisello Balsamo (MI): Paoline, 1985, p. 1.597-1.711.

VILANOVA, Evangelista. *Para comprender la teología*. Estella (Navarra): Verbo Divino, 1992.

WICKS, Jared. *Introduzione al metodo teologico*. Col. Introduzione alle discipline teologiche 1. Casale Monferrato (AL): Piemme, 1994.

Índice geral

Índice Onomástico

Conecte-se conosco:

f facebook.com/editoravozes

⊙ @editoravozes

𝕏 @editora_vozes

▶ youtube.com/editoravozes

☏ +55 24 2233-9033

www.vozes.com.br

Conheça nossas lojas:

www.livrariavozes.com.br

Belo Horizonte – Brasília – Campinas – Cuiabá – Curitiba
Fortaleza – Juiz de Fora – Petrópolis – Recife – São Paulo

EDITORA VOZES

VOZES
NOBILIS

Vozes de Bolso

Vozes Acadêmica

EDITORA VOZES LTDA.
Rua Frei Luís, 100 – Centro – Cep 25689-900 – Petrópolis, RJ
Tel.: (24) 2233-9000 – E-mail: vendas@vozes.com.br